ISBN 978-0-265-48703-7
PIBN 10701676

SITZUNGSBERICHTE

DER

PHILOSOPHISCH-HISTORISCHEN KLASSE

DER KAISERLICHEN

AKADEMIE DER WISSENSCHAFTEN.

HUNDERTACHTUNDFÜNFZIGSTER BAND.

(MIT 12 TAFELN.)

WIEN, 1908.

IN KOMMISSION BEI ALFRED HÖLDER

K. U. K. HOF- UND UNIVERSITÄTS-BUCHHÄNDLER

BUCHHÄNDLER DER KAISERLICHEN AKADEMIE DER WISSENSCHAFTEN.

INHALT.

XVII. SITZUNG VOM 3. JULI 1907.

Se. Exzellenz der Vorsitzende macht Mitteilung von dem am 1. Juli l. J. zu Rapallo erfolgten Ableben des auswärtigen Ehrenmitgliedes, Sr. Exzellenz des Grafen Konstantin Nigra.

Die Mitglieder geben ihrem Beileide durch Erheben von den Sitzen Ausdruck.

Der Sekretär verliest zwei eingelaufene Dankschreiben, und zwar:

1. von dem k. M. P. Wilhelm Schmidt, S. V. D., in St. Gabriel bei Mödling, für die Erlaubnis, seine in den Sitzungsberichten erschienene Abhandlung ‚Buch des Raǧawan, der Königsgeschichte‘ in englischer Übersetzung als Supplement zum ‚Indian Antiquary‘ wieder abdrucken zu dürfen;

2. von der Vorstehung der Abtei St. Pierre de Solesmes, derzeit in Wroxall (Isle of Wight, England), für die Überlassung der Denkschriften der Klasse.

Die Verwaltung des Museum Francisco-Carolinum in Linz übermittelt die Pflichtexemplare des mit Subvention der Klasse gedruckten Werkes ‚Urkundenbuch des Landes ob der Enns. IX. Band. Herausgegeben vom Verwaltungsrat des Museums Francisco-Carolinum in Linz mit Unterstützung der kaiserl. Akademie der Wissenschaften in Wien. Linz 1906‘ (samt ‚Index zum Urkundenbuch des Landes ob der Enns. IX. Band. Herausgegeben etc. Linz 1906‘).

Das k. M. Professor Dr. Karl Wessely überreicht eine Abhandlung mit dem Titel: ‚Ein Sprachdenkmal des mittelägyptischen (baschmurischen) Dialekts‘ für die Sitzungsberichte der philos.-hist. Klasse.

———

Der Sekretär überreicht drei vom Autor, Professor Eduard Gollob in Wien, eingesandte Manuskripte, und zwar:

1. eine Abhandlung, betitelt: ‚Die medizinischen griechischen Handschriften des Jesuitenkollegiums in Wien, XIII. Lainz‘, um deren Aufnahme in die Sitzungsberichte der Verfasser bittet.

2. Beschreibung und Inhaltsangabe zweier medizinischen griechischen Handschriften des Jesuitenkollegiums in Wien, XIII. Lainz, als Nachtrag zu seinem im Jahre 1903 für das ‚Corpus medicorum antiquorum‘ der internationalen Assoziation zusammengestellten ‚Katalog der in den Bibliotheken Österreichs vorhandenen Handschriften der griechischen Ärzte‘.

3. Berichtigungen und Ergänzungen zu dem Buche von H. Diels ‚Die Handschriften der antiken Ärzte‘.

———

Das w. M. Professor W. Meyer-Lübke überreicht als Obmann der Kirchenväter-Kommission den II. Teil der Abhandlung des Kustos der k. k. Hofbibliothek, Dr. Rudolf Beer, ‚Die Handschriften des Klosters Santa Maria de Ripoll‘ mit dem Antrage auf Aufnahme derselben in die Sitzungsberichte.

———

Das w. M. Hofrat F. Kenner legt als Obmann der Limes-Kommission das eben erschienene Heft VIII des Werkes ‚Der römische Limes in Österreich. Mit 3 Tafeln und 85 Figuren im Text. Ex hereditate Josephi Treitl. Wien 1907‘ vor.

Ferner überreicht derselbe als Obmann der antiquarischen Sektion der Balkankommission das eben erschienene V. Heft der ‚Schriften der Balkankommission, Antiquarische Abteilung‘, enthaltend ‚Zur Geschichte und Topographie von Narona von Karl Patsch. Mit 3 Tafeln und 66 Abbildungen im Texte. Wien 1907‘.

Das w. M. Hofrat F. Kenner bringt weiters namens der Kleinasiatischen Kommission zur Vorlage ein Manuskript von Dr. Josef Keil und Dr. Anton von Premerstein in Wien, betitelt: ‚Inschriften aus Lydien und der südlichen Aiolis. Gesammelt 1906 im Auftrage der kaiserl. Akademie der Wissenschaften (Widmung Seiner Durchlaucht des regierenden Fürsten Johann von und zu Liechtenstein)‘.

Die Abhandlung umfaßt die Ergebnisse der von den Verfassern im Vorjahre im Auftrage der Kleinasiatischen Kommission unternommenen Bereisung der genannten Länder unter Beigabe von zahlreichen Faksimilien und führt in den Erläuterungen der Texte zu vielen wertvollen Ergebnissen sowohl in epigraphischer als auch in antiquarischer Beziehung; sie bildet zugleich eine Vorstudie zu dem geplanten, die lydischen und aiolischen Inschriften umfassenden Bande der Tituli Asiae minoris.

Die Verfasser bitten um die Aufnahme der Abhandlung in die Denkschriften, in welchen auch die älteren analogen Reiseberichte und Studien in Kleinasien von Heberdey, Wilhelm u. a. niedergelegt sind.

In der Gesamtsitzung der Kais. Akademie vom 27. Juni l. J. wurden aus den Mitteln der philosophisch-historischen Klasse folgende Subventionen bewilligt, und zwar:

1. die im Vorjahre heimgefallenen und wieder angesuchten Subventionen für

a) P. Pirmin Lindner, Bibliothekar des Stiftes St. Peter in Salzburg, zur Herausgabe des ‚Monasticon metropolis Salisburgensis antiquae‘ 2000 K;

b) Schriftsteller Adalbert Sikora in Bregenz für theatergeschichtliche Forschungen in Tirol 600 K;

2. folgende neue Subventionen, und zwar:

a) dem Privatdozenten der Universität in Graz Dr. J. Peisker für eine Geschichte des Pfluges 1000 K;

b) dem k. M. Professor Dopsch in Wien zur Herausgabe seiner ‚Forschungen zur Inneren Geschichte Österreichs‘ 1000 K.

XVIII. SITZUNG VOM 10. JULI 1907.

Der Sekretär überreicht die an die Klasse geschenkweise gelangten Druckwerke, und zwar:

1. Vincenzo Albanese di Boterno, ‚Nota sui Simboli delle Genti. Modica 1907‘; übersandt vom Verfasser;

2. ‚Documents pour une biographie complète de Jean-Baptiste-André Godin, rassemblés par sa veuve, née Marie Moret. II⁰ Volume (Documents parus dans la revue mensuelle ‚Le Devoir‘, 1902—1906). Familistère de Guise (Aisne) 1902—1906‘; übersandt von der Herausgeberin, V⁽ᵉ⁾ J. B. André Godin;

3. ‚L'organisation systématique de la Documentation et le Développement de l'Institut International de Bibliographie. Bruxelles 1907‘;

4. ‚Madonna Verona. Annata prima. Fascicolo 1. Primavera 1907‘, übersandt von der Direktion des ‚Museo civico di Verona‘.

Es wird für diese Werke der Dank der Klasse ausgesprochen.

Die k. und k. österreichisch-ungarische Botschaft in St. Petersburg übermittelt eine Liste der Publikationen der kais. russischen Archäographischen Kommission.

Der Landesausschuß des Königreichs Dalmatien in Zara teilt mit Bezug auf ein seinerzeit von der kais. Akademie versandtes Zirkular, worin um Übersendung von Verzeichnissen über Urbare und ähnliche Aufzeichnungen gebeten worden ist, mit, daß dort keinerlei Urbare oder ähnliche Aufzeichnungen vorhanden seien.

Der Sekretär überreicht die Pflichtexemplare des mit Subvention der phil.-histor. Klasse gedruckten Werkes ‚Monasticon metropolis Salzburgensis antiquae. Verzeichnisse aller Äbte und Pröpste der Männerklöster der alten Kirchenprovinz

Salzburg. Von P. Pirmin Lindner, Benediktiner des Stiftes St. Peter in Salzburg. (Mit Unterstützung der kais. Akademie der Wissenschaften zu Wien.) I. Abteilung. Salzburg 1907'.

Der Sekretär überreicht eine von dem a. o. Universitätsprofessor und Kustos der Universitätsbibliothek in Czernowitz, Dr. Theodor Ritter von Grienberger, mit der Bitte um Aufnahme in die Sitzungsberichte übersandte Abhandlung, betitelt: ,Das Hildebrandslied'.

Die Abhandlung von Dr. Friedrich von Kraelitz-Greifenhorst in Wien, betitelt: ,Bericht über den Zug des Großbotschafters Ibrahim Pascha nach Wien im Jahre 1719', wird in die Sitzungsberichte aufgenommen.

Desgleichen wird die Abhandlung von Professor Eduard Gollob in Wien, betitelt: ,Die medizinischen griechischen Handschriften des Jesuitenkollegiums in Wien, XIII. Lainz', in die Sitzungsberichte aufgenommen.

XIX. SITZUNG VOM 9. OKTOBER 1907.

Se. Exzellenz, der vorsitzende Vizepräsident Eugen Ritter von Böhm-Bawerk, begrüßt die Mitglieder bei der Wiederaufnahme ihrer akademischen Tätigkeit nach den Ferien und heißt insbesondere die beiden erschienenen neugewählten wirklichen Mitglieder, Herren Hofrat Rudolf Ritter von Scherer und Professor Emil Reisch, willkommen.

Hierauf gedenkt derselbe des Verlustes, den die Akademie speziell die mathematisch-naturwissenschaftliche Klasse, durch das am 2. Oktober l. J. zu Mallnitz in Kärnten erfolgte Ableben ihres wirklichen Mitgliedes, Herrn Hofrates Edmund Mojsisovics Edlen von Mojsvár, erlitten hat.

Die Mitglieder geben ihrem Beileide durch Erheben von den Sitzen Ausdruck.

———

Das w. M. Professor Oswald Redlich berichtet über die Feierlichkeiten anläßlich der Enthüllung eines Denkmales für Eduard Richter, weiland wirkliches Mitglied der kais. Akademie, auf dem Mönchsberg zu Salzburg.

———

Der Sekretär, Hofrat Ritter von Karabacek, verliest die nachstehende Note des hohen Kuratoriums, ddo. 28. September 1907:

Seine kaiserliche und königlich-Apostolische Majestät haben mit Allerhöchster Entschließung vom 31. August d. J. die Wiederwahl des emeritierten Professors der Geologie an der Universität in Wien Dr. Eduard Suess zum Präsidenten und die Wahl des ordentlichen Professors der politischen Ökonomie an der Universität in Wien, Geheimen Rates und Ministers a. D. Dr. Eugen Böhm Ritter v. Bawerk zum Vizepräsidenten der kaiserlichen Akademie der Wissenschaften in Wien für die statutenmäßige Funktionsdauer von drei Jahren, dann die Wiederwahl des ordentlichen Professors der Physik an der Universität in Wien, Hofrates Edlen v. Lang zum Generalsekretär und zugleich zum Sekretär der mathematisch-naturwissenschaftlichen Klasse sowie des ordentlichen Professors der Geschichte des Orients an der Universität und Direktors der Hofbibliothek in Wien, Hofrates Dr. Josef Ritter v. Karabacek zum Sekretär der philosophisch-historischen Klasse dieser Akademie für die statutenmäßige Funktionsdauer von vier Jahren allergnädigst zu bestätigen und zu wirklichen Mitgliedern dieser Akademie, und zwar in der mathematisch-naturwissenschaftlichen Klasse den ordentlichen Professor der Botanik in Graz Dr. Gottlieb Haberlandt, in der philosophisch-historischen Klasse den ordentlichen Professor der klassischen Archäologie an der Universität in Wien Dr. Emil Reisch und den ordentlichen Professor des Kirchenrechtes an der Universität in Wien Hofrat Dr. Rudolf Ritter v. Scherer huldvollst zu ernennen geruht.

Seine kaiserliche und königlich-Apostolische Majestät haben ferner die Wahl des emeritierten Direktors und Kurators des Museum of comparative Zoology an der Harvard-Universität in Cambridge Alexander Agassiz und des Professors der Chemie an der Universität in München Dr. Adolf v. Baeyer, ferner des Professors der slawischen Sprachen an der Universität in Leipzig Dr. August Leskien und des Professors der semitischen Philologie an der Universität in Straßburg Dr. Theodor Nöldeke, zu Ehrenmitgliedern in der mathematisch-naturwissenschaftlichen, beziehungsweise in der philosophisch-historischen Klasse dieser Akademie im Auslande huldreichst zu genehmigen und die von der Akademie weiters vorgenommenen Wahlen von korrespondierenden Mitgliedern im In- und Auslande allergnädigst zu bestätigen geruht, und zwar:

in der philosophisch-historischen Klasse die Wahl des ordentlichen Professors für germanische Sprachgeschichte und Altertumskunde an der Universität in Wien Dr. Rudolf Much, des Landesarchivars von Kärnten Dr. August Ritter Jaksch v. Wartenhorst in Klagenfurt und des außerordentlichen Professors der griechischen Altertumskunde und Epigraphik an der Universität in Wien Dr. Adolf Wilhelm zu korrespondierenden Mitgliedern im Inlande, dann die Wahl des Professors der Indologie an der Universität in Göttingen, Dr. Franz Kielhorn, des Professors der Staatswissenschaften an der Universität in Berlin Dr. Gustav Schmoller, des Generaldirektors der königlich preußischen Staatsarchive Dr. Reinhold Koser, des Professors der deutschen Philologie an der Universität in Erlangen Dr. Elias Steinmeyer, des Professors der Ägyptologie an der Universität und Direktors des ägyptischen Museums in Berlin Dr. Adolf Erman und des Professors der romanischen Philologie an der Universität in Bonn Dr. Wendelin Foerster zu korrespondierenden Mitgliedern im Auslande;

in der mathematisch-naturwissenschaftlichen Klasse: die Wahl des ordentlichen Professors der Geographie an der Universität in Wien Dr. Eduard Brückner und des ordentlichen Professors der Chirurgie und Vorstandes der I. chirurgischen

Klinik an der Universität in Wien, Hofrates Dr. Anton Frei-
herrn v. Eiselsberg zu korrespondierenden Mitgliedern im
Inlande, sowie die Wahl des Professors der Zoologie und ver-
gleichenden Anatomie an der Universität in Göttingen, Geheimen Regierungsrates Dr. Ernst Ehlers, des Professors
der physikalischen Chemie an der Universität in Stockholm
Dr. Svante Arrhenius, des Professors der Universität in Berlin,
Geheimen Sanitätsrates Dr. Wilhelm Waldeyer und des
ständigen Sekretärs der Académie des sciences, Mitgliedes des
Bureau des Longitudes in Paris Jean Gaston Darboux zu
korrespondierenden Mitgliedern im Auslande.

Im Anschlusse daran teilt der Sekretär den Wortlaut der
Dankschreiben der neugewählten Mitglieder der Klasse mit,
und zwar: der Herren August Leskien und Theodor Nöldeke für ihre Wahl zu auswärtigen Ehrenmitgliedern und
des Herrn August Jaksch Ritter von Wartenhorst für
seine Wahl zum inländischen korrespondierenden Mitgliede der
Klasse.

Ferner verliest derselbe die folgenden Dankschreiben
und zwar:

1. vom Präsidenten der Real Accademia dei Lincei in
Rom, Herrn P. Blaserna, für die Übermittlung des Beileides
der kais. Akademie anläßlich des Ablebens des E.-M. Grafen
Konstantin Nigra;

2. vom vorsitzenden Sekretar der königl. preußischen
Akademie der Wissenschaften in Berlin, Herrn Geheimrat
Hermann Diels, für die Übermittlung der Gollobschen
Nachträge zum Katalog der Handschriften der griechischen
Mediziner;

3. von den Herren Adalbert Sikora in Mühlau bei Innsbruck, P. Pirmin Lindner in Salzburg, k. M. Professor Alfons
Dopsch in Wien und Privatdozent Dr. J. Peisker in Graz
für die ihnen durch Beschluß der Gesamtsitzung vom 27. Juni
l. J. bewilligten Subventionen.

Die königl. bayerische Akademie der Wissenschaften in München macht Mitteilung über die Abhaltung des nächsten Kartelltages, speziell über die Frage der geplanten Herausgabe der mittelalterlichen Bibliothekskataloge.

Der Sekretär legt den vom Direktor des k. k. Staatsgymnasiums in Mährisch-Weißkirchen, Herrn Josef Fuchs, eingesandten Bericht über seine im Jahre 1906 mit Unterstützung der phil.-hist. Klasse zum Zwecke der Fortsetzung seiner Studien über den zweiten punischen Krieg unternommene Bereisung der Westalpen vor.

Dr. Alfred Jahn, Professor am k. k. Staatsgymnasium im XVIII. Bezirke in Wien, übersendet eine Abhandlung unter dem Titel: ‚Lautlehre der Saho-Sprache‘ und bittet um deren Aufnahme in die Sitzungsberichte.

Das w. M. Professor Josef Seemüller überreicht eine zur Aufnahme in die Sitzungsberichte bestimmte Abhandlung unter dem Titel: ‚XI. Mitteilung der Phonogramm-Archivs-Kommission: Deutsche Mundarten. I‘.

Das w. M. Hofrat Jagić legt das neueste, achte Heft der Schriften der Balkankommission, linguistische Abteilung, vor, unter dem Titel: ‚Der štokavische Dialekt von Milan Rešetar (Mit zwei Karten) Wien 1907‘.

Die Abhandlung von Professor Eduard Gollob in Wien, betitelt: ‚Die medizinischen griechischen Handschriften des Jesuitenkollegiums in Wien, XIII. Lainz‘, sowie jene von dem a. o. Universitätsprofessor und Kustos der Universitätsbibliothek in Czernowitz, Dr. Theodor Ritter von Grienberger, betitelt: ‚Das Hildebrandslied‘, werden in die Sitzungsberichte aufgenommen.

Die Akademie hat in ihrer Gesamtsitzung vom 12. Juli l. J. aus den Mitteln der phil.-hist. Klasse folgende Subventionen bewilligt, und zwar:

1. der Weistümer- und Urbarkommission (als Dotation pro 1907) 5000 K;

2. für Herausgabe der Regesta Habsburgica 3000 K;

3. als außerordentlichen Beitrag der Klasse zum ‚Thesaurus linguae latinae‘ 1200 K.

I.

Ein Sprachdenkmal
des mittelägyptischen (baschmurischen) Dialekts.

Von
Dr. Karl Wessely,
korresp. Mitgliede der kais. Akademie der Wissenschaften.

(Vorgelegt in der Sitzung am 3. Juli 1907.)

Die literarischen Denkmäler jenes mittelägyptischen Dialekts[1] der koptischen Sprache, der am reinsten und eigen-
artigsten im Fajum gesprochen worden ist und daher fajumisch
— früher fälschlich baschmurisch — genannt wird, sind von
sehr geringem Umfang. Nur folgende Textpublikationen kommen für ihn in Betracht: Zoega, catalogus codicum copticorum
(Rom 1810) p. 139—168 W. F. Engelbreth, fragmenta Basmurico-Coptica veteris et novi testamenti quae in museo Bor-
giano Velitris asservantur cum reliquis versionibus Aegyptiis
contulit latine vertit nec non criticis et philologicis adnotationibus
illustravit Havniae 1811 (mit Schriftproben) U. Bouriant, Fragments bachmouriques in den Mémoires présentés et lus à l'institut Egyptien II p. 567—604 überholt von Emile Chassinat,
fragments de manuscrits coptes en dialecte fayoumique im
Bulletin de l'institut français d'archéologie orientale II, 1902,
171—206 (mit Abbildungen von Alphabeten der Handschriften)
Quatremère, Recherches p. 228 ff. J. Krall, Mitteilungen aus
der Sammlung der Papyrus Erzherzog Rainer I 67—69 und
II—III, 69—71 O. v. Lemm, ägyptische Bibelfragmente,
Maspéro im Recueil de travaux XI. 116 W. E. Crum, Journal
of theological studies 1900 und coptic manuscripts brought from

---

[1] Vgl. L. Stern, Koptische Grammatik § 13, G. Steindorff, Koptische Grammatik, 2. Aufl. p. 4, Heinrich Asmus, Über Fragmente in mittelägyptischem Dialekt, Diss. 1904 (Göttingen, Dieterich), p. 66 ff.

the Fayyûm. Auf die Bücher der heiligen Schrift des alten
und neuen Testaments verteilen sich folgende Fragmente:[1]

Isa. I 1—6. 7. 8—11. 12. 13—16 V, 8—25 — XXIX 24—
XXXVII—3 (Bouriant-Chassinat).

Joan. IV. 28—34. 36. 37—40. 43—47. 48. 49—53 —
III 5. — IV 18. 23—35. 45—49 (Crum, Journal of theolog.
studies 1900).

1 Cor. VI, 19—20; VII, 1—5. 6. 7. 9—33. 34. 35. 36—40;
VIII. 1—13; IX, 1—16; XIV, 33—38; XV, 1—35.

2 Cor. XII, 9 — XIII, 13 (Bouriant-Chassinat).

• Hebr. I, 1—3 (Bouriant-Chassinat) V, 5—9. 14; VI, 1—3.
8—11. 15—19. 20; VII, 1. 2—5. 9—13. 17—23. 24. 25. 26.
27—28; VIII, 1—2. 3. 4. 5—13; IX, 1—9. 10. 11. 12—28; X,
1—2. 3—22. Ephes. VI, 18. 19—24; Philipp. I, 1—30; II, 1—2.

1 Thess. I, 1—10; II, 1—9. 11—20; III, 1—6.

Lament. IV, 22 — V, 1—22; Baruch VI, 1—72 (Quatremère).

Marc. VIII, 24 — IX, 12 (Bouriant-Chassinat).

XIV, 36—38. 40. 41. 43—47. 48—61. 62. 67. 68.

XV, 1. 6. 7. 13—26. 29—40. 41. 42. 44. 45. 46. 47.

XVI, 2. 3. 6. 7. 8. 11. 12. 20 (O. von Lemm.).

Rom. XI, 18—27. 30—36; XII, 1. 3—18 (Krall, Mitt. I,
69—70).

Matth. V, 46—48; VI, 1—19 (Maspéro) XI, 27 (Krall,
Mitt. II 68) XI, 27—28; XII, 1—3. 6—10. 11—12 (Crum, Coptic
ms.) XIII, 12 — XIV, 8 (Bouriant-Chassinat).

Psal. CIX, 1; CXLVIII, 4 (Krall, Mitt. I, 67).

Erst durch den Papyrusfund von El-Faijum gelang es,
den Dialekt zu lokalisieren, der aber selbst in seinen wenigen
Überresten noch immer Gruppen unterscheiden läßt, die sprachlich voneinander verschieden sind, insbesonders nach dem
Gesichtspunkt, ob sie dem sahidischen Spracheinfluß näher stehen.
Asmus, Über Fragmente in mittelägyptischem Dialekte, S. 63,
§ 106 unterscheidet in seiner grammatischen Analyse der Reste
von Jesaja (29, 24—37, 3) Matth. 13, 12—14, 8 Marcus 8, 24—
9, 12; 2 Cor. 12, 9—13, 13 und Hebr. 1, 1—3 Matth. 5, 46—48;

---

[1] Sacrorum bibliorum fragmenta copto-sabidica musei Borgiani vol. III.
Novum Testamentum edidit P. J. Balestri, Rom 1904, p. LXVI. Crums
Catalogue of the Coptic Manuscripts in the British Museum war mir
noch unzugänglich.

6, 19 Rom. 11, 18—27. 30—36; 12, 1, 3—18 Joh. 3, 5—4. 18,
23—35, 45—49 vier Gruppen, von denen eine durch die Überlieferung von 2 Cor. und den von Krall herausgegebenen Bruchstücken des Römerbriefs repräsentiert wird. Es ist aber nicht
nur die grammatische Analyse allein in Betracht zu ziehen,
sondern insbesondere auch die paläographische Beschaffenheit
der Handschriften, in denen diese Sprachreste überliefert sind,
zu erwägen. Diesbezüglich unterscheidet Emile Chassinat, Fragments de manuscrits coptes en dialecte fayoumique im Bulletin
de l'institut français d'archéologie orientale II 1902, S. 205 im
ganzen drei Manuskripte. MS. A. enthält die Jesaja-Fragmente in

Rom	Jesaja I, 1—16	Pagina-Bezeichnung	ⲁ—ⲃ	2 Seiten
Rom	„ V, 8—25	„	„	ⲓⲁ—ⲓⲃ	2 Seiten
Kairo	„ XXIX, 24— XXXVII, 3	„	„	ⲝⲅ—ⲟⲏ	16 Seiten.

Manuskript B.

Kairo	Matth. XII, 12—XIV, 8	Pag.-Bez.	ⲗⲁ—ⲗⲁ	4 Seiten
Kairo	Marcus VIII, 24—IX, 12	„	„	ⲛⲍ—ⲛⲏ	2 Seiten
Rom	Joh. IV, 28—53 (lückenhaft)	„	„	(fehlt)	2 Seiten.

Manuskript C.

Rom	1 Korinther VI, 19—IX, 16	Pag.-Bez.	ⲗⲁ—ⲗⲁ	4 Seiten
Rom	„ XIV, 33—XV, 35	„	„	ⲙⲅ—ⲙⲁ	4 Seiten
Kairo	2 Korinther XII, 9—XIII, 13	„	„	ⲝⲁ—ⲝⲃ	2 Seiten
Kairo	Hebräerbrief I, 1—4	„	„	ⲝⲃ	
Rom	„ V, 5—X, 22	„	„	(fehlt)	8 Seiten
Rom	Epheser VI. 18—Ende	„	„	(fehlt)	2 Seiten
Rom	Philipper I—II, 2	„	„		
Rom	Thessaloniker I—III, 6	„	„	(fehlt)	2 Seiten.

Dazu kommt, was Chassinat nicht wissen konnte,
Wien Römerbrief XI, 17—XII, 18 Pag.-Bez. ⲓⲍ—ⲓⲏ   2 Seiten.

Diesen Aufstellungen Chassinats über die Handschrift der
Briefe widerspricht Asmus p. 65: ‚Was die Fragmente der
paulinischen Briefe anlangt, zu denen noch unser Röm(erbrief)
zu ziehen ist, so sind die Zoëga-Texte, wie schon oben gesagt,
eigentlich noch unregelmäßiger und dem Sahidischen zum größten
Teil noch näher stehend als unsere Texte, so daß ich fast nicht

glauben kann, daß sie von demselben Mann übersetzt sind...
Die einzelnen voneinander verschiedenen Abschnitte rühren
von verschiedenen Übersetzern her und sind dann, wenn sie,
wie Chassinat behauptet, denselben Handschriften angehören,
hier zusammengeschrieben.' Für die Beurteilung des Charakters
dieser mittelägyptischen Übersetzung ist es unter diesen Verhältnissen von großer Wichtigkeit, in diese paläographischen
Beziehungen einen Einblick zu gewinnen; denn sobald diese
für mehrere Blätter sicher erkannt sind, verfügen wir über
größere Komplexe von Text als Substrat für die
sprachlichen Untersuchungen.

Über die Provenienz der Kairiner Fragmente bei Bouriant-
Chassinat sagt letzterer S. 170: ,Ils proviennent très vraisem-
blablement de la bibliothèque du Deir el-Abiad, d'où sont sortis
tant de précieux documents. Malgré les recherches auxquelles
je me suis livré, je n'ai pas pu recueillir de nouveaux rensei-
gnements précis sur leur origine.' Auf p. 201 bringt er das
Faksimile des Alphabets von der Schrift des Blattes 2 Kor.
XII, 9—XIII, 13 Hebr. I, 1—4 mit dessen genauer Beschreibung:
C'est le dernier feuillet d'un cahier coté $\overline{\Lambda}$. Les pages sont
numérotées $\overline{\Sigma[\Lambda]}$—$\overline{\Sigma B}$. Elles ont les dimensions ordinaires (haut
0 m. 35 cent., larg. 0 m. 26 cent.). Comme d'habitude, elles sont
divisées en deux colonnes de texte de quarante à quarante-trois
lignes. L'écriture en est assez petite et serrée; elle est régulière
et bien formée, presque sans pleins ni déliés, ce qui lui donne
un aspect carré. Toutefois le scribe, lorsqu'il n'était pas gêné
par le manque de place, au commencement des pages ou à la
fin des lignes par exemple, a laissé courir son calame et a ter-
miné par un trait lancé certaines lettres telles que le ϭ le 2 et
le Υ. Il s'est cependant montré sobre dans la décoration du
texte et a reduit au minimum le nombre des majuscules ornées
ou non. On en trouve trois à la page $\Sigma[\Lambda]$; mais, à la page ΣB,
l'intervalle compris entre les deux colonnes de texte est occupé
du haut en bas par un ornement vert, rouge et jaune qui se
termine au sommet par un oiseau de mêmes couleurs, et auquel
vient se rattacher le 2 initial, orné et enluminé de rouge et de
jaune, de l'Epître aux Hébreux ... Les ligatures sont très
rares; on rencontre toutefois le $\overline{\sigma C}$ et le $\overline{\varphi T}$. Les points qui
surmontent certaines lettres dans les manuscrits reproduits pré-

cédemment sont remplacés ici par des traits. L'abréviation des mots se terminant en N à la fin des lignes, est indiquée, comme à l'ordinaire, par un trait long —. Chassinat glaubte nach einer Schriftprobe, die Engelbreth, Fragmenta Basmurico-Coptica von den bei Zoëga p. 151—168 publizierten Bruchstücken in Rom gibt, urteilen zu können, daß auch diese zu derselben Handschrift gehören; vorsichtiger wird es sein, solange nicht mehr Material vorliegt, dies nur als eine Vermutung zu verzeichnen.

Auch in Wien, Hofbibliothek, Sammlung Papyrus Erzherzog Rainer, werden zwei Blätter in diesem mittelägyptischen Dialekt aufbewahrt, denen Professor Krall die Nummern K 9001 und 9002 gab, deren Zusammengehörigkeit er also erkannt hatte; es ist diese in der Tat nicht zu verkennen, so sehr ist die Schrift, Größe und Ausstattung beider Blätter ähnlich. Und diese stimmt wieder ganz und gar überein mit den Eigentümlichkeiten des Kairiner Blattes, dessen oben reproduzierte genaue Beschreibung wir Chassinat verdanken. Diese Vermutung der Zusammengehörigkeit nach äußeren Indizien wird aber zur Evidenz, wenn wir den Text des Blattes K 9002 genauer ansehen. Wir machen da die Entdeckung, daß dieses sich knapp an das Kairiner Blatt anschließt, indem letzteres mitten in dem Satz und in dem Worte aufhört, mit dem das Wiener Blatt beginnt, das allerdings am Anfang beschädigt ist. Wir erkennen so die Zusammengehörigkeit der drei Blätter und erhalten einen Text im Umfang von zwölf Kolumnen, die wir nunmehr folgen lassen; denn auch das Blatt K 9001 mit dem Römerbrief erheischt, weil unvollständig von Krall herausgegeben, eine neue Bearbeitung.

K 9001 ist 35 cm hoch, 27 cm breit, Rand oben 3 cm, unten 3·5 cm, links 3 cm, rechts 3·6 cm, Kolumnenbreite 9 cm, Interkolumnium 2·3 cm. Im obern Rand steht die Blattüberschrift ΤЄ ΠΡΟC | 2ΡѠΜΑΙΟC in der Mitte über beiden Kolumnen. Die Bezeichnung ‚2. Blatt' B̄ entspricht dem A auf dem Kairiner Blatte (s. oben). Lücken, deren Größe, wenn unausgefüllt, Punkte entsprechend der Anzahl der ausgefallenen Buchstaben anzeigen, werden mit [ ] gekennzeichnet. Unsichere Buchstaben tragen Punkte unter sich. Angesichts der Schwankungen dieses Dialekts muß betont werden, daß meine Ergänzungsvorschläge keinen Anspruch auf Fehlerlosigkeit machen, sondern nur sinngemäß sein wollen.

K 9001.

Fleischseite, 1. Kolumne.

:B̄·

·ϨΡⲰⲘⲀⲒⲞⲤ·

Röm. 11, 17 1 ⲈⲀⲨⲦⲀϬⲔ ⲈϨⲀϨⲒ ⲚϨⲎⲦⲞⲨ
ⲀⲨⲰ ⲀⲔϢⲰⲠⲒ ⲚⲔⲒⲚⲞⲚⲞⲤ·
ⲘⲠⲔⲎⲚⲚⲒ ⲚⲦⲂⲰ ⲚⲬⲀⲒⲦ··

„ 18 ⲘⲠⲈⲖϢⲞⲨϢⲞⲨ ⲘⲘⲞⲔ ⲈⲬⲈⲚ
5 ⲚⲈⲔⲖⲀⲦⲞⲤ· ⲈϢⲬⲈ ⲔϢⲞⲨ sic
ϢⲞⲨ ⲀⲈ ⲘⲘⲞⲔ ⲚⲦⲀⲔ ⲈⲚ ⲈⲦ
ⲂⲒ ϨⲀ ⲦⲚ̄ⲞⲨⲚⲒ· ⲀⲖⲖⲀ ⲦⲚⲞⲨ

„ 19 ⲚⲒ ⲦⲈⲦⲂⲒ ϨⲀⲖⲀⲔ· ⲔⲚⲈⲬⲞⲞⲤ
ⲚⲎⲒ ⲬⲈ ⲀⲨϢⲈⲈⲦ Ⲛ̄ⲚⲔⲖⲀⲦⲞⲤ:

„ 20 10 ⲬⲈⲔⲈⲈⲤ ⲈⲨⲈⲦⲀϬⲦ ⲔⲀⲖⲞⲤ·
ϨⲚ̄ ⲞⲨⲘⲈⲦⲀⲠⲒⲤⲦⲞⲤ ⲀⲨϢⲈⲈ
ⲦⲞⲨ· ⲚⲦⲀⲔ ⲀⲈ ⲈⲔⲰϨⲒ Ⲉ
ⲖⲈⲦⲔ ϨⲚ̄ ⲦⲠⲒ̈ⲤⲦⲒ̈Ⲥ· Ⲙ
ⲠⲈⲬⲬⲒⲤⲒ ⲚϨⲎⲦ ⲀⲖⲖⲀ ⲀⲖⲒϨⲀ†·

„ 21 15 ⲈϢⲬⲈ ⲄⲀⲢ ⲘⲠⲈ ⲠⲚⲞⲨ† †ⲤⲀ
ⲈⲚⲈⲔⲖⲀⲦⲞⲤ· ⲈⲦⲈ ϨⲰⲞⲨ ⲚⲈ·
ⲚϤ̄ⲚⲀ†ⲤⲀ ⲈⲖⲀⲔ ⲈⲚ ϨⲰⲰⲔ

„ 22 ⲀⲚⲈⲨ ϬⲎ ⲈⲦⲘⲈⲦⲬ̄ⲢⲤ· ⲘⲚ̄
ⲦⲘⲈⲦϢⲰⲰⲦ ⲈⲂⲞⲖ ⲘⲠϤ̄†
20 ⲘⲚ̄ ⲦⲘⲈⲦⲖⲈϤϢⲰⲰⲦ Ⲛ
ⲚⲈⲚⲦⲀⲨϨⲎⲎⲒ· ⲦⲘⲈⲦ
Ⲭ̄ⲢⲤ ⲀⲈ ⲘⲠϤ̄† ⲈⲬⲰ̄Ⲕ· ⲈⲔ
ϢⲀⲚϬⲰ ϨⲚ̄ ⲦⲘⲈⲦⲬ̄ⲢⲤ·

„ 23 ⲈϢⲰⲠⲒ ⲘⲘⲀⲚ ϨⲰⲰⲔ ⲤⲈ
25 ⲚⲈϢⲈⲈⲦⲔ· ⲚⲒⲔⲈⲔⲀⲨⲒ̈

R. 11, 17, Z. 3 ff. ⲀⲔϢⲰⲠⲒ ⲚⲔⲒⲚⲞⲚⲞⲤ ⲘⲠⲚⲎⲎⲚⲒ ⲚⲦⲂⲰ
ⲚⲬⲀⲒⲦ, boheirisch ⲀⲔⲈⲢϢⲂⲎⲢ Ⲙ̄ⲠⲚⲈⲚⲒ Ⲛ̄ⲦⲈ ⲐⲚⲞⲨⲚⲒ Ⲛ̄†ⲂⲰ
Ⲛ̄ⲬⲰⲒⲦ συγκοινωνὸς τῆς ῥίζης καὶ πιότητος τῆς ἐλαίας ἐγένου in unserem
MS fehlt also ⟨τῆς ῥίζης καὶ⟩.

Röm. 11, 23　　ⲌⲰⲰⲔ ⲀⲨⲰⲦⲘ̄ⲤⲰ Ⲍ̄Ⲛ ⲦⲈⲨ
　　　　　　　　ⲘⲈⲦⲀⲦⲚⲈⲌ† ⲤⲈⲚⲀⲦⲀⲤⲞⲨ·

　　" 24　　　ⲈϢⲬⲈ ⲚⲦⲀⲔ ⲄⲀⲢ ⲀⲨϢⲈⲈⲦⲔ̄
　　　　　　　ⲈⲂⲞⲖ·　Ⲍ̄Ⲛ ⲞⲨⲂⲰ ⲚⲬⲒⲦ

　　　　30　ⲌⲀⲞⲨⲦ Ⲍ̄Ⲛ ⲞⲨⲘⲈⲈⲒ·　ⲀⲨⲰ
　　　　　　ⲠⲀⲢⲀ ⲦⲈⲔⲘⲒⲚⲒ ⲀⲨⲦⲀⲤ̄Ⲕ
　　　　　　ⲈⲨⲂⲰ ⲚⲬⲒⲦⲚ̄ⲞⲨⲦⲘ̄·　ⲠⲞ
　　　　　　ⲤⲞⲚ ⲘⲀⲖⲖⲞⲚ ⲚⲈⲒⲈⲌⲀⲒⲚⲒ
　　　　　　ⲖⲰⲚⲈ·　ⲤⲈⲚⲀⲦⲀⲤⲞⲨ ⲈⲦⲈⲨ
　　　　35　ⲂⲰ ⲚⲬⲀⲒ̈Ⲧ ⲘⲘ̄ⲒⲚ ⲘⲘⲀⲨ：—

　　" 25　　　†ⲞⲨⲰϢ ⲀⲈ ⲈⲦⲢⲈⲦⲈⲦⲚ̄ⲈⲒ
　　　　　　　ⲘⲒ ⲚⲀⲤⲚⲎⲨ ⲈⲠⲈⲒⲘⲨⲤⲦⲎ
　　　　　　　ⲢⲒⲞⲚ·　ⲬⲈⲔⲈⲈⲤ ⲚⲚⲈⲦⲚ̄
　　　　　　　ϢⲰⲠⲒ ⲚⲎⲚ̄ ⲚⲤⲀⲂⲎ·　ⲬⲈ
　　　　40　ⲀⲨⲦⲰⲘ Ⲛ̄ⲌⲎⲦ ϢⲰⲠⲒ Ⲍ̄Ⲛ
　　　　　　ⲌⲀⲒ̄ⲚⲒ ⲘⲠⲒ̄ⲎⲖ·　ϢⲀⲚⲦⲈ
　　　　　　ⲠⲬⲰⲔ ⲚⲚⲒⲈⲐⲚ̄ⲞⲤ ⲈⲒ̈ ⲈⲌⲞⲨ‾

　　" 26　　　ⲀⲨⲰ ⲦⲈⲒ ⲦⲈⲐⲎ ⲚⲦⲀ ⲠⲒⲎⲖ
　　　　　　　ⲦⲎⲢϤ ⲞⲨⲬⲈⲒ·　ⲔⲀⲦⲀ ⲐⲈ ⲈⲦ
　　　　45　ⲤⲌⲎⲞⲨⲦ ⲬⲈ ϤⲚⲎⲨ ⲈⲂⲞⲖ Ⲍ̄Ⲛ

Pagina　　　　　　　　　　　　　　　　　　　　‾‾·ⲒⲌ·

Röm. 11, 26　1　ⲤⲒⲰⲚ ⲚⲞⲒ ⲠⲈⲦⲚ̄ⲞⲨⲌⲘ̄ Ⲛ̄Ϥ
　　　　　　　　ⲔⲦⲀ ⲚⲦⲘⲈⲦϢⲈϤ† ⲈⲂⲞⲖ

　　" 27　　　Ⲍ̄Ⲛ ⲒⲀⲔⲰⲂ·　ⲀⲨⲰ ⲦⲈⲒ
　　　　　　　ⲦⲈ ⲦⲀⲒⲀⲐⲎⲔⲎ ⲈⲦϢⲞⲞⲠ
　　　　5　ⲚⲎⲨ ⲈⲂⲞⲖⲌⲒⲦⲀⲀⲦ·　ⲈⲒϢⲀ‾
　　　　　　ⲔⲰ ⲈⲂⲞⲖ ⲚⲚⲈⲦⲚ̄ⲚⲞⲂⲒ·

　　" 28　　　ⲔⲀⲦⲀ ⲘⲘⲈⲘ[ⲠⲈⲨⲀⲄⲄ]ⲈⲖⲒⲞ‾·

　　　Z. 26 gegen das Ende ist Ⲧ überragend, daneben ⲉ kleiner.
　Z. 36 Initiale in rot, schwarz und grün.

　　　R. 11, 27, Z. 5 ⲈⲂⲞⲖⲌⲒⲦⲀⲀⲦ παρ' ἐμοῦ fehlt im Boheirischen.

Röm. 11, 28   ΑΥΕΛΧΕΧΙ ΕΤΒ[ΗΗΤΗΝ]Ο[Υ]

              ΚΑΤΑ ΤΜΕΤ[ΣΑ]ΠΤ ΔΕ

       10 ƵΝΜΕΡΙΤ Ν[Ε ΕΤΒ]Ε ΝΕΥΙΑ†·

  „ 29   ƵΝ ΑΤΕΛΣΤ[Η ΓΑΡ] ΝΕ ΝΕΧΑ

              ΡΙΣΜΑ ΜΠϤ† ΜΝ ΠΕϤΤⲰ

  „ 30   ƵΕΜ̄. ΝⲐΕ ΓΑΡ ΝΤΑΤΝ

              Μ[ ]ΟΥΛΕΙⲰ ΝΤΑΤΕΤΕΝ

       15 ΕΛΑΤΝΕƵ† ΕΠϤ†·†ΝΟΥ

              ΔΕ ΑΥΝΕΕΪ ΝΗΤ̄Ν ƵΝ ΤΜΕΤ

  „ 31   ΑΤΝΕƵ† ΝΝΕΙ. ΤΕΙ ΤΕ

              ⲐΗ ΝΝΕΙ ƵⲰΟΥ ΤΕΝΟΥ· ΕΛΥ

              ΕΛΑΤΝΕƵ† ΕΠΕΤ̄ΝΝΑ·

       20 ΧΕΚΑΣ ƵⲰΟΥ ΕΥΕΝΕΕΪ ΝΗΥ·

  „ 32   Μ̄ΝΝΣΟΣ· Α ΠΝΟΥ† ΓΑΡ

              ΑΠΤ ΟΥΑΝ ΝΙΜ ΕƵΟΥΝ ΕΥ

              ΜΕΤΑΤΝΕƵ†· ΧΕΚΑΑΣ

              ΕϤΕΝΑ ΝΑΥ ΤΗΡΟΥ: —

  „ 33 25÷Ⲱ ΠⱲΟΚ ΝΤΜΕΤΡΕΜ

              ΜΑΟ· Μ̄Ν ΤΣΟϤΙΑ··Μ̄Ν

              ΠΣΟΟΥΝ.ΜΠϤ†·.ΝⲐΗ

              ΕΤΕ ΜΕΥⱲΜΑⱲΤ ΝΕƵΕΠ·

              ΜΠΝΟΥ†· ΑΥⲰ ƵΕΝ

       30 ΑΤϬΕΝΛΕΤΟΥ ΝΕ ΝΕϤƵΙΑΥΪ:

  „ 34   ΝΙΜ ΓΑΡ ΠΕΤΕ ΑϤΙΜΙ ΕΠ

              ƵΗΤ ΜΠϬ̄Σ· ΠΕΙ ΕΤΝΑ

  „ 35   ΣΕΒΙΗΤ̄Ϥ ΕΒΟΛ· ΪΕ ΝΙΜ ΠΕ

              ΤΕ ΑϤϤⲰΠΙ ΝΗϤ ΝΛΕϤ

       35 ΧΙⱲΑΧΝΙ· ΪΕ ΝΙΜ ΠΕ

              ΤΕ ΑϤΙΛΙ ΝΗϤ ΝⱲΑΡΕΠ·

  „ 36   ΝΤΑΛΕϤΤΟΥΙΑ ΝΗϤ· ΧΕ

Z. 16 Τ am Ende überragend.

33, Z. 27 ⲕⲉⲣⲉⲡ ⲙⲡⲛⲟⲧ† τὰ χρίματα θεοῦ aber sahidisch
ⲛⲉⲩϼⲁⲛ griech. τὰ χρίματα αὐτοῦ.

Röm. 11, 36   ΠΤΗΡϤ ϨⲚ ⲈⲂⲞⲖ ⲘⲘⲀϤ

ⲚⲈ·   ⲀⲨⲰ ⲈⲂⲞⲖϨⲒⲦⲀ

40 ⲀⲦϤ·   ⲀⲨⲰ ⲈⲨⲚⲀⲔⲀⲦⲞⲨ

ⲈⲖⲀϤ·   ⲠⲰϤ ⲠⲈ ⲠⲈⲞⲞⲨ·

ⲚⲰϪⲀ ⲚⲒⲈⲚⲌ ϨⲀⲘⲎⲚ⁚

12, 1 ⲒⲈ †ⲠⲀⲢⲀⲔⲀⲖⲒ ϬⲈ ⲘⲘⲀⲦⲚ

Haarseite, 1. Kolumne.

Pagina   · ⲒⲎ ·   · ⲦⲈ ⲠⲢⲞⲤ ·

Röm. 12, 1   1 ⲚⲈⲤⲚⲎⲨ ϨⲒⲦⲚ ⲚⲈⲘⲈⲦⲰϪ

ⲚⲀϨⲦⲎϤ ⲘⲠⲚⲞⲨ†·   Ⲉ

ⲠⲀⲢϨⲒⲤⲦⲀ ⲚⲚⲈⲦⲚⲤⲰⲘⲀ

ⲚⲞⲨⲐⲨⲤⲒⲀ ⲈⲤⲀⲚϨ ⲈⲤⲞⲨⲈⲈⲂ·

5 ⲈⲤⲈⲢⲀⲚⲎϤ ⲘⲠⲚⲞⲨ†· ··ⲠⲈ

ⲦⲚϢⲎⲘϢⲒ ⲚⲢⲈⲘⲚϨⲎⲦ·

„ 2   [ⲀⲨⲰ Ϫ]Ⲓ ⲘⲠⲈⲤⲘⲀⲦ ⲈⲚ

[ϨⲚ]Π[ⲈⲒⲈⲚⲈϨ]·   ⲀⲖⲖⲀ ⲈⲦⲈ

ⲦⲚ ϪⲒ Ⲙ[ⲠⲈⲤ]ⲘⲀⲦ ·ⲚⲦⲘⲈⲦ

10 ⲂⲈⲢⲢⲈ [ⲘⲠⲈⲦ]ⲚϨⲎⲦ·· · ⲈⲦ·

ⲢⲈⲦⲈⲦ[Ⲛ]ⲀⲞⲔⲒⲘⲀⲌⲈ ϪⲈ ⲞⲨ

ⲠⲈ ⲠⲞⲨⲰϢ ⲘⲠⲪ†·   ⲈⲦ

ⲚⲀⲚⲞⲨϤ ⲈⲦⲈⲢⲀⲚⲎϤ ⲈϤ

„ 3   ϪⲎⲔ ⲈⲂⲞⲖ·   †Ϫ Ⲱ

15 ⁼ⲄⲀⲢ ⲘⲘⲞⲤ ϨⲒⲦⲚ ⲦⲈⲬⲀⲢⲒⲤ Ⲛ

ⲦⲀⲨⲦⲈⲒϤ ⲚⲎⲒ⁚   ⲚⲞⲨⲀⲚ

Z. 43 Initiale in den Rand vorspringend in schwarz, rot und grün.
Z. 15 ⲧ groß in den Rand vorspringend.

R. 12, 2 [ⲁⲧⲱ ϫⲓ]ⲙⲡⲉⲥⲙⲁⲧ ⲉⲛ [ϩⲛ] ⲡ[ⲉⲓⲉⲛⲉϩ] καὶ μὴ συσχηματίζεσθε τῷ αἰῶνι τούτῳ sahidisch ⲛⲧⲉⲧⲛ ⲧⲙϫⲓ ϧⲣⲃ ⲙⲛ ⲡⲉⲓⲁⲓⲱⲛ.   12, 2, Z. 11 ϫⲉ ⲟⲧ falsch für ϫⲉ ⲟⲧ.   12, 3, Z. 15 ⲧⲉⲭⲁⲣⲓⲥ ⲛⲧⲁⲧⲧⲉⲓϥ ⲛⲏⲏⲓ ist falsch für ⲛⲧⲁⲧⲧⲉⲓⲥ, sahidisch ⲧⲉⲭⲁⲣⲓⲥ ⲛⲧⲁⲧⲧⲁⲁⲥ ⲛⲁⲓ.

Röm. 12, 3

NIM ETϨ̄NTH̄NOY EϢT̄M
ⲊICI NϨHT · MⲠAⲢA ⲐH
ETEϢϢH EM̄HOYEÏ · ⲀⲀ
20 ⲀⲀ MHHOYEÏ NTAЧ EEⲀⲢE
MN̄ϨHT · ⲠOYEEÏ ⲠOY
EEÏ NⲐE NTA Ⲡϯ TⲰϢ̄
NHЧ N̄OYϢÏ M̄ⲠICϯC ·

„ 4

KATA ⲐH ⲄAⲢ ETE OYANTHN
25 NOYATA MMEⲀOC ϨN̄ OȲ
CⲰMA NOYⲰT · EM
ⲠEⲒϨⲰⲂ NOYⲰT EN ⲠE
TENTH NIMEⲀOC THⲢOY ·

„ 5

TEI TE TN̄ϨH THⲢEN ANA⁻
30 OYCⲰMA NOYⲰT ϨM̄ ⲠE
X̄C̄ · ⲠOYEEÏ ⲀE ⲠOYEEÏ
ANAN NEMEⲀOC NNEN

„ 6

EⲢHY · EYANTHN ⲀE M
MEY NϨ̄ϨMAT EYϢABE ·
35 KATA TEXAⲢIC NTAYTEÏC

„ 7

NHN · EÏTE OYⲠⲢOФY
ϯA KATA ⲠϢI NTⲠICϯC
EÏTE OYⲀIAKONIA ϨN̄ T
ⲀIAKONIA · EÏTE ⲠET

„ 8

40 ϯCBⲰ ϨN̄ TECB̄Ⲱ · EÏTE
ⲠETⲠAⲢAKAⲀI ϨM̄ ⲠCOⲠC̄ ·
ⲠETϯ ϨN̄ OYMETϨAⲠⲀOYC ·

2. Kolumne.

Röm. 12, 8   1 ⲠETⲠⲢOϨICTA ϨN̄ OYCⲠO
        ⲀH · ⲠETN̄EEÏ ϨN̄ OYOY

12, 5, Z. 29. 30 ⲀⲚⲀⲚ OⲨCⲰⲘⲀ, danach ergänze bei Balestri
p. 343 (Sacrorum bibliorum fragmenta copto-sahidica, Band III) [ⲀⲚⲞ]Ⲛ
OⲨCⲰⲘⲀ.

Röm. 12, 9   ΡΑΤ · ΤΑΓΑΠΗ̂ ΧΕΝϨΥΠΟΚ

           ΡΙΝΕ ·   ΕΤΕΤΝ̄ΜΑCϯ Μ

     5 ΠΠΕΘΟΟΥ · ΕΤΕΤΝ̄ΤΩϬΙ

           ΜΜΑΤΝ̄ ΕΠΠΕΤΝΑΝΟΥϤ ·

„ 10   ΕΤΕΤΝ̄ϨⲰⲖϬ ΕϨΟΥΝ ΕΝΕ

           ΤΝ̄ΕΡΗΥ ϨΝ̄ ΟΥΜΕΤΜΑΙCΑ⁻·

           ΕΤΕΤΝ̄ΧΙCΙ ΝΝΕΤΝ̄ΕΡΗΥ

„ 11   10 ΕΡΑΤΝ̄ ϨΜ̄ ΠΤΑΪΑ ·   ΕΝ

           ΤΕΤΝ̄ΑΙ ΝⲰΧΕΝ ϨΝ̄ ΤΕC

           ΠΟΔΗ ·   ΕΤΕΤΝ̄ΒΑΡΒΕΡ

           ϨΜ̄ ΠΕΠ̄ΝΑ · ΕΤΕΤΝ̄ΑΙ ΝϨΜ̄

„ 12   ϨΕⲖ ΜΠϬ̄C ·   ΕΤΕΤΝ̄ⲖΕ

    15 ⲰΙ ϨΝ̄ ΘΕⲖΠΙC ·   ΕΤΕΤΝ̄

           ϨΥΠΟΜΙΝΕ ϨΝ̄ ΤΕΘⲖΙϮ̄C ·

           ΕΤΕΤΝ̄ΠΡΟCΓΑΡΤΗΡΙ Ε

„ 13   ΠΕⲰⲖΗⲖ ·   ΕΤΕΤΝ̄ΚΪ

           ΝΟΝΙ ΕΝΕΧΡῙΑ Ν̄ΝΕΤΟΥ

    20 ⲖΑΒ ·   ΕΤΕΤΝ̄ΠΗΤ Ν̄

           CΑ ΤΜΕΤΜΑΙⲰΕΜΜΑΟ ·

„ 14   CΜΟΥ ΕΝΕΤΠΗΤ Ν̄CⲰΤΝ̄

           CΜΟΥ ΑΥⲰ ΜΠΕⲖCΕΥϨΙ ·

„ 15   ⲖΕⲰΙ ΜΝ̄ ΝΕΤⲖΕⲰΙ ·

    25 ⲖΙΜΙ ΜΝ̄ ΝΕΤⲖΙΜΙ ·

„ 16   ΕΤΕΤΝ̄ΜΗ̄Η̄ΟΥΕΪ ΕΥΜΗ̄ΟΥ

           ΕΪ ΝΟΥⲰΤ ΜΝ̄ Ν (corr. ex Τ) ΕΤΝ̄ΕΡΗῩ ·

           ΕΤΕΤΝ̄CΑΜϬ̄ ΕΝ ΕΝΙΜ ΕΤ

           ΧΑCΙϨΤ ·   ⲖⲖⲖ ΕΤΕ

    30 ΤΝ̄ΜΟΟⲰΙ ΜΝ̄ ΝΕΤΘΕΒΙ

„ 17   ΗΥ ·   ΜΠΕⲖϬ̄Ⲱ̄ΠΙ Ν   ·

           CΑΒΗ ΝΗΤΝ̄ ΟΥⲖΕΕΤΤΗΝΫ̊ ·

           ΕΝΤΕΤΝ̄ΤⲰⲰΒΪ ΕΝ ΝΟΥ

           ΠΕΘΟΟΫ̄ ϨⲖ ΟΥΠΕΘΟΟΥ Ν

    35 ⲖⲖⲖΥ ·   ΕΤΕΤΝ̄ϤΙ ΜΠ

Röm. 12, 17   ⲀⲀⲞⲨⲰ ⲚⲚⲈⲠⲈⲦⲚ̄ⲀⲚⲞⲨϥ·

            ⲘⲠⲈⲘⲦⲀ ⲈⲂⲞⲀ ⲚⲀⲰⲘⲒ

„ 18   ⲚⲒⲘ·   ⲈϢⲭⲈ ⲞⲨⲀⲚ Ⲱ̄

            ϬⲞⲘ ⲈⲀⲠⲀⲦⲀⲀⲦⲦⲎⲚⲞⲨ̄

40 ⲈⲈⲀⲌⲒⲢⲎⲚⲎ ⲘⲚ̄ ⲢⲰⲘⲈ

            ⲚⲒⲘ·   ⲈⲦⲈⲦⲚ̄ⲈⲒ̈ⲀⲒ ⲈⲚ Ⲙ̄

Das Kairiner Blatt nach Bourlant-Chassinat.

Pagina 61, 1. Kolumne.

ⲔⲞⲢⲒⲚⲐ[ⲒⲞⲤ]

2 Kor. XII. 9 1 ⲚϬⲒ ⲦϬⲞⲘ ⲘⲠⲈⲬⲤ̄ · ⲈⲦⲂⲈ

„ 10   ⲠⲈⲒ ⲞⲨⲚ ϯⲦⲎ̄Ⲕ Ⲛ2ⲎⲦ Ⲍ̄Ⲛ

         Ⲍ̄ⲚⲘⲈⲦϬⲰⲂ· Ⲍ̄Ⲛ ϢⲰϢ̄

         ⲘⲚ̄ Ⲍ̄Ⲛ ⲀⲚⲀⲄⲄ̄Ⲏ·   Ⲍ̄Ⲛ Ⲍ̄Ⲛ

  5 ⲀⲒⲞⲔⲘⲞⲤ·   ⲘⲚ̄ Ⲍ̄ⲚⲀⲰⲬ

         2Ⲁ ⲠⲈⲬⲤ̄·   2ⲞⲦⲀⲚ̄ ⲄⲀⲢ ⲀⲈⲒ̄

         ϢⲀⲚⲈⲀⲀⲦϬⲞⲘ·   ⲦⲞⲦⲈ Ϣ̄ⲀⲒ

„ 11   ϬⲈⲘϬⲀⲘ̄·   ⲀⲒϢ̄ⲰⲠⲒ ⲚⲀ

         ⲐⲎⲦ Ⲛ̄ⲦⲀⲦⲚ̄ ⲦⲈⲦⲈⲚ̄ⲀⲚⲀⲄ

  10 ⲔⲀⲌⲈ ⲘⲘⲀⲒ· ⲀⲚⲀⲔ ⲄⲀⲢ̄

         ϢϢⲎ ⲈⲦⲢⲀⲤⲨ̄Ⲛ2ⲒⲤⲦⲀ Ⲙ

         ⲘⲀⲒ 2ⲒⲦⲚ̄ ⲦⲎⲚⲞⲨ·   Ⲙ

         ⲠⲒϢⲰϢⲦ ⲄⲀⲢ ⲚⲀⲀⲀⲨ

         ⲘⲠⲀⲢⲀ ⲚⲚⲀϬ ⲚⲀⲠⲞⲤⲦⲞ

  15 ⲀⲞⲤ·   ⲈϢⲬⲈ ⲀⲚⲀⲔ ⲞⲨ

„ 12   ⲀⲀⲀⲨ ⲚⲈⲘⲎⲈⲒⲚ Ⲛ̄ⲦⲘⲈⲦ

         ⲀⲠⲞⲤⲦⲞ́ⲀⲞⲤ ⲀⲒⲈⲒⲦⲞⲨ̄ Ⲍ̄Ⲛ

         ⲦⲎⲚⲞⲨ́·   Ⲍ̄Ⲛ 2ⲎⲠⲞⲘⲞ

         ⲚⲎ ⲚⲒⲘ·   ⲘⲚ̄ Ⲍ̄ⲚⲘⲎⲒ̄

  20 ⲘⲚ̄ Ⲍ̄ⲚϢⲠⲎⲢⲒ·   ⲘⲚ̄ 2Ⲉ̄

„ 13   ϬⲞⲘ·   ⲞⲨⲚ ⲄⲀⲢ ⲠⲈⲚⲦⲀ

         ⲦⲈⲦⲈⲚ̄ϢⲰ̄Ϣ̄Ⲧ ⲘⲘⲞϥ

2 Kor. XII. 13   ΠΑΡΑ ΠΚΕСΗ̄ΗΠΙ Ν̄ΝΙ

        ΑΠΟСΤΟΛΟС Ζ̄Ν ΝΙΕΚΚ

    25 ΛΗСΙᾹ· ΕῙΜΗ† ΧΕ ΑΝΟΚ

      ΜΠΙΟΥΕΖ̄ ΖΙΟΙ ΕΛΑΤΕΝ̄·

      ΚШ ΝΗΙ ΕΒΟΛ ΜΠΕΛΧΙΝ̄

  ,, 14 ϬΑΝϹ̄ : ~ ΠΜΕΖ̄Ν̄СΟΠ

      ΠΕ ΠΕῙ †СΕΒΤШΤ ΕΕῙ ШΑ

    30 ΡΑΤΕΝ· ΑΥШ̄ †ΝΑΟΥΕΖ̄

      ΖΙΟΙ ΕΡ̄ΑΤΕΝ ΕΝ̄· ΝΑΙ

      ШΙΝΙ ΓΑΡ ΕΝ ΝСΑ Ν̄ΕΤΕ

      ΝШΤΕΝ· ΑΛΛΑ ΝСШ

      ΤΕΝ· ΝΑШШΗ ΓΑΡ ΕΝ̄

    35 ΝΝΕШΗΛΙ ΕСШΟΥΖ̄ ΕΖΟΥ⁻

      ΝΝΕΙΑ†· ΑΛΛΑ ΝΕΙΑ†

  ,, 15 ΝΝΕШΗΛῙ· ΑΝΟΚ ΔΕ ΖΕ⁻

      ΟΥΠΙΘΙ †ΧΑ ΕΒΟΛ· ΑΥШ

      СΕΝΑΧΑῙ ΕΒΟΛ ΖΑ ΝΕΤΕΜ̄

    40 ΨΥΧΗ· ΕШΧΕ †ΜΗΙ

      ΜΜΑΤ̄Ν ΕΜΑШΑ· ῙΕΤΕΤΕ⁻

2. Kolumne.

Pagina   ÷ Σ̄[Λ] ÷

2 Kor. XII. 15 1 ΜΗΙ ΜΜΑΙ ΖШΝ ΟΥΚΟΥῙ

  ,, 16 ΑΥШ ΑΝΑΚ ΜΠΙΒΑΡΑ Μ

      ΜΑΤΕΝ· ΑΛΛΑ ΝΑΙᾹΙ

      ΜΠΑΝΟΥΡΓΟС· ΑΙΧΙ ΤΗ

    5 ΝΟΥ Ν̄ΓΛΑϤ· ΜΗ ΑΙΒΑϬ

      ΤΗΝ̄ΟΥ ΝΛΑΑϤ̄ Ζ̄Ν ΝΕΝ

  ,, 17 ΤΑΙΤΑΟΥΑΥ ШΑΡΑΤΕΝ·

  ,, 18 ΑΙΠΑΡΑΚΑΛΙ ΝΤΙΤΟС·

      ΑΥШ ΑΙΤΑΥΑ ΜΠΕΝ̄СΑΝ̄

    10 ΝΕΜΗϤ̄· ΜΗ Α ΔΙΤΟС

2 Kor. XII. 18   ΒΑϬΤΗΝΟΥ ·   ΜΗ ΝΑΝΜΟ

ΟϢΙ ΕΝ ℥Μ ΠΕΙΠΝΑ ΝΟΥ

ϢΤ · Ιͤ ΝΝΕΙℤΙΑΥΕΙ · ΝΟΥ

„ 19   ϢΤ ΕΝ ΝΕ ·   ΠΑΝΤΟΣ

15 ΤΕΤΕΝΜΗΗΟΥΕΙ ℀Ε ΑΝΑ

ΠΟΛΟΓΙΖΕ ΝΗΤΝ ΜΠΕΜ

ΤΑ ΕΒΟΛ ΜΠΝΟΥϯ ΕΝϢΕ

÷ ℀Ι ℥Μ ΠΕ℀Ϲ : _____

ΝΑΜΕΛΕϯ ΕΝΙΛΙ ΜΠΤΗΡϥ

„ 20 20 ℥Λ ΠΕΤΕΝΚϢΤ ·   ϯΕΡ

℥Αϯ ΔΕ ℀Ε ΜΗΠΟΤΑ ΛΙΕΙ

ϢΑΡΑΤΕΝ ·   ΤΑϬΕΝ

ΤΗΝΟΥ ΝΘΗ ΕΝϯΟΥΕϢϹ

ΕΝ · ΛΥϢ ΝΤΕΤΝΝΕΥ

25 ΕΛΑΙ ΝΘΗ ΕΝΤΕΤΕΝΟΥ

ΕϢΤ ΜΜΑϹ ΕΝ · : ΜΗ

ΠϢΤΕ ΟΥΑΝ ℥ΝΔΙΤϢΝ

℥ΝΤΗΝΟΥ ·   ΜΝ ℥ΝΚϢ℥

ΜΝ ℥ΝϬϢΝΤ ·   ΜΝ ℥Ν

30 ℀ΗΛϬΕΛ ·   ΜΝ ℥ΝΚΑΤΑ

ΛΑΛΙΑ ·   ΜΝ ℥ΝΚΕϹΚΕϹ ·

ΜΝ ℥Ν℀ΙϹΙΝ℥ΗΤ ·   ΜΝ

„ 21   ℥ΝϢΤΑΡΤΕΡ · ΠΗΠΟΤΑ

ΝΤΑΕΙ ΝΤΕ ΠΑΝΟΥϯ ΘΕ

35 ΒΙΛΙ ΕΤΒΕΤΗΝΟΥ ·   ΤΑΕΛ

℥ΗΙΒΙ ΝΟΥΜΗΗϢΙ ·   ΕΛΥ

ΕΛΝΟΒΙ Ν℀ΙΝΕϢΑΡΠ ΛΥϢ ·

ΜΠΟΥΜΕΤΑΝΟ[ΕΙ] ·   Ε℥ΛΗΙ Ε

℀ΕΝ ΤΑΚΑΘΑΡ[ϹΙΑ]ΜΝ

40 ΤΠΟΡΝΙΑ ΜΝ ΠϹϢϢϥ Ν

XIII. 1   ΤΑΥΕΙϥ : — ·· — ΠΜΕ℥℥Ν

Ϲ[Ο]Π [ϯΝΗΥ] ϢΑΡΑΤΕ

Pagina 62, 1. Kolumne.

Pag. ÷ Ⳅ̄Ⲃ ÷ [Ⲧ]Ⲉ ⲠⲢⲞⲤ

2 Kor. XIII. 1

1 ⲬⲈⲔⲈⲈⲤ ⲈⲂⲞⲖⳅ̄Ⲛ ⲖⲰ٩ Ⲙ
ⲘⲈⲦⲢⲎ Ⲃ̄ ⲒⲈ Ⲅ̄ ⲈⲢⲈ ⲰⲈⲬⲒ Ⲛ̄Ⲓ

„ 2

ⲂⲒ Ⲱ̄Ⲥ̄ⳅ̄ⲈⲖⲈⲦⲞⲨ · ⲖⲒⲬⲞ
ⲞⲤ ⲄⲀⲢ ⲚⲬⲒⲚ ⲈⲰⲞⲢ̄Ⲡ ⲀⲨⲰ

5 ⲀⲚ ✝ⲈⲖⲰⲞⲢ̄Ⲡ ⲚⲬⲰ Ⲙ̄ⲘⲞⲤ
ⳅⲰⲤ ⲈⲚ✝ⳅⲀⲦⲈⲚⲦⲎⲚ̄ⲞⲨ
ⲈⲚ✝ⲚⲞⲨ · Ⲉ̄ⲒⲤⳅⲈⲒ ⲚⲚⲈⲚ̄
ⲦⲀⲨⲈⲖⲰⲞⲢ̄Ⲡ ⲚⲬⲞⲞⲤ ⲚⲬⲒⲚ̄
ⲰⲞⲢ̄Ⲡ · Ⲙ̄Ⲛ̄ ⲠⲔⲈⲤⲎⲎⲠⲒ

10 ⲦⲎⲢ̄٩ ⲬⲈ ⲈⲒⲰⲀ̄ⲚⲒ ⲘⲠⲈⲒⲤⲞⲠ ·

„ 3

Ⲛ✝ⲚⲈ✝ⲤⲀ ⲈⲚ · ⲈⲂⲞⲖ
ⲬⲈ ⲦⲈⲦⲚ̄ⲰⲒⲚⲒ Ⲛ̄ⲤⲀ ⲦⲀⲞⲔⲒ
ⲘⲎ ⲘⲠⲈ̄Ⲭ̄Ⲥ̄ ⲈⲦⲰⲈⲬⲒ Ⲛ̄ⳅⲎⲦ
ⲠⲈⲒ ⲈⲦⲚⲀ٩Ⲁ̄Ⲓ ⲚⲀⲦⳆⲞⲘ

15 ⲈⳅⲞⲨⲚ ⲈⲖⲀⲦⲈⲚ · ⲀⲖⲖⲀ

„ 4

٩ⳆⲈⲘⳆⲞⲘ ⳅ̄ⲚⲦⲎⲚ̄ⲞⲨ · ⲔⲈ
ⲄⲀⲢ ⲀⲨ[ⲤⲦⲀⲨⲢ]ⲞⲨ Ⲙ̄ⲘⲞ٩ ⳅ̄Ⲛ ⲞⲨ̄
ⲀⲤⲐⲈⲚⲒⲀ · ⲀⲖⲖⲀ Ⲁ٩Ⲁ
ⲚⲀⳅ ⳅ̄Ⲛ ⲦⳆⲞⲘ ⲘⲠⲚⲞⲨⲦⲈ

20 ⲔⲈ ⲄⲀⲢ ⲀⲚⲀⲚ ⳅⲰ̄ⲰⲚ ⲦⲈⲚ
ⲰⲰⲚⲒ Ⲛ̄ⳅⲎⲦ٩̄ · ⲀⲖⲖⲀ
ⲦⲈⲚⲚⲀⲰⲚ̄ⳅ Ⲛ̄ⲈⲘⲎ٩ · ⲀⲚ
ⳅ̄Ⲛ ⲦⳆⲞⲘ Ⲙ̄Ⲡ٩✝ ⲈⳅⲞⲨⲚ Ⲉ

„ 5

ⲖⲀⲚ̄ · ⲬⲈ ⲦⲈⲦⲈⲚ ⳅ̄Ⲛ Ⲧ
25 ⲠⲒⲤⲦ̄Ⲥ̄ ⲀⲰⲔⲒⲘⲀⳅⲈ Ⲙ̄ⲘⲀ
ⲦⲈⲚ̄ · ⲒⲈ ⲚⲦⲈⲦⲈⲚⲤⲞⲞⲨⲚ Ⲉ̄
ⲬⲈ ⲠⲈⲭ̄Ⲥ̄ Ⲓ̄Ⲥ̄ ⳅ̄Ⲛ ⲦⲈⲚⲞⲨ · Ⲉ̄Ⲓ
ⲘⲎ✝ ⲠⲀⲚⲦⲞⲤ ⲚⲦⲀⲦⲈⲚ ⳅ̄Ⲛ

„ 6

ⲬⲀⲞⲨⲦ · ✝ⲠⲒⲤⲦⲈⲨⲈ̄Ⲓ ⲀⲈ
30 ⲬⲈ ⲦⲈⲦⲚ̄ⲚⲀⳅⲈⲒⲘⲒ ⲬⲈ ⲀⲚⲀⲚ

2 Kor. XIII. 7

ⲞⲚⲬⲀⲞⲨⲦ ⲈⲚ · ⲦⲈⲚⲰ
ⲀⲎⲀ ⲀⲈ Ⲁ ⲠϬ︦Ϯ ⲈⲰⲦⲘ︦ⲦⲢⲈ Ⲛ︦ .
ⲈⲀⲀⲀⲨ ⲘⲠⲈⲐⲀⲨ · ⲬⲈⲔⲈ
ⲈⲤ ⲈⲚ ⲚⲀⲞⲨⲰⲚⲄ︦ ⲈⲂⲞⲀ ⲚⲤⲞⲠⲦ ·
35 ⲀⲨⲰ ⲚⲦⲈⲦⲈⲚⲈⲀ ⲠⲠⲈⲦⲚ︦
Ⲛ︦ⲞⲨϤ · ⲀⲚⲀⲚ ⲀⲈ ⲚⲦⲈⲚ
Ⲱ︦ⲠⲒ Ⲅ︦ⲰⲤ ⲤⲰⲠⲦ ⲈⲚ ·
„ 8 ⲘⲈⲚϬⲞⲘ ⲄⲀⲢ ⲘⲘⲀⲚ ⲈϮⲚⲞⲨ
„ 9 Ⲉ ⲈⲦⲘ︦ⲈⲈⲒ · ⲦⲈⲚ︦ⲚⲈⲀⲈⲰⲒ
40 ⲄⲀⲢ ⲈⲚⲰⲀⲚ︦ⲰⲰⲚⲒ · Ⲛ
ⲦⲀⲦⲚ︦ ⲀⲈ ⲚⲦⲈⲦⲈⲚ︦ⲰⲰⲠⲒ Ⲉ
ⲦⲈⲦⲚ︦ⲬⲀⲀⲢ · ⲠⲈⲒ ⲀⲰ ⲠⲈ
ⲦⲈⲚ Ⲱ[ⲀⲎⲀ ·] ⲈⲦⲚ[·· ⲠⲈ]ⲦⲈⲚ

2. Kolumne.

Blatt

2 Kor. XIII. 10   1 ⲤⲀⲂϮ · ⲈⲦⲂⲈ ⲠⲈⲒ ⲈⲚϮⲄⲀⲦⲈ︦
ⲦⲎⲚⲞⲨ ϮⲤⲄⲈⲒ ⲚⲚⲈⲒ ⲦⲀⲬⲢⲰ
ⲚⲞⲨⲰⲰⲦ ⲈⲂⲞⲀ · ⲔⲀ
ⲦⲀⲦⲈⲄⲞⲨ︦ⳠⲒ︦Ⲁ ⲚⲦⲀ Ⲡ︦Ϭ︦Ⲥ ⲦⲈⲒⲤ
5 ⲚⲎⲒ ⲈⲨⲔⲰ︦Ⲧ ⲀⲨⲰ ⲚⲞⲨ
„ 11 ⲰⲀⲀⲰⲈⲀ ⲈⲚ · ϮⲚ︦ⲞⲨ ϬⲎ
ⲚⲈⲤⲚⲎⲨ︦ ⲀⲈⲰⲒ̈ ⲤⲈⲂⲦⲈ ⲦⲎⲚ · [l. ⲦⲎⲚⲞⲨ?]
ⲤⲞⲠⲤ · ⲘⲎⲎⲞⲨⲈⲒ︦Ⲥ (l. Ⲉ) ⲠⲈⲒⲘⲎ
ⲎⲞⲨⲈⲒ̈ ⲚⲞⲨⲰⲦ ·   ⲀⲀⲒ Ⲅ︦Ⲓ
10 ⲢⲎⲚⲎ · ⲀⲨⲰ ⲠϬ︦Ϯ Ⲛϯ
ⲢⲎⲚⲎ Ⲛ︦ⲀⲰⲰⲠⲒ ⲚⲈⲘⲎⲦⲚ︦
„ 12 ⲀⲤⲠⲀⳠⲈ ⲚⲚⲈⲦⲈⲚⲈⲢⲎⲨ ·
Ⲅ︦Ⲛ ⲞⲨⲠⲒ ⲈⲤⲞⲨⲀⲀⲂ · ⲤⲈⲰⲒ
ⲚⲒ ⲈⲢⲀⲦⲈ︦Ⲛ ⲚϬⲒ ⲚⲈⲦⲞⲨⲀⲀⲂ
„ 13 15 ⲦⲎⲢⲞⲨ · ⲦⲈⲬⲀⲢⲒⲤ ⲘⲠⲈⲚ︦
Ϭ︦Ⲥ Ⲓ︦Ⲥ ⲠⲈⲬ︦Ⲥ · ⲘⲚ︦ ⲦⲀⲄⲀ

2 Kor. XIII. 13   ΠΗ ΝΤΕ Π϶Ϯ · Μ̄Ν Τ

KINONIA ΜΠΕΠΝ̄Α ΕΤΟΥ

ΛΛΒ ΝΕΜΗΤ̄Ν ΤΗΡΤΕΝ · —

20 | ΤΕΠΡΟC · ΚΟΡΙΝΘΟC Β̄

| ΤΕΠΡΟC · 2ΕΒΡΛͮΟC · Λ̄

Hebr. I. 1   2ΕΝ ΟΥΑΤΕ 2Η̄ Μ̄Ν ΟΥ

ΛΤΛ Ν̄CΜΛΤ · ΕΛ

Π϶Ϯ ϢΕΧΙ Μ̄Ν ΝΕ⁻

25 ͮΛϮ ΝϢΟΡΠ̄ · 2Ν̄ ΝΙ

„ 2   ΠΡΟϤΗΤΗC · 2Ν̄ ΘΛΗ̄

ΛΕ ΝΝΕΙ2ΟΟΥ ΝΕ͞ ΛϥϣΕ

ΧΙ ΝΕΜΗΝ 2Μ̄ ΠΕϥϢΗ

ΡΕ · ΠΕΙΝΤΛϥΚΕ

30 Εϥ Ν̄ΓΛΗΡΟΝΟΜΟC Ν̄

ΚΕΕΝΙ ΝΙΜ · ΠΕΙ ΝΤΛϥ

ΤΛΜΙΛ ΝΝΙΕⳠΝ ΕΒΟΛ2Ι

„ 3   ΤΛΛΤϥ · ΕΤΕ ΠΕ͞ ΠΕ ΠΟΥ

ΛΕ͞Ν ΜΠΕΥΕΟΟῩ · ΛΥΩ

35 ΠΙΝΙ ΜΠΕϥΤΛΧ̄Ρ̄Λ · Εϥ

ΒΙ 2Λ ΠΤΗΡ̄ϥ 2Μ̄ ΠϢΕΧΙ

ΝΤΕϥϬΛΜ · ΕΒΟΛ2ΙΤΛΛΤϥ

ΛϥΙΛΙ ΜΠΤΕΒΟ ΝΝΕΝΝΟΒΙ ·

ΛϥΜΟΟC 2Ν̄ ΤΟΥΝΛΜ ΝΤ

„ 4   40 ΜΕΤΝΟϬ 2Ν̄ ΝΕΤΧΛCΙ · Λϥ̄

K 9002.

Dieselben Maße wie bei K 9001.

Fleischseite, 1. Kolumne.

Pagina   Ε̄   2ΕΒΡΕΟC

Hebr. 1, 4   1 [ϢΩΠΙ] ΕϥCΛΠΤ Ε2ΟῩΕ ΕΝͮ ·

[ΛΓΓΕΛΟC] ΩC ΕϥΟΥΛΤΕϥ̄

[Ε2ΟΥΕ ΕΡΛ]Υ · ΛϥΚΛΗ

Hebr. 1, 4 [ⲣⲟⲛⲟⲙⲓ ⲛ̄ⲟⲩ]ⲗⲉⲛ̄ ⲉⲃⲟⲗ ⲟⲩ̄
„ 5 [. . . . . . ⲛⲛ]ⲓⲙ ϩⲛ̄ ⲛ̄ⲓⲁⲅⲅⲉ
[ⲗⲟⲥ ⲁϥϫⲱ ⲙⲙ]ⲟⲥ ⲛⲏϥ ⲉⲛⲉϩ̄·
[ϫⲉ ⲉ]ⲛⲧⲁⲕ ⲡⲉ ⲡⲁϣⲏⲗⲓ ⲁ
[ⲛⲁ]ⲕ ⲁⲓϫⲡⲁⲕ ⲙⲡⲟⲟ̄ⲩ·
ⲁⲩⲱ ϫⲉ ⲁⲛⲁⲕ ϯⲛⲁϣⲱ̄
ⲡⲓ ⲛⲏϥ ⲉⲩⲓ̈ⲱⲧ· ⲛⲧⲁϥ·
ⲇⲉ ϥⲛ̄ⲁϣ̄ⲱ̄ⲡⲓ ⲛ̄ⲏⲓ ⲉⲩϣⲏ
„ 6 [ⲗⲓ]· ⲉϣⲱⲡⲓ ⲇⲉ ⲁⲛ ⲉϥ
[ϣ]ⲁⲛ̄ⲓⲛⲓ ⲙ̄ⲡϣⲁⲣⲡ̄[ⲙ]ⲓⲥⲓ
[ⲉϩ]ⲟ[ⲩ]ⲛ ⲉⲇⲓ̈ⲕⲟⲩⲙⲩⲛⲏ· ϥ
ϫⲱ [ⲙⲙⲟ]ⲥ ϫⲉ [ⲙ]ⲁⲣⲟⲩⲱϣⲧ
ⲛⲁϥ ⲧⲏⲣⲟⲩ ⲛϭⲓ ⲛⲉⲁⲅⲅⲉⲗⲟⲥ·
ⲙⲡ̄ⲫ̄ϯ̄· ϥϫⲱ ⲙⲙⲟⲥ
ⲁⲛ ⲉⲧⲃⲉ ⲛ̄ⲓⲁⲅ̄ⲅ̄ⲉⲗⲟⲥ· ϫⲉ
ⲡⲉⲧⲧⲁⲙⲓⲁ ⲛⲛⲉϥⲁⲅⲅⲉⲗⲟⲥ
ⲙⲡⲛ̄ⲁ̄· ⲛⲉϥⲗⲓⲧⲟⲩⲣⲅⲟⲥ
ⲛ̄ϣⲁϩⲛ̄ⲥⲁϯ· ⲛⲁϩⲣⲉⲙ
ⲡϣⲏⲗⲓ ⲇⲉ ϥϫⲱ ⲙ̄ⲙⲟⲥ ϫⲉ
ⲡⲉⲕⲑⲣⲟⲛⲟⲥ ⲡ̄ⲫ̄ϯ̄ ϥϣⲁ
ⲁⲡ ⲛ̄ϣⲁ ⲉⲛⲉϩ ⲛ̄ⲧⲉ ⲡⲓⲉⲛ̄ϩ̄·
ⲁⲩⲱ ⲡϭⲁⲣⲱⲙ ⲙ̄ⲡⲥⲁⲩⲧⲉⲛ
ⲡⲉ ⲡϭⲁⲣⲱⲙ ⲛ̄ⲧⲉⲕⲙⲉⲧⲉⲣ̄ⲁ·
„ 9 ⲁⲕⲙⲉⲣⲓ ⲧⲇⲓ̈ⲕⲉⲟⲥⲩ̄ⲛ[ⲏ ⲁⲕ]
ⲙⲉⲥⲧⲉ ⲡϫ[ⲓ]ⲛϭⲟⲛ̄ⲥ[· ⲉⲧ]
ⲃⲉ ⲡⲉⲓ ⲁ[ϥ]ⲧⲉϩⲥⲕ ⲛ[ϫⲓ]
ⲡⲉⲕⲛⲟⲩϯ ⲛⲟⲩⲛⲉϩ [ⲛ̄ⲧⲉ]
ⲗⲏⲗ ⲡⲁⲣⲁ ⲛⲉⲧϩⲓⲧⲟⲩ[ⲱⲕ]
„ 10 ⲧⲏⲣ̄ⲟⲩ· ⲁⲩⲱ ϫⲉ ⲛ[ⲧⲁ]ⲕ
ⲡϭ̄ⲥ̄ ⲛϫⲓⲛ̄ⲉϣⲟⲣⲡ̄ ⲁⲕϩⲓ
ⲥ̄ⲛⲛ̄ϯ ⲙⲡⲉⲕⲉϩⲓ̈· ⲛⲉϩⲃⲏ
ⲟⲩⲉⲓ̈ ⲛⲛ̄ⲉⲕϭⲓϫ ⲛⲉ ⲛ̄ⲉⲙⲡⲏ

Z. 19 ⲛⲛⲉϥⲁⲅⲅⲉⲗⲟⲥ mit untergesetztem o.

Hebr. 1, 11   ΟΥΕΪ ΝΤ[Ⲁ]Υ ΝΕΤⲀⲔⲀ Ν̄
          ΤⲀⲔ ⲀⲈ [Ⲕ]ΝⲀϬⲰⲰΤ ·   ⲤⲈ
          ΝⲀⲈⲀ[Ⲗ]Ⲥ ΤΗΡΟΥ ΝΘΗ Ν̄ΟΥ

„ 12   [. . . . .]ⲔΝΕⲔⲀϤΟΥ ΝΘΗ

40   [ΝΟΥ]ΕΡϢⲰΝ ΝⲤΕϢΙΒΙ · Ν

          ΤⲀⲔ ΠΕ ·   ⲀΥⲰ ΝΤⲀⲔ ⲀΝ ΠΕ ·

          ⲀΥⲰ ΝΕⲔΡⲀΜΠΙ ΝⲀϢ̄ΧΕΝ Ε⁻.

Hebr. I, 4, Z. 1. Nach dem Boheirischen ⲉⲁϥϣⲱⲡⲓ und entsprechend der Größe der Lücke ist zu ergänzen ⲁϥ|[ϣⲱⲡⲓ], wobei das Kairiner Blatt mit dem Wiener in engster Zusammengehörigkeit erscheint. Das Weitere lautet im Boheirischen: ⲉϥⲥⲱⲧⲡ ⲉⲣⲟⲧⲉ ⲛⲓⲁⲅⲅⲉⲗⲟⲥ ⲛ̄ⲧⲁⲓⲙⲁⲓⲏ ⲙ̄ⲡⲓⲣⲏϯ ⲉⲧⲁϥⲉⲣⲕⲗⲏⲣⲟⲛⲟⲙⲓⲛ ⲛ̄ⲟⲩⲣⲁⲛ ⲉⲟⲧⲟⲛ ϣⲓⲃϯ ⲙⲙⲟϥ ⲉⲣⲟⲧⲉⲣⲱⲟⲩ sahidisch ⲛ̄ⲑⲉ ⲉⲧϥ̄ⲥⲟⲧⲡ̄ ⲉⲛⲁⲅⲅⲉⲗⲟⲥ ⲧⲁ̈ⲓ ⲟⲛ ⲧⲉ ⲑⲉ ⲛ̄ⲧⲁϥⲕⲗⲏⲣⲟⲛⲟⲙⲉⲓ ⲛ̄ⲟⲩⲣⲁⲛ ⲉϥϣⲟⲃⲉ ⲉⲣⲟⲟⲩ τοσούτῳ κρείττων γενόμενος τῶν ἀγγέλων ὅσῳ διαφορώτερον (ⲉϥⲟⲩⲁⲧⲉϥ zu Sahidisch ⲟⲩⲟⲧⲉⲃ praestare) παρ' αὐτοὺς κεκληρονόμηκεν ὄνομα. In der Lücke von Z. 5 fehlt das Ende des Äquivalents für παρ' αὐτούς und der Anfang von V. 5 τίνι γὰρ εἶπέ ποτε τῶν ἀγγέλων etc. boheirisch ⲉⲧⲁϥⲝⲟⲟⲥ ⲅⲁⲣ ⲛ̄ⲛⲓⲙ ⲛ̄ⲑⲛⲁⲩ ϧⲉⲛ ⲛⲓⲁⲅⲅⲉⲗⲟⲥ ⲝⲉ, sahidisch ⲛ̄ⲧⲁϥⲝⲟⲟⲥ ⲅⲁⲣ ⲛ̄ⲛⲓⲙ ⲛ̄ⲛⲉϥⲁⲅⲅⲉⲗⲟⲥ ⲉⲛⲉϩ ⲝⲉ) Hebr. I 13 beginnt mit [ⲁϥⲝⲱ ⲙⲙ]ⲟⲥ ⲅⲁⲣ ⲛ̄ⲛⲓⲙ ϩⲛ̄ ⲛⲛ[ⲉⲁⲅⲅⲉⲗ]ⲟⲥ ⲉⲛⲉϩ πρὸς τίνα δὲ τῶν ἀγγέλων εἶπέ ποτε.

I, 5, Z. 9. Der Anfang lautet ⲁⲩⲱ ⲝⲉ ohne ⲁⲛ, dagegen boheirisch ⲟⲩⲟϩ ⲡⲁⲗⲓⲛ ⲝⲉ, sahidisch ⲁⲩⲱ ⲟⲛ ⲝⲉ: καὶ πάλιν.

I, 6, Z. 12. Die Konstruktion ist dem Boheirischen: ⲉϣⲱⲡ ⲝⲉ ⲟⲛ ⲁϥϣⲁⲛⲓⲛⲓ ⲙ̄ⲡⲓϣⲟⲣⲡⲙ̄ⲙⲓⲥⲓ näher als das Sahidische ⲉϥϣⲁⲛⲉⲓⲛⲉ ⲝⲉ ⲟⲛ ⲙ̄ⲡϣⲣⲡⲙ̄ⲙⲓⲥⲉ ὅταν δὲ πάλιν (ⲟⲛ im Koptischen) εἰσαγάγῃ τὸν πρωτότοκον.

I, 7, Z. 17. ϥⲝⲱ ⲙⲙⲟⲥ ⲁⲛ ⲉⲧⲃⲉ ⲛ̄ⲓⲁⲅⲅⲉⲗⲟⲥ ⲝⲉ ‚er sagt wieder wegen der Engel‘ steht dem Boheirischen ⲟⲩⲟϩ ⲉⲑⲃⲉ ⲛⲓⲁⲅⲅⲉⲗⲟⲥ ϥⲝⲱ ⲙ̄ⲙⲟⲥ ⲝⲉ ‚und über die Engel sagt er‘ näher als dem Sahidischen ϣⲁϥⲝⲟⲟⲥ ⲙⲉⲛ ⲛ̄ⲛⲁϩⲣⲛ̄ ⲛⲁⲅⲅⲉⲗⲟⲥ ⲝⲉ griechisch καὶ πρὸς μὲν τοὺς ἀγγέλους λέγει. ⲛⲁϩⲣⲉⲙ ist in unserer Handschrift erst im folgenden gebraucht: ⲛⲁϩⲣⲉⲙ ⲡϣⲏⲗⲓ ⲝⲉ πρὸς δὲ τὸν υἱόν.

I, 9, Z. 30. ⲛ[ⲝⲓ] ⲡⲉⲕⲛⲟⲩϯ ‚dein Gott‘ boheirisch ⲛⲝⲉ ⲫϯ ⲡⲉⲕⲛⲟⲩϯ — ⲡⲁⲣⲁ ⲛⲉⲧϩⲓⲧⲟⲩ[ⲱⲏ] ⲧⲏⲣⲟⲩ παρὰ τοὺς μετόχους σου πάντας boheirisch ⲉⲣⲟⲧⲉ ⲛⲛⲉⲧϩⲁⲑⲟⲧⲱⲏ παρὰ τοὺς μετόχους σου.

I, 10, Z. 32 ⲁⲧⲱ ⲍⲉ ⲛ[ⲧⲁ]ⲕ ⲡ̄ⳓ̄ⲥ ⲛ̄ⲭⲓⲡⲉϣⲟⲣⲡ̄ ⲁⲕⲣ̄ⲥⲛ̄ⲧⳓ
ⲙ̄ⲡⲉⲕⲉⲣ̣ⲓ̈ σὺ κατ' ἀρχὰς, κύριε, τὴν γῆν ἐθεμελίωσας boheirisch ⲟⲧⲟϧ
ⲓⲥⳓⲉⲛ ϧⲏ ⲡ̄ⳓ̄ⲥ ⲛⲑⲟⲕ ⲁⲕϧⲓⲥⲉⲛ̄ⳓ ⲙ̄ⲡⲕⲁϧⲓ.

I, 12, Z. 38 καὶ πάντες ὡς ἱμάτιον παλαιωθήσονται καὶ ὡσεὶ περιβόλαιον ἑλίξεις αὐτοὺς καὶ ἀπαλλαγήσονται boheirisch ⲥⲉⲛⲁⲉⲣⲁⲡⲁⲥ
ⲧⲏⲣⲟⲧ ⲙ̄ⲫⲣⲏⳓ ⲛ̄ⲟⲧⳓⲃⲟⲥ ⲙ̄ⲫⲣⲏⳓ ⲛ̄ⲟⲧⲉⲣϣⲱⲛ ⲭⲛⲁⲕⲟⲗⲟⲧ
ⲟⲧⲟϧ ⲥⲉⲛⲁϣⲓⲃ̄ⳓ: Die Stelle ist in unserem MS. zerstört. In der
Lücke stand die Bezeichnung für ‚Kleid‘.

2. Kolumne.

Hebr. I. 13   1 [ⲀϤⲬⲰ ⲘⲘ]ⲞⲤ ⲄⲀⲢ ⲚⲚⲓⲘ ⲌⲚ̄

NN[ⲈⲀⲄⲄⲈⲀ]ⲞⲤ ⲈⲚⲈⲌ ·   ⲬⲈ

ⲌⲘ[ⲀⲀⲤ 2ⲓ ⲞⲨⲚ]ⲀⲘ ⲘⲘⲀⲓ

ⲰⲀ[ⲚⲦⲈⲓⲔⲀ   ] ⲚⲚⲈⲔⲬⲈ

5 Ⲭⲓ Ⲧ[. . 2ⲓⲠⲈⲤ]Ⲏ̄Ⲧ Ⲛ̄Ⲛ̄ⲈⲔ

„ 14   ⲞⲨ̄ⲈⲢ[Ⲏⳓ ·   Ⲙ]Ⲏ Ⲛ̄Ⲍ̄ⲚⲀⲓ

ⲦⲞⲨⲢⲄ[ⲓⲔⲞⲚ Ⲡ]Ⲛ̄Ⲁ̄ · ⲦⲎⲢⲞⲨ ⲈⲚ

ⲚⲈ ·   [ⲈⲨⲦⲀⲨ]Ⲁ ⲘⲘⲀⲨ ⲈⲌⲚ̄

Ⲁⲓ[ⲀⲔⲞⲚⲓ]Ⲁ ⲈⲦⲂⲈ Ⲛ̄ⲈⲦⲚ̄Ⲁ

10 ⲔⲀⲎⲢⲞⲚⲞⲘⲓ ⲘⲠⲞⲨⲬⲈⲓ̈ ·

II. 1   ⲈⲦⲂⲈ ⲠⲈⲓ Ⲱ̄Ⲝ̄Ⲏ ⲈⲢⲀⲚ Ⲛ̄Ⲍ̄ⲯⲀ

ⲈⲦⲢⲈⲚⳓ2ⲦⲎ Ⲛ̄ⲈⲚⲈⲦⲈⲚ

ⲤⲰⲦⲘ̄ ⲈⲢⲀⲨ ·   ⲘⲎⲠⲞⲦ

„ 2   ⲚⲦⲈⲚⲤⲀⲈ6ⲀⲈ6 ·   ⲈⲰⲬⲈ ⲄⲀⲢ̄

15 ⲠⲰⲈⲬⲓ ⲚⲦⲀϤⲬⲀⲀ[Ϥ ⲈⲂⲞⲀ]

2ⲓⲦⲀⲀⲦⲞⲨ Ⲛ̄ⲚⲀⲄⲄⲈ[ⲀⲞⲤ]

ⲀϤⲰⲰⲠⲓ ⲈϤⲦⲀⲬⲢⲎⲨ

ⲀⲨⲰ ⲠⲀⲢⲀⲂⲀⲤⲓⲤ ⲚⲒ̈Ⲙ

Ⲙ̄Ⲛ ⲘⲈⲦⲀⲦⲤⲰⲦⲘ̄ ⲚⲒⲘ

20 ⲀⲨⲬⲓ ⲚⲞⲨⲂⲈⲔⲎ ⲈⲨ̄ⲈⲘⲠ

„ 3   ⲰⲎ ⲘⲘⲞϤ ·   Ⲥ̄ⲈⲚⲈ

Z. 2 ⲛ große Initiale in rot, grün, schwarz.   Z. 11 ⲟ über-
geschrieben. Bis Z. 18 stören Spuren abgedrückter Schrift.

Hebr. II. 3 ϢⲈⲚ2Ⲏ ⲀⲚⲀⲚ ⲦⲈⲚⲚⲀ

ϢⲈⲖⲂⲀⲖ ⲈⲚϢⲀⲚⲀⲘⲈⲖⲓ

ⲈⲠⲈⲤⲚⲞⲤ ⲚⲞⲨⲬⲈⲓ· ⲠⲈⲒ

25 ⲚⲦⲀ4ⲬⲒⲀⲢⲬⲎ Ⲛⲱ̄ⲈⲬⲒ

ⲈⲢⲀ4 2ⲒⲦⲘ̄ ⲠⲪ✝ Ⲁ4

ⲦⲀ[ⲬⲢ]Ⲁ Ⲉ2ⲞⲨⲚ ⲈⲢⲀⲚ 2ⲒⲦⲈⲚ̄

[ⲚⲦⲀⲨⲤⲰⲦ]Ⲙ̄ ⲈⲢⲀⲒ· Ⲉ

‖ⲖⲈ‖[Ⲫ✝ ⲈⲢ̄]ⲘⲈⲦⲢⲎ ⲚⲈⲘ

30 ‖ⲘⲀ‖Ⲩ 2Ⲛ̄ 2ⲚⲘⲎⲒⲚ· ⲘⲚ̄

[2Ⲛ]ϢⲠⲎⲢⲒ· ⲘⲚ̄ 2Ⲛ̄ϬⲞⲘ

[ⲈⲨ]ϢⲀⲂⲈ· ⲘⲚ̄ 2Ⲛ̄ⲠⲰ̄ⲢⲬ

ⲘⲠⲚⲀ̄ ⲈⲦⲞⲨⲈⲈⲂ· ⲔⲀⲦⲀ

ⲠⲈ4ⲞⲨⲰϢ̄ ⲚⲀⲀ42ⲎⲠⲞ (l. ⲛⲧⲁ4̄ⲟ̄ⲏⲡⲟ)

„ 5 35 ⲦⲀⳘⳘⲒ ⲈⲚ̄ ⲚⲚⲈⲀⲄⲄⲈⲖⲞⲤ Ⲛ̄

ⲀⲒⲔⲞⲨⲘⲨ̄ⲚⲎ ⲈⲦⲚⲀϢⲰⲠⲒ

ⲦⲎ̄ⲈⲦⲈⲚϢⲈⲬⲒ ⲈⲢⲀⲤ·

„ 6 ÷ Ⲁ ⲞⲨⲀ ⲀⲈ ⲈⲢ̄ⲘⲈⲦⲢⲎ 2Ⲛ̄ ⲞⲨⲘⲈ·

Ⲉ4ⲬⲰ ⲘⲘⲀⲤ· ⲬⲈ ⲞⲨⲚ̄

40 ⲠⲈ ⲠⲢⲰⲘⲈ ⲬⲈ ⲔⲒⲢⲈ ⲘⲠⲈ4̄

ⲘⲎⲞⲨⲈⲒ· Ⲡϣ̄ⲎⲢⲈ ⲘⲠⲢⲰ

ⲘⲒ ⲬⲈ ⲔϬⲒⲘⲒ ⲘⲠⲈ4ϢⲒⲚⲒ·

Hebr. I, 13, Z. 5. Vgl. boheirisch ϣⲁ✝ⲭⲁ ⲛⲉⲛⲭⲁⲝⲒ ⲥⲁⲡⲉⲥⲏⲧ ⲛ̄ⲡⲉⲛϭⲁⲗⲁⲧⲝ ἕως ἂν θῶ τοὺς ἐχθρούς σου ὑποπόδιον τῶν ποδῶν σου.

I, 14, Z. 8. ⲧⲁⲟⲧⲁ zu sahidisch ⲧⲟⲧⲟ „mitto‘; boheirisch ⲉⲧⲟⲧⲱⲣⲡ ⲙⲙⲱⲟⲧ ⲉⲧⲀⲓⲁⲕⲱⲛⲓⲁ εἰς διακονίαν ἀποστελλόμενα.

I, 14, Z. 9. ⲛⲉⲧⲛⲁ̄ eine Schlimmbesserung ist das überschriebene ⲛ.

Haarseite, 1. Kolumne.

Pagina [Ⲝ]Ⲁ· ⲦⲈ ⲠⲢⲞⲤ·

Hebr. 2. 7 1 ⲀⲔϬⲀⲬⲈ4 Ⲛ̄[ⲞⲨⲔⲞⲨⲒ] ⲘⲠⲀ̄

ⲢⲀ ⲚⲒⲀⲄⲄⲈ[ⲖⲞⲤ ⲞⲨ]Ⲉ̣ⲞⲞⲨ

ⲘⲚ̄ ⲞⲨⲦⲀ[Ⲓ̈Ⲁ ⲀⲔⲦⲈⲒⲦ]Ⲟ̣Ⲩ [Ⲛ]ⲞⲨ

Z. 88 ⲁ ebenso in schwarz, grün, rot als Initiale.

Hebr. 2. 7   ⲔⲖⲀⲘ Ⲋ⳰[ⲬⲰϤ . . .] . . . . ·

      5 ⲀⲔⲔⲀ[ⲐⲒⲤⲦⲀ ⲘⲘⲀ]Ϥ ⲈⲬⲈ̄

        ⲚⲈⲋⲂⲎ[ⲨⲈ ⲦⲎⲢⲞⲨ ⲚⲚⲈⲔ]

  , 8   ⲈⲒⲬ · Ⲁ[ⲔⲐⲈⲂⲒⲀ ⲚⲎϤ] ⲚⲔⲈ

       ⲈⲚⲒ ⲚⲒⲘ Ⲋ[ⲒⲠⲈⲤⲎ]Ⲧ ⲚⲚⲈ

       ϤⲞⲨⲈⲢⲎ† ·   [? Ⲋⲛ̄ ⲠⲈⲦⲢⲈϤ]ⲐⲈ

 ÷ 10 ⲂⲒⲀ ⲆⲈ ⲚⲔⲈⲈⲚⲒⲚⲒ Ⲛ[ⲒⲘ̄]

       ⲒⲈ ⲘⲠⲈϤⲔⲈ ⲖⲀⲀⲨ ⲈⲚ[ϤⲋⲨ]

       ⲠⲞⲦⲀⲤⲤⲒ ⲚⲎϤ Ⲉⲛ̄ · †ⲚⲞⲨ

       ⲆⲈ ⲘⲠⲀⲦⲈⲚⲚⲈⲨ ⲈⲔⲈⲈⲚⲒ

       ⲚⲒⲘ ⲈⲀⲨⲋⲎⲠⲞⲦⲀⲤⲤⲒ ⲚⲈϤ ·

  „ 9 15 ⲠⲈⲦⲈⲚⲦⲀⲨϬⲀⲬⲈⲂ ⲚⲞⲨ

       [ⲔⲞⲨ]Ⲓ ⲘⲠⲀⲢⲀⲚⲒⲀⲄ̄ⲄⲈⲖⲞⲤ ·

       [Ⲧ]ⲚⲚⲈⲨ ⲈⲒⲎⲤ̄ ⲈⲦⲂⲈ ⲠⲋⲒⲤⲒ

       ⲘⲠⲘⲞⲨ · ⲈϤⲤⲦⲈⲪⲀⲚⲞⲨ

       Ⲋⲛ̄ ⲞⲨⲈⲞⲞⲨ Ⲙⲛ̄ ⲞⲨⲦⲀ̄ⲒⲀ

     20 ⲬⲈⲔⲈⲈⲤ Ⲋⲙ̄ ⲠⲈⲋⲘⲀⲦ ⲘⲠ

       ⲚⲞⲨ† ⲈϤⲈⲬⲒ†ⲠⲒ ⲘⲠⲘ̄ⲞⲨ

  „ 10   ⲋⲀ ⲠⲦⲎⲢϤ̄ · ⲚⲈⲤⲠⲢⲈⲠⲒ

       ⲄⲀⲢ ⲠⲈ ⲘⲠⲈⲦⲈⲢⲈ ⲔⲈⲈⲚⲒ

       Ⲛ[ⲒⲘ] ϢⲞⲞⲠ ⲈⲦⲂⲎⲦϤ · ⲀⲨⲰ

     25 ⲀⲀ ⲔⲈⲈⲚⲒ Ⲛⲓ̄Ⲙ Ϣ̄ⲰⲠⲒ

       ⲈⲂⲞⲖ ⲋⲒⲦⲀⲀⲦ[Ϥ] ⲞⲨⲈⲦⲀ

       ⲚϢⲎⲒ ⲀϤⲈⲚⲦⲞⲨ [ⲈⲋⲞⲨⲚ]

       ⲈⲠⲈⲞⲞⲨ · Ⲛ[ⲬⲰⲔ ⲈⲂⲞⲖ ⲠⲀⲢ]

       ⲬⲎⲄⲞⲤ Ⲙ̄Ⲡ[ⲞⲨⲬⲈⲒ ⲋⲒⲦⲚ]‖Ⲛⲋⲛ̄

  „ 11 30 ⲋⲒⲤⲒ · ⲠⲈⲦⲦⲈⲂⲀⲒ [ⲄⲀⲢ]

       Ⲙⲛ̄ ⲚⲎⲈⲦⲞⲨⲦⲈⲂⲀ Ⲙ[ⲘⲀⲨ]

       Ⲋⲛ̄ ⲈⲂⲞⲖⲋⲛ̄ ⲞⲨⲈⲈⲒ ⲦⲎ[ⲢⲞⲨ] ⲚⲈ ·

       ⲈⲦⲂⲈ ⲠⲈⲒ Ⲛ̄ϤϢ[Ⲓ]ⲠⲒ Ⲉ̄

       ⲈⲘⲞⲨ† ⲈⲢⲀⲨ ⲬⲈ Ⲛ̄ⲀⲤⲚⲎ̄Ⲩ ·

     35 ⲈϤⲬⲰ ⲘⲘⲞⲤ ⲬⲈ †ⲚⲀ

Z. 33 ⲉ große Initiale in schwarz, rot und gelb.

Hebr. 2. 12 ϪⲰ ⲘⲠⲈⲔⲢⲀⲚ ⲈⲚⲀⲤⲚⲈⲨ
ⲊⲚ ⲦⲘⲎⲦ ⲚⲦⲈⲔⲔⲀⲎⲤⲒⲀ ·

„ 13 ⲦⲚⲀⲤⲘⲞⲨ ⲈⲢⲀⲔ · ⲀⲨⲰ
ⲀⲚ ϪⲈ ⲀⲚⲀⲔ ⲦⲚⲀϢⲰⲠⲒ
49 ⲈⲒⲚⲀⲊⲦ ⲈⲢⲀⲔ · ⲀⲨⲰ
ⲀⲚ ϪⲈ ⲊⲈⲒⲦⲈ ⲀⲚⲀⲔ ⲘⲈⲚ

Hebr. 2, 7, Z. 8. Uber die Form ⲀⲔⲦⲈⲒⲦ]ⲞⲨ, zu Ⲧ gehörig,
vgl. Asmus § 66.

2, 7, Z. 4. Nach ϨⲒ[ϪⲰϤ sind noch drei Buchstaben in der Lücke,
endlich kommen vier unleserliche . ⲀⲠⲦ? Am vorderen Rande der Zeile
ist die Interpunktion.

2, 7, Z. 6. Dem griechischen τὰ ἔργα τῶν χειρῶν σου entspricht
im Boheirischen ⲚⲒϨⲂⲎⲞⲨⲒ ⲚⲦⲈ ⲚⲈⲔϪⲒϪ. Unsere Zeile weist eine
Lücke von sieben Buchstaben auf, ohne daß das Boheirische einen An-
haltepunkt zur Ergänzung gibt.

2, 8, Z. 8. Ⲁ[ⲔⲞⲈⲂⲒⲀ wegen des Umfangs der Lücke ergänzt,
für welche Ⲁ[ⲔⲞⲨⲠⲞⲦⲀⲤⲤⲈ zu groß ist.

2, 9, Z. 15.]ⲈⲚⲦⲀⲨϬⲀϪⲈⲂ, oben Z. 1 ⲀⲔϬⲀϪⲈϤ vgl. 3, 2
ⲠⲈⲂⲎⲒ d. i. ⲠⲈϤⲎⲒ, zeigt den Wechsel von ⲃ und ϥ Asmus § 14, wie
auch das Sahidische.

2, 11, Z. 31. ⲚⲚⲈⲦⲞⲨⲦⲈⲂⲀ Ⲙ[ⲘⲀⲨ] ϨⲚ ⲈⲂⲞⲖϨⲚ ⲞⲨⲈⲈⲒ
ⲦⲎ[ⲢⲞⲨ; vergleicht man diese Stelle mit dem Boheirischen ⲚⲚⲈⲦⲞⲨ-
ⲦⲞⲨⲂⲞ ⲘⲘⲰⲞⲨ ⲈⲂⲞⲖ ϦⲈⲚ ⲞⲨⲈⲒ ⲦⲎⲢⲞⲨ griechisch οἱ ἁγιαζόμενοι
ἐξ ἑνὸς πάντες, so erhellt, daß ϨⲚ offenbar unrichtig ist, wohl antizipiert
von dem folgenden ⲈⲂⲞⲖϨⲚ.

2. Kolumne.

Hebr. 2. 13 1 ⲚⲈϢⲎⲢⲈϢⲎⲘ [. ⲚⲦⲀ]

„ 14 ϤⲦ ⲦⲀⲀⲨ ⲚⲀⲒ [. ⲈⲠⲈⲒ ⲞⲨⲚ]
Ⲁ ⲚⲈϢⲎⲢⲈ[ϢⲎⲘ ⲀⲨⲔⲒⲚⲞ]
ⲚⲒ ⲈⲤⲀⲢⲈϪ [ⲘⲚ ⲤⲚⲀϤ ⲀⲨⲰ ⲚⲦⲀϤ]
5 ϨⲰⲰϤ ⲀⲢ[ϢⲂⲎⲢ ⲈⲚⲈⲒ ⲦⲈⲒⲐⲎ]
ϪⲈⲔⲈⲈⲤ ⲈⲂⲞⲖϨ!ⲦⲘ Π[ⲈϤⲘⲞⲨ]
ⲈϤⲈⲞⲨⲰⲤϤ ⲘⲠⲈⲦⲈⲞ[ⲨⲚ]
ⲦⲎϤ ⲘⲘⲈⲨ ⲘⲠⲀⲘⲈϨⲦ
ⲘⲠⲈϤⲘⲞⲨ ⲈⲦⲈ ⲠⲈⲒ ⲠⲈ Π

Hebr. 2. 15   10 ⲆⲒⲀⲂⲞⲖⲞⲤ ·   ⲀⲨⲰ Ⲛ[ϥ]
ⲠⲀⲗ�X̅^(sic) ⲚⲎⲈⲦϢⲞⲞⲠ Ⲋ̅Ⲛ Ⲧ
[Ⲋ̅Ⲟ]† ⲘⲠⲘⲞ̅Ⲩ ·   ⲘⲠⲈⲨⲤⲎϥ
Ⲧ̅ⲎⲢϥ̅ ⲘⲠⲈⲨⲈⲊⲒ [ⲀⲨϢⲰⲠⲈ Ⲉ]
ⲚⲞⲬⲞⲤ ⲚⲞⲨ̅ⲘⲈⲦ[Ⲋ̅ⲈⲘⲊ̅]ⲈⲖ ·

 „ 16   15 ⲚⲀϥⲀⲘⲈⲊ̅Ⲓ ⲄⲀⲢ ⲈⲚ Ⲛ̅Ⲋ̅Ⲛ
ⲀⲄⲄⲈⲖⲞⲤ ·   Ⲁ̅Ⲗ̅Ⲗ̅Ⲁ ⲀϥⲀⲘⲈ
Ⲋ̅Ⲓ ⲘⲠⲈⲤⲠⲈ̅ⲢⲘⲀ Ⲛ̅ⲀⲂⲢⲀⲊ̅ⲀⲘ̅ ·

 „ 17   ⲈⲦⲂⲈ ⲠⲈⲒ ϥXⲰ̅ ⲘⲘⲀⲤ XⲈ
ϢϢⲎ ⲈⲖⲀϥ ⲔⲀⲦⲀ Ⲋ̅ⲰⲂ
   20 Ⲛ̅Ⲙ ⲈⲈⲒⲚⲒ Ⲛ̅Ⲛ̅ⲈϥⲤⲚⲎ̅Ⲩ
XⲈⲔⲈⲈⲤ ⲈϥⲈϢⲰⲠⲒ Ⲛ̅
ⲚⲀⲎⲦ ⲀⲨⲰ ⲘⲠⲒⲤⲦⲞⲤ ·
ⲚⲀⲢⲬⲒⲈⲢⲈⲨⲤ ⲚⲀⲊ̅ⲢⲈⲘ Ⲡ
Φ̅†·   ⲈⲦⲢⲈϥⲔⲰ ⲈⲂⲞⲖ

 „ 18   25 Ⲛ̅ⲚⲈⲚⲞⲂⲒ ⲘⲠⲖⲀⲞ̅Ⲥ ·   Ⲋ̅Ⲙ
ⲠⲊ̅ⲒⲤⲒ ⲄⲀⲢ ⲚⲦⲀϥϢⲀⲠϥ̅ ·
[ⲀⲨⲠⲒⲢⲀⲊ̅Ⲉ Ⲙ]ⲘⲞϥ ⲞⲨ̅
[Ⲋ̅ⲀⲘ ⲘⲘ]Ọϥ ⲈⲂⲞ[Ⲏ]ⲐⲒ ⲈⲚⲈ
[ⲦⲀⲨⲠ]ⲒⲢ̣Ạ̣Ẓ̣Ẹ Ṃ[Ⲙ]Ạ̣Ⲩ : —

3, 1   30 ⲈⲦⲂⲈ Ⲡⲉ̣Ị Ꞓ̣Ⲏ Ⲛⲉ̣[ⲤⲚ]ⲎⲨ̅
ⲈⲦⲞⲨ[ⲀⲀⲂ] ⲘⲘⲉ̣ⲧ̣Ọ̣ⲬⲞⲤ ·
[Ⲛ̅]ⲠⲒⲦⲰ[Ⲋ̅]Ⲙ̅ ⲈⲦⲞⲨⲀⲀⲂ ·
ⲚⲦⲠⲎ ·   ⲤⲞⲨⲰⲚ ⲠⲀ
ⲠⲞⲤⲦⲞⲖⲞⲤ ⲀⲨⲰ ⲠⲀⲢⲬⲎ
   35 ⲈⲢⲈⲨⲤ ⲚⲦⲈⲚ[Ⲋ̅Ⲟ]ⲘⲞⲖⲞⲄⲒ̈Ⲁ

 , 2   Ⲓ̅Ⲥ ·   ⲈⲨⲠⲒⲤⲦ[ⲞⲤ] ⲠⲈ ⲘⲠⲈ̅
ⲦⲀϥⲦⲀⲘⲒⲀϥ̅ ·   ⲚⲐⲎ
Ⲋ̅ⲰⲰϥ Ⲙ̅ⲘⲰ[ⲨⲤⲎⲤ] Ⲉ̣X̣Ⲙ
ⲠⲈⲂⲎ̅Ⲓ ·   Ⲁ ⲠⲈⲒ [ⲄⲀⲢ Ⲉ]ⲘⲠϢⲎ
   40 Ⲛ̅ⲞⲨⲈⲞ̅ⲞⲨ Ⲛ̅Ⲋ̅ⲞⲨⲀ ⲠⲀⲢⲀ ⲘϢⲨ
|ⲤⲎⲤ ·

Z. 30 Ꞓ große Initiale in rot, gelb und schwarz.

Hebr. 2,13, Z. 1. Da die Lücke für ⲛⲧⲁ allein zu groß ist, dürfte eine Interpunktion mit darauffolgendem freiem Raum dagestanden haben.

2,14, Z. 2 ⲉⲡⲓⲆⲏ ⲟⲧⲛ in der boheirischen Übersetzung erscheint für die Lücke zu groß; griechisch ⲉⲡⲉⲓ ⲟⲧⲛ.

2,14, Z. 9. ⲙⲡⲁⲙⲉⲣϯ ⲙⲡⲉϥⲙⲟⲧ τὸ κράτος τοῦ θανάτου; man erwartet ⲙⲡⲙⲟⲧ, boheirisch ⲙ̀ⲫⲙⲟⲧ; wohl ein Fehler nach dem in Z. 6 vorhergehenden ⲉⲃⲟⲗϩⲓⲧⲙ ⲡ[ⲉϥⲙⲟⲧ].

2,15, Z. 11. ⲛ[ϥ̄]ⲡⲁⲗⲅ̄ offenbar ist ⲡ verschrieben für ⲧ, boheirisch ⲛ̄ⲧⲉϥⲧⲁⲗⲅ̄ⲉ ἀπαλλάξῃ.

2,15, Z. 12. ⲙⲡⲉⲧⲥⲛϥ ⲧⲏⲣϥ boheirisch ⲙ̄ⲡⲟⲧⲥⲛⲟⲧ ⲧⲏⲣϥ διὰ παντός, sahid. ⲥⲏⲧ, baschmur. ⲥⲛⲟⲧ erscheint hier in der auffälligen Variante ⲥⲛϥ. Diese Stelle ist übrigens schlecht erhalten.

2,15, Z. 13. ⲙⲡⲉⲧⲥⲛϥ ⲧⲏⲣϥ ⲙⲡⲉⲧⲉⲣⲓ διὰ παντὸς τοῦ ζῆν mit doppeltem ⲙⲡⲉⲧ gegenüber dem boheirischen ⲙ̄ⲡⲟⲧⲥⲛⲟⲧ ⲧⲏⲣϥ ⲛ̄ⲱⲛϩ.

2,17, Z. 18. ⲉⲧⲃⲉ ⲡⲉⲓ ϥϫⲱ̄ ⲙⲙⲁⲥ ϫⲉ ϣϣⲏ ⲉⲗⲁϥ ⲕⲁⲧⲁ ϩⲱⲃ ⲛⲓⲙ ⲉⲉⲓⲛⲓ ⲛ̄ⲛⲉϥⲥⲛⲏⲧ die Worte ϥϫⲱ ⲙⲙⲁⲥ ϫⲉ haben kein Äquivalent im Boheirischen ⲉⲑⲃⲉ ⲫⲁⲓ ⲥⲉⲙ̄ⲡϣⲁ ⲛ̄ⲧⲉϥⲓⲛⲓ ⲛ̄ⲛⲉϥⲥⲛⲏⲟⲧ ϧⲉⲛ ϩⲱⲃ ⲛⲓⲃⲉⲛ ὅθεν ὤφειλε κατὰ πάντα τοῖς ἀδελφοῖς ὁμοιωθῆναι.

3,1,Z.36. ⲓⲥ, boheirisch ⲓ̄ⲥ̄ aber Χριστὸν Ἰησοῦν im Griechischen.

3,2,Z.39. ⲉϫⲙ ⲡⲉⲃⲏⲓ boheirisch ⲉϩⲣⲏⲓ ⲉϫⲉⲛ ⲡⲉϥⲏⲓ ‚in seinem Hause', im Griechischen ἐν ὅλῳ τῷ οἴκῳ αὐτοῦ.

2,16—3,3 lauten sahidisch so: ⲛⲛⲉϥⲁⲙⲁⲣⲧⲉ ⲅⲁⲣ ⲛ̄ⲛⲁⲅⲅⲉⲗⲟⲥ · ⲁⲗⲗⲁ ϥⲁⲙⲁⲣⲧⲉ ⲙ̄ⲡⲉⲥⲡⲣⲙⲁ ⲛ̄ⲁⲃⲣⲁϩⲁⲙ (17) ⲉⲧⲃⲉ ⲡⲁⲓ ⲉϣϣⲉⲉⲣⲟϥ ⲕⲁⲧⲁ ϩⲱⲃ ⲛⲓⲙ ⲉⲉⲓⲛⲉ ⲛ̄ⲛⲉϥⲥⲛⲏⲧ · ϫⲉⲕⲁⲥ ⲉϥⲉϣⲱⲡⲉ ⲛ̄ⲛⲁⲏⲧ ⲁⲧⲱ ⲙ̄ⲡⲓⲥⲧⲟⲥ ⲛ̄ⲁⲣⲭⲓⲉⲣⲉⲧⲥ ⲛ̄ⲛⲁϩⲣⲙ ⲡⲛⲟⲧⲧⲉ ⲉⲧⲣⲉϥⲕⲱ ⲉⲃⲟⲗ ⲛ̄ⲛⲟⲃⲉ ⲙ̄ⲡⲗⲁⲟⲥ (18) ϩⲙ ⲡϩⲓⲥⲉ ⲅⲁⲣ ⲛ̄ⲧⲁⲧϣⲟⲡϥ ⲉⲧⲡⲉⲓⲣⲁⲍⲉ ⲙ̄ⲙⲟϥ ⲟⲧⲛ̄ϭⲟⲙ ⲙ̄ⲙⲟϥ ⲉⲃⲟⲏⲑⲉⲓ ⲛ̄ⲛⲉⲧⲟⲩⲃⲟⲏⲑⲉⲓ ⲉⲛⲉⲧⲟⲩⲡⲓⲣⲁⲍⲉ ⲙ̄ⲙⲟⲟⲧ (3,1) ⲉⲧⲃⲉ ⲡⲁⲓ ϭⲉ ⲛⲉⲥⲛⲏⲧ ⲉⲧⲟⲩⲁⲁⲃ ⲙ̄ⲙⲉⲧⲟⲭⲟⲥ ⲙ̄ⲡⲧⲱϩⲙ̄ ⲛ̄ⲧⲡⲉ · ⲥⲟⲧⲛ̄ ⲛⲁⲡⲟⲥⲧⲟⲗⲟⲥ ⲁⲧⲱ ⲛ̄ⲁⲣⲭⲓⲉⲣⲉⲧⲥ ⲛ̄ⲧⲛ̄ϩⲟⲙⲟⲗⲟⲅⲉⲓⲁ ⲓ̄ⲥ̄ (2) ⲉ ⲟⲧⲡⲓⲥⲧⲟⲥ ⲡⲉ ⲙ̄ⲡⲛⲧⲁϥⲧⲁⲙⲓⲟϥ ⲛ̄ⲑⲉ ϩⲱⲱϥ ⲙ̄ⲙⲱⲧⲥⲏⲥ ϩⲙ ⲡⲉϥⲏⲓ (3) ⲁ ⲡⲁⲓ ⲅⲁⲣ ⲙ̄ⲡϣⲁ ⲛ̄ϩⲟⲧⲟ ⲉⲟⲟⲧ ⲡⲁⲣⲁ ⲙⲱⲧⲥⲏⲥ. ⲕⲁⲧⲁ ⲑⲉ ⲉⲧⲉ ⲟⲧⲛ̄ⲧⲁϥ ϩⲟⲧⲉⲧⲁⲉⲓⲟ ⲙ̄ⲙⲁⲧ ⲉⲡⲏ[ⲓ] ⲛ̄ϭⲓ ⲡⲛ̄ⲧⲁϥⲧⲁⲙⲓⲟϥ.

Wortindex.

ⲁ ⲡϥϯ S ⲉ ⲡⲛⲟⲩⲧⲉ πρὸς τὸν θεόν K 12, 7.

ⲉⲛⲧⲉⲧⲛⲁⲓ B ⲉⲣⲉⲧⲉⲛⲟⲓ R 12, 11.

ⲙⲡⲁⲙⲉⲣϯ ⲙⲡⲉϥⲙⲟⲩ (B ⲡⲓⲁⲙⲁϩⲓ S ⲡⲁⲙⲁϩⲧⲉ) τὸ κράτος τοῦ
θανάτου H 2, 1 ⲁϥⲁⲙⲉϩⲓ ⲙⲡⲉⲥⲡⲉⲣⲙⲁ ⲛⲁⲃⲣⲁϩⲁⲙ ἐπιλαμ-
βάνεται σπέρματος Ἀβραάμ H 2, 16.

ⲁⲛ (ⲟⲛ πάλιν) H 1, 6 1, 7 1, 13 2, 13 K 12, 4 13, 2.

ⲁⲛⲁⲛ K 12, 11 12, 12 12, 16 H 1, 5 2, 13 neben ⲁⲛⲟⲛ K 12, 13
12, 15.

ⲁⲛⲁⲛ (ⲁⲛⲟⲛ wir) K 12, 4 12, 6 12, 7 H 2, 3 ⲧⲏⲣⲉⲛ ⲁⲛⲁ(ⲛ)
οἱ πολλοὶ ἡμεῖς R 12, 5.

ⲁϥⲁⲛⲁϩ (ϥⲟⲛϩ) ζῆ K 13, 4 ⲧⲉⲛⲛⲁⲱⲛϩ ζησόμεθα K 13, 4
ⲛⲟⲩⲟⲩⲧⲥⲓⲁ ⲉⲥⲁⲛϩ S ⲉⲥⲟⲛϩ θυσίαν ζῶσαν R 12, 1.

ⲁ ⲡⲛⲟⲩϯ ⲅⲁⲣ ⲁⲡⲧ S ⲁ ⲡⲛⲟⲩⲧⲉ ⲅⲁⲣ ⲉⲡⲧ R 11, 32 (zu
ⲡⲧ: ⲧⲡ vgl. ⲉϥⲥⲁⲡⲧ S ⲉⲧϥⲥⲟⲧⲡ B ⲉϥⲥⲱⲧⲡ H 1, 4.

ⲥⲉⲛⲁⲉⲗ[ⲁ]ⲥ S ⲥⲉⲛⲁⲉⲣⲁⲡⲁⲥ παλαιωθήσονται H 1, 2.

ⲁⲩⲱ passim z. B. R 11, 36.

ⲧⲃⲱ ⲛⲭⲁⲓⲧ B ϯⲃⲱ ⲛϫⲱⲓⲧ ἐλαία R 11, 17 ⲟⲩⲃⲱⲛϫⲓⲧ R 11, 24
ⲉⲧⲃⲱ ⲛⲭⲓⲧ ⲛⲟⲩⲧⲙ B ⲉϯⲃⲱ ⲛϫⲱⲓⲧ ⲛⲛⲟⲩⲧⲉⲙ εἰς καλ-
λιέλαιον R 11, 24.

ⲛⲟⲩⲃⲉⲕⲛ B ⲛⲟⲩϣⲉⲃⲓⲉⲃⲉⲭⲉ μισθαποδοσίαν H 2, 2.

ⲉⲧⲉⲧⲛ ⲃⲁⲣⲃⲉⲣ ϧⲙ ⲡⲉⲡⲛⲁ B ⲉⲣⲉⲧⲉⲛⲃⲏⲙ ζέοντες τῷ πνεύματι
R 12, 11.

ⲁⲓⲃⲁⲥⲧⲏⲛⲟⲧ S ⲁⲓϭⲉⲥⲧⲏⲧⲧⲉⲛ ἐπλεονέκτησα ὑμᾶς K 12, 16 ⲁ
ⲁ̇ⲓⲧⲟⲥ ⲃⲁⲥⲧⲏⲛⲟⲧ S ⲁ ⲧⲓⲧⲟⲥ ϭⲉⲥⲧⲏⲧⲧⲛ̇ ἐπλεονέκτησεν
ⲩⲙⲁ̄ⲥ Τίτος K 12, 18.

ⲛⲥ̄ⲗⲁϥ S ⲛⲕⲣⲟϥ δόλῳ K 12, 16.

ⲉⲓ s. ι.

ⲉⲉⲓⲏⲓ B ⲛⲧⲉϥⲓⲛⲓ ὁμοιωθῆναι H 2, 17.

ⲉⲃⲟⲗ H 1, 4 R 11, 35 ⲉⲃⲟⲗϫⲉ ἐπεί K 13, 3 ⲉⲃⲟⲗⲣ̄ⲛ̄ ⲗⲱϥ
S ⲣⲓⲧⲛ̄ ἐπὶ στόματος K 13, 1 ⲉⲃⲟⲗⲣⲓⲧⲙ ⲡⲉϥⲙⲟⲧ B ⲉⲃⲟⲗⲣⲓⲧⲉⲛ ⲡⲉϥⲙⲟⲧ διὰ τοῦ θανάτου H 2, 14 ⲉⲃⲟⲗⲣⲓⲧⲁⲁⲧ̄ϥ̄
S ⲉⲃⲟⲗⲣⲓⲧⲟⲟⲧ̄ϥ̄ δι᾽ αὐτοῦ K 11, 3, 6 H 1, 2 1, 3 ⲉⲃⲟⲗⲣⲓⲧⲁⲁⲧ[ϥ] H 2, 10 ⲉⲃⲟⲗⲣⲓⲧⲁⲁⲧ παρ᾽ ἐμοῦ R 11, 27 ⲉⲃⲟⲗ-
ⲣⲓⲧⲁⲁⲧⲟⲧ ⲛ̄ⲛⲁⲅⲅⲉ[ⲗⲟⲥ B ⲉⲃⲟⲗⲣⲓⲧⲉⲛ ⲛⲓⲁⲅⲅⲉⲗⲟⲥ δι᾽
ἀγγέλων H 2, 2.

ⲉⲛ (= ⲁⲛ) K 12, 5 12, 10 12, 18 12, 20 R 11, 18 11, 21 12, 4
H 1, 14 ⲉⲛ̄ H 2, 8 K 12, 6 12, 14.

ⲉⲛⲉⲣ ποτέ S ⲉⲛⲉⲣ B ⲛ̄ⲟⲛⲁⲧ H 1, 5 1, 13 ϣⲁ ⲉⲛⲉⲣ ⲛ̄ⲧⲉ ⲡⲓⲉⲛⲣ̄
H 1, 8 ⲛⲓⲉⲛⲣ̄ S ⲛⲓⲉⲛⲉⲣ οἱ αἰῶνες.

ⲉⲙ̄ⲁϣⲁ S ⲉⲙⲁⲧⲉ K 12, 15.

ⲉⲗⲉ . . . SB ⲉⲣⲉ z. B. ⲉⲗⲉ ⲡⲛⲟⲧ† ⲉ̄ⲣⲙⲉⲧⲣⲏ H 2, 3.

ⲉⲣⲁⲧⲛ̄ R 12, 10 ⲉⲣⲁⲧⲉⲛ K 12, 12 12, 14 aber ⲉⲗⲁⲧⲉⲛ̄ K 12, 13
ⲉⲗⲁⲧⲉⲛ K 13, 3 — ⲉⲣⲁⲛ S ⲉⲣⲟⲛ εἰς ἡμᾶς H 2, 1 2, 3
aber ⲉⲣⲟⲧⲛ ⲉⲗⲁⲛ̄ εἰς ὑμᾶς K 12, 4 — ⲉⲣⲁⲛ S ⲉⲣⲟⲛ
H 2, 13 aber ⲉⲗⲁⲛ R 11, 21 — ⲉ̄ⲣⲁϥ B ϩⲁⲣⲟϥ H 2, 3
aber ⲉⲗⲁϥ S ⲉⲣⲟϥ R 11, 36 H 2, 17 — ⲉⲣⲁⲓ H 2, 3 ⲉⲣⲁⲥ
H 2, 3 ⲉⲣⲁⲧ B ⲉⲣⲱⲟⲧ αὐτούς H 2, 1 2, 11.

ⲛⲉⲧⲛ̄ⲉⲣⲏⲧ̄ εἰς ἀλλήλους R 12, 16 ⲉⲛⲉⲧⲛ̄ⲉⲣⲏⲧ̄ S ⲉⲛⲉⲧⲉⲛⲉⲣⲏⲟⲧ
ἀλλήλων R 12, 10 ⲛⲛⲉⲛⲉⲣⲏⲧ̄ ἀλλήλων R 12, 5.

ⲟⲧ]ⲉⲣϣⲱⲛ = B περιβόλαιον H 1, 13.

ⲟⲧⲉⲟⲟⲧ H 2, 9 ⲁ ⲡⲉⲓ [ⲅⲁⲣ ⲉ]ⲙⲡϣⲏ ⲛ̄ⲟⲧⲉⲟⲟⲧ B ⲙⲡϣⲁ
ⲛ̄ⲣⲟⲧⲟⲧⲁⲓⲟ δόξης οὗτος ἠξίωται H 3, 2 ⲡⲉϥⲉⲟⲟⲧ S ⲡⲉⲟⲟⲧ
B ⲡⲉϥⲱⲟⲧ ἡ δόξα αὐτοῦ H 1, 3 ⲡⲉⲟⲟⲧ ἡ δόξα R 11, 36
ⲉⲡⲉⲟⲟⲧ B ⲉⲟⲧⲱⲟⲧ εἰς δόξαν H 2, 10.

ⲉⲧⲃⲉ H 1, 7 1, 14 K 12, 10 ⲉⲧⲃⲉ ⲡϭⲓⲥⲓ B ⲉⲑⲃⲉ ⲡⲓⲙⲕⲁⲣ διὰ
τὸ πάθημα H 2, 9 ⲉⲧⲃⲉ ⲡⲉⲓ H 2, 1 2, 11 2, 17 3, 1 K 12, 10
ⲉⲧ]ⲃⲉ ⲡⲉⲓ H 1, 9 ⲉⲧⲃⲏⲧϥ B ⲉⲑⲃⲏⲧϥ δι᾽ αὐτόν H 2, 10
ⲉⲧⲃⲉⲧⲏⲛⲟⲧ πρὸς ὑμᾶς K 12, 21.

ⲉϣϫⲉ B ⲓⲥϫⲉ εἰ R 11, 18 11, 21 11, 24 12, 18 K 12, 12 12, 15
ⲉϣϫⲉ ⲅⲁⲣ B ⲓⲥϫⲉ ⲅⲁⲣ εἰ γάρ H 2, 2.

εϣωπι B εϣωπ R 11, 23 εϣωπι εϥ[ϣ]ⲁⲛⲓⲛⲓ S εϥϣⲁⲛⲉⲓⲛⲉ
  ὅταν εἰσαγάγῃ H 1, 6.

ⲙⲡⲉⲧⲉϥⲓ B ⲛⲱⲛⲁ τοῦ ζῆν H 2, 15.

ⲉϧⲗⲏⲓ K 12, 21 ⲉϧⲗⲏⲓ ⲛϧⲏⲧⲟⲩ B ⲛⲁϧⲣⲏⲓ ⲛⲁϧⲏⲧⲟⲩ ἐν αὐτοῖς
  R 11, 17.

ⲉϧⲟⲥⲏ εἰς R 11, 25 11, 32 12, 10 K 12, 14 13, 3 H 2, 3.

ⲉϧⲟⲧⲉ ⲉⲛⲓ[ⲁⲅⲅⲉⲗⲟⲥ] ⲉⲩⲥⲁⲡⲧ B ⲉϧⲟⲧⲉ ⲛⲓⲁⲅⲅⲉⲗⲟⲥ S ⲉⲧϥⲥⲟⲧⲡ
  ⲉⲛⲁⲅⲅⲉⲗⲟⲥ κρείττων γενόμενος τῶν ἀγγέλων H 1, 4.

ⲉⲭⲉⲛ S ⲉⲭⲛ ἐπί K 12, 21 ⲙⲡⲉⲗϣⲟⲩϣⲟⲩ ⲙⲙⲟⲛ ⲉⲭⲉⲛ ⲛⲉⲕⲗⲁⲧⲟⲥ B ⲉⲭⲉⲛ μὴ κατακαυχῶ τῶν κλάδων R 11, 18 ⲁⲛⲕⲁ-
  [ⲑⲓⲥⲧⲁ ⲙⲙⲁ]ϥ ⲉⲭⲉ(ⲛ) ⲛⲉⲣϧⲏ[ⲧⲉ κατέστησας αὐτὸν ἐπὶ τὰ
  ἔργα H 2, 7 ⲉⲭⲙ ⲡⲉⲛϧⲏⲓ B ⲉϧⲣⲁⲓ ⲉⲭⲉⲛ ⲡⲉϥ̄ϩⲓ H 3, 2.

ⲉⲭⲱⲛ = B ἐπὶ σέ R 11, 22.

ⲡⲉⲛϧⲏⲓ B ⲡⲉϥ̄ϩⲓ H 3, 2.

]ⲑⲉⲃⲓⲁ H 2, 8 ⲑⲉⲃⲓⲁⲓ S ⲑⲃ̄ⲃⲓⲟⲓ K 12, 21 ⲛⲉⲧⲑⲉⲃⲓⲏⲧ ⲛⲉⲧⲑⲉ-
  ⲃⲓⲕⲟⲩⲧ ταπεινοί R 12, 16.

(ⲓ, ⲉⲓ) ⲓ B ⲡⲉⲓ H 2, 15 ⲉⲓϣⲁⲛⲓ S ⲉⲓϣⲁⲛⲉⲓ ἐὰν ἔλθω K 12, 2
  ⲛⲧⲁⲉⲓ ἐλθόντα K 12, 21 ⲉⲓ ϣⲁⲣⲱⲧⲉⲛ ἐλθεῖν πρὸς ὑμᾶς K 12, 14
  ϣⲁⲛⲧⲉ ⲉⲓ ⲉϧⲟⲧⲏ B ϣⲁⲧⲉ ⲓ ⲉϧⲟⲥⲏ ἄχρις ἄν εἰσέλθῃ
  R 11, 25.

ⲓⲉ R 11, 35 H 2, 8 K 12, 15 12, 18 (ⲓ̈ⲉ R 11, 35) ⲃ ⲓⲉ ⲅ S ⲃ ⲏ ⲅ
  K 13, 1.

(ⲓⲙⲓ, ⲉⲓⲙⲓ) ⲡⲉⲧⲉ ⲁϥⲓⲙⲓ ⲉⲡϧⲏⲧ S ⲡⲉⲛⲧⲁϥⲉⲓⲙⲉ ⲉⲡϧⲏⲧ (τίς)
  ἔγνω νοῦν R 11, 34 ⲧⲉⲧⲛⲛⲁⲉⲓⲙⲓ ⲧⲉⲧⲛⲁⲉⲓⲙⲉ γνώσεσθε K 12, 6
  ⲧⲟⲩⲱϣ ⲉⲧⲣⲉⲧⲉⲧⲛⲉⲓⲙⲓ B ⲛⲧⲟⲧⲉϣ ⲉⲧⲣⲉⲧⲉⲛⲟⲓ ⲛⲧⲁⲉⲙⲓ
  οὐ θέλω ὑμᾶς ἀγνοεῖν R 11, 25.

(ⲓⲛⲓ, ⲉⲛ) ⲉϣⲱⲡⲓ ⲉϥ[ϣ]ⲁⲛⲓⲛⲓ S ⲉϥϣⲁⲛⲉⲓⲛⲉ ὅταν εἰσαγάγῃ H 1, 6
  ⲁϥⲉⲛⲧⲟⲩ B ⲉⲁϥⲓⲛⲓ ἀγαγόντα H 2, 10.

ⲡⲓⲛⲓ ⲙⲡⲉϥⲧⲁⲭⲣⲁ S ⲡⲉⲓⲛⲉ ⲙ[B ⲡⲥⲙⲟⲧ ⲛⲧⲉⲧⲉϥϧⲣⲩⲡⲟⲥⲧⲁⲥⲓⲥ
  χαρακτὴρ τῆς ὑποστάσεως H 1, 3.

(ⲓⲗⲓ, ⲉⲓⲗⲓ, ⲓⲣⲉ, ⲁⲁ) ⲛⲓⲣⲉ ⲙⲡⲉϥⲙⲛⲟⲧⲉⲓ B ⲁⲛⲉⲣⲡⲉϥⲙⲉⲧⲓ μιμ-
  νήσκῃ H 2, 6 aber ⲁϥⲓⲗⲓ ⲙⲡⲧⲉⲃⲟ S ⲉⲁϥⲉⲓⲣⲉ ⲙⲡⲧⲃ̄ⲃⲟ
  B ⲁϥⲓⲣⲓ ⲛⲟⲩⲧⲟⲩⲃⲟ καθαρισμὸν ποιησάμενος H 1, 3 ⲡⲉⲧⲉⲁϥⲓⲗⲓ
  S ⲡⲉⲛⲧⲁϥⲉⲓⲣⲉ R 11, 35. ⲉⲧⲉⲧⲛⲉⲓⲗⲓ ⲉⲛ R 12, 18 ⲉⲛⲓⲗⲓ
  S ⲉⲛⲉⲓⲣⲉ K 12, 19 — ⲁⲗⲓϧⲁⲧ B ⲁⲣⲓϧⲟⲧ φοβοῦ R 11, 20
  ⲁⲗⲓϧⲓⲣⲏⲛⲏ S ⲁⲣⲓ ⲉⲓⲣⲏⲛⲏ εἰρηνεύετε K 12, 11 — ⲁ ⲟⲧⲁ

ермєтрн B аѕєрмєѳрє διεμαρτύρατό τις H 2, 6 р̄мєтрн
B єрмєѳрє ἐπιμαρτυρεῖν H 2, 3 ϯєрра̄ϯ ϫє S ϯр̄готє
фовоῦμαι K 12, 10 (єтєрамнѕ єὐάρεστος K 12, 2 н̄отѳтсıа
єсєраннѕ S єсранаѕ) aber єⲗрємн̄ҩнт S єр̄рмн̄ҩнт
сѡфронєῖν R 12, 3 нтєтєн єⲗппєтнанотѕ S єтєтєнєрп-
пєтнанотѕ τὸ καλὸν ποιῆτε K 12, 7 єатєⲗатнєѵ̄ϯ
S єат̄ратнартє ἠπείθησαν R 11, 31 vgl. єⲗпатаатт ннот
B арıаттєнѳннот τὸ ἐξ ὑμῶν R 12, 18) нтатєтєн єⲗат-
нєѵ̄ϯ єпфϯ ἠπείθησαν τῷ θεῷ R 11, 30 єатєⲗновı ϫıн
єшар̄п S єат̄новє ϫıн п̄шорп προημαρτηκότων K 12, 21
таєⲗҩнı̄вı S тар̄новє πενθήσω K 12, 21 ротан єıшанє-
ⲗатбом (S єıшан̄ратбом) ὅταν ἀσθενῶ K 12, 10 ҩн̄
атєⲗҩт[н B ҩан аѳотѡм н̄ҩєнот ἀμεταμέλητα R 11, 28
ϯєⲗшор̄п нϫѡ ммос S ϯш̄р̄пϫѡ ммос προλέγω
K 13, 2 ннєн̄татєⲗшор̄п нϫоос K 13, 2 — аа кєєнı
нıм шѡпı євоⲗ ҩıтаатѕ B єта ҩѡв нıвєн шѡпı
євоⲗҩıтотѕ δι' οὗ τὰ πάντα H 2, 10 аıєıтот S аıаат
κατειργάσθη K 12, 12 псѡѡѕ нтатєıѕ S єнтатааѕ ἀσέλγεια ἥ ἔπραξαν K 12, 21.

ϯнашѡпı єтïѡт S ϯнашѡпє єтєıѡт B єıєшѡпı єтıѡт
ἔσομαι εἰς πατέρα H 1, 5 нєнıаϯ B нєнєıотє S нєнıоϯ
πατράσι H 1, 1 ннєıаϯ S ннєıотє K 12, 14 нєтıаϯ
B нотıоϯ πατέρες R 11, 28.

мпєѕнє ⲗаат B мпєѕхⲁ ҩⲗı οὐδὲν ἀφῆκεν H 2, 8 пєıн-
таѕнєєѕ нⲅⲗнрономос B пєнтаѕнааѕ н̄кⲗнроно-
мос S фаı єтаѕхаѕ н̄кⲗ. ἃ ἔθηκε κληρονόμον H 1, 2
кѡ євоⲗ χαρίσασθε K 12, 13 єтрєѕнѡ євоⲗ B єѳрєѕхѡ
євоⲗ εἰς τὸ ἱλάσκεσθαι H 2, 7 єıшаннѡ євоⲗ B ҩотан
аıшанѡⲗı ὅταν ἀφέλωμαι R 11, 27.
ннє]єнı нıм H 2, 8 Z. 8, 10, 13 єкєєнı нıм Z. 13 кєєнı
нıм Z. 25 ⲅⲗнрономос н̄кєєнı нıм S н̄кⲗнрономос
єптнрѕ̄ B нотон нıвєн πάντων H 1, 2.
нıкєнаϯ B нıкєхѡотнı R 11, 23.
отроті ἧττον R 12, 15.
откⲗам B хⲗом στέφανος H 2, 7.
кıноное мпннннı B швнр м̄пкєнı συγκοινωνὸς τῆς πιότητος
R 11, 17.

ⲉⲧⲕⲱⲧ εἰς οἰκοδομήν K 12, 10 ⲡⲉⲧⲉⲛⲕⲱⲧ S ⲡⲉⲧⲛ̄ⲕⲱⲧ ἡ ὑμῶν
     οἰκοδομή K 12, 19.

ⲛϭ̅ⲛⲧⲁ ⲛⲧⲙⲉⲧⲯⲉϥ† ⲉⲃⲟⲗ ϧⲛ ⲓⲁⲕⲱⲃ B ⲉϥⲉⲧⲁⲥⲑⲟ ⲛ̄ⲛⲓⲙⲉ-
     ⲧⲁⲥⲉⲃⲏⲥ ⲉⲃⲟⲗϧⲁ ⲓⲁⲕⲱⲃ ἀποστρέψει ἀσεβείας ἀπὸ Ἰακώβ
     R 11, 26.

ⲉⲧⲛⲁⲕⲁⲧⲟⲧ ⲉⲗⲁϥ S ⲉⲧⲛⲁⲕⲟⲧⲟⲧ ⲉⲣⲟϥ εἰς αὐτόν R 11, 36.

ⲁⲕϧⲓⲥⲏⲛ† ⲙⲡⲉⲕⲉⲣⲓ B ⲙⲡⲕⲁϧⲓ ἐθεμελίωσας τὴν γῆν H 1, 10.

ⲕⲛⲉⲕⲁϥⲟⲧ B ⲭⲛⲁⲕⲟⲗⲟⲧ ἑλίξεις H 1, 13.

ⲗⲁⲟⲧ B ϧⲗⲓ H 2, 8 ⲟⲩⲗⲁⲁⲧ K 12, 12 ⲛⲗⲁⲁⲧ = S K 12, 11
     12, 16 B ⲛϧⲗⲓ μηδενί R 12, 17.

ⲗⲓⲙⲓ ⲙ̄ⲛ ⲛⲉⲧⲗⲓⲙⲓ B ⲣⲓⲙⲓ ⲛⲉⲙ ⲛⲏⲉⲧⲣⲓⲙⲓ κλαίειν μετὰ κλαιόντων
     R 12, 15.

ⲗⲱⲙⲓ (B ⲣⲱⲙⲓ) R 12, 17.

ⲛⲟⲩ]ⲗⲉⲛ BS ⲛⲟⲩⲣⲁⲛ ὄνομα H 1, 4.

ⲗⲉϣⲓ K 12, 11 ⲗⲉϣⲓ ⲙ̄ⲛ ⲛⲉⲧⲗⲉϣⲓ B ⲣⲁϣⲓ ⲛⲉⲙ ⲛⲏⲉⲧⲣⲁϣⲓ
     χαίρειν μετὰ χαιρόντων R 12, 15 ⲧⲉⲛⲛⲉⲗⲉϣⲓ χαίρομεν K 12, 9
     ⲉⲧⲉⲧⲛ̄ⲗⲉϣⲓ B ⲉⲣⲉⲧⲉⲛⲣⲁϣⲓ χαίροντες K 12, 12.

ⲗⲱϥ ⲙⲙⲉⲧⲣⲏ ⲃ̅ (S ⲧⲧⲁⲡⲣⲟ) στόμα δύο μαρτύρων K 13, 1.

ϧⲛⲗⲱⲍ S ϧⲛⲗⲱⲍϧ στενοχωρίαι K 12, 10.

ϧⲛ ⲟⲩⲙⲉ B ⲛⲟⲧⲙⲁ H 2, 6 ⲧⲙⲉⲉⲓ ἀλήθεια K 12, 8 ϧⲛ ⲟⲩⲙⲉⲉⲓ
     κατὰ φύσιν R 11, 24 ⲧⲉⲧⲛ̄ⲙⲏⲓ S ⲧⲉⲧⲛ̄ⲙⲉ K 12, 15.

ⲙⲙⲓⲛ . . R 11, 24.

ⲙⲙⲁⲓ immer H 1, 13 K 12, 11 12, 15 ⲙⲙⲁⲧⲛ̄ K 12, 15 ⲙⲙⲁⲧⲛ
     S ⲙⲙⲱⲧⲛ̄ ὑμᾶς R 12, 1 ⲙⲙⲁⲧⲉⲛ̄ K 12, 5 ⲙⲙⲁⲧⲉⲛ
     S ⲙⲙⲱⲧⲉⲛ ὑμᾶς K 12, 16 — ⲙⲙⲁⲛ immer R 11, 23
     K 12, 8 ⲙⲙⲁⲥ neben ⲙⲙⲟⲥ ⲙⲙⲁⲥ K 12, 10 ⲉϥϫⲱ
     ⲙⲙⲁⲥ ϫⲉ H 2, 6 ϥϫⲱ̄ ⲙⲙⲁⲥ ϫⲉ H 2, 17 ⲙⲙⲟⲥ H 1, 7
     R 12, 3 ⲙⲙ]ⲟⲥ H 1, 3; 1, 5 ⲉϥϫⲱ ⲙⲙⲟⲥ ϫⲉ H 2, 11 —
     ⲙⲙⲟⲛ R 11, 18 — ⲙⲙⲁϥ neben ⲙⲙⲟϥ ⲙⲙⲁϥ S ⲙⲙⲟϥ
     R 11, 36 ⲙⲙⲟϥ H 2, 2 K 13, 4 ⲙ̄ⲙⲟϥ K 12, 13 ⲙ]ⲟϥ
     H 2, 18 — ⲙⲙⲁⲧ B ⲙ̄ⲙⲱⲟⲧ H 1, 14 2, 18 R 11, 24 —
     ⲙⲙⲉⲧ S ⲙⲙⲁⲧ R 12, 6.

ⲛⲁⲙⲉⲗⲉⲧ† S ⲛⲁⲙⲉⲣⲁⲧⲉ ἀγαπητοί K 12, 19 aber ⲁⲕⲙⲉⲣⲓ
     ⲧⲁ ⲓ̈ⲕⲉⲟⲥⲧⲛⲏ B ⲁⲕⲙⲉⲛⲣⲉ †ⲙⲉⲑⲙⲏⲓ ἠγάπησας δικαιοσύνην
     H 1, 9 ϧⲛ ⲙⲉⲣⲓⲧ B ϧⲁⲛ ⲙⲉⲛⲣⲁϯ ἀγαπητοί R 11, 18 †ⲙⲏⲓ
     ⲙⲙⲁⲧⲛ̄ ἀγαπῶ ὑμᾶς K 12, 15.

ⲙ̄ⲛ passim z. B. K 12, 21 ϣⲉϫⲓ ⲙ̄ⲛ ⲛⲉⲛⲓⲁⲧ† S ϣⲁϫⲉ ⲙ̄ⲛ
     ⲛⲉⲛⲉⲓⲟⲧⲉ B ⲥⲁϫⲉ ⲛⲉⲙ ⲛⲉⲛⲓⲟⲧ ἐλάλησε τοῖς πατράσι H 1, 1.

ⲡⲁⲣⲁ ⲧⲉⲛⲙⲓⲛⲓ παρὰ φύσιν R 11, 24.

ϩⲛ̄ ϩⲛⲙⲏⲓ̈ⲛ B ϧⲉⲛ ϩⲁⲛⲙⲏⲓⲛⲓ ἐν σημείοις H 2, 3 ⲛⲉⲙⲏⲉⲓⲛ τὰ σημεῖα K 12, 12 ϩⲛ̄ ⲙⲏⲓⲛ S ϩⲛ̄ ϩⲉⲛⲙⲁⲉⲓⲛ K 12, 12.

ⲙⲡⲉⲙⲧⲁ ⲉⲃⲟⲗ κατενώπιον K 12, 19 ⲙⲡⲉⲙⲧⲁ ⲉⲃⲟⲗ ⲛⲗⲱⲙⲓ S ⲙ̄ⲡⲉⲙⲧⲟ ⲉⲃⲟⲗ ⲛ̄ⲣⲱⲙⲓ ἐνώπιον ἀνθρώπων R 12, 17.

ⲙ̄ⲙⲉⲧⲣⲏ S ⲙ̄ⲙⲛⲧⲣⲉ μαρτύρων K 13, 1.

ⲉⲧⲉⲧⲛ̄ⲙⲛ̄ⲛⲟⲩⲉⲓ̈ ⲉⲩⲙⲏⲟⲩⲉⲓ ⲛⲟⲩⲱⲧ τὸ αὐτὸ ἀλλήλοις φρονοῦντες R 12, 16 ⲙⲏⲛⲟⲩⲉⲓ ⲉⲡⲉⲓⲙⲏⲛⲟⲩⲉⲓ ⲛⲟⲩⲱⲧ τὸ αὐτὸ φρονεῖτε K 12, 11 ⲧⲉⲧⲉⲛⲙⲏⲛ̄ⲟⲩⲉⲓ ϫⲉ δοκεῖτε ὅτι K 12, 19 ⲉⲙⲛ̄ⲛⲟⲩⲉⲓ̈ S ⲉⲙⲉⲉⲩⲉ' φρονεῖν R 12, 3 ⲁⲛⲉⲣⲡⲉϥⲙⲉⲩⲓ = B μιμνήσκῃ H 2, 6.

ⲡⲙⲟⲩ θάνατος H 2, 15.

ⲉⲧⲉⲧⲛ̄ⲙⲁⲥϯ ἀποστυγοῦντες R 12, 9 ⲁⲛ]ⲙⲉⲥⲧⲉ ⲡϫ[ⲓ]ⲛϭⲟⲛ̄ⲥ ἐμίσησας ἀνομίαν H 1, 9.

ϩⲛ̄ ⲧⲙ̄ⲏϯ ⲛⲧⲉⲕⲕⲗⲏⲥⲓⲁ ἐν μέσῳ ἐκκλησίας H 2, 12.

ⲉⲙⲟⲩϯ (S ⲉϥⲙⲟⲩϯ) καλεῖν H 2, 11.

ⲛⲁⲛⲙⲟⲟϣⲓ περιεπατήσαμεν K 12, 18 ⲉⲧⲉⲧⲛ̄ⲙⲟⲟϣⲓ B ⲉⲣⲉⲧⲉⲛⲙⲟϣⲓ συναπαγόμενοι R 12, 16.

ⲛⲟⲩⲙⲏⲛϣⲓ S ⲛⲟⲩⲙⲏⲛϣⲉ πολλούς K 12, 21.

ⲡⲙⲉϩ ⲅ̄ ⲛⲥⲟⲡ K 12, 21.

Bildungen mit ⲙⲉⲧ- ⲟⲩⲙⲉⲧⲁⲡⲓⲥⲧⲟⲥ S ⲟⲩⲙⲉⲧⲁⲧⲛⲁϩϯ ἀπιστία R 11, 20 ⲧⲙⲉⲧⲁⲡⲟⲥⲧⲟⲗⲟⲥ K 12, 12 ⲛⲉⲙⲉⲧϣⲁⲛⲁϩⲧⲏϥ S ⲙ̄ⲙⲛ̄ⲧϣⲁⲛϩⲧⲏϥ οἰκτιρμοί R 12, 1 ⲉⲩⲙⲉⲧⲁⲧⲛⲉϩϯ S ⲉⲟⲩⲙⲛ̄ⲧⲁⲧⲛⲁϩⲧⲉ R 11, 32 ⲧⲉⲩⲙⲉⲧⲁⲧⲛⲉϩϯ S ϯⲙⲉⲧⲁⲑⲛⲁϩϯ ἀπιστία 11, 23 ⲧⲙⲉⲧⲁⲧⲛⲉϩϯ (B ϯⲙⲉⲧⲁⲧⲥⲱⲧⲉⲙ ἀπείθεια) R 11, 30 — ⲙⲉⲧⲁⲧⲥⲱⲧⲙ̄ = B παρακοή H 2, 2 — ⲛⲧⲙⲉⲧⲃⲉⲣ̄ⲣⲉ [ⲙⲡⲉⲧ]ⲛϩⲏⲧ S ⲛ̄ⲧⲙⲛ̄ⲧⲃⲣ̄ⲣⲉ [ⲙ]ⲡⲉⲧⲛ̄ϩⲏⲧ τῇ ἀνακαινώσει τοῦ νοὸς ὑμῶν R 12, 2 ⲧⲙⲉⲧⲛⲟϭ S ⲧⲙⲛ̄ⲧⲛⲟϭ B ϯⲙⲉⲧⲛⲓϣϯ ἡ μεγαλωσύνη H 1, 3 ⲧⲉⲛⲙⲉⲧⲉⲣⲁ B ⲧⲉⲛⲙⲉⲧⲟⲩⲣⲟ H 1, 8 ⲟⲩⲙⲉⲧⲙⲁⲓⲥⲁⲛ B ϯⲙⲉⲧⲙⲁⲓⲥⲟⲛ φιλαδελφία R 12, 10 ⲡϣⲱⲛ ⲛⲧⲙⲉⲧⲣⲉⲙⲙⲁⲟ S ⲡϣⲓⲛⲉ ⲛ̄ⲧⲙⲛ̄ⲧⲣⲙ̄ⲙⲁⲟ πλούτου R 11, 33 ⲧⲙⲉⲧⲙⲁⲓϣⲉⲙⲙⲁⲟ φιλοξενία R 12, 13 ⲧⲙⲉⲧϣⲱⲱⲧ ⲉⲃⲟⲗ B ϯⲙⲉⲧⲣⲉϥϣⲱⲧ ⲉⲃⲟⲗ ἀποτομία R 11, 22 ⲧⲙⲉⲧϣⲉϥϯ ἀσέβεια R 11, 26 ⲛ̄ⲟⲩⲙⲉⲧ[ϩⲉⲙϩ]ⲉⲗ δουλεία (B ⲙⲉⲧⲃⲱⲕ) H 2, 15 ϩⲛ ⲙⲉⲧϭⲱⲃ ἀσθένειαι K 12, 10.

ⲛⲉ H 1, 4 1, 10 R 11, 28 11, 33 11, 36 K 12, 18.

ⲧ]ⲛⲛⲉⲩ ⲉⲓⲏ̄ⲥ B ⲧⲉⲛⲛⲁⲩ ⲉⲓⲏ̄ⲥ βλέπομεν Ἰησοῦν H 2, 9 ⲙⲡⲁⲧⲉⲛⲛⲉⲩ ⲉⲛⲉⲉⲛⲓ ⲛⲓⲙ B ⲙⲡⲁⲧⲉⲛⲛⲁⲩ ⲉⲉⲛⲭⲁⲓ οὔπω ὁρῶμεν τὰ πάντα

Η 2, 8 ⲁⲛⲉⲧ ⲟ̄ⲏ ⲉⲧⲙⲉⲧⲭ̅ⲣ̅ⲥ̅ Β ⲁⲛⲁⲧ ⲟⲧⲏ ⲉ†ⲙⲉⲧⲭ̅ⲣ̅ⲥ̅
ⲃⲉ ⲟⲩ̀ⲛ χρηστότητα R 11, 21.

ϥⲛⲏⲧ ⲉⲃⲟⲗ ⲟ̄ⲏ ⲥⲓⲱⲛ Β ⲉϥⲉⲓ ⲉⲃⲟⲗ ⲋⲉⲛ ⲥⲓⲱⲛ ἥξει ἐκ Σιών
R 11, 26 ⲛⲧⲉⲧⲛ̄ⲛⲉⲧ ⲉⲗⲁⲓ S ⲛ̄ⲧⲉⲧⲛ̄ⲣⲉ ⲉⲣⲟⲓ εὑρεῦῶ ὑμῖν.

ⲉⲡⲉⲧⲛ̄ⲛⲁ = S τῷ ὑμετέρῳ ἐλέει R 11, 31 ϫⲉⲕⲁⲥ ⲉϥⲉⲛⲁ ⲕⲁⲧ
S ϫⲉⲕⲁⲥ ⲉϥⲉⲕⲁ ⲕⲁⲧ ἵνα ἐλεήσῃ R 11, 32 ϫⲉⲕⲁⲥ ⲉⲧⲉⲛⲉⲉ̈ⲓ
ⲕⲏⲧ S ϫⲉⲕⲁⲥ ⲉⲧⲉⲛⲁ ⲕⲁⲧ ἵνα ἐλεηθῶσι R 11, 31 ⲡⲉⲧⲛ̄ⲛⲉⲉ̈ⲓ
(S ⲡⲉⲧⲛⲁ) ὁ ἐλεῶν R 12, 8 ⲁⲧⲛⲉⲉ̈ⲓ ⲛⲏⲧⲛ̄ Β ⲁⲧⲛⲁⲓ ⲕⲱⲧⲉⲛ
ἐλεήθητε R 11, 30 (ⲛⲛⲉⲓ S ⲛⲛⲁⲉⲓ K 12, 10).

ⲛⲧⲁⲕ H 1, 10 1, 13 R 11, 18 11, 20 11, 24 ⲉ]ⲛⲧⲁⲕ H 1, 5 ⲛⲧⲁⲧⲏ
R 11, 30 ⲛⲧⲁⲧⲛ̄ K 12, 9 ⲛⲧⲁⲧⲉⲛ K 12, 5 ⲛ̄ⲧⲁⲧⲛ̄ K 12, 11
(ⲛ̄ⲡⲉⲧⲉⲛⲱⲧⲉⲛ τὰ ὑμῶν K 12, 14) — ⲛⲧⲁϥ S ⲛⲧⲟϥ Β ⲛⲑⲟϥ
H 1, 5 R 12, 3 ⲛⲧⲁⲧ (Β ⲛⲑⲱⲟⲧ) H 1, 10.

ⲛⲏⲓ (S ⲛⲁ̈ⲓ) R 11, 18 12, 3 K 12, 10 12, 13 ⲛⲏⲧⲛ Β ⲕⲱⲧⲉⲛ
R 12, 17 ⲛⲏⲧⲛ̄ R 11, 25 ⲛ̄ⲏⲧⲛ̄ K 12, 19 ⲛⲏⲧ R 11, 27
aber ⲛⲁⲧ R 11, 32 — ⲛⲏϥ H 1, 5 R 11, 35 12, 3 aber
ⲛⲁϥ H 1, 6 — ⲛⲉϥ αὐτῷ H 2, 8.

ⲛⲛⲉⲓ S ⲛ̄ⲛⲁⲓ οὗτοι R 11, 31 ⲛⲛⲉⲓ Β ⲛ̄ⲧⲉⲛⲁⲓ τούτων R 11, 30.

ⲛⲉⲙⲏⲧⲛ S ⲛ̄ⲙⲙⲏⲧⲛ̄ μεθ᾽ ὑμῶν K 12, 11 12, 13 ⲛⲉⲙⲏϥ S ⲛ̄ⲙⲙⲁϥ
K 12, 4 12, 18 ⲛⲉⲙⲏⲛ S ⲛ̄ⲙ̄ⲙⲁⲛ Β ⲛⲉⲙⲁⲛ ἡμῖν H 1, 2.

ⲛⲛⲉⲧⲉⲛⲉⲣⲏⲧ ἀλλήλους K 12, 12.

ⲛⲛⲉⲧⲛ̄ⲛⲟⲃⲓ τὰς ἁμαρτίας αὐτῶν R 11, 27 ⲛⲛⲉⲛⲟⲃⲓ Β ⲛⲏⲓⲛⲟⲃⲓ
τὰς ἁμαρτίας H 2, 17 ⲡⲧⲉⲃⲟ ⲛⲛⲉⲛⲛⲟⲃⲓ Β ⲡⲧⲁⲃⲃⲟ ⲛⲛⲉⲛⲛⲟⲃⲉ
S ⲟⲧⲧⲟⲧⲃⲟ ⲛⲧⲉ ⲛⲓⲛⲟⲃⲓ καθαρισμὸν τῶν ἁμαρτιῶν ἡμῶν H 1, 3.

ⲛⲓⲙ K 12, 12 R 11, 34; 11, 35; 12, 16 12, 17 12, 18 H 1, 13 2, 2
ⲕⲁⲧⲁ ϩⲱⲃ ⲛⲓⲙ H 2, 17 ⲟⲧⲁⲛ ⲛⲓⲙ S ⲟⲧⲟⲛ ⲛⲓⲙ R 11, 32
ⲕⲟⲧⲁⲛ ⲛⲓⲙ παντί R 12, 3 ⲛⲕⲉⲉⲛⲓ ⲛⲓⲙ πάντων H 1, 2
aber ⲯⲉϫⲓ ⲛⲓ—ⲃⲓ S ϣⲁϫⲉ ⲛⲓⲙ K 13, 1.

ⲡⲡⲉⲧⲛ̄ⲛⲁⲛⲟⲧϥ τὸ καλὸν K 12, 7 ⲛⲏⲉⲡⲉⲧⲛ̄ⲛⲁⲛⲟⲧϥ καλά R 12, 17
ⲉⲧⲛⲁⲛⲟⲧϥ ἀγαθός R 12, 2.

ⲧⲛ̄ⲟⲧⲛⲓ Β †ⲕⲟⲧⲛⲓ ἡ ῥίζα R 11, 18.

ⲛ̄ⲥⲁ R 12, 14 K 13, 3 ⲛ̄ⲥⲱⲧⲛ̄ R 12, 14 ⲛⲥⲱⲧⲉⲛ K 12, 14 ⲉⲛⲛⲥⲁ
K 12, 14 ⲙⲛ̄ⲛⲥⲟⲥ S ⲙⲛ̄ⲛⲥⲱⲥ R 11, 31.

ⲛⲑⲉ ⲛⲧⲁ S ⲕⲟⲉ ⲛ̄ⲧⲁ R 12, 3.

ⲛϭⲓ ⲡⲉⲧⲛ̄ⲟⲧⲟ̄ⲙ Β ⲛ̄ϫⲉ ⲫⲏ ⲉⲑⲛⲁⲛⲟⲣⲉⲙ ὁ ῥυόμενος R 11, 26.

ⲛⲟⲧ† s. ⲡⲛⲟⲧ†.

ⲟⲧⲛⲉϥ H 1, 9.

ⲛⲁϩⲣⲉⲙ ⲡϣⲏⲗⲓ S ⲛ̄ⲛⲁϩⲣⲙ̄ ⲡϣⲏⲣⲉ πρὸς τὸν υἱόν H 1, 7.

ⲉⲧⲛⲁϩ† ⲉⲣⲁⲕ πεποιθὼς ἐπ᾽ αὐτῷ H 2, 13.

ⲛⲛⲁϭ S ⲛⲛⲟϭ K 12, 11 ⲉⲡⲉⲥⲛⲟϭ ⲛ̄ⲟⲩϫⲉⲉⲓ B ⲉⲡⲁⲓⲛⲓϣϯ
ⲛⲟⲩϫⲁⲓ τηλιϰαύτης σωτηρίας H 2, 3.

ⲛϭⲓ K 12, 9 12, 12 H 1, 6.

ⲟⲩ Artikel ⲟⲩⲉ]ⲟⲟⲩ ⲙⲛ̄ ⲟⲩⲧⲁⲓ[ⲁ B ⲡ̄ⲱⲟⲩ ⲛⲉⲙ ⲡⲧⲁⲓⲟ δόξη
ϰαὶ τιμῇ H 2, 7 ⲉϥⲥⲧⲉⲫⲁⲛⲟⲩ ϧⲛ ⲟⲩⲉⲟⲟⲩ ⲙⲛ̄ ⲟⲩⲧⲁⲓⲁ
B ⲁϥⲉⲣ ⲡⲱⲟⲩ ⲛⲉⲙ ⲡⲧⲁⲓⲟ ⲛⲟⲩⲭⲗⲟⲙ ⲉϫⲱϥ H 2, 9.

ⲟⲩ τι = S R 12, 2.

ⲟⲩⲏ τι K 12, 13 ⲟⲩⲏ̄ ⲡⲉ ⲡⲣⲱⲙⲉ B ⲛⲓⲙ ⲡⲉ ⲫⲣⲱⲙⲓ τί ἐστιν
ἄνθρωπος H 2, 6.

ⲧⲟⲩⲛⲁⲙ = S; B ⲟⲩⲓⲛⲁⲙ δεξιά H 1, 3.

ⲙⲡⲟⲟⲩ̄ S ⲙ̄ⲡⲟⲟⲩ B ⲙⲫⲟⲟⲩ σήμερον H 1, 5.

ⲟⲩϫⲉⲓ̈ B ⲉϥⲉⲛⲟϧⲉⲙ σωθήσεται R 11, 26 ⲙⲡⲟⲩϫⲉⲓ̈ σωτηρίαν
H 1, 14 ⲉⲡⲉⲥⲛⲟϭ ⲛ̄ⲟⲩϫⲉⲓ̈ B ⲡⲟⲩϫⲁⲓ̈ τηλιϰαύτης σωτηρίας
H 2, 3.

ⲉϯⲛⲟⲩⲉ ⲉⲧⲙⲉⲉⲓ S ⲉϯⲟⲩⲃⲉ ⲧⲙⲉ gegen die Wahrheit K 13, 8.

ⲁ ⲟⲩⲁ ⲉⲣ̄ⲙⲉⲧⲣⲏ διεμαρτύρατό τις H 2, 6 ⲟⲩⲉⲉⲓ̈ B ⲟⲩⲁⲓ̈ εἷς R 12.

ⲟⲩⲁⲛ ⲛⲓⲙ S ⲟⲩⲟⲛ ⲛⲓⲙ R 11, 32 K 12, 20 ⲛⲟⲩⲁⲛ ⲛⲓⲙ R 12, 3.

ⲡⲟⲩⲁⲉⲓⲛ ⲙⲡⲉϥⲉⲟⲟⲩ S ⲡⲟⲧⲉⲉⲓⲛ ⲙⲡⲉⲟⲟⲩ B ⲡⲓⲙⲟⲩⲉ ⲛⲧⲉ
ⲡⲉϥⲱⲟⲩ ἀπαύγασμα τῆς δόξης H 1, 3.

ⲉⲧⲟⲩⲁⲁⲃ H 3, 1 ⲡ̄ⲡ̄ⲛ̄ⲁ̄ ⲉⲧⲟⲩⲁⲁⲃ K 12, 13 ⲛ̄ⲛⲉⲧⲟⲩⲁⲁⲃ
B ⲛⲧⲉ ⲛⲓⲁⲅⲓⲟⲥ τῶν ἁγίων R 12, 13 ⲛⲉⲧⲟⲩⲁⲁⲃ οἱ ἅγιοι
K 12, 12 ⲟⲩⲡⲓ ⲉⲧⲟⲩⲁⲁⲃ ἅγιον φίλημα K 12, 12 aber ⲛⲟⲩ-
ⲑⲩⲥⲓⲁ ⲉⲥⲟⲩⲉⲉⲃ (S ⲉⲥⲟⲩⲁⲁⲃ) R 12, 1 ⲡ̄ⲡ̄ⲛ̄ⲁ̄ ⲉⲧⲟⲩⲉⲉⲃ
(B ⲉⲑⲟⲩⲁⲃ) H 2, 3.

ⲉⲧⲁⲛⲧⲏⲛ ⲇⲉ ⲙⲙⲉⲩ S ⲉⲟⲩⲏⲧⲁⲛ ⲇⲉ ⲙ̄ⲙⲁⲩ ἔχοντες δέ R 12, 6
ⲟⲩⲁⲛⲧⲏⲛ S ⲟⲩⲏⲧⲱⲛ ἔχομεν R 12, 4 ⲙⲡⲉⲧⲉⲟ[ⲩⲛ̄]ⲧⲏϥ
τὸν ἔχοντα H 2, 14 ⲉϣϫⲉ ⲟⲩⲁⲛ ⲡ̄ϭⲟⲙ B ⲓⲥϫⲉ ⲟⲩⲟⲛ
ϣϭⲟⲙ εἰ δυνατόν R 12, 8 ⲡⲉⲧⲉⲛⲧⲏ ⲛⲓⲙⲉⲗⲟⲥ ⲧⲏⲣⲟⲩ
B ⲡⲉⲧⲉ ⲟⲩⲛ̄ⲧⲉ ⲙⲙⲉⲗⲟⲥ ⲧⲏⲣⲟⲩ τὰ μέλη ἔχει R 12, 4.

ϫⲉⲕⲉⲉⲥ ⲉⲛⲛⲁⲟⲩⲱⲛϧ ⲉⲃⲟⲗ S ϫⲉⲕⲁⲥ ⲁⲛ ⲁⲛⲟⲛ ⲉⲛⲉⲟⲩⲱⲛϧ
ⲉⲃⲟⲗ οὐχ ἵνα φανῶμεν K 12, 7.

ϧⲛ̄ ⲟⲩⲟⲩⲧⲣⲁⲧ B ϧⲛ̄ ⲟⲩⲟⲩⲧⲣⲟⲧ ἐν ἱλαρότητι R 12, 8.

ⲛⲛⲉⲛⲟⲩⲉ[ⲣⲏⲧⲓ τῶν ποδῶν σοῦ H 1, 13 ⲛ̄ⲛⲉϥⲟⲩⲉⲣⲏϯ H 2, 8.

ⲉϥⲉⲟⲩⲱⲥϥ B ⲛⲧⲉϥⲕⲱⲣϥ ϰαταργήσῃ H 2, 14.

ϧⲉⲛ ⲟⲩⲁⲧⲉ ϧⲛ̄ S ϧⲛ ϧⲁϩ ⲙⲙⲉⲣⲟⲥ ⲥⲉⲛ ⲟⲩⲑⲟ ⲛ̄ⲣⲏϯ πολυμερῶς ⲙⲛ ⲟⲩⲁⲧⲁ ⲛⲥⲙⲁⲧ S ϧⲛ ϧⲁϩ ⲛⲥⲙⲟⲧ B ⲙⲛ ⲟⲩⲙⲏϣ
ⲛⲥⲙⲟⲧ πολυτρόπως H 1, 1 ⲟⲩⲧⲉⲧⲁ ⲛϣⲏⲗⲓ B ⲛⲟⲩⲙⲏϣ
ⲛ̄ϣⲏⲣⲓ πολλοὺς υἱούς H 2, 10 ⲛⲟⲩⲧⲁⲧⲁ ⲙⲙⲉⲗⲟⲥ S ϧⲁϩ
ⲙ̄ⲙⲉⲗⲟⲥ μέλη πολλά R 12, 4.

ⲉϥⲟⲧⲁⲧⲉϥ S ⲟⲧⲟⲧⲉⲃ praestans H 1, 4.

ⲛⲟⲧⲱⲧ τὸ αὐτό K 12, 11 ⲉⲙⲡⲉⲓⲣⲱⲃ ⲛⲟⲧⲱⲧ S ⲉⲙⲡⲉⲓⲣⲱⲃ ⲛⲟⲧⲱⲧ
πρᾶξιν τὴν αὐτήν R 12, 4 ⲟ̅ⲛ ⲟⲧⲥⲱⲙⲁ ⲛ̅ⲟⲧⲱⲧ ἐν ἑνὶ σώματι
R 12, 4 ⲉⲧⲙⲛⲟⲧⲉⲓ̈ ⲛⲟⲧⲱⲧ τὸ αὐτὸ (φρόνημα) R 12, 16 ⲟ̅ⲙ
ⲡⲉⲓⲡⲛⲁ̅ ⲛⲟⲧⲱⲧ τῷ αὐτῷ πνεύματι K 12, 18 ⲛⲛⲉⲓⲣⲓⲁⲧⲉⲓ̈
ⲛⲟⲧⲱⲧ τοῖς αὐτοῖς ἴχνεσι K 12, 18.

ⲙ[ⲉⲧ?]ⲟⲧⲁⲉⲓϣ (B ⲛⲟⲧⲥⲛⲟⲧ) ποτέ R 11, 30.

ⲡⲟⲧⲱϣ ⲙⲡϥ̅ϯ R 12, 2 ϯⲟⲧⲱϣ θέλω R 11, 25 ⲡⲉϥⲟⲧⲱϣ
(B ⲡⲉⲧⲉⲣⲛⲁϥ) θέλησις αὐτοῦ H 2, 3 ⲛⲟⲏ ⲉⲛϯⲟⲧⲉⲙⲥ
ⲉⲛⲧⲉⲧ̅ⲛⲟⲧⲉϣⲧ ⲉⲛ S ⲛ̅ⲟⲉ ⲛ̅ϯⲟⲧⲁϣⲥ̅ ⲛⲧⲉⲧ̅ⲛⲟⲧⲁϣⲧ ⲁⲛ
οἷον οὐ θέλετε οὐ θέλετε K 12, 20.

[ⲙ]ⲁⲣⲟⲧⲱϣⲧ S ⲙⲁⲣⲟⲧⲱϣⲧ B ⲙⲁⲣⲟⲧⲟⲧⲱϣⲧ προσκυνησάτωσαν
H 1, 6.

ϯⲛⲁⲟⲧⲉⲣⲣⲟⲓⲥⲓ K 12, 14 ⲙⲡⲓⲟⲧⲉⲣⲟⲣⲓⲥⲓ S ⲙⲡⲓⲟⲧⲉⲣ ⲣⲓⲥⲉ κατε-
νάρχησα K 11, 8.

ⲡⲉ H 2, 6.

ⲡⲉⲓ K 12, 10 B ⲫⲏ H 1, 9 2, 3 ⲡⲉⲓ S ⲡⲁⲓ R 11, 34.

ⲡⲱϥ ⲡⲉ ⲡⲉⲟⲟⲧ = S αὐτοῦ ἡ δόξα R 11, 36.

ⲡⲟⲧⲉⲉⲓ̈ ⲡⲟⲧⲉⲉⲓ̈ S ⲡⲟⲧⲁ ⲡⲟⲧⲁ ἕκαστος R 12, 3 καθ' εἷς
R 12, 5.

ⲛⲧⲡⲏ B ⲛ̅ⲧⲉ ⲧⲫⲉ H 3, 1 ⲛⲉⲙⲡⲛⲟⲧⲉⲓ B ⲛⲓⲫⲏⲟⲧⲓ οἱ οὐρανοί
H 1, 10.

ⲟⲧⲡⲓ φίλημα K 12, 12.

ⲡⲛⲟⲧϯ (vgl. ⲫ̅ϯ) R 11, 21 11, 32 H 2, 8 ⲙⲡⲛⲟⲧϯ R 11, 33
R 12, 1 (K 12, 19) ⲡⲉⲕⲛⲟⲧϯ H 1, 9 ⲡⲁⲛⲟⲧϯ K 12, 21
aber ⲧϭⲟⲙ ⲙⲡⲛⲟⲧⲧⲉ K 12, 4.

ⲡⲉⲧⲉ ... R 11, 35.

ⲟ̅ⲛ ⲡⲱⲣⲝ (μερισμός) H 2, 3.

ⲉⲧⲉⲧ̅ⲛⲡⲏⲧ ⲛ̅ⲥⲁ B ⲉⲣⲉⲧⲉⲛⲥ̅ⲟϫⲓ ⲛ̅ⲥⲁ διώκοντες R 12, 13 ⲥⲙⲟⲧ
ⲉⲛⲉⲧⲡⲏⲧ ⲛ̅ⲥⲱⲧ̅ⲛ εὐλογεῖτε τοὺς διώκοντας ὑμᾶς R 12, 13.

ⲣ siehe ⲗ (z. B. ⲛⲧⲁⲗⲉϥⲧⲟⲧⲓⲁ S. ⲧⲁⲣⲉϥⲧⲟⲧⲉⲓⲟ R 11, 35).

ⲡϣⲏⲣⲉ ⲙⲡⲣⲱⲙⲓ υἱὸς ἀνθρώπου H 2, 6 aber ⲡⲣⲱⲙⲉ H 2, 6
ⲙⲏ ⲣⲱⲙⲉ ⲛⲓⲙ πάντων ἀνθρώπων (B ⲛⲣⲱⲙⲓ ⲛⲓⲃⲉⲛ) R 12, 18.

ⲛⲉⲕⲣⲁⲙⲡⲓ B ⲛⲉⲕⲣⲟⲙⲡⲓ H 1, 13.

ⲙⲡⲉⲕⲣⲁⲛ τὸ ὄνομά σου H 2, 11.

ⲡⲉⲧⲏϣⲏⲙϣⲓ ⲛⲣⲉⲙⲛ̅ⲏⲣⲏⲧ S ⲛ̅ⲣⲙⲛ̅ⲏⲣⲏⲧ τὴν λογικὴν λατρείαν ὑμῶν
R 12, 1.

петⲧⲥⲃⲱ ⲟ̄ⲛ тесⲃ̄ⲱ ὁ διδάσκων ἐν τῇ διδασκαλίᾳ R 12, 7 (πει
ετнасеⲃⲓнтⲅ̄ еⲃⲟⲗ S пеi етнасаⲃе еiaтⲅ̄ еⲃⲟⲗ R 11, 35)
ϣⲱпi ncaⲃн ⲏ̄те φρόνιμοι R 11, 25 нсаⲃн B ncaⲃе
φρόνιμοι R 12, 17.

ⲧⲥⲉⲃⲧⲱⲧ ее𝕚 ϣараⲧⲉⲛ S ⲧ̄ⲥⲃ̄ⲧⲱⲧ ее𝕚 ϣарⲱтⲏ̄ ἕτοιμος ἐγὼ
ἐλθεῖν πρὸς ὑμᾶς K 12, 14 петⲉⲛсаⲃⲧ̄ S петⲉ̄ⲛсоⲃⲧе τὴν
ὑμῶν κατάρτισιν K 12, 9 сеⲃте тн[ⲣⲧ̄ⲛ καταρτίζεσθε K 12, 11.

ⲛтеⲛсⲗеⳝⲗеⳝ (B ⲛтеⲛрiⲏi еⲃⲟⲗ) παραρρυῶμεν H 2, 1.

смоⲧ R 12, 14 ⲧнасмоⲧ ерак S ⲧнасмоⲧ ероⲛ H 2, 13.

ететⲛ̄саⲙⲥ еⲛ (S. сомс) μὴ φρονοῦντες R 12, 16.

отата ⲛ̄смат S ⲟⲁⲣ ⲛ̄смоⲧ B отⲙнϣ ⲛсмоⲧ πολυτρόπως
H 1, 1 ⲝ𝕚 мпесмат S ⲝ𝕚ⲟⲣⲃ, ⲝ𝕚мⲡⲟ[нт] συσχηματίζεσθαι
μεταμορφοῦσθαι R 12, 2.

ⲙ̄пеⲛсаⲛ̄ τὸν ἀδελφόν K 12, 18 насⲛеⲧ S насⲛноⲧ H 2, 11
еⲛасⲛеⲧ H 2, 12 aber несⲛнⲧ K 12, 11 несⲛнⲧ̄ H 3, 1
R 12, 1 (S насⲛнⲧ) ⲛ̄неⳅсⲛⲏⲧ̄ B ⲛ̄неⳅсⲛноⲧ H 2, 7.

мпеiсоⲡ K 12, 2 пмеⳁ ⲅ̄ ncoⲡ = S τρίτον K 12, 13.

пара пнесⲛⲏⲡi BS сⲏⲡi ὑπὲρ τῶν λοιπῶν K 12, 13 пнесⲛнⲡi
тнрⲅ̄ S ⲛнесеⲉпе тнрⲅ̄ τοῖς λοιποῖς K 12, 2.

coⲡ̄с παρακαλεῖσθε K 12, 11 петпаракаⲗi ⲟ̄ⲙ ncoⲡ̄с =
S παρακαλῶν ἐν τῇ παρακλήσει R 12, 8.

еⳅсаⲡⲧ еⲟⲟте еⲛⲓ[аⲅⲅеⲗос B еⳅсⲱⲧⲡ S етⲅ̄соⲧⲡ̄ H 1, 4
тмеⲧ[са]ⲡⲧ B ⲧмеⲧсⲱⲧⲡ ἡ ἐκλογή R 11, 28 ncoⲡⲧ
δόκιμοι K 12, 7 ⲟⲱс cⲱⲡⲧ еⲛ ὡς ἀδόκιμοι K 12, 7.

нϣаⲣ ⲛ̄саⲧ B отϣаⲟ ⲛ̄ⳍрⲱм S ⲛ̄ϣаⲟ ⲛ̄сате πυρὸς φλόγα
H 1, 7.

ⲛ̄енетеⲛсⲱтⲙ̄ B етаⲛсооⲙоⲧ τοῖς ἀκουσθεῖσι H 2, 1.

ncooтⲛ R 11, 33 γνῶσις соⲧⲱⲛ папостоⲗос κατανοήσατε τὸν
ἀπόστολον H 3, 1 тетеⲛсооⲧⲛ ἐπιγινώσκετε K 12, 5.

ⲙ̄псаⲧтеⲛ B ⲛ̄псⲱоⲧтеⲛ εὐθύτητος H 1, 8.

мпеⲗсеⲟⲣ𝕚 B мперсаⲟоⲧ𝕚 μὴ καταρᾶσθε R 12, 14.

cⲱоⲧⲟⲣ еⲟотⲛ K 12, 14.

ⲧⲥⲟⲣⲉⲓ K 12, 10 еⲓсⲟрⲉⲓ K 13, 2 етсⲟноⲧⲧ ⲝе B етсⳅноⲧⲧ ⲝе
γέγραπται R 11, 26.

ncⲱⲟⳅ = S ἀσέλγεια K 12, 21.

тⲉⲓ R 11, 27 etc.

ⲧ geben петⲧ = S ὁ μεταδούς R 12, 8 Phrasen ⲟ̄нⲁ𝕚тⲱⲛ
S ⲟеⲛⲧтⲱⲛ ἔρεις K 12, 20 ⲧса еⲛеⲛⲗатос ⲛ̄ⳅнаⲧса

ⲉⲗⲁⲕ B ⲧⲁⲥⲟ ἐφείσατο ⲏⲛⲉϥⲧⲁⲥⲟ φείσηταί σοι R 11, 21
ⲱⲱⲕ ⲉⲧⲣⲉⲛⲧⲟⲧⲏⲛ B ⲱⲉ ⲛⲧⲉⲛⲧⲟⲑⲏⲛ δεῖ προσέχειν ὑμᾶς
H 2, 1 ⲡⲉⲧⲧⲥⲃⲱ ὁ διδάσκων R 12, 8 — ⲧⲉⲭⲁⲣⲓⲥ ⲛⲧⲁⲧⲧⲉⲓⲥ
ⲛⲏⲛ S ⲧⲉⲭⲁⲣⲓⲥ ⲛⲧⲁⲧⲧⲁⲁⲥ ⲛⲁⲓ τὴν χάριν τὴν δοθεῖσαν
ἡμῖν R 12, 6 ⲛⲧⲁ ⲡⲟⲥ ⲧⲉⲓⲥ ἣν ἔδωκε ὁ κύριος K 12, 10
(falsch ⲧⲉⲭⲁⲣⲓⲥ ⲛⲧⲁⲧⲧⲉⲓϥ R 12, 8) ⲛⲉⲱⲏⲣⲉⲱⲏⲙ [ⲛⲧⲁ]
ⲫⲧ ⲧⲁⲁⲧ ⲛⲁⲓ τὰ παιδία ἃ μοι ἔδωκεν ὁ θεός H 2, 13.

ⲛⲉⲛⲧⲁⲓⲧⲁⲟⲧⲁⲧ ⲱⲁⲣⲁⲧⲉⲛ S ⲛⲉⲛⲧⲁⲓ ⲧⲏⲛⲟⲟⲧⲥⲉ ⲱⲁⲣⲱⲧⲏ ὧν
ἀπέσταλκα πρὸς ὑμᾶς K 12, 17 ⲁⲓⲧⲁⲧⲁ K 12, 18.

ⲣⲙ ⲡⲧⲁⲓⲟ τῇ τιμῇ R 12, 10 ⲟⲧⲧⲁⲓⲁ R 2, 9.

ⲡⲧⲉⲃⲟ ⲛⲛⲉⲛⲛⲟⲃⲓ B ⲡⲧⲃⲃⲟ ⲛⲛⲉⲛⲛⲟⲃⲉ S ⲟⲧⲧⲟⲧⲃⲟ ⲛⲧⲉ
ⲛⲓⲛⲟⲃⲓ καθαρισμὸν τῶν ἁμαρτιῶν ἡμῶν H 1, 3 ⲡⲉⲧⲧⲉⲃⲁ
B ⲫⲏ ⲉⲧⲧⲟⲧⲃⲟ; ⲛⲛⲉⲧⲟⲧⲧⲉⲃⲁ B ⲉⲧⲟⲧⲧⲟⲧⲃⲟ ὁ ἁγιάζων
H 2, 10.

ⲉⲛⲧⲉⲧⲏⲧⲱⲱⲃⲓ ⲉⲛ ⲛⲟⲧⲡⲉⲑⲟⲟⲧ μὴ ἀποδιδόντες κακόν R 12, 17.
ⲧⲧⲏⲕⲛⲣⲏⲧ εὐδοκῶ K 12, 10.

ⲛⲉⲧⲁⲛⲁ B ⲥⲉⲛⲁⲧⲁⲕⲟ ἀπολοῦνται H 1, 10.

ⲧⲉ]ⲗⲏⲗ ἀγαλλίασις B ⲑⲉⲗⲏⲗ H 1, 9.

ⲛϥⲛⲁⲗⲝ l. ⲧⲁⲗⲝ B ⲛⲧⲉϥⲧⲁⲗϭⲉ ἀπαλλάξῃ H 2, 15.

ⲁⲧⲧⲱⲙ ⲛⲣⲏⲧ ⲱⲱⲡⲓ B ⲟⲧⲑⲱⲙ ⲛⲣⲏⲧ ⲁϥⲱⲱⲡⲓ πώρωσις γέγονεν
R 11, 25.

ⲡⲉⲓⲛⲧⲁϥⲧⲁⲙⲓⲁ ⲛⲛⲓⲉⲱⲛ S ⲡⲁⲓ ⲛⲧⲁϥⲡⲟⲛⲉ ⲛⲁⲓⲱⲛ B ⲁϥⲑⲁⲙⲓⲉ
ⲛⲛⲓⲥⲉⲛⲉⲣ ἐποίησε τοὺς αἰῶνας H 1, 2 ⲙⲡⲉⲛⲧⲁϥⲧⲁⲙⲓⲁϥ τῷ
ποιήσαντι αὐτόν H 3, 1.

ⲣⲏ ⲧⲏⲛⲟⲧ S ⲛⲣⲏⲧⲧⲏⲧⲏ ἐν ὑμῖν K 12, 12 ⲟⲧⲁⲉⲉⲧⲧⲏⲛⲟⲧ
B ⲙⲙⲁⲧⲁⲧⲉⲛ ⲑⲏⲛⲟⲧ παρ' ἑαυτοῖς R 12, 17.

ⲧⲛⲟⲧ B ⲧⲏⲟⲧ H 2, 8 K 12, 11; 13, 2 ⲧⲛⲟⲧ ⲁⲉ R 11, 30 aber
ⲧⲉⲛⲟⲧ S ⲧⲉⲛⲟⲧ ⲛⲧⲛ R 11, 31.

ⲉⲱⲧⲙⲧⲣⲉⲛ ⲉⲗⲁⲁⲧ S ⲉⲧⲙⲧⲣⲉⲧⲏⲣ ⲗⲁⲁⲧ μὴ ποιῆσαι μηδέν
K 12, 7.

ⲧⲏⲣϥ K 12, 2 ⲙⲡⲉⲧⲥⲏϥ ⲧⲏⲣϥ B ⲙⲡⲟⲧⲥⲛⲟⲧ ⲧⲏⲣϥ διὰ παντός
H 2, 15 ⲡⲓⲏⲗ ⲧⲏⲣϥ R 11, 26 ⲡⲧⲏⲣϥ πάντα H 1, 3 R 11, 36
ⲙⲡⲧⲏⲣϥ K 12, 19 — ⲧⲏⲣⲟⲧ H 1, 9 ⲧⲏⲣⲟⲧ R 11, 32
12, 4 H 1, 6 1, 12 1, 14 2, 11 K 12, 12 — ⲧⲏⲣⲉⲛ ⲁⲛⲁ(ⲛ)
S ⲧⲏⲣⲛ [ⲁⲛⲟ]ⲛ οἱ πολλοὶ ἡμεῖς R 12, 5 — ⲧⲏⲣⲧⲉⲛ K 12, 13.

ⲡⲫⲧ ⲧⲱⲱ ὁ θεὸς ἐμέρισε R 12, 3.

ⲛ]ⲡⲓⲧⲱ[ⲣ]ⲙ B ⲛⲧⲉ ⲡⲓⲱⲱⲣⲉⲙ κλήσεως H 3, 1 ⲡⲉϥⲧⲱⲣⲉⲙ
B ⲡⲓⲑⲱⲣⲉⲙ ἡ κλῆσις R 11, 29.

ⲁ[ϥ]ⲧⲉⲣⲥⲕ ⲛⲟⲧⲛⲉⲣ B ⲁϥⲑⲁⲣⲥⲕ ⲛⲟⲧⲛⲉⲣ ἔχρισέ σε H 1, 9.

ⲉϥⲧⲁϫⲣⲏⲧ S ⲉϥⲧⲁϫⲣⲏⲟⲩⲧ βέβαιος H 2, 2 ⲡⲓⲛⲓ ⲙⲡⲉϥⲧⲁϫⲣⲁ
  B ⲡⲥⲙⲟⲧ ⲛⲧⲉ ⲧⲉϥϩⲩⲡⲟⲥⲧⲁⲥⲓⲥ χαρακτὴρ τῆς ὑποστάσεως
  H 1, 3.

ⲁⲧⲧⲁϭⲏ ⲉⲧⲃⲱ (B ⲁⲧⲉⲣⲕⲧⲏⲁⲣⲓϫⲓⲏ ⲉⲧⲃⲱ) ἐνεκεντρίσθης εἰς
  (ἔλαιαν) R 11, 24 ⲉⲁⲧⲧⲁϭⲏ ⲉⲣⲗⲏⲓ ⲛⲟⲏⲧⲟⲩ (B ⲁⲧⲉⲣ-
  ⲕⲓⲛⲁⲁⲣⲓϫⲓⲏ ⲙⲙⲟⲕ ⲛⲥⲣⲏⲓ ⲛ̄ϩⲏⲧⲟⲩ) ἐνεκεντρίσθης ἐν αὐτοῖς
  K 11, 17 ⲥⲉⲛⲁⲧⲁϭⲟⲩ ⲉⲧⲉⲧⲃⲱ ⲛ̄ϫⲁⲓ̈ⲧ ⲙ̄ⲙⲓⲛ ⲙⲙⲁⲧ
  B ⲉⲧⲛⲁⲉⲣⲕⲧⲏⲁⲣⲓϫⲓⲏ ⲙⲙⲱⲟⲩ ⲉⲧⲟⲩⲃⲱ ⲛ̄ϫⲱⲓⲧ ⲙ̄ⲙⲓⲛ
  ⲙ̄ⲙⲱⲟⲩ ἐγκεντρισθήσονται τῇ ἰδίᾳ ἐλαίᾳ R 11, 24 ϫⲉⲕⲉⲉⲥ
  ⲉⲧⲉⲧⲁϭⲧ ἵνα ἐγκεντρισθῶ R 11, 20.

ⲉⲕⲱⲣⲓ ⲉⲗⲉⲧⲏ B ⲕⲟϩⲓ ⲉⲣⲁⲧⲕ ἕστηκας R 11, 20.

ⲕⲱϫⲉⲛ ὀκνηροί R 12, 11 ⲛⲉⲕⲣⲁⲙⲡⲓ ⲛⲁⲱϫⲉⲛ ⲉⲛ B ⲛⲉⲕⲣⲟⲙⲡⲓ
  ⲙ̄ⲡⲁⲩⲙⲟⲩⲛⲕ τὰ ἔτη σου οὐκ ἐκλείψουσιν H 1, 13.

ϣⲁ ⲉⲛⲉϩ H 1, 8 ⲛϣⲁ ⲛⲓⲉⲛⲉϩ̄ S ϣⲁ ⲛⲓⲉⲛⲉϩ εἰς τοὺς αἰῶνας
  R 11, 36.

ⲕⲁⲧⲁ ⲡⲱϣⲓ ⲛⲧⲡⲓⲥⲧⲥ κατὰ τὴν ἀναλογίαν τῆς πίστεως R 12, 6
  ⲛⲟⲩϣⲓ̈ ⲙ̄ⲡⲓⲥⲧⲥ = S μέτρον πίστεως R 12, 3.

ϣⲁⲓϭⲉⲙϭⲁⲙ S ϣⲁⲓϭ̄ⲙϭⲟⲙ δυνατός εἰμι K 12, 10.

ⲛⲥⲉϣⲓⲃⲓ ἀλλαγήσονται H 1, 13 ϩⲛ̄ϭⲟⲙ [ⲉⲧ]ϣⲁⲃⲉ ποικίλαι δυνάμεις
  H 2, 3 ⲛ̄ϩⲉⲛϩⲙⲁⲧ ⲉⲧϣⲁⲃⲉ S ⲛ̄ϩⲉⲛϩⲙⲟⲧ ⲉⲧϣⲱⲃⲉ χαρίσματα διάφορα R 12, 6.

ⲡϣⲱⲕ B ⲡϣⲓⲕⲉ βάθος R 11, 33.

ⲡⲁϣⲏⲗⲓ H 1, 5 ⲡϣⲏⲗⲓ H 1, 7 ⲛϣⲏⲗⲓ H 2, 10 ⲛⲛⲉϣⲏⲗⲓ
  K 12, 14 ⲉⲧϣⲏ[H 1, 5 aber ⲡϣⲏⲣⲉ H 2, 6.

ⲧⲉⲛⲛⲁϣⲉⲗⲃⲁⲗ S ⲧⲉⲛⲛⲁϣⲉⲣⲉⲃⲟⲗ ἐκφευξόμεθα H 2, 3.

ⲡⲉϣⲗⲏⲗ (B ϯⲡⲣⲟⲥⲉⲩⲭⲏ) R 12, 12 ⲧⲉⲛϣⲗⲏⲗ ⲁⲡϥ̄ϯ εὔχομαι
  πρὸς τὸν θεόν K 12, 7 ⲡⲉⲓ ⲗⲱ ⲡⲉⲧⲉⲛϣ[ⲗⲏⲗ S ⲡⲁⲓ ⲣⲱ
  ⲡⲉⲧⲛ̄ϣⲗⲏⲗ τοῦτο προσευχόμεθα K 12, 9.

ⲟⲩϣⲁⲗϣⲉⲗ S ⲟⲩϣⲟⲣϣⲣ καθαίρεσις K 12, 10.

ⲙⲉⲧϣⲙⲁϣⲧ S ⲛⲛⲉⲧⲉϣⲙⲉϣⲧ ἀνεξερεύνητα R 11, 33.

ⲡⲉⲧⲛ̄ϣⲏⲙϣⲓ ⲛ̄ⲣⲉⲙⲛ̄ϩⲏⲧ S ⲡⲉⲧⲛ̄ϣⲙ̄ϣⲉ ⲛ̄ⲣⲙⲛ̄ϩⲏⲧ τὴν λογικὴν
  λατρείαν ὑμῶν R 12, 1.

ⲕⲁⲓϣⲓⲛⲓ ⲛⲥⲁ ζητῶ K 12, 14 ⲥⲉϣⲓⲛⲓ ἀσπάζονται K 12, 12
  ⲧⲉⲧⲛ̄ϣⲓⲛⲓ ⲛⲥⲁ S ⲧⲉⲧⲛ̄ϣⲓⲛⲉ ⲛⲥⲁ ζητεῖτε K 13, 3.

ϣⲁⲛⲧⲉ ⲡϫⲱⲕ ... ⲉⲓ B ϣⲁⲧⲉ ⲡϫⲱⲕ ⲓ ἄχρις οὗ τὸ πλήρωμα
  ⲉⲗⲑⲏ R 11, 25.

ⲧⲉⲛϣⲱⲛⲓ ⲛⲟⲏⲧϥ̄ S ⲧⲛϭⲟⲟⲃ ⲛϩⲏⲧϥ̄ ἀσθενοῦμεν K 12, 4 ⲉⲛϣⲁⲛ
  ϣⲱⲛⲓ ὅταν ἀσθενῶμεν K 12, 9.

πεκ⳪ροκος εϥϣλλπ ⲛ̄ϣλεκε⳽ S π. ϣοοπ ϣλ εκε⳽ H 1, 8
aber ⲧⲇⲓⲁⲑⲏⲕⲏ ετ⳽ϣοοπ κκⲧ ε⳽λⲟⲣⲓⲧⲁⲁⲧ B ⲧⲁⲇⲓⲁ-
ⲑⲏⲕⲏ εⲑⲛⲁϣⲱⲡⲓ κⲱⲟⲧ ἡ παῤ ἐμοῦ διαθήκη R 11, 27
ⲙⲡⲉⲧⲉⲣⲉ κⲉⲉⲛⲓ κ[ⲓⲙ] ϣⲟⲟⲡ ετⲃⲏⲧϥ B κⲁϥ ⲫⲏ ετⲁ
ⲛ̄ⲭⲁⲓ ⲛⲓⲃⲉⲛ ϣⲱⲡⲓ εⲑⲃⲏⲧϥ δἰ ὃν τὰ πάντα .. ⲁⲧⲱ ⲁⲁ
κⲉⲉⲛⲓ ⲛⲓⲙ ϣⲱⲡⲓ εⲃⲟⲗ ⲟⲣⲓⲧⲁⲁⲧ[ϥ]: οⲧⲟⲣ ετⲁ ⲣⲱⲃ
ⲛⲓⲃⲉⲛ ϣⲱⲡⲓ εⲃⲟⲗ ⲟⲣⲓⲧⲟⲧϥ καὶ δἰ οὗ τὰ πάντα H 2, 10 —
κⲧⲁϥϣⲁⲡϥ̄ H 2, 18 — ⲁⲕϣⲱⲡⲓ κⲕⲓⲛⲟⲕⲟⲥ B ⲁⲕⲉⲣⲱ-
ⲫⲓⲣ συγκοινωνὸς ἐγένου K 11, 17 ⲁⲓϣⲱⲡⲓ K 12, 11 ⲛ̄ⲁϣⲱⲡⲓ
K 12, 11 ϥⲛⲁϣⲱⲡⲓ ετⲩⲏ[ⲗⲓ] S ϥⲛⲁϣⲱⲡⲉ εοⲧϣⲏⲣⲉ
ἔσται εἰς υἱόν H 1, 5 ⲁϥϣⲱⲡⲓ ἐγένετο = B H 2, 2 κⲓⲙ
ⲁϥϣⲱⲡⲓ κⲏϥ κⲗⲉϥⲭⲓϣⲁⳅⲛⲓ τίς σύμβουλος ἐγένετο R 11, 35
ⲛ̄ⲧⲉⲧⲉⲛϣⲱⲡⲓ K 12, 9 εⲛⲧⲉⲛϣⲱⲡⲓ S ⲛ̄ⲧⲛ̄ϣⲱⲡⲉ ὡς ὦμεν
K 12, 7 ϯⲛⲁϣ̄ⲱⲡⲓ S εⲓεϣⲱⲡⲓ ἔσομαι H 2, 13 ⳉⲉⲕⲉⲉⲥ
εϣⲱⲡⲓ ⲛ̄ⲛⲁⲏⲧ B ⲟⲓⲛⲁ ⲛ̄ⲧⲉϥϣⲱⲡⲓ εϥⲟⲓ ⲛ̄ⲛⲁⲏⲧ ἵνα
γένηται ἐλεήμων H 2, 17 ετⲕⲁϣⲱⲡⲓ τὴν μέλλουσαν H 2, 3
ⳉⲉⲕⲉⲉⲥ ⲕⲛⲉⲧⲛ̄ϣⲱⲡⲓ B ⲟⲓⲛⲁ ⲛ̄ⲧⲉⲧⲉⲛϣⲧⲉⲙϣⲱⲡⲓ ἵνα
μὴ ἦτε R 11, 25 ⲙⲡⲉⲗ⳪ϣⲱⲡⲓ R 12, 17.

ⲟⲛ̄]ϣⲡⲏⲣⲓ H 2, 3 ⲟⲛ̄ϣⲡⲏⲣⲓ S ⲟⲉⲛϣⲡⲏⲣⲉ τέρατα K 12, 12.
ⲛ̄ϥϣⲓⲡⲓ εⲕ S ϥϣⲓⲡⲓ ⲙⲙⲟⲥ ⲁⲛ οὐκ ἐπαισχύνεται H 2, 11.
ϣⲁⲣⲁⲧⲉⲕ S ϣⲁⲣⲱⲧⲉⲕ πρὸς ὑμᾶς K 12, 14 13, 1 R 12, 17 ⲁⲓεⲓ
    ϣⲁⲣⲁⲧⲉⲕ (S ⲧⲁⲉⲓ) ἐλθὼν πρὸς ὑμᾶς K 12, 30.
εϣⲁⲣⲡ̄ K 12, 21 κⲓⲙ πετⲉⲁϥⲓⲗⲓ κⲏϥ κϣⲁⲣⲉⲡ S κⲓⲙ πεⲛ-
    ⲧⲁϥⲉⲓⲣⲉ κⲁϥ ⲛ̄ϣⲟⲣⲡ̄ τίς προέδωκεν αὐτῷ R 11, 35 aber
    ϣⲟⲣⲡ̄ K 13, 2 κⲉϣⲟⲣⲡ̄ τὰς ἀρχάς H 1, 10 κϣⲟⲣⲡ̄ = S
    H 1, 1 ε̄ϣⲟⲣⲡ̄ S ⲛ̄ϣⲟⲣⲡ̄ K 13, 2 ⲉⲗϣⲟⲣⲡ̄ K 13, 2.
ⲙⲡϣⲁⲣⲡ̄ⲙⲓⲥⲓ S ϣⲣⲡ̄ⲙⲙⲓⲥⲉ B ϣⲟⲣⲡ̄ⲙⲙⲓⲥⲓ πρωτότοκον H 1, 6.
ⲙⲡⲓϣⲱⲱⲧ = S οὐχ ὑστέρησα K 12, 11 πεⲛⲧⲁⲧⲉⲧⲉⲛϣ̄ⲱⲱⲧ ⲙⲙⲟϥ
    S πεⲛⲧⲁⲧⲉⲧⲛ̄ϣ̄ⲱⲱⲧ ⲙ̄ⲙⲟϥ ὃ ἡττήθητε K 12, 13 κοⲧϣⲱⲱⲧ
    εⲃⲟⲗ S ⲟⲛ οⲧϣⲱⲱⲧ εⲃⲟⲗ ἀποτόμως K 12, 10 ⲁⲧϣⲉⲉⲧ
    ⲟⲛ̄ⲕⲗⲁⲧⲟⲥ ἐξεκλάσθησαν οἱ κλάδοι R 11, 19 ⲥⲉⲛⲉϣⲉⲉⲧⲕ
    B ⲥⲉⲛⲁⲕⲟⳉⲕ ἐκκοπήσῃ R 11, 23 ⲁⲧϣⲉⲉⲧⲛ̄ εⲃⲟⲗ R 11, 24.
ⲟⲛ̄ϣⲧⲁⲣⲧⲉⲣ S ⲟⲉⲛϣ̄ⲧⲟⲣⲧⲉⲣ ἀκαταστασίαι K 12, 20.
ϣ̄ϣⲏ εⲣⲁⲕ B ⲥϣⲉ δεῖ H 2, 1 ϣ̄ϣⲏ S εϣϣⲉ ὤφειλον K 12, 11
    ϣ̄ϣⲏ εⲉⲓⲛⲓ B ⲥⲉⲙⲡϣⲁ ⲛ̄ⲧⲉϥⲓⲛⲓ ὤφειλε ὁμοιωθῆναι H 2, 17
    ⲕⲁϣϣ̄ϣⲏ S ⲕⲛⲉϣϣⲉ οὐκ ὀφείλει K 12, 14 ετⲉϣϣⲏ S ετⲉϣϣⲉ
    ὃ δεῖ R 12, 3 οⲧⲃⲉⲕⲏ ετⲉⲙⲡⲉϣϣⲏ ⲙⲙⲟϥ B οⲧϣⲉⲃⲓⲉⲃⲉⲭⲉ
    ⲃⲉⲛ οⲧⲟⲁⲡ εϥⲙⲡϣⲁ ἔνδικος μισθαποδοσία H 2, 2.
ⲟⲛ̄ϣⲱϣ̄ ὕβρεις S ⲟⲛⲥⲱϣ̄ K 12, 10.

ⲙⲡⲉⲗϣⲟⲧϣⲟⲧ ⲙⲙⲟⲛ ⲉϫⲉⲛ ⲛⲉⲕⲗⲁⲧⲟⲥ Β ⲙⲡⲉⲣϣⲟⲧϣⲟⲧ
ⲙⲙⲟⲛ ⲉϫⲉⲛ ⲛⲓϫⲁⲗ μὴ κατακαυχῶ τῶν κλάδων R 11, 18.
ⲛϣⲁϩ ⲛ̅ⲥⲁϯ πυρὸς φλόγα Η 1, 7.

ϣⲉⲭⲓ S ϣⲁϫⲉ Κ 13, 1 ⲡϣⲉⲭⲓ ὁ λόγος Η 2, 2 ϧ̅ⲙ ⲡϣⲉⲭⲓ
S ⲉⲛϣⲁϫⲉ Β ϧⲉⲛ ⲡⲥⲁϫⲓ τῷ ῥήματι Η 1, 3 ⲁⲣⲭⲏ ⲛϣⲉⲭⲓ
ἀρχὴ λαλεῖσθαι Η 2, 3 ⲉⲧϣⲉⲭⲓ ⲛ̄ⲏⲧ λαλοῦντος ἐν ἐμοὶ Κ 13, 3
ⲉⲛϣⲉⲭⲓ ϧⲙ ⲡⲉⲭ̅ⲥ̅ ἐν Χριστῷ λαλοῦμεν Κ 12, 9 ⲉⲁ ⲡϥ̅ϯ
ϣⲉⲭⲓ S ⲉⲁ ⲡⲛⲟⲧⲧⲉ ϣⲁϫⲉ Β ⲁ ⲫϯ ⲥⲁϫⲓ ὁ θεὸς λαλή-
ⲥⲁⲥ Η 1, 1 ⲁϥϣⲉⲭⲓ S ⲁϥϣⲁϫⲉ Β ⲁϥⲥⲁϫⲓ ἐλάλησε ⲧⲏ
ⲉⲧⲉⲛϣⲉⲭⲓ ⲉⲣⲁⲥ Β ⲑⲁⲓ ⲉⲧⲉⲛⲥⲁϫⲓ ⲉⲟⲃⲏⲧⲉ περὶ ἧς λαλοῦμεν Η 2, 3.

ⲉⲧⲉⲛϧⲓ ⲙⲡⲗⲁⲟⲧϣ Β ⲉⲣⲉⲧⲉⲛϧⲓ ⲙⲫⲣⲱⲟⲧϣ προνοούμενοι
R 12, 17 ⲉⲧⲃⲓ ϧⲁ ⲧ̄ⲛⲟⲧⲛⲓ ⲧⲛⲟⲧⲛⲓ Β ⲉⲧϥⲁⲓ ϧⲁ ϯⲛⲟⲧⲛⲓ
. . ⲧⲉⲧⲃⲓ ϧⲁⲗⲁⲛ Β ⲉⲧⲧⲱⲟⲧⲛ· ϧⲁⲣⲟⲛ βαστάζεις τὴν ῥίζαν
ἀλλὰ ἡ ῥίζα σε R 11, 18 ⲉϥⲃⲓ ϧⲁ ⲡⲧⲏⲣϥ S ⲉϥϥⲓ ϧⲁ ⲡ.
Β ⲉϥϥⲁⲓ ϧⲁ ⲡⲧⲏⲣϥ φέρων τὰ πάντα Η 1, 3.

ⲑⲉⲧⲛⲁϥⲁⲓ ⲛⲁⲧϭⲟⲙ ⲉⲛ S ⲡⲁⲓ ⲉⲧⲉ ⲛ̄ϥ̄ⲟ ⲁⲛ ⲛ̄ⲁⲧϭⲟⲙ ὃς οὐκ
ἀσθενεῖ Κ 13, 3.

ϧⲁ ὑπέρ Κ 12, 15 12, 9 ϧⲁ ⲡⲉⲭ̅ⲥ̅ Κ 12, 10 ⲉϥⲃⲓ ϧⲁ ⲡⲧⲏⲣϥ
S ⲉϥϥⲓ ϧⲁ[Β ⲉϥϥⲁⲓ ϧⲁ ⲡⲧⲏⲣϥ φέρων τὰ πάντα Η 1, 3
ϧⲁ ⲡⲧⲏⲣϥ Β ⲉϫⲉⲛ ⲟⲧⲟⲛ ⲛⲓⲃⲉⲛ ὑπὲρ πάντων Η 2, 9 ϧⲁ
ⲧ̄ⲛⲟⲧⲛⲓ ϧⲁⲗⲁⲁⲛ R 11, 18.

ϧⲓ[ⲝⲱϥ] [ⲁⲕⲧⲉⲓⲧ]ⲟⲧ [ⲛ]ⲟⲧⲭⲗⲟⲙ Β ⲁⲕⲧⲏⲓⲧⲟⲧ ⲛⲟⲧⲭⲗⲟⲙ
ⲉⲭⲱϥ ἐστεφάνωσας αὐτόν Η 2, 7.

ⲉⲛϯⲣⲁⲧⲉⲛⲧⲏⲛⲟⲧ S ⲛϯⲣⲁⲧⲉⲧⲏⲧⲧⲓ̅ παρών Κ 12, 10 13, 2.

ϧⲱⲱⲛ R 11, 23 ⲉⲛ ϧⲱⲱⲛ οὐδὲ σοῦ R 11, 21 ⲛ̄ⲟ̅ⲛ ϧⲱⲱϥ
ⲙⲙ[ⲱⲧⲥⲏⲥ ὡς καὶ Μωυσῆς Η 3, 2 ϧⲱⲛ Κ 12, 15 ϧⲱⲱⲛ
Κ 12, 4 ϧⲱⲧ R 11, 21 11, 31 ⲛⲛⲉⲓ ϧⲱⲟⲧ R 11, 31.

ⲟⲧⲁⲧⲉ ϧⲛ S ϧⲁϧ ⲙⲙⲉⲣⲟⲥ Β ⲟⲧⲟⲟ ⲛⲏⲣⲏ ϯ πολυμερῶς Η 1, 1
ⲥⲉⲛⲉϣⲉⲛϧⲏ πῶς Η 2, 3 ⲑⲏ S ⲑⲉ R 12, 3 ⲛⲟⲉ R 11, 30
aber ⲛⲟⲛ Η 1, 12 1, 13 Κ 12, 20 ⲛ]ⲑⲏ Η 3, 8 ⲛⲟⲏ ⲉⲧⲉ
S ⲛⲟⲉ ⲉⲧⲉ R 11, 33 ⲛⲁⲧⲁ ⲑⲏ καθάπερ R 12, 4 ⲛⲁⲑⲁ ⲑⲉ
ⲉⲧⲥϧⲛⲟⲧⲧ καθὼς γέγραπται R 11, 26 ⲧⲉⲓ ⲧⲉⲑⲏ S ⲧⲁⲓ ⲧⲉ
ⲑⲉ R 11, 26 11, 31 ⲧⲉⲓ ⲧⲉⲧⲛ̄ϧⲏ S ⲧⲁⲓ ⲑⲉ ⲧⲉⲛϧⲉ οὕτως
R 12, 5.

ⲛⲛⲉⲛⲧⲁϧⲏⲛⲓ Β ⲛⲛⲉⲧⲁϧⲣⲉⲓ οἱ πεσόντες R 11, 22.

ϧⲉⲛ ⲑⲁⲏ ⲛⲛⲉⲓϧⲟⲟⲩ S ϧⲏ ⲑⲁⲏ ⲛ̄ⲛⲉⲓϧⲟⲟⲩ B ⲉⲡϧⲁⲉ ⲛ̄ⲧⲉ
ⲛⲁⲓⲉϧⲟⲟⲩ H 1, 2.

ⲛⲉϥϧⲓⲁⲧⲓ̈ S ⲛⲉϥϧⲓⲟⲟⲧⲉ αἱ ὁδοὶ αὐτοῦ R 11, 39 ⲛⲛⲉⲓϧⲓⲁⲧⲉⲓ̈
S ⲛⲓϧⲓⲟⲟⲧⲉ’ ἴχνεσι K 12, 18.

ⲛ̄ⲛⲉⲓϧⲟⲟⲩ ⲛⲉⲓ̈ S ⲛⲛⲉⲓϧⲟⲟⲩ B ⲛ̄ⲧⲉ ⲛⲁⲓⲉϧⲟⲟⲩ ⲛⲁⲓ τῶν ἡμερῶν
τούτων H 1, 2.

ⲛⲟⲩⲡⲉⲑⲟⲟⲩ ϧⲁ ⲟⲩⲡⲉⲑⲟⲟⲩ κακὸν ἀντὶ κακοῦ (B ⲛⲧϣⲉⲃⲓⲱ ἀντί)
R 12, 17 ⲡⲉⲑⲁⲩ κακόν K 12, 7 ⲉⲧⲉⲧⲛ̄ⲙⲁⲥϯ ⲡⲡⲉⲑⲟⲟⲩ
ἀποστυγοῦντες τὸ πονηρόν R 12, 9.

ⲛϧⲟⲧⲁ ⲡⲁⲣⲁ ⲙⲱⲧⲥⲏⲥ B ⲉϧⲟⲧⲉ ⲙⲱⲧⲥⲏⲥ παρὰ Μωσῆν H 3, 2.

ⲕⲁⲧⲁ ϧⲱⲃ ⲛⲓⲙ H 2, 7 ⲉⲙⲡⲉⲓϧⲱⲃ ⲛⲟⲩⲱⲧ πρᾶξιν τὴν αὐτήν = S
R 12, 4 ⲛⲉⲣⲃⲏⲟⲧⲉⲓ B ⲛⲓϧⲃⲏⲟⲧⲓ H 1, 10 ⲛⲉⲣⲃⲏⲧ[H 2, 7.

ⲉⲧⲉⲧⲛ̄ϧⲱⲗϭ̄ ⲉϧⲟⲧⲏ ⲉⲛⲉⲧⲛⲉⲣⲏⲩ S ⲉⲧⲉⲧⲛ̄ⲧⲱⲃⲉ ⲙⲙⲱⲧⲛ φιλό-
στοργοι, κολλώμενοι εἰς ἀλλήλους R 12, 9; 12, 10.

ⲛϧⲙ̄ϧⲉⲗ δοῦλοι (B ⲙ̄ⲃⲱⲕ) R 12, 11.

ϧⲙ[H 1, 13 ⲁϥϧⲙⲟⲟⲥ ϧⲛ̄ ⲧⲟⲩⲛⲁⲙ S ⲁϥϧⲙⲟⲟⲥ ϧⲓ ⲧⲟⲩⲛⲁⲙ
B ⲁϥϧⲉⲙⲥⲓ ⲥⲁ ⲟⲩⲓⲛⲁⲙ ἐκάθισεν ἐν δεξιᾷ H 1, 3.

ⲡⲉϧⲙⲁⲧ ⲙⲡⲛⲟⲩϯ B ⲡⲓϧⲙⲟⲧ ⲙⲡⲛⲟⲩϯ χάρις θεοῦ H 2, 8
ⲛϧⲛ̄ϧⲙⲁⲧ ⲉⲩϣⲁⲃⲉ S ⲛ̄ϧⲉⲛϧⲙⲟⲧ ⲉⲩϣⲁⲃⲉ χαρίσματα
ποικίλα R 12, 6.

ϧⲛ̄ R 12, 10 ϧⲏⲧⲉⲛⲟⲩ S ⲛ̄ϧⲏⲧⲧⲏⲧⲛ̄ ἐν ὑμῖν K 12, 5 12, 20
13, 3 ⲉⲧϧⲛ̄ⲧⲏⲛⲟⲩ ὁ ὢν ἐν ὑμῖν R 12, 3 ⲁϥϧⲙⲟⲟⲥ ϧⲛ̄ ἐκάθισεν ἐν H 1, 3 ⲟⲩⲥⲱⲙⲁ ⲛ̄ⲟⲩⲟⲧ ϧⲙ ⲡⲉⲭⲥ ἓν σῶμα ἐν Χ.
R 12, 5 ϧⲛ̄ ⲟⲩⲥⲱⲙⲁ ⲛⲟⲩⲱⲧ = S ἐν ἑνὶ σώματι R 12, 4
ⲛⲛⲉⲧϣⲟⲟⲡ ϧⲛ̄ ⲧ[ϧⲟϯ] ὅσοι ἐν φόβῳ H 2, 15 ⲁ ⲟⲩⲁ ⲉⲣ̄ⲙⲉⲧⲣⲏ
ϧⲛ̄ ⲟⲩⲙⲉ B ⲁϥⲉⲣⲙⲉⲑⲣⲉ ⲛ̄ⲟⲩⲙⲁ διεμαρτύρατό τις H 2, 6
ⲛⲓⲙ ϧⲛ̄ ⲛⲓⲁⲅⲅⲉⲗⲟⲥ τίνι τῶν ἀγγέλων H 1, 5 1, 13 ⲁϥϣⲉϫⲓ
ϧⲙ̄ ⲡⲉϥϣⲏⲣⲉ B ⲁϥϣⲁϫⲉ ϧⲛ̄ ⲡⲉϥϣⲏⲣⲉ ἐλάλησεν ἐν υἱῷ
H 1, 2 ϧⲛ̄ ⲛⲓⲡⲣⲟⲫⲏⲧⲏⲥ ἐν τοῖς προφήταις H 1, 1 ϧⲛ̄ ⲉⲃⲟⲗ
ⲙⲙⲁϥ S ϧⲉⲛ ⲉⲃⲟⲗ ⲙ̄ⲙⲟϥ ἐξ αὐτοῦ R 11, 36.

ϧⲛ̄ ϧⲁⲓⲏⲓ̈ B ϧⲉⲛ ⲟⲩⲁⲡⲟⲙⲉⲣⲟⲥ R 11, 25 ⲛⲉⲓⲉϧⲁⲓⲛⲓ ⲗⲱⲛⲉ
S ϧⲟⲓⲛⲉ quidam R 11, 24.

ⲛⲉϧⲉⲡ S ⲛⲉϧⲁⲡ R 11, 33.

ϧⲓⲥⲓ S ϧⲓⲥⲉ K 12, 13 H 2, 10 ⲡϧⲓⲥⲓ ⲙⲡⲙⲟⲩ τὸ πάθημα τοῦ θανάτου H 2, 9 ϧⲙ ⲡϧⲓⲥⲓ ἐν ᾧ πέπονθεν H 2, 18.

ⲁⲛϧⲣⲓⲥⲏⲛϯ B ⲁⲕϧⲣⲓⲥⲉⲛⲧⲓ ἐθεμελίωσας H 1, 10.

ϧⲉⲓⲧⲉ ἰδού H 2, 13.

ⲛϧⲏⲧ K 13, 3 ⲉϧⲗⲏⲓ ⲛϧⲏⲧⲟⲩ B ⲛ̄ϧⲣⲏⲓ ⲛ̄ϧⲏⲧⲟⲩ ἐν αὐτοῖς
R 11, 17 ⲟⲩⲧⲱⲙ ⲛ̄ϧⲏⲧ πώρωσις R 11, 25 ⲛⲧⲙⲉⲧⲃⲉⲣⲣⲉ

[ⲙⲡⲉⲧ]ⲛ̄ϩⲏⲧ τῇ ἀνακαινώσει τοῦ νοὸς ὑμῶν R 12, 2 ⲉϣⲧⲙ̄ⲭⲓⲥⲓ
ⲛϩⲏⲧ R 12, 3 ⲙⲡⲉⲗⲭⲓⲥⲓ ⲛϩⲏⲧ μὴ ὑψηλοφρόνει R 11, 20
ⲛⲁⲑⲏⲧ = S ἄφρων R 12, 11.

ⲣⲁϯ S ϩⲟⲧⲉ K 12, 20 R 11 20 (ⲁⲗⲓⲣⲁϯ B ⲁⲣⲓϩⲟⲧⲉ φοβοῦ).

ⲣⲓⲧⲛ̄ ⲧⲉⲭⲁⲣⲓⲥ διὰ τῆς χάριτος R 12, 3 ⲣⲓⲧⲛ̄ ⲛⲉⲙⲉⲧϣⲁⲛⲁ̄ϩⲧⲏⲥ
S ⲣⲓⲧⲛ̄ διὰ τῶν οἰκτιρμῶν R 12, 1 ⲣⲓⲧⲛ̄ⲧⲏⲛⲟⲩ ὑφ᾽ ὑμῶν
K 12, 11 ⲣⲓⲧⲉⲛ̄ ὑπό H 2, 3 ⲣⲓⲧⲙ̄ ⲡ̄ϥϯ B ⲉⲃⲟⲗ ϩⲓⲧⲉⲛ ⲡⲟ̄ⲥ
διὰ τοῦ κυρίου H 2, 3.

ⲛⲉⲧⲣⲓⲧⲟⲩ[ⲱⲕ] τοὺς μετόχους σου H 1, 9.

ⲃⲱ ⲛ̄ⲭⲓⲧ ϩⲁⲟⲩⲧ B ⲃⲱⲛ̄ϫⲱⲓⲧ ⲛ̄ϣⲁϣⲓ (S. ϩⲟⲟⲩⲧ agrestis)
ἀγριέλαιος R 11, 24.

ϫⲉ H 2, 13 R 11, 36 ὅτι H 2, 6 K 12, 2 R 11, 25 ⲉⲧⲣⲉⲧⲉⲧ[ⲛ]-
ⲇⲟⲕⲓⲙⲁⲍⲉ ϫⲉ ⲟⲩ εἰς τὸ δοκιμάζειν τί R 12, 2.

ϯⲭⲁ ⲉⲃⲟⲗ S ϯϫⲟ ⲉⲃⲟⲗ δαπανήσω ⲥⲉⲛⲁϫⲁⲓ̈ ⲉⲃⲟⲗ S ⲥⲉⲛⲁϫⲟⲓ̈
ⲉⲃⲟⲗ ἐκδαπανηθήσομαι K 12, 15.

ⲁⲓϫⲟⲟⲥ K 13, 1 ⲛ̄ⲛⲉⲛⲧⲁⲧⲉⲗ̄ϣⲟⲣⲡ ⲛ̄ϫⲟⲟⲥ K 13, 2 ⲕⲛⲉϫⲟⲟⲥ
ϫⲉ B ⲭⲛⲁϫⲟⲥ ἐρεῖς R 11, 18 — ϯⲉⲗ̄ϣⲟⲣⲡ̄ ⲛ̄ϫⲱ ⲙⲙⲟⲥ
K 13, 2 ⲉϥϫⲱ ⲙⲙⲟⲥ ϫⲉ H 2, 11 2, 6 (ⲙⲙⲁⲥ); ϥϫⲱ
ⲙⲙⲟⲥ ϫⲉ H 1, 6 1, 7 2, 13 2, 17 (ⲙⲙⲁⲥ); ϯϫⲱ ⲙⲙⲟⲥ
R 12, 3 ϯⲛⲁϫⲱ ⲙⲡⲉⲕⲣⲁⲛ B ϯⲛⲁϫⲉ ⲡⲉⲕⲣⲁⲛ ἀπαγγελῶ
τὸ ὄνομά σου H 2, 11 ⲡϣⲉϫⲓ ⲛ̄ⲧⲁϥϫⲁⲁϥ ⲉⲃⲟⲗ ϩⲓⲧⲁⲁⲧⲟⲩ
ⲛ̄ⲛⲁⲅⲅⲉ[ⲗⲟⲥ B ⲡⲓⲥⲁϫⲓ ⲉⲧⲁϥⲥⲁϫⲓ ⲙⲙⲟϥ ⲉⲃⲟⲗ ϩⲓⲧⲉⲛ
ⲛⲓⲁⲅⲅⲉⲗⲟⲥ ὁ δι᾽ ἀγγέλων λαληθεὶς λόγος H 2, 2.

ⲁⲓϫⲓ ⲧⲏⲛⲟⲩ ἔλαβον ὑμᾶς K 12, 16 ⲣⲉϥϫⲓϣⲁϫⲛⲓ S ⲣⲉϥϫⲓ-
ϣⲟϫⲛⲉ σύμβουλος R 11, 35 ⲡϫ[ⲓ]ⲛ̄ϭⲟⲛⲥ̄ ἀνομία H 1, 9
ⲡⲉⲓϫⲓⲛ̄ϭⲟⲛⲥ̄ S ⲡⲉⲓϫⲓⲛϭⲟⲛⲥ̄ τὴν ἀδικίαν ταύτην K 12, 13
ⲛ̄ⲧⲁϥϫⲓ ⲁⲣⲭ̄ⲏ B ⲉⲧⲁϥϭⲓⲁⲣⲭⲏ ἀρχὴν λαβών H 2, 3
ⲁϥϫⲓ ⲛⲟⲩⲃⲉⲕⲏ B ⲁϥϫⲓ ⲛⲟⲩϣⲉⲃⲓⲉⲃⲉⲭⲉ ἔλαβε μισθαποδοσίαν H 2, 2 ⲉϥⲉϫⲓϯⲡⲓ ⲙⲡ̄ⲙⲟⲩ B ⲛⲧⲉϥϫⲉⲙϯⲡⲓ
ⲙⲫⲙⲟⲩ γεύσηται θανάτου H 2, 9 ϫⲓ ⲙⲡⲉⲥⲙⲁⲧ συσχηματίζεσθαι μεταμορφοῦσθαι R 12, 2.

ⲡϫⲱⲕ = B πλήρωμα R 11, 25 ⲉϥϫⲏⲕ ⲉⲃⲟⲗ τέλειος R 12, 2.

ϫⲉⲕⲉⲉⲥ ἵνα B ϩⲓⲛⲁ H 2, 14 2, 17 R 11, 20 11, 25 K 13, 1 ϫⲉⲕⲉⲉⲥ ὅπως B ϩⲟⲡⲱⲥ H 2, 8 ϫⲉⲕⲉⲉⲥ ⲉⲛ οὐχ ἵνα K 12, 7
aber ϫⲉⲕⲁⲥ S ϫⲉⲕⲁⲥ R 11, 31 ϫⲉⲕⲁⲁⲥ R 11, 32.

ϭⲛ̄ ϫⲏⲗϫⲉⲗ K 12, 20.

ϫⲓⲛ K 12, 21 ⲛ̄ϫⲓⲛ ⲉϣⲟⲣⲡ̄ S ϫⲓⲛ ⲛ̄ϣⲟⲣⲡ̄ K 13, 2.

ⲧⲁⲅⲁⲡⲏ ⲭⲉⲛⲟⲧⲡⲟⲕⲣⲓⲛⲉ S ⲧⲁⲅⲁⲡⲏ ⲁⲭⲏ̄ ⲟⲧⲡⲟⲕⲣⲓⲛⲉ ἀγάπη
     ἀνυπόκριτος R 12, 9.

ⲁⲓⲭⲡⲁⲕ S ⲁⲓⲭⲡⲟⲕ B ⲁⲓⲭⲫⲟⲕ γεγέννηκά σε H 1, 5.

ⲉⲧⲉⲧⲏ̄ⲭⲁⲁⲣ S ⲉⲧⲉⲧⲏ̄ⲭⲟⲟⲣ δυνατοὶ ἧτε K 12, 9.

ⲉⲱⲧⲙ̄ⲭⲓⲥⲓ ⲕⲟⲏⲧ μὴ ὑπερφρονεῖν R 12, 13 ⲙⲡⲉⲗⲭⲓⲥⲓ ⲕⲟⲏⲧ
     B ⲙⲡⲉⲣⲭⲓⲥⲓ ⲕⲟ̄ⲏⲧ R 11, 20 ⲉⲧⲉⲧⲏ̄ⲭⲓⲥⲓ ⲟⲙ̄ ⲡⲧⲁⲓⲁ
     προηγούμενοι τῇ τιμῇ R 12, 10 ⲉⲧⲃⲁⲥⲓⲟⲏⲧ B ⲉⲧⲃⲁⲥⲓⲟⲏⲧ
     ὑψηλά R 12, 16 ⲟⲏ̄ⲭⲓⲥⲓⲛⲟⲏⲧ S ⲟⲏ̄ⲭⲓⲥⲉⲛⲟⲏⲧ φυσιώσεις
     K 12, 20 ⲟⲏ ⲛⲉⲧⲭⲁⲥⲓ S ⲟⲏ̄ ⲛⲉⲧⲭⲟⲥⲉ B ⲍⲉⲛ ⲕⲛⲉⲧⲥⲟⲥⲓ
     ἐν ὑψηλοῖς H 1, 3.

ⲟⲏ̄ⲭⲁⲟⲧⲧ S ⲟⲉⲛⲭⲟⲟⲧⲧ ἀδόκιμοι K 13, 5.

ⲕⲛⲉⲕⲭⲉⲭⲓ B ⲕⲛⲉⲕⲭⲁⲭⲓ τοὺς ἐχθρούς σου H 1, 13 ⲁⲧⲉⲗⲭⲉⲭⲓ
     B ⲟⲁⲕⲭⲁⲭⲓ ἐχθροί R 11, 18.

ⲥⲉ ⲟⲩⲛ = S R 12, 1.

ⲥⲏ H 3, 1 K 12, 11.

ⲉⲕⲱⲁⲛⲥⲱ ⲟⲏ̄ ⲧⲙⲉⲧⲭⲣ̄ⲥ B ⲁⲕⲱⲁⲛⲟⲟⲓ ⲍⲉⲛ τ. ἐὰν ἐπιμείνῃς
     τῇ χρηστότητι R 11, 22 ⲁⲧⲱⲧⲙ̄ⲥⲱ B ⲁⲧⲱⲧⲉⲙⲟⲟⲓ ἐὰν ἐπι-
     μείνωσι R 11, 23.

ⲧⲁⲥⲉⲛⲧⲏⲕⲟⲧ S ⲕ̄ⲧⲁⲟⲉ ⲉⲣⲱⲧⲉⲛ εὑρεθῶ ὑμῖν K 12, 20 ⲟⲉⲛⲁⲧ-
     ⲥⲉⲕⲗⲉⲧⲟⲧ ⲕⲉ ⲛⲉⲟⲟⲓⲁⲧⲓ̈ B ⲕⲛⲉⲧⲉⲱⲉⲕⲣⲁⲧⲟⲧ ⲕⲛⲉ-
     ⲟⲟⲓⲟⲟⲧⲉ ἀνεξιχνίαστοι αἱ ὁδοὶ αὐτοῦ R 11, 33.

ⲧⲥⲟⲙ = S K 12, 9 13, 4 ⲙⲉⲛ ⲥⲟⲙ ⲙⲙⲁⲕ οὐ δυνάμεθα K 12, 8
     ⲟⲏ̄ⲥⲟⲙ δυνάμεις H 2, 3 = ⲟⲉⲕⲥⲟⲙ K 12, 12 aber ⲡⲱⲉⲭⲓ
     ⲛⲧⲉⲟⲥⲁⲙ S ⲡⲱⲁⲭⲉ ⲛⲧⲉⲟⲥⲟⲙ B ⲡⲱⲉⲭⲓ ⲛⲧⲉⲟⲥⲁⲙ ῥῆμα
     τῆς δυνάμεως αὐτοῦ H 1, 3 ⲟⲧⲏ[ⲥⲁⲙ? ⲙⲙ]ⲟⲧ ⲉⲃⲟⲛⲉⲓ H 2, 18.

ⲁⲟⲥⲉⲙⲥⲟⲙ δυνατεῖ K 13, 3.

ⲕⲥⲓⲙⲓ ⲙⲡⲉⲟⲱⲓⲛⲓ B ⲁⲕⲥⲉⲙⲡⲉⲟⲱⲓⲛⲓ ἐπισκέπτῃ αὐτόν (S ⲥⲓⲙⲓ)
     H 2, 6.

ⲡⲥⲁⲣⲱⲙ ⲙ̄ⲡⲥⲁⲧⲧⲉⲕ B ⲡⲱⲃⲱⲧ ⲙ̄ⲡⲥⲱⲟⲧⲧⲉⲕ ῥάβδος εὐθύτητος
     H 1, 8.

ⲕ]ⲛⲁⲥⲱⲱ̄ⲧ (B ⲕⲱⲟⲡ) διαμενεῖς H 1, 10.

ⲥⲓⲭ H 2, 7 ⲛⲉⲣⲃⲛⲟⲧⲉⲓ ⲕⲛⲉⲕⲥⲓⲭ τὰ ἔργα τῶν χειρῶν σου H 1, 10
     B ⲛⲓⲟⲃⲛⲟⲧⲓ ⲛ̄ⲧⲉ ⲛⲉⲕⲭⲓⲭ H 1, 10.

ⲡⲉⲧ]ⲉⲛⲧⲁⲧⲥⲁⲭⲉⲃ B ⲫⲏ ⲉⲛⲧⲁⲟⲟⲉⲃⲓⲟⲟ τὸν ἠλαττωμένον H 2, 8
     ⲁⲕⲥⲁⲭⲉⲟ ἠλάττωσας αὐτόν B ⲁⲕⲑⲉⲃⲓⲟⲟ H 2, 7.

ⲡ̄ⲥ̄ⲥ̄ R 11, 34 12, 11 K 12, 13 H 1, 10.

ⲡ̄ⲫ̄ⲧ̄ H 1, 1 1, 6 1, 8 2, 3 K 12, 11 12, 13 R 11, 22 11, 29 11, 30
     11, 33 12, 2 12, 3.

Lehnwörter.

ⲧⲁⲅⲁⲡⲏ ἀγάπη R 12, 9 K 12, 13.

ⲛⲉⲁⲅⲅⲉⲗⲟⲥ H 1, 6 ⲉⲛⲛⲉⲁⲅⲅⲉⲗⲟⲥ τοῖς ἀγγέλοις H 2, 3 ⲛⲛⲁⲅⲅⲉ[ⲗⲟⲥ H 2, 2 ⲛⲓⲁⲅⲅⲉ[ⲗⲟⲥ H 2, 7 ⲛⲓⲁⲅⲅⲉ[ⲗⲟⲥ H 1, 7.

ⲧⲁⲕⲁⲑⲁⲣ[ⲥⲓⲁ] K 12, 21.

ⲛⲛⲓⲉⲱⲛ S ⲛⲁⲓⲱⲛ B ⲛⲛⲓⲉⲛⲉϩ τοὺς αἰῶνας H 1, 2.

ⲁⲗⲗⲁ K 12, 14; 12, 16; 13, 3 R 11, 18; 11, 20; 12, 3; 12, 16 H 2, 16.

ⲉⲛϣⲁⲛⲁⲙⲉⲗⲓ B ⲁⲛϣⲁⲛⲉⲣⲁⲙⲉⲗⲉⲥ ἀμελήσαντες H 2, 3.

ϩⲁⲙⲏⲛ ἀμήν R 11, 36.

ⲧⲉⲧⲉⲛⲁⲛⲁⲅⲕⲁⲍⲉ ἠναγκάσατε K 12, 11.

ϩⲛⲁⲛⲁⲅⲕⲏ ἀνάγκαι K 12, 10.

ϩⲛ ⲟⲩⲙⲉⲧϩⲁⲡⲗⲟⲩⲥ S ϩⲛ ⲟⲩⲙⲛⲧϩⲁⲡⲗⲟⲩⲥ ἐν ἁπλότητι R 12, 8.

ⲍⲉ ⲁⲛⲁⲡⲟⲗⲟⲅⲓⲍⲉ ⲛⲏⲧⲛ S ⲍⲉ ⲉⲛⲁⲡⲟⲗⲟⲅⲓⲍⲉ ⲛⲏⲧⲛ ὅτι ἀπολογούμεθα ὑμῖν R 12, 19.

ⲡⲁⲡⲟⲥⲧⲟⲗⲟⲥ H 3, 1.

ⲛⲧⲁϥϫⲓ ⲁⲣⲭⲏ ⲛϣⲉϫⲓ S ⲉⲧⲁϥⲥⲓⲁⲣⲭⲏ ⲛⲥⲁϫⲓ ἀρχὴν λαβοῦσα λαλεῖσθαι H 2, 3.

ⲡ[ⲁⲣ]ⲭⲏⲅⲟⲥ = S H 2, 10.

ⲛⲁⲣⲭⲓⲉⲣⲉⲩⲥ H 2, 17 ⲡⲁⲣⲭⲛⲉⲣⲉⲩⲥ H 3, 1.

ⲟⲩⲁⲥⲑⲉⲛⲓⲁ K 13, 4.

ⲁⲥⲡⲁⲍⲉ ἀσπάζονται K 12, 12.

ⲙⲡⲓⲃⲁⲣⲁ ⲙⲙⲁⲧⲉⲛ S ⲙⲡⲓⲉⲡⲓⲃⲁⲣⲉⲓ ⲙⲙⲱⲧⲉⲛ οὐ κατεβάρησα ὑμᾶς K 12, 19.

ⲉⲃⲟⲏⲑⲓ βοηθῆσαι H 2, 18.

ⲅⲁⲣ R 11, 21 11, 24 11, 30 11, 34 12, 4 K 12, 10 12, 13 12, 14 13, 1 H 1, 13 2, 18.

ⲇⲉ R 11, 18 11, 20 11, 25 11, 28 12, 5 H 1, 1 2, 6.

ⲟⲧⲇⲓⲁⲕⲟⲛⲓⲁ R 12, 6 ⲉ︣ⲣ︣ⲛ︣ⲇⲓ[ⲁⲕⲟⲛⲓⲁ H 1, 14.

ⲧⲇⲓⲁⲑⲏⲕⲏ R 11, 27.

ⲧⲁ︥ⲓⲣⲉⲟⲥⲧⲏⲏ B ✝ⲙⲉⲑⲙⲏⲓ H 1, 9.

ⲣ︣ⲛ︣ⲇⲓⲟⲕⲙⲟⲥ διωγμοί K 12, 10.

ⲉⲧⲣⲉⲧⲉⲧ[ⲛ]ⲇⲟⲕⲓⲙⲁⲍⲉ = S εἰς τὸ δοκιμάζειν R 12, 2 ⲇⲱⲕⲓⲙⲁⲍⲉ
ⲓⲉ πειράζετε εἰ K 12, 5 ⲧⲉⲧⲉⲛ . . . ⲇⲱⲕⲓⲙⲁⲍⲉ πειράζετε
K 12, 5.

ⲧⲇⲟⲕⲓⲙⲏ δοκιμήν K 13, 3.

ⲉⲓⲙⲏ✝ K 12, 13 ⲉⲓⲙⲏ✝ ⲡⲁⲛⲧⲟⲥ S ⲉⲓⲙⲏⲧⲓ ⲍⲉ ⲙⲉϣⲁⲕ εἰ
μήτι K 12, 5.

ⲛ✝ⲣⲏⲛⲏ τῆς εἰρήνης K 12, 11 ⲉⲉⲗ︣ⲣⲓⲣⲏⲛⲏ B ⲉⲉⲣ︣ⲣⲓⲣⲏⲛⲏ εἰρη-
νεύοντες R 12, 18.

ⲉⲓⲧⲉ R 12, 6.

ⲛⲓⲉⲕⲕⲗ̄ⲏⲥⲓⲁ̄ ἐκκλησίαι K 12, 13 ⲛⲧⲉⲕⲕⲗⲏⲥⲓⲁ̄ H 2, 12.

ⲑⲉⲗⲡⲓⲥ B ✝ⲣⲉⲗⲡⲓⲥ R 12, 12 ἡ ἐλπίς.

ⲧⲉⲍⲟⲧⲥⲓⲁ K 12, 10.

ⲧⲉⲑⲗⲏⲯⲓⲥ B ⲛⲓⲣⲟⲝ︣ⲣⲉⲝ R 12, 12.

ⲡⲉⲕⲟⲣⲟⲕⲟⲥ H 1, 8.

ⲕⲟⲧⲟⲧⲥⲓⲁ θυσίαν R 12, 1.

ⲁⲕⲕⲁ[ⲑⲓⲥⲧⲁ H 2, 7.

ⲕⲉ ⲅⲁⲣ καὶ γάρ K 13, 4.

ⲕⲁⲗⲟⲥ καλῶς R 11, 20.

ⲕⲁⲧⲁ R 11, 28 ⲕⲁⲧⲁ ⲡϣⲓ = S κατὰ τὴν ἀναλογίαν R 12, 6 ⲕⲁⲧⲁ
ⲧⲉⲭⲁⲣⲓⲥ R 12, 6 ⲕⲁⲧⲁ ⲣⲱⲃ ⲛⲓⲙ B ⳁⲉⲡ ⲣⲱⲃ ⲛⲓⲃⲉⲛ
H 2, 17 ⲕⲁⲧⲁ ⲡⲉϥⲟⲧⲱϣ κατὰ τὴν θέλησιν αὐτοῦ H 2, 3
ⲕⲁⲧⲁ ⲧⲉⲍⲟⲧⲥⲓⲁ K 12, 10.

ⲣⲕⲕⲁⲧⲁⲗⲁⲗⲓⲁ K 12, 20.

ⲛⲉⲕⲗⲁⲧⲟⲥ B ⲛⲓⲝⲁⲗ κλάδων R 11, 18 ⲣ︣ⲛ̄ ⲕⲗⲁⲧⲟⲥ R 11, 20
ⲉⲛⲉⲕⲗⲁⲧⲟⲥ R 11, 21.

ⲛ̄ⲕⲗⲏⲣⲟⲛⲟⲙⲟⲥ H 1, 2 ⲁϥⲕⲗⲏ[ⲣⲟⲛⲟⲙⲓ H 1, 4 ⲛⲉⲧⲛ̄ⲁⲕⲗⲏⲣⲟ-
ⲕⲟⲙⲓ B ⲛⲛⲉⲑⲛⲁⲉⲣⲕⲗⲏⲣⲟⲛⲟⲙⲓⲛ τοὺς μέλλοντας κληρονομεῖν
H 1, 14.

ⲙ̄ⲡⲗⲁⲟⲥ B ⲛⲧⲉ ⲡⲓⲗⲁⲟⲥ τοῦ λαοῦ H 2, 17.

ⲛⲉϥⲗⲓⲧⲟⲧⲣⲅⲟⲥ H 1, 7.

ⲛ̄ⲣ︣ⲛ̄ⲗⲓⲧⲟⲧⲣⲅ[ⲓⲕⲟⲛ ⲡ]ⲛ̄ⲁ H 1, 14.

ⲕⲟⲧⲁⲧⲁ ⲙⲙⲉⲗⲟⲥ μέλη πολλά R 12, 4 ⲛⲓⲙⲉⲗⲟⲥ ⲧⲏⲣⲟⲧ

Ⲋ ⲙⲙⲉⲗⲟⲥ ⲧⲏⲣⲟⲧ τὰ μέλη .πάντα R 12, 4 ⲛⲉⲙⲉⲗⲟⲥ R 12, 5.

ⲕⲁⲧⲁ ⲙⲙⲉⲙ [ⲡⲉⲧⲁⲅⲅ]ⲉⲗⲓⲟ(ⲛ) κατὰ μὲν τὸ εὐαγγέλιον R 11, 28.

ⲙⲙⲉⲧⲟⲭⲟⲥ H 3, 1.

ⲙ]ⲏ H 1, 14 ⲙⲏ K 12, 16.

ⲙⲏⲡⲟⲧⲁ Ⲋ ⲙⲏⲡⲟⲧⲉ μήπως K 12, 20 ⲙⲏⲡⲟⲧⲁⲛ Ⲋ ⲙⲏⲡⲟⲧⲉ ⲟⲛ
    μὴ πάλιν K 12, 21 ⲙⲏⲡⲟⲧ ⲛⲧⲉⲛⲥⲗⲉⲥⲗⲉⲥ μήποτε παραρ-
    ρυῶμεν H 2, 1.

ⲉⲡⲉⲓⲙⲧⲥⲧⲏⲣⲓⲟⲛ R 11, 25.

ⲛⲇⲓⲕⲟⲧⲙⲧⲛⲏ τὴν εἰκουμένην H 2, 3 ⲁⲓⲕⲟⲧⲙⲧⲛⲏ B ⲧⲟⲓⲕⲟⲧ-
    ⲙⲉⲛⲏ H 1, 6.

ⲟⲧⲛ οὖν Ⲋ ⲥⲉ K 12, 10.

ⲣⲟ]ⲙⲟⲗⲟⲥⲓⲁ H 3, 1 (B ⲡⲉⲛⲟⲧⲱⲛⲣ ⲉⲃⲟⲗ).

ⲣⲟⲧⲁⲛ K 12, 10.

ⲙⲡⲁⲛⲟⲧⲣⲅⲟⲥ K 12, 16.

ⲡⲁⲛⲧⲟⲥ Ⲋ ⲙⲉⲩⲁⲛ K 12, 19.

ⲡⲁⲣⲁ ⲧⲉⲕⲙⲓⲛⲓ R 11, 24 ⲡⲁⲣⲁ ⲡⲉⲧⲣⲓⲧⲟⲧ[ⲱⲛ] B ⲉⲣⲟⲧⲉ
    ⲛⲛⲉⲧⲍⲁⲑⲟⲧⲱⲛ παρὰ τοὺς μετόχους σου H 1, 9 ⲙⲡⲁⲣⲁ
    ⲛⲓⲁⲅⲅⲉ[ⲗⲟⲥ παρ' ἀγγέλοις H 2, 7 H 2, 9 ⲙⲡⲓⲩⲱⲧ ⲛⲗⲁⲁⲧ
    ⲙⲡⲁⲣⲁ ⲛⲛⲁⲥ ⲛⲁⲡⲟⲥⲧⲟⲗⲟⲥ οὐθὲν ὑστέρησα ὑπὲρ λίαν ἀπο-
    στόλων K 12, 11 ⲉⲩⲧⲙⲍⲓⲥⲓ ⲛⲣⲏⲧ ⲙⲡⲁⲣⲁ Ⲋ ⲡⲁⲣⲁ ὑπερ-
    φρονεῖν παρά.

ⲡⲁⲣⲁⲃⲁⲥⲓⲥ ⲛⲓⲙ H 2, 2.

ⲡⲉⲧⲡⲁⲣⲁⲕⲁⲗⲓ ὁ παρακαλῶν R 12, 3 †ⲡⲁⲣⲁⲕⲁⲗⲓ παρακαλῶ
    R 12, 1 ⲁⲓⲡⲁⲣⲁⲕⲁⲗⲓ K 12, 18.

ⲉⲡⲁⲣⲣⲓⲥⲧⲁ παραστῆσαι R 12, 1.

ⲣⲛ ⲧⲡⲓⲥⲧⲓⲥ K 12, 5 ⲧⲡⲓⲥⲧⲓⲥ, ⲟⲧⲙⲉⲧⲁⲡⲓⲥⲧⲟⲥ R 11, 20 ⲕⲁⲧⲁ
    ⲡⲩⲓ ⲛⲧⲡⲓⲥⲧⲉ κατὰ τὴν ἀναλογίαν τῆς πίστεως R 12, 6.

†ⲡⲓⲥⲧⲉⲧⲉⲓ Ⲋ †ⲛⲁⲣⲧⲉ ἐλπίζω K 12, 6.

ⲁⲧⲱ ⲙⲡⲓⲥⲧⲟⲥ ⲛⲁⲣⲭⲓⲉⲣⲉⲧⲥ ⲕⲁⲣⲣⲉⲙ ⲡⲫ︦ϯ B ⲟⲧⲟⲣ ⲛⲁⲣ-
    ⲭⲓⲉⲣⲉⲧⲥ ⲉⲩⲉⲛⲣⲟⲧ ⲣⲁⲫϯ καὶ πιστὸς ἀρχιερεὺς τὰ πρὸς τὸν
    θεόν H 2, 17 ⲉⲧⲡⲓⲥⲧⲟⲥ ⲡⲉ πιστὸν ὄντα H 3, 1.

ⲟⲧⲙⲉⲧⲁⲡⲓⲥⲧⲟⲥ R 11, 20.

ⲧⲡⲟⲣⲛⲓⲁ K 12, 21.

ⲡⲟⲥⲟⲛ ⲙⲁⲗⲗⲟⲛ B ⲡⲱⲥⲟ ⲙⲁⲗⲗⲟⲛ πόσῳ μᾶλλον R 11, 24.

ⲛⲉⲥⲡⲣⲉⲡⲓ ⲅⲁⲣ ⲡⲉ B ⲛⲁⲥⲙ̄ⲡⲩⲁ ⲅⲁⲣ ⲡⲉ ἔπρεπε H 2, 10.

ⲡⲉⲧⲡⲣⲟⲣⲓⲥⲧⲁ ὁ προιστάμενος R 12, 8.

ⲉⲧⲉⲧⲛⲡⲣⲟⲥⲅⲁⲣⲧⲏⲣⲓ B ⲉⲣⲉⲧⲉⲛⲙⲏⲛ προσκαρτεροῦντες R 12, 12.

ⲣⲛ ⲛⲓⲡⲣⲟⲫⲏⲧⲏⲥ H 1, 1 ⲟⲧⲡⲣⲟⲫⲧϯⲁ R 12, 6.

ⲧⲥⲟⲫⲓⲁ R 11, 33.

сперма Η 2, 16.

ϧⲛ ⲟⲧⲥⲡⲟⲇ.ⲏ ἐν σπουδῇ R 12, 8 ⲧⲉⲥⲡⲟⲇ.ⲏ σπουδή R 12, 11.

ⲉϥⲥⲧⲉⲫⲁⲛⲟⲧ ϧⲛ ⲟⲧⲉⲟⲟⲧ ⲙⲏ ⲟⲧⲧⲁⲓⲁ B ⲁϥⲉⲣⲡⲱⲟⲧ ⲛⲉⲙ
    ⲡⲧⲁⲓⲟ ⲛⲟⲧⲭⲗⲟⲙ ⲉ̅ⲭⲱϥ ἐστεφανωμένον δόξῃ καὶ τιμῇ Η 2, 9
    aber ⲁⲕⲧⲉⲓⲧ]ⲟⲧ [ⲛ]ⲟⲧⲏⲗⲁⲙ Η 2, 7.

ⲉⲧⲣⲁⲥⲧⲏϧⲓⲥⲧⲁ συνίστασθαι Κ 12, 11.

ⲟⲧⲥⲱⲙⲁ ⲛⲟⲧⲟⲧ R 12, 4 12, 5 ⲛⲛⲉⲧ̅ⲛ̅ⲥⲱⲙⲁ τὰ σώματα ὑμῶν
    R 12, 1.

ⲧⲟⲧⲉ Κ 12, 10.

ⲧⲁⲅⲁⲡⲏ̂ ⳉⲉⲛϧⲧⲡⲟⲕⲣⲓⲛⲉ ἀγάπη ἀνυπόκριτος R 12, 9.

ⲉⲧⲉⲧⲏϧⲧⲡⲟⲙⲓⲛⲉ B ⲉⲣⲉⲧⲉⲛⲉⲣϧⲧⲡⲟⲙⲉⲛⲓⲛ R 12, 12.

ϧⲏⲡⲟⲙⲟⲛⲏ Κ 12, 12.

ϧⲏⲡⲟⲧⲁⲥⲥⲓ Η 2, 3 ⲉⲁⲧϧⲏⲡⲟⲧⲁⲥⲥⲓ Η 2, 8 ⲉⲛ[ϧϧ̄ⲧ]ⲡⲟⲧⲁⲥⲥⲓ
    Η 2, 8.

ⲧⲉⳉⲁⲣⲓⲥ R 12, 3 12, 13 ⲕⲁⲧⲁ ⲧⲉⳉⲁⲣⲓⲥ R 12, 6.

ⲛⲉⳉⲁⲣⲓⲥⲙⲁ τὰ χαρίσματα R 11, 29.

ⲉⲛⲉⳉⲣⲓⲁ ταῖς χρείαις R 12, 13.

ⲧⲁⳉⲣⲱ χρήσωμαι Κ 12, 10.

ⲛⲉⲧⲉⲙⲯⲧⳉⲏ ψυχαὶ ὑμῶν Κ 12, 15.

ⲱ ⲡϣⲱⲛ ὦ βάθος R 11, 33.

ϧⲱⲥ ὡς Κ 12, 7 13, 2 ⲉϥⲥⲁⲡⲧ ⲉϧⲟⲧⲉ ⲉⲛⲓ[ⲁⲅⲅⲉⲗⲟⲥ] ⲱⲥ
    ⲉϥⲟⲧⲁⲧⲉϥ[ὅσῳ διαφορώτερον Η 1, 4.

ⲡⲉ ⳍⲥ̅ Χριστός R 12, 5 Κ 12, 13; 12, 19 ⲙⲡⲉⳍⲥ̅ Κ 12, 9;
    13, 3 ⲡⲉⳍⲥ̅ ⲓ̅ⲥ̅ Κ 12, 5 dazu gehört die Schreibung
    ⲧⲙⲉⲧⳍⲣⲉ χρηστότης R 11, 22 ⲁⲛⲉⲧ ϭⲏ ⲉⲧⲙⲉⲧⳍⲣⲉ
    B ⲁⲛⲁⲧ ⲟⲧⲏ ⲉ̄ⲧⲙⲉⲧⳍⲣⲉ ⲃⲉ οὖν χρηστότητα R 11, 21.

ⲡ̅ⲛ̅ⲁ̅ πνεῦμα Κ 12, 18 ⲡ̅ⲛ̅ⲁ̅ ⲉⲧⲟⲧⲉⲉⲃ πνεῦμα ἅγιον Η 2, 3 ⲙⲡ̅ⲛ̅ⲁ̅
    Η 1, 7 ⲡⲉⲡ̅ⲛ̅ⲁ̅ R 12, 11.

ⲙⲡⲓⲏ̅ⲗ̅ R 11, 25.

WESSE

II.

Die Handschriften des Klosters Santa Maria de Ripoll.

II.[1]

Von

Rudolf Beer.

(Mit 12 Tafeln.)

(Vorgelegt in der Sitzung am 3. Juli 1907.)

‚Nobile cenobium, quod. ob reuerentiam totius religionis et scientie olim caput et specimen uniuerse esse meruit Esperie‘ war Santa Maria de Ripoll unter ausdrücklichem Hinweis auf die Hochblüte des Klosters während des Hirtenamtes des Abtes Oliva (1008—1046) von Bernhard II., Grafen von Besalú, in einem Schreiben an Bernhard de Ruthenis, Abt von Sankt Viktor von Marseille,[2] 1070 genannt worden, und die mächtigen Anregungen, welche Oliva gegeben hatte, wirkten auch auf dem Gebiete literarischen Schaffens in der unmittelbar folgenden Zeit nach.[3] In erster Linie erscheint der Mönch Oliva[4] als Träger

---

[1] Der erste Teil, als 3. Abhandlung des Bandes CLV dieser Sitzungsberichte veröffentlicht, wird im folgenden mit der Sigle T. I zitiert.

[2] Hier benützt nach der Ausgabe in der Collection de doc. inéd. sur l'histoire de France. Première Série. — Histoire politique. Collection des Cartulaires de France. Tom. VIII, IX: Cartulaire de l'Abbaye de Saint-Victor de Marseille, p. p. Guérard avec collaboration de MM. Marion et Delisle, Paris 1857, Bd. IX, Nr. 817, S. 166.

[3] 1050 verspricht ein Kloster der Diözese Vich dem Kloster San Martin de Canigó, des Bischofs Oliva ‚cuius studiis sapientiae dum praesens superfuit apud nos, inter rectores ecclesiae sui ordinis nemo extitit secundus‘ zu gedenken; eine spätere Reminiszenz bildet das Elogium Olivas in den ‚Gesta Petri Ducis Venetiae atque Dalmatiae‘ (Petrus Urseolus), Mabillon, ASOSB saec. V, 888.

[4] T. I, 86 f.; die biographische Notiz über den Mönch Oliva in den Memorias para ayudar á formar un Diccionario crítico de los escritores

der großen Überlieferung; dies zeigen zunächst seine bald nach
dem Tode des Abtes Oliva verfaßten Epistulae de paschali cyclo
Dionysiali. Als erster gab Baluze in der Marca Hispanica von
der kleinen, aber beachtenswerten Schrift, die er in einem
‚Colbertinus‘ gefunden hatte, Kunde, noch zweifelnd, ob der
Abt oder der Mönch Oliva der Verfasser sei, aber mit der be-
stimmten Angabe: habemus librum editum anno MXLVII;[1]
Villanueva, der die epistulae in einer noch in Ripoll aufbewahrten
Handschrift sah (T. I, 86), gab (Viage VIII, 220) eine Probe
(den Prolog in Versen) und bemerkt, ohne die Stelle in der
Marca zu zitieren, betreffs der Entstehungszeit (a. a. O. 56):
‚Baluzio la supone escrita el año 1047.‘ Die Angabe in den
Memorias des Torres Amat S. 447: ‚Hállase esta obrita en Ba-
luzio lib. IV añadiendo: editum anno MXLVII‘ ist durchaus
irrig; der Sachverhalt ist vielmehr folgender.

Die von Villanueva benützte, für die Geistesgeschichte des
Klosters in mehrfacher Beziehung (T. I, 86 f. und weiter unten
S. 5) aufschlußreiche Mischhandschrift (nach seiner Angabe
s. XI—XII; im Katalog des B. Rivas unter Nr. 37: ‚letra medio
Romana medio Gótica del siglo XI‘) ist leider, wie ich nunmehr
einem urkundlichen Zeugnis entnehme, endgültig verloren; in
dem von Próspero Bofarull angelegten Katalog[2] erscheint näm-

---

catalanes von Torres Amat, 447 f., weist auffallend viele Fehler und Un-
genauigkeiten auf.

[1] Marca Hispanica col. 446: ‚In codice 6242 bibliothecae Colbertinae habemus librum de cyclo paschali editum anno MXLVII ab Oliva monacho
sanctae virginis Mariae Rivipollentis ... Videndum an haec lucubratio
referenda sit ad Olivam Episcopum Ausonensem, qui monachus quoque
Rivipullensis.‘ Das Richtige vermutete schon Enrique Florez, España
Sagrada XXVIII (1774), 139. Bayer in den Noten zur Bibliotheca vetus
des Nicolaus Antonio II, 5, wollte allerdings von einem Mönch Oliva
als Autor des Werkchens nichts wissen: ‚quo de opere frustra Baluzius
atque ex eo Cl. Florezius T. XXVIII, p. 139, n. 39, subdubitant, num
alius Olivae Rivipullensis item Monachi sit; cum nullum cognominem
Scriptorem norint Bibliographi.‘

[2] Bei dieser Gelegenheit sei erwähnt, daß mir außer den schon für den
ersten Teil der Studie herangezogenen Kopien des ältesten Hand-
schrifteninventars (Olivianischer Bestand) sowie des von Benito Rivas
angelegten Verzeichnisses nunmehr noch zwei umfangreiche Kataloge in
guten Abschriften zur Verfügung stehen, nämlich die für Etienne Baluze
angefertigte Liste und die von Próspero Bofarull unter Benützung der

lich ihrer Signatur (Est. 1, Caj. 2, Nr. 19) das Zeichen 0 beigefügt, das ‚verbrannt‘ bedeutet. Dagegen, ist das von Baluze

von Roque Olzinellas mitgeteilten Notizen verfaßten Beschreibungen der
Manuskripte. Das hier benützte Katalogmaterial ist demgemäß folgendes:

1. ‚Breuis librorum Sanctae Mariae.‘ Das nach dem Tode des
Abtes Oliva († 1046) angelegte Inventar, auf Grund der bis dahin un-
veröffentlichten Abschrift des Benito Rivas T. I, 101 ff. mitgeteilt und im
folgenden mit der Sigle Alt. Kat. bezeichnet.

2. ‚Summaria descriptio librorum manuscriptorum in bibliotheca
monasterii Rivipullensis, die 28 Augusti 1649.‘ Paris, Bibliothèque Nationale, Collection Baluze 372. Vgl. T. I, 102. Benützt nach einer im Auftrage der Kirchenväter-Kommission der kais. Akademie der Wissenschaften
von dem Bibliothekar der Bibliothèque Sainte-Geneviève, Herrn Amédée
Boinet, sorgfältig angefertigten Abschrift. Dieses Verzeichnis wird für
die Geschichte und Beschreibung der Ripoller Handschriften jetzt zum
ersten Male herangezogen und ist in der Folge mit der Sigle Kat. Bal.
bezeichnet.

3. ‚Catálogo de los Códices MSS. que oy dia existen en la Biblioteca del Real Monasterio de Ripoll en el Principado de Cataluña.‘ Von
Benito Rivas ca. 1800 angelegt (einige Auszüge in Ewalds Reise, Neues
Archiv, VI [1881], 389 ff.) und in einer von der kgl. Akademie der Geschichte zu Madrid der kais. Akademie in Wien geneigtest zur Verfügung
gestellten Abschrift benützt; vgl. T. I, 23, 60, 68. — Sigle: Kat. Riv.

4. ‚Catálogo de los codices manuscritos que en virtud de la Real
orden de 20 de Noviembre de 1822 ha remitido á este Archivo General
de la Corona de Aragon mi subdelegado D. Pedro Martir de Olzinellas
... pertenecientes al suprimido monasterio de Monjes Benedictinos de
Ripoll y que he colocado segun el orden de estancias, cajones y números
que tenian en aquel monasterio ... (Am Ende:) Barcelona y Octubre
1º de 1823. Próspero de Bofarull.‘ — Dieses Inventar war seit geraumer
Zeit bekannt (vgl. Ewald a. a. O. 391), die Benützung im Jahre 1905 aber
nicht gestattet worden; eine vollständige sorgsame Abschrift verdanke
ich der besonderen Liebenswürdigkeit des Herrn José Pijoan-Barcelona.
Für die Geschichte der Ripoller Bestände ist das Verzeichnis auch darum
wichtig, weil Bofarull nach dem Brande, und zwar noch im Jahre 1835,
jene Handschriften ausdrücklich bezeichnete, die von ihm aus dem Kron-
archive nach Ripoll zurückgesendet worden waren und dort verbrannten.
Sigle: Kat. Bof.

Endlich wurde noch an neuem handschriftlichen Material

5. der Band 107 der Collection Baluze benützt, den die Admini-
stration der Pariser Nationalbibliothek durch Vermittlung der Direktion
der k. k. Hofbibliothek nach Wien dargeliehen hatte. Der Band enthält
zahlreiche Abschriften wertvoller Ripoller Urkunden (T. I. 76, Anm. 2),
aber auch Auszüge und Abschriften aus alten Ripoller Codices, auf die
ich wiederholt zurückkommen werde. Sigle: Bal. 107.

benützte Manuskript der Epistulae heute noch erhalten. Der von ihm a. a. O. genannte Colbertinus 6242 ist identisch mit dem Kodex der Pariser Nationalbibliothek F. lat. 7476 (Catalogus Cod. M. S. Bibl. Regiae, Paris 1774, vol. IV, 364, auch dort als Colbertinus bezeichnet), den ich eingesehen habe; wohl noch dem 12. Jahrhundert angehörend (nicht s. XIII, wie der Catalogus angibt), füllt die Niederschrift genau einen Quaternio. Die bereits erwähnte Angabe Baluzes: Habemus librum de cyclo paschali editum anno MXLVII ab Oliva monacho kann möglicherweise formell zu Mißverständnissen Anlaß geben, sachlich ist sie zutreffend. Eine Supposition, wie Villanueva meint, liegt nicht vor; im Kapitel 3 des Büchleins (De presenti cicli huius anno) fol. 3^r der Hs. heißt es nämlich: Si uis nosse quotus sit annus cicli huius uide annos domini qui sunt in presenti $\bar{\text{I}}$ XL VII^m. Eine Reihe von Indizien legt die Annahme nahe, daß auch diese Abschrift Ripoller Ursprungs ist — auf jeden Fall ist erwiesen, daß das Schriftchen ein Jahr nach dem Tode des Abtes Oliva von dem gleichnamigen Mönche verfaßt wurde. Die Tätigkeit dieses Mönches Oliva erstreckt sich aber noch weit über dieses Datum hinaus. In der bereits T. I, 86—87 analysierten, jetzt verlorenen Handschrift fand Villanueva auch eine Epistula Olivae monachi ad Dalmacium monachum de feria diei nativitatis Christi, deren Text von ihm (Viage VIII, 225 f.) publiziert wurde; in dieser lesen wir: qua racione de annis Domini, qui sunt modo $\bar{\text{I}}$ LX^a V^e, volunt unum auferre annum und entnehmen daraus, daß der Mönch Oliva noch 1065, also etwa zwei Dezennien nach dem Tode seines großen Gönners, des Abtes, literarisch tätig war.[1] Es ist nicht ausgeschlossen, daß auch die Abfassung anderer vom Mönch Oliva verfaßter Schriften, des Traktats de ponderibus et mensuris sowie der regulae abaci in diesen Zeitraum fällt; bestimmt trifft dies bei einer komputistischen Arbeit zu, von der bisher keiner der Biographen Olivas und auch sonst meines Wissens niemand Kunde gegeben hat. Im Kat. Bof. finde ich gleich am Beginn der Beschreibung des Kodex Est. 2, Caj. 3, Nr. 6 folgende Inhaltsangabe:

Tabulae computi ecclesiastici editae ab Oliba monacho

---

[1] Wohl durchwegs oder vorwiegend in Ripoll weilend; 1063 legte er das Inventar der enfermeria des Klosters an, vgl. Villanueva VIII, 10.

Rivipullensi año 1061.[1] Wir erhalten also hier Nachricht von einer Arbeit auf dem Gebiete der kirchlichen Chronologie, die ein Lustrum vor dem Briefe an Dalmatius, der letzten datierten Schrift des Mönches Oliva, herausgegeben wurde. Bezüglich der Niederschrift des Textes ist ein Umstand zu beachten, der aus den Beschreibungen des betreffenden Manuskriptes im Kat. Riv. und Kat. Bof. nicht hervorgeht, jedoch im Kat. Bal. gewissenhaft verzeichnet wird:[2] ebenso wie in der verlorenen Mischhandschrift, welche die meisten Werke des Mönches Oliva enthielt (vgl. oben S. 2), waren auch in diesem, gleichfalls zugrunde gegangenen Mischkodex mit der Computus-Arbeit Olivas annalistische Aufzeichnungen vereinigt, deren Ursprung zweifellos im Ripoller Kloster-Scriptorium zu suchen ist. Der Kat. Bal. führt nämlich in der betreffenden Beschreibung (Nr. 112) nach der allgemeinen Charakterisierung des Inhaltes: Liber Computi et tractatus Prisciani de nomine et verbo, folgendes an:

Januarius, Augustus et December IIII nonis habent XVIIII post idus etc. Postea sic: de sermone Beati Seuerini episcopi etc. Postea: Era millesima CXXXVᵃ ciuitas Hierusalem reddita est Christianis. Et modo est millesima CCᵃXVII. Anno millesimo CᵃXLVIII capta est Tortosa ab inclito R. Barchinonensi Comite et regi Aragonis Feria V. post natale III Kal. Januarii Barchinonensi. Postea tractat de ciclo tabulis uisu dignis.

Wie sich nun an die komputistischen Arbeiten des Mönches Oliva Annalen anschlossen, die für das Prosaschrifttum Ripolls von Bedeutung werden sollten, so ist uns aus der Periode seiner Wirksamkeit auch die Reminiszenz an ein versifiziertes Herr-

---

[1] Die mir vorliegende Abschrift bietet als Jahreszahl 1161, das ist aber, wie sich schon aus der Lebenszeit des Autors ergibt, gewiß ein Schreibfehler; auch folgt gleich in der Beschreibung selbst bei der Datierung eines anderen Stückes die Angabe: Escrito en el mismo siglo XI. Im Kat. Riv. ist Oliva als Autor nicht genannt, jedoch (unter Nr. 162) der Inhalt dieser (wie aus dem beigesetzten 0 im Kat. Bof. hervorgeht, gleichfalls verbrannten) Handschrift übersichtlicher angegeben: Liber Computorum. Liber Officiorum Amalarii Episcopi ad Regem Carolum. Romanus Ordo in Hebdomada maiori cum gestis Synodalibus variorum conciliorum. Tractatus Prisciani Grammatici. En pergamino de fol. mayor, su letra del siglo XI.

[2] Hier ist also der älteste der ausführlichen Kataloge aufschlußreicher als die später von geschulten Forschern angelegten Verzeichnisse.

scherelogium erhalten, dem andere noch zu besprechende
Schöpfungen ähnlicher Art folgten.

In diese Zeit (etwa Mitte des 11. Jahrhunderts) fällt nämlich die einzig und allein in einem Ripoller Manuskript erhaltene
Niederschrift eines Klageliedes auf den 1017 gestorbenen Grafen
von Barcelona Raimundus Borelli. Baluze hat das Gedicht in
der Marca Hispanica, col. 427 f. herausgegeben, jedoch seine
Quelle (aus guten Gründen) nicht verraten („In veteri codice
M. S. reperi'). Er schöpfte aber zweifellos aus der heute in der
Pariser Nationalbibliothek aufbewahrten Mischhandschrift 5941
(olim Baluzianus). Im Catalogus Cod. M. S. Bibl. Reg. IV, 179
wird das betreffende Stück, das älteste der Handschrift, irrig
erst in das 12. Jahrhundert gesetzt, das Gedicht als Epicedium
in funere Raimundi Comitis Tolosani bezeichnet, dadurch die
Sachlage erst recht verwirrt.

Daß Baluze in seinem Abdruck die 10. Strophe mit C, die
21. mit S, die 22. mit H beginnen läßt, zeigt, daß er die Absicht
des Verfassers, einen alphabetischen Sang zu liefern, verkannte,
damit dem Verfasser das nahm, worauf dieser wohl am meisten
stolz war; außerdem ist von Baluze manche Stelle unzutreffend
gelesen worden. Ebenso verhält es sich mit dem Abdruck, den
Bofarull, Condes vindicados I, 217 ff. genau nach Baluze veröffentlichte und Amador de los Rios, Historia crítica de la literatura
Esp. II, 335 wiederholte; noch vor Amador hat Du Méril (wohl
als erster, denn Archiv f. ä. d. Geschichtskunde VIII, 355 wird
nichts hierüber erwähnt) in den Poésies inédites du moyen-âge,
Paris 1854, 277 Anm. kurz darauf hingewiesen, daß das Epi-
cediun alphabetisch ist (vers asclépiades et réunis en quatrains).
Einen entsprechenden Abdruck lieferte erst Dümmler (Neues
Archiv III, 1878, 407 ff.), der aber das Carmen für ungedruckt
hielt, auch betreffs der sicher zu erweisenden Ripoller Provenienz
der Handschrift nichts bemerkte;[1] die entscheidende Bedeutung
des Str. 13 gegebenen Hinweises ist ihm offenbar entgangen.
Anlaß zu der auf Grund neuer Revision der Handschrift im
nachfolgenden gebotenen Wiedergabe des Gedichtes bietet die

---

[1] Unerwähnt blieb das als historisches Zeugnis zu beachtende Gedicht in
dem auch die älteren Ripoller Quellen berücksichtigenden Aufsatz:
Historiografía de Catalunya von J. Massó Torrents, Revue Hispanique
XV (1906), 486 ff.

Tatsache, daß es sich gut in die Reihe der aus Ripoll bekannten versifizierten Elogia auf Verstorbene einfügt[1] und den Übergang vom Panegyricus zum episch gefärbten Sang vermittelt.

1 Ad carmen populi flebile cuncti　　Aures nunc animo ferte benigno,
　Quod pangit meritis[2] uiuere laudes　　Raimundi proceris, patris et almi.
2 Bellis terra potens, ubere gaudens　　Quo nunc esperie[3] uulnere languens,
　Cui turris patrie est[4] lapsa repente　　Raimundus procer, hunc morte premente.
3 Clari progenies pulcra borelli　　Raimundus teneris cepit ab annis
　Dux insigne patris ius moderandum,　　Xpisti precipuus munere factus.
4 Dum celsus procerum culmine staret　　Ceruicemque patria[5] flecteret orbis,
　Extolli timuit dulcis amator　　et rector populi[6] ceu pater omnis.
5 Effulsit fidei luce fidelis　　Princeps egregius semper in orbe,
　Iustus iudicio, famine uerus,　　Hostis falsiloquis hic erat acer.
6 Fultus presidio numinis alti,　　Ducens castra sibi fortia X͞P͞I
　Strauit barbariem fanaque triuit　　Cultureque dei templa dicauit.
7 Gestis preposuit cuncta potenter,　　Sic pulsis tenebris orbe[7] prophanis
　Struxit XPIcolis[8] castra salutis,　　Barchinona potens, te renouauit.
8 Hic per iusticie limina cedens　　Prebebat[9] populis iussa salutis,
　Ut uiuendo pie regna subirent　　Celestis patrie post sine fine.
9 Illi cura fuit maxima regni　　Scissuras placido stringere pacto,
　Discordesque sibi nectere mentes　　Primo nequitie fraude repulsa.
10 Karus[10] hic populis extitit orbis,　　Qui famm͞a[11] meriti trans tulit astra
　Et celso micuit nomine terris,　　Ut sol in radiis orbe refusis.
11 Lux ingens patrie, gloria terre,　　O raimunde, tuis quam pius olim
　Domnus more patris cuncte[12] fuisti,　　Qui scalam emeras tristibus omn͞u.[13]
12 Miro uos, inopes, fouit amore,　　Vestri tutor erat dulcis et altor;
　Nam quod seua manus sontis ademit　　Vobis restituit[14] iure peregit.
13 Nam sacrata dei templa beauit　　Donis eximiis et decorauit
　Et clerum patrie fouit honeste,　　O borelle,[15] magis inclite presul.

---

[1] J. F. de Masdeu, Historia Crítica de España XIII, 197, meint nicht mit Unrecht, es sei die einzige „poesia tolerable‘, die sich auf iberischem Boden aus jener Zeit erhalten hat.

[2] meritas Engelbrecht.　　[3] esperia ē (d. h.: est) Engelbrecht.

[4] Dümmler et.　　[5] patri Engelbrecht.

[6] „populus verbessert in populi‘ Hs., bemerkt Dümmler richtig.

[7] ore Dümmler.　　[8] Kein Strich über XPL.

[9] Credebat Baluze.　　[10] Carus Baluze.

[11] Die Handschrift hat deutlich famm͞a.

[12] ancte Dümmler.

[13] So in der Handschrift und in allen Ausgaben (auch bei Dümmler). Engelbrecht emendiert vortrefflich: Qui solamen eras tristibus omne.

[14] restitui Engelbrecht.

[15] Borellus, Bischof (praesul) von Vich 1010—1017, der Vorgänger des Bischofs Oliva, gleichzeitigen Abts von Ripoll, was hier zu beachten ist.

14 O quę XPicolis[1] urbs sat olimphi   Terragona piis clara stetisti,
   Te prisco statui ferre parabat,   Hinc[2] ornare tuam presule plebem.
15 Pro, quantis fieres clarus in actu,[3]   O raimunde, tuis lux patrięque,
   Ni te seua tuis mors rapuisset,   At flatus petiit regna quietis.
16 Quam post regifico ductus honore   Quoram certa pio pignora papa
   Bernardi comitis pacem[4] tulisset,   Inuidit properans mors remeanti.
17 Reuera patrię tam decus ingens   Ut migrasse ferunt, fluxit ad immas
   Plebs omnis lacrimas, undique uultus[5]   Multus fit[6] patrium cernere funus.
18 Se dant precipites uulnere cordis;   Pars scindunt facies — flebile uisu —
   Dant luctus uarię milia plebis   Et clamore truci sidera pulsant.
19 Te, raimunde procer, quam cito, pulcher,   Nobis mors rapuit seua misellis!
   Quis tam dulcis erat rector in orbe   Extans, qui dominus ceu pater adsit?
20 Ve tellus tenebris mersa doloris,   Te liquit patrię gloria fulgens!
   Barchinona, tibi quis dolor besit,   Qua defuncta patris membra putrescunt!
21 Xero mane[7] piū plange patronum   Barchinona potens urbsque gerunda
   Usque ausona simul urgella tellus   Hinc quadrata fleant climata mundi.
22 Ymnum[8] ferte deo dulciter almo,   Qui pro patre dedit pignus in aruis.
   Huic parete, uiri, corde fideli   Iussis uosque pię subditę[9] matris.
23 Zelo nunc fidei poscite cuncti: Lucis summę[10] pater, cede quietem
   Raimundo proprie prolis amore,   Quę tecum deus et flammine[11] regnat. amen.

Außer den eben besprochenen Zeugnissen besitzen wir noch verschiedene andere Hinweise darauf, daß die Ripoller Klosterschule in der unmittelbar auf die olivianische Glanzperiode folgenden Zeit ihren Traditionen treu blieb.[12] Zu beklagen ist,

---

[1] Kein Strich über XPi.   [2] hic Engelbrecht.   [3] actis Engelbrecht.
[4] pace richtig Dümmler.   [5] Bal. vermutet luctus, Engelbrecht uulgus.
[6] Bal. irrig sit.   [7] Seromane Bal.   [8] Hymnum Bal.
[9] So die Handschrift und die Ausgaben; es sind die der Oberin unterstehenden Nonnen, uiri die Mönche.
[10] Bal. korrigiert summe.   [11] flamminae in der Hs.
[12] Auch für das Oberhaupt der Ripoller Klosterschule während der Olivianischen Zeit, für den gelehrten Arnallus scholasticus, über den T. I, 90 gesprochen wurde, scheint man in späterer Zeit einen entsprechenden Vertreter, vielleicht Nachfolger gefunden zu haben, worauf das Transsumpt eines bisher unbekannten Aktes hinweist, das sich in Bal. 107, fol. 277ʳ f. findet. Die Urkunde: Anno X Regni Henrici Regis, also 1041, d. h. fünf Jahre vor dem Tode des Abtes Oliva ausgestellt, ist stilistisch und auch kulturhistorisch beachtenswert, außerdem als einer der spärlich erhaltenen Privatakte jener Zeit wichtig, wird daher hier im Auszuge mitgeteilt. Nach einer Einleitung über die Absicht des Schöpfers bei Erschaffung Evas aus Adam heißt es:
   Idcirco ego Raymundus cognomento Bernardi his mortalium legibus honesta copulatione productus et amore suscipiendae Dominoque seruiendae prolis inductus hunc titulum dotis seu donationis tibi dilec-

daß wir über wichtige, hierher gehörende Denkmäler nur indirekte Kunde (durch die vor dem Brande angelegten Kataloge)
erhalten, so über ein schön ausgestattetes Evangeliar, das am
ausführlichsten von Benito Rivas beschrieben wurde;[1] es ist
genau datiert, wurde ein Jahr nach dem Tode des Abtes Oliva
vollendet, die Anfertigung vielleicht noch von ihm selbst anbefohlen. Zum ersten Male begegnet uns ein Produkt des Ripoller Scriptoriums, das reichen ornamentalen und figuralen
Schmuck aufweist; die Initialen waren illuminiert und vor jedem
der vier Evangelien das Bildnis des betreffenden Evangelisten

---

tissimae sponsae meae Ermesendi nomine habituram (so) perpetim trado.
Cunctam quoque decimam partem rerum mearum ... tibi concedo, deni-
que juxta leges Gotorum honestas antiquitus institutas haec omnia animo
tecum gratanti percompleo et eo dilectionis uinculo quandiu uiui fueri-
mus tecum permanere desidero. Quo beatus Paulus Apostolus et doctor
gentium iubet uxores diligendas esse semper in Domino. Facta est haec
scriptura in coenobio Beatae Mariae uirginis Riuipollentis
Anno X Regni Henrici Regis tertio nonarum Januariarum die scripta
manu Remundi ad vicem Arnalli Scolastici praefati Coenobii
notarii. Sig ✠ num praedicti Remundi qui hanc donationem dotis fecit
et testes firmare rogauit. Sig ✠ num Gerberti Sig ✠ num Ebuli (Bli-
duarii, Bernardi, Adalberti).

[1] „Liber Evangeliorum cum praefationibus sancti Hieronymi presbyteri ad
papam Damasum. Es un codice en pergamino en 4° mayor con varios
adornos y figuras de los 4 evangelistas de pintura basta. Contiene tambien la genealogia de Christo Señor nuestro desde Adan hasta Joseph,
hijo de Jacob, esposo de Maria, y las obritas siguientes: Rubricae et orationes ad Cathecumenos faciendos. Variae orationes ad contemplationem
missae. Liber sacramentorum editus a S. Gelasio papa emendatus a beato
Gregorio. Missae totius anni et quae dicenda sunt in festivitatibus sanctorum. Lectiones exceptae de veteri novoque testamento ad missas per
totum annum. — Su letra es muy hermosa y tal vez de mano de
algun monge del mismo Ripoll, pues se escribió en 1048, porque
al fin de la Genealogia dice: Finit. V. etas. Incipit VI. nulla generatio-
num uel temporum serie certa. sed totius seculi termino finienda cuius
iam transacti sunt IXLVIII. Porro ab initio mundi usque in presens
tempus quo hic liber scriptus est sunt anni VCCCLVIII. Presumo que
este precioso Codice se embió al señor Campomanes.‘ (Nr. 155.)

    Es ist offenbar dieselbe Handschrift, die Villanueva, Viage VIII,
43, wesentlich kürzer beschribt: ‚Códice de los IV evangelios con las
iniciales iluminadas sin distinccción de capítulos, escrito en el siglo XI.
Preceden segun costumbre las tablas de las concordancias, y á cada evan-
gelio la imagen de su autor de dibujo incorrectísimo.

angebracht. Es läßt sich leicht einsehen, daß der herrliche figurale Schmuck, den der von Oliva aufgeführte Prachtbau der Klosterkirche trug und der heute noch trotz vandalischer Zerstörung unsere Bewunderung weckt, auch im Scriptorium des Klosters ein Echo fand; man denke nur an die Skulpturen der zwölf Apostel, deren Ausführung auf Grund von Skizzen und Entwürfen erfolgen mußte. Da die Bilderhandschrift bei dem Brande im Jahre 1835 zugrunde gegangen ist, können wir über die Art der Evangelistendarstellung nur Vermutungen aussprechen; doch fehlt das Vergleichsmaterial für katalanische Handschriftenillumination jener Zeit nicht völlig. H. Denifle und E. Chatelain haben bei der Publikation des ‚Inventarium codicum manuscriptorum capituli Dertusensis‘, Revue des Bibliothèques VI (1896), 1 ff., den guten Gedanken gehabt, von einem der ältesten, wohl noch der Mitte des 12. Jahrhunderts angehörenden Manuskripte der Kapitelbibliothek zu Tortosa,[1] enthaltend Orationes pro missis (Kodex 11), eine ganzseitige Miniatur sowie die ornamental wie figural geschmückten Einbanddecken durch leidlich gelungene Nachbildungen bekannt zu machen. Die Nachwirkung des byzantinischen Einflusses ist unverkennbar; die Darstellungen stecken noch tief im archaischen Stil der Miniaturmalerei und man darf annehmen, daß Rivas und Villanueva auch hier über ‚pintura basta‘ und ‚dibujo incorrectísimo‘ geklagt hätten. Da die Kirche von Tortosa dem Grafen Ramon Berenguer IV., dem Gönner Ripolls, Gründung und Dotierung verdankt, ist es nicht ausgeschlossen, daß die Ripoller Schreib- und Malschule, damals die berühmteste ganz Kataloniens, bei der Anfertigung des Missales von Tortosa ebenso Einfluß geübt hat wie z. B. bei der noch zu besprechenden Niederschrift gewisser Provinzialannalen in einem Dertusiensis.

Eigentliche Bilderhandschriften aus Ripoll, die noch dem 11. Jahrhundert angehören würden, sind uns nicht erhalten. Doch findet sich in der etwa aus der Mitte dieses Jahrhunderts stammenden, heute noch in Ripoll aufbewahrten Handschrift Nr. 151, die Baeda de locis sanctis, Augustinus de Magistro, Joannes

---

[1] Zwischen Barcelona und Valencia gelegen, von Ramon Berenguer IV. 1048 erobert.

Chrysostomus de reparatione lapsi, Augustinus de Fide, Bachiarius de Fide enthält (diesen wohl nach einer aus Italien beschafften Abschrift, vgl. T. I, 96 f.[1]), auf fol. 154^r ein Bild der Jungfrau mit dem Kinde (Taf. 1), das nicht so sehr durch die Technik wie durch charakteristische Gestaltung des Sujets Aufmerksamkeit verdient. So deutlich der in jener Zeit selbstverständliche byzantinische Einfluß durchschlägt, so merkt man doch sofort die für Spanien bezeichnende selbständige Erfassung der Aufgabe, den nicht fallrecht, sondern nach der Breite sich ordnenden Faltenwurf, den dem Nonnenkleide entsprechend bedeckten Hals, die vom Konventionellen durchaus abweichenden, vielmehr ausgesprochen individuell gehaltenen Gesichtszüge, so daß P. Adrien Munier, der das Bild prüfte, der Ansicht ist, es habe eine Nonne, vielleicht eine Äbtissin zum Bilde Modell gesessen; man braucht sich nur daran zu erinnern, daß das benachbarte Kloster S. Juan de Ripoll (San Juan de las Abadesas) bis 1017 Nonnen beherbergte, um diese Möglichkeit zuzugeben. Die hier naheliegende Vergleichung mit dem Marienbilde (zur Rechten des Gekreuzigten) auf dem von Denifle und Chatelain reproduzierten Einbanddeckel des eben besprochenen Missales von Tortosa liefert für die kunstgeschichtliche Würdigung des Ripoller Bildes weitere Kriterien.[2] Ferner wird die kunsthistorische Forschung auf eine in demselben Rivipullensis 151 befindliche sorgfältige Zeichnung des locus ‚caene‘ domini (Fol. 4, in Baeda de locis sanctis, sorgfältiger als z. B. im Vindob. 580, fol. 12^v) aufmerksam zu machen sein, desgleichen auf die originellen Initialen, die Menschen- und Tierköpfe, Geweihe etc. als Motive verwerten. Bei diesem Anlaß sei auch erwähnt, daß der später, etwa Ende des 11. Jahrhunderts entstandene, durch

---

[1] Über andere Stücke derselben Handschrift, darunter das ‚Vaticinium Sibyllae‘, Ewald a. a. O. 388. Dieses Vaticinium ist identisch mit den Weissagungen, die sich im cod. Escorialensis & I. 3 s. XI (1017) finden; Ewald bemerkt a. a. O. 249, daß dieses Stück sich auch im Pantheon des Gottfried von Viterbo finde, jedoch ‚nach dem Alter der Handschrift diesem nicht entnommen sein kann‘. Das trifft zu, es sind nämlich die seit langem bekannten Weissagungen, die unter Baedas Werken gedruckt wurden (M. 90, 1181).

[2] Vgl. hiezu Jos. Gudiol y Cunill, Nocions de Arqueología sagrada Catalana, Vich, 1902, S. 320 ff.: Representacions de la Verge Maria. Die S. 295 gebotenen Abbildungen sind leider unzureichend.

eine Urkunde als alter Ripoller Besitz erklärte Cod. 199 mit
dem Baeda zugeschriebenen Liber Scintillarum und Augustins
(Baedas) De conflictu vitiorum et virtutum gleichfalls interessante, altertümliche Initialen aufweist.[1]

Andere illustrierte Manuskripte Ripoller Provenienz sind
aus jener Zeit nicht bekannt, doch fährt das Kloster-Scriptorium
fort, gelegentlich wertvolle Codices herzustellen, so z. B. ein
1094 vollendetes Evangeliar, das Bofarull in seinem Kataloge
unter der Signatur Est. 1, Caj. 1, Nr. 10 als ‚Código preciosísimo
y curioso‘ rühmt.[2] Dasselbe Verzeichnis gibt ferner unter der
Signatur Est. 1, Caj. 1, Nr. 13 und mit dem Zeichen 0, also
‚verbrannt‘, die Beschreibung einer in der Folge eingehender
zu besprechenden Handschrift, welche ‚Epistolas morales‘ des
Papstes Gregors des Großen und dann einen ‚Catalogo del los
sumos Pontifices desde S. Pedro hasta Urbano II., en 1098‘,
enthält; Bofarull fügt bei: de cuyo siglo sin duda es este código
aunque sigue de letra menos antigua el catalogo hasta Clemente IV con un cronicon, wir werden also hier gleichfalls auf
das 11. Jahrhundert als Zeit der Anlage des Ms. gewiesen;
aus Gründen, die noch später einleuchten sollen, ist an der Ripoller Provenienz des viel behandelten Manuskriptes kaum zu
zweifeln.

Außer den eben genannten, zum Teile verlorenen Stücken
ist bis jetzt keine Handschrift bekannt geworden, welche der
Periode zuzuweisen wäre, die wir hier ins Auge fassen, d. h.
dem auf den Tod des Abtes Oliva folgenden Jahrhundert.
Das gilt sowohl von den noch erhaltenen, gerade mit Rücksicht
hierauf genau geprüften Codices, wie auch von den zum größten

---

[1] Eigenartige Initialenverzierung findet sich in dem noch dem 12. Jahrhundert angehörenden Codex Nr. 129 der Kapitelbibliothek zu Tortosa,
der die ‚Summa codicis‘ überliefert. Eine Probe in ‚Lo codi‘, herausgegeben von Herm. Fitting und Herm. Suchier I (1906), Taf. 1.

[2] Seine Beschreibung dieser gleichfalls verlorenen Handschrift lautet: Los
santos cuatro evangelios con las prefaciones de San Gerónimo y los diez
cánones de Eusevio Cesariense siguiendo á Ammonio Alejandrino con
tablas de correspondencia para saber los lugares en que concuerdan los
evangelistas segun se hallan en el Griego: Código preciosísimo y curioso
en folio menor escrito sobre pergamino el año 1094. Empieza y
acaba con algunas ojas tambien de pergamino de letra menos antigua
con varias oraciones de la Iglesia propias de Semana Santa.

Teile verbrannten Manuskripten, die in den vor 1835 angelegten Katalogen mit Angabe ihres Alters beschrieben sind. Aus diesem Umstande allein auf ein Nachlassen der Schreibtätigkeit im Ripoller Scriptorium oder im allgemeinen auf den Rückgang geistiger Betätigung der Klostergemeinden zu schließen, wäre verfehlt; es ist ja gezeigt worden, daß wir ohne den alten Katalog, welcher die reichen Bestände der Klosterbibliothek am Schluß der olivianischen Periode vor Augen führt, einen durchaus unvollkommenen Einblick in die alte Klosterbibliothek besäßen. Nun dürfen wir aber trotzdem betreffs der eben erwähnten Periode tatsächlich auf ein sehr erhebliches Nachlassen wissenschaftlicher Arbeit in Ripoll schließen, ein Umstand, der in diesem Falle mit Lockerung der klösterlichen Zucht und unwürdiger Haltung der Äbte in Zusammenhang steht. Auf die Hochblüte unter Oliva, die sich als Resultante angespannter intellektueller Tätigkeit und gewaltiger Machtentfaltung auf der Grundlage ausgedehnten Güterbesitzes ergab, folgt ein Jahrhundert unverkennbaren Verfalles. Ein grelles Streiflicht auf die Zustände, welche im Kloster herrschten, wirft bereits die im Jahre 1063, also 17 Jahre nach dem Tode des Abtes Oliva, vom Papst Alexander II. an das Kloster erlassene Bulle (herausgegeben nach einer Urkunde des Archivs des Klosters Ripoll von Baluze, Marca Hispanica CCLIV, col. 1122 f.); sie enthält eine ernstliche Mahnung an die Mönche, dem abgelegten Gelübde treu zu bleiben, der Verschleuderung der Klostergüter durch die Äbte zu steuern und namentlich Akte der Simonie bei den Abtwahlen nicht zu dulden.[1] Der päpstliche Machtspruch hatte allerdings zur Folge, daß ein gewisser Adalbertus, der als Gegenabt des Gullermus Bernardus durch Gewalt und Simonie die Abtwürde an sich gerissen hatte, abgesetzt wurde. Die in der Bulle enthaltene allgemeine Mahnung blieb aber ohne Erfolg, die Zustände innerhalb der Klostergemeinde ver-

---

[1] Monemus ut professionis sanctae propositum ... pro viribus semper custodiatis nec ab illo in neutram partem ullo modo desistatis ... — Qui predia ... dono Abbatum non satis digne praesidentium seu rapina vel invasione ... possidere videantur ... illa nequaquam retineant ... — Praecipimus ut nullus amodo et deinceps vestri coenobii regimen per simoniacam haeresim obtineat nec qualicunque ingenio ante vel post acceptum honorem per pecunias locum Abbatis arripiat.

schlechterten sich immer mehr, so daß, als sich sechs Jahre
später das Schauspiel wiederholte und Miro durch Bestechung
Abt von Ripoll wurde, Bernhard II., Graf von Besalú, sich
genötigt sah, dem schändlichen Treiben ein Ende zu machen
und, unterstützt von den Bischöfen von Vich und Gerona, das
Kloster Ripoll 1070 unter die Jurisdiktion von St. Viktor in
Marseille zu stellen. Wenn Pellicer y Pagés, der jüngste Historio-
graph des Klosters, die Behauptung wagt, diese in das Klosterleben einschneidende Maßregel sei nur erfolgt, um die Mönche
zu beruhigen, ,no para una reforma que no necesitaban, ni para
restaurar la disciplina monástica que no habia decaido‘, so stehen
dieser Behauptung unanfechtbare urkundliche Zeugnisse entgegen. In dem am Eingang dieser Studie zitierten Schreiben
wird mit rückhaltsloser Offenheit erklärt, daß Ripoll seit dem
Tode des Abtes Oliva ein Herd der Simonie und Marktplatz
für schimpflichen Würdenverkauf gewesen. Die Maßregel der
Affiliierung Ripolls an St. Viktor erfolge, damit religiöses Leben
und wissenschaftliches Streben sich in Zukunft so wie ehedem
entfalte.[1] Noch deutlicher drückt sich der am 28. Dezember
1070 ausgefertigte Schenkungsakt des Grafen (Cartulaire de
St.-Victor N. 819) aus; Ripoll wird direkt ein Ort genannt, der
wegen der Simonie seiner Äbte paene absque religione et sine
regula sancti Benedicti manebat.[2] Zeugnisse der kirchlichen wie

---

[1] (Graf Bernhard an Bernhard de Ruthenis, Abt von St. Viktor.) ... nouerit
uestri pia sollicitudo locum Dei genetricis Marie Riuipollentis cenobii,
qui a tempore domni Oliue pontificis a simoniachis male possessus turpi-
bus succubuerat questibus ... me ab omni eretice prauitatis contagio
emundasse illumque pseudoabbatem Mironem, qui post interdictum sedis
apostolice eiusdem regnum conatus est simoniache optinere, domni Gui-
fredi archiepiscopi necnon Berengarii Gerundensis episcopi ac Guilelmi
Ausonensis presulis adiutorio cum suis satellitibus uniuersis a loco ...
expulisse. Quo depulso cum quererem qualiter ... ab illo sancto loco
omnem hereticum ambitum de cetero precauere possem, id mihi ...
suggestum est, ut uestre dominationi (der gedruckte Text hat: donationi)
uestrisque institutis illum subicere non refugerem ... Hoc nobile cenobium, quod ob reuerentiam totius religionis et scientie olim caput et
specimen uniuerse esse meruit Esperie, ... per uos in statum pristinum
cupimus reparari. (A. a. O., S. 165 f.)

[2] ... donator sum omnipotenti Deo et sancte Marie sanctoque Victori
martyri de Massilia ac Bernardo, abbati ipsius monasterii ... dono eis
monasterium sancte Marie de Riuopullo ... sub eo tenore, ut ipse Ber-

der weltlichen Obrigkeit bestätigen also einmütig den Verfall klösterlichen Lebens in Ripoll und, wenn in einem dieser Zeugnisse gewünscht wird, daß nicht bloß Religion, sondern auch ‚Scientia' wieder zur einstigen Blüte gelangen mögen, so liegt hierin die Beantwortung der Frage, warum im Gegensatz zur regen Entfaltung literarischen und wissenschaftlichen Schaffens während der olivianischen Periode die Pflege geistiger Betätigung so erheblich nachließ. Seit dem Jahre 1065, in dem der Mönch Oliva seine kleine, an Dalmatius gerichtete Schrift verfaßt hatte, verstreicht fast ein Jahrhundert, bis wir wieder ein datiertes literarisches Produkt der Abtei (die sogenannte ‚brevis historia') antreffen, noch längere Zeit, bis wieder der Name eines Ripoller Klosterbruders erscheint, der sich schriftstellerisch betätigt. So dürfen wir denn für die erwähnte Periode annehmen, daß dem Fehlen von Nachrichten über Produkte des Ripoller Scriptoriums auf nicht liturgischem Gebiete auch der tatsächliche Mangel an solchen Werken entspricht.

Die hierarchische capitis diminutio, welche das altangesehene Kloster Ripoll durch seine Unterordnung unter St. Viktor traf, konnte aber die Kraft dieses intellektuellen Vorortes Kataloniens nicht mit einem Male vernichten oder die Integrität der historischen Reliquien, Archiv- und Handschriftenschätze, die gesammelt vorlagen, erheblich berühren. Andererseits ist es von vorneherein anzunehmen, daß die Abtei St. Viktor, ihrerseits auf Sammlung und Verwertung literarischer Hilfsmittel bedacht, die Archivalien und Codices, welche das neu affiliierte katalonische Kloster besaß, nicht aus dem Auge gelassen haben mag; tatsächlich finden wir in den Archives des Bouches du Rhône zu Marseille eine Reihe von Urkunden, deren Ripoller Provenienz feststeht und die gewiß durch die Vermittlung von St. Viktor in ihre gegenwärtige Aufbewahrungsstätte gelangt sind.[1]

---

nardus et successores eius eligant semper et mittant ibi abbates qui seruicium Dei in eodem monasterio faciant et regulam sancti Benedicti ibi teneant et tenere faciant, et obedientes sint semper in omnibus abbates et omnis congregatio ipsius monasterii Massiliensi abbati . . . Et hoc totum ideo est factum, quia locus ille propter symoniacos abbates pene absque religione et sine regula sancti Benedicti manebat. (A. a. O. 171 f.; vgl. auch ibid. 208 u. 239.)

[1] Vgl. Mélanges d'Archéologie et d'Histoire VI (1886), 454 ff.

Sucht man nach einem Denkmal, das auf eigentlich literarischem Gebiet die geistigen Beziehungen der beiden alten
Klöster illustrieren würde, so findet man ein solches heute allerdings
nicht in Marseille, auch nicht in Barcelona, sondern in
Rom. Der in seinem Hauptteile im Jahre 1055 geschriebene
Vaticanus Reginensis Nr. 123, dessen Provenienz aus St. Viktor
von Marseille feststeht, ist zuerst von Ludwig Bethmann im
Archiv f. ält. d. Gesch. XII (1874), 268, genauer bekannt gemacht worden. Der Band enthält nach Bethmann ,De ratione
temporum', ein großes Werk aus Baeda und Isidor, Baedas
Chronik, Zyklen, die Jahre 532—1063 umfassend mit annalistischen Bemerkungen, z. T. von späterer Hand (s. XII), dann wieder 28 Zyklen, 1064—1595, von späteren Händen, abermals
mit annalistischen Einzeichnungen, den sogenannten Annales
Massilienses.[1]

Diese Annalen sind wiederholt, zuletzt von Pertz, nach
einer von Hermann Pabst revidierten Kopie in den Monumenta

---

[1] Über diese Handschrift teilt mir P. Franz Ehrle freundlichst folgendes mit:
,Was den Gesamtinhalt des Bandes angeht, so füllt ihn ein Werk
mit vier Büchern.

Lib. 1us de sole ff. 1—74 mit 73 Kapiteln, Lib. 2us de luna ff. 74—
110 mit 47 Kapiteln (ff. 11—125^v die 27 cycli mit den Annales; f. 126^r,
126^v epla domini Olive), Lib. 3us de natura rerum ff. 127—151 mit
163 Kapiteln, Lib. 4us de astronomia ff. 152—219 mit 122 Kapiteln,
ff. 220—223 Kalender von Januar bis August inkl.

Jedem Buch geht das Verzeichnis der Kapitel vorher (ff. 74, 127,
152) und bei jedem Kapitel ist der Auktor, dem es entnommen ist, angegeben.

Bei weitem das meiste ist aus Baeda, vieles aus Isidor, anderes
aus Augustin, Hieronymus, Dionysius, Anatolius, Victorinus, Proterius,
Hyginus, Plinius, Macrobius, Ambrosius, Fulgentius.

Dem ersten Buche fehlen die ersten 13 Kapitel.'

Al. Vidier, der einen eingehenden Bericht über dieselbe Handschrift im Bulletin de la Société des Antiquaires de France zu veröffent-
lichen gedenkt, teilt mir noch weitere Einzelheiten aus dem mannig-
faltigen Inhalt des Manuskriptes mit: (nach einem neuen Absatz ,Epistola
Bedae unde supra') Chronologie sommaire de Justinien à Charles le Chauve
mentionnant des phénomènes naturels qu'on retrouve dans les annales
d'origine sénonaise, mentionnant aussi l'obit de deux archevêques de Sens
du 9e siècle. En outre le ms. contient une carte du monde où la Gallia
n'est représentée que par une seule ville: ,Senones.' — Dadurch sind sehr
alte Beziehungen Ripolls zu Sens nachgewiesen.

Germaniae, Scr. XXIII (1874), 1 ff. herausgegeben worden.
Speziell mit Rücksicht auf die Annales Massilienses ist darauf-
hin die Handschrift von I. H. Albanès in drei umfangreichen
Aufsätzen besprochen worden: ‚La chronique de Saint-Victor
de Marseille‘, Mélanges d'Archéologie et d'Histoire VI (1886),
64 ff., 287 ff., 454 ff.[1] Das hier zunächst in Betracht kommende
Ergebnis der neuen Prüfung der Handschrift ist der von Albanès
allerdings nicht zusammenhängend geführte Nachweis eines gewissen Parallelismus in der Zusammensetzung des Reginensis
Nr. 123 und des von Villanueva, Viage VIII, 55 ff., beschriebenen Rivipullensis, d. h. jener von uns bereits wiederholt herangezogenen Mischhandschrift, welche die meisten der kleinen
Schriften des Mönches Oliva birgt. Wir können nunmehr feststellen, daß sowohl der Reginensis 123 wie auch der verlorene

---

[1] Die von Albanès geübte Kritik der in den Monumenta Germaniae gebotenen Ausgabe der Annalen gibt Veranlassung, zu seinen Ausführungen
auch in dieser Beziehung Stellung zu nehmen, zumal auch in der zweiten
Ausgabe der Bibliotheca historica von Potthast I, 95 an dem Barceloneser Ursprung des ersten Teiles der Annales Mass. festgehalten wird und
hieraus wie aus dem Resumé über jene Beiträge: ‚Bespricht lebhaft die
Pertzsche Ausgabe, wo Fehler aller Art überfließen sollen‘ leicht geschlossen werden kann, auf welche Seite sich heute die Vulgata der historischen Kritik stellt. (Vgl. auch Wattenbach, Deutschlands Geschichtsquellen I.ᵛ 1904, S. 329.) Nun ist richtig, daß sich Albanès außer kleineren
Versehen (so soll Abt und Bischof Oliva ‚jusqu'aux environs de 1050‘
gelebt haben, S. 297) auch schwerer wiegende Irrtümer zuschulden kommen ließ: der erste Teil des Vat. Reg. 123 wird fälschlich mit Baeda de
temporibus identifiziert (obwohl schon Bethmann, Archiv XII, 268 den
richtigen Weg gewiesen hatte) und dieser Irrtum erst ganz zum Schluß
im Nachtrag berichtigt; es werden dadurch, abgesehen von der irrigen
Datierung des alten Ripoller Kataloges, die an diese Identifikation ge-
knüpften Folgerungen hinfällig. Andererseits wird man dem tempera-
mentvollen Franzosen zugestehen, daß er als der erste den frühesten Teil
des Textes der Chronik bestimmt Ripoll zugewiesen und die betreffenden
Aufzeichnungen scharfblickend mit dem Wirken des Mönches Oliva in
Zusammenhang gebracht hat, obwohl ihm dessen Arbeiten nur zum Teil,
die historischen Aufzeichnungen des Klosters, die Abschrift der Annales
Anianenses, das Kartular (in der Coll. Baluze), die einschlägigen Abschnitte in der ‚Historia brevis monast. Rivipullensis‘ und in den Gesta
comitum etc. augenscheinlich gar nicht bekannt waren. Von Annales
‚Barcinonenses‘ als Grundstock der Ann. Mass. darf jetzt nicht mehr ge-
sprochen werden; ähnliches gilt betreffs der Annales in den Monumenta,
Script. XIX, 501.

Rivipullensis Textquellen für Olivas komputistische Tafeln und
für die sich anschließenden annalistischen Aufzeichnungen darstellen. Aus einer von Albanès dem letzten Aufsatz beigefügten
Appendix erfahren wir ferner, daß der Reginensis die beiden
Briefe des Mönches Oliva an Abt (Bischof) Oliva und an Dalmatius enthält; eben dieselben Briefe standen auch in dem heute
verlorenen Rivipullensis. Vielfache Übereinstimmung weisen
endlich die Annalen der beiden Handschriften auf, eine Tatsache, die wir dadurch, daß Villanueva im V. Bande seines
Viage, 241—249, die betreffenden Einzeichnungen aus dem Rivipullensis veröffentlicht hat, genau nachweisen können. Eine be-
trächtliche Zahl derselben, so z. B.: 1097 Osca ciuitas capta
est — 1118 Cesaraugusta capta est a rege Aragonense —
1147 Almeria capta est — 1148 Tortosa capta est — sind in
beiden Textzeugnissen identisch; dasselbe gilt auch von anderen,
umfangreicheren Noten, die über das Maß jener knappen annalistischen Noten hinausgehen. Diese Übereinstimmung reicht
aber durchaus nicht so weit, wie Albanès auf Grund der vorgeführten Konkordanzen glauben machen will; vielmehr ist der
von ihm nicht berücksichtigte Umstand hervorzuheben, daß Einzeichnungen im Reg. 123 stehen, die in dem Rivipullensis (d. h.
in der Ausgabe Villanuevas, die aber sicher vollständig ist)
fehlen,[1] daß umgekehrt in dem Reg. eine große Zahl solcher
Noten nicht beigeschrieben wurden, die der Rivipullensis laut
Villanuevas Zeugnis enthielt, und zwar vornehmlich solche, die,
der älteren Hausgeschichte von Santa Maria geltend, für Sankt
Viktor belanglos waren.[2] Daraus ergibt sich, daß die von Albanès ausschließlich mit Rücksicht auf die übereinstimmenden
Noten aufgestellte Behauptung (S. 293): Il existe une Chronique
de Ripoll, qui va jusqu'à la fin du XIIe siècle ... C'est donc
là qu'il faut chercher l'origine de celle-ci (d. h. de la Chronique
de Saint-Victor) nicht ohne weiteres angenommen werden kann.

Betreffs der Provenienz der in beiden Handschriften enthaltenen annalistischen Einzeichnungen ist zunächst zu be-

[1] So gleich im Anfange die Einzeichnungen zu den Jahren 568, 571, 661.
[2] So: 882 His diebus erat Daginus abbas Riuipullensis. 888 Prima dedi-
catio nostri coenobii sub Dagino abbate. 912 obitus Wifredi comitis
bonae memoriae, cuius pater quiescit in cenobio S. Mariae Riuipull.

merken, daß schon Enrique Florez in dem 1774 erschienenen
28. Bande der España Sagr., 345 ff. ‚Excerpta ex chronico S. Vic-
toris Massiliensis‘ (nach der Ausgabe Labbes in der Nova Bibl.
MSS. 339) veröffentlicht und bei der Einzeichnung des Jahres
MCXV: Monasterium S. Johannis redditur Clericis durch seine
Erklärung: ‚De Abbatissis nuncupatum in Dioecesi Ausonensi‘
auf S. Juan de Ripoll (San Juan de las Abadesas) hingewiesen,
damit also in lokaler Beziehung den entscheidenden Fingerzeig
gegeben hat; auch hat er in demselben Bande der España
Sagrada S. 51 völlig richtig dargelegt, daß bei Ordnung der An-
gelegenheiten von San Juan de Ripoll Sanct Victor zu Marseille ebenso interessiert war, wie Santa Maria zu Ripoll. All
dies ist Herrn Albanès ebenso unbekannt geblieben wie Pertz
anläßlich der Herausgabe der Chronik in den Monumenta Germaniae. Wenn nun Albanès unter Hinweis auf die früher ausgehobenen Einzeichnungen zu den Jahren 1097, 1118, 1147 und
1148 behauptet (S. 292), diese Noten könnten nicht in Marseille,
nicht in Barcelona, sondern nur in Santa Maria eingezeichnet
worden sein, denn ‚Ripoll se trouvait au centre de tous ces
évènements‘, so werden geschichtliche Fakten mit deren Registrierung, wenn man will, Generalstabsquartier mit Archiv verwechselt. Auch die Polemik des französischen Gelehrten gegen
die Annahme von Pertz, daß der erste Teil der sogenannten
Annales Massilienses eigentlich Annales Barcinonenses seien,
fordert, obwohl sachlich berechtigt, zu Bemerkungen heraus.
Die Barceloneser Annalen sind durchaus kein Phantasiegebilde,
wie Albanès annimmt (‚l'ouvrage n'a jamais existé qu'en imagi-
nation‘). Wer suchen will, findet in dem eben zitierten Bande
der Esp. Sagr. (331 ff.) zwei Chronica Barcinonensia, eines nach
D'Achery, das andere nach Baluze von Florez mitgeteilt; es
ist daher a priori keineswegs ausgeschlossen, daß im 11. Jahrhundert eine solche Annalensammlung in Barcelona hätte nieder-
geschrieben werden können, zumal einzelne Einzeichnungen des
einen Chronicon Barcinonense mit den korrespondierenden Notizen der oft erwähnten Annales ‚Massilienses‘ übereinstimmen.
Die Sache liegt also durchaus nicht so einfach und ist durch
die von Albanès vorgebrachten Gründe keineswegs so unbedingt
klar erwiesen, wie er meint. Die Provenienzfrage kann zu
gunsten Ripolls dann überzeugend entschieden werden, wenn

wir nachzuweisen imstande sind, daß die Einzeichnungen nicht
nur direkt oder indirekt mit den Interessen des Klosters Ripoll
zusammenhängen, sondern auch ein Glied in einer Kette historischer, speziell national- und provinzial-geschichtlicher Arbeiten
darstellen, die nur in Ripoll, und zu jener Zeit in gar keinem
anderen hier in Betracht kommenden literarischen Zentrum zu
belegen sind. Das ist nun tatsächlich der Fall. Es sei an das
historisch rückschauende carmen des Bischofs Oliva auf das
Kloster, an die von ihm veranlaßten geschichtlichen Aufzeichnungen, ferner an die große Fürsorge erinnert, die man dem
Urkundenschatze des Klosters zuwendete. Bereits in der ersten
Hälfte des 12. Jahrhunderts besaß das Kloster nicht etwa bloß
eine Registratur von Akten, sondern ein wohlgeordnetes, amt-
lichem Gebrauche dienendes Archiv („Archiva publica' lautet
der Ausdruck) und nur auf Grund sorgfältiger Aktensammlung
sowie gewissenhafter Registrierung denkwürdiger Vorgänge
konnten Arbeiten wie das aus dem Jahre 1147 stammende, unter
dem (nicht ganz zutreffenden) Namen Brevis historia monasterii
Rivipullensis bekannte Promemoria, die verschiedenen Fassungen
der Gesta comitum oder die Vita Petri Urseoli ausgearbeitet worden sein. Als ein für das Fortwirken dieser Studien bezeich-
nender und gerade hier zu beachtender Beleg ist der Umstand
zu erwähnen, daß die von Villanueva, Viage V 236 ff., unter
dem Namen ‚Cronicon Dertusense II.' aus einer Handschrift
der Kirche von Tortosa edierten Annalen sich ebenso wie die
Annales Massilienses auf Ripoller Quellen (und zwar von S. Juan,
wie Villanueva richtig erkannte) gründen; auch hier erscheint
die Notiz: Era MCLIII, anno MCXV monasterium S. Johannis
redditum est canonicis regularibus.

Wichtig, wenigstens teilweise auch von Albanès gewürdigt,
ist ferner die Ähnlichkeit der von Villanueva beschriebenen,
jetzt verlorenen Ripoller Handschrift und des Reginensis 123
in gewissen Teilen, in den Zyklen, Annalen, Briefen des Mönches
Oliva. Faßt man die hier angeführten Gründe zusammen, so
ist die von Albanès (S. 297) aufgestellte Behauptung: ‚si le moine
Oliva n'a pas fait lui-même le beau livre où est notre chronique
(d. h. der Reginensis 123) il l'a du moins fait faire et en a sur-
veillé l'exécution' wirklich durch das Zusammentreffen der erwähnten Tatsachen begründet.

Die eingehende Behandlung der Provenienzfrage ist durch die Wichtigkeit der aus ihr zu ziehenden Schlußfolgerungen bedingt. Der Reginensis 123 ist wahrscheinlich im Ripoller Scriptorium geschrieben (1055), sicherlich auf Grund von Materialien, die man von dort her bezogen hatte, zusammengestellt worden. So bildet er ein neugewonnenes Literaturdenkmal aus der Zeit des Mönches Oliva, dessen fruchtbare Wirksamkeit wir eingehend untersucht haben. Die im Reginensis enthaltenen Exzerpte aus Baeda und Isidor sind der Zeit ihrer Niederschrift und ihrer Provenienz nach nunmehr bestimmt und verdienen von diesen Gesichtspunkten aus erhöhte Beachtung. Die Form der Eintragung der historischen Notizen in dem heutigen Reginensis 123 bietet aufs Neue ein Beispiel dafür, daß Baedas Ostertafel — hier von Mönch Oliva fortgesetzt — als Gerippe für annalistische Aufzeichnungen denkwürdiger Ereignisse verwendet wurde und den Ausgangspunkt für das Jahrbuch, für die Chronik, auch für das Martyrologium bildete, wie wir dies in der Geschichte des Klosters Ripoll in der Tat Schritt für Schritt verfolgen können. Der Grundstock dieser Einzeichnungen wird als Annales Rivipullenses betrachtet, die Annahme Barceloneser oder Marseillaiser Provenienz dagegen ausgeschlossen werden müssen. Ripoll kommt mit nur noch sehr wenigen anderen mittelalterlichen Kulturzentren Spaniens das Verdienst zu, historische Aufzeichnungen von entschiedenem Wert übermittelt zu haben. Die mit Rücksicht hierauf wohl bald zu erwartende neue Ausgabe der Annalen wird natürlich nicht bloß den Reginensis, sondern auch den durch Villanueva bekannten Rivipullensis als Textzeugnis heranziehen müssen. Das Erläuterungsmaterial, in der jüngsten Ausgabe (Albanès 316 ff.) dürftig, wird erheblich bereichert, ja erschöpfend ausgestaltet werden können, wenn man nicht nur die von uns bereits namhaft gemachten, sondern auch die anderen historischen Hilfsmittel und Arbeiten berücksichtigt, auf die wir noch zu sprechen kommen.

Ein Wort noch über die Fortsetzung der Annales Rivipullenses in St.-Victor zu Marseille: die von Albanès geführte Untersuchung, auf die hier nicht näher eingegangen werden kann, macht es wahrscheinlich, daß die Einzeichnungen bis 1168 noch in Ripoll erfolgten, die vom Jahre 1185 an beigefügten Noten bereits in Marseille geschrieben wurden, daß

also jener lokale Wechsel mit der Zeit zusammentrifft, da Ripoll
wieder selbständig wurde und St.-Victor die Oberhoheit über
das katalanische Kloster verlor. Wir sehen also auch hier, wie
die Fortsetzung klösterlicher Tätigkeit auf einem Gebiete der
Geisteswissenschaften sich den hierarchischen Verhältnissen anschließt. Dieses Beispiel geistiger Transmission zwischen Ripoll
und St.-Victor (wie auch zwischen Ripoll und Tortosa, s. oben
S. 20) steht nicht vereinzelt da, ist aber an und für sich beachtenswert genug. Wenn Albanès gleich im Eingange seiner
Studie über die extrême pauvreté der Provence auf dem Gebiete mittelalterlicher Chroniken klagt und bei diesem Anlasse
bemerkt: La chronique de Saint-Victor de Marseille fait seule
exception à ce silence universel, so sieht man sofort, daß hier
die Ausnahme die Regel bestätigt. Man hatte sich in Marseille
an keine Originalarbeit gemacht, man wäre zu der Fortsetzung
der Annalen nicht gekommen, wenn nicht Ripoll den Grundstock geliefert hätte. Wir werden, wie schon angedeutet wurde,
darauf achten müssen, ob der geistige Vorort Kataloniens nicht
auch auf anderen Gebieten der Provence gegenüber als Geber
erscheint.

Die im Nachfolgenden zu rechtfertigende neue Auffassung
eines seit langem bekannten literarischen Produktes der Ripoller
Schule soll zeigen, daß auch dieses in gewissem Sinne mit dem
Abhängigkeitsverhältnis zusammenhängt, in dem das Kloster zu
St.-Victor stand. Unter dem Titel: Brevis historia monasterii
Rivipullensis a quodam monacho Rivipullensi scripta anno Christi
MCXLVII hat Baluze in der Marca Hispanica col. 1295 ff.
einen zwar kurzen, jedoch in mehrfacher Beziehung merkwürdigen Traktat ,Ex veteri codice M. S. monasterii Rivipullensis‘ herausgegeben. Die Datierung ist sicher, denn zum Schlusse
heißt es: ,usque ad praesentem dominicae incarnacionis annum
qui est millesimus centesimus quadragesimus septimus‘, aber der
Titel ist von Baluze willkürlich gewählt worden. Es ist richtig,
daß in dem Schriftstück einige wichtige Daten der Kloster- wie
auch der politischen Geschichte angeführt und verwertet erscheinen, und Próspero de Bofarull[1] hatte von seinem Stand-

---

[1] Nach ihm auch Pellicer y Pagés 119, immer noch in derselben Auffassung
des bloß historischen Zweckes der Schrift.

punkte aus Recht, den Verfasser in seinen Condes vindicados
als ‚primer historiador de Cataluña' zu bezeichnen. Prüft man
aber das Schriftstück etwas genauer, so merkt man sofort, daß
die Daten der Kloster- und Zeitgeschichte nur eine sehr durch-
sichtige Hülle für die breite Darlegung der Gerechtsamen des
Klosters, der Legitimität seiner Besitztümer, Privilegien und
Freiheiten bilden. Auch die gleich am Anfange gegebene Versicherung des Verfassers, daß er bei Mitteilung der Schenkung
Wifreds sich auf die Urkunde stütze, die in dem ‚öffentlichen
Archiv des Klosters' vorhanden sei (faciens dotem eidem ecclesiae in die consecrationis eius quae in archiuis publicis eiusdem
coenobii continetur), dient wesentlich dazu, dem angedeuteten
Zweck dokumentarische Stütze zu geben, der namentlich bei
der Schilderung der Glanzepoche Olivas, bei Anführung der
Privilegien der Landesfürsten und der Päpste und in der wieder-
holten Betonung der unbedingt gewährleisteten Freiheit und
Selbständigkeit des alten Klosters deutlich zutage tritt. Was
also der Mönch an einer Stelle seines Exposés als Summe jener
Nachweise bezeichnet: (cap. VI.) Haec est igitur collectionis
summa de dignitatibus. et libertatibus Riuipullensis
coenobii, wird sich zutreffender denn der bisher geläufige
Titel als Bezeichnung einer Schrift empfehlen, die nicht sowohl
eine kurze Geschichte als vielmehr eine Apologie, man kann
sagen, eine Streitschrift zu gunsten der verbrieften Rechte Ripolls darstellt.[1]

---

[1] Baluze hat die Handschrift, aus der er den merkwürdigen Text schöpfte,
wie gewöhnlich nicht näher bezeichnet. Bei der genaueren Durchsicht
von Bal. 107 fand ich fol. 301 ff. die für Baluze hergestellte Abschrift;
aus der vorangehenden echt notariellen Verankerung wie aus der Angabe,
daß sich der Text im Kartular (instrumenta antiqua pro dicto monasterio
facientia) fand, ergibt sich auch die äußere Bestätigung dafür, daß der
‚Historia brevis', wie sie Baluze nannte, urkundliche Bedeutung zukam;
man vergleiche die a. a. O. gegebene Einkleidung:

‚Hoc est translatum bene et fideliter sumptum in Villa Riuipulli
uicesima quarta die mensis Julii anno a natiuitate Domini millesimo
quingentesimo quinto decimo auctoritate et decreto magnifici Petri
Joannis Ferran utriusque iuris licenciati Iudicis ordinarii Curiae saecu-
laris de Riuipullo inferius manu sua propria subscribentis in hijs inter-
uenientibus a quodam alio translato auctentico pergameno instrumento
in archiuo magno Monasterii Beatae Mariae de Riuipullo recondito
existenti cuius quidem instrumenti siue translati auctentici tenor talis

Daß die Abfassung einer so selbstbewußten Proklamation
gerade in die Zeit der Unterwerfung des Klosters unter die
Herrschaft einer ausländischen Abtei fällt, erscheint nicht auffällig, ist vielmehr angesichts des bekannten Unabhängigkeits-
sinnes der Kastilianer wie der Katalanen fast selbstverständlich;
schon aus der Zeit des Ripoller Hirtenamtes des Marseillaiser
Abtes Elias (1120—1124) weiß Villanueva (Viage VIII, 13) zu
berichten ‚que los ánimos andaban turbados con el gobierno
extrangero‘. Es ist bezeichnend, daß in dem 1147 geschriebenen
Libell einer für das Klosterleben so wichtigen Maßregel, der
Unterordnung unter St. Viktor, mit keinem Worte Erwähnung
getan wird; aus diesem Stillschweigen ergibt sich ein neuer
Beweis dafür, daß wir in der auch sonst mit Absicht parteiisch
gefärbten Schrift keine eigentliche Historia zu suchen haben.
Es entsteht nun die Frage, ob zur allgemeinen Disposition, das
Marseillaiser Joch abzuschütteln, noch besondere äußere Ver-
hältnisse traten, die zu einer in diesem Sinne zu unternehmenden
Aktion speziell ermunterten. Diese Frage kann bejaht werden.
Wie ein Landesfürst, Bernhard II., Graf von Besalú, mit Unter-
stützung der maßgebenden kirchlichen Oberhirten die Unter-

---

est. Hoc est translatum bene et fideliter sumptum in Villa Riuipulli
duodecima mensis Februarii anno a natiuitate Domini Millesimo quadri-
gentesimo uicesimo tertio auctoritate et decreto uenerabilis et discreti
Domini Petri de Campo Dei, Iudicis ordinarii Curiae Riuipulli inferius
subscribentis auctoritatem suam iudiciariam praestantis a quodam instrumento continuato et scripto in quodam libro antiquo pergameneo
existenti in Monasterio Beatae Mariae de Riuipullo in quo sunt conti-
nuata et scripta instrumenta antiqua pro dicto monasterio facientia et
eidem sonantia. Cuius quidem instrumenti tenor talis est. Primus Coenobii Sanctae Mariae Riuipullensis fundator usw.

Die Abschrift reicht bis zum Ende von Fol. 303ᵛ.

Fol. 304ʳ oben: Bestätigung von Petrus De Campo Dei, Iudex
ordinarius Curiae Riuipulli.

Folgt: Signum mei Bernardi de Vinea … notarii publici und des
Jacobus de Ginabrosa.

Dann: Signum mei Narcissi de Molis presbiteri notariique publici
Riuipullensis auctoritate Venerabilis Conuentus Monasterii eiusdem qui
huiusmodi translatum a suo originali fideliter sumptum … correctum
et comprobatum … scribi feci et clausi XIII mensis Februarii Anno a
natiuitate Domini MCCCCXXIII. Zuletzt die Bestätigung des Petrus
Joannes Ferran.

werfung verfügte, so konnte ja ein anderer, dem Kloster
besser gesinnter Landesherr, ein wirklicher Gönner, die Ab-
schüttelung des Joches fördern: ein solcher war denn dem
Kloster auch in Ramon Berenguer IV., Grafen von Barcelona,
erstanden.

Die lichte Heldengestalt dieses Fürsten, der durch meister-
hafte Strategie sowie persönlichen Mut im Kampfe gegen den
Erbfeind und für die nationale Unabhängigkeit größere Erfolge
errang als irgendeiner seiner Vorfahren, hat im Kloster Ripoll
begeisterte Verherrlichung gefunden; man pries die von ihm errun-
genen Siege, die während seiner Herrschaft gesteigerte Wohl-
fahrt des Volkes, vor allem — aus ganz bestimmten Rücksichten
— die glänzenden Eigenschaften, welche die Persönlichkeit
des Grafen auszeichneten. Schon 1141, also 21 Jahre vor seinem
Tode, hatte er laut einer von Baluze in der Marca Hispanica
App. No. CCCXCIX, coll. 1287 ff. ‚Ex archivo monasterii Rivipullensis‘ unter dem nicht ganz entsprechenden Regest: Prae-
ceptum Raymundi Comitis Barcinonensis de sepeliendo corpore
suo in monasterio Rivipullensi herausgegebenen Urkunde das
Kloster mit einer reichen Widmung bedacht. Zu Beginn des
Dokumentes heißt es allerdings: dono Domino Deo et beatae
Mariae coenobii Rivipullensis et monachis eiusdem . . . animam
meam et corpus ad sepeliendum, aber eigentlicher Schenkungsakt wird die Urkunde dadurch, daß der Graf ein ihm gehörendes
Gut in der Grafschaft Besalú, bei der Stadt Mulnars, mit allen
seinen Einkünften dem Kloster Ripoll für immerwährende Zeiten
zuweist; aus der näheren Beschreibung der Schenkung geht
hervor, daß es sich um ein ausgedehntes Gebiet mit reichen
Erträgnissen handelt. Daß der Graf der Stätte, wo einst seine
sterblichen Überreste ruhen sollten, dauernd seine Gunst erhielt,
ist leicht einzusehen und wird außerdem durch dieses Zeugnis
bestätigt. Darum ist es auch erklärlich, daß der Verfasser der
kurz vorher besprochenen Summa libertatum (Brevis Historia),
der während der Regierungszeit des Ramon Berenguer IV.
schrieb (1147), aus dem nationalen Streben des Landesfürsten
die Hoffnung schöpfen konnte, es werde gelingen, mit seiner
Unterstützung das fremde, auf dem Kloster Ripoll lastende Joch
abzuschütteln. In dieser Hoffnung hat sich der Ripoller Mönch
nur insoferne getäuscht, daß noch einige Jahre nach dem Tode

des Grafen verstreichen mußten, bis es dem Kloster gelang,
seine Selbständigkeit wiederzugewinnen.

Das große Vertrauen, welches das Kloster auf seinen hohen
Protektor setzte, die über das Grab hinaus währende Verehrung,
die es ihm bewies, hat mehrfachen, beachtenswerten Ausdruck
gefunden, zunächst in einem längeren Epitaph, das, auf Perga-
ment geschrieben, an dem Sarge des Fürsten angebracht wurde.
Dieses war durch den Abdruck in der España Sagrada XLIII
(1819), 466 ff. (Epitafium ... anno 1803 dum eius ossa transferri
in Ecclesiam est curatum in tumba inventum pergamena charta
exaratum) und in P. de Bofarulls Condes vindicados II, 201 ff.
sowie durch die mangelhafte spanische Übersetzung, die Pellicer
y Pagés, Santa Maria de Monstaria de Ripoll, S. 125 ff. mitteilte,
bekannt. Eine Abschrift des lateinischen Originaltextes fand ich
unter den zahlreichen Papieren, welche Bal. 107 einschließt
(Fol. 461 ff.). Dort liest man zunächst eine ‚Oratio‘ für den
Verstorbenen und dann folgt die Angabe: Et in suo sepulcro
est sequens epitaphium scriptum in pergameno, quod est huiusmodi: Epitaphium serenissimi ac uictoriosissimi Domini Raymundi Berengarii Comitis Barcinonae, Regis Aragonum et Ducis
Prouinciae; nach wenigen einleitenden Worten heißt es: ...
Dei uirtute protectus Almeriam, Tortosam, Ciuranam et usque
ad quadraginta oppida circa Iberum amnem pugnando cum
Sarracenis potenter abstulit. Illerdam et Fragam uno die
simul cepit ... in obitu claruit miraculis. Aus dieser einen
Probe entnimmt man, daß wir hier nicht ein Epitaph im land-
läufigen Sinne des Wortes, sondern vielmehr ein enthusiastisches
Encomium vor uns haben.[1] Eine umfassende historische Würdigung des Wirkens Ramon Berenguers IV. finden wir in den
mehrerwähnten, gleichfalls in Ripoll entstandenen ‚Gesta Comitum‘, und zwar im XVII. Kap.: De nobili Raimundo Berengarii Comite Barchinonae qui in Ecclesia Rivipulli in sepulcro
argenteo tumulatur (Marca Hisp. col. 546 ff.). Der Abschnitt

---

[1] Am Schluß steht in Bal. 107 die in den Drucken nicht enthaltene Angabe: Perpiniani anno Domini millesimo centesimo nonagesimo ˙quarto
und hierauf die schon in den Cond. vind. II, 200 mitgeteilten Verse (l. H.):

Dux ego de matre, Rex coniuge, Marchio patre,
Marte, fame fregi Mauros dum tempore degi
Et sine iactura tenui Domino sua iura.

hebt an mit einer liebevoll eingehenden Schilderung des aus-
gezeichneten Charakters sowie der blendenden äußeren Erscheinung des Helden,[1] enthält dann eine Darstellung seiner
Siegeszüge mit genauer Angabe der Daten (ein Umstand, der
mich neben anderen Gründen veranlaßt, die Abfassung dieses
Abschnittes als bald nach dem Tode des Grafen erfolgt anzusehen) und klingt in eine Totenklage aus, die in ihrem rhe-
torischen Schwung kaum von irgendeinem ähnlichen Produkt
jener an epideiktischer Prosa nicht armen Zeit übertroffen wird.[2]

Die eben besprochenen, dem Preise Ramon Berenguers IV.
dienenden Schriften sind gute Hilfsmittel, um ein seinem wesentlichen Inhalte nach bisher unbekanntes Gedicht zu erklären,
das sich in der gegenwärtig in der Pariser Nationalbibliothek
aufbewahrten Handschrift F. l. 5132 findet. Edéléstand Du Méril
hat in seinen Poésies populaires latines du moyen âge, Paris
1847, S. 302 ff. eine ausführliche Beschreibung dieser reich-
haltigen Mischhandschrift gegeben und ich nahm Anlaß, seine
Angaben zu überprüfen. Die Ripoller Provenienz, schon von
Du Méril und anderen als wahrscheinlich angenommen, steht
unumstößlich fest. Ich kann nunmehr bestimmt nachweisen, daß
die Handschrift noch zur Zeit Baluzes in Ripoll war, denn die
für ihn aus dem Kodex angefertigten Abschriften tragen diesen
Provenienzvermerk; auch Mabillon, der die Gesta Petri (Urseoli) Ducis Venetiae zweifellos nach einer aus derselben Handschrift geschöpften Kopie ASOSB saec. V., 878 ff. herausgab,
bemerkt ausdrücklich, der Text stamme ‚Ex ms. codice Rivi-

---

[1] Hic mira probitate, scientia, ingenio ac consilio pollens toto orbe famo-
sissimus claruit. Fuit nempe naturaliter magnanimus, audax, probus,
facilis et subtilis, in proposito constans et prouidus, gestu et habitu ap-
probandi uiribus praepollens, statura arduus ac procerus, manu promptus,
corpore ualidus, membris aptus, dispositione compositus, colore pulcher-
rimus, sic quod nihil, ut ferebatur communiter, defuit ei boni; immo
sapientior ac abundantior omnibus suis temporibus extitit.

[2] Obiit in Domino, suo relinquens luctum populo, periculum patriae, hosti-
bus gaudium, lamentum pauperibus, religiosis suspirium. In eius nempe
obitu exiuit latro, praesumpsit praedo, latuit pauper, conticuit clerus, luit
incola, saeuiit hostis, fugit victoria, creuit fuga, gladius in domesticos
efferatur et patria exterminio praeparatur ... Corpus itaque iam dicti
nobilissimi Principis ad suam est patriam reportatum et iu Riuipullensi
monasterio, quod ipse plurimum dilexerat, honorifice est sepultum.

pollensi'. Die Übertragung des wertvollen Manuskriptes nach Paris steht offenbar mit der Mission des Pierre de Marca, als dessen Sekretär Baluze fungierte (vgl. T. I, S. 3 f.), im Zusammenhang. Der Kodex ist aber nicht bloß aus Ripoll gekommen, sondern auch dort geschrieben und, wie wir sehen werden, in der zweiten Hälfte des 12. Jahrhunderts aus großenteils bodenständigem Material zusammengestellt worden. Diese in mehrfacher Beziehung wichtige Tatsache läßt sich mit absoluter Sicherheit erweisen. Der Miszellankodex überliefert Schriften, von denen wir bestimmt wissen, daß sie in Ripoll verfaßt wurden, wie eine noch zu besprechende Redaktion der Gesta comitum Barcinonensium, ferner jüngere Abschriften aus Codices, die einst in Ripoll vorhanden waren, so die Altercatio fidei catholicae inter Arrium presbiterum et Athanasium episcopum Probo iudice residente des Vigilius Thapsensis (T. 1, 109, Nr. 246 des alten Kataloges), endlich eine große Anzahl von Aktenstücken, deren Aufzeichnung in einer anderen als in einer Ripoller Handschrift unerklärlich wäre, weil sie direkt mit dem Klosterleben in Zusammenhang steht. Auf Fol. 109ʳ findet sich nun, wie Du Méril a. a. O. 306 bemerkt, un poème sur la mort d'un grand capitaine dont on ne peut plus lire que le commencement; der von ihm gelesene und mitgeteilte Anfang lautet nach seiner Herrichtung des Textes:

1 Montem meam laedit dolor,
nam natalis soli color,
2 Color, inquam, genuinus
fit repente peregrinus.
3 Color quippe naturalis
nunc afflictam gentem malis
4 Mire nuper decorabat,
dum uir magnus radiabat.
5 Magnus, inquam, comes ille,
qui destruxit seras mille
6 Mahumeti caede[1] gentis
genu nobis iam flectentis.
7 Sensit Lorcha[2] uirum tantum,

---

[1] So Du Méril; die Handschrift bietet das richtige ‚fede' (= fide).

[2] Du Méril bemerkt richtig: Lorca en Catalogne, que Pline appelait Ilorcum, Hist. nat. III, 1.

Der Rest des Gedichtes ist tatsächlich in der Handschrift stark verblaßt, zum Teil abgeschabt; immerhin läßt sich mit Aufwand einiger Geduld der weitaus größte Teil des Gedichtes auch ohne Reagentien entziffern. Aus dieser Lesung ergibt sich, daß gerade der wichtigste Teil, d. h. derjenige, der uns über die Persönlichkeit des ‚Grand capitaine‘ genau unterrichtet, bisher verborgen blieb. Jeder, der in der Geschichte Kataloniens ein wenig bewandert ist, erkennt beim Durchsehen des neu gelesenen Textteiles auf den ersten Blick, daß der Gefeierte niemand anderer sein kann als Ramon Berenguer IV., der mächtige Schirmherr Ripolls († 6. August 1162); übrigens steht, wie man sich aus der auf Tafel 2 gebotenen Nachbildung[1] des merkwürdigen Stückes überzeugen kann, ganz oben auf dem Rande in sehr kleiner, aber noch lesbarer Schrift: In laude Raim̄di bēngarij comitis barch. et principis aragonensis et comitis provincię.[2]

Vergleicht man genauer die früher besprochenen Geschichtsquellen, so merkt man, daß der Dichter sich an die durch diese vertretene Überlieferung hielt, wenn man auch nicht verkennt, daß er zum Zwecke des künstlerischen Aufbaues seines Gedichtes — ein solcher ist angestrebt, zum Teil erreicht — die betreffenden Daten nach freiem Ermessen gruppierte.[3] Im übrigen ist aber die historische Treue gewahrt, im ganzen so streng, daß ich die Erklärungen durch den oben besprochenen Abschnitt der Gesta comitum (G. C., Cap. XVII, Marca Hisp. col. 547 f.) sowie durch das sogenannte Epitaphium liefern lasse. Bezüglich der Wiedergabe des Originales sei be-

---

[1] Diese zeigt auch, daß die Einzeichnung nicht, wie bisher allgemein angenommen wurde, dem 13., sondern der zweiten Hälfte des 12. Jahrhunderts angehört, also bald nach dem Tode des Grafen erfolgte; dieser Umstand kommt noch bei dem später zu liefernden Nachweis der Art der Zusammenstellung der Handschrift zur Sprache. Über die dem Sang vorgesetzten Musiknoten teilt mir Guido Adler freundlichst Folgendes mit: ‚Die Zeitbestimmung und die Provenienz stimmt: Es sind aquitanische Neumen auf vier Linien (respektive drei) mit F-Schlüssel auf der ersten und C-Schlüssel auf der dritten Linie.‘

[2] Die moderne Notiz auf dem Rande rechts stammt von Paulin Paris.

[3] W. Meyer, der in den neu gelesenen Text Einsicht nahm, scheidet im Aufbau: 1—5: Einleitung, 5—13: Kriegstaten, 13 bis Schluß: Allgemeine Charakteristik.

merkt, daß die Umschrift diplomatisch getreu ist und im Gegensatz zu Du Méril Langzeilen hergestellt wurden, was bereits
Wilhelm Meyer (Speyer) in einer brieflichen Mitteilung vorgeschlagen hatte, obwohl ihm das Original nicht vorgelegen war.

```
 7                              et siurana mons gigantum.
       Almeria cum carinis. sed tortosę mox uicinis.
       Hunc hylerdę urbs expauit. fraga uirum trepidauit.
10  quę sub una simul luce. hoc succumbunt nostro duce.
       Barchinonam. taragonem. arelatem. taraschonem.
       rexit. florens. ope. fama. terrens hostes his plus flamma.
       Uictor semper numquam uictus cuius terror fuit hictus
       scpe fures emit auro illos ornans crucis lauro
15  Ausu constans pertinaci sensu uigens perspicaci.
       ad se orbem fere totum. traxit tonans in remotum.
       Nam hunc magnus rex francorum. mirabatur et anglorum.
       Huic fauebat alemannus. dextram dabat tolotanus.
       Pa . . (?) . . . plena (?) probitatis . . . uena
20  Sub communi cessit morte. sed celesti uiuat sorte.
```

---

7 Anno Christi MCLIII non dicam munitissimum castrum Siuranam, sed
montana fortissima et alia plurima castra circa litus Iberi amnis cepit.
G. C. Dei uirtute protectus Almariam, Tortosam, Siuranam . . . pugnando
cum Sarracenis potenter abstulit. *Epit.*

8 Ad capiendam Almeriam Ildefonsum Toletanum Imperatorem ac classem
Januensium incitauit . . . et usque ad captam ac spoliatam urbem . . .
perstitit. *G. C.* Tortosam cum Januensibus obsidens . . . et ad ultimum
urbem capiens anno Christi MCXLVIII sedem ibi episcopalem instituit.
G. C.

9 Sequenti autem anno Christi MCXLIX urbem Ilerdam . . . obsedit; et
uno eodemque die ipsius anni, VIII. scilicet Kal. Nouembris eandem
Ilerdam ac Fragam cepit. G. *C.* Ilerdam ac Fragam uno die simul cepit. *Epit.*

11 Urbem Arelatensem contra se tumentem usque ad turrium multarum de-
structionem compressit penitus et uastauit. *G. C.*

14 Nach 14 am Rande: al firmans pacem auro. Decor suis. terror mauro.
Den Sinn dieser Variante interpretiert Aug. Engelbrecht dahin, daß ‚der
Graf nicht bloß ein Kriegsheld war, sondern auch im Frieden durch
Geldspenden und geldkostende Einrichtungen und Maßregeln seine ge-
treuen Untertanen unterstützte‘.

18 Über alemannus: ·f· impr̄ (imperator) uidelicet; über toletanus: impr̄.

18 Raimundo Berengarii suo nepoti neptem Imperatoris Alamanniae matri-
monialiter copulauit ducatumque Prouinciae nepoti eidem ab eodem im-
peratore perpetuo adquisiuit. *G. C.*

18 (Toletanus): s. oben Anm. zu Almeria.

Zu den bereits bekannten Prosa-Elogien auf Ramon Berenguer IV. ist nunmehr also auch ein Hymnus in Versen neu gewonnen; wer sich an die früher gegebenen Ausführungen über die historischen Studien in Ripoll erinnert und die erläuternden Anmerkungen zum Hauptteil des Hymnus vergleicht, wird nicht zweifeln, daß die Heimat des Gedichtes in Ripoll zu suchen ist. Ein deutlich zu verfolgender Weg führt von den an die Zyklen anschließenden annalistischen Aufzeichnungen zu den Chroniken, zur Summa dignitatum (Historia brevis), zu den einschlägigen Berichten der Gesta Comitum und endlich zum Hymnus. Der mächtige Graf, zu Lebzeiten ein Beschützer des Klosters, hatte in diesem seine Grabstätte gefunden, die Mönche von Ripoll hatten ein analoges Interesse, ihn zu feiern,[1] wie später die von Poblet Jaime I. von Aragon oder auf kastilianischem Boden die Mönche von Cardeña den Campeador und die von Silos Santo Domingo.[2]

Die Fülle der dem Grafen Berenguer IV. von Ripoll dargebrachten Huldigungen ist gleichwohl überraschend, sie übertrifft weitaus das, was man dem Abt Oliva an Lobpreisung hatte angedeihen lassen. Dieser Tatsache entspricht auch der Umstand, daß wir — vorläufig wenigstens — dem Berenguerhymnus keine ähnliche Schöpfung an die Seite stellen können, keine, die so sehr in der kontinuierlichen Tradition der literarischen Tätigkeit des Klosters wurzelte.

An und für sich merkwürdig, ist der jetzt bekannt gewordene Hymnus geeignet, auch die Beurteilung eines in Form und Vorwurf wesentlich verschiedenen, durch gewisse Umstände aber verwandten Gedichtes näher zu rücken, des Carmen latinum vom Cid: unter allem, was Geschichte, Sage, Dichtung von dem spanischen Nationalheros melden, als Schriftdenkmal in erster Reihe stehend ist es zuerst von Du Méril a. a. O. 308—314 veröffentlicht worden und hat sehr bald den Gegenstand eifriger Kontroversen gebildet. Wir können diese nicht

---

[1] Bezeichnend ist die Stelle im Epitaphium: In obitu etiam suo claruit miraculis ... per totum iter dum Corpus eius ad Monasterium Rinipullense afferretur ... ibique sepe et sepissime euidentibus crebris claruit miraculis.

[2] Eine besondere Untersuchung könnte nachweisen, daß sich ein guter Teil der einschlägigen Quellen jetzt in der Pariser Nationalbibliothek findet.

umgehen, weil sich das lateinische Cidgedicht in derselben ehemals Ripoller, jetzt Pariser Handschrift findet, aus welcher der Berenguerhymnus mitgeteilt wurde.[1]

Die einander gegenüberstehenden Argumente der Forscher, welche für das Cid-Carmen katalanischen Ursprung annehmen (vermutungsweise Du Méril, nachdrücklich Milá De la poesía heróico-popular castellana, 1874, S. 226 f.), und der anderen, welche den sehr naheliegenden kastilianischen Ursprung behaupten (Amador de los Rios, dem sich in jüngster Zeit auch Menéndez y Pelayo, Antología de poetas líricos XI (1903), 308 f. anschloß), hat G. Baist in dem Aufsatz: Die Heimat des lateinischen Hymnus auf den Cid, Zeitschr. f. rom. Phil. V (1881), 64 ff. einer scharfsinnigen Kritik unterzogen. Die Gründe, welche namentlich Milá für, Amador gegen den katalanischen Ursprung geltend machte, mögen an jenem Orte nachgelesen werden. ,So sehr man an sich geneigt sein mag, eine Meinung des gelehrten Katalanen derjenigen Amadors vorzuziehen', meint Baist, so müsse man doch neuerdings an die unbefangene Prüfung des Gedichtes herantreten. Für ihn ist Strophe 5 maßgehend:

> Eia laetando populi catervae
> Campi doctoris hoc carmen audite.
> Magis qui eius freti estis ope
> Cuncti venite.

Das kann nach Baist nur ein Kastilianer ausgerufen haben.[2]
Man lese das Gedicht nochmals unbefangen, aber in Erkenntnis dessen, was das Volk (Catervae populi) verstand, ver-

---

[1] Ein Apographum des Cidgedichtes, sicherlich aus der eben besprochenen Handschrift geflossen, findet sich in Bal. 107, fol. 320ʳ (mit der wohl von Baluze eigenhändig vorgesetzten Überschrift: Ex codice MS. monasterii Rivipullensis); diese einzige ältere Abschrift ist wegen gewisser Verbesserungen zu berücksichtigen, so heißt es gleich am Anfang statt ella gestorum richtig Bella gestorum, wodurch die Konjekturen von Du Méril (,Probablement une contraction d',En illa') und Amador de los Rios, Hist. crítica de la lit. Esp. II, 342 (,Eia') widerlegt werden.

[2] ,Diejenigen, welche ihr Vertrauen auf Cid setzen, können nur seine Zeitgenossen und seine Landsleute sein. Die Katalanen haben sich nicht auf den Cid verlassen, sondern sich mit ihm geschlagen. Der Hymnus ist also noch zu Lebzeiten des Cid geschrieben für Kastilianer und unter Kastilianern, also auch von einem Kastilianer.'

stehen wollte, und man wird sich der Überzeugung nicht verschließen, daß die engere, engste Heimat des Gedichtes nicht Kastilien, nicht Katalonien war, sondern die Schreibstube; diese ist international, hier, wenn wir uns geläufigeren Vorstellungen Rechnung tragen wollen, interprovinzial. Wir müßten alles, was wir von einer direkt sich an die Massen wendenden Volkspoesie wissen, auf den Kopf stellen, wenn wir annehmen wollten, das Gedicht sei etwas anderes als ein — man mag zugeben, von einem gewandten und kundigen Scholastikus verfaßtes — Schulprodukt.

Aus dieser Auffassung erklärt sich die gesucht künstliche Form, der gelehrte Aufputz des Gedichtes, erklären sich verschiedene mißverstandene Stellen, so z. B. die Nova bella Roderici, die unmittelbar auf die ‚acta paganorum dum iam vilescant vetustate multa‘ folgen, wodurch der Verfasser schulmäßig von seinem Gesichtspunkte aus Altertum und Neuzeit gegenüberstellt; auch die Anführung des Kampfes um Lérida, die zur Annahme führte, daß das Gedicht vielleicht für die ‚Bevölkerung von Lérida‘ verfaßt wurde (Du Méril), wird verständlich, wenn man in den Annalen, Chroniken und sonstigen geschichtlichen Aufzeichnungen blättert und findet, daß diese Stadt eben eines der am heißesten umstrittenen Kampfobjekte bildete.[1] Die Erwähnung dieser Stadt sowie des ‚Marchio, comes Barchinonae, cui tributa dant Madianitae‘, war für Milá in sachlicher Beziehung maßgebend, das Carmen Katalonien zuzuweisen; den äußeren Umstand, daß wir es in einer Ripoller Handschrift und nur in dieser finden, hat er nicht etwa bloß beiläufig erwähnt, sondern diese Tatsache an die Spitze seiner Beweisführung gestellt: ‚debe creerse compuesta (la poesía) en Cataluña, ya en razón del manuscrito en que se halla, cuyos documentos pertenecen todos á cosas de este pais,‘ auch hat er die Gründe, warum gerade Ripoll dazu kam, das Gedicht aufzuzeichnen, gut angedeutet.[2] Ramon Berenguer III. war mit einer Tochter des Cid verheiratet, ‚de quienes nació María, mujer del conde de Besalú que era el mayor potentado

---

[1] Deutlich sprechen sich hierüber die Gesta Comitum in der Berenguer-Vita aus (Col. 547 der Marca Hisp.): Sequenti anno Christi MCXLIX urbem Ilerdam nostrae genti infestissimam et diu exoptatam obsedit.

[2] De la poesía heróico-popular castellana 227 f.

de las cercanías de Ripoll á cuyo monasterio pertenecia el MS
del Cantor latino'.[1] So richtig nun ist, was Baist hervorhebt,
daß die Katalanen sich mit dem Cid schlugen, so stolz war
man andererseits auf die Verbindung einer seiner Töchter mit
dem regierenden Grafengeschlecht von Barcelona, ein Stolz,
der auch am Schluß des altkastilianischen Poema del Cid deutlich durchklingt; zu beachten ist ferner, daß aus den ‚Catervae
populi' diejenigen ‚qui eius (Campi-doctoris) freti ope' durch
ein ‚magis' gesondert und speziell zum Anhören eingeladen
werden. Zu den angeführten äußeren Indizien kommt natürlich noch der Umstand, der weder Milá noch Baist bekannt
sein konnte, daß nämlich das Cid-Gedicht in demselben Kodex
neben dem Hymnus auf Berenguer IV. steht, den Sohn des
mit Dulcia, der Tochter des Cid, vermählt gewesenen Berenguer III.; auch könnte darauf hingewiesen werden, daß poetische
Enkomien auf Verstorbene in Ripoll traditionell geworden waren
und daß, wie noch gezeigt werden soll, die literarische Pro-
duktion des Klosters gerade im letzten Drittel des 12. Jahrhunderts zu neuem Aufschwung ausholte.

Gleichwohl halte ich an der Überzeugung fest, daß der
lateinische Cantar auch in Kastilien verfaßt und nach Ripoll
importiert worden sein kann, zumal wir die Beziehungen des
Ramon Berenguer IV. zu Alfonso VI. (Imperator Toletanus)
kennen; ja, ich bin in der Lage, den konkreten Fall anzugeben,
daß ein wichtiger, umfangreicherer Text gerade zu jener Zeit
im äußersten Westen Spaniens von einem Ripoller Mönch zum
großen Teile abgeschrieben und diese Kopie der Klosterbibliothek einverleibt wurde, ein Vorgang, über den wir mit aller
nur wünschenswerten Genauigkeit unterrichtet sind.

Gemeint ist zunächst der Brief, den Arnaldus de Monte,
Mönch von Ripoll, im Jahre 1173 anläßlich einer Wallfahrt
nach Santiago de Compostela von dort aus an den Ripoller Abt
Raimundus de Berga und den Großprior des Klosters ‚B.'

---

[1] Milá stützt sich hiebei auf die aus urkundlichen Quellen geschöpfte Angabe Bofarulls in den Condes vindicados II, 159; Bernhard, letzter
Graf von Besalú, hatte seiner Gattin, der Enkelin des Cid, ‚todos sus
honores y condados de Besalú, Ripoll, Vallespir, Funullá y Perapertusa,
en caso de morir sin hijos ex dotata coniuge filia prolis Mariae
Ruderici' geschenkt.

(wahrscheinlich Bernardo de Peramola, Nachfolger des Raimundus de Berga, 1206—1212 [?]) gerichtet hat. Dieses Schreiben ist zuerst von L. Delisle „Le Cabinet historique XXIV'
(1878), 1 ff.: Note sur le Recueil intitulé De miraculis sancti
Jacobi, nach zwei Abschriften, die sich in Bal. 107 finden,
herausgegeben worden. Kurz darauf erschien in den Recuerdos de un viage á Santiago de Galicia por el P. Fidel Fita y
D. Aureliano Fernández-Guerra, Madrid, 1880, 42 ff., eine
spanische Übersetzung dieses von Delisle bekannt gemachten
Textes mit sachkundigen Erläuterungen, welche die Wichtigkeit des Schreibens für die Kunde mittelalterlichen Schrifttums
ins Relief setzen. In der Tat hat der Ripoller Mönch A. de
Monte eine anerkennenswerte Arbeit geleistet, indem er speziell mit Rücksicht auf die Interessen des Klosters (was er ausdrücklich hervorhebt) aus dem heute noch in Santiago de
Compostela aufbewahrten sogenannten „Codex Calixtinus' drei
Bücher, nämlich das 2., 3. und 4. ganz, die anderen (1 und 5)
teilweise abschrieb. Zu meiner Freude gelang es mir schon
vor Jahren, nicht bloß das Original des von Delisle nach den für
Baluze hergestellten Kopien edierten Briefes, sondern auch die von
Arnaldus de Monte angefertigte Abschrift in dem heute im Barceloneser Kronarchiv aufbewahrten Rivipullensis 99 aufzufinden.

Der Fund war überraschend; niemand konnte ahnen,
daß sich so umfangreiche, direkt aus dem Compostelaner Original genommene Auszüge im Ripoller Bestande finden würden,
auch derjenige nicht, der die vorhandenen Verzeichnisse der
Sammlung genau durchgesehen hatte. Villanueva, der sonst
für literarische Kostbarkeiten ein wachsames Auge besaß, ließ
den Kodex unberücksichtigt, Ewald leitete durch seine Beschreibung (Reise 388) ,membr. s. XII. Brief Calixt II. über Santiago
und Turpin. Copiado 1173 por un monje de Ripoll que fué
en peregrinacion á Santiago' direkt irre, dürfte das Manuskript
gar nicht in der Hand gehabt und sich wohl auf die ähnlich
lautenden Angaben des Kat. Bof. verlassen haben; auch Kat.
Bal. führt unter Nr. 38 bloß an: Liber inscriptus: Incipit epistola beati Calixti pape ... Tractat de Santo Jacobo apostolo ...
hat aber durch die vollständige Mitteilung des oben erwähnten
Briefes den Aufsatz Delisles und so die Aufrollung der Frage
veranlaßt. Die jüngsten, den von Arnaldus de Monte abge-

schriebenen Compostelaner Text betreffenden Angaben Des-
lisles (a. a. O. S. 1, Anm.)[1] und A. Farinellis in den Apuntes
sobre viages y viageros por España, Oviedo, 1899, p. 7 (Revista Crítica de Historia 1898)[2] gehen auf den Inhalt der
Kompilation nicht ein; auch Gustav Loewe hat in verzeih-
licher Unkenntnis des 1878 noch nicht veröffentlichten Ver-
gleichsmaterials bei Beschreibung eines handschriftlichen Exem-
plares des Textes den Inhalt nicht genug präzisiert,[3] ja Pott-
bast, Bibliotheca historica II[2], 1384 weiß sogar zu melden,
daß Fita „Livres 4‘ publiziert habe und daß diese Ausgabe von
der königl. Akademie der Geschichte zu Madrid als „Supplement zu Tom. XX von Florez Esp. Sagr.‘ veröffentlicht wurde.[4]
Diesen Angaben gegenüber ist zunächst festzustellen, daß Arnaldus de Monte in seinem Briefe (nach dem Original von mir
in den Handschriftenschätzen Spaniens, 413 ff., neu herausgegeben) das von ihm gefundene Buch (reperi volumen ibidem,
quinque libros continens) dem Inhalte nach richtig charakteri-
sierte, was Fita in den Recuerdos 49 auf Grund der Prüfung
des von ihm benützten Compostelaner Originals ausdrücklich
feststellt; dieses enthielt ursprünglich im ersten Buch „Scripta
sanctorum patrum ad laudem Jacobi apostoli‘, im zweiten „Apostoli miracula‘, im dritten „Translatio apostoli‘, im vierten „Qualiter Karolus Magnus domuerit et subiugauerit iugo Christi
Hyspanias‘, im fünften „De diuersis ritibus, de itineribus etc.‘
Auch spricht Fita in seiner genauen Analyse des Originales
a. a. O. 50 von dem cuarto libro que contiene las gestas de

---

[1] „Suivant M. le Clerc (Hist. litt. XXI, 282) le Guide de Pélerins ne
pourrait guère se placer avant la fin du XIIe siècle. La lettre qui va
être publiée prouve qu'il existait déjà en 1173‘.

[2] „Hacia 1140 escribióse el liber Jacobi, guía práctica para los peregrinos
que iban en romeria á Santiago. El libro 5[o] (so, der Sache nach richtig, nicht aber dem Titel entsprechend), que contiene el Itinerarium ha
sido publicado por el P. Fita: Le Codex de Saint-Jacques-de-Compostelle,
Paris 1882‘.

[3] „Ein Werk des Calixtus über Jacobus‘ Bibliotheca Patrum latinorum
Hispaniensis I, 479 (vgl. auch S. 38, Anm. 5).

[4] Das ist Wort für Wort unzutreffend; der Titel der Ausgabe lautet
genau: Le Codex de Saint-Jacques-de-Compostelle (Liber de miraculis
S. Jacobi) Livre IV. Publié pour la première fois en entier par le P.
F. Fita, avec le concours de Julien Vinson, Paris, 1882.

Carlo-Magno y de Roldán, endlich a. a. O. 57 von dem último
libro — once capítulos de inestimable valor histórico y geográ-
fico. Den Widerspruch, daß Fita eben dieses letzte, also doch
das fünfte Buch in seiner eben zitierten Sonderausgabe im aus-
drücklichen Gegensatz zur Angabe des Arnaldus de Monte als
viertes Buch bezeichnet, vermochte ich lange Zeit nicht zu
lösen, umsoweniger, da Fita selbst den die Karlsgeste enthaltenden Teil unter dem Titel: Libro IV del códice Calixtino veröffentlicht hat und nach meinen Aufzeichnungen im
Rivipullensis 99, d. h. also in dem von Arnaldus de Monte geschriebenen Kodex, auf fol. 55ᵛ deutlich zu sehen ist: Incipit
codex IIII sancti iacobi de expedimento et conuersione yspanie
et gallecie editus a beato turpino archiepiscopo, dann f. 80 finit
codex quartus ... Incipit liber V tus und hierauf fast der ganze
(11 Kapitel umfassende) Text dieses Buches; in der Mitte des
10. Kapitels bricht nämlich Arnaldus mit den Worten: pere-
grinis sancti Jacobi in hospitali (S. 61 der Ausgabe Fitas) ab.

Die Lösung des Rätsels, damit die Quelle der betreffs des
heutigen Bestandes, speziell betreffs der Bucheinteilung des
Compostelaner Originals seit Jahrzehnten verbreiteten Irrtümer,
liefert die genaue Beschreibung des Manuskripts, die Fidel
Fita in den von ihm zusammen mit Antonio López Ferreiro
herausgegebenen Monumentos antiguos de la Iglesia Compo-
stelana[1] mitteilte. Das vierte Buch der Kompilation wurde aus
der Handschrift herausgerissen, das fünfte Buch durch Fäl-
schung zum vierten gemacht (vgl. a. a. O. 77 f.). Fita hält
dafür, daß die Verstümmelung auf die Bedenken zurückzuführen ist, die Ambrosio Morales gegen den Inhalt des IV. Buches hegte.[2]

Der Wert der hiemit neu nachgewiesenen direkten Abschrift aus dem Compostelanus, speziell aus dem 4. Buch, wird

---

[1] Madrid 1882. Ein Exemplar der bereits vergriffenen Publikation wurde
von mir in Paris (Nat.-Bibl.) eingesehen.

[2] Der Angabe von Guido Maria Dreves, Hymnodia Hiberica II (Analecta Hymnica medii aevi XVII), S. 5: ‚Pergamenthandschrift, gegenwärtig in zwei Teile getrennt, indem seinerzeit auf Veranlassung des
berühmten Ambrosio de Morales das vierte Buch als ‚unwürdig‘ aus-
geschnitten und besonders eingebunden wurde‘, steht Fitas Versicherung
gegenüber, daß dieses 4. Buch zerstört wurde. (Vgl. d. folg. Anm.)

also erhöht durch den Umstand, daß gerade dieser Teil in der
Urschrift fehlt,[1] während er im Rivipullensis tadellos erhalten ist;
da dieser Kodex mit seinen scharfen, schlanken Charakteren
geradezu als Muster der Ripoller Schreibkunst jener Zeit hingestellt werden darf und genau datiert ist (1173),[2] wurden zwei
Seiten (fol. 35ᵛ, 36ʳ) reproduziert (Taf. 3), dadurch der Vergleich
mit der von Fita aus dem Compostelaner Kodex veröffentlichten
Schriftprobe[3] ermöglicht, der wohl zum Vorteil des Ripoller
Apographums ausfällt. Wichtig ist auch der Umstand, daß wir
nunmehr genaue Daten darüber erhalten, wann die Karlssage
auf katalonischem Boden zum erstenmal in einem literarischen
Zentrum bekannt wurde, damit den Anhaltspunkt, um Fortwirken
und allfällige weitere Benützung des Stoffes auf eine bestimmt
nachzuweisende Quelle zurückzuführen. Die Verbreitung des
im Codex Compostelanus (dem sog. Calixtinus) enthaltenen Textes ist bekannt;[4] auch auf spanischem Boden finden wir noch
einige jüngere Abschriften, deren unmittelbare Vorlage ·freilich
nicht so genau nachgewiesen werden kann[5] wie die der Ripoller

---

[1] Fita bemerkt in den einleitenden Worten zu seiner Ausgabe des ‚Libro
IV del Códice Calixtino‘, Traducción Gallega, im Boletín de la R. Academia de la Historia VI (1885), S. 253: La fuente latina de que dimanó
ha sido tristemente cegada y barbaramente destruida en el códice arqué-
tipo del siglo XII.

[2] Fita, Recuerdos 49: ‚1173, ó un año ántes‘ und erinnert in der Anmerkung: Según el cómputo Pisano el año 1173 de la Encarnación
comenzaba en 25 de Marzo de 1172.

[3] In der oben zitierten Ausgabe: Le codex de Saint-Jacques, zu Seite 16
(vgl. auch Recuerdos 47 f.).

[4] Vgl. die Vorrede zur Ausgabe: Turpini Historia Caroli Magni et Rotho-
landi von Ferd. Castets (Publications de la Société pour l'étude des
langues romanes VII, Montpellier 1880) mit spezieller Berücksichtigung
der Montispessulani; die Parisini werden besprochen von Julien Vinson,
Les Basques du XIIᵉ siècle, Revue de linguistique et de philologie com-
parée XIV (1881), 128 ff., die Mss. des Britischen Museums von Ward,
Catalogue of Romances I (1883), 546 ff. Die einschlägige Literatur wurde
zuletzt zusammengestellt von Ph. Aug. Becker, Grundriß der afr. Literatur, Heidelberg, 1907, S. 46 f.

[5] Kodex 2. L. I. der Madrider Palastbibliothek, s. XIII—XIV, von Hartel-
Loewe BPLH I, 479 beschrieben, ein zweiter in der Madrider Nationalbibliothek, Lat. P. 120, eine junge, von Fray Juan de Azcona 1538 angefertigte Kopie, vgl. Fita, Recuerdos 50.

Kopie, ferner auch die galizische Übersetzung, dieselbe, aus der Fita das 4. Buch mitgeteilt hat.[1]

Unverkennbare Ähnlichkeit mit der eben besprochenen Abschrift, die der Ripoller Mönch Arnaldus de Monte aus dem Compostelaner Original nahm, weist eine andere, gleichfalls bis jetzt unbeachtet gebliebene Ripoller Handschrift auf, Kod. 193, die außer vielen anderem[2] ‚Psalmodiae laudes‘, dann einen Traktat über ‚cognomina‘ und ‚advocationes‘ der Jungfrau enthält, welchem Wunder der Jungfrau von Montserrate folgen; dadurch wird der Kodex sachlich der von uns behandelten Sammlung zugewiesen, da ja das berühmte Bergheiligtum, wie wir gesehen haben (I, 79), dem Kloster Ripoll gehörte. Den Schluß macht eine kleine Abhandlung de Sacramentis, die mit folgenden Worten eingeleitet wird: Dilectissimo fratri. G. magalonensi episcopo ·B· siguensis episcopus salutem. Cum Rome quondam in insula in domo episcopo portuensis simile (so) essemus … cepisti mirari tu, cepi mirari et ego … quod aliqua illis (nämlich rebus ueteris testamenti) similia adhuc in ecclesia fieri uiderimus … Petisti igitur a me ut sicut illa exponeram ita et ista exponere temptarem‘. Unter den Bischöfen von Maguelona (Montpellier) und Sigüenza kommen hier nur Gualterus (Gautier de Lille, nicht identisch mit dem Verfasser der Alexandreis) und Bernard in Betracht; der Erstgenannte war vom Jahre

---

[1] Der Text dieses Buches beginnt (Kod. der Madrider Nationalbibliothek, T. 255): Ata aquí vos contamos da trasladaçon ó miragres de Santiago ó des aquí ende ante vos contaremos come Calrros librou España do poderío dos mouros, segon conta Don Turpim, arçibispo de Reenes.

[2] Kat. Riv. Nr. 83 enthält folgende (ältere) Beschreibung:
De tempore satisfactionis an sit imponenda morituris. Theodorus Cantuariensis Archiepiscopus in Penitentiali suo. Glossa virginis Marie; ad laudem et honorem eius sacra nomina. Quedam miracula per intercessionem Virginis Marie. Expositio evangeliorum ‚Missus est Gabriel Angelus: et intravit Jesus in quoddam Castellum.‘ Tractatus de diversitate illa que agitur in Officio Misse. Expositio de ecclesiarum dedicationibus et de ecclesie sacramentis. Expositio aliquorum Evangeliorum et Psalmorum. Sermones varii. Quedam miracula per intercessionem V. Marie de Monteserrato. Ähnlich ist die Beschreibung im Kat. Bof. unter der Sign. Est. 2° Caj. 3° num. 25, nur wird dort eine kleine, immerhin bezeichnende Eintragung berücksichtigt: Al principio hay la cronología de los reyes de Francia. Von Bernhard, dem Autor des Traktats de Sacramentis, hat keine der bekannten Listen Notiz genommen.

1104 an Bischof, starb nach Gams, Ser. ep. 579 i. J. 1128,
nach den Angaben der Histoire littéraire de la France XI
(1841), S. 82, i. J. 1129; Bernard, Bischof von Sigüenza, regierte 1128—1143 (Gams 74), so daß die Abfassung seiner
Schrift de Sacramentis, die er dem noch lebenden Gautier
sendete, in das Jahr 1128 oder 1129 fallen muß. Die Aufnahme des bisher unbekannten Traktates in eine Ripoller Handschrift zeigt ebenso wie die soeben besprochene Abschrift des
Arnaldus de Monte, wie sehr sich der literarische Interessen-
kreis des Klosters erweitert hatte. Bernard war Franzose,
Mönch von Cluny, und unter der Regierung Alfonsos VI. von
Kastilien bei der Wiederaufrichtung des Bistums von Sigüenza
dorthin als Oberhirt berufen worden. Als Schriftsteller ist er
bisher überhaupt nicht bekannt, obwohl aus den mitgeteilten
Einleitungsworten hervorgeht, daß er sich schon früher in der
Auslegung des Alten Testamentes versucht haben muß. Gautier
de Lille hatte sich schon frühzeitig schriftstellerisch betätigt; wir
kennen von ihm außer anderen Arbeiten Kommentare zu den Psalmen (Histoire littéraire a. a. O.), die den Anknüpfungspunkt zu den
exegetischen Versuchen des späteren Bischofs Bernard gebildet
haben mochten. In einem alten Siguenser Episkopolog[1] (der einzigen Quelle für die vita Bernards, die mir zur Verfügung steht)
findet sich die Angabe, daß Gualterius, Bischof von Sigüenza,
zum Bischof von Santiago gewählt wurde, somit identisch wäre
mit dem von Gams S. 26 angeführten Bernardus de Angino.

Ist diese jetzt nicht kontrollierbare Angabe[2] richtig, dann
ergeben sich zwischen dem Rivipullensis 123 und der von Ar-

---

[1] Diego Sanchez Portocarrero, Nuevo Catálogo de los obispos de la Santa
Iglesia de Sigüenza, Madrid, 1646, S. 14ff. berichtet: Don Bernardo,
Frances de nacion, natural de Agen ó Anguino, Monge Cluniacense y
uno de aquellos señalados y virtuosos Varones que para instruir las Igle-
sias nuevas de España passaron de Francia con el Arçobispo Primado
de Toledo, Don Bernardo, en el Reynado de Don Alonso VI. Fué Capi-
scol de Toledo y Capellan del Emperador Don Alonso VII., y el primero que despues de tanto silencio se llamó obispo de Sigüença. La
primera vez que le hallo con este título es año 1122. . . . . . no falta
apoyo para lo que dize (el Epitaphio) de la promocion ó eleccion de
D. Bernardo para la silla de Santiago.

[2] Man antwortete Gams, der um genauere Daten zur Festellung der Bi-
schofslisten nach Compostela schrieb: archivia ibi paene destructa esse.

naldus hergestellten Kopie des Codex Sancti Jacobi außer der
konstatierten Ähnlichkeit der Schriftzüge noch weitere Beziehungen; sicher ist jedenfalls, daß Ripoll zur Zeit, in welche die
Anfertigung der beiden oben besprochenen Manuskripte fällt
(letztes Drittel des 12. Jahrhunderts), auf literarischem Gebiete
zu erneuter, intensiver Arbeit ausholte.

Dieser Aufschwung kam der Abschrift und sonstigen Erwerbung der hier zunächst in Betracht kommenden patristischen,
liturgischen und hagiographischen Texte zustatten; jener Periode gehören zwei von verschiedenen Händen geschriebene,
seit geraumer Zeit jedoch in einem Volumen — heute cod. 217
— vereinigte Handschriften an, von denen die eine die drei
Bücher der Sententiae Isidors, die andere des Ildefonsus Tole-
danus Schrift De Virginitate Sanctae Mariae enthält. Etwas
später (s. XII—XIII) fällt die Anlage des heute unter Nr. 206
aufbewahrten Kodex, der nach Sermones de diebus festivis
und Walafridus Strabo, De exordiis et incrementis rerum eccle-
siasticarum (Fabricius III, 601) Augustins Brief ad Macedonium
(Epistel 153) birgt; etwa aus derselben Zeit stammt Kodex 130
mit ‚Flores evangeliorum‘, Kodex 170 ‚Sermones de festivitatibus‘. Noch dem 12. Jahrhundert gehören an: cod. 110 ‚Expo-
sitiones evangeliorum‘, cod. 117 ‚De officiis ecclesiasticis, sowie
cod. 214, ein schönes (illustriertes) Exemplar der Schrift De
scripturis patrum ad perfectam contemplativam vitam (d. h. die
‚Theoria‘, und zwar mit der Widmung an die Kaiserin Agnes,
Heinrichs III. Witwe, bei Mabillon, Analecta I, 120) des Joannes
(abbas).[1] Die beigegebene Abbildung einer Seite (Tafel 4) ermöglicht einerseits ein Urteil über die wohlausgebildete Schrift
wie auch über die in diesem Exemplar enthaltene bildliche Darstellung, bei welcher namentlich ein Detail, die Proskynesis,
augenscheinlich durch mannigfache Mittelglieder den byzantinischen Vorbildern entlehnt, Aufmerksamkeit verdient.

Manche kostbare Handschrift, welche die älteren Kataloge
derselben Periode zuweisen, so ein Isidorus in Pentateuchum,
libros Regum, Paralipomenon, Isaiam et Jeremiam (Villanueva,
viage VIII, 45), und zwei Exemplare von Tajos Sententiae
(Villanueva a. a. O. 42) sind verloren. Erhalten ist jedoch ein

---

[1] Ewald bestimmt (Reise S. 388) das Alter saec. 12—13.

in der zweiten Hälfte des 12. Jahrhunderts geschriebener Quaternio, in dem auf die ‚Praefatio in libro Prosperi‘ (In epigrammata S. Prosperi ex sententiis S. Augustini) ein Teil der Epigramme selbst folgt, eine Abschrift, deren schon T. I, 54 gelegentlich des Hinweises auf die merkwürdige Zusammensetzung des Kodex 106 Erwähnung getan wurde. Dem erheblich älteren Hauptinhalt des Kodex wurde nämlich jener dem Format nach kleinere Quaternio vorgebunden, und zwar noch im 12. Jahrhundert, denn aus dieser Zeit stammt die augenscheinlich von Bibliothekarshand dem Sammelbande vorgesetzte Inhaltsangabe:

Liber de noticia artis metrice bede presbiteri Item Soliloquiorum lib. II. Sancti Augustini et catonis libri IIII. Et liber Beati prosperi Et Sedulii poete liber.

Zu beachten ist nun, daß auch andere ältere Rivipullenses ähnliche Inhaltsvermerke von Bibliothekarshand vorgesetzt enthalten, so Kod. 40 mit den Kapitularien (T. I, 95):

Translatio sancti Stephani Ecclesiasticus ordo ad Karolum Epistule Hincmari ad Karolum.

Dann in Kod. 204 s. XIII:

Quadripartita Alani et ante claudianus eiusdem et liber magistri ugonis de anima.

Ferner in Kodex 52 mit den Homilien Gregors (vgl. T. I, 91):

Vita gregoriana XXII Omelie super principia ihezechiel et finem De ’LX generibus lapidum preciosorum qui colores que uirtutes quoue reperiantur.

wobei zu bemerken wäre, daß die zuletzt erwähnte Inhaltsangabe auch darum wichtig ist, weil das an letzter Stelle angeführte Steinbuch heute fehlt, woraus hervorgeht, daß manche Kodizes, im 12. und 13. Jahrhundert noch intakt, im Laufe der Zeit verstümmelt wurden (so auch 106).

Endlich sei, da wir von der älteren Indizierung der Ripoller Mischhandschriften sprechen, noch die im Kodex 41 im 13. Jahrhundert vorgesetzte Note erwähnt:

Iste liber est de penis Infernalibus et barlaami et vita beati bredani et de vita et de Miraculis sancti patris francisci et debet manere in armario claustri inferiori et debes legere in refectorio Vitam sancti francisci.

Diese Einzeichnungen scheinen darzutun, daß man namentlich den verschiedene Stücke umfassenden älteren Rivipullenses
vom 12. Jahrhundert an im Kloster eine sorgfältige Inhaltauf-
nahme zuteil werden ließ, die, auch abgesehen von der an
letzter Stelle erwähnten Note, auf gewissenhafte Benützung der
erworbenen Bücherschätze und deren Inventarisierung hinweist,
während nach einer anderen Richtung hin aus diesen kurzen
Einzeichnungen ersehen werden kann, für wie verschiedene
Texte exegetischer und hagiographischer Natur man in Ripoll
nach Wiedererlangung der Selbständigkeit des Klosters Interesse zu hegen begann. Diese Bemerkung mag die Besprechung
einer ehedem in Ripoll aufbewahrten Handschrift einleiten, die
wie keine andere — den Sammelkodex mit den Gesta comitum
und dem lateinischen Cid-Gedicht nicht ausgeschlossen — die
Forschung aufs intensivste beschäftigt hat: wir meinen das
gleichfalls im 12. Jahrhundert geschriebene Manuskript, das
nach einer Sammlung der Briefe des Papstes Gregor des Großen
außer zahlreichen kleineren Texten die Schriften des Bischofs
Rangerius von Luca barg und darum schlechthin der Ripoller
Rangerius-Kodex genannt wird.

In der Einleitung zu der von Ernst Sackur besorgten
Ausgabe: Rangerii episc. Lucensis Liber de anulo et baculo
(Mon. Germ., Libelli de lite II, 505 ff.) finden sich die unsere
Handschrift betreffenden Untersuchungen, angefangen von den
ersten Nachrichten Villanuevas über die Rangerius-Texte (Viage
VIII, 53 f.) und den Bemühungen der Leitung sowie der Mit-
arbeiter der Monumenta um Auffindung des seit 1835 ver-
schollenen Textes — diese war von Pertz (Archiv VIII, 3) als
eine der beiden Hauptaufgaben der von Hermann Knust unternommenen spanischen Reise bezeichnet worden — bis zu der
Ausgabe der Rangerius-Gedichte durch La Fuente und in den
Monumenta gewissenhaft zusammengestellt; es erübrigt demnach,
abgesehen von einigen aus handschriftlichen Verzeichnissen ausgehobenen Nachträgen, die nunmehr ermöglichte schärfere
Definierung der Stelle, welche die inhaltsreiche Mischbandschrift innerhalb der Ripoller literarischen Tradition innehatte.

Auch hiebei müssen wir noch immer von der Beschreibung des Kodex ausgehen, die Próspero de Bofarull in seiner
von uns wiederholt herangezogenen Liste vom Jahre 1823 ge-

liefert hat. Ich lasse diese Beschreibung, obwohl ihr Hauptinhalt bereits von Ewald, Reise S. 337 f., mitgeteilt wurde, vollständig[1] nach der mir von Herrn Pijoan überlassenen Abschrift
unter Wahrung aller Eigentümlichkeiten der Orthographie usw.
folgen.

> Epistolas morales de Sn Geronimo Magno. Catalogo do los
> Sumos Pontifices desde Sn Pedro hasta Urbano II en 1098. de
> cuyo siglo sin duda es este codigo aunque sigue de letra menos
> antigua el catalogo hasta Clemente IV con un cronicon. Poema de
> Rogerio (sic) Obispo de Luca que contiene mas de siete mil disti-
> cos en elogio de Sn Anselmo y Sn Gregorio VII y el Emperador
> Enrique y los opusculos de anulo et baculo del mismo Rogerio
> todo en verso. Siguen otras poesias sobre la historia de Sn Jose,
> otras contra el estado monastico, otras sobre el martirio de Sn
> Sixto y Sn Lorenzo otras sobre la vida de Sta Maria Egipciaca,
> otras sobre el martirio de Sn Mauricio, otras sobre la confesion
> del penitente; sigue segun parece el juramento del Rey Enrrique
> y unos versos del monge Felipe sobre las sibilas de facil lectura,
> pero de dificil inteligencia y concluye con otros titulados de tri-
> bus particulis Dominici corporis. Este codice estaba anti-
> guamente en Ripoll numerado 115 y asi lo cita el erudito Don
> Jaime Villanueva en sus viages literarios. Sus caracteres no bajan
> del siglo 11. Sobre pergamino. (Est. I, Caj. 1, Nr. 13.)

Die für die Geschichte des geistigen Lebens Ripolls wichtige Frage, ob der Ursprung der Abschrift aller hier angeführten Texte in diesem Kloster zu suchen sei, scheinen die
Beschreibuugen aller Forscher, welche den alten Kodex noch
sahen (Rivas,[2] Villanueva, P. de Bofarull, ebenso, wie wir zeigen
werden, ein noch viel älterer Gewährsmann) stillschweigend zu
bejahen, da sich nirgends ein Hinweis auf fremde Provenienz
findet. Entschieden tritt La Fuente für den spanischen Ursprung der Handschrift ein; aber wenn er unter den orthographischen Eigentümlichkeiten, die diese Provenienz beweisen
sollen, Formen wie estus, equor, sepe, contempnere, forcia
u. ä. m. anführt, so begreift man den von Morel-Fatio in seiner

---

[1] Dem Abdruck bei Ewald fehlt das bei Bofarull vorgesetzte Zeichen: 0,
das heißt die Bestätigung, daß die Handschrift 1835 tatsächlich ver-
brannte. Den Schlußsatz hat Ewald in die Worte membr. saec. XI zu-
sammengefaßt, ohne der Zahl ein sic beizufügen.

[2] Seine Beschreibung ist mitgeteilt von Ewald, Reise, 337.

Besprechung dieser Ausgabe (Revue historique IV, 1879, Tome 9, 183) erhobenen Einwand: Quoi qu'en dise M. la Fuente rien ne prouve que le ms. de Ripoll ait été écrit par un scribe espagnol: les singularités orthographiques qu'il signale sont communes à tous les pays de l'Occident au moyen-âge. Eher ließen sich noch die von La Fuente ausgehobenen Formen: hostendere, habire, bastra, bonus, hordo, als hispanische Charakteristika ansprechen, denn diese Graphik (nur eine solche ist es), das wahllose Weglassen und Ansetzen des h, findet sich gerade in spanischen Mss. häufig; ich erinnere an den in vollständigem Faksimile vorliegenden Legionenser Palimpsest der Lex Romana Wisigotorum, an den Toletanus XV, 8 der Etymologiae Isidors (Ewald-Loewe, Exempla Tab. X—XII), speziell an den Index zu den westgotischen Handschriften des Eugenius Toletanus in den Monumenta Germaniae, Auct. ant. XIV, 445 f. Aber das wenige, das wir in dieser Hinsicht aus dem Rangerius-Kodex beibringen können, ist nicht beweiskräftig genug. So neigt denn auch Sackur der Ansicht zu, daß die ehemals in Ripoll aufbewahrte Handschrift italienischen Ursprungs sei (a. a. O., 507): ‚Quod eo ipso ad veritatem proxime accedere videtur; formae quoque hispanicae perrarae sunt, quae scribis illis duobus apographi nostri (nämlich Villanueva und Herrero) attribui possunt ut proienies (Vita Anselmi v. 3559, de anulo et baculo 913[1]) brebiabitur (V. Ans. v. 3554).‛ So zutreffend es ist, die angeführte Form als Eigentümlichkeiten der spanischen Schreibweise anzusehen, — es wäre ein Leichtes, dafür zahlreiche Belege zu bieten — so wenig gerechtfertigt erschiene es, diese Formen auf Villanuevas Rechnung zu setzen. Er hat die ganze Kopie selbst genau durchgesehen und er, der viele Hunderte lateinischer Texte diplomatisch getreu kopiert hat, wäre wohl der letzte gewesen, der in einem für den Druck hergerichteten Manuskript sich derlei nationale Zugeständnisse erlaubt hätte. Was Sackur Villanueva zuschreibt, sind Hispanismen, die sich gewiß schon in dem alten Ripoller Kodex fanden. Gleichwohl möchte ich diesem Umstande kein solches Gewicht beimessen als anderen Gründen, die sich durchwegs aus dem Wesen der reichen lite-

---

[1] So, nicht 9101.

rarischen Tätigkeit des Klosters ergeben. Ich kenne kein einziges Ripoller Manuskript aus dem 12., auch keines aus der
ersten Hälfte des 13. Jahrhunderts, das aus Italien bezogen
worden wäre. Dieser Umstand ist gerade deshalb zu beachten,
weil sich schon in den relativ alten Manuskripten von unzweifelhafter Ripoller Provenienz Schriften finden, deren Archetypa
bestimmt in Italien geschrieben wurden. Es ist dies mit Absicht bereits T. I, 96 f. näher ausgeführt worden. Einen schlagenden Beleg liefert die dort angeführte Übernahme der Neapolitaner Rezension der Excerpta des Eugippius. Finden wir
eine solche in Ripoll, so würde es auch ‚ad veritatem proxime
accedere‘, daß Import aus Italien vorliege; gleichwohl wissen
wir bestimmt (vgl. T. I, 37 f.), daß diese spezifisch italienische
Redaktion in Ripoll von Suniarius presbyter und Senderedus
levita unter dem Hirtenamte des Ripoller Abtes Arnulf (948—
970) kopiert wurde. Nicht anders verhält es sich mit der vita
sancti Nicolai des Johannes Diaconus und der Schrift des
Bacchiarius de Fide, die sich in zwei bestimmt aus Ripoll
stammenden Mischhandschriften finden (T. I, 96); Gegenstücke
hiezu geben die zahlreichen nichtspanischen Schriften der
Karolinger-Zeit, die gleichfalls in Manuskripten erhalten sind,
an deren Ripoller Ursprung nicht zu zweifeln ist (T. I, 95).
Daß von auswärts beschaffte Texte nicht bloß einfache Aufnahme, sondern auch Umarbeitung im Ripoller Skriptorium
fanden, zeigt in lehrreicher Weise die Redaktion der Translatio
beati Stephani durch den Ripoller Schulmeister (Scholasticus)
Arnaldus, die er auf Ersuchen des Mönches Segoinus vornahm
(a. a. O. 90). Die Transkription der von auswärts bezogenen
Texte durch Ripoller Mönche und in Ripoller Handschriften
dauert auch im 12. Jahrhundert fort, wie die beiden kurz zuvor
angeführten Beispiele, die Abschrift des Codex Calixtinus durch
Arnaldus de Monte und die Aufnahme des Traktates de Sacramentis des Bernhard, Bischofs von Sigüenza (in einer Mischbandschrift) bezeugen; ebenso instruktive Beispiele lassen sich, wie noch
gezeigt werden wird, aus Handschriften der späteren Zeit anführen.

Prüft man die hier durchwegs aus echten Rivipullenses
angeführten Nachweise, so wird über den Ursprung des viel behandelten Rangerius-Kodex wohl kein Zweifel obwalten können,
ja, es werden sich über die Art der Anlage der Mischband

schrift begründete Vermutungen aussprechen lassen. Die Briefe
des Papstes Gregor des Großen waren wie dessen übrige
Schriften sicher seit sehr früher Zeit auf spanischem Boden
bekannt, gewiß auch die Sippe C + P, welcher Ewald (Neues
Archiv III, 470) den Rivipullensis beizählt, denn die Kirche
Köln z. B. besaß schon im 8. Jahrhundert ein Manuskript
dieser Klasse und ein Exemplar derselben Rezension, das
aus Saint-Victor zu Paris in die Nationalbibliothek kam —
jetzt der erste Teil des Cod. F. lat. 14500 — gehört noch dem
10. Jahrhundert an. Leider lassen uns die bisher zur Verfügung stehenden Quellen beim Aufspüren näherer Kriterien
des Textes der verlorenen Ripoller Handschrift im Stiche;[1]

---

[1] Die eben erwähnten Studien Ewalds zur Ausgabe des Registers Gregors I.
im Neuen Archiv, Bd. III, 433—625 bilden eine treffliche Vorarbeit zu
der bis jetzt noch nicht versuchten methodischen Darstellung der handschriftlichen Propagation der Gregorbriefe in territorialer und internatio-
naler Beziehung. Wie die literarhistorische Forschung Einzelprodukte des
Schrifttums nicht mehr aus diesen allein erklärt, so wird man einem
mittelalterlichen Denkmal von der Bedeutung der Gregorbriefe durch
die bloße Vorlage eines kritisch noch so sorgfältig gereinigten Textes
noch nicht gerecht. Es fehlt noch die Untersuchung der Wege der Propagation, die gewissermaßen in territorialer Beziehung das Echo ver-
nehmen läßt, welches die Briefsammlung in bestimmten Gebieten weckte;
für Spanien etwa eine Darstellung, die von den Schriftstellerkatalogen
des Isidorus und Ildefonsus ausgehend und die Konziliensammlungen
genau berücksichtigend, die memoria der Gregorbriefe bis zu dem Appa-
rate des Saenz de Aguirre einerseits und bis zu kritischen Untersuchungen der Briefe anderseits (so in Kodex Q. 24 der Madrider Nationalbibliothek, vgl. Gallardo, Ensayo de una Biblioteca II, Apéndice 68 und
Ewald, Reise 311) führen müßte. Die gekennzeichnete Lücke hat sich
bereits fühlbar gemacht. In der Übersicht der ‚besseren Handschriften‘
der Gregorbriefe bei Potthast I², 539 ist als einziger spanischer Kodex
der ‚Escorialensis d. I 1 s. XI.‘ angeführt; dieser enthält aber keineswegs
die ganze Sammlung oder auch nur einen größeren Teil derselben, sondern etwa ein Dutzend Briefe, die dem Hauptinhalt (der Hispana) beigeschrieben sind. Ferner wird Mon. Germ. Ep. II pag. XXV betreffs des
Inhaltes von Escor. A. I. 6 noch auf die dürftige Angabe im Archiv VIII, 809,
statt auf die ausführliche Beschreibung Ewalds, Neues Archiv VI, 225
hingewiesen. Über das Schicksal der Handschrift, von der wir aus-
gingen, herrscht noch immer Unklarheit. Ewald berichtet Archiv III, 471:
‚Codex S. Mariae de Ripoll Catalauniensis (so) ... er scheint nach Barcelona gebracht zu sein und ist wohl dort bei einem Brande verloren gegangen‘; ebenda VI, 336 deutet er richtig an, daß die Handschrift beim

immerhin möchte ich hier einer sich mir aufdrängenden Vermutung Raum geben, die mit den früher dargelegten Beziehungen Ripolls zu Saint-Victor von Marseille in Zusammenhang
steht. Wir wissen bestimmt, daß einige jetzt in der Pariser
Nationalbibliothek aufbewahrte Handschriften der Abtei Saint-
Victor-Paris aus Saint-Victor-Marseille stammen, so 14293 und
14301 (Delisle, Le Cabinet des mss. de la Bibl. Nat. II, 413).
Nun kann der eben erwähnte erste Teil des heutigen Parisinus
14500, welcher dieselbe Klasse der Gregorbriefe enthält wie
der verlorene Rivipullensis gar nicht in Saint-Victor-Paris geschrieben worden sein, weil er dem 10. Jahrhundert angehört,
diese Abtei aber erst ca. 1113 gegründet wurde. So liegt es
nahe, an die Provenienz der Handschrift aus Saint-Victor-Marseille zu denken. Woher man dort wichtige patristische Texte
bezog, haben wir gesehen; es ist sehr leicht möglich, daß man
im 12. Jahrhundert zu Ripoll die eben besprochene Mischhandschrift (mit den Gregorbriefen der Klasse C + P) anlegte und
die Vorlage für den einen Teil (d. h. den ersten Teil des Parisinus 14500 mit derselben Rezension der Gregorbriefe) an Saint-
Victor abgab. Diese Erwägungen haben mich zu einer neuer-
lichen Prüfung der Pariser Handschrift veranlaßt; der Habitus
des Manuskriptes, die Schrift des Textes und der Überschriften[1]
sprechen eher für Spanien (Katalonien) als für Frankreich und
in diesem Urteil stimmen die Herren Omont und Dorez, die
den Kodex mit mir untersuchten, überein. Gegen die Ver-

Brande des Klosters Ripoll zugrundegegangen sei, läßt uns aber S. 389,
wo von dem Transport der Handschriften aus Ripoll nach Barcelona
gesprochen wird, über den eigentlichen Sachverhalt wieder im unklaren;
so darf man sich nicht wundern, daß in der Einleitung der Ausgabe in
den Monumenta (p. XV) vermutet wird: cod. S. Mariae de Ripoll Catala-
niensis ... qui, ut videtur, Barcelonam translatus incendio periit, während wir doch sahen, daß gerade das Umgekehrte der Fall war. Solche
Versehen, an sich läßlich, weisen den nach der früheren Benützung
verlorener Handschriften Forschenden auf falsche Fährte.

[1] Am Anfang: Incipit Liber epistolarum SCI Gregorii Pape alternierend
in roten und grünen Buchstaben. Für die Abstammung der Handschrift
ist eine am linken Rande des fol. 21ᵛ (bei Brief LXXII) eingetragene
Notiz von Belang: hoc de alia est epistola quia deerant epistolae in eo
libro contra quem iste scriptus est a LXXII usque ad LXXVIII quoniam
folium unum furtim secatum inde est (Mon. Germ. Ep. II, 47, Anm. l. 26).

mutung, daß cod. Par. F. lat. 14500 aus Ripoll stamme, spricht nun allerdings scheinbar der Umstand, daß ein solcher Text im alten Katalog der Ripoller Bibliothek nicht ausdrücklich verzeichnet wird. Aber abgesehen davon, dass das Verzeichnis lückenhaft überliefert ist, wäre vielleicht der Umstand zu beachten, daß sich in diesem alten Kataloge unmittelbar nach drei Exemplaren der Bibel sowie zwei Abschriften der Moralia Gregors und vor dem liturgischen Apparat ‚Cartularia II' angeführt finden; es ist nicht nur möglich, sondern auch wahrscheinlich, daß diese beiden Cartulare auch Papstbriefe enthielten. Das alte Cartular der Kathedrale von Barcelona z. B. hat folgende Aufschrift (Bal. 107 f. 116ʳ): Incipit liber cartarum Sedis Barchinonae. Primo continens privilegia Regum Francorum. Secundario privilegia Barchinonensium Comitum et Principum. Tertio privilegia Romanorum Pontificum et decreta. Quarto commissiones. Ripoll brauchte die Vorlage für die Abschrift der Briefe kaum aus dem Ausland zu beziehen, noch weniger die Quellen zur Anlage der in der Handschrift folgenden Papstliste (Catálogo de los Sumos Pontifices desde Sn. Pedro hasta Urbano II. en 1098' nach Bofarull), und zwar schon deshalb, weil das Kloster seit altersher über eine große Zahl einschlägiger historischer Quellen verfügte, ja die Originale einer stattlichen Zahl von Papstbullen mit Stolz als Eigenbesitz in dem Archiv hinterlegen konnte. Zu beachten ist nun die Angabe Bofarulls, daß die Fortsetzung der Papstliste bis Clemens IV. sowie eine Chronik ‚de Ietra menos antigua' von jüngerer Hand nachgetragen wurde, und dasselbe gilt selbstverständlich betreffs der Werke des erst 1112 gestorbenen Bischofs Rangerius von Luca; es ist sehr gut denkbar, daß diese ebenso wie die hagiographischen und historischen Stücke ziemlich heterogener Natur nach und nach beigefügt wurden, genau so, wie wir dies heute bei dem noch zu besprechenden Sammelkodex der Pariser Nationalbibliothek F. lat. 5132 beobachten können, dessen Ripoller Ursprung außer Zweifel steht.

Die Feststellung, daß der Rangerius-Kodex in Ripoll geschrieben und eben dort seit dem 12. Jahrhundert aufbewahrt wurde, hat nicht bloß theoretische Bedeutung. Hätte Sackur mit seiner Annahme italienischen Imports der Handschrift Recht, so wären wir betreffs der Nachforschungen über die Aufbe-

wahrung des kostbaren Textzeugnisses vor Villanuevas Zeit
auf ein ganz anderes Terrain gewiesen als auf Ripoll; erinnert
man sich der zahlreichen, Jahrzehnte hindurch fortgesetzten
Bemühungen, wenigstens Abschriften aus dem 1835 verbrannten
Kodex ausfindig zu machen, so gewinnt jede Angabe darüber,
wo sich die Handschrift vor dem 18. Jahrhundert befunden hat,
erhöhtes Interesse. Aus diesem Grunde erheischt eine Mitteilung, die Morel-Fatio in seinem früher (S. 45) erwähnten Berichte machte, unsere Aufmerksamkeit (a. a. O. S. 183, Anm. 2):
des érudits français du XVIIe siècle connaissaient ce ms., comme
j'aurai bientôt l'occasion de le montrer dans un mémoire que
je prépare sur la bibliothèque du célèbre monastère catalan.
Sackur hat diese Bemerkung gekannt, dem gegebenen Fingerzeig jedoch keine weitere Beachtung geschenkt und sich betreffs des Versprechens des französischen Gelehrten, bald (nach
1879) eine Studie über die Bibliothek des berühmten katalanischen Klosters zu liefern, mit der Bemerkung begnügt: ‚Quod
nescio num aliquo loco fecerit‘. Morel-Fatio löste seine Zusage
leider nicht ein und wir sind daher betreffs der Frage, welche
französische Gelehrte des 17. Jahrhunderts er im Auge gehabt
und wo diese die Handschrift benützt haben, auf Vermutungen
angewiesen. So weit. ich das einschlägige Material überschaue,
kann aber kaum etwas anderes von Morel-Fatio gemeint sein
als der für Etienne Baluze hergestellte Katalog, dem ja bereits
eine Reihe schätzenswerter Angaben für die vorliegende Studie
entnommen wurde. In der Tat enthält dieser Katalog unter
Nr. 32 folgende bisher noch nicht herangezogene Beschreibung
des Rangerius-Kodex:

Liber Sancti Gregorii ad instar epistolarum moralium. Post
sexaginta folia circa medium continet nomina Summorum Pontificum a divo Petro usque ad Clementem quartum. Et postea sunt
carmina heroyca sic incipientia: Omnibus in toto dominum me-
tuentibus orbe Rangerius Christi servus et ecclesiae etc. Durant
usque ad finem libri. Et in ultimo folio reperitur titulus huiusmodi: P. P̃ P. dolo captus a rege Henrico timoreque perterritus
non observanda iurat privilegioque confirmat. Incipit ita: Rex
scripto refutavit omnem investituram omnium ecclesiarum in
manu domini Papae in conspectu cleri et populi in die corona-
tionis suae etc. In fine dicit Dominus Papa P. non inquietabit

dominum regem Henricum neque eius rognum de investitura
episcopatuum et abbatiarum et de iniuria sibi illata et suis in
per sona sua et bonis neque aliquod malum reddet etc.

Der Wert dieser hiermit bekannt werdenden Beschreibung, der einzigen, welche das letzte Blatt der alten Handschrift etwas eingehender berücksichtigt, geht darüber hinaus,
daß wir nunmehr in der Lage sind, die in ihr überlieferte
Notiz über Paschalis II. und Heinrich V. (1111) kennen zu lernen,
damit die Vermutung, die Ewald (N. A. VI, 338) an diesen Text
knüpfte, es handle sich um den in Canossa geleisteten Schwur
Heinrichs IV. vom 28. Januar 1077, abzuweisen. Die in dem
für Baluze hergestellten Katalog enthaltene Beschreibung zeigt,
daß das Manuskript in seinen wichtigsten Teilen (Rangerius)
einem der eifrigsten Quellenforscher, den Frankreich im
17. Jahrhundert aufzuweisen hatte, bekannt wurde, und es
ist nicht unmöglich, daß sich Baluze Abschriften aus diesen
wie auch so manchen anderen Ripoller Kodizes herstellen
ließ; die eben begonnene systematische Durchforschung der
außerordentlich reichen, jetzt in der Pariser Nationalbibliothek
aufbewahrten Kollektaneen Baluzes wird ja darüber Klarheit
schaffen. Nicht unwahrscheinlich ist auch, daß im Laufe des
17. und 18. Jahrhunderts, also vor Villanueva, Ripoller Archi-
vare oder sonstige Forscher von dem Kodex Notiz nahmen
und wir aus den betreffenden Papieren, über deren Fundstätten
T. I, 14f. Andeutungen gemacht wurden, wie auch aus den
vielleicht noch erhaltenen Exzerpten des Diego de Monfar und
des Ramon de Vila (vgl. unten S. 56) noch nähere Aufschlüsse
über das Manuskript erwarten können.

So große Wichtigkeit der eben besprochenen Handschrift
als Textzeugnis innewohnen mag, an Wert für die Kenntnis
der weitausgreifenden literarischen Interessen Ripolls wird sie
doch noch von einer anderen bereits S. 27 anläßlich der Mitteilung des Berenguer-Hymnus erwähnten Mischhandschrift übertroffen, die freilich heute nicht mehr dem im Kronarchiv zu
Barcelona aufbewahrten Ripoller Bestande angehört, sondern
sich in der Pariser Nationalbibliothek als F. lat. 5132 findet.
Edélstand du Méril kommt das Verdienst zu, in seinen Poésies
populaires latines du moyen-âge, Paris, 1847, 302 ff., wichtige
in dieser Handschrift enthaltene Texte (so das Carmen Campi

doctoris) zum erstenmal bekannt gemacht zu haben; seine Beschreibung des Gesamtinhaltes, gegenüber der Indizierung im
alten Catalogus codicum Bibliothecae regiae, IV, 42 einen sehr
erheblichen Fortschritt aufweisend, konnte aber trotz ihres Um-
fanges über die eigentliche Bedeutung der etwa 30 verschiedenen in dem Kodex enthaltenen Stücke noch kein abschließen-
des Urteil erzielen. Auch die nachfolgende Besprechung der
Klosterhandschrift muß sich auf die für unsere Studie wichtigsten Nachträge beschränken.

Zunächst ist im Anschluß an das kurz vorher Bemerkte
darauf hinzuweisen, daß der Parisinus F. lat. 5132, dessen Ripoller Provenienz durch innere und äußere Merkmale überzeugend nachgewiesen werden kann und der auch ganz bestimmt
im Ripoller Skriptorium selbst zusammengestellt wurde, einzelne
Stücke enthält, deren Vorlagen sicher von auswärts bezogen
wurden: so die Historia Hierosolymitana des Raymund de Aguilers, welche heute (akephal) die Mischhandschrift eröffnet, sowie
die Epistula de Friderico I., die (nachträglich) auf Folio 80ᵛ—
80 *bis* ᵛ eingezeichnet wurde. Das nämliche würde man auch
betreffs des den Hauptinhalt der Handschrift bildenden (5.)
Stückes Altercatio fidei catholice inter Arrium presbiterum et
Athanasium episcopum Probo iudice residente annehmen, doch
war diese Schrift (Vigilius Thapsensis), wie der von uns mitgeteilte
Katalog des Bücherbestandes der Oliva-Zeit (T. I, 109, Nr. 246)
ausweist, bereits altes Ripoller Gut, und wir haben in dem
Parisinus die jüngere Abschrift eines vielleicht sehr alten Rivipullensis vor uns.

Der Teil des Kodex, in dem bereits der genius loci zu
uns spricht, ist ein wenige Blätter (23—25) füllendes, von späterer Hand mit der Aufschrift: Incipit gesta vel ortus illustrium
comitum Barchinonensium versehenes Bruchstück. Du Méril
hat augenscheinlich Baluzes Publikation der Gesta comitum in
der Marca Hispanica nicht gekannt, und damit war ihm die
Möglichkeit des Vergleiches dieses handschriftlichen Fragments
mit dem Druck und der Stützpunkt zur Erkenntnis der Anlage der ganzen Handschrift Par. F. lat. 5132 entzogen; sein
Resumé: ‚Quoique écrit par plusieurs mains, toutes les pièces
semblent de la première moitié du XIIIᵉ siècle‘ hätte sonst
gewiß eine Modifikation erfahren. An der Hand des gedruckten

Textes erkennt man, daß der in diesem Parisinus enthaltene Text genauen Einblick in die allmähliche Zusammenstellung des wertvollen Geschichtswerkes vermittelt.

Auf Blatt 23ᵛ liest man nach dem später beigesetzten Titel (vgl. oben) von erster Hand, die derjenigen, welche den Berenguer-Hymnus schrieb, ähnlich ist:[1] Antiquorum nobis relatione compertum est quod miles quidam fuerit nomine Guifredus usw.

Diese Hand setzt die Darstellung auf 24ʳ fort und schließt auf dieser Seite:

> Cuius (Ramon Berenguer III., † 1131) tanta probitas fuit ut filiam suam hildefonso imperatori toletano in matrimonio copularet de qua nobilissima et copiosa ac imperialis proles manauit. Ciuitatem quoque maioricas (so) cum classe pisanorum obsedit, uastauit et cepit; plures etiam conflictus cum sarracenis uictor exercuit plurima et munitissima opida illis abstulit tributa denique ab eorum principibus ualencię tortosę et hilerdę exegit et accepit (Marca Hisp. col. 564 Mitte).

Am Ende der Seite (24ʳ) noch eine kurze spätere Eintragung über Ramon Berenguer IV., ähnlich dem Eingang des Kap. XVII der ‚Gesta‘ (Marca Hisp. col. 546 Ende).

Eine zweite Hand, auf fol. 24ᵛ oben beginnend, setzt fort:

> Exinde ad capiendam almeriam Ildefonsum toletanum imperatorem ac Januensium classem incitauit . . . (Ramon Berenguer IV., Marca col. 547 Anf.)

und reicht bis zum Ende der Seite:

> successit filius eius Ermengaudus (Ermengol Graf von Urgel, † 1183, Marca col. 548 Anf.) qui neptem predicti Raimundi berengarii comitis barchinonensis et principis aragonensis in matrimonium assumpsit qui et nostris adhuc temporibus inclitus et famosissimus (dazu von anderer Hand:) uixit.

Mit dieser Versoseite schließt der Quaternio VII.

Auf fol. 25ʳ, auf der Vorderseite eines beigebundenen Einzelblattes, schreibt die dritte Hand, etwa bis zum letzten Viertel der Seite reichend:

---

[1] Hier wie dort wird noch ę verwendet, das in den späteren Eintragungen der ‚Gesta‘ dem e weicht.

> Non post multum tempus prefatus Raimundus berengarii
> qui ducatum prouincie ab imperatore perpetuo adquisierat gratia
> et ueneratione auunculi sui Raimundi barchinonensis comitis ad
> uisitandum et consulendum consobrinum suum Ildefonsum regem
> aragonensem barchinonam peruenit et ipsum Ildefonsum consobri-
> num suum educauit ...

Dann etwa in der Mitte der Seite:

> Et quia omnes reges yspanie discordes inter se tunc tem-
> poris erant et quidam eorum dilectionis fedus cum sarracenis
> babebant predictus Ildefonsus qui prouidus in omnibus bonis erat
> in animo suo limina beati iachobi uisitare proposuit et omnes alios
> reges conuicinos eius inuicem conuocare ut dileccionis fedus inter
> eos mitteret contra agarenos expugnandos (Marca col. 551).

Es folgt sein Begräbnis zu Poblet, Angaben über seine Nachkommen und zuletzt:

> Ecce de uita et actibus Ildefonsi regis aragonensis filii
> quondam Raimundi berengarii bone memorie incliti Barchinonen-
> sis comitis huc usque scripta sufficiant.

Die vierte Hand, im letzten Viertel fol. 25ʳ beginnend:

> Cui successit petrus filius eius qui uiriliter regni habenas
> suscipiens non longe post mortem patris cum suis exercitibus ilde-
> fonsum regem castellanum contra regem maurorum secutus est et
> milites ipsius in manu ualida castrum de madrid liberauerat

reicht bis fol. 25ʳ Mitte.

Der letzte Absatz hingegen über Jaime I. den Eroberer,
seine Tüchtigkeit und seine Familie, schließend mit dem Bericht über die Nachkommenschaft der Königin ‚Yoles‘ (Violante
von Ungarn, der zweiten Gattin des Königs) auf fol. 25ᵛ:

> Similiter ex eadem regina IIII habuit filias. yoles que fuit
> uxor alfonsi regis castelle et mater ferrandi qui fuit a patre in
> regno hereditatus. Alteram filiam constanciam nomine habuit
> uxorem hemanuel frater predicti alfonsi regis castele. Aliam
> filiam s.[1] helisabet que fuit uxor Philipi regis francie IIII s.[1]
> dña Mˡᵃ uirgo decesit (= Marca Hisp. col. 556)

ist bereits von merklich jüngerer Hand nachgetragen.

Aus dieser Feststellung ergeben sich mehrere Schlußfolgerungen. Die Einzeichnung auf fol. 24ᵛ, der letzten Seite

---

[1] Scilicet.

des Quaternio VII der ursprünglichen Handschrift, ist, wie im
Texte ausdrücklich bemerkt wird, noch zu Lebzeiten des im
Jahre 1183 gestorbenen Grafen Ermengol von Urgel geschrieben worden; wir haben also hier die Bestätigung der schon
früher (S. 28) aufgestellten Behauptung, daß die Anlage der
Handschrift nicht, wie man bisher glaubte, in das dreizehnte,
sondern in das zwölfte Jahrhundert fällt. Fol. 25 ist ein später
eingefügtes Blatt mit nachträglichen Fortsetzungen der Gesta,
die sich also schon äußerlich — abgesehen von deutlichen
stilistischen Kennzeichen — nicht als einheitliches Geschichts-
werk darstellen, so daß die seit Baluze geläufige Annahme,
ein ‚Monachus Rivipullensis‘ sei der Verfasser der Gesta, nicht
aufrecht erhalten werden kann.[1]

Der von Baluze publizierte Text führt die historische Darstellung bis zum Jahre 1296, und man erkennt, daß das, was
wir als Gesta comitum bezeichnen, auch in der von Baluze benützten Vorlage nicht schließt, sondern abbricht. Tatsächlich
hat L. Barrau-Dihigo in einem verdienstlichen Aufsatz: Fragments inédits des Gesta comitum Barcinonensium et Regum
Aragoniae, Revue Hispanique IX, 1902, 472 ff., durch Mitteilung
des bis dahin noch unbekannten Schlusses gezeigt, daß die
Gesta bis zum Jahre 1299 fortgeführt wurden. Wir haben im
Par. lat. 5132 einen ersten Entwurf vor uns, der vielfach ergänzt, umgeformt, auch in die Vulgärsprache übersetzt wurde
— ein Beweis dafür, daß man dem Texte, dessen Wert Barrau-
Dihigo mit Recht hervorhebt, im Lauf der Jahrhunderte fort-
während es Interesse entgegenbrachte.[2]

Außer dem Par. F. lat. 5941 saec. XV, aus dem Baluze
seinen Text herausgab, und dem eben von uns besprochenen

---

[1] J. Massó Torrents, Historiografia de Catalunya, Revue Hispanique XV
(1906), 496 ahnt den Sachverhalt: En el cas de que les ‚Gesta‘, conforme-
ment am la tradició, fossin escrites per un sol monjo, devia utilisar materials que contenien descripcions de vista dels derrers comtes: els retrats
de Ramon Berenguer III i de Ramon Berenguer IV delaten una conei-
xença personal.

[2] Vgl. Massó Torrents a. a. O. 492 ff. Auch hier kehrt die hergebrachte
Angabe wieder: Bibl. nat. 5132, sembla degut a diverses mans, totes
del XIII. segle. Wertvoll sind die Nachweise der noch erhaltenen
katalanischen Übersetzungen a. a. O. 493 f.

Par. lat. 5132 existieren zwei Handschriften unseres Textes in
der Madrider Nationalbibliothek, die eine, G. 211 (alt), 1609
(neu), in der die Gesta unter der Überschrift: Genealogia comitum Barcinone, Urgelli et aliorum comitatuum ab archivo Rivipulli ad quodam vetustissimo libro pergameneo abstracta erscheinen, die andere, E. 2 (alt) 51 (neu) s. XVIII, mit dem Titel:
Genealogia comitum Barcinone, Urgelli et aliorum comitatuum
ab archivo Rivipulli a quodam vetustissimo libro pergameneo
scripto abstracta a me Didaco Monfar et Sors[1] cive honor. Barcinone transcriptaque a quodam translato abstracta per admodum Rev. D. Jacobum Raymundum de Villa[2] a dicto archivo
anno MDC. In einem Nachtrage (Revue Hispanique X, 1903,
226) hat Barrau-Dihigo auf eine im Boletín de la Real Academia de la Historia XXX (1897), p. 96 erschienene Notiz
über eine Handschrift der Gesta im Privatbesitz des Barceloneser Gelehrten D. Salvador Sanpere y Miguel verwiesen, indes übersehen, daß ich von eben demselben Manuskripte schon
erheblich früher in den ‚Handschriftenschätzen Spaniens' Mitteilung gemacht habe. Das einschlägige Material ist aber hiemit
noch immer nicht erschöpft: in Bal. 107 finden sich nämlich
auf fol. 451 unter der mit dem Titel der Gesta im Matritensis E 2
verwandten Überschrift: ‚Genealogia Comitum Barcinonae ab
antiquissimis libris monasterii Riuipulli abstracta per admodum
Reuerendum Jacobum Raymundum Vila Praesbiterum mense
Mayo anno a natiuitate Christi 1600', Aufzeichnungen, die mit
dem Inhalt der Gesta sich nahe berühren[3] und denen auf
fol. 457 (bis fol. 460) unter der Aufschrift: Alia rubrica Comitum Barcinonę ab archiuo Riuipullensi abstracta per Jacobum
Raymundum Vila presbiterum mense et anno praedicto, ähnliche, zumeist kürzer gefaßte Notizen folgen. Auf diese Exzerpte, die zum Teil mit dem Inhalt der Gesta übereinstimmen,

---

[1] Barrau-Dihigo: ‚Fors'. Diego de Monfar y Sors war Archivar des Archivo
real de la Corona de Aragon (des gegenwärtigen Kronarchivs zu Barcelona) seit 1641, Verfasser mehrerer historischer Werke, die nicht in Druck
erschienen sind, vgl. Torres Amat, Memorias 427.

[2] Über Jaime Ramon Vila (so) vgl. Torres Amat a. a. O. 655 f.

[3] Die Einleitung beginnt: Genealogiam Comitum Barcinonae describere
cogitans a quo primus Comes obtinuit Comitatum deliberaui quodam-
modo necessarium fore praemittere quae sequuntur.

zum Teil, über die Zeit der unabhängigen Grafen von Barcelona hinaufreichend, die fränkische Geschichte betreffen, kann
hier nicht näher eingegangen werden. Für uns sind sie in
erster Linie als neuer Beleg für den Reichtum Ripolls an histo-
rischem Quellenmaterial merkwürdig.

Man erinnert sich dessen, was über die Bedeutung des
Klosterarchivs auf diesem Gebiete bei Besprechung der Annales
Rivipullenses (Massilienses) bemerkt wurde; es ist hier, da wir
über die zu Ripoll erfolgte Anlage eines der wichtigsten Ge-
schichtswerke Spaniens aus dem 12. Jahrhundert handeln, Anlaß
gegeben zu zeigen, wie jene Klostertradition noch in erweiter-
tem Umfange aufrecht erhalten wird, wobei berücksichtigt
werden muß, daß zahlreiche historische Handschriften zum
Teil verbrannt, zum Teil verstreut worden sind. Villanueva,
Viage VIII, 58 weiß von einem Quartband (Nr. 22) zu berichten: ‚que es un cronicon misceláneo ó coleccion de noticias
que alcanzan desde el siglo XII hasta el XIV, muertes de
obispos, matrimonios de reyes, empresas navales, duelos etc.‘;
er enthielt (vgl. a. a. O. 227) nach einem Kalendarium mit
chronikartigen Einzeichnungen eine kurze Chronik der fränkischen Könige[1] sowie zahlreiche Aufzeichnungen betreffend die
Kloster- und Landesgeschichte (unter anderem auch über die
Brautfahrt Isabellas, der Tochter Jaimes I. zu Philipp dem
Schönen von Österreich, 1313[2]). Daran schließt sich noch eine
zweite Chronik, die Villanueva richtig charakterisiert: ‚Chronicon Barcinonense iure appellandum‘.

Von den Handschriften, die augenscheinlich in Ripoll dem
geschichtlichen Quellenstudium dienten, haben sich einige erhalten, zum Teil freilich nicht mehr zusammen mit dem alten
Bestande. So enthält der Parisinus lat. 5941, derselbe, aus dem

---

[1] Vielleicht dieselbe, die Band 108 der Kollektion Baluze, fol. 108 ff. mit
der Bemerkung: ‚Ex Ms. codice Rivipullensi‘ und mit dem Incipit: ‚Anni
Regum Francorum Pipinus regnauit annos XXXVII …‘ usw. abgeschrieben wurde.

[2] Vgl. H. v. Zeißberg, Elisabeth von Aragonien, Gemahlin Friedrichs des
Schönen von Österreich (1314—1330). — Das Register Nr. 318 des Archivs der Aragonesischen Krone in Barcelona. — Sitzungsberichte der
kais. Akademie der Wissenschaften in Wien, Phil.-hist. Kl., Bd. CXXXVII,
VII u. Bd. CXL, I, 1898.

früher (S. 7 f.) das Klagelied auf Ramon Borel mitgeteilt wurde, ein Exemplar — so viel ich weiß, das einzige aus früherer Zeit erhaltene — der Annales Anianenses, von dem wir bestimmt wissen, daß es ehemals Ripoller Gut war;[1] der gleichfalls in der Pariser Nationalbibliothek aufbewahrte Kodex F. lat. 5923 enthält (vgl. Catalogus codicum manuscriptorum Bibl. regiae IV, 177) eine dem 12. Jahrhundert angehörende Abschrift der Gesta francorum edita a. B. Gregorio Turonensi sive potius vetusti Francorum annales a Troiane gentis origine ad Theodoricum filium Dagoberti. Auch diese, durch eine dem Text vorangehende Donatio monasterio Rivipullensi facta a Bernardo comite Bisuldunensi et uxore eius Tota, anno decimo regni Hugonis als alter Ripoller Besitz erklärte Handschrift ist wie die eben besprochene durch Etienne Baluze in die Pariser Nationalbibliothek gekommen (vgl. L. Delisle, Le Cabinet des ms. de la Bibliothèque Nationale I, 364 f.).

Die sowohl rezipierende wie auch produzierende historische Tätigkeit der Ripoller Mönche jener Zeit hatte drei unschwer erkennbare Leitmotive: die Kirche, das Kloster, das Pantheon. Wie in der heute verlorenen Ripoller ‚Consueta‘ aus dem 12. Jahrhundert (Nr. 40, Villanueva VIII, 52 f.) bemerkenswerte Riten im Sinne der nach und nach zugestandenen kirchlichen Privilegien (so z. B. über das Alleluia am Tage der Purifikation) Aufzeichnung fanden, so boten Kalendarien und Martyrologien das Gerüst zur Aufnahme wertvoller chronikartiger

---

[1] In der Kollektion Baluze Bd. 109 findet sich fol. 67 ff. eine Abschrift: Annales Anianenses ab anno DCLXX usque ad annum DCCCXXI nunc primum editi ex ueteri codice Ms. monasterii Riuipullensis in Catalonia. — Die Angaben über das Alter des Originales schwanken in auffallender Weise: der Catalogus cod. ms. Bibl. regiae IV, 179 weist die jetzt einer Abschrift der Gesta Comitum vorgebundenen Annalen dem 13. Jahrhundert zu, Pertz, Mon. Germ. Scr. I, 281, dem 9.—10. Jahrhundert, in der Histoire du Languedoc von de Vic und Vaissette II⁸ Preuves 1: ‚probablement du XIᵉ siècle‘. Die in Paris vorgenommene Prüfung der Mischhandschrift ergab folgendes: Die Abschrift der Annales Anianenses stammt aus dem 12. Jahrhundert, die der Gesta gehört dem 14., das Epicedion auf Ramon Borel, wie bereits angeführt wurde (S. 5 f.), dem 11. Jahrhundert an; der hierauf folgende Brief: ‚Presbyter Johannes . . . rex regum terrenorum . . . Emanueli Romeon gubernatori‘ wurde im 12. Jahrhundert geschrieben.

Eintragungen, von denen nur ein Teil früher berücksichtigt werden konnte.[1] Als Klosterbrüder und Hüter des Herrscher-mausoleums zugleich betätigen sich die Ripoller Mönche in der Registrierung einer ungewöhnlich reichen Zahl von Daten der zeitgenössischen Kirchen- und Klostergeschichte; dieser Tätig-keit verdanken die Abt-, Grafen- und Papstlisten ihre Ent-stehung, außerdem eine Fülle anderer geschichtlicher Auf-zeichnungen, deren Verarbeitung etappenweise vorgenommen wurde. Wie in der allmählichen Ausgestaltung und Verwertung des einschlägigen Materiales die S. 22 ff. besprochene Summa libertatum (Brevis historia) vom Jahre 1147 einen Markstein bildet, so bietet, um wieder zu dem Pariser Kodex lat. 5132 zurückzukehren, die in dieser Handschrift enthaltene Zusammen-stellung der Gesta comitum das Bild einer allmählich fort-schreitenden umfangreichen Arbeit, deren Ausgestaltung erst etwa ein Jahrhundert später die mittelalterliche geschichtliche Tätigkeit Ripolls krönen sollte. Die im Parisinus F. lat. 5132 erhaltene älteste Redaktion der Gesta, ziemlich verschieden von dem Texte, den die vollständigen Exemplare liefern, reflektiert in ähnlicher Weise, wie die im Bal. 107 enthaltenen Collectanea, das Material der Darstellung heimischer Geschichte, wie man sie sich ungefähr kurze Zeit nach der wiedergewonnenen Selb-ständigkeit des Klosters dachte.

Nicht in das 13. Jahrhundert, wie Du Méril wollte, son-dern noch in das 12. werden wir auch durch die genauere Erforschung anderer Teile der mehrerwähnten Handschrift ge-führt, so zunächst durch die Fol. 93^v ff. eingezeichnete Vita B. Petri Urseoli. Auch hier hätte Du Méril, der ja im allgemeinen über gute Literaturkenntnis verfügte, bei seiner Beschreibung durch Einsichtnahme einer längst erschienenen, trefflich erläu-ternden Ausgabe des Textes wertvolle Aufschlüsse zur Beur-

---

[1] Ein weiteres Spezimen bietet die von Próspero de Bofarull (Condes vindicados I, S. III) über das heute verlorene Ripoller Martyrologium mitgeteilte Notiz: códice num. 19, cajon 2°, est. 1° del archivo de Ripoll, escrito sobre pergamino con caracteres del siglo 10. al 11.; en unas ta-blas de computos lunares con notas marginales donde se lee: Era 839, anno domini 801, luna 14, 4° nonas aprilis Domini Pasche 2, nonas aprilis Introivit Ludovicus in Barchinona filius prelibati Karoli Magni et tulit civitatem Sarracenis.

teilung des ganzen Manuskriptes, zunächst betreffs des für
ihn noch hypothetischen Ripoller Ursprungs (si nous ne nous
trompons), erhalten. Mabillon hat dem Titel seiner Ausgabe
(ASOSB s. V. 874 ff.): Vita B. Petri Urseoli ducis Venetiarum et
Dalmatiarum tum Monachi S. Michaelis de Coxano in Catalania
auctore anonymo incertae aetatis, ausdrücklich den Provenienzvermerk beigefügt: ‚ex ms. codice Rivipullensi‘ und in der Einleitung erklärt: vitae lucubrationem ex ms. codice Rivipullensi
erutam nobis communicavit eruditissimus vir Stephanus Baluzius,
woraus wir mit aller Sicherheit entnehmen können, daß die von
Baluze zur Verfügung gestellte Kopie aus keinem anderen Original geflossen sein kann als dem heutigen Parisinus F. lat.
5132. Obwohl Mabillon den Autor incertae aetatis nennt, hat
er diese Angabe in seiner Einleitung einigermaßen präzisiert.
Aus dem in der Vita enthaltenen Hinweise (§ 17 in Mabillons
Ausgabe): multa quidem mira per eum Deus egit quae nobis
sunt incognita, quia non sunt scripta nec oratione illorum qui
eum viderunt relata; omnes enim qui eius praesentiam viderunt
iam a saeculo migrarunt, schließt Mabillon wohl nicht mit
Unrecht, daß der Verfasser dieser Vita kaum später als etwa
ein Jahrhundert nach dem Tode des Petrus Urseolus († ca. 997)
die Lebensbeschreibung verfaßt haben mag. Über den Ort,
wo die Vita geschrieben worden sein kann, spricht sich Mabillon nicht näher aus, doch sind die betreffenden Grenzen
ziemlich eng umschrieben. In erster Linie kommt Cuxá in Betracht, wo Petrus Urseolus sein Leben beschloß; aber auch die
Beziehungen zu Ripoll sind gegeben. Es ist ja bekannt, daß
Oliva, Abt von Ripoll und Cuxá, zu Ehren des illustren Fremden einen eigenen Kult einführte (vgl. Villanueva, Viage VI, 185;
T. I, 77, Anm. 2). In eine begeisterte Huldigung des Wirkens
des größten Ripoller Abtes, Oliva, klingt auch die Vita aus.
Wenn wir nun sehen, daß die meisten Olivas Tätigkeit betreffenden Urkunden, auch die Abschriften seiner Werke, sich
in Ripoll finden, so wäre es ganz gut denkbar, daß einer der
federgeübten Ripoller Mönche sich an die Ausarbeitung der Vita
des Petrus Urseolus gemacht habe; auf jeden Fall ist genügend
erklärt, warum der Text, der kaum jünger sein kann als das
11. Jahrhundert, in einer etwas späteren Abschrift dem Ripoller
Sammelkodex einverleibt wurde.

Abgesehen von einem Sermo zu Ehren der Jungfrau[1] (fol. 21ᵛ bis 23ʳ) und einer Serie von Homilien (81ʳ bis 92ᵛ)[2] finden sich außer den früher genannten (vgl. S. 52 ff., 59 f.) keine umfangreicheren Prosatexte, wohl aber eine sehr stattliche Reihe von Aktenabschriften und Einzeichnungen, die über die Genesis des Kodex, auch über die Zeit der Zusammenstellung eines guten Teiles desselben, Licht verbreiten. Einen terminus ante quem scheint auf den ersten Blick die auf fol. 105ʳ (einem später eingelegten Einzelblatt, vgl. weiter unten S. 63) befindliche, von Du Méril als pronostics pour l'année 1179, par Johannes de Tolède bezeichnete Notiz zu geben; in der Tat lesen wir Ab anno incarnationis domini nostri ihu x MCLXXVIIII usque in VIII annoˢ mense septembri sole existente in libra erit si ds uoluerit coniunctio omnium planetarum in libra et cauda drachonis et aus dem erit si deus uoluerit ließe sich fürs erste wirklich schließen, daß wir es mit einer Vorhersage zu tun haben, deren spätere Einzeichnung keinen rechten Sinn hätte. Die seltsame Schlußangabe der Notiz: Ego P⁹ inueni banc epistolam apud quendam dominum archiepiscopum pergentem ad dominum papam et asserentem huiusmodi scriptum se habuisse a domino iohanne toletano qui eam transmitebat (so) per iam dictum archiepiscopum ad dominum papam benimmt jedoch der Notiz stark ihre datierende Kraft. Anders steht es jedoch mit Transsumpten von zwei Urkunden, die sich gegen Schluß der Handschrift auf fol. 104ᵛ, 106ʳ und 107ʳ finden, die erste, über eine Feier am Tage Sancti Luche euangeliste, datiert: Actum est hoc VII K. mai anno XXVI Regni ludouici iunioris Gauzfredus abbas †, die andere eine Konstitution desselben Gauzfredus, betreffend die Vermehrung und Verbesserung der den Mönchen Ripolls regelmäßig zu verabfolgenden Gewänder: Uniuersis banc scripturam audientibus notificetur qm ego Gauzfredus dei gratia riuipullensis abbas uoluntate at-

---

[1] Mit der roten Überschrift: In honore Semper Virginis marie Sermo.

[2] Die Angabe Du Mérils, daß der ganze recueil d'homélies anonymes die Aufschrift actibus Apostolorum trage, ist irrig. Die Homilien tragen koordinierte Titel (in rot): 81ʳ De actibus apostolorum ubi claudum apostoli curauerunt, 81ᵛ Incipit de lectione actuum apostolorum ubi dicit De Symone Mago, 82ᵛ De cornelio centurione et de Symone Petro, 87ʳ Incipit de euangelio secundum marchum usw.

que deuota instantissimaque prece Karissimi fratris nostri Geraldi
Kamerarii assensu quoque atque postulatione omnium fratrum
nostrorum decernimus ... ad augendam seu meliorandam monasterii nostri in uestimentis consuetudinem usw. Gauzfredus
abbas † usw.

Nach wiederholter, zusammen mit den Herren L. Delisle
und H. Omont vorgenommener Prüfung dieser beiden Urkunden-
einzeichnungen gelangten wir zu dem Ergebnis, daß bei beiden
Stücken die Namenszeichnung des Gauzfredus, des letzten Marseillaiser Abtes von Ripoll (1153[?]—1169), genuin ist, aber nicht
bloß diese, sondern auch die Unterschriften der übrigen mit-
zeichnenden Würdenträger des Klosters.[1] Damit ist ein Terminus
ante quem gegeben, um den sich der Hauptinhalt der wichtigen
Handschrift zeitlich zu gruppieren hat. In Übereinstimmung
hiermit stehen die Transsumpte der Urkunde, betreffend die
Einführung einer besonderen Feier zu Ehren der Jungfrau an
jedem Samstage fol. 101ᵛ ... Anno igitur Dominicę Incarnationis millesimo C̊L̊V̊II presidente in ecclesia Riuipullensi pre-
fato abbate nostro Domno Gaufredo ... celebritas dominicę
matris in ecclesia nostra per omne sabbatum in perpetuum observanda ita fieri instituta est. Diese Celebritas, deren urkundliche Fassung mit den feierlichen Worten: Ad honorem et laudem
gloriosissimae et intemeratae uirginis Mariae anhebt, besteht
darin, daß besondere kirchliche Zeremonien (so u. a. ein feierliches
Hochamt) abgehalten, insbesondere den fratribus ferculum uel de
caseo uel de ouis congruenti pipere aptatis dargeboten werden.
In chronologischer Beziehung sind wieder zwei Einzeichnungen
auf fol. 104ʳ und 106ᵛ, betreffend die Einkünfte des Gebietes
von Mojon, nämlich: Hoc est caput breue de honore de moion
und Hec est commemoratio tocius ipsius honoris et de censibus
et usaticis que barchinonensis comes habet in terminio de moion,
zu beachten. Du Méril hebt richtig hervor, daß das Gebiet
von Mojon dem Kloster Ripoll gehörte, hat aber den von ihm
als fehlend bezeichneten Schluß der zweiten Einzeichnung übersehen: Acta est ista carta supra dicte commemorationis XII Kl
mai anno IIÍI X̊ regni ludouici iunioris, wodurch wir auf das

---

[1] Die auf Taf. 5 gebotene Reproduktion des zweiten Aktes gestattet, das
eben mitgeteilte Ergebnis zu überprüfen.

Jahr 1151, d. h. also wieder in die Zeit des Hirtenamtes des Abtes Gauzfredus geführt werden. Heranzuziehen ist auch die Schenkung der Kirche von Mojon an Ripoll, deren urkundliche Bestätigung meines Wissens allerdings noch nicht bekannt war. Der Akt: Donatio Ecclesiae de Mollione quam fecit Episcopus Gerundensis Anno MCXLIIII (Petro eiusdem monasterii abbati) findet sich in Bal. 107, fol. 194ᵛ kopiert und darauf folgt fol. 195 die Confirmatio Domini Papae de Ecclesia de Mollione. Fügen wir noch hinzu, daß unter den Prosastücken, mit denen wir eine gewisse Datierung verbinden können, der fol. 107ᵛ enthaltene Brief Ollegarius dei gratia terrachonensis archiepiscopus Venerabili fratri R. ausonensi episcopo (es ist Ramon I. Gaufredus) Salutem auf eine noch frühere Zeit weist, da Ollegarius 1118—1137 regierte, also dieses Schreiben über eine Frage der Priesterweihe noch in die erste Hälfte des 12. Jahrhunderts fällt, so ist dargetan, daß sich die Zusammensetzung des Hauptinhalts dieses unter sämtlichen erhaltenen Rivipullenses eine singuläre Stelle einnehmenden Kodex nicht, wie bisher alle Forscher annahmen, im 13., sondern in der zweiten Hälfte des 12. Jahrhunderts vollzogen haben muß. Die beiden Aktenstücke, die dagegen zu sprechen scheinen, nämlich die Schenkung des Raimundus de Porcian an Ripoll vom Jahre 1211 und der Verkauf des Petrus de Palad und seiner Familie an das Kloster vom Jahre 1212, sind spätere Eintragungen: die erste findet sich auf der freigebliebenen ersten Seite der Vita Petri Urseoli, die erst fol. 93 verso beginnt, die zweite auf fol. 105, einem Einzelblatt mit durchaus verschiedenem Linienschema, welches dem Körper der Handschrift so ungeschickt eingefügt wurde, daß die Urkunde über die Feier am Tage des Evangelisten Lucas in zwei Teile geteilt erscheint, 104ᵛ und 106ʳ.[1]

Die zahlreichen poetischen Stücke, die sich in der Handschrift finden, widersprechen dieser Auffassung nicht. Das gilt speziell von den bereits besprochenen zeitgeschichtlichen Gedichten, von dem Carmen Campi doctoris sowie dem Berenguer-Hymnus, und man wird den Umstand beachten, daß dieser Hymnus auf den 1169 gestorbenen Grafen den Akten des Abtes

---

[1] Hierdurch wurde auch Du Méril getäuscht, der die Texte auf 104ᵛ und 106ʳ (oben) für zwei verschiedene Urkunden hielt.

Gauzfredus († 1169) fast unmittelbar beigefügt erscheint. Von
den übrigen Stücken in Versen schließt sich der Sang auf die
Einnahme von Jerusalem fol. 21ʳ bis 21ᵛ (‚Hierusalem letare‘,
von Du Méril a. a. O., S. 255—260 veröffentlicht) der vorangehenden Historia Hierosolymitana des Raymund de Aguilers
an. Die mit Neumen versehenen Hymnen: ‚Ave Virgo gloriosa‘
(fol. 105ᵛ), ‚Vox clarescat mens purgetur‘ (fol. 107ᵛ), von Du
Méril S. 305 veröffentlicht, dann ‚Cedit frigus hiemale‘ (fol. 108ᵛ),
Du Méril S. 32, gleichfalls mit Musiknoten, sind später an freigebliebenen Stellen eingetragen worden; ebenso das Gedicht
auf f. 109ʳ und 109ᵛ, von dem Du Méril (S. 306 f.) wegen der
kläglichen Erhaltung nur den Schluß gab (‚quod est anceps tu
dissoluis — quod tegendum tu involvis‘ etc.), und das fol. 108ʳ eingezeichnete, von Du Méril 305 mitgeteilte Rätselgedicht ‚Lunis
procer et sub mense — somno splendor et immense — Martis
procer atque duris‘ — usw. (von Du Méril ‚regles des horo-
scopes ou plutôt des divinations, ... trop obscures‘ genannt),
für das Wilhelm Meyer-Speyer, wie ich einer brieflichen Mitteilung entnehme, aus christlichen Hymnengedichten eine vor-
treffliche Lösung gefunden hat.

Unter sämtlichen erhaltenen Kodizes der alten Abtei —
etwa dritthalb Hundert an der Zahl — ist die eben besprochene
Handschrift die bodenständigste, die persönlichste. Geht man
von den Gauzfredus-Akten, den historischen Stützpunkten der
Mischhandschrift, aus, so begegnet uns in deren Inhalt eine
wohl auch sonst nicht eben seltene, für Spanien aber speziell
bezeichnende Vorliebe für die Bindung des Transzendentalen
mit dem urwüchsig Praktischen, welche den ekstatischen Mysti-
ker Luis de León zur Abfassung eines Lehrbuches der Führung
des Haushalts, den größten Genius der spanischen Hochblüte
aber zur Schaffung des unsterblichen Gegenübers der Vertreter
des Idealismus und des Realismus veranlaßte. Wie die neue
Feier zu Ehren der Himmelskönigin und Schirmerin Ripolls
auch durch eine Kollation, bestehend in Ferkeln, Käse und
gepfefferten Eiern, an jedem Samstag begangen werden soll, so
finden wir gleich neben Sermonen und Homilien das Dekret,
betreffend die Aufbesserung der Garderobe der Mönche; neben
der Vita, den Acta sowie dem entsprechenden Kult des jüngsten
territorialen Heiligen, die gewissenhafte Verzeichnung der Ein-

künfte der jüngsten großen Gebietsschenkung; neben Ent-
scheidungen in Gewissensfragen und Canones der Konzilien
sowie astronomischen Aufzeichnungen die älteste Redaktion der
Gesta comitum, in denen, wie wir gesehen haben, das Kloster
Ripoll sich selbst ein stolzes Denkmal errichtete, aber auch das
einzige umfangreichere ältere Werk der märkischen und katalanischen Geschichte lieferte. Das Hinübergreifen über das
Gebiet des Klosters zeigen auch die poetischen in derselben
Handschrift enthaltenen Stücke, da wir außer Hymnen und
sonstigen geistlichen Gesängen auch das Gedicht auf Ramon
Berenguer, ja auch das Carmen auf den Campi doctor antreffen.
In Vers und in Prosa findet auch das bedeutendste weltgeschicht-
liche Ereignis jener Zeit, der erste Kreuzzug, in unserer Handschrift ein Echo.

Die eigenartige Zusammenstellung dieses merkwürdigen
Sammelkodex wird man sich vor Augen halten müssen, wenn
man die literarische Bedeutung Ripolls in den späteren Jahrhunderten verstehen will. Was im 13., 14. und 15. Jahrhundert
an Handschriften zuwuchs, sei es durch Heimarbeit, sei es durch
Ankäufe, zu denen man sich entschloß, ergibt sich ungezwungen
als Ergebnis des Fortwirkens der hier aufgezeigten Interessen.

In erster Linie kommen als Belege für das Gesagte zwei
wertvolle noch erhaltene Mischhandschriften des 13. Jahrhunderts
in Betracht, die durch sichere Indizien als ursprüngliches Ripoller Gut erwiesen und hier zum erstenmal besprochen werden.
Kodex 26, ein mächtiger Folioband, enthält nach einem umfangreichen Traktat über die Passio Domini und Stücken des
Matthäus-Evangeliums samt Kommentar die anonyme Erklärung
einer ‚Figura Seraphin‘, wie eine moderne Bezeichnung angibt;
es ist aber der bekannte, Alanus ab Insulis zugewiesene Traktat
‚De sex alis Cherubim.‘ Die gewandte Zeichnung wie die Schrift-,
zugleich Textprobe (Taf. 6 und 7) mögen mit dem Bilde und
dem Abdruck bei Migne 210, 267 ff. verglichen werden. Die
Ripoller Provenienz ist durch die noch aus dem 13. Jahrhundert
stammenden Transsumpte von vier auf das Kloster bezüglichen
Schenkungsakten bezeugt, die zu den ältesten Hausurkunden
des Klosters zählen. Da das Archiv des Klosters verbrannt
ist, gewinnen auch die in relativ späte Zeit fallenden Kopien
an Bedeutung; gehören sie doch mit den früher besprochenen

Einzeichnungen im Par. lat. 5132 zu den ältesten Urkundenzeugnissen jenes Klosters, das wir als historisches Zentrum
der Grafschaft Barcelona kennen gelernt haben. Hiezu kommt
noch der Umstand, daß die Art der Eintragung dieser Transsumpte und deren Beglaubigung in die Ripoller Urkundenbehandlung jener Zeit einen guten Einblick gewährt; es wurde
daher die betreffende Seite reproduziert (Taf. 8) und im nachfolgenden der an erster Stelle eingezeichnete Akt unter Berücksichtigung einiger von Alfons Dopsch freundlichst mitgeteilter
Bemerkungen in Umschrift abgedruckt.[1] Es handelt sich, wie
man sieht, um eine Schenkung der Gräfin Ava, Gattin des
Grafen Miro von Barcelona; das Instrument ist in gewissen
Teilen seiner Ausfertigung dem freilich viel kürzeren Schenkungsakt aus demselben Jahre (941) ähnlich, den Baluze in der Marca
Hispanica, App. LXXVI, col. 853 veröffentlichte (Schenkung
Avas an Cuxá).[2] Auf diesen beziehen sich einige in den Anmerkungen gegebene Hinweise (Cuxá).

---

[1] Da keiner der neueren Benützer der Ripoller Handschrift von den Urkunden Notiz genommen hat, auch nicht Próspero Bofarull (im Kat. Bof.
wird das Manuskript nicht beschrieben), ebensowenig Villanueva, so überraschte es mich, daß Teile des oben transkribierten Schenkungsaktes,
nämlich der Anfang und die Datierung, seit langer Zeit veröffentlicht
worden sind, und zwar von keinem Geringeren als Mabillon in einer
etwas versteckten Anmerkung zu den ASOSB saec. IV, pars. 2, pag. 423.
Es fehlt a. a. O. jede Quellenangabe; die Frage, wie Mabillon die Urkunden bekannt wurden, beantwortet wieder der Kat. Bal. In diesem
finden wir unter Nr. 19 eine Notiz über den Kodex, die nur das erste
Wort des Traktates über die Passion und dann ausschließlich nur das
Incipit und Explicit der vier Urkunden enthält, ein Zeichen, wie sehr
man zu jener Zeit gegenüber diesen den Wert des eigentlichen Inhaltes
des Kodex zurücksetzte. Der Beweis, daß Mabillon nur aus der hier
nachgewiesenen Quelle geschöpft haben kann, liegt darin, daß er nur
die Worte aus dem Texte mitteilt, welche im Kat. Bal. aus der Urkunde
ausgehoben werden (vgl. auch Marca Hispanica, Col. 388). Aus Baluzes
Worten ist übrigens zu entnehmen, daß ihm der Ripoller Schenkungsakt selbst nicht vorlag; der betreffende Text, der auch in sprachlicher
Hinsicht manches Beachtenswerte bietet (man vergleiche z. B. frz. dorénavant, d. h. de hac hora in ab ante, mit dem in der Urkunde vorkommenden ab hac hora in antea), wird nunmehr zum erstenmal bekannt.

[2] Antonio Elias de Molins, Epigrafia catalana de la edad media, Revista
de Archivos XI (1904) 24, verzeichnet einige auf die Gattin des Grafen
Miro bezügliche Urkunden, die sich im Archiv des Klosters Ripoll befanden

In nomine domini. Ego Aua. cometissa. et filii mei[1] id est.
Suniofredus comes et Wifredus comes. et Oliba comes. et miro

2 louita. simul in | donatores[2] domum[3] Sancte marie cenobii. situm
in comitatu Ausona. in locum que uocant ualle riopullo. ad pre-

3 dictum domum qui est fundatus | in honore Sancte dei genetrico.
Maria perpetua uirgine. uel ad abbate Ennegono uel ad monachis

4 qui ibidem deo deseruiunt tam presentibus | quam futuris Dona-
mus ibidem alodem urum cum omnibus terminibus. et finibus. uel

5 adiacenciis illius que nominant Agine. qui est in comitatu | cer-
daniense in pago liuiense predictam uillam aginem. cum omne
fundus et possessiones finibus. et limitibus. et terminibus. corum

6 sic donamus uel tradimus | ad predictum cenobium Sancte mario
situm in predicta ualle riopullo. donamus casas casalibus ortis[4]

7 ortalibus arboribus pomiferis uel inpomiferis. mo|lendinis. pratis.
pascuis aquis aquarum. uie ductibus uel reductibus. omnia et in
omnibus. quantum. ibidem. habuit uir meus de me predicta Auane

8 et | genitor de predictos filios meos. Sic donamus uel tradimus
ad predictum domum. Sancte Marie perpetue uirginis. et ad pre-

9 dictum abbatem. uel ad mona|chis. qui ibidem. deo seruiunt. uel
seruierint ut sit illis cibus tam presentibus quam futuris. propter

10 remedium anime de predicto. Mironis. condam.[5] seu. | et propter
remedium animabus nostris. In eodem pacto dum ego. uixero. Aua.
omnia reseruo. in meam potestatem. ut de ipsos fruges quiquid.

11 facere noluc|ro. in meam. reseruo potestatem. sed tantummodo.
ab hac ora. in antea. donamus. tradimus. atque concedimus. ipsas

12 decimas et primicias. cum ipsa parrochia. | de predicta uilla. ad
predictam domum. cenobii. sicut super insertum est. sic donamus
uel tradimus ab integre. exceptus. unde scripturam. fecimus ad

13 fideli nostro | iouelino. in eodem conuentu. dum uiuit. teneat et
possideat. Post obitum suum. omnia remaneat. ad predictam do-

---

(existían), und zwar vom Jahre 928 (Kaufinstrument); 938 (Schenkung
an das Kloster); 941 (Schenkung ‚del alodio de Aga, 12 de las Kal. de
Julio del año 6 de Luis‘); 961 (Schenkung durch die Testamentsvoll-
strecker).

[1] Cuxá: ‚et filiis meis.‘

[2] Cuxá: ‚nos simul donamus in unum‘; also vielleicht simul in unum
sumus donatores. A. Engelbrecht faßt in donatores = frz. ‚en dona-
teurs‘, ‚als Geber‘.

[3] Cuxá hat die Formel: ‚concedimus atque tradimus ad domum‘ wie später
ähnlich auch unsere Urkunde bietet.

[4] Korr. aus ortos.

[5] Cuxá: ‚ut pius et misericors sit Deus in peccatis nostris et in peccatis
· Mironi Comiti genitori condam nostro.‘

14 mum. uel ibidem. deo serui|entibus. Hec omnia sicut superius
insertum est. sic donamus uel tradimus cum ipsa ecclesia qui est

15 in honore sancti iuliani ibidem fundata. propter remedium. |
anime. Mironi. comiti. condam. seu. inferamus. ubi ibidem. et pro
animabus nostris. Et qui contra hanc donacionis. scriptura. uenerit

16 ad inrupendum. | seu. predicti. nos uenerimus inferam seu in-
feramus ubi ibidem deo seruientibus duplum. illis perpetim habi-

17 turam. Et inantea donacio ista firmus. | permaneat omnique tem-
pore. facta scriptura XII. K. iul. anno. VI. regnante Ludouico

18 rege filio. Karoli. Aua. ⊞ Adroarius. subscripsi. | Calindo. sub-
scripsi. Victor. presbiter. subscripsi. Bollus presbiter subscripsi.

19 Audericus. presbiter. qui hanc kartam elemosinaria. rogatus. |
scripsi. et subscripsi die et anno quo supra.

20   Johannes Monachus et leuita. Transcripsit cum litteris. in
VIIĪl linea dampnatis. anno. İ. Regni. Philippi:[1]

Von anderen Manuskripten des 13. Jahrhunderts, deren
frühe Ripoller Provenienz durch bestimmte Indizien erwiesen
ist, sei zunächst Kod. 41 erwähnt, in den eine alte Hand die
S. 42 mitgeteilte Inhaltsangabe eintrug. Außer einer nach Katalonien weisenden Notiz[2] auf fol. 1ʳ findet sich fol. 178ᵛ eine Urkunde, laut welcher Raimund, Abt von Ripoll (es ist Raimund
Dezbach), im Jahre 1222 einige Häuser zediert, sowie eine
spätere Eintragung: 1253 idus Oct. die sancti Gerardi prior riui-

---

[1] Die anderen drei Urkunden werden im Kat. Bal. (vgl. S. 66, Anm. 1) in
folgender Weise exzerpiert:

2. Ego Bernardus Guillermi Ceritanensium comes etc. dono sanctae
Mariae coenobii Riuipullensis et euacuo quicquid iuste aut iniuste ante-
cessores mei habuere uel ego prenominatus comes habeo uel bahere debeo
iuste aut iniuste in uilla Agae siue in eius terminis etc. actum est hoc
4 Kal. Septembris anno 9 regnante Ludouico rege.

3. Ego Geraldus Jordani Ceritanensium comes ... dono sanctae Mariae
Coenobio Riuipullensi quicquid iuste aut iniuste ... in uilla Agae et
in eius terminis ... Actum est hoc 9 Kal. Junii anno 37 regni Philippi regis.

4. Bernardus dei Gratia Ceritanensium comes ... dono Sanctae Mariae
Coenobio Riuipullensi et euacuo in uilla Planiciis de Enforcada et eius
terminis etc. Actum est hoc 14 Kal. Januarii anno 5 Ludouici regis
regni.

[2] Anno MCCXX abbates et priores ordinis sancti benedicti per arragonensem
prouinciam constituti apud terragonam speciali mandato apostolico con-
uenerunt usw.

pulli credidit poncio fabri usw. Einen noch beachtenswerteren
Provenienznachweis enthält Kod. 204; dem Hauptteil der Handschrift, der die Werke des Alanus ab Insulis und die Schrift
de Anima des Hugo Eterianus birgt (vgl. die von etwas jüngerer
Hand eingezeichnete, oben S. 42 mitgeteilte Inhaltsangabe), geht
eine Anzahl Blätter voraus, die zum Teil juridische Traktate,
so De dampno iniuria dato, ex lege aquilia, zum Teil auch
hagiographische Notizen, wie De martirio tome sanctissimi cantuariensis archiepiscopi, enthalten. Auf fol. 12 findet sich das für
uns hier belangreichste Stück, nämlich die Zuschrift: Reuerendo
in Christo patri R. dei gracia Abbati totique conuentui riuipullensi frater A. prior sancti pauli de suburbio barchinone
et magister petrus de albalato ylerdesis ... uisitatores apostolice sedis.

In Pedro de Albalat, Sacrista, später Bischof von Lérida,
darauf (1242) Erzbischof von Tarragona, tritt uns eine der bedeutendsten Gestalten des katalanischen Klerus jener Zeit entgegen (vgl. Torres Amat, Memorias, 9). Er wurde vom Papst
Gregor IX. zusammen mit Bernardo (I.) Calvó, Bischof von Vich,
und dem bekannten Kanonisten Raimundus de Pennaforti de-
legiert, um den ersten Bischof von Mallorka zu wählen und
dessen Konsekration vorzunehmen. Aus der Lebenszeit Albalats
ergibt sich, daß unter dem ‚R. Abbas‘ unserer Urkunde nur
der Abt Raimundus Dezbach († 1234) gemeint sein kann. Die
Beziehungen jenes Kirchenfürsten zu Ripoll werden im Auge
zu behalten sein. Er ist als Verfasser kirchlicher Konstitutionen
bekannt; das für eine ganze Literaturgattung, die Beichtzuchten,
vorbildliche Hauptwerk seines Gefährten Raimund de Peñaforte
(† 1275), die summa poenitentialis, ist frühzeitig in der Ripoller
Bibliothek vertreten, und zwar in vier heute noch erhaltenen
Exemplaren (vgl. S. 82), von denen drei vielleicht kurz nach
dem Tode des Autors angefertigt wurden.

Auch der theologisch-dogmatische Hauptinhalt der Handschrift, die wir als altes Ripoller Gut erkennen, verdient Beachtung. Die Schrift De animae immortalitate des Hugo Eterianus
bildet den ältesten Teil des Kodex und diese Abschrift, vielleicht noch dem 12. Jahrhundert angehörend, ist eine der frühesten
des Werkes; auch mag daran erinnert werden, daß des Alanus
Summa quadripartita de fide catholica bald nach 1179 vom

Autor dem Grafen Wilhelm (VIII.) von Montpellier gewidmet
wurde, daß also hier wieder eine regionale Beziehung gegeben ist.

Im Anschluß an das kurz vorher über die Aufzeichnung
kirchlicher Konstitutionen Bemerkte sei erwähnt, daß eines der
am meisten benützten Konsultationswerke auf diesem Gebiete
(vgl. Schulte II, 137), nämlich ‚De concordantiis decretorum et
decretalium auctore fratre Martino‘ (von Troppau), samt den
Tabulae in einem sorgfältig geschriebenen Exemplar — jetzt
Kod. 111 — vorhanden war, das wohl noch dem Ende des
13. Jahrhunderts angehört.[1] Die Angabe Ewalds (Reise, S. 388),
die Handschrift stamme aus dem 15. Jahrhundert (1410), ist
durch spätere Einzeichnungen veranlaßt, die abermals direkt
auf Ripoll weisen, nämlich durch die auf den beiden ersten
Blättern eingezeichneten Listen der Ripoller Äbte, der Grafen
von Barcelona und der Erzbischöfe von Tarragona. Der Abtkatalog, meines Wissens der einzige aus älterer Zeit handschriftlich erhaltene (von mir kopiert), bricht nämlich bei der Einzeichnung: Dalmacius de cartiliano MCCCCX ab und hieraus
muß wohl die irrige Datierung der Niederschrift des ganzen
Kodex entstanden sein.

Wie das Hauptwerk Martins auf kanonistischem Gebiete,
so war auch dessen bekannteste historische Arbeit, die Chronik,
in der Ripoller Bibliothek vorhanden. Auch dieses Exemplar,
Kod. 123, stammt noch aus dem Ende des 13. Jahrhunderts und
enthält von derselben Hand die Disciplina clericalis des Petrus
Alfonsi eingetragen, deren Incipit: Iste liber uocatur spich mar-
gayl usualiter apud nos sed ut in titulo continetur nomen eius
est ex re id est clericalis disciplina, durch die vulgärsprachliche
Bezeichnung des Titels[2] dem ganzen Manuskripte einen Heimat-
schein ausstellt.

Eine gesonderte Behandlung verdient Kod. 103, dessen Herstellung gleichfalls im 13. Jahrhundert abgeschlossen wurde.
Er ist reskribiert, aus Fragmenten mehrerer Handschriften zu-

---

[1] Derselben Zeit ist cod. 105 mit der collectio canonum des Dionysius
Exiguus zuzuweisen, vielleicht Abschrift nach einem alten Ripoller
Exemplar.

[2] Das Speculum ecclesiae des Hugo de S. Caro heißt in dem Druck v. J.
1493: Libre apellat Speculum ecclesie, so es a dir Espill ho Mirall usw.
Vgl. Morel-Fatio in Gröbers Grundriß II, 2, 93.

sammengesetzt, deren Inhalt sich nur sehr schwer, immerhin aber noch besser erkennen läßt, als die primäre Schrift des bereits früher (S. 12) erwähnten Kodex 199, auf die der Liber scintillarum und des Augustinus De conflictu vitiorum[1] aufgetragen wurde. Der primäre Bestand vom Kodex 103 scheidet sich, soweit ich erkennen konnte, in drei Teile: der erste (fol. 1—46) enthielt Theologisches, etwa s. XI—XII (am Ende, fol. 46, konnte ich die Worte: confiteri peccata sacerdoti ... dicit sanctus Ambrosius entziffern); der zweite Bruchstücke von Sermonen (s. XI—XII), und zwar, wenn mich die Lesung einer Überschrift nicht täuschte, von Augustinus und Leo Magnus; der dritte einen medizinischen Traktat in zwei Kolumnen, dessen Schrift dem Ende des 10. oder dem Anfange des 11. Jahrhunderts angehört (fol. 172 sind die Worte Alexandri — Ad capitis dolores, fol. 198 Dia yreos, fol. 202 ad omnes febres erkennbar).

Der jüngere Bestand umfaßt eine Abschrift der Nova poetria des Galfredus de Vino Salvo mit reichlichen Scholien (Inc.: Antequam Gualfredus accedat ad propositum principale, also nicht identisch mit dem von Fahr. II, 13 erwähnten Argumentum); an diese schließen sich Lukans ‚Pharsalia‘ sowie, mit der Aufschrift Assit principio uirgo maria meo, Ovids Epistulae ex Ponto. Nichts deutet darauf hin, daß diese Sammelbandschrift von auswärts nach Ripoll gebracht worden wäre, ja die eben zitierte Aufschrift vor Ovids Epistulae findet sich gerade in Manuskripten von Santa Maria besonders häufig (cod. 69. 79. 142. 147. 162. 165. 183. 184). Wir haben allem Anscheine nach einen Kodex vor uns, dessen Beschreibstoff aus drei alten Ripoller Manuskripten zusammengestellt wurde; zu den letzten Blättern mag eines der vier Exemplare ‚Medicinalia‘, die im alten Kataloge unter Nr. 113—116 verzeichnet sind, das Material geliefert haben; auch an theologischen Traktaten und Sermonen war schon zur olivianischen Zeit kein Mangel.

Bei der Zerstörung alter Manuskripte zum Zwecke der Schaffung von neuen denkt man zunächst an eine gewisse

---

[1] Die beiden Rivipullenses 103 und 199 wie auch cod. 182 (in dem sermones des 14. Jahrhunderts auf sermones des 12. bis 13. Jahrhunderts geschrieben wurden, vgl. S. 100) treten demnach als Ergänzung zu der von Émile Chatelain zusammengestellten Liste: Les Palimpsestes latins im Annuaire der École pratique des hautes études, 1904.

Zwangslage, in welche die Abschreiber durch das Fehlen entsprechenden Beschreibstoffes gebracht wurden; tatsächlich lassen
sich aus den zum Teil bisher unbekannten Klosterurkunden
Indizien gewinnen, welche eine solche Zwangsmaßregel erklären.
In der zweiten Hälfte des 12. Jahrhunderts war die Zufuhr der
nötigsten Lebensmittel zum Kloster derart schwierig geworden,
daß man von Ripoll aus die Sicherung dieser sogar vom päpstlichen Stuhle aus gewährleistet wissen wollte. Eine Bulle des
Papstes Alexander III. vom Jahre 1168 (Marca Hispanica,
App. CCCCLII, col. 1350) geht auf diesen Punkt speziell ein:
Rivipullensis monasterii fratres studiosa. nobis narratione mon-
strarunt, quod ipsi in montanis et locis aridis habitantes victualia
nonnisi aliunde non sine gravi labore illuc per multa terrarum
spatia deferantur (Baluze a. a. O. ‚deferant‘, die Abschrift im
Bal. 107, fol. 198ʳ hat differantur); unde frequenter contingit,
quod si bestiae illorum cibaria deferentes ab aliquibus male-
factoribus capiantur ipsi (nämlich monachi) tam famis quam
sitis inedia cruciantur. Für die Darstellung der Finanzlage des
Klosters um die Mitte des 13. Jahrhunderts, also ungefähr zur
Zeit des Entstehens des sekundären Bestandes der Handschrift,
ist eine Bulle Alexanders IV. an ‚B.‘, Bischof von Elna (es ist
Berengarius de Cantalupis), datum Viterbii IIII Idus Mart.,
Pontificatus nostri anno quarto (1258, März 12), bezeichnend,
deren Abschrift ich in Bal. 107, fol. 274ʳ f. gefunden habe. Die
Bulle erwähnt, daß die Mönche filium Bertrandum eiusdem
monasterii monachum, Priorem Prioratus Sanctae Mariae de
Monte Serrato in Abbatem concordantes elegerunt, und ermächtigt
dann den Bischof von Elna, die Benedictio dieses Abtes an
Stelle des Papstes vorzunehmen: ‚quia predictum Monasterium
prout asseritur tanta premitur sarcina debitorum quod
predictus abbas non potest comode ad Apostolicam sedem
accedere pro benedictionis munere obtinendo. Einen noch deut-
licheren Einblick in die, wie es scheint, namentlich durch leicht-
sinniges Gebaren des Abtes Dalmacio Çagarriga (1234—1256)
zerrütteten wirtschaftlichen Verhältnisse Ripolls gewährt die noch
unveröffentlichte Verfügung Jaimes I. vom Jahre 1257, die sich
in Bal. 107, fol. 266ᵛ und 267ʳ findet: Nos Jacobus ... repara-
tioni Monasterii Rivipullensis volentes providere ... mandamus
quod nulli hospiti provideatur ... donec praefatum Monasterium

alieno aere penitus sit liberatum ... Revocamus etiam omnes
venditiones, donationes, infeudationes et alienationes contractas
... quas frater Dalmatius quondam abbas eiusdem Monasterii
fecit. Andererseits wird daran festzuhalten sein, daß das Re-
skribieren von Kodizes im 13. Jahrhundert zu den gewöhnlichen
Maßnahmen der Skriptorien gehörte, wie dies manche für das
Tilgen der Handschriftentexte verfaßte Rezepte, unter anderem auch die bekannte Stelle des Salimbene in seiner Chronik
vom Jahre 1235 bekunden; allerdings ist darauf zu achten,
welche Schriften man für überflüssig hielt und welche Texte
man neu für die Bibliothek zu erlangen suchte.   Diese Beobachtung ist nun gerade für den vorliegenden Fall lehrreich.
Die ältere Predigtliteratur, die Sermones der Väter, mußten
den einschlägigen Erzeugnissen der neuen Zeit weichen; nicht
minder charakteristisch ist auf medizinischem Gebiet der triumph-
artige Einzug der Schriften der italienischen Schulen (vor allem
der von Salerno).

Unter den erhaltenen Ripoller Predigtensammlungen neuen
Stils bietet Kodex 170 s. XII—XIII Sermones in festivitatibus
(alter Titel), 195 s. XIII Sermones de sanctis, 205 s. XIII Sermones de festivitatibus, 206 s. XII—XIII (vor Walahfridus Strabo
und Augustinus ad Macedonium, vgl. oben S. 41) gleichfalls
Sermones de diebus festivis, 209 s. XIII zwischen einem moral-
philosophischen Traktat und einem kleinen Opus de sanctis
wieder Festtagspredigten; auch im Kod. 130 (s. XII—XIII),
Flores evangeliorum betitelt (es sind eigentlich Auslegungen),
finden sich sermones eingestreut.

Außer einer Handschrift mit patristischen Sermonen wurde
aber auch zur Herstellung der neuen Handschrift ein medizinischer Traktat reskribiert, wahrscheinlich Teile der lateinischen
Übersetzung des großen Werkes des Alexander von Tralles
über Pathologie und Therapie enthaltend (Wernich-Hirsch, Biographisches Lexikon der Ärzte I, 100).   Auch auf diesem Gebiete zeugen noch erhaltene Ripoller Kodizes aus der von uns
eben behandelten Zeit (XIII. Jahrhundert) für das Anbrechen
einer neuen Epoche, für die fremden (italienischen) Einflüsse,
für das Bekanntwerden moderner Autoren; diese medizinisch-
pharmazeutischen Schriften in der alten Ripoller Bücherei sind
speziell beachtenswert, weil sie ein Abbild, vielleicht ein Vor-

bild jener ziemlich ausgreifenden naturwissenschaftlichen, freilich
vielfach mit alchimistischen Interessen kontaminierten Studien
in Katalonien darstellen, deren Kenntnis angebahnt, jedoch bis
jetzt noch nicht durch eine Spezialuntersuchung nähergerückt
wurde. Unter den hierher gehörigen Rivipullenses enthält Kod. 50
s. XIII mit der Schlußnote: Explicit liber amphorismorum (so)
ypocratis cum commento G. (d. h. Galeni) die bekannte Schrift
des Constantinus Afer (Mönches von Monte-Cassino seit 1086)
samt der Vorrede ad Glauconem discipulum; Kod. 174, nach
der Alexandreis Walters und des Galfredus Trancnsis Super
titulis Decretalium als dritten beigebundenen Teil die Practica
(tabulae) ,magistri sal‘, nach Corminas, der in seinem Suplemento zu Torres Amat 311 die medizinische Literatur aus katalanischen Büchersammlungen zusammenzustellen suchte, die
,Practica de botanica por el M. Sales‘ (sic[1]); es ist aber das
pharmazeutische Lehrbuch des Magister Salernus (blühte 1130
bis 1160),[2] das vor 1160 entstanden sein muß, da es schon in
diesem Jahre von Bernhard von Provence (ein Anhaltspunkt
für den Weg nach Katalonien) erläutert wurde.

Mit recht exotischen Namen medizinischer Autoren würden wir durch die Vermittlung der Ripoller Haupthandschrift
auf diesem Gebiete, des Kod. 181, bekannt werden, wenn die
von Corminas a. a. O. gebotene Beschreibung — die einzige
bisher veröffentlichte — verläßlich wäre: Tratados medicos de
Cophoca Jarros, Marbodo, Practica de Bartolomé.[3] Das ist
nun nicht der Fall. Der Kodex enthält am Anfang Rezepte,
einzelne kleinere Abschnitte de dolore capitum, de inflamma-
tione cerebri, darauf als erste selbständige Schrift f. 27ʳ Platearius über causae, signa, curae aegritudinum, d. h. die Schrift

---

[1] Unglaublicherweise berichtet Pellicer y Pagés in dem der Amtsführung
des Abtes Raimundo Sabares gewidmeten Abschnitt ganz ernsthaft (S. 156):
,Otro monje, por nombre Sales, escribe en la misma época sobre materias
botánicas y de farmacia‘, macht also den Magister Salernus zu einem
Ripoller Klosterbruder.

[2] Salvatore de Renzi, Collectio Salernitana, Napoli 1852 ff., zitiert I, 237 f.
(vgl. auch III, 53) Manuskripte der Schriften des Magister Salernus bloß
aus Breslau und Florenz. Die Tabulae finden sich übrigens auch im
Montispessulanus 472 s. XIV (zusammen mit Platearius de Medicina).

[3] Diese seltsame Namenreihe findet sich auch in Kat. Bof., aus dem Corminas offenbar schöpfte.

de aegritudinum curatione des Johannes Platearius des Älteren;[1] dann folgen die ‚modi medendi et confitendi secundum Magistrum Cophonem' (der ‚Cophoca' des Corminas), also die Ars medendi des jüngeren Copho von Salerno (ca. 1085—1100).[2] Daran schließen sich Fragmente, deren Aufschrift uns den rätselhaften Jarros in der Beschreibung des Corminas erklärt; sie heißt: ‚Incipiunt capitula tercii libri alexandri yatros sophiste', Bruchstücke aus der lateinischen Übersetzung des bereits erwähnten großen Werkes des Alexander von Tralles. Den Schluß macht die ‚Practica magistri Bartholomaei', unzweifelhaft (wie ich dem von mir notierten Incipit entnehme) die Praktik des Bartholomäus von Salerno, die aus einem Kodex der Marciana, Lat. XVII, VII, vom Jahre 1400, also aus einer erheblich jüngeren Handschrift von Renzi a. a. O. IV, 321 ff. herausgegeben wurde. Mitten unter diesen medizinischen Schriften steckt nun jener Marbodus, den Corminas als Arzt vorstellt: ein Blick auf die Schrift selbst zeigt, daß wir des Marbodus Redonensis ‚De ornamentis verborum' (Fabricius III, 18) vor uns haben.

Wie die eben angeführten und einige in späterer Zeit noch zugewachsene medizinische Schriften — so: Joannes de Sancto Amando tractatus medicinarum (Hist. Littéraire XXI, 257), Bruno Longoburgensis und Lanfrancus Mediolanensis Chirurgia (Fabricius I, 268; II, 525 f.) in Kod. 126 s. XIV; Joannes de Tornamira De mictu sanguinis (Torres Amat, Memorias 622 f.) in Kod. 129 s. XIV — an die Stelle der ‚Medicinalia' des olivianischen Bestandes traten, wie die neuen Predigtensammlungen die Sermones der Kirchenväter ersetzten, so mag man bei Zerstörung eines alten praktisch-theologischen Traktates gedacht haben, den Verlust durch Abschrift oder Erwerb moderner Arbeiten auf diesem Gebiete zu ersetzen. Dies läßt sich tatsächlich beobachten; verfolgt man diese Wandlung auf dem Gebiet des theologischen Schrifttums, so tritt auch hier der italienische Einfluß merklich hervor und wir sehen, daß die fachwissenschaftlichen Impulse Italiens den bekannten Strömun-

---

[1] Renzi, Col. Sal. I, 161 f. Biographisches Lexikon der Ärzte (Gurlt-Hirsch IV, 85).
[2] Renzi I, 190.

gen auf dem Gebiete der schönen Literatur unmittelbar voran-
gingen. Der Import der neueren theologischen Literatur voll-
zog sich rasch, die Bewegung ist eine ziemlich allgemeine, den
ganzen Nordosten Spaniens umfassend, sie findet ihren Stützpunkt in bekannten Autoren (Raimund von Peñaforte) und es
ist wieder die Ripoller Handschriftensammlung, die am trefflich-
sten Exempel fixiert, dadurch ein heute noch deutlich erkennbares
Bild der Bewegung liefert. So findet sich z. B. die Expositio
Regulae Sancti Benedicti und das Speculum monachorum des
Bernardus Cassinensis, also zwei Schriften, welche die Ripoller
Mönche besonders interessieren mußten, in einem schön ausgestatteten Rivipullensis (Kod. 178), der, wie ich in meinen Aufzeichnungen bemerkte, noch der Mitte des 13. Jahrhunderts
angehört. Da Bernhard 1182 als Mönch in das Kloster Monte
Cassino eintrat, so erhellt daraus die Schnelligkeit, mit der sich
Ripoll jene für eine Benediktiner-Abtei wichtigen Schriften ver-
schaffte. Man könnte nun freilich annehmen, daß der Import
der Handschrift erst in späterer Zeit erfolgte, doch sind uns in
mehreren Rivipullenses Erwerbungsnotizen erhalten, die zeigen,
daß Ankäufe unterschiedlicher, im Ausland hergestellter Manuskripte gerade in der zweiten Hälfte des 13. Jahrhunderts
wiederholt stattfanden. So trägt Kod. 33 mit Bonaventuras Kommentar zum 2. und 3. Buche der Sentenzen des Petrus Lombardus vor Beginn des 3. Buches folgende Einzeichnung: Iste
tertius bonaventure est christophori de tholomeis Prioris de Sali-
cani D. D. Pape Capelani emit Jenue pretio VIIII lib. Turon.
MCCXXXVIII Mense Julio.[1] Am Schlusse des zweiten Buches
steht in derselben Handschrift eine andere gleichfalls ziemlich zerstörte Besitzernotiz mit dem deutlichen Hinweis auf den erfolgten
Ankauf: Iste scdꝯ bonauentē ē frīs R' de ſauaroſ (ſauareſ ?)
Monachi Riuipulli constitit/// ///. Der Name des Besitzers erinnert an den eines späteren Abts von Ripoll;[2] eine Identifika-

[1] Ich gebe diese Subscriptio zum Teil nach der Beschreibung des von
Rivas angelegten Kataloges (dort Nr. 97), der ein älteres Verzeichnis
zu Rate gezogen haben dürfte. Von den Namen sind heute kaum mehr
Spuren erkennbar.

[2] Raimundo de Sabarés war 1362—1380 Abt von Ripoll, wie Villanueva,
Viage VIII, 15 mitteilt. Enrique Claudio Girbal, ein ernst zu nehmen-
der Forscher, der mit verläßlichem Urkundenmaterial arbeitete, gibt

tion war nicht vorzunehmen, weil ich ausdrücklich anmerkte, daß auch diese Notiz noch dem 13. Jahrhundert entstammt. Genauen Kaufvermerk enthält ferner Kodex 44, s. XIII, eine umfangreiche, schön ausgestattete Handschrift der Psalmen mit reichlichem Kommentar; am Schluß der Handschrift steht die Notiz: Constitit septem libras par[1] anno domini M°CC°L°VIII° liber Iste. Man darf also annehmen, daß die — direkte oder indirekte — Erwerbung mancher aus dem Ausland stammenden Texte, die wir in Ripoller Handschriften des 13. Jahrhunderts finden, ziemlich rasch erfolgte; so im Kodex 197 die Schriften De computo ecclesiastico und der Tractatus de sphaera des Joannes de Sacrobosco, im Kodex 132 De anima des Thomas de Aquino, sowie als einer der merkwürdigsten Texte in Kod. 203 der Liber formularum des Rainerius (de Perusio). Von der Handschrift der Ars notariatus Rainers in der Vadianischen Bibliothek zu St. Gallen, Kod. 339 s. XIII mit der Einzeichnung: ‚Dies Buech hab ich auf dem Tandl Markt zu Wien in Oestr. kaufft N Schobinger‘ bemerkt G. Scherer in seinem Verzeichnis (St. Gallen 1864) S. 97: ‚ist neben einer zweiten in Florenz die einzige bekannte laut Savigny, Gesch. d. röm. Rechts im MA. V, 113. Siehe auch Pertz im Archiv V, 514‘. Auch Bresslau, Handbuch der Urkundenlehre I (1889), 631 kennt nur die Exemplare von St. Gallen und Florenz; aber außer dem Rivipullensis 203 existiert noch eine Abschrift unter den Kodizes aus St.-Victor, jetzt Nat. Bibl. zu Paris F. l. 15006. Die Ripoller Handschrift ist, soweit der Vergleich meiner Notizen mit den Angaben Scherers lehrt, dem Sangallensis durchaus ähnlich, jedenfalls nach 1215 geschrieben, da aus diesem Jahre die

---

aber in seiner Schrift Tossa (Gerona, 1884) S. 17 und im Abtkatalog S. 40 die Namensform Raimundo de la Farrés, ebenso Pellicer y Pagés a. a. O. 155 und 400. Dagegen notierte ich aus der alten Abtliste (s. XV in.) des Cod. 111: Raymundus de faůefio, wodurch die Angabe Villanuevas gesichert wird; diese Form auch in der vor kurzem erschienenen Studie von Ed. González Hurtebise, Revista de Bibliografia Catalana IV (1907), 191. — Der Kodex 51 s. XIV enthält die Kaufnotiz: Ista secunda secunde sancti Thomae est fratris F (?) de finarensio (?) prepositi de palacio in Monasterio Riuipulli et constitit sibi Auinione vx (so!) flor cum dimidio.

[1] Libra Parisiensis, soviel wie 25 solidi, im Gegensatz zur Turonensis = 20 solidi.

späteste von Rainerius mitgeteilte Urkunde stammt. Daß die Erwerbung dieser Ars notariatus mit der Aufmerksamkeit, die man in Ripoll dem Urkundenwesen zuwendete, in Zusammenhang steht, ist zweifellos; auch mag an dieser Stelle erwähnt werden, daß König Pedro III. von Aragon in der 1283 zu Barcelona abgehaltenen ‚Curia generalis‘ eine Bestimmung traf, die in den mir zugänglichen gedruckten Quellen nicht erwähnt wird, in dem Ripoller Kartular jedoch genau verzeichnet war, da ich sie unter den Abschriften in Bal. 107 fol. 208 auffand: Et specialiter restituimus plene ac libere notarias seu scribanias ecclesiis, locis religiosis, baronibus, militibus et aliis personis, ciuitatibus, uillis et castris, qui eas ab antiquo habere consueuerunt,[1] sicut eas plenius antiquitus habuerunt ... Acta fuerunt hec Barchinone in Curia generali supradicta VII. kal. Januarii anno domini MCCLXXXIII Sig + num Petri de Sancto Clemente scriptoris[2] praedicti Domini Regis qui mandato eius scribi fecit.

Wollen wir die Darstellung des literarischen Interessenkreises der Ripoller Mönche, wie er sich während des 13. Jahrhunderts auf Grund der erhaltenen Handschriften erkennen läßt, schließen, so müssen wir zum Ausgangspunkt unserer Untersuchung, zu dem sekundären Teil des Palimpsestes (Kodex 103) zurückgehen; die weit verbreitete Nova poetria des Galfredus de Vinosalvo, bekanntlich dem Papst Innozenz III. († 1216) gewidmet, erscheint hier in einer frühen Abschrift, deren Vorlage möglicherweise aus dem Norden kam, vielleicht aber auch aus Italien beschafft wurde. Diesem Lehrgedicht

---

[1] Diesen Zusatz erklärt zu Gunsten Ripolls eine Reihe von Urkunden, die früheste mir bekannte aus dem J. 1041, manu Remundi uice Arnalli ... Coenobii notarii (vgl. oben S. 8); aus der Mitte des eben besprochenen Jahrhunderts die einem 1251 von Raimund Vizegrafen von Cardona dem Kloster ausgestellten Schutzbrief beigefügte Beglaubigung (unediert, in Abschrift Bal. 107, fol. 205ʳ): Ego Petrus de Colonico publicus Riuipullensis secretarius subscribo. Erst jüngst hat Francesco d'Ovidio in den Nuovi studii danteschi, Milano, 1907, S. 251 f. den früher von Novati gut begründeten Gedanken: L'arte notarile e la letteraria si erano strette in fido connubio wieder aufgegriffen.

[2] Hiemit wäre die Subscriptio der Abschrift der Usatici Barchinonenses in Kod. Rivip. 23 s. XIV—XV zu vergleichen: Signum P. de sancto clemente scriptoris predicti hoc scribi fecit.

folgen nun in derselben Handschrift klassische Muster, nämlich Lukans ‚Pharsalia‘ und Ovids Briefe aus dem Pontus, und es wäre leicht, an der Hand dieser und anderer Beispiele nachzuweisen, wie die Vorliebe für Dichten und Dichtung sich in Ripoll seit den ältesten Zeiten (T. I, 94 f.) solange wach erhielt, wie überhaupt literarisches Leben im Kloster blühte. Denselben didaktischen Zweck wie die Nova poetria verfolgte die Aufnahme des kurz vorher (S. 75) erwähnten kleinen Gedichtes De ornamentis verborum des Marbodus von Rennes, das wir seltsamerweise mitten unter medizinischen Stücken finden. Für die rasch erfolgte Erwerbung von bedeutenderen Neuerscheinungen spätlateinischer Dichtungen zeugt unter anderem der Umstand, daß sich unter den Ripoller Handschriften zwei Exemplare der berühmten Alexandreis des Gualterius de Castilione finden, die beide noch dem 13. Jahrhundert angehören: das eine in Nr. 174, in dem bereits erwähnten Miszellankodex, der auch Galfredus Tranensis Super titulis decretalium und die Tabulae des Magister Salernitanus überliefert, das andere selbständig im Kod. 212, der die Einzeichnung: Sig + num. mei bernardi de solaluch, enthält. Ist eine größere in diesen Kodex eingetragene Notiz nicht Stil- oder Federprobe, so könnte man annehmen, daß das Manuskript aus Barcelona den Weg nach Ripoll genommen hat.[1]

Der bedeutendsten selbständigen Leistung, die Ripoll auf literarischem Gebiete während des 13. Jahrhunderts aufzuweisen hat, nämlich des Abschlusses der ‚Gesta comitum‘ ist schon früher (S. 59) gedacht worden.

Die ebenso reiche wie mannigfaltige Ausgestaltung der Klosterbibliothek im 14. und 15. Jahrhundert in gleicher, statarischer Weise zu verfolgen wie das Werden der Sammlung in früherer Zeit, ist angesichts der Fülle des Stoffes hier unmöglich. ‚Gerade deshalb möge der knappen Übersicht über die während der beiden letzten Jahrhunderte des Mittelalters erfolgte Bereicherung der Ripoller Handschriftenbestände in

---

[1] Sit omnibus notum quod ego Jacobus romei ciuis Barchinone confiteor et recognosco uobis Guillermo prats egri (so!) cultori ciui Barchinone quod soluistis in et ad meas uoluntates quadraginta libras monete Barchin. usw.

den einzelnen Fächern eine allgemeine Bemerkung vorangehen. So wenig es angeht, die Ripoller Mönche auf literarischem Gebiete als Schollenmenschen anzusehen — man erinnert sich ja der Beziehungen unseres Klosters zu Fleury im 10. und des literarischen Ergebnisses der Reise des Mönchs Arnaldus de Monte im 11. Jahrhundert — so erscheint es doch angemessen, bei Berücksichtigung des Bibliothekszuwachses auf bestimmten Gebieten die einschlägigen praktischen Interessen der Klostergemeinde nicht außer acht zu lassen. Das empfiehlt sich in erster Linie bei jenem Bestand, welcher der Klosterbibliothek den markantesten Einschlag gibt, bei den juristischen Texten. Sie sind so zahlreich vertreten, daß ich nur eine katalanische Sammlung zu nennen wüßte, die mit Ripoll in dieser Beziehung zu rivalisieren vermöchte, nämlich die Bibliothek der Kathedrale zu Urgel. Während aber die einst in sehr ansehnlicher Zahl vorhandenen juridischen Handschriften jenes Bergsitzes zum großen Teil verschollen sind, ist der Hauptbestand der Ripoller juridischen Manuskripte uns erhalten, freilich noch nicht ausgenützt, ja kaum bekanntgemacht worden.

Die sich sofort aufdrängende Frage, warum eine vor allem kirchliche Interessen, daneben historische Arbeiten pflegende Gemeinde eine so große Menge juristischer Quellen und Erläuterungen in den handschriftlichen Exemplaren aufzuspeichern suchte, läßt sich ausreichend beantworten.

Der Abt von Ripoll besaß in den dem Kloster von den Landesherren im Laufe der Jahrhunderte immer zahlreicher verliehenen Ortschaften weltliche Jurisdiktion, deren Eigenart an einem bezeichnenden Beispiel Enrique Claudio Girbal in seiner Monographie ‚Tossa' (Gerona 1884) klargelegt hat. Das Städtchen Tossa, in der Gerundenser Grafschaft und Diözese am mittelländischen Meer gelegen, erscheint bereits 966 in einer Schenkung des Grafen Miro I. an Ripoll, geht gegen Ende des 11. Jahrhunderts in den Besitz des Klosters über, dessen Abt Raimundo de Berga 1186 dem Orte den ersten Stadtbrief (Carta puebla) verleiht: auf Grund eines jährlichen Zensus ist von jedem Hause oder Herde Tossas dem Kloster eine Henne zu entrichten; dafür wird den Ortsbewohnern Schutz der Person nebst anderen Rechten, so besonders Freiheit bezüglich des Handels, gewährleistet, nur betreffs des Verkaufs von Wein

und Fischen treten Einschränkungen zugunsten des Klosters
ein. Das Jurisdiktionsrecht Ripolls in bezug auf Olot und
Tossa muß vom Abt Hugo Dezbach (1326—1351) gegen An-
griffe verteidigt werden und derselbe Abt bestellt 1348 Ar-
naldo Soler, Sohn des langjährigen Vogtes von Tossa, Bernardo
Soler, sowie dessen Nachkommen zu ‚Bailes naturales‘ des
Schlosses, Gebietes und der Pfarre von Tossa, d. h. zu Vögten,
die im Namen des Abtes Zivil- und Strafrechtsjurisdiktion zu
üben hatten. Schon diese kurzen Hinweise genügen, um zu
zeigen, wie die weltliche Gerichtsbarkeit des Klosters der
Quellen der Rechtschöpfung nicht entbehren konnte; erwägt
man, daß sich die erwähnte klösterliche Jurisdiktion auf eine
stattliche Reihe von Ortschaften erstreckte, so wird die Notwendigkeit sorgfältiger Sammlung der einschlägigen Rechts-
bücher und deren Erläuterungen noch deutlicher. Ripoll steht
in dieser Beziehung natürlich nicht allein. Ernste, wissenschaft-
liche Rechtspflege und legislatorische Tätigkeit sind während
des erwähnten Zeitraumes auch sonst in Katalonien, namentlich
in Barcelona zu Hause; noch in das 13. Jahrhundert reicht die
Redaktion des bekannten ‚Consolat de la mar‘ zurück (vgl.
u. a. Catalogue des ms. esp. de la Bibl. Nationale, Paris, 13 ff.);
früh wird der Codex Justinianeus in die Vulgärsprache übersetzt (Lo Codi). Ebenso mag erwähnt werden, daß der in
oder bei Barcelona geborene Kanonist Raimundus de Pennaforti von Papst Gregor IX. dazu ausersehen wurde, die Ausarbeitung der unter dem Namen dieses Papstes gehenden
Dekretalensammlung zu übernehmen: sein Name fehlt in der
von Schulte, Geschichte der Quellen und der Literatur des
römischen Rechtes II, 539 angeführten Reihe von Spaniern,
welche im 12. und in dem folgenden Jahrhundert in Bologna
lehrten; fügen wir ihn hinzu, so bildet diese Ergänzung angesichts der Tatsache, daß Raimund nach seinem Aufenthalt in
Bologna und Rom lange Jahre hindurch in Barcelona wirkte,
eine Personifizierung der rechtswissenschaftlichen Beziehungen
zwischen Katalonien und Italien. Andererseits ist es mit Rücksicht auf den Umstand, daß Raimund 1275 starb, bezeichnend, daß die Ripoller Sammlung von Raimunds allerdings
weitverbreiteter Summa de casibus poenitentiae vier handschriftliche Exemplare besaß, von denen drei noch in das 13. Jahr-

hundert zurückreichen: 194 s. XIII; 215 s. XIII; 219 s. XIV;
230 s. XIII. (Vgl. S. 69.)

Hiemit sind die wesentlichsten Einflüsse angedeutet, unter
denen die bemerkenswerte Sammlung juristischer Handschriften
Ripolls zustande kam; da sie Hänel nicht kannte, Heine (Sera-
peum VIII, 1847, 82 ff.) nur dürftige Angaben über diese Manuskripte machte, konnte in den grundlegenden Werken von
Savigny und Schulte von ihnen nicht Notiz genommen werden,
auch in den neueren verdienstlichen Spezialarbeiten: Instituciones del derecho civil catalán von Guillermo Maria de Brocá
und Juan Amell (Barcelona I², 1886) und Autores Catalanes
que antes del siglo XVIII se ocuparon del derecho penal von
Brocá (Barcelona 1901) blieben die einschlägigen Bestände fast
unberücksichtigt. Eine nach den heute geltenden Grundsätzen
durchgeführte Beschreibung dieser Kodizes bedeutet aber gerade
bei Ripoll mehr als das Schließen einer Lücke in unserer
Kenntnis bestimmter fachwissenschaftlicher Quellen. Der Umstand, daß ziemlich viele unter den heute noch erhaltenen Rivipullenses juristischen Inhalts Provenienz- und Besitzervermerke
tragen, lehrt uns die direkt oder indirekt benützten Bezugsquellen kennen; Italien und Frankreich (Avignon) treten in
dieser Beziehung in den Vordergrund. Der Schluß liegt nahe,
daß die erwähnten Provenienzstellen nicht bloß für Iuridica,
sondern auch für andere Handschriften in Frage kommen, und
dies läßt sich an einzelnen Beispielen bestimmt erweisen. So
erhalten wir durch Berücksichtigung der erwähnten Vermerke
einen unerwarteten Einblick in die ziemlich weitverzweigten
literarischen Beziehungen Ripolls; die betreffenden Einzeichnungen wurden denn auch bei der Auswahl von Handschriften der
Quellen und Erläuterungen zum römischen und kanonischen
Recht, die ich hier folgen lasse, speziell berücksichtigt.

Corpus iuris civilis.

Iustinianus, Institutiones, mit Glosse, Kod. 22 s. XIV ,Hen-
ricus de Pulteriis Mutine'. Digesten lib. XXXIX ff. Kod. 31 s. XIV
—XV. — Ein an gewisse Quaestiones des Cod. Iust. sich anschließender
Kommentar in Kod. 158 s. XIV.

Corpus iuris canonici.

,Concordia discordantium canonum', also das Dekret Gratians
(Schulte I, 46 ff.) Kod. 78 s. XIII. — Decretalia Gregorii IX. Kod. 7

s. XIV—XV (hier mit Tractatus de consanguinitate — Abbildung auf
Tafel 9 — und den Constitutiones novae Innocentii); Kod. 15 s. XIV;
Kod. 25 s. XIV (cum glossa); Kod. 118 s. XIV; Kommentar zu den Dekre-
talen Kod. 60 s. XIV. — Bonifacius VIII Decretalium liber VI.
Kod. 6 s. XV; cod. 10 s. XV (mit dem Inventarium speculi iudicialis des
Berengerius Stedellus); Kod. 11 s. XIV (mit den Constitutiones Clemen-
tinae); Kod. 19 s. XIV (mit Miniatur, die Übergabe des Buches darstellend,
vgl. Taf. 10); Kod. 47 s. XIV („Al molt reverent monsenyor labat Ripoll').

Clemens V. Constitutiones. Kod. 5 s. XV; Kod. 8 s. XIV—
XV (zum Schluß: Questio disputata LV'y [so!] per dominum Pynum de
arcusinis de Bononia. Explicit questio dom. pyni de arculiis a. 1322);
Kod. 9 s. XV (wie bei 8 mit Apparat des Joh. Andreae); Kod. 21 s. XIV;
Kod. 43 s. XIV; Kod. 43 s. XIV („anno 1325, est Stephani de Baciato
clar. can.'); Kod. 62 s. XIV (Kommentar). — Innocentius IV. Constitutiones. Kod. 7 s. XV; Tabula super toto Innocentio, in Kod. 23
von einer späteren Hand s. XV beigeschrieben.

Erläuterungen.

Abbas antiquus. Lectura seu apparatus ad Decretales Gregorii IX (Schulte II. 130) Kod. 30 s. XIV—XV; Vermerk des XV. Jahrhunderts: Est uenerabilis conuentus Riuipulli.

Albertus Gandinus. De maleficiis (Sch. II, 167) Kod. 80
s. XV. „Aquest libre es del Reverend micer Miquel Ysalguer Abbat del
Monestir de Sant Johan ces Abbadesses.' 1477 dem Kanonikus dieser
Kirche Jo. Lobera zur Aufbewahrung übergeben.

Angelus de Ubaldis (Perusinus). Repetitio legum. Kod. 12 s. XV.

Baldus de Ubaldis Perusinus († 1400) Lectura super usibus
feudorum (Sch. II, 275 f.) Kod. 35 („per manus Johannis Merhout cle-
rici leodiensis dioecesis 1414', also kurz nach dem Tode des Autors).

Bartolomaeus Brixiensis. Libellus ordinarii compositus a magistro Tancredo (de Bononia), correctus. (Sch. II, 85 f.) Kod. 39 s. XIV.

Bartolus de Saxoferrato Tractatus de Repressaliis, de Munere, Tractatus arguendi, de Alluvionibus, Tractatus testium (vgl. Savigny VI², 174ff.) Kod. 67 s. XIV—XV. Voran geht ein Brief des
Johannes de Silvis, decanus ecclesie Sancti Agricoli Avinionis Datum
Avinione 1380 vgl. S. 88.

Dinus Mugellanus. In tit. De regulis iuris (lib. VI) (Sch. II,
176), Kod. 43 s. XIV (anno domini 1325 fuit compositus liber iste et
est domini Stephani de Baciato clar. can.). — Kod. 114 s. XIV.

Goffredus de Trano. Summa titulorum, also die Summa super
rubricis decretalium (Sch. II, 89) Kod. 28 s. XIV. — De testamentis
secundum Gotfredum Kod. 219 s. XIV.

6*

Guido de Baysio. Apparatus in librum VI. (Sch. II. 188). Kod. 18 s. XIV—XV.

Guilelmus de Mandagoto. Summa super decretalibus (Sch. II, 185 nennt nur eine Pariser Handschrift) Kod. 4 s. XV. De electionibus faciendis (Sch. II, 183) Kod. 4 s. XV; Kod. 29 s. XIV; Kod. 48 s. XIV (1325, vgl. oben bei Dinus).

Guilelmus de Montelugduno. Apparatus super extravag. Johannis XXII (Sch. II, 198) Kod. 1 s. XIV. Sacramentale (Sch. a. a. O.) Kod. 17 s. XIV—XV: Magister Jo. Blasii de Brabancia me scripsit mandato Venerabilis domini T¹ Pontiliani bacalarii iuris canonici; Kod. 24 s. XIV.

Johannes Andreae. Apparatus super sexto Kod. 6 s. XV. Apparatus super Clementinis Kod. 8 s. XIV—XV; Kod. 9 s. XV; Additiones domini Joannis andree super toto speculo iuris scripte per fratrem Guillermum de col de canes cancellarium sancti benedicti de bagiis baccalarium in decretis 1377, Kod. 16 s. XIV—XV, d. h. eine dem Anschein nach spätere Abschrift. Darauf folgt: Iste sunt allegationes facte in causa Comitatus Sancti Scuerini super iure primogeniture et agitabatur dicta causa in Ciuitate Auinione Coram inclito principe domino R. Irlm et Sicilie Rege assistente (so!) eidem aliquibus dominis Cardinalibus sollempnibus in iure ciuili. — Opus Hieronymianum, also: Hieronymianus seu vita, facta, dicta, prodigia S. Hieronymi (Sch. II. 217) Kod. 89 s. XIV.

Johannes Calderinus. Tabula auctoritatum et sententiarum biblie inductarum in compilationibus decretorum et decretalium. (Sch. II, 250.) Zum Schluß eine littera Pontani de Brimo decretorum doctoris an Petrus Sala decanus Rivipullensis. Kod. 88 s. XIV (1390). — De interdictis (ecclesiasticis) Kod. 66 s. XIV. — Modi arguendi (De modo argumentandi in iure Sch. II, 252 Anm. 39) Kod. 100 s. XV. — ‚Iste liber est bnī (so) Jacob studentis in iure canonico. Vidit berengarius consocialis.‘

Joannes de Lignano. De censura ecclesiastica Kod. 66 s. XIV. (Der Anfang stimmt mit dem von Sch. II, 261 angegebenen Incipit.)

Monaldi et aliquorum magistrorum Quaestiones. Kod. 91 s. XIV. (Vgl. Sch. II, 415). Am Schluß Stück eines Briefes an Guilabertus de Crudiliis (d. h. Cruilles).

Obertus de Acrimonia (?) Summa quaestionum. Kod. 66 s. XIV. (Am Schluß: Explicit tractatus quaestionum domini oberti de acrimonia doctoris bononiensis. Secundum alios est domini innocentii IIII^u.)

Paulus de Liazariis. Quaestiones Kod. 66 s. XIV. Lectura super Clementinis Kod. 14. 1344 von Mag. Petrus de Boctrario apud

Viridifolium (Verfeuil?) geschrieben. (Sch. II, 247, wo Anm. 7 die Handschrift 71 des span. Kollegs zu Bologna genannt wird.)

Petrus de Braco. Repertorium iuris canonici. (Sch. II, 262.) Kod. 20, Completum per Theodoricum de Palude nacione Alemannum. Gerunde (Gerona) anno 1419.

Petrus Magnardi. Casus de constitutionibus, de rescriptis, de clericis. Kod. 152 s. XV.

Petrus de Sampsone. Novae constitutionum lecturae. (Sch. II, 108.) Kod. 70 s. XIV—XV.

Pynus (sic) de Arcusinis de Bononia (Pyleus Bononiae?, Fabricius VI, 328, Tiraboschi IV, 96, 348, 350), Quaestio disputata Kod. 8 s. XIV—XV.

Raymundus de Bordellis Supplementum tractatus Alberti de Gandino de maleficiis. Kod. 80 s. XV ,Aquest libre es del Reverend micer Miquel Ysalguer Abbat del Monestir de sant Johan ces Abbadesses.'

Tancredus de Bononia. Libellus ordinarii correctus a Bartolomaeo Brixiensi (Sch. I, 199f.). Kod. 39 s. XIV.

Dazu noch einige allgemeine Werke, wie Spica institute per questiones, eine Art Wörterbuch, im Kod. 220 s. XV—XVI, vermischte Aufzeichnungen juristischen Inhalts, z. T. nach Vorlesungen (so im Kod. 58 s. XIV—XV, darin s. XV: Hec lex repetita fuit per nobilem uirum dominum petrum de muris in ciuitate Auinionis).

. Auch die Bestimmungen der Provinzialrechtsgebung, sowohl der kirchlichen wie der bürgerlichen, fanden in der Ripoller Sammlung ein Echo. Die hierher gehörigen Manuskripte sind ihrer Mehrzahl nach gleichfalls unbekannt; wiederholt haben selbst kenntnisreiche katalanische Bibliographen, wie z. B. Torres Amat, als handschriftliche Quelle für die Schriften der heimischen Juristen des Mittelalters Stücke aus fremden Sammlungen zitiert, während sie in der katalanischen Hausbibliothek, wie wir wohl die Ripoller alte Bücherei bezeichnen dürfen, nachzuweisen sind. Kod. 73 s. XIV überliefert Constitutiones synodales editae per dominos Aprilem et Petrum bonae memoriae episcopos Urgellenses, u. zw. mit dem Beisatze: Set est verum quod nulla constitutio reperitur dicti domini Aprilis.[1]

----

[1] Gemeint sind die Bischöfe von Urgel Aprilis (1257—1269), von dem wir wissen, daß er einer Provinsialsynode präsidierte, sowie dessen Nach-

In der Handschrift 133, s. XIV, die zu Beginn einen Katalog der Bischöfe von Tarragona und der Ripoller Äbte enthält, finden sich Constitutiones edite in ecclesia Tarraconensi per ven. dom. Johannem Patriarchum Alexandrinum.[1] Kod. 66 s. XIV, ein verschiedene juristische Schriften vereinigender Sammelband, bietet an der Spitze einen Traktat: Qualiter processus sit faciendus super constitutionibus Tarrachonensibus contra invasores personarum et rerum ecclesiarum;[2] der S. 68 erwähnte Kod. 41 s. XIII, zweifellos Ripoller Eigentum, enthält die Beschlüsse der 1220 in Tarragona behufs Reformation des Ordens versammelten Benediktineräbte eingetragen. Zahlreich sind auch die zu Barcelona angelegten und von dort aus zur Geltung gelangten Konstitutionen und Usatici vertreten. Unter den betreffenden lateinischen Texten enthält Kod. 90 s. XIV die Constitutiones synodales, von Franciscus Rufat decretorum doctor Tholetanae et Barchinonensis ecclesiarum canonicus vicarius in spiritualibus 1355 zusammengestellt, während er als Vikar seines Bischofs fungierte.[3] Darauf folgen Konstitutionen von Fr. Ferrer de Abella (1339),[4] Bernardo Oliver[5] (1345), Johannes Patriarcha Alexandrinus (1329). Die für die Rechtsgeschichte sehr wichtigen Usatici Barcinonenses[6] finden sich in

---

folger Petrus (1269—1293), der als Vorsitzender bei zwei Synoden (1276 und 1286) bekannt ist.

[1] Juan de Aragon, Sohn Jaimes II., Erzbischof von Tarragona († 1334). Über die verschiedenen von ihm herausgegebenen Konstitutionen vgl. Constitutionum provincialium ecclesiae Tarraconensis libri quinque. Ex Collectione Antonii Augustini Archiepiscopi Tarraconensis, Tarragoni 1580, Einl. Nr. XVI. — Die anscheinend gründliche Untersuchung von Ignacio de Janer: El Patriarca D. Juan de Aragon, Tarragona 1904, kenne ich nur aus der Revista de Archivos XI (1904), 210.

[2] Tit. XVIII, 2 sq. S. 284 ff. bei Agustin.

[3] Torres Amat, der Memorias S. 568 diese Sammlung bespricht, nennt nur eine Handschrift des Escorials nach den Angaben Bayers in Nicolaus Antonio, Bibl. Vet. II, 162.

[4] Torres Amat 2 zitiert dieselbe Hs. des Escorials (c. II. 7) nach Bayer.

[5] Torres Amat 106.

[6] Vgl. die aufschlußreiche Studie von Julius Ficker: Über die Usatici Barchinonae und deren Zusammenhang mit den Exceptiones Legum Romanorum, Mitteilungen des Institutes für österr. Geschichtsforschung, II. Ergänzungsband, Innsbruck 1888, wo die Bedeutung der Usatici für die mittelalterliche Rechtsgebung eingehend gewürdigt wird und auch

Kod. 23 s. XIV—XV (Petrus de sancto Clemente hoc scribi fecit),[1] ferner zusammen mit der von Petrus Albertus veranstalteten Sammlung[2] in dem miniaturengeschmückten Kod. 32 s. XIV—XV, dann mit Constitutiones pacium et treugarum verschiedener Landesherren in Kod. 38 s. XV in., endlich in doppelter Abschrift (fol. 9—21 und 47—56) in Kod. 39 s. XIV. — Die Constitutiones factae per dominum regem in curiis generallbus super salariis cartarum processuum in papiro scriptarum im Kod. 140 s. XIV beweisen, daß die Taxenbestimmungen für Notariatsinstrumente in Katalonien verhältnismäßig frühzeitig erlassen wurden.[3]

Ausland und Inland steuern, wie man sieht, der Ripoller Bibliothek so viele Quellen für Rechtsprechung und Justizpflege bei, daß die Tätigkeit des Klosterskriptoriums auf diesem Gebiete zurücktritt. Die Wege, auf denen die betreffenden Schriften aus Modena, Bologna, Avignon, Urgel, Tarragona, Barcelona, Gerona, Bagés, San Juan de las Abadesas nach Ripoll gelangten, sind nur in einzelnen Fällen zu erkennen, ganz dunkel bleibt die Wanderung der Abschriften der beiden Niederländer,

---

die jetzt zum größten Teil selten gewordenen Drucke dieses Textes verzeichnet erscheinen. Ich benützte den letzten Abdruck in der Historia de la legislación de España von Amalio Marichalar und Cayetano Manrique, VII (1863), 232 ff. Ficker nennt nur zwei Manuskripte des lateinischen Textes, die Parisini F. lat. 4671 und 4673; in den Instituciones del derecho civil catalán von Guillermo Maria de Brocá und Juan Amell, Barcelona 1886, I² 21, Anm. 6 werden andere Handschriften namhaft gemacht, auch eine aus dem Archivo general de la Corona de Aragon, die jedoch aus dem Landhausarchiv stammt (sin duda el original latin que Fernando I mandó depositar en el archivo de la antigua Diputación), also mit dem Rivipullensis 23 nicht identisch sein kann. Genauere Kunde über den Rivipullensis 38 gab José Coroleu in einem von Ficker nicht herangezogenen Aufsatz: Código de los Usajes de Barcelona, Boletín de la Real Academia de la Historia IV (1884), 86 ff. unter Beschreibung der kunst- und kulturhistorisch bemerkenswerten Anfangsvignette (Ramón Berenguer el Viejo auf dem Throne). — Die beiden anderen Rivipullenses der Usatici treten zu jenem bisher bekannten Material ergänzend hinzu.

[1] Vgl. die S. 78 mitgeteilte Schlußnote aus der Abschrift der Ständeverhandlungen v. J. 1283.

[2] Vgl. Torres Amat 10 und Brocá-Amell a. a. O. 49.

[3] Vgl. hiezu die von Villanueva, Viage VIII, 230 aus einem Ripoller Kodex s. XIII mitgeteilten, 1218 und 1241 erlassenen Vorschriften für Notare.

des Magister Joannes Blasius aus Brabant (Kod. 17) sowie des
Lütticher Klerikers Johannes Merhout[1] (Kod. 35), ebenso des
Deutschen Theodoricus de Palude (Kod. 20), die in der Ripoller
Bibliothek auftauchen. Aber schon die von den juristischen Handschriften ausgehende Feststellung der Bezugsquellen als solche
ist, wie sich leicht zeigen läßt, für die methodische Erforschung
der Ausgestaltung der Ripoller Handschriftenbibliothek während
der Renaissance von Belang. Der Rivipullensis Nr. 16 mit den
Additiones des Johannes Andreae zum Speculum iuris (vgl.
S. 84) ist 1377 von dem Baccalaureus in decretis Guillermus
Col de Canes, damals Camerarius von San Benito de Bagés,
geschrieben worden. Nun hatte Torres Amat in den Memorias
183 mitgeteilt, daß ein ,Guillermo Colldecanas, monje de Ripoll
y prior de Panizars, dependiente del monasterio', einen ,Liber
vitae solitariae' abgeschrieben habe, und Corminas, Suplemento
302, wußte diese Mitteilung dahin zu ergänzen, daß die Abschrift des Werkes Petrarcas sich in ,Nr. 109' des Ripoller
Fonds im Kronarchiv zu Barcelona finde. Nach diesem für die
Geschichte des Petrarchismus in Spanien wertvollen Zeugnis
ist in jüngster Zeit vergeblich gesucht worden (vgl. T. I, 8).
Das Manuskript ist tatsächlich erhalten, allerdings nicht unter
Nr. 109, sondern unter Nr. 104 der Ripoller Sammlung, und
trägt die Schlußnotiz: Scriptus per fratrem Guillermum de
Coll de canes priorem de Panissas litigantem prioratum de ma-
guella quem pacifice possidere in breui sperat misericordia dei
ipsum iuuante.[2] Mehr Licht über den Schreiber der beiden
erwähnten Handschriften verbreiten die ersten Blätter des Rivipullensis 67, der (vgl. oben S. 83) verschiedene Traktate des
Bartolus de Saxoferrato enthält. Fol. 1—3 findet sich nämlich
ein Schreiben des Johannes de Silvis, decanus ecclesie sancti
agricoli (sic) avinionis an den Abt und Konvent Monasterii
sancti Benedicti de Bagiis mit der Datierung: Datum et actum
avinione in domo habitacionis nostre anno 1380, das zunächst

---

[1] Johannes de Meerhout, Augustiner, geboren gegen Ende des 14. Jahrhunderts zu Diest in der Diözese Lüttich, † 1476, Theologe, Philologe,
Chronist und Dichter, vgl. Biographie Nationale ... de Belgique XIV
(1897), c. 257—259.
[2] Hierüber Farinelli im Giornale storico della letteratura italiana 1907,
176, Anm. 8.

die Studien zu Avignon im allgemeinen bespricht und dann
hervorhebt: ‚Venerabilis et Religiosus Vir frater Guilermus de
Col de Canes monachus et Camerarius monasterii Supradicti
sancti Benedicti de Bagiis in prephato studio avinionensi in
iure canonico continue insistens ... qui a mense octobris anni
domini MCCCLXXVII proxime preteriti citra in eodem studio
continue studuit et ceteros actus qui per veros studentes fieri
debent exercuit.‘ Wir lesen also hier eine Art von Hochschul-
zeugnis, das man dem fleißigen Geistlichen ausstellte, und dürfen
als sicher annehmen, daß der hier belegte Export literarischen
Materials aus der berühmten Studienstätte nach Katalonien
nicht vereinzelt dastand. Mindestens sei daran erinnert, daß
der bereits besprochene Kod. 51 den Kaufvermerk trägt: constitit Avinione VX (so) flor. cum dimidio und daß der S. 85
erwähnte Rivipullensis 58 mit der lex repetita per nobilem
uirum petrum de Muris in Civitate Avinionis auch Stücke in
katalanischer Sprache enthält, die über die lokale Zuteilung entscheiden.

Diese Nachweise wird man sich auch bei einigen ohne
Provenienzindizien überlieferten Ripoller Iuridica vor Augen
halten dürfen, so bei einigen mit Miniaturenschmuck ausgestatteten Handschriften wie Kod. 7 (Tractatus de consangui-
tate mit dem Arbor, Taf. 9) und besonders Kod. 19 (Bonifacius VIII, Liber VI, Taf. 10), für die unter den angedeuteten
Umständen Avignon als Bezugsquelle wohl in erster Linie in
Betracht kommt. Ist diese Annahme richtig, so läßt sich nicht
nur auf literarischem, sondern auch artistischem Gebiete Avi-
gnons dominierende Stellung während des Trecento an bestimmten Beispielen der Handschriftenillumination bei einem südlich
der Pyrenäen gelegenen Kulturzentrum in ähnlicher Weise
zeigen, wie dies Max Dvořák mit Rücksicht auf böhmische Mal-
schulen des 14. Jahrhunderts für den Norden dargelegt hat.[1]
Der spezielle kunsthistorische Nachweis setzt allerdings im vorliegenden Fall die Untersuchung des hier in Frage kommenden kanonistischen Illustrationsmaterials voraus, durch welche

---

[1] Die Illuminatoren des Johann von Neumarkt. Wien 1901. Jahrbuch
der kunsthistorischen Sammlungen des Allerhöchsten Kaiserhauses XXII,
Heft 2, S. 74ff., 81 ff.

die jüngst erschienenen dankenswerten Studien von A. Labande[1]
eine Fortsetzung erfahren könnten.

Wie die meisten der eben registrierten juristischen Handschriften der Ripoller Sammlung als Studienbehelfe und Hilfsmittel zur Rechtspflege und Verwaltung einer mehrhundert-
jährigen, schon aus dem alten Kataloge (T. I, 104 ff.)[2] erkenn-
baren und, wie die S. 8 f. mitgeteilte Privaturkunde beweist,
auch dem Volke zum Bewußtsein gelangten Tradition entsprechen, so knüpfen auch die Lehrbücher der Rechtssprechung
in anderem Sinne des Wortes, die Grammatiken, an die betreffenden sehr alten Bestände der Klosterbibliothek an: man
weiß, daß die Libri artium schon in der Bibliothek der Olivianischen Zeit eine besondere Stellung einnahmen und daß
(vgl. T. I, 106) Donatos IIII, Priscianos II, Priscianellos II
diese Spezialsammlung eröffneten. So sei hier, da wir von den
Grammatiken des 14. und 15. Jahrhunderts sprechen, gleich
eine Bemerkung über ein Exemplar einer Lectura Prisciani
minoris (Priscianellus) angeschlossen. Die betreffende Handschrift, cod. 131, trägt genaue Vermerke über Ort und Zeit der
Entstehung (Toulouse 1307), überliefert anderweitig meines
Wissens nicht belegte Namen mittelalterlicher Grammatiker
und ist durch ihre gepreßten, scharf gebrochenen, von kursiven
Elementen fast völlig freien Schriftzüge auch paläographisch
beachtenswert, weshalb eine Reproduktion der Seite, welche
die Subscriptio bietet, beigegeben wurde (Tafel 11). Die Schlußnotiz lese ich wie folgt: ... secundus liber prissiani minoris.
et fuit abstracta ista lectura ab illa de magistro p. de coderco
quam habuit ipse magister. p. a magistro Vitali de tarbia qui
fuit magister suus et ipse magistrauit eum scilicet magistrum
p^{m} (petrum) et fuit scripta tholoze ad saiynerii die sabbati post
festum pentecostes XIII Kl' Iunii anno domini MCCCVII.

Auch noch andere lateinische Grammatiken in Ripoller
Handschriften jener Zeit treten als ergänzendes Material zu den
bisher vorliegenden einschlägigen Untersuchungen, so von Charles

---

[1] Les miniaturistes Avignonais, Gazette des Beaux-Arts, Année 47 (1907),
213 ff., 289 ff.

[2] Nr. 94—98: Canones V; Nr. 105—107: Lib. judices III; Nr. 197: Lex
romana.

Thurot[1] und J. J. Baebler,[2] hinzu: Kod. 142 s. XIV Lat. Grammatik („Secundum philosophum in primo phisicorum . . .‘) mit einer Tabula Lunae und der Besitzernotiz: Iste liber est iacobi pujol; Kod. 153 s. XIV, Grammatik („ad abendam alicalem noticiam in dotrina proverbiandi . . .‘;[3] Kod. 156 s. XIV ein kurzer grammatischer Tractat mit einem Calculus solaris als Anhang; Kod. 172 s. XIV (Hic incipit regimen doctrinalis Similia similibus declarantur), Kod. 191 s. XIV (1337) Grammatica de toto regimine (abrupt beginnend). Unter den nichtanonymen Grammatiken ist das bekanntlich als Schulbuch benützte Doctrinale des Alexander de Villa Dei, wie zu erwarten war, in mehreren Exemplaren vertreten, die ebenso wie die Kodizes mit Kommentaren dieser Grammatik deutliche Spuren eifriger Benützung aufweisen: Kod. 70 s. XIV—XV, Kod. 79 s. XIV ex. (Kommentar: Hec summa est secundum magistrum Guilermum Lacasa); Kod. 92 s. XIII—XIV (Besitzervermerk: Ista lectura est Bernardi de Vi////, minoris dierum et scriptoris . . . fuit empta (?) in ciuitate Barchinone 1420); Kod. 97, chart. s. XIV; Kod. 154 s. XIV; Kod. 163 s. XV; Kod. 189 s. XIV; Kod. 200 s. XIV (am Anfang und am Schluß defekt). Auch von dem bekannten Graecismus des Eberhardus Bethunensis sind mehrere Exemplare in der Ripoller Sammlung vorhanden; eines, Kod. 147, ist speziell beachtenswert durch Datierung, Besitzernotizen und Schriftart, deren Reproduktion (Taf. 12) mit der kurz vorher erwähnten Schriftprobe aus Toulouse verglichen werden möge. Die Schlußnotizen lauten: Iiste[4] liber fuit explicitum in die sancti beneti abbatis a X̊X et uno die marci, in anno do-

---

[1] Notices et extraits de divers ms. lat. pour servir à l'histoire des doctrines grammaticales au moyen âge. Notices et extraits des ms. de la Bibliothèque Impériale, Paris, XXII (1868), 2.

[2] Beiträge zu einer Geschichte der lateinischen Grammatik im Mittelalter. Halle a. S. 1885.

[3] Anscheinend derselbe Traktat findet sich auch in einem aus dem Kloster Santas Creus stammenden Manuskript der Provinzialbibliothek zu Tarragona, das kürzlich von Jaume Bofarull, Revista de Bibliografía catalana III (1903), 211ff. unter Beigabe einer Schriftprobe ausführlich beschrieben wurde. Die Schlußnotiz: Aquestes notes son de Fra Tomas Reusich monjo de Sentes Creus bezieht sich aber nicht auf den Verfasser, wie Bofarull S. 216 anzudeuten scheint.

[4] Bemerkenswert ist die Form des e: man würde zunächst Iistoc lesen.

mini millesimo CĈC terdecimo quarto. Und zum Schluß: Iste
liber est Bernardi de Bacho de camporotundo (Camprodon) de
gerundensis episcopatu cui deus det bonam vitam. Qui predictum furatus fuerit suspendetur. Der Name des ersten Besitzers
ist durchgestrichen und ‚Petro de Modio' darübergeschrieben
worden.

Kod. 189 s. XIV enthält den Liber synonymorum des Johannes de Garlandia; Kod. 190, welcher zum Schluß die Einzeichnung enthält: Signum // Raymundi de insula qui istum
librum scripsit anno domini MCCCXX sexto, birgt die ars dic-
tandi des Pontius Provincialis, d. h. also das dictamen de compe-
tenti dogmate dieses Grammatikers, über welches Thurot a. a. O.
38 f. eingehend handelt. Vielleicht ist im Anschluß an das S. 22
und 48 Bemerkte darauf zu achten, daß eine der von Thurot
herangezogenen Handschriften aus St. Victor zu Paris stammt.
— Vorläufig nicht näher bestimmbar sind die ‚proverbia regi-
minis secundum tomam' im Kod. 183 s. XIV (beg.: Liber magistri est magne utilitatis qm̃ uult em̃e unus nostrorum; aus einer
zum Teil ausgekratzten Besitzer- und Ankaufsnotiz läßt sich
noch folgendes erkennen: Iste liber est Raymundi Y///// solidis)
sowie die Summa de grammatica magistri Thurandi (Duranch) in
Kod. 109 s. XIV (beg.: Quoniam oratio est ordinatio diccionum).

Wie zu erwarten war, fehlt in den einschlägigen Arbeiten
und Abschriften auch die bodenständige nationale Note nicht.
Kod. 122 s. XIV enthält eine lateinische Grammatik in Versen
(z. T. leon. Hex.),[1] deren Einleitung mit dem von Thurot S. 50
aus Paris. lat. 8175 fol. 47 (Hugucio de dubio accentu) angeführten Incipit übereinstimmt: Sapientis est desidie marciscenti
non succumbere ... Dann heißt es: ... licet non me sufficien-
tem tanto reputem operi ad onorem tamen domini. t. venerabilis episcopi pallentini per quem palencie virgineus elicon ui-
gere studium gratulatur ...

Der Bischof ‚.t.', unter dem in Palencia ein virgineus Heli-
con für das Studium erblühte, kann niemand anderer sein als
Tello, dessen Hirtenamt in die Jahre 1212—1246 fällt; denn
zu Beginn des 13. Jahrhunderts (1212 oder 1214) war auf

---

[1]   Sola mori nescit eclipsis nescia uirtus
        Non ergo moritur huius qui laude potitur.

Tellos Betreiben von König Alfons IX. in Palencia ein Scientiarum studium generale, eine Art Hochschule, ins Leben gerufen worden; die hier ausgehobene Notiz verrät nicht nur die Zeit der Zusammenstellung des besprochenen Textes, sie lehrt uns auch eine der ersten Grammatiken der ältesten Universität Spaniens kennen. In das aragonesische Gebiet werden wir durch eine in Kod. 184 überlieferte Darstellung von Regeln de circumlocutionibus participiorum nobis deficientium u. ä. m. geführt, an deren Schluß bemerkt wird: Expliciunt supleciones edite a raymundo catalano bacallario cesarauguste (Zaragoza) Iste supleciones fuerunt scripte per manum .p. amicdali anno MCCCXX. Ilerde (Lérida) eram tunc et nunc. Die Umschau in den mir zugänglichen Quellenwerken, auch in den aragonesischen Schriftstellerlexika (Latassa) nach dem ‚Raymundus Catalanus‘ (es gibt ihrer viele), der hier gemeint sein kann, blieb vergeblich; doch findet sich bei Marchi-Bertolani, Inventario dei manoscritti della R. Biblioteca Universitaria di Pavia, I, 234 die Beschreibung der in Kod. 418 enthaltenen doctrina inueniendi Rhetorice subiectum, deren Autor Raimundus Catalanus mit dem Verfasser der supleciones identifiziert werden kann; die Schlußnotiz[1] erinnert uns an die während des 14. Jahrhunderts so häufigen und erfolgreichen Züge der Katalanen nach Griechenland. Eine Frucht des aufblühenden spanischen Humanismus ist möglicherweise auch die in Kod. 173 s. XIV—XV enthaltene lat. Grammatik (ohne Überschrift: ‚Et secundum quod dicit philosophus quarto metafisices substancia precedit quelibet acciones tempore‘), die am Schluß als ‚cartapacium magistri alavate‘ bezeichnet wird; freilich bleibt der Verfassername noch dunkel. Vielleicht kann man an Andres de Albalat (den Bruder des S. 69 erwähnten Pedro de Albalat) denken, der Bischof von Valencia war und dort 1259 einen Lehrstuhl für Grammatik errichtete (Torres Amat, Memorias, 8). Spanisch klingt auch der Name des Verfassers eines in Kod. 179 s. XV

---

[1] Pinitus est liber iste ad dei gloriam et honorem in quo tradita est doctrina inueniendi Rethorice subiectum... Istum tractatum compilauit Raymundus Cathalanus secundum uulgarem stilum in Insula Cipri in Monasterio Sancti Johannis Crisostomi Anno domini MCCCI in mense Septembris sed Anno CCCII fuit in latinum translatus in Janua Ciuitate Ytalie Amen.

enthaltenen Traktates, der beginnt: Quanto aliquid nobilius . . .
tanto prius; propter quod multorum de discipulis seu scolari-
bus meis precibus inclinatus ego magister B. de Ffita. scribere
presumpsi de utilitatibus artis grammatice seu de arte pro-
uerbiandi.

Als Lesebuch zur Einübung der Regeln diente wohl
zunächst Walters Alexandreis, wie schon aus der großen Zahl
der erhaltenen Ripoller Handschriften dieses Werkes geschlossen
werden kann; zu den noch aus dem 13. Jahrhundert stammenden Exemplaren (Kod. 174, 196, 212) wuchsen noch manche
in späterer Zeit zu (meist starke Gebrauchsspuren aufweisend):
Kod. 137 s. XIV (mit Kommentar), Kod. 188 s. XIV (1332;
‚Ego Raimundus de Frigula, filius Arnaldi de Frigula, taber-
narli Incole Bisulli[1] perfeci istum librum‘); Kod. 201 s. XIV;
Kod. 208 s. XIV. Ähnlichen didaktischen Zwecken diente auch
die Lektüre des in zwei Exemplaren, Kod. 207 und 211 (beide
s. XIV), vorhandenen ‚Tobias‘ des Mathaeus Vindocinensis, ferner
der ‚Disticha Catonis‘, von denen sich außer der T. I, 10 u. 61
besprochenen alten Abschrift noch zwei jüngere Exemplare erhalten haben, eines in Kod. 166 s. XIV—XV, ein anderes in
Kod. 129 s. XIII, der außerdem noch andere Sprüche in Hexa-
metern und Fabeln (De lupo et cane, De capra) enthält. Zu den
Prosatexten, die Übungsstücke abgaben, mögen Cicero De officiis (in Kod. 136 s. XV), etwa auch das Exemplar von Boëthius
De consolatione (in Kod. 81) gehört haben, das am Schlusse die
Einzeichnung trägt: explectionem assumpsit manibus iohannis
terrat studentis 1478.

Unter den sich an die Grammatiken schulgemäß anschließenden Traktaten über die Logik (Dialektik) ist ein Exemplar der
Summulae des Petrus Hispanus an erster Stelle zu nennen.
Das betreffende Manuskript, Kod. 216 s. XIV (auf das Alter ist
zu achten), einst im Besitze Fratris p. Figuires de ordine fratrum
minorum conventus vicii, stellt durch die Schlußnotiz Expliciunt
tractatus magistri p. ispani de ordine predicatorum die Diskussion
über die vielbehandelte, von Prantl, Geschichte der Logik im
Abendlande III, 33 f., verneinte Frage, ob Petrus Hispanus, der
nachmalige Papst Johann XXL, Dominikaner gewesen sei, auf

---

[1] Besalú.

urkundliche Grundlage;[1] sie bezeugt, daß der 1277 gestorbene
Verfasser der Summulae im 14. Jahrhundert als Dominikaner
bezeichnet wurde. Ein Kommentar zu der bekanntlich lange
Zeit als maßgebend angesehenen Schrift findet sich im zweiten
Teil des Kod. 84, dessen erster Teil die Sophismata des Albertus
de Saxonia (von Riggensdorf) enthält.[2] Neben den Quaestiones
ordinariae des in Avignon 1317 gestorbenen Gerhardus de Bononia (Prantl III, 241, Fabr. II, 38), in dem wohl aus Avignon
beschafften Kod. 95 s. XIV, ferner einer auf Alberts Logik zu-
rückgreifenden Dialectica in Kod. 150 s. XIV—XV (‚Dialectica
ars generaliter diffiniendi‘), einem ‚aliquas res artis logicae‘ be-
handelnden Traktat in Kod. 71 s. XIV (auf dem Rücken des
Einbandes von moderner Hand als ‚Logica Bochani‘ bezeichnet)
und der Summa Magistri Matthaei Aurelianensis (circa sophismata) in Kod. 109 s. XIV, sind die Schriften von zwei Autoren
zu verzeichnen, die man in Ripoll nicht vermuten würde. In
Kod. 129, einem Sammelbande, der sehr verschiedenartige, zum
Teil sicher von Scholaren herrührende Aufzeichnungen vereinigt und, wie die vulgärsprachlichen Texte zeigen, bestimmt
in Katalonien zusammengestellt wurde, finden wir (von einer
Hand s. XIV) den Traktat ‚Magistri Tisburini‘ (also des Guilelmus Hentisberus) ‚de sensu composito et diviso‘ (Prantl IV, 89);
Kod. 141 enthält die suppositiones magistri rodulphi strode an-
glici scripte per manus bernardi vicarii licenciati 1388 (eine
frühe Abschrift, da Rodulphus Strodus um 1370 blühte); voran
geht der liber consequentiarum, gleichfalls von Strodus (Prantl IV,
45, wo ausführlich über die ‚Consequentiae‘ und ‚Obligationes‘
gehandelt wird), und der ‚tractatus bilinguam‘. Im Anschluß
an die Vermutung Prantls (a. a. O., Anm. 176), daß Strodus auch
über die Proprietates terminorum geschrieben habe, erwähne

---

[1] Quétif-Echard, Scriptores ord. Praed. I, 485 behaupten: ‚in nullo codice
seu MS seu impresso Petrum Hispanum titulo Fratris ornari aut ordinis
Praedicatorum dici‘.

[2] Die in der Schlußnote enthaltene Datierung: 1373 et tunc hêbûs XXI
pro fido solari (so) et VI pro aureo numero et XI pro indicione scripta per
me fratrum bartolomeum senfors ordine beate marie de mercede über-
rascht, denn es fände sich, falls das Jahr zutrifft, in Ripoll eine Niederschrift der Sophismata, die lange vor dem Tode Alberts († 1390) erfolgte;
doch fällt die vorliegende Kopie nach meiner Schätzung erst etwa ein
halbes Jahrhundert später.

ich den in Kod. 162 s. XIV überlieferten anonymen Traktat:
Intentionis presentis est primo pertractare de terminis ... secundo
de proprietatibus terminorum usw.; als dritter Teil folgt die Abhandlung de speciebus obligacionis. Auf den Inhalt von cod. 141
weist wieder der am Anfang verstümmelte Sammelkodex 166
s. XIV—XV, dessen erstes Stück die Schlußnote trägt: ‚Expliciunt consequentiae magistri berlinguam‘. Darauf de terminis
und wieder de consequentiis.

Diese Sammlung von Traktaten aus der Zeit des üppigsten
Umsichgreifens der scholastischen Logik schloß sich selbstverständlich an die grundlegenden Werke der Scholastik an.
Den Ausgangspunkt bildet Aristoteles. Kod. 134: Porphyrius
Isagoge und (von späterer Hand) die Praedicamenta; Kod. 135:
Priora, Posteriora, Topica, Elenchi; Kod. 115: Metaphysica, De
generatione, Parva naturalia, Physiognomica, Epistula ad Ale-
xandrum; Kod. 128: De animalibus, Index Aristotelicus super
libros naturales, sämtlich aus dem 14. Jahrhundert. In der
Sammelhandschrift 109 s. XIV: Aegidius Romanus, Super libro
elenchorum; von einer etwas späteren Hand: Raimundi Vinaterii [1]
legum doctoris est liber iste; ebenda des Bernardus de Sanciza,
origine Bitterensis qualiscumque magister in artibus, Traktat
super Porphyrium; Glossae tocius libri priorum g'a', wohl Guillermi Alverni (Wilhelm von Auvergne, Prantl III, 75, Anm. 278);
Rotbertus de Aucumpno Super elenchis, zum Schlusse eine Notiz
s. XIV: Iste liber est fratris Bartholomei Gaconi ordinis fratrum
Predicatorum.

Unter den Werken der führenden Scholastiker begegnen
wir den Sentenzen des Petrus Lombardus und deren Erklärungen
in einer Reihe von Kodizes: 55 s. XIII—XIV; 57 s. XIV; 63
s. XIII—XIV; 27 s. XIV—XV (m. Glosse); 77 bis s. XIV (Summa
in Sententias); 45 s. XIV (Richardus de Mediavilla, Quaestiones
super sententias); 48 s. XIV (Johannes Duns Scotus, in libros
sententiarum); 53 s. XIV (desselben Repertorium super tertium
et quartum librum Sententiarum). Von Thomas Aquinas findet
sich in dem wohl noch dem 13. Jahrhundert angehörenden

---

[1] Ramon Viñader, Jurist, Archidiakonus der Kirche von Vich, von dem
der Vicenser Bischof, Galçeran de Çacosta, 1341 eine Bibelkonkordanz
kaufte, vgl. Torres Amat, Memorias 670, Handschriftenschätze Spaniens 545.

Kod. 132 (der 1323 kanonisierte Verfasser heißt hier noch Frater Thomas) der Kommentar In librum de anima; Kod. 51 s. XIV mit der Summa libri secundi pars secunda enthält die Subscriptio: Bartolomeus de nazariis de Casali Vercellensis diocesis hanc summam scripsi sowie die Besitzer- und Kaufnotiz: Ista secunda secunde sancti Thome est fratris F. de Sauarensio (?) prepositi de palacio in Monasterio Riuipulli et constitit sibi Auinione VX (sic) flor cum dimidio.[1] Derselbe Teil der Summa findet sich auch in Kod. 54 s. XIV.

Es mag fürs erste überraschen, daß dem reichen, für die Ripoller Schule bestimmten Lehrapparat verhältnismäßig wenige aus dem 14. und 15. Jahrhundert erhaltene Manuskripte gegenüberstehen, die den eigentlichen Interessen des Klosters und der Kirche dienten, also biblische, liturgische und patristische Schriften; die Erklärung dafür ist hier wie anderwärts darin zu suchen, daß diese sehr häufig gebrauchten Texte in Drucken beschafft und gelesen, die stark abgenützten handschriftlichen Exemplare ausgeschieden wurden.[2]

So fehlen Bibelhandschriften aus jener Zeit fast völlig. Kod. 210 s. XIV enthält das Neue Testament bis zur Apokalypse (mit Prologen), Kod. 171 s. XV ein stark zerlesenes Bruchstück des Psalters; das ist alles. Erläuterungen oder Prologe zu einzelnen Büchern der Bibel finden sich in Kod. 29 s. XIV, 37 s. XIV, 149 s. XIV, 129 s. XIV (Psalmen), 86 s. XIV (Matthaeus), 36 s. XIV ex. (Johannes). Kod. 202 s. XIV enthält am Schlusse eine Bibelkonkordanz.

Im Anschluß hieran wären zu erwähnen: Hugo de S. Victore (?) Postilla, Kod. 13 s. XIV—XV; Nicolaus de Lyra in Psalmos und in Matthaeum, Kod. 3 und 2 s. XV; unter dem Titel: Liber Amonicio sancti Augustini Episcopi findet sich in Kod. 138 s. XIV ein zweites Exemplar des S. 12 erwähnten Liber scintillarum; hier geht der Sermo ad Fr. in eremo (Serm. 56, Aug. VI. 1339) voran. Florilegien aus den Vätern enthält ferner

---

[1] Vgl. S. 89.

[2] Die von Pellicer y Pagés, Santa Maria de Ripoll, 173 f. aus der Chronik des Pujades mitgeteilte Nachricht, daß ein Mönch von Ripoll im 15. Jahrhundert mehrere Ladungen (cargas) von Archivalien, darunter auch die ‚Anales de Ripoll‘, an einige Öl- und Seifenhändler verkaufte, vermag ich vorläufig auf ihre Richtigkeit hin nicht zu prüfen.

noch Kod. 152 s. XV (Augustinus, Gregorius, Ambrosius, Hieronymus). Augustins Regel mit De claustro animae Hugos überliefert Kod. 169 s. XIV. Bernhards von Montecassino Erläute-
rung der für die Ripoller Mönche weit wichtigeren Regel Benedikts findet sich in Kod. 68 s. XIV—XV, der eine noch zu
besprechende beachtenswerte Notiz über den Preis der Anfertigung der Handschrift enthält, sowie in dem noch aus dem
13. Jahrhundert stammenden Kod. 178, der außerdem Bernhards
Speculum monachorum überliefert (vgl. S. 76); über die katalanischen Glossen zu Benedikts Regel in Kod. 144 s. XIV vgl.
S. 111.

Unter den neueren Kirchenschriftstellern stand außer
Thomas von Aquino (zu den oben S. 97 genannten Schriften
kommt noch dessen Traktat de fide catholica in Kod. 64 s. XIV)
besonders Bernardus Clarevallensis in Ansehen; seine opuscula
und epistulae sind in einer stattlichen Reihe von Rivipullenses
zu finden (Kod. 56 s. XIII—XIV, 65 s. XIII—XIV, 94 s. XIV,
108 s. XIV, 143 s. XIV, 175 s. XIV, 227 s. XIV—XV).

Einige dieser Schriften Bernhards (de praecepto, de con-
sideratione, de meditatione, noch mehr die erwähnten Mönchs-
regeln) führen von dem Gebiete der theoretisch-theologischen
Literatur zu den Unterweisungen in der Ausübung geistlichen
Berufes und zur Morallehre hinüber. Daß man in Ripoll auch
diesen Disziplinen Aufmerksamkeit schenkte, beweist manche
schöne Handschrift mit einschlägigen Werken: der anonyme
tractatus de eruditione religiosorum in Kod. 108 s. XIV ist das
Werk des Guilelmus Peraldus (Fahr. II, 151; darauf folgt in
der Handschrift Bernardus Clarev., Regula honestatis); Kod. 176
s. XIV enthält am Anfange eine Recommendatio sacrae scripturae,
Kod. 157 s. XIV das Itinerarium seu dietarium de vita religiosa
des Johannes Guallensis (Fahr. II, 104), von demselben frucht-
baren Verfasser ist auch die einem ‚Johannes frater ord. min.‘
in Kod. 175 s. XIV zugewiesene Summa de poenitentia; die
Kodizes 98, 101 und 107, sämtlich s. XIV (Kod. 98: ‚Finitus
a. 1366‘), bergen das mächtige Reductorium morale des Petrus
Berchorius (Fahr. III, 232 f.); die ehemals mit großen, goldgehöhten, jetzt zum großen Teile weggerissenen Initialen ge-
schmückte Handschrift Nr. 75 s. XIV ex. enthält die Bücher IV
bis VI der Revelationes der heil. Brigitta, Kod. 121 s. XIV die

vita et miracula beati Francisci. Das bereits erwähnte Speculum monachorum secundum Bernardum Casinensem findet sich
auch in Kod. 143 s. XIV nach einem Beichtspiegel und einem
Tractatus de horis dicendis; Kod. 34 s. XIV enthält ein Ratio-
nale divinorum officiorum; in zwei handlichen kleinen Kodizes,
202 s. XIV und 223 s. XV, liest man die dieta salutis des Petrus
Luxemburgensis; in Kod. 167 s. XIV folgt auf eine Art von Handbuch der Pastoraltheologie (1. Kap.: Qualiter debeat sacerdos
predicare) mit der Überschrift: Exemplum cuiusdam anyme que
paciebatur purgatorium die Angabe: Anno 1300 . . . Johannes
Gobi ordinis predicatorum prior in conventu de Alesto (d. h.
Alesia, Aleis) scripsit fratri petro galterii . . . existenti in curia
Romana. Der Schreiber, Johannes Gobi der Ältere (nicht bei
Fahr., vgl. aber Quétif, Scr. Ord. Pr. I, 633), war 1302 Prior in
Avignon; die Handschrift befand sich aber schon in der ersten
Hälfte des 14. Jahrhunderts in Katalonien, wie ein vulgärsprach-
licher Bericht über eine Reise zu den ‚sants romaratges‘, den
Orten des heil. Landes, samt Beschreibung der loca sancta aus
dem Jahre 1323 bezeugt (vgl. S. 114).

Der Ripoller Mönch fand als Prediger wie in früherer
Zeit so auch im 14. und 15. Jahrhundert Anregung in neu zu-
gewachsenen Sermonensammlungen; für den Eifer, mit dem
sie abgeschrieben wurden, ist die Schlußnotiz im Kod. 93 bezeichnend, der die sermones des ‚Dominicus de Ropella‘ (Johannes Rupella?) und des ‚Michael de Bononia‘, d. h. also des
Michael Angriani († 1400 in Bologna), enthält: Scriptum Janue
per me . . . fratrem dominum de cartiliano abbatem quarta
mensis madii anni MCCCCVIII in ianua, in quo pro unione
ecclesie eram cum . . . domino cardinali Gerundii[1] ipso cum
domino papa in portu denie existente et adiuuarunt discretus
bernardus alberti et iohannes podioli.[2] Es ist also der Abt

---

[1] Berenguer de Anglesola, Bischof von Gerona, 1397 von Benedikt XIII.
zum Kardinal ernannt.

[2] Der Name Pujol ist auch heute in Katalonien häufig. Ein Petrus Arnaldus de Podiolo schrieb 1339 das bekannte Breviarium von Gerona,
welches neun Lectiones des Officium sancti Caroli Magni enthält. Vgl.
Villanueva, Viage XII, 207 und jetzt Jules Coulet, Étude sur l'office
de Girone en l'honneur de Saint Charlemagne, Publications de la société
pour l'étude des langues romanes XX (1907), 25.

von Ripoll Raimundo Descatllar (1383—1408), der sich die
Mühe gab, die ziemlich umfangreichen Predigtensammlungen
mit Unterstützung von zwei Gehilfen abzuschreiben.[1]

Beachtenswert ist ferner die in Kod. 182 s. XIV enthaltene
Sermonensammlung; ein Teil der Handschrift (fol. 88—103) ist
reskribiert, und es wurde, wie sich noch sicher nachweisen läßt,
auf sermones de sanctis — Schrift s. XII—XIII — im 14. Jahrhundert die neue Predigtensammlung aufgezeichnet. In Kod. 36
s. XIV ex., der von einer Hand s. XV die Einzeichnung erhielt:
‚Iste liber est conventus Riuipulli ponatur in libraria‘, finden
sich die Predigten des Papstes Innozenz III. (Fahr. II, 325),
in Kod. 176 s. XIV Sermones per magistrum P. Rogerii, d. h.
des Papstes Clemens VI., denen ein Sermo de ascensione magistri Francisci und zwei Sermones des Thomas von Aquino
folgen. Kod. 213 s. XIII—XIV enthält zwei Predigtensammlungen,
deren zweite (sermones de tempore) die Aufschrift trägt: opus
ffratris p. insoli yspani.[2] Predigten finden sich ferner in Kod. 192
s. XIII—XIV, 120 s. XIV (de tempore), 187 s. XIV in. (de
Sanctis et diebus festivis), 223 s. XV, 226 s. XIV (de Evan-
geliis, de Sanctis, de sacrificio Missae). In Kod. 222 s. XV folgt
auf eine Predigtsammlung (in dieser Sermones de invocatione
Sanctae Mariae) ein Verzeichnis der Messen, welche für einzelne Personen gelesen werden sollen, darunter — nach altem
Brauch — XV K. augusti pro comite barchinonensi. Man darf
es bedauern, daß die weitaus meisten liturgischen Manuskripte,
zum Teile aus denselben bereits früher angedeuteten Gründen
wie die biblischen und patristischen Handschriften,[3] damit auch

---

[1] Die Tatsache, daß wir diese Abschrift unter den Rivipullenses finden,
scheint die von Pellicer y Pagés, Santa Maria de Ripoll, 159 mitgeteilte
Nachricht zu bestätigen, daß Raimundo Descatllar, seit 1408 Bischof von
Elna, dem Kloster seine ‚escogida libreria‘ schenkte.

[2] Fahr. III, 248 registriert Sermones de tempore eines Petrus de Insula
‚Flander‘. Vielleicht ist es der Dominikaner P. d. J. (Chevalier, Rép. 3719).

[3] Kat. Bof. verzeichnet unter der Signatur I. 3. 20 den heute verlorenen
‚Llibre del ventre‘ de las raciones de comida (also Kollationen) que
se daban a los monjes de Ripoll y quien las daba o habia fundado,
s. XIV sobre pergamino a folio menor; ferner unter I. 3. 21 ein ähnliches älteres Verzeichnis (fundaciones de varias refaciones [so]). Verbrannt
sind gleichfalls das ‚Ritual antiguo‘ (‚lleno de preciosidades‘) und die
‚Consueta de los oficios divinos‘, Kat. Bof. I. 3. 22 und 23.

gewiß schätzenswerte Nachrichten über Kult und klösterliches
Leben verloren gegangen sind. Erhalten blieb bloß ein Missale,
Kod. 112 s. XIV (mit schönen goldgehöhten Initialen und ge-
fälligem Rahmenwerk), das mit dem Exorcismus salis et aque beginnt[1] und mit dem Gebete in natali uirginum (so) schließt; dann
ein Breviarium, Kod. 145 s. XV, mit Offizien der heil. Eulalia,
des heil. Dominicus, der Jungfrau usw. Einige, wie es scheint,
wertvolle Handschriften deuten auf Pflege des Kirchengesanges,
die ja gleichfalls auf alter Tradition beruht: Kod. 156 s. XIV
ein Liber hymnorum („Impnus est laus dei facta cum cantico‘
als erster Hymnus nach der Einleitung: Primo dierum omnium);
Kod. 180 s. XIV (In hoc volumine sunt omnes hymni feriales)
und Kod. 186 s. XIV (nach einigen einleitenden Worten: ‚Hymnus
enim laus divina dicitur quia quociens ymnos cantamus‘ . . .).

Von den bisher erwähnten Manuskripten des 14. und
15. Jahrhunderts erscheint eine nicht unbeträchtliche Zahl als
Ripoller Arbeit, diese jedoch vorwiegend sammelnd und ord-
nend, nicht schaffend. Selbständige Tätigkeit in dem hier besprochenen Zeitraum erkennen wir vorläufig nur auf einem
Gebiete, dem der Geschichtsschreibung, die, wie wir sahen, auf
zahlreiche bodenständige Quellen zurückgreifen, diese ergänzen
konnte.

Die Urkunden, in den ‚Archiva publica‘ (vgl. S. 20) in
einer Fülle und Mannigfaltigkeit aufgespeichert, von der die
hier herangezogene Auswahl eine nur unvollkommene Vorstellung gibt, wurden in guter Ordnung gehalten, die Transsumpte
und neuen Akten von eigenen Notaren (S. 8 f. und 78) mit stets
wachsender Umständlichkeit ausgestellt. Die Quellen für das
engere Gebiet der Haus- und Provinzialgeschichte und das ältere,
S. 20 und 57 skizzierte historische Material erweiterte man durch
Beschaffung von Werken allgemeineren Charakters, so Martins
Chronik (in zwei Exemplaren, Kod. 123, vgl. S. 70 und 125,
s. XIV) oder sonst historisch wertvoller Schriften, z. B. der Briefe
(dictamina) des Petrus de Vineis in Kod. 69 s. XIV, wie auch in

---

[1] Kat. Bof. erklärt unter der Signatur I. 3. 18: ‚Misal para uso de los Aba-
des del Monasterio de Ripoll segun se infiere de las bendiciones ponti-
ficales para los dias solemnes que tiene al fin.‘ Kat. Bof. ist auch hier
die Quelle für Corminas, Suplemento, S. 297.

Kod. 87 aus demselben Jahrhundert („Nomen scriptoris est Raymundus Bidaudi‘), der zum Schlusse die Littera missa per Sol-
danum magno pontifici Romanorum (Morbassanus et bremessa
cum suis fratribus ... Magno Sacerdoti Romanorum) enthält.

　　Was man, vornehmlich durch heimisches Material unterstützt, geschichtlich registrierend aufzeichnete, ist zum Teil verloren, so die Handschrift, die Kat. Bof. unter der Signatur I. 4. 27
beschreibt[1] und vielleicht identisch ist mit dem von Villanueva,
Viage VIII, 58 erwähnten Kodex, aus dessen Chronik a. a. O.,
S. 227 ff. beachtenswerte Auszüge mitgeteilt werden.　Gewiß
ist, daß sich die historische Arbeit der Ripoller Mönche während
des 14. und 15. Jahrhunderts in solchen Chroniken oder in
der Fortführung von Listen der Landes- und Kirchenfürsten
(Kod. 111, vgl. S. 70) nicht erschöpfte. Wir besitzen ein bestimmtes
Zeugnis dafür, daß Ripoll auch in jener Zeit als Stätte des
Landesarchivs angesehen wurde.　Pedro IV. übersendet 1366
(Nov. 10) dem damaligen Abt von Ripoll Raimundo de Sabarés
die Abschrift einer von ihm selbst verfaßten Chronik der Grafen
von Barcelona und Könige von Aragon mit dem Wunsche ‚quel
dit libre estigue en tal loch que memoria sia hauda daquí avant
dels fets damunt dits, e continuan de Nos e dels altres Reys
qui aprés nos seran‘; die Zuwendung wird gleich zu Beginn
des Aktes begründet: ‚Per tal com lo monastir de Ripoll es
dels pus solemnes e antichs monastirs que nostres predecessors
han hedificats e fundats en nostra senyoria, volem que en lo
dit Monastir sia hauda memoria dels Reys Daragó e dels Comtes
de Barchinona.‘[2]　Das Kloster Ripoll erfreute sich also auch
noch unter Pedro IV., nachdem es längst die Bedeutung eines
Pantheons der Landesfürsten verloren hatte, des alten Ansehens
als Sammelstätte historischer Erinnerungen und erschien speziell

---

[1] ‚Cuaderno en 4° y en pergamino muy maltratado que contiene dos calen-
darios y un cronicon que no es el publicado por Marca. Es de varias
manos y tiempos, la parte mas antigua no baja del siglo 13 y la mas
moderna de fines del 14. Es preciosísimo y muy digno de conservarse
y examinarse.‘

[2] Vgl. Revista de Archivos XIV (1906), 402 f. und Eduardo González Hurtebise, Revista de Bibliografía Catalana IV (1907), 190 f. Die betreffende
Urkunde findet sich fol. 21 des Registers 1079 des Archivo de la Corona
de Aragon.

geeignet, dem in der Zuschrift ausgedrückten Wunsch nach Fortsetzung der Chronik zu entsprechen.

Die Widmung Pedros wird erst recht verständlich, wenn wir die aus den letzten Jahrhunderten des Mittelalters stammenden Hausurkunden Ripolls berücksichtigen, die, nach dem Brande des Jahres 1835 als verloren betrachtet, sich in Bal. 107 erhalten haben und einerseits als Zeugnisse für die der Abtei von Seiten der Landesherren Jahrhunderte hindurch bewiesene Fürsorge merkwürdig sind, andererseits auf kirchlichem Gebiet die Stellung des der päpstlichen Kurie unmittelbar unterstehenden Klosters deutlicher, als dies bislang möglich war, erkennen lassen. Einige dieser Dokumente sind in der vorliegenden Studie bereits herangezogen worden, so das Dekret Jaimes I. vom Jahre 1257, das die Sanierung der durch die unzweckmäßige Güterverwaltung des Abtes Dalmacio Çagarriga zerrütteten Finanzen des Klosters bezweckte (Bal. 107, fol. 266^r, vgl. S. 72), ferner der Schutzbrief Raimunds, Vizegrafen von Cardona (fol. 205^r, S. 78, Anm. 1), ebenso die Bulle des Papstes Alexander IV. vom Jahre 1258, welche den erwählten Abt Bertrand (dez Bach) in Ansehung der mißlichen Vermögensverhältnisse des Klosters von der Reise zum päpstlichen Stuhle dispensiert (fol. 274, vgl. S. 72).[1]

Diesen Proben schließt sich eine größere Zahl anderer einschlägiger Urkunden an, von denen einige in kurzer Analyse hier folgen mögen: aus dem Beginn der Regierungszeit Jaimes I., des Eroberers, stammt der Schutzbrief für Ripoll und dessen Gebiet (unter Aufzählung der Klosterbesitzungen): Datum Villaefranchae VI Idus Sept. MCCXVII (Bal. 107, fol. 228^r); 1253 erteilt Jaime allen, die dem Kloster Lebensmittel zuführen, freies Geleite (fol. 230^r); 1256 gestattet er dem Kloster den Bau von Festungen in den Álloden (230^r); mit besonderer Förmlichkeit wird 1264 das Privileg ausgestellt, welches ‚Bernardo Dei gratia Abbati Rivipullensi … Cellerario, Camerario, Sacristae, Elemosinario et omnibus Praepositis, Prioribus et omnibus Officialibus‘ sämtliche bisher von den Landesherren gewährten

---

[1] Diese Bulle vom Jahre 1258 (Datum Viterbii IIII Idus Martii Pontificatus nostri anno quarto), an den ‚Bischof von Elna‘ (Berengarius de Cantalupis) gerichtet, füllt zugleich eine Lücke aus, die sich in allen bisher veröffentlichten Abtlisten Ripolls findet, da sie den Beginn des Hirtenamtes Bertráns unbestimmt ließen.

Freiheiten und Rechte bestätigt: Datum Barchinonae III Idus Novembris MCC sexagesimo IIII°. Signum Michaelis Violete qui mandato Domini regis hoc scribi fecit (231ʳ); 1285 verleiht Pedro III. einen Schutzbrief, um die Schädigung von homines und bona des Klosters abzuwehren (225ʳ); sechs Jahre später erhält Ripoll von Papst Nikolaus IV. die wichtige Bestätigung der exemptio ab omni prorsus iurisdictione ac dominio ordinarii für Monasterium cum Ecclesia Sancti Petri et capellis usw.; Datum apud urbem ueterem III Kal. Junii Pontificatus nostri anno quarto (281ᵛ). Die Bullen Klemens III. und Bonifaz VIII., welche dem Abt von Ripoll den Gebrauch der insignia pontificalia gestatteten (beide in Bal. 107, fol. 200ʳ und 279ʳ), sind bereits bekannt; hierzu kommen die beiden Bullen Klemens V. vom Jahre 1311 (Avignon) mit der Bestätigung der Wahl des Abtes Guilelmus de Campis (269ʳ—270ʳ) sowie die Gewährung der facultas habendi altare portatile aus dem folgenden Jahre (271ʳ), ferner die Bulle Johannes XXII. an Jaime II., betreffend die Investitur des Abtes ‚Hugetus' (Hugo Dezbach) nach dem Tode des ‚Poncius' (de Vallespirans), ‚qui nuper apud Sedem apostolicam diem clausit extremum': ‚Datum Avinione Id. Sept. Pontificatus nostri anno decimo', also 1326 (279ᵛ), endlich die an Pedro IV. gerichtete Bulle Innozenz VI., Datum Avinione II. Idus Januarii Pontificatus nostri Anno decimo, d. h. 1362, betreffend die freiwillige Resignierung des Abtes Jaime de Vivers und die Investitur des Raimundo de Sabarés (278). Verständlich ist es, daß 1440 Eugen IV. und das Baseler Konzil unabhängig voneinander die Wahl des Abtes Bertrand (de Sa Masó) bestätigen (280ᵛ und 272ᵛ).

Unter den aragonesischen Königen jener Zeit versäumt es kein einziger, dem Kloster durch Bestätigung der alten Privilegien, durch einen Freibrief oder Gewährung sonstiger Vorrechte seine Huld zu beweisen; Bal. 107 überliefert solche Urkunden von Alfons IV. aus dem Jahre 1332, ‚Attentis servitiis per vos venerabilem ... fratrem V. (so) Abbatem nobis impensis' (damals Hugo dez Bach, fol. 225ʳ); von Pedro IV. aus dem Jahre 1366 (fol. 234ᵛ), ferner aus dem Jahre 1377 die Bestätigung des Privilegs vom Jahre 1332, und zwar mit Rücksicht darauf, ‚quod inter caetera Monasteria Ordinis Sancti Benedicti in nostro constituta dominio Monasterium Rivipulli tamquam

solemniori statu et antiquiori conditione·praepollens alia Monasteria eiusdem ordinis antecellit' (fol. 263ʳ), d. h. also, fast mit
derselben Begründung, welche die Widmung der Chronik des
Königs Pedro IV. an Ripoll veranlaßten; von Juan I. zwei
Privilegien aus dem Jahre 1389, je eines aus dem Jahre 1390
und 1393, dieses an Raymundus de Casllario (Dezcatllar),
Abbas (fol. 237ᵛ—240ᵛ); von Martin I. aus dem Jahre 1397
(fol. 241ᵛ); von Alfons V. aus dem Jahre 1441, Bestätigung des
Rechtes von Steuereinhebungen im Sinne eines 1401 ‚auctoritate et decreto venerabilis Joannis de Casis Juris periti iudicis
ordinarii Curiae Rivipulli' auf Grund noch älterer Privilegien
(1390 und 1397) ausgefertigten Transsumptes (fol. 242ᵛ).

Einen Beweis dafür, daß das Kloster trotz der schweren
Schläge, die es während des 15. Jahrhunderts trafen (das Erd-
beben zu Lichtmeß 1428 oder 1429, die Plünderung durch
Rocaberti im Jahre 1463, die Institution der Äbte in commen-
dam), sein altes Ansehen auch zu Beginn der Neuzeit aufrecht
erhielt, liefert das von Karl V. 1537 ausgestellte Privilegium.
Der ‚César' war im Herbst 1537 durch die zu Monjón abgehaltenen Cortes zu mehrmonatlichem unfreiwilligen Aufenthalt
in der kleinen aragonesischen Stadt veranlaßt[1] und offenbar
durch den anwesenden Abt des Klosters auf die Bedeutung Ripolls aufmerksam gemacht worden: Cum ... Monasterium, villa,
homines et vasalli Abbatiatus Rivipulli a multis temporibus citra
ut fideli [nar] ratione didiscimus (so) fuerint serenissimis Regibus
Aragonum et Comitibus Barchinonae praedecessoribus nostris
indelebilis memoriae fidelissimi, ideoque privilegia, gratias, im-
munitates et exemptiones ab eisdem meruerint obtinere; cumque
eandem devotionem, fidelitatem et observantiam erga Maiestatem
nostram gerere et tenere prospiciamus et comptum habeamus
praedictos Monasterium, ... abbatem, villam et homines Rivipulli, per praedictum Abbatem qui in celebratione Curiarium
generalium, quas de praesenti celebramus in Villa Montissoni
adest, fuit nobis humilime (so) supplicatum ut quaecumque privilegia ... confirmare ac de novo condere dignaremur, praedictae
supplicationi benigne duximus annuendum. Datum in Villa Monti-

---

[1] K. Haehler, Geschichte Spaniens unter den Habsburgern I (Allgem.
Staatengeschichte I, 36, 1), 1907, S. 266 f.

soni die decima sexta mensis Novembris Anno 1537 (Bal. 107, fol. 247ʳ).

Was die Mehrzahl der früher angeführten Urkunden bezeugt, kommt also in dem Privilegium Karls klar zum Ausdruck: Ripoll hatte sich im Laufe der Jahrhunderte durch loyale Haltung als Stütze der Landesherren bewährt. Nun weiß man, daß sich während der Reconquista die dynastischen Interessen dem Wesen nach mit den nationalen deckten; Ripoll, mit seinen Latifundien, seiner Jurisdiktion einen Staat im Staate bildend, hat durch enge Fühlung mit den Landesinteressen nicht bloß im religiösen, sondern auch im politischen, wirtschaftlichen und geistigen Leben eine wichtige Rolle gespielt, dadurch einen nationalen Faktor von Bedeutung gebildet.

Dies muß sich vor Augen halten, wer Ripolls Anteil an der Aufzeichnung volkssprachlicher Texte und an dem heimischen Schrifttum überhaupt richtig beurteilen will. Die betreffende Untersuchung kann, so verlockend und dankbar sie sich auch darstellt, hier nicht gegeben werden; nicht nur die Schriften in der Volkssprache, sondern eine stattliche Zahl lateinischer Texte, die mit der nationalen Literatur im Zusammenhang stehen, ja auch gelegentliche Notizen wie die Einzeichnung der Namen des Dreikönigsspieles (vgl. T. I, I., S. 95) müßten berücksichtigt, das Carmen von Cid, die Disticha Catonis, die ‚Poesias sobre la historia de San José, sobre la vida de Santa Maria Egipciaca‘ in dem Rangeriuskodex (S. 44), die Legenden, Mirakel, Hagiographica u. a. v. m. im Zusammenhang mit dem nationalen Schrifttum behandelt werden.

Bei dem Versuch, über die in den Ripoller Manuskripten enthaltenen vulgärsprachlichen Texte als solche einen allgemeinen Überblick zu gewinnen, stellt man zunächst gerne fest, daß einige der wichtigsten katalanischen Schriften schon seit geraumer Zeit veröffentlicht worden sind, und zwar von dem verdienten Archivar Próspero de Bofarull in dem 1857 erschienenen 13. Band der Colección de documentos inéditos del Archivo General de la Corona de Aragon:[1] aus dem Sammelband Kod. 155 ‚Libre del Rey Dungria e de sa fila (Morel-Fatio in Gröbers

---

[1] Über die Art des Textabdruckes, der vor den bahnbrechenden Arbeiten Milás erfolgte, soll hier nicht geurteilt werden.

Grundriß II, 2, 123);[1] Mascarón (a. a. O., 88); Oración á Jesu-
Christo, á Santa Catalina, á la Virgen; Consejos ó máximas morales y políticas; Toma y destruccion de Jerusalem' (a. a. O., 88;
vgl. Walther Suchier, Zeitschrift f. rom. Phil. XXV, 1901, 101);
aus Kod. 113 das Bruchstück der katalanischen Übersetzung
von Boethius De consolatione.[2] So ist die Angabe in Gröbers
Grundriß II, 2, 74 zu erklären, daß die meisten katalanischen
Texte von Ripoll und San Cugat del Vallés in dem erwähnten
Bande gedruckt worden seien. Die Durchforschung der Rivipullenses hat aber eine erheblich größere Ausbeute an katalanischen Texten ergeben, so daß der Ripoller Bestand sich
nunmehr in dieser Beziehung den reichsten einschlägigen Sammlungen — in der Pariser und Madrider Nationalbibliothek —
würdig anreiht, die meisten anderen, bis jetzt bekannt gewordenen an Wert und Vielgestaltigkeit übertrifft.[3] Die hier

---

[1] Vgl. Herm. Suchier in Oeuvres poétiques de Philippe de Remi, sire de
Beaumanoir, Paris, I (1884), S. XLII. Neuausgaben: Llegendari Catalá,
Barcelona 1902 (vgl. auch Schaedel in Vollmöllers Jahresbericht VII,
1905, I, 209), ferner: Histories d'altre temps, Barcelona 1905; nach einer
Handschrift der Biblioteca provincial zu Palma herausgegeben von B. Mun-
taner unter dem Titel: Invencion del cuerpo de S. Antonio. Palma 1873.

[2] Es ist die Übersetzung des Fr. Pedro Saplana, die er D. Jayme, Infanten
von Mallorca († 1375), widmete. Vgl. Menéndez y Pelayo, Bibliografía
Hispano-Latina Clásica 239 und besonders 242.

[3] An den grundlegenden Katalog des Fonds der Pariser National-Biblio-
thek: Catalogue des manuscrits espagnols (so, unter diesen auch die katalanischen) et portugais par A. Morel-Fatio, Paris 1881—1892, reihen sich
die von J. Massó Torrents veröffentlichten Verzeichnisse: Manuscritos
catalanes de la Biblioteca de S. M. (d. h. der Palastbibliothek zu Madrid),
Barcelona 1888; Katalonische Manuskripte in der Bibliothek von Tarragona, Zentralblatt für Bibliothekswesen VII (1890), 510—516; Manuscrits
Catalans de la Biblioteca Nacional de Madrid, Barcelona 1896; ferner
die von demselben Forscher in der Revista de Bibliografía catalana mitgeteilten Verzeichnisse katalanischer Manuskripte des Atenco zu Barcelona (I, 1901, 12 ff., 154 ff.), in Vich (II, 229 ff.), Valencia (III, 45 ff.);
dann von Jaume Bofarull: Codexs catalans de la Biblioteca Provincial
de Tarragona (ebenda, 168 ff.) u. a. Die vor Erscheinen dieser Kataloge
bekannt gewordenen Mitteilungen über katalanische Handschriften in
Bibliotheken jenseits und diesseits der Pyrenäen hat Morel-Fatio in Gröbers Grundriß II, 2, 73—75, übersichtlich zusammengestellt. Außerdem
vgl. Eberh. Vogel, Neukatalanische Studien, Paderborn 1886 (Neuphilo-
logische Studien V), S. 18 ff. und B. Schädel, a. a. O. II, 209 ff.: Hand-
schriftenstudien, 1890—1903.

folgende kurze Übersicht über das betreffende Material möge
dieses Urteil rechtfertigen.[1]

　　Im Zusammenhang mit dem, was früher über die juristischen Manuskripte Ripolls und über das Kloster als Mittel-
punkt heimischer Rechtspflege bemerkt wurde, sind zunächst
einige Rechtsbestimmungen und Konstitutionen in der Vulgärsprache zu erwähnen, und zwar als eines der merkwürdigsten
Stücke: ‚Com den esser fermada batayla‘ oder mit lateinischem
Titel: Processus batallie iudicate, d. h. das an Kap. 24 ‚De batalla‘ der Usatici Barchinonae (Zählung nach Amorós-Marichalar)
anknüpfende ‚Ordonament de Batayla‘, das R. Otto, Zeitschr. f. r.
Ph. XIII (1889), 98 ff. unter dem Titel ‚Die Verordnung für
den gottesgerichtlichen Zweikampf zu Barcelona‘ aus dem Otto-
bonianus 3058 mit guten Erläuterungen herausgegeben hat.
Außer diesem aus Barcelona stammenden Vaticanus konnte der
Herausgeber keine andere Textquelle zur Edition heranziehen,
obwohl er wußte, daß Ducange eine ganz ähnliche Handschrift
vorgelegen war; die Ripoller Sammlung nun enthält nicht weniger
als drei Abschriften des Ordonament, und zwar in Kod. 32
s. XIV—XV (fol. 26 ff.), 39 s. XIV und 82 s. XV (‚In posse
Raymundi Baiuli locumtenentis prothonotarii domine regine‘),
die für eine Neuausgabe dieses inhaltlich und sprachlich wertvollen Textes als bisher unbekanntes Material zu berücksichtigen
wären;[2] ferner ist in Ergänzung der von Otto mitgeteilten Angaben darauf hinzuweisen, daß das bei Torres Amat, Memorias 709 angeführte ‚Ordinament de batalla posada en Barce-

---

[1] Mit Rücksicht auf die knapp bemessene Zeit konnten die Texte an Ort
und Stelle nicht durchwegs so ausführlich exzerpiert werden, daß die
Identifikation gesichert erschien. Einige Angaben sind dem Kat. Bal. entnommen worden, andere verdanke ich der Liebenswürdigkeit der Herren
José Pijoan und Massó Torrents in Barcelona.

[2] Francesch Carreras y Candi, Espases maravelloses en lo regnat de Jaume
lo Conqueridor, Revue Hispanique XV (1906), 652, erwähnt einen aus der
Zeit Jaimes des Eroberers stammenden ‚Libellus de batalla facienda‘,
der von Jos. Salat in seinem Tratado de las monedas, Barcelona 1818,
zum ersten Male veröffentlicht wurde. Ich kann über diesen Text nicht
urteilen, weil mir die Schrift Salats nicht zur Verfügung steht; vulgär-
sprachlich scheint er nicht gewesen zu sein, da er in Salats Catálogo de
las obras, que se han escrito en lengua Catalana (Anhang zu der Grama-
tica de la Llengua Cathalana des Joseph Pau Ballot, Barcelona 1827) fehlt.

lona, Ms. entre las constitutions y usatges de Cataluña. En la
bibl. Vaticana' (nach Montfaucon) und das a. a. O., 711 erwähnte
,Reglament de desafios. En catalan. Ms. que se halla en Ripoll,
estante 3° cajon 1° n 105' offenbar mit dem eben besprochenen
Text identisch sind. Die Signatur des ,Reglament' bezieht sich,
wie ich meinen Notizen entnehme, auf den bereits genannten
Rivipullensis 39, Amat ist sich über den Inhalt des von ihm unter
zwei Schlagwörtern verzeichneten Textes nicht klar geworden.

Dagegen ist die im Rivipullensis 102 überlieferte Abschrift
des ,Compendi de las constitutions generals de Cathalunya',
verfaßt von dem Canonicus der Kathedrale von Barcelona, Dr.
Narcis de Sent Dionis, einem der Übersetzer der Usatici Bar-
chinonae (über ihn Torres Amat, Memorias, 212; Brocá und
Amell, a. a. O., 67 und 71) bereits geraume Zeit bekannt (vgl.
Torres Amat a. a. O.).[1] Andere hierher gehörige Texte, wie
Konstitutionen und königliche Verordnungen in katalanischer
Sprache, die in Ripoller Handschriften verzeichnet waren, müssen
verloren gegangen sein: so enthält Bal. 107, fol. 251ᵛ f. die
späte, sicher aus einem Rivipullensis geschöpfte Abschrift der
Landtagsverhandlungen zu Barcelona unter König Pedro vom
Jahre 1379; einige Aufzeichnungen über die Cortes-Verhand-
lungen vom Jahre 1413, gleichfalls katalanisch, finden sich
übrigens auch in alter Abschrift im Kod. 38 (s. XV); noch älter
ist vielleicht die am Schlusse des Kod. 82 erhaltene Kopie der
vulgärsprachlichen Bestimmungen: Super salariis solvendis officialibus pro executionibus (schließen: salaris als dits officials).

Als schriftlicher Ausdruck für den Verkehr der Geist-
lichkeit, speziell des Seelsorgers mit dem Volke reichten alt-
katalanische Aufzeichnungen in Ripoller Kodizes gewiß in frühe
Zeit zurück; eines der ältesten Denkmäler der Vulgärsprache
auf iberischem Boden, die altkastilianischen Silenser Glossen
zu lateinischen Bußbestimmungen, sind ein typisches Beispiel,
für das Ripoll sicherlich Parallelen aufzuweisen hatte. Die Belege hiefür sind freilich nicht erhalten,[2] erst in Handschriften

---

[1] Brocá verzeichnet a. a. O., 71 ein handschriftliches Exemplar dieses Com-
pendiums aus dem Kronarchiv in Barcelona, das aber mit der Ripoller
Abschrift sicherlich nicht identisch ist.

[2] Die T. I, 31 erwähnte alte Einzeichnung gehört einem anderen Gebiete
an, dem der Schule.

des 14. Jahrhunderts weisen Gebete und Beichtformeln auf die Tradition, so im Kod. 191 s. XIV (bald nach 1337 eingetragen) das Gebet: Senyer veus aci nostro senyor deus jesucrist queus ha volgut visitar; das Beichtbekenntnis in Kod. 183 s. XIV: Senyor a deu e a vos uôch (so) a comfeçion e a penetencia e comfes me a deu[1] sowie vermischte Notizen und Gebete in katalanischer, kastilianischer und lateinischer Sprache im Kod. 159 s. XIV.

In das Gebiet erbaulicher Betrachtung und Belehrung gehört die im Kod. 143 s. XIV mit den einleitenden Worten ‚Mes devem posar nostra amor en deu que en les amors daquest mon‘ eingetragene Sammlung anregender Exempel, deren Schauplatz zum Teil nach Rom, zum Teil nach Babylon verlegt wird und die mit den Worten: per ço cor no sabe la hora de la mort schließt.

Neben der Sorge um die Seele verrät sich in diesen vulgärsprachlichen Notizen gelegentlich auch die Sorge um den Leib. Auf die soeben erwähnten Gebete im Kod. 191 s. XIV folgt unmittelbar eine Auswahl von Rezepten, so eines per empatxament de postema de las cames. Kühner, ins Gebiet der Magie und Alchimie übergreifend, sind die Rezepte, die bald nach 1390 in den einstmals im Besitze des Abtes Dalmacio de Cartellá gewesenen Kod. 88 eingetragen wurden (Umschrift): ‚Si alcune persone uoll goyar alcune cosa liga quodam bonus ligall al braç require saluum me fac e ganyaras ço que demanaras‘ oder ‚A fer or pren lo roueyll d'un ou (Eidotter) e pren ·J· colom blanch‘ usw., mit der Versicherung am Schlusse: Probatum est.

Diese Aufzeichnungen fallen bereits in die Zeit der vollen Entfaltung des altkatalanischen Schrifttums, die allerdings vornehmlich durch fleißige Aufnahme und Bearbeitung fremden (besonders lateinischen) Gutes charakterisiert wird, sich aber auch zu nicht wenigen selbständigen Leistungen aufschwingt; auch von dieser Bewegung liefert die Ripoller Sammlung, abgesehen von den bereits angeführten katalanischen Schriften, ein gutes Abbild, obwohl der Brand vom Jahre 1835 manch schönes Stück dieses Bestandes zerstörte; so eine Handschrift

---

[1] Über ähnliche (prov.) Texte vgl. H. Suchier, Denkmäler prov. Literatur, Halle 1883, I, 98 u. 517, sowie Mélanges Chabaneau, Erlangen 1907, S. 425.

der katalanischen Übersetzung von Gregors Dialogi, die Kat.
Bal. unter Nr. 85, Rivas unter Nr. 142, am ausführlichsten Kat.
Bof. (I, 1, 11) beschreibt: ‚Traduccion lemosina de los cuatro
libros de los dialogos de San Gregorio Magno con caracteres
del siglo XV sobre pergamino y papel interpolado. Al fin hay
un corto tratado tambien en lemosin de la misma letra sobre
la fisonomia[1] o semblantes exteriores é interiores de los hombres.‘
Unter den erhaltenen Manuskripten bietet Kod. 164 s. XIV die
Übersetzung der Regel Benedikts (Beg.: Escolta o fill los ma-
naments del maestre enclina la oreyla del teu cor), in Kod. 144
s. XIV finden sich katalanische Glossen zu einzelnen Sätzen
derselben Regel; Kod. 113 s. XIV überliefert die katalanische
Bearbeitung der Legenda aurea des Jacobus de Voragine (vgl.
hierzu die Bemerkungen von Morel-Fatio, a. a. O., S. 42, über
Fonds esp. 127, wo vermutet wird, daß die Textredaktion des
Parisinus in der Diözese Gerona erfolgte), Kod. 159 s. XIV von
fol. 83 an mit der Überschrift: Opus Nicholaij de lyra lateinische und katalanische Psalmenerklärungen, die auf jene Zu-
weisung hin noch zu untersuchen sind; in demselben Kodex
auch ein Tractat del art ·de ben morir[2] (beginnt: Per testimoni
de la sancta scriptura), ferner in Kod. 224 s. XIV der viel umfangreichere libre de amonestacio de salut danima et de cors[3]
(Hauptinhalt der Hs., fol. 13—163), vorher auf drei Blättern
les. IX. paraules qui foren revellades a Sent Albert archabisbe
de la Ciutat de Colonia.[4]

Von den noch nicht bekannten oder noch nicht benützten
Ripoller Exemplaren bekannter katalanischer Schriften sei zunächst der ‚Libre de la intenció‘ in cod. 159 s. XIV, als ‚Ms.
anonimo‘ auch von Torres Amat (a. a. O., 705) verzeichnet. Es
ist der Libre de la primera e segona Intenció des Ramón Lull;
Histoire Littér. XXIX, 219 wird als Manuskript des katalanischen (wohl ursprünglichen) Textes der Monacensis 10589 an-

---

[1] Vgl. Romania IX, 506, Anm. zu Nr. 10 und Romania XV, 330 f.

[2] So, nur nach dem Titel und mit der Angabe: ‚En el Archivo de Ripoll‘
zitiert von Torres Amat a. a. O., 715; es ist möglicherweise die gleich-
namige Schrift des Francech Echimenez, was ich jetzt nicht kontrollieren
kann, sicher nicht, wie schon aus der Datierung hervorgeht, Capranica.

[3] Torres Amat, a. a. O., 681.

[4] Albertus Magnus; vgl. auch Torres Amat, 684.

geführt, Jerónimo Rosselló benützte bei der Erstausgabe dieses
Textes in den Obras de R. L., Palma 1901, ‚diversos códices
de los siglos XIV y XV‘, besonders den ‚dominicano‘ s. XIV
der Provinzialbibliothek zu Palma (vgl. a. a. O., S. LXI f.), den
Rivipullensis finde ich nirgends erwähnt.

Das nämliche gilt von dem in der umfangreichen Sammelhandschrift 129 s. XIV auf fol. 186ʳ mit der Überschrift Per
concxcr (so) deu en lo mon comensa lo dictat De Ramon eingezeichneten Gedicht; es ist der von Jerónimo Roselló in den
Obras rimadas de Ramón Lull, Palma 1859, 370 f. veröffentlichte Diktat, dem in unserer Handschrift noch eine exposició
dels comensaments del dictat folgt. Eines der beachtenswertesten
Stücke derselben Handschrift beginnt auf fol. 19ᵛ ohne Überschrift mit den — hier in genauer Umschrift wiedergegebenen
— Worten: temps cove a guardar que lus temps sia semblants
ab lautre usw. Es ist, wie Massó Torrents erkannte, ein Bruchstück der Grammatik des Jaufre de Foixá, welche Paul Meyer
in den Traités catalans de grammaire et de poétique, Romania IX (1880), 51 ff., zum ersten Male aus einer Madrider
Handschrift veröffentlicht hat; im Rivipullensis schließen sich
noch ‚regles de trobar‘, Bemerkungen über les diferencies entre
les cançons, tençons, sirventesch, cobles, vers, dances usw.,
ferner maneres de trobar samt einer Reihe von Zitaten aus
Dichtungen einiger Troubadoure (so G. ‚de Cauestany‘) den
Bruchstücken aus Foixá’s Grammatik an; da dieser aus der
Gerundenser Diözese stammt (vgl. Romania X, 321 ff.), so ist
auch hier eine örtliche Beziehung gegeben.

Wie wenig die Ripoller vulgärsprachlichen Texte selbst
Berufenen bekannt waren, beweist die Tatsache, daß Próspero
de Bofarull in dem bereits erwähnten 13. Bande der Colección
de documentos inéditos del Archivo General de la Corona de
Aragon, S. 311 ff., den Tractat apellat doctrina compendiosa de
viure justament e de regir qualsevol offici publich leyalment
aus einer defekten und minderwertigen Handschrift von S. Cugat
herausgegeben hat, während sich derselbe Text vollständig und
in besserer Rezension im Rivipullensis 85 s. XIV findet. Die
Schrift galt Bofarull wie auch Torres Amat, der sogar unseren
Rivipullensis mit der alten Signatur zitiert (a. a. O., 715), als
anonym. Morel-Fatio hat sie in den Bemerkungen zu Nr. 20

und 22 des ‚Catalogue‘ dem Francesch Eximenez zugesprochen; seither ist von Massó Torrents noch eine Handschrift des offenbar viel gelesenen didaktischen Traktats im Archivo Municipal von Vich nachgewiesen worden.[1]

Daß die Ripoller Mönche bei der in mehreren Exemplaren vorhandenen katalanischen Bearbeitung des historischen Hauptwerkes ihrer Schule, der Gesta comitum,[2] mitwirkten, ist vorläufig nicht bestimmt zu erweisen, aber sehr wahrscheinlich; dasselbe dürfen wir betreffs des Vulgärtextes der S. 56 besprochenen in Ripoll entstandenen Chronik: ‚Genealogia dels comtes de Barcelona e dels reys d’Arago‘ annehmen.[3] Jedenfalls wäre an dieser Stelle auf eine Redaktion der Genealogia dels reys de Arago e de Navarra e comptes de Barcelona in dem S. 108 schon erwähnten Rivipullensis der Usatici Barchinonae, Kod. 82 s. XV aufmerksam zu machen, die im Texte ausdrücklich auf Ripoll Bezug nimmt. Nach dem Berichte des Zuges Otgers mit seinen neun Baronen: ‚En lo temps que los moros tenian lo principat de Catalunya … entra en aquesta terra un gran capita venint de França lo qual havia nom Otger Cathalo ab lo qual vingueren en sa compannia nou barons‘, nach der Nennung dieser Barone und der Erzählung, daß Karl der Große das ‚principat‘ an sie verteilte, ‚a honor de les nou ordens dels angels‘, heißt es: ‚vench lo compte de Barcelona apellat Borrell, lo qual ediffica lo monastir de Ripoll e fonch scpellit en lo dit monastir.‘ Auch die oben erwähnte Genealogia dels comtes usw. enthält einen Abschnitt über den Zug Otgers,[4] doch können wir, da der betreffende Text noch nicht veröffentlicht ist, über das Verhältnis dieser Chronik zu dem Text im Rivipullensis 82 kein Urteil abgeben; dagegen ist die in diesem Kodex überlieferte Redaktion, wie ich den mir zur Verfügung stehenden Auszügen entnehme,[5] nahe mit dem einschlägigen Abschnitte

---

[1] Revista de Bibliografía catalana II, 230 f.

[2] Vgl. S. 52 ff.; Massó Torrents verzeichnet in Historiografía de Catalunya, Revue Hispanique XV (1906), 493 f., zwei Handschriften aus dem Stadtarchiv (Arxiu Municipal) und eine aus der Universitätsbibliothek von Barcelona sowie einen Matritensis (Nationalbibliothek), sämtlich mit dem katalanischen Text s. XIV; der Übersetzer ist nirgends genannt.

[3] Massó Torrents, a. a. O., 578.   [4] Massó Torrents, a. a. O. 579.

[5] Sie finden sich im Kat. Bal. unter Nr. 27.

des bekannten Geschichtswerkes Pere Tomic verwandt, das
Kap. XVI berichtet ,com lo princep Otger Cathalo entra en
la terra dels Gots ab IX Barons',[1] doch fehlt dort der rasche
Übergang auf die Gründung Ripolls und Borells Bestattung im
Kloster. Man sieht, die Redaktion im Rivipullensis 82 ist lokal
gefärbt, und erkennt aus dem hier vorgeführten Beispiele, daß
nicht nur die lateinische, sondern auch die vulgärsprachliche
mittelalterliche Geschichtsschreibung Ripolls noch Spezialunter-
suchungen erheischt, die allerdings auf Massós trefflicher Historiografia gut aufgebaut werden können.

Eine zeitgeschichtliche Reminiszenz, wenn man will, eine
Art ,Zeitung' im Sinne der Renaissance, findet sich im Kod. 167
s. XIV unter der Überschrift ,Hic demonstrantur loca quae
sunt iuxta Jerusalem' eingetragen; es ist ein Reisebericht, der
mit den Worten anhebt ,En lan de nostre senyor que hom com-
tava MCCCXXIII en G. de Treps natural de Cervera ena en
una nau den G. Grau de Terragona en alexandria per visita
los sants romaratges', den Besuch des heiligen Landes schildert
und eine Beschreibung der loca sancta enthält. Es ist dieser
Bericht gleichzeitig ein sprachlich dem Volke mundgerecht ge-
machter Palästinaführer, und man mag sich bei diesem Anlasse
daran erinnern, daß auch die Geistlichen, desgleichen die Kopisten lateinischer Texte selbst im urkundlichen Verkehr die
Kirchensprache nach und nach aufgeben.[2] Die im Rivipullensis 80
s. XV enthaltene Verfügung des Abtes von S. Juan betreffend
12 ihm gehörige Bücher ist ganz katalanisch (vgl. Handschriftenschätze Nr. 197, S. 253); auch soll nicht unerwähnt bleiben,
daß eine an die avignonesischen Schreiberrechnungen[3] erinnernde
Preisberechnung in dem den Kommentar des Bernardus Angle-
rius zu Benedikts Regel enthaltenden Rivipullensis 68 s. XIV
schon in der Vulgärsprache erscheint: ha en aquest libre dus

[1] In der Ausgabe: Historias e Conquestas dels reys de Arago e comtes de
Barcelona, compilades per Mossen Pere Tomic, Barcelona 1886, S. 57 ff.
Betreffs einer der hier zu beachtenden Quellen Tomics (Philomena) vgl.
Herm. Suchier, Literaturbl. f. germ. u. rom. Philol. XXI, 178.
[2] Die Predigten Vicent Ferrers sind in lateinischer und katalanischer
Sprache überliefert, aber schon R. Lull hat, wie jetzt allgemein an-
genommen wird, seine Schriften in der Vulgärsprache aufgezeichnet.
[3] Vgl. F. Ehrle, Historia bibliothecae rom. pontif. I (1890), 155 ff.

milia XXI parrafes que val per cascun sen (d. h. hundert) IX d.
letres cent L r (so) per cascuna letra un dinèr.

Endlich sei noch des einzigen umfangreichen altkastilianischen Textes gedacht, der in der ganzen Ripoller Handschriftensammlung vorhanden ist,[1] des im cod. 161 s. XV befindlichen
‚Tratado de Etica‘; so wird der Text auf dem Rücken des
Bandes, auch im Kat. Bof. (Sign. 3.3.15) genannt und als anonym
erklärt. Das Werk, sehr sorgfältig auf 161 Blättern der Handschrift geschrieben, ist in 10 Bücher geteilt und beginnt: Toda
sciencia tiene subiecto o materia de que tracta. E por la division de los subiectos se tenta la division de las subiectas
sciencias ... Auf fol. 3ᵛ heißt es: E aqueste primero libro
tracta de aqueste fin en general moral y figuralmente quasi
declarando la felicidad politica usw. Es ist die Ethik des Aristoteles.[2] Da aber dieses Werk im Mittelalter mehrmals hispani-
siert wurde (vgl. Memorias de la Real Academia de la Historia VI,
1812, 474 f. und Desdevises du Dézert, Don Carlos d'Aragon,
Paris 1889, 416 f.), wäre noch die im Rivipullensis überlieferte
Rezension festzustellen; sie ist verschieden von dem Text der
einstmals im Besitz des Markgrafen Santillana gewesenen, jetzt
in der Madrider Nationalbibliothek aufbewahrten Handschrift
Ii 19, über die Mario Schiff (Bibliothèque de l'École des Hautes
Études CLIII: La Bibliothèque du Marquis de Santillane,
Paris 1905, S. 31 ff.) genauere Mitteilungen gemacht hat; noch
weiter entfernt sich von unserem Text das Kompendium des
Bruneto Latini. Eher würde man an die von dem Prinzen
Carlos de Viana stammende Übersetzung denken, zumal in dem
1461 zu Barcelona aufgenommenen Inventar seiner Verlassen-
schaft unter den Büchern ‚Les Ethiques per ell transladades‘
erscheinen, also ein Exemplar der von ihm selbst angefertigten
Übersetzung, die in einer mir unzugänglichen Ausgabe 1509
in Zaragoza von Georg Coci gedruckt wurde (Gallardo II,
223, Nr. 1590). Doch haben wir es augenscheinlich mit einer
früheren Hispanisierung zu tun; das vorher mitgeteilte Incipit
stimmt nämlich fast wörtlich mit den betreffenden Stellen in

---

[1] Bezeichnend heißt es im Kat. Bal. unter der Signatur 190: ‚Liber idiomate
   inimico sed vetusto conscriptus.‘

[2] Vgl. Marchesi, L'Etica Nicomachea nella tradizione latina medievale,
   Messina 1904.

zwei Frühdrucken, deren Text als älteste spanische Übersetzung der Ethik gilt: Ethica de Aristoteles, compendiada por el bachiller de la Torre, Sevilla, Mein. Ungut und Stan. Polonus 1493, sowie Zaragoza, Hurus, s. a. (Haebler, Tipografia Ibérica, 1903, Nr. 31 und 32, das Incipit ausführlich bei Gallardo Nr. 4049).

Die Rückschau auf die vulgärsprachlichen Texte der Ripoller Bibliothek zeigt bei aller Knappheit deutlich die Erweiterung der literarischen Tätigkeit des Klosters nach der volkstümlichen und nationalen Richtung; von der engeren Aufgabe der Durchforschung patristischer Texte sich entfernend, ist sie, wenn man die hier zum ersten Male versuchte pragmatische Darstellung der bis zu den Anfängen der Reconquista zurückreichenden Geistesgeschichte einer altkatalanischen Kulturstätte als Ziel im Auge behält, von Bedeutung.

Jungkatalanien zeigt seit einigen Dezennien, besonders in jüngster Zeit, eine selbständige, tiefgreifende, sich speziell in sorgsamer Pflege heimischen Schrifttums sammelnde Bewegung, die eine vielfach gehörte italienische Stimme geradezu ,risurrezione di un popolo' genannt hat, wir, von literarhistorischer Warte aus, als neuerliche Reconquista nach jahrhundertelangem Stillstande bezeichnen möchten. Erinnert man sich, daß einzelne schöne Blüten dieser Bewegung, wie ,Terra baixa', die Pyrenäen überschreitend, literarisches Gemeingut geworden sind, dann mag der Blick auf die bis zu den staatlichen Anfängen Kataloniens zurückreichende Geschichte literarischen Lebens seines bedeutendsten geistigen Zentrums davon überzeugen, daß hier mächtige, in das frühe Mittelalter sich senkende Wurzeln von Kräften bloßgelegt worden sind, die heute mehr denn je anregend fortwirken.

Schrifttafeln.

1. Kod. 151, 130 × 212 *mm*. Fol. 154ʳ: ‚In natiuitate Sanctae Mariae‘, s. XI. Vgl. S. 11.

2. Cod. Parisinus Bibl. Nat. F. lat. 5132, olim Rivipullensis, 225 × 300 *mm*. Fol. 109ʳ: Gedicht auf Ramon Berenguer IV., mit Musiknoten, s. XII (bald nach 1169). Vgl. S. 27 ff.

3. Kod. 99, 178 × 280 *mm*. Partielle Abschrift aus dem ‚Codex Sancti Jacobi‘ (Compostelanus), s. XII (1173). Fol. 35ʳ, 36ʳ. Vgl. S. 84 ff.

4. Kod. 214, 117 × 148 *mm*. Fol. 6ʳ, 7ʳ: Johannes abbas, ‚Theoria‘, s. XII. Vgl. S. 41.

5. Cod. Parisinus Bibl. Nat. F. lat. 5132, olim Rivipullensis. 225 × 300 *mm*. Fol. 107ʳ: Konstitution, betreffend die consuetudo in vestimentis des Klosters, erlassen von Abt Gauzfredus. Vgl. S. 61 f.

6—8. Kod. 26, 270 × 387 *mm*, s. XIII.

   (6. 7.) Alanus ab Insulis, De sex alis Cherubim. Fol. 138ʳ, 139ʳ. Vgl. S. 65.

   (8.) Abschriften alter Hausurkunden Ripolls. Fol. 113ʳ. Vgl. S. 65 ff.

9. Kod. 7, 273 × 425 *mm*. Fol. 206ʳ: De consanguinitate, s. XIV. Vgl. S. 83 und 89.

10. Kod. 19, 293 × 402 *mm*. Fol. 1ʳ: Liber Sextus, s. XIV. Vgl. S. 83 und 89.

11. Kod. 131, 155 × 225 *mm*. Fol. 53ʳ: Lectura Prisciani minoris, s. XIV (1307). Vgl. S. 90.

12. Kod. 147, 145 × 210 *mm*. Fol. 94ʳ: Eberhardus Bethunensis, Graecismus, s. XIV (1334). Vgl. S. 91 f.

SUMMA TRINITAS VIRTUS UNA & INDIS
creta maiestas. d(eu)s n(oste)r. d(eu)s omnip(otens). c(on)fiteor
t(ibi) ego ultim(us) seruor(um) tuor(um) & exiguu(m)
m(em)bru(m) eccl(esi)e tue. c(on)fiteor t(ibi) honori
fico te debito sacrificio laudis, p(ro) scire &
posse. q(uo)d mihi tantillo donare dignat(us) es.
E t q(ui)a cordis oblatio in t(uo) conspectu t(ibi) p(re)ciosior e(st).
ideo ea que in me s(unt) uota laudationis, ex dono
m(isericor)d(i)e tue, ecce libens & deuotus offero tibi d(e) fid(e)
n(on) ficta & c(on)scientia pura. Credo (er)go te toto
corde rex celi & t(er)re d(omi)ne & ore te c(on)fiteor pa
tre(m) & filiu(m) & sp(iritu)m s(an)c(tu)m in p(er)sonis trinu(m). &
in substantia unu(m) uer(um) d(eu)m omnipotente(m) uni
simplicis. incorporee. inuisibilis. & incircu(m)
scripte nature. nihil inte(r) mai(us) aut inferi(us)
habente(m). sed p(er) om(n)e modu(m) sine d(e)formita
te p(er)fectu(m). sine q(ua)ntitate magnu(m). sine q(ua)
litate bonu(m). sine t(em)p(or)e sempiternu(m). sine mor
te uitu(m). sine infirmitate forte(m). sine indi
catione uerite(m). sine loco ubiq(ue) totu(m). sine situ

Vniuersis hanc scripturam audientibus notificetur. qm ego Gaufre
dus di gra ruupollensis abbas. uoluntate eoqz deuota instantissimaqz
pce. karu frum nrm Geraldi kamerarii. assensu qz atqz postulatione omniu
frium nostroz. decernimus statuimus eaqz murute obediencie omnino
pene obseruandu pcipimus. quatinus ad augendam seu meliorandu monaste
rii nostri inuestimentis consuetudinem. tam ab eode fre G. piem camera
rio qz aliis ineode officio imperiuu successoribus uni. tunice suplementu sed
anno atribuatur unicuiqz fratrum claustreusiu. his dum taxat qui reliq
uestimenta ex eode kamere officio. consuetudinarie accipiunt. Ea qz con
diuone ut tunica z pelliciis ueitssim sibi ab anno in annu inusus frum
succedant. Is uerus erra habuerat consuetudo. si grrunda frum negle
gentia pierat. Hoc itaqz ut diximus auctoritate dei z beate marie z
beati bnedicti nostraqz z omniu frium inrefragabilr imperuu obser
uandu papimus. Hoc adicientes ut un qsqz noui accipiens tunica. uete
rem. inusus paupum z manus   arii. tradat .

Sig꠴num Geraldi kamerarii.,

Gaufreds abbas.   Sig꠴num benedicti
Sig꠴num Gillon infirmarii.   Sig꠴num Gard. Elemosinar.
        Sig꠴num arnalli bar chamensi.   Sig꠴num petri orclere
Sig꠴num Raimudꝰ sartor.   Sig꠴num Stefanus.
Sig꠴num Petrꝰ molins.
                    Sig꠴num G. porcos.
Sig꠴num arnalli tolen.

✠ z pres. z pillon madanito. sarones eoz. sumari scilic. raimd.
z petri atqz renouers z iohs. sup iiii euuagla iurauerut
ota directa comuis ee fideli sca z restura i hac carta ad sua
fidlitate i manu berudi d castelera.

In nomine domini. Ego Ava comitissa et filii mei id est Sunifredus comes et Wifredus comes et Oliba comes et Miro levita, simul in donationes domui sancte Marie cenobii sicut in comitatu Bisulunensi in locum que vocatur valle Riopullo ad predictam domum que est fundata in honore sancte dei genitrice Marie gloriose virginis vel ad abbate Ennegone vel ad monachis qui ibidem deo deserviunt in plenitudine. [illegible] alodem unum cum omnibus terminis et finibus vel adiacenciis illas que nominant Agune, qui est in comitatu [illegible] in pago [illegible] predictam villam Agune cum omnes fundos et possessiones finibus et limitibus et terminibus. Sic donamus vel tradimus ad predictum cenobium sancte Marie sicut in predicta valle Riopullo. Donamus casas, casalibus, ortis, ortalibus, arboribus pomiferis vel inpomiferis, [illegible] pratis, pascuis, aquis aquarum [illegible] vel reductibus, omnia et in omnibus quantum [illegible] ibidem habuit vir meus, de me predicta Avane et genitor de predictos filios meos. Sic donamus vel tradimus ad predictam domum sancte Marie genitricis virginis et ad predictum abbatem vel ad monachis qui ibidem deo serviunt vel servierint [illegible] plenitudine qua fuerunt [illegible] anime de predicto [illegible] condam [illegible] pro remedium animabus nostris. In eadem pacto dum ego [illegible] omnia reservo in meam potestatem [illegible] Sic donamus tradimus atque concedimus ipsas decimas et primicias cum ipsa parrochia [illegible] predicta villa ad predictam domum cenobii sicut superius insertum est. Sic donamus ut tradimus ab integre [illegible] unde [illegible] ad predictam domum ut ibidem deo servi [illegible] in eadem conventu [illegible] teneat et possideat. Post obitum suum omnia remaneat ad predictam domum ut ibidem [illegible] cum ipsa ecclesia qui est in honore sancti Iuliani ibidem fundata pro remedium [illegible] Hec omnia sic superius insertum est sic donamus ut tradimus [illegible] Si quis contra hanc donacionem scriptura venerit ad inrumpendum [illegible] seu infantes [illegible] nos venerimus aut inferamus [illegible] ibidem deo servientibus duplum [illegible] componere faciamus. Et inantea donacio ista firmis permaneat omnique tempore. Facta scriptura [illegible] anno VI regnante Ludovico rege filio [illegible] Ava [illegible] Sunifredus [illegible] Miro levita [illegible] Bellus presbiter [illegible] qui hanc kartam donationis [illegible]

[illegible] scripsit [illegible] die anno [illegible] transcripsit cum litteris [illegible] anno [illegible] regni [illegible]

PHILIPPI:

In nomine sancte et individue trinitatis patris et filii et spiritus sancti. Ego Bernardus [illegible] comes pro amore dei et [illegible] pro remedium anime mee et omnium parentum meorum dono [illegible] vel ego [illegible] comes [illegible] in villa [illegible] sive in eius terminis [illegible] in villa que vocatur [illegible] sive in aliis quibuslibet locis quos ego [illegible] nec ullus meus [illegible] neque [illegible] Si quis vero hanc [illegible] donacionem seu [illegible] anno [illegible] regnante Ludovico rege. Bernardus [illegible] gratia comes [illegible] sua manu firmavit [illegible]

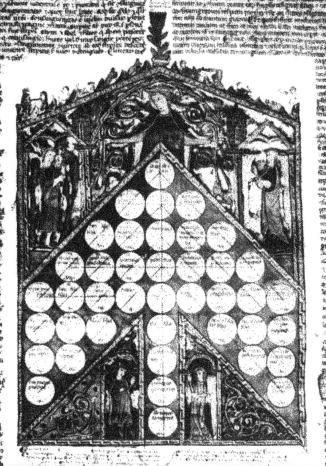

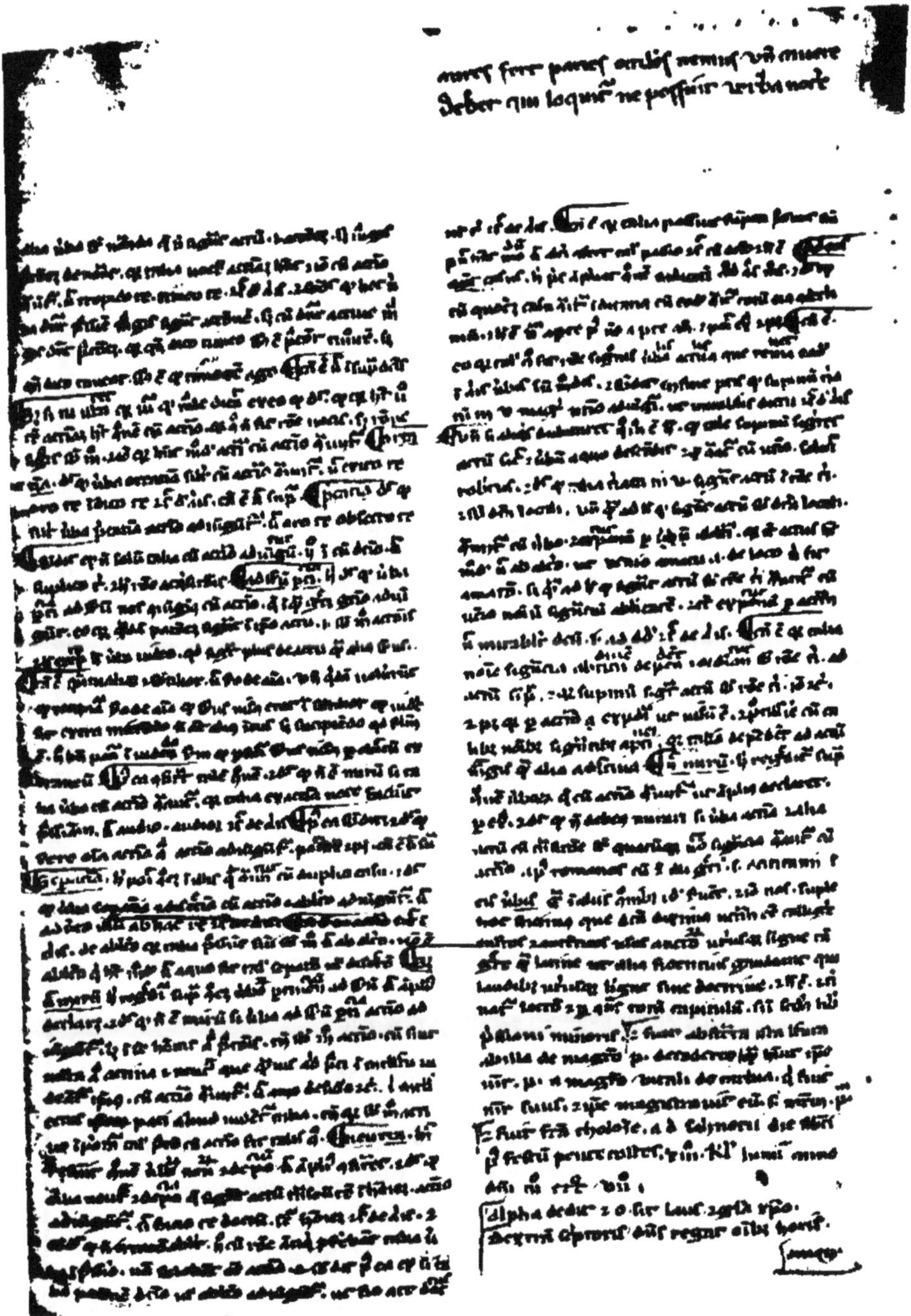

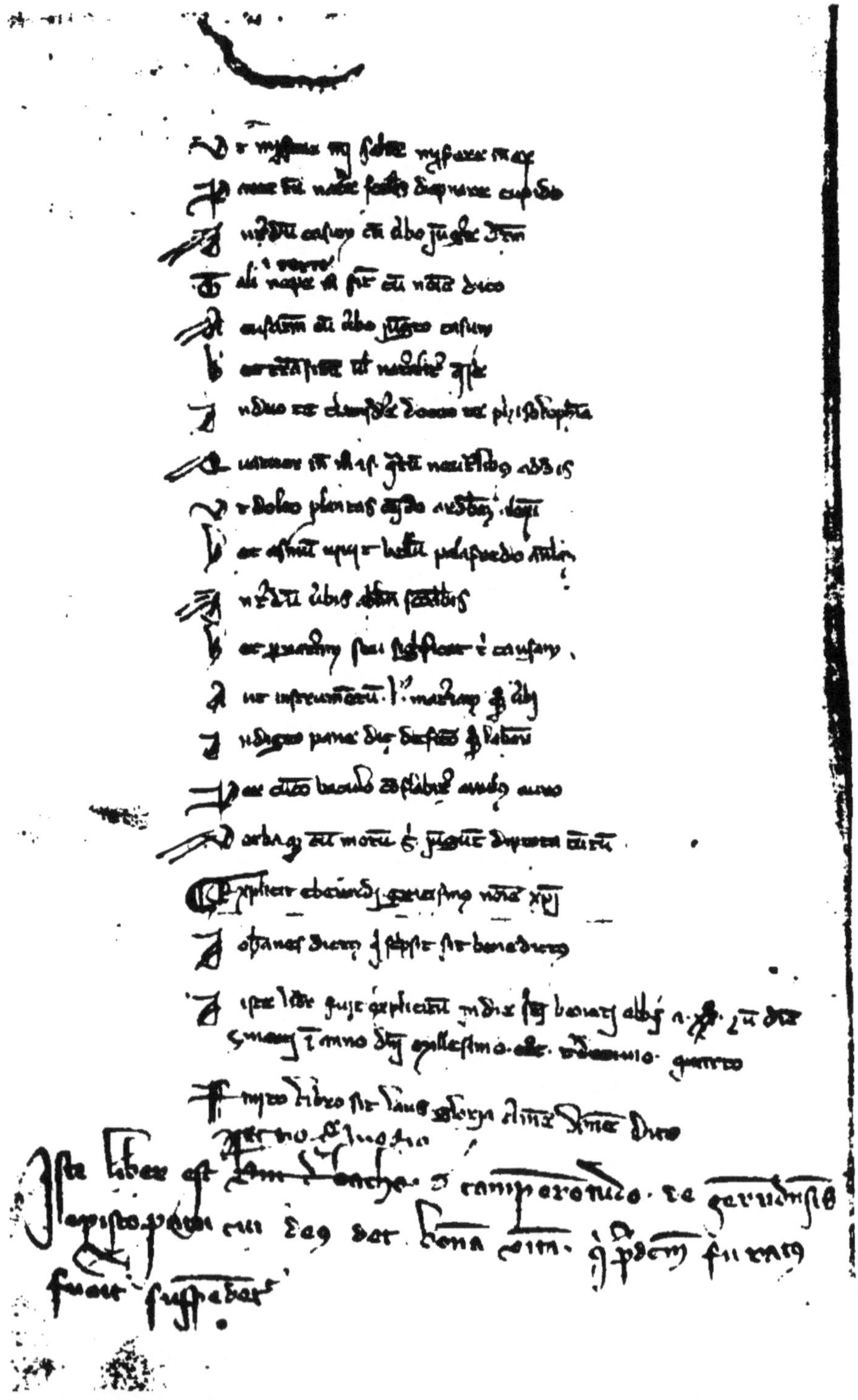

III.

Bericht über den Zug des Groß-Botschafters Ibrahim Pascha nach Wien im Jahre 1719.

Im Originaltexte herausgegeben, übersetzt und erläutert

von

Dr. Friedrich von Kraelitz-Greifenhorst.

(Vorgelegt in der Sitzung am 19. Juni 1907.)

Einleitung.

Die zwischen Österreich und der hohen Pforte zustande gekommenen Friedensverträge pflegten kurze Zeit nach ihrem Abschlusse durch den Austausch feierlicher Gesandtschaften bestätigt und bekräftigt zu werden, ein Gebrauch, der sich allmählich beinahe zu einer vertragsmäßigen Förmlichkeit entwickelt hat. Solche Gesandtschaften waren gewöhnlich mit auserlesener Pracht ausgestattet und führten wertvolle Geschenke mit sich, welche für die betreffenden Herrscher, hervorragende Feldherren, Minister oder Großwesire bestimmt waren. Im Interesse ihrer Sicherheit im fremden Lande wurde bei Entsendung derselben folgender Vorgang beobachtet: Die beiderseitigen Gesandtschaften brachen so ziemlich zu gleicher Zeit von den Haupt- und Residenzstädten auf. An einem Orte der jeweiligen Grenze, der zuvor genau festgestellt wurde, ging die feierliche Auswechslung vor sich, jener Akt, durch den die Gesandtschaften in den Schutz und Schirm des fremden Staates traten und in welchem sie so lange blieben, bis sie an derselben Stelle nach Erfüllung ihrer Missionen von dem eigenen Staate wieder übernommen wurden. Die Geschichte berichtet wiederholt von solchen wechselseitigen Gesandtschaften zwischen Österreich und der hohen Pforte. Namentlich nach dem zu Anfang des 17. Jahrhunderts abgeschlossenen Sitvatoroker Frieden

häuften sich derartige Legationen, indem für die jedesmalige
Erneuerung desselben zu Wien, Gyarmat, Komorn, Konstantinopel und zweimal zu Szön Gesandtschaften abgeschickt und
empfangen wurden. In gleicher Weise wurde später der Friede
zu Vasvar (1664), Karlowitz (1699) und Passarowitz (1718)
nachträglich bestätigt. Es ist begreiflich, daß bei der Wichtigkeit, welche diese Gesandtschaften für den Ausbau und den
Bestand der friedlichen Beziehungen beider Staaten hatten,
darüber mehr oder weniger umfangreiche Berichte und Reise-
beschreibungen verfaßt wurden. Und zwar entstanden solche
Schriften, die auch wertvolle und interessante Mitteilungen über
die herrschenden Sitten und Gebräuche im fremden Lande enthielten und so die für einen intensiven wechselseitigen Verkehr
unbedingt notwendige Kenntnis des fremden Volkscharakters
vermittelten, sowohl auf deutsch-österreichischer, als auch, was
bei dem stark ausgeprägten Sinn der Türken für geschichtliche
Darstellung nicht anders zu erwarten war, auf türkischer Seite.
Einen dieser türkischen Berichte, die sich übrigens auf europä-
ischen Bibliotheken handschriftlich fast gar nicht vorfinden, besitzt die k. k. Hofbibliothek[1] in Wien; er soll im Folgenden im
Originaltext mit Übersetzung und erläuternden Anmerkungen
veröffentlicht werden. Es ist dies ein kurzer Reisebericht über
jene türkische Gesandtschaft, welche zur Bestätigung des Passarowitzer Friedens im Jahre 1719 von Sultan Ahmed III.
nach Wien abgeschickt worden ist. Sie übertraf alle oben
erwähnten Gesandtschaften, sowohl was die Anzahl und den
Rang der beteiligten Personen als auch die Menge und Kost-
barkeit der mitgebrachten Geschenke anbelangt, und gab in
dieser Prachtentfaltung einen unzweideutigen Begriff von der
am damaligen osmanischen Hofe herrschenden Verschwendungs-
sucht. An ihrer Spitze stand der ehemalige Nischandži[2] und
Silihdar[3] Ibrahim Pascha,[4] Bevollmächtigter der hohen Pforte

---

[1] Siehe G. Flügel, Die arab., pers. und türk. Handschriften der k. k. Hofbibliothek. Wien 1865—66, II. Bd., S. 282, Nr. 1090.

[2] نشانجی ist der Staatssekretär für den Namenszug des Sultans.

[3] سلحدار wörtl. Waffenträger; als Hofamt ‚Waffenträger des Sultans‘; zur Zeit
der Janitscharenperiode hieß so der Kommandant der Leibgarde des Sultans.

[4] Nach Driesch, G. C. v., Histor. Nachricht von der röm.-kayserl. Groß-
Botschaft nach Konstantinopel etc. Nürnberg 1723, S. 54 lautet sein

bei den Verhandlungen des Passarowitzer Friedens, dem bei
diesem Anlasse der Rang eines Groß-Botschafters verliehen
wurde. Er brach am 23. März 1719 von Konstantinopel auf
und benützte den damals üblichen Landweg nach Wien, d. h.
er zog auf der Heerstraße von Konstantinopel über Nisch nach
Parakin und Ražanj, zwischen welchen Orten die feierliche
Auswechslung mit der von Wien unter Führung des Grafen
von Virmondt abgeschickten Gesandtschaft stattfand; von da ging
es über Belgrad durch das westliche Ungarn nach Schwechat,
der letzten Aufenthaltsstation vor dem Einzuge nach Wien.
Dieser selbst erfolgte am 14. August und war der prachtvollste
und glänzendste, den man in Wien je gesehen hatte. Das Gefolge des Botschafters bestand aus 736 Köpfen und führte 645
Pferde, 100 Maultiere und 180 Kamele mit sich; überdies bekam
er täglich 150 Taler auf die Hand.[1] In Wien verweilte die Gesandtschaft 9 Monate und 5 Tage, während welcher Zeit die üblichen Antritts- und Abschieds-Audienzen beim Kaiser Karl VI.
und dem Hofkriegsrat-Präsidenten Prinzen Eugen stattfanden,
die Sehenswürdigkeiten Wiens besichtigt, Jagden und andere
Belustigungen abgehalten wurden; ja sogar das Fest des mohammedanischen Ḳurban-Bairam, der auf den 24.—26. Oktober
1719 fiel, wurde im Absteigquartier des Groß-Botschafters nach
orientalischer Sitte gefeiert.[2] Die Abreise von Wien erfolgte am
9. Mai 1720, und zwar zunächst zu Schiffe auf der Donau nach
Belgrad und von da auf dem Landwege wieder zurück nach
Konstantinopel. Der vorliegende Bericht ist vom 28. Januar
1726 (24. Džumada I. 1138) datiert, wurde also ungefähr sieben
Jahre nach dem Aufbruche der türkischen Gesandtschaft von
Konstantinopel verfaßt. Sein Stil ist einfach, schmucklos, ich
möchte fast sagen vulgär, mit einer oft naiven Ausdrucksweise
bei Beschreibung europäischer Sitten und Gebräuche, und sticht
so lebhaft von der schwulstigen, bilderreichen Schreibweise der

---

voller Name: Vizir Mückerem Rurnili Valasi Bajesile Taja Sade Ibrahim
Bascha, was die mangelhafte Transkription des Türkischen: وزیر مكرّم
روم ایلی والیسی پایه‌سیله دایه زاده ابراهیم پاشا ist. Über seine Biographie konnte ich nichts Näheres in Erfahrung bringen; auch in Samy
Beys Ḳâmûs al-a'lâm ist er nicht angeführt.

[1] Hammer, J. v., Gesch. d. osm. R., Bd. VII, S. 247/48.
[2] Wien. Diarium Nr. 1694 (Jahrg. 1719).

zünftigen Historiographen jener Zeitperiode, eines Râschid und
Tschelebi-zâde Efendi (Ismaʿîl ʿÂṣim Efendi) ab. Aus dieser
Tatsache läßt sich wohl ein Schluß auf den im Texte nirgends
genannten oder auch nur angedeuteten Verfasser ziehen. Zweifellos ist es ein Teilnehmer an der Gesandtschaft, nach der Ein-
fachheit des Stiles zu urteilen, ein Mann minderen Ranges, der
seine Erinnerungen, sei es über Auftrag, sei es freiwillig in
schlichter Weise zu Papier gebracht hat und zwar wahrscheinlich ein niederer Janitscharenoffizier, zu welcher Annahme mich
die militärisch wichtige Angabe der Reisedauer zwischen den
einzelnen Orten, welche die Gesandtschaft berührte, sowie die
oft sehr genaue Beschreibung der festen Plätze und ihrer
Schantzwerke verleitet.

Inhaltlich ist unser Bericht, wie oben bereits angedeutet
wurde, kein spezifischer Gesandtschaftsbericht (سفارت نامه),[1] es
fehlt ihm dazu jede Erwähnung staatlicher und sozialer Einrichtungen des damaligen Österreich, was das Wesentliche eines
solchen Berichtes ist. Er enthält vielmehr lediglich eine Schilderung der von der Gesandtschaft eingeschlagenen Reiseroute und
der an derselben gelegenen Orte und Festungen und wird so zu
einem nicht unwichtigen Beitrag für die Kenntnis des in jener
Zeit üblichen Reiseweges von Konstantinopel nach Wien, also
der geographischen Lage, Ausdehnung und Gestalt der während
der Reise berührten Städte. Manchmal wird durch Erwähnung
bekannter Namen an geschichtliche Ereignisse erinnert, welche
sich an einem bestimmten Orte zugetragen haben, oder es
werden andere nennenswerte Sehenswürdigkeiten beschrieben.
Natürlich ist die einstige Festung Wien, das Endziel der Gesandtschaft, am ausführlichsten behandelt; ja unser unbekannter
Gewährsmann erzählt sogar einige Lokalgeschichten, die sich
in Wien und namentlich während der beiden Türkenbelage-
rungen daselbst zugetragen haben sollen. Leider gelang es
mir nicht, trotz langen und eifrigen Forschens, für alle eine
Bestätigung in einheimischen Werken zu finden.

---

[1] Wie z. B. Ahmed Resmî Efendis (احمد رسمى افندى) ويانه سفارتنامه‌سى
vom Jahre 1758 (١٣٠٤ قسطنطينيه عدد ٤٣ كتابخانهٔ ابو الضيا), wo auf
Seite ٢٢ ff. (تفصيل ممالك نمچه) die politische Einteilung des damaligen Deutschland beschrieben wird.

Bei der Übersetzung habe ich mich strenge an das Original gehalten, um ein möglichst treues Bild seines stilistischen Kolorits, das sich, wie bereits erwähnt, durch Kürze und Bündigkeit auszeichnet, zu geben. Auf diese Weise sind wohl die Wiederholungen sowie gewisse Härten in der Übersetzung zu erklären. Vom Originale bin ich daher nur dort abgewichen, wo es unumgänglich notwendig war; doch habe ich jene Ausdrücke, die im Texte nicht stehen, des besseren Verständnisses halber aber in der Übersetzung hinzugefügt werden mußten, in Klammern gesetzt.

Es erübrigt mir noch, an dieser Stelle des besonders gütigen Entgegenkommens meiner hochverehrten Lehrer, der Herren Prof. Hofrat Dr. Josef Ritter v. Karabacek und Prof. Dr. Maximilian Bittner, deren Ratschläge und Winke mir bei der Übersetzung sehr zustatten gekommen sind, in aufrichtiger Dankbarkeit zu gedenken. Auch den Herren Prof. Dr. Eugen Oberhummer, Magistrats-Ober-Kommissär Dr. Franz Bertolas, Archivdirektor der k. k. n. ö. Statthalterei Dr. Albert Starzer und Korrepetitor an der k. u. k. Konsular-Akademie Ahmed Saʿadeddin spreche ich für ihre wohlwollende Unterstützung meinen verbindlichsten Dank aus.

―――――――

Im Folgenden gebe ich einige Bemerkungen über das von mir benützte Manuskript. Dasselbe zeigt ein deutliches, nicht ungefälliges, nach links geneigtes Naschi, Städtenamen sind zuweilen rot überstrichen, Aufschriften sowie die Stundenzahl der Reisedauer von einer Station zur andern dagegen ganz mit roter Tinte geschrieben. Im Texte habe ich die Orthographie des Originals beibehalten, um so ein treues Bild des damaligen geschriebenen Türkisch zu erhalten, soweit dies bei einer so schwankenden Orthographie, wie sie im Türkischen immer bestanden hat, möglich ist. Sie unterscheidet sich von der heute gangbaren in manchen Punkten, die ich gleich näher erörtern will. Was die Vokale anbelangt, so stoßen wir in türkischen Wörtern auf folgende Abweichungen. Der Vokal *a*, welcher im heutigen Türkisch im Anlaute mit Elif und Medda (آ) geschrieben wird, ist im Texte durchwegs durch Elif allein ausgedrückt, z. B.: أشافى st. آشافى, أردنجه st. آردنجه, ات st. آت, أفرلق st. آفرلق, اياق st. آياق, الجق st. آلجق usw. Der Vokal *i* wird im Anlaute durch Elif allein wiedergegeben, während heute dafür ايـ geschrieben wird, z. B.: اتمك st. ايتمك (*etmek*), doch findet sich auch ايستره st. استره, ايدهميوب u. ايتديلر, ايدر st. اينمك usw. Im Inlaute werden die beiden Vokale *a* und *i* seltener als im heutigen Türkisch durch die Direktionsbuchstaben ا und ى ausgedrückt, z. B.: بقمق st. قونق, قوناق st. قونق قرشو, قالدى st. قلدى, باشلامق st. بشلامق u. بقر, بقار aor. باقمق, ديكمك st. دكمك, چيقمق st. چقمق usw., يوقارو st. يوقرو, قارشو, يكيت st. يكت, قالينلق st. قلنلق st. يوقاريدن, يوقاردن (*diṅmek*), كيرمك st. كرمك, بيلمك st. بلمك usw. Dagegen ist *i* durch ى dort ausgedrückt, wo es heute nicht mehr bezeichnet wird, z. B.: چركين st. چيركين, يالكز st. ياليكز.

Im Auslaute wird im Türkischen *i* durch و oder ى wiedergegeben; im Texte herrscht die Schreibung mit و vor, z. B.: كندو, كيرو, كوهرو, ياهو usw. Weitere Eigentümlichkeiten der Orthographie im Texte sind: die persische Konjunktion ‚كه، ‚daß‘ wird ى geschrieben und mit dem vorhergehenden Worte verbunden, z. B.: اولديكى st. اولدى كه, dagegen wird das Adjektiva bildende türkische Suffix ‚كه، *ki* geschrieben, z. B.: اورتهدهكى st. اورتهدهكه, طرفدهكه st. طرفدهكه usw. Ferner steht دوشدوكى, چكديرهرك für جكدوررك, كورشديريوب كورشدوررب für اولديغندن für اولدوفندن, كلديكى für كلدوكى, دوشديكى für يورورلر، ويرولر für ويرورلر, ايتديكى für ايتدوكى (von يورومك,) بيك für بڭ; sehr wechselnd ist die Orthographie des Wortes ايرته in der Verbindung ايرتهسى بازار, (بازار) man findet ارتهسى, ايرتسى und ارتسى; das Genetivsuffix bei vokalischem Auslaute ist نك oder نيك und wird mit dem vorhergehenden Worte oft nicht verbunden, z. B.: اينلكى نيك خندكى, طشره, نجهنيك, باشانيك; الچيمز steht für الچيسى الچىسى für الچىمز.

Das Tašdīd (ّ) steht zum Zeichen der Verdoppelung des Konsonanten, z. B.: كوكليان st. كوكلّيان, doch auch pleonastisch, z. B.: اللر st. اللّر, قلوى st. قلّوى, اللى st. اللّى heute اللى. Hamze (ء) ist bei vokalischem Auslaute oft Zeichen des Akkusativs statt يى,[1] z. B.: قلوىيى st. قلّوىئ, شبقهيى st. شبقة, بركمسنهيى st. بركمسنه.

---

[1] Siehe Bittner, M., Einfluß des Arab. und Pers. auf das Türk. (Sitzungsberichte d. kais. Akad. d. Wissensch. in Wien, phil.-hist. Kl. Bd. CXLII) Wien 1900, S. 111, Anm. 1.

Eigentümlich ist auch die Schreibweise eines Substantivs mit dem Personalsuffix der 3. Pers. Sing., indem das ى des Suffixes oft noch dort geschrieben wird, wo es im heutigen Türkisch bereits fehlt, und erinnert so an die in tatarischen Zeitungen übliche Schreibweise, z. B.: قلعه st. قلعه قپوسینك; ferner steht خبرین st. باشنه باشینه, قرالنه st. قرالینه, قپوسنك für مهترخانهلرینی für مهترخانهلرین, خبرینی usw. Fehlerhaft ist oft die Schreibung arabischer Wörter, z. B.: ادم st. م آدم, anderseits wechselt die türkische Schreibweise mit der originalen arabischen, z. B.: تجملات neben تجملات, دكان neben دكان, قوله neben قلّه.

Was die Schreibung der Konsonanten anbelangt, so wage ich aus der Tatsache, daß an Stelle der heutigen harten Konsonanten weiche gestanden sind, die Behauptung, daß das Türkische damals viel weicher ausgesprochen wurde als heute; so steht z. B.: ايچون st. الجون, يكيچری st. يكيچری, كجدی st. كچدی, قاج st. كوجك, اوچ st. اوج, يابمق st. يابمق, جالارق st. جالاراق, قاچ st. قاچ usw. Doch findet sich bei den angegebenen Wörtern manchmal auch die Schreibweise mit dem entsprechenden harten Konsonanten. Ferner steht im Texte oft ein harter Konsonant, während im heutigen Türkisch dafür der entsprechende weiche steht, z. B.: ايليچه für جوكرتمك, بكجی für بكجی, ايليجه. Falsche Setzungen diakritischer Punkte, die im Texte manchmal vorkommen, sowie andere kleinere Fehler habe ich verbessert, die betreffende Stelle des Manuskriptes aber in einer Anmerkung angeführt.

Zum Schlusse noch einige Worte über die Syntax. Wir finden die einzelnen Sätze meistens durch و, sehr oft durch اما oder das Gerundium auf وب aneinander gereiht, auch dort, wo durch eine Unterordnung der Sätze eine Belebung des Stiles möglich wäre. Auffallend ist auch das Nachsetzen des Dativs, was wohl dem vulgären Sprachgebrauche angehören dürfte, z. B.: اما عادت دلكمش قرال, واوج كغره كوندرمش پاشالره مكر عادت ايمش بر سنه قاره لره فرق, ايلچيلر ياننده سويلمكلكه اولمقلغه usw., und die Verbindung des Verbums كجمك mit dem Dativ, z. B.: بزم افرلغيمز نمچه طرفنه وسنورينه كجدی. Manchmal fällt der Verfasser aus der Konstruktion, z. B.: اوج كوندن صكره كوده‌سنی بی قلعه‌سنك ايچنده بر بيوك مناستر وار اول مناسترك الخ.

بيك يوز اوتوز بر سنه‌سى ماه جمادى الاوَّلك · ايكنجى
كوُنى الحِجّى ابراهيم پاشا حضرتلرى استانبولدن چقوب
بچه روانه اولدوغنى وقوناقلريله معًا بيان ايدر
فى ٢ جا[b] سنه ١١٣١

استانبولدن ادرنه ساعت ٤٤ مصطفى پاشا قونق ساعت ٦ حرملى قونق
ساعت ٦ اوزنجه اووه قونق ساعت ٤ سمزجه قونق ساعت ٢٤° قبالى
قوناق ساعت ٢٤ باباسلى قونق ساعت ٦ قلبه قونق ساعت ٥ تاتار بازارجغى

---

[a] Die Türken schreiben öfters für den 5. und 6. Monat des mohammedanischen Mondjahres statt des arabischen جُمَادَى الآخِرَةُ und جُمَادَى الآُولَى
جاد(ذ)ى الآخِر und جاد(ذ)ى الاوّل džemad(z̧)i-til-ewwel und džemad(z̧)i-til-
 aḫyr, indem sie das arab. fem. جُمَادَى nicht beachten.

[b] جا (im Ms. جما) ist eine Abkürzung für den mohammedanischen Monat
جُمَادَى الآُولَى; die Abkürzungen für die übrigen Monate sind folgende:
جُمَادَى = ج ,رَبِيعُ الثَّانِى = ر ,رَبِيعُ الآوَّلُ = را ,صَفَر = ص ,مُحَرَّم = م
= ذا ,شَوَّال = ل ,رَمَضَان = ن ,شَعْبَان = ن ,رَجَب = ش ,الآخِرَةُ = ب
.ذُو الحِجَّةِ = ج ,ذُو القَعْدَةِ   • ٢٤ = 2½, ٤ Zeichen für ½.

[1] Entspricht dem 23. März 1719 der christlichen Zeitrechnung. An diesem
Tage brach die türkische Gesandtschaft von Konstantinopel auf. (In der
‚Marsch-Rute der Türkischen Groß-Botschaft von Constantinopel bis Wien‘,
enthalten in der Schrift ‚Ausführliche Beschreibung des prächtigst- und
herrlichsten Empfangs und Einbegleitung, wie auch Einzugs, welchen
der Türk. Groß-Botschafter ..... dahier in die Kaiserl. Residenz-Stadt
Wien den 14. Augusti 1719 gehalten. Zusammengetragen und verlegt
v. Joh. Baptist Schönwetter‘, ist fälschlich der 19. März als Tag des Auf-
bruches angegeben; auch die Stundenanzahl der Entfernungen der einzelnen Stationen stimmt nicht immer mit der in der türkischen Handschrift angegebenen überein.

[2] D. i. Adrianopel.

[3] Eigentlich ‚Mustafa Paša Kjöprüsü‘ (Dīsr-i Mustafā paša) ‚die Brücke
Mustapha Paschas; in Driesch' Bericht auch ‚Tzgupri Cuprussi‘, was
das türk. كوپرى كوپريسى (,Brücke der Brücken‘) ist; so genannt, weil

Bericht über den Auszug Sʳ Exzellenz des Botschafters Ibrâhîm Pascha aus Konstantinopel am 2. Džumâda I. 1131 und seine Reise nach Wien, zugleich mit Angabe der einzelnen Stationen.

Am 2. Džumâda I. 1131.[1]

Konstantinopel—Edirne[2] 44 Stunden — Station Mu-stafâ Paša[3] 6 St. — Station Harmanly[4] 6 St. — Station Uzundža-Ova[5] 4 St. — Station Semizdže[6] 2¹/₂ St. — Station Kajaly[7] 2¹/₂ St. — Station Babasly[8] 6 St. — Station Filibe[9]

---

hier Mustapha Pascha (gest. 935 d. H.), einer der Wesire Sultan Sulei-mans, eine prächtige steinerne Brücke über die Maritza erbaute. Wiene-risches Diarium (Anhang zu Nr. 1679) = Mehemet Bassa, wo es als eine Station zwischen Uzundža-Ova und Harmanly bezeichnet wird, ob-wohl es nach der Karte eigentlich zwischen Adrianopel und Harmanly liegt; vgl. auch Hadschi Chalfa ,Rumeli und Bosna‘ (Ausgabe von Ham-mer. Wien 1812) S. 49; Hammer, Osm. Gesch. III. S. 800, und die Be-schreibung der Brücke in Driesch a. a. O. S. 125.

[4] Driesch, Bericht (Darunter ist hier und im Folgenden stets das auf Seite 2, Anm. 4 zitierte Werk von Driesch zu verstehen) so oder als besondere Anmerkung unter einem Stern. S. 125 = Harmanly, Wien. Diar. a. a. O. = Harmanla, Hammer a. a. O. S. 801 = Chirmenli, d. i. das mit Scheuern Begabte vom pers. خرمن *chirmaen* ,Tenne, Scheuer‘ abgeleitet.

[5] An der Maritza; Hammer a. a. O. S. 801 = Usundschowa; Hadschi Chalfa a. a. O. S. 51 = Usundscha-ova; Driesch, Bericht S. 125 = Usundschova, Wien. Diar. a. a. O. = Usontsche Ova; U. ist nach Hammer l. c. der Name des dort sich hinziehenden Tales (اووا *owa* t. ,Ebene, Tal‘, اوزونجه *uzundža* t. = länglich).

[6] Hammer a. a. O. S. 801 = Semisdsche, d. i. das Fettlichte vom t. سميز *semis* ,Fett‘ abgeleitet; Driesch, Bericht S. 120 = Semischese, Wien. Diar. a. a. O. = Semischtse.

[7] Hammer a. a. O. S. 801 = Kialik, d. i. der Felsenort, richtig Kajalyk; ,Felsen‘ türkisch = *kaja* (قایا, قیا); Driesch, Bericht S. 120 = Cayali.

[8] Hammer a. a. O. S. 802 = Papasli, d. i. das Pfafflichte vom t. پاپاس (*papas*) ,der Pfaffe‘ abgeleitet; ebenso Driesch, Bericht S. 119; Wien. Diar. a. a. O. = Papale.　　[9] D. i. Philippopel.

قونق ساعت ٦ يكى محله قونق ساعت ٠ Bl. 2 r. احتمان قونق ساعت ٦

يكى خان قوناق ساعت ٠ صوفيه قونق ساعت ٠ خلقه لى قونق ساعت ٦

صارى بورت قونق ساعت ٤ شاركوى قوناق ساعت ٤ اق بلانقه ساعت ٤

بانه قونق ساعت ٤ نيش قونق ساعت ٧ ماه جماذى الاخره. اون سكزنجى

كون نيشه داخل اولوب طشره‌سنده. چادر ايله قونيلوب اوتوز التى كون

اوتوراق اولندى اما سابقا يكيچرى اغاسى اولان وزير مكرّم عبدالله پاشا

حضرتلرى روم ايلى واليسى اولوب بتون روم ايلى ايالتيله نيشده. محافظ

Bl. 2 v. ايدى درون قلعه‌ده. دكل ايدى ايالت ايله معًا طشره‌ده اونورردى

الحجى پاشا حضرتلريله كورشورلر ايدى اما الحجى پاشا نيشه داخل اولمزدن

ᵃ Ms. روم ايله.

[1] An der Maritza und an dem nordöstlichen Abhange oder Fuße des Rhodope-Gebirges; Hammer a. a. O. S. 802 = Tatarbasardschik d. i. Klein-Tatarenmarkt; Driesch, Ber. S. 113 = Basardschik, Wien. Diar. a. a. O. = Basartsek; es wurde erst 1485 von Tataren gegründet, welche Sultan Mohammed von Brussa dorthin verpflanzte.

[2] Hammer a. a. O. führt einen Ort unter diesem Namen nicht an, dürfte aber mit dem dort verzeichneten Novoselo (Neues Lager), resp. Jeniköi (Neudorf) identisch sein; auch in Driesch' Ber., im Wien. Diar. und bei Hadschi Chalfa nicht angeführt.

[3] Hammer a. a. O. = Ichtiman, Driesch, Ber. S. 104 = Ichtiman und Ihliman, Hadschi Chalfa a. a. O. S. 57 = Ihtiman; wurde im Jahre 722 d. H. von Bala Scbahin Pascha erobert; Wien. Diar. a. a. O. = Ichteman.

[4] Ebenso Hammer a. a. O., Driesch, Ber. S. 104 = Jenihaan; Wien. Diar. a. a. O. = Jinehan, so wegen des vortrefflich = allda neugebauten Chan also genannt.

[5] Vgl. ihre Beschreibung in Driesch a. a. O. S. 89 ff. und in Hadschi Chalfa a. a. O. S. 51—52.

[6] Hammer a. a. O. S. 803 nennt diesen Ort Iflakler, d. i. die Wallachen; Driesch, Ber. S. 88 = Chalkali (Slibnika), Wien. Diar. a. a. O. = Halkale.

[7] Hammer a. a. O. S. 803 = Saribrod, ebenso Driesch S. 86; Wien. Diar. a. a. O. = Sarebrud.

[8] An der Nissawa; Hammer a. a. O. S. 803 = Schehrköi, d. i. Stadtdorf vom p. شهر *scehr* Stadt und كوى (*kjöj*) Dorf abgeleitet; hart an demselben liegt das Schloß ‚Pirot'. Driesch, Ber. S. 82 = Scharkioi, Wien. Diar. a. a. O. = Scharküi (bulg. Pirot).

5 St. — Station **Tatar-Bazardžyghy**[1] 5 St. — Station **Jeñi Mahalle**[2] 5 St. — Station **Ihtiman** 6 St.[3] — Station **Jeñi Chan**[4] 5 St. — Station **Sofia**[5] 5 St. — Station **Chalkaly**[6] 6 St. — Station **Sary Bort**[7] 4 St. — Station **Šarkjöj**[8] 4 St. — Station **Ak Balanka**[9] 4 St. — Station **Bana**[10] 4 St. — Station **Niš**[11] 2 St. Im Monate Džemazi-ül-aḫyr,[12] am 18. Tage, zog man in Nisch ein, lagerte sich außerhalb in Zelten und machte da 36 Tage Halt. Der ehemalige Janitscharen-Aga, Se. Exzellenz der erlauchte Wesir Abdallah Pascha,[13] welcher Statthalter von Rumeli[14] war und im Ejalet von Rumeli und in Nisch den Besatzungsdienst versah, war nicht in der Festung, sondern verweilte draußen bei seinem Ejalet. Er und Se. Exzellenz der Botschafter Pascha hatten eine Begegnung. Bevor der Botschafter Pascha in Nisch einzog, waren dort einige Pestfälle[15] vorgekommen; darnach zog er ein. Daß Se. Exzellenz

---

[9] Dürfte mit dem Musapaschapalanka Hammers (a. a. O. S. 804) und dem Mustapha-Bascba-Palanka Driesch' identisch sein. Wien. Diar. a. a. O. = Musta Bassa Palankese.

[10] Hadschi Chalfa a. a. O. S. 45 = Bana (Banja) insgemein unter dem Namen Esferlik Banassi bekannt; Hammer und Driesch erwähnen diesen Ort nicht.

[11] Unweit der Mündung der Nissawa in die Morawa; Hammer a. a. O. S. 804 = Nissa, ebenso Driesch, Ber. S. 65, vgl. auch die Beschreibung daselbst; Hadschi Chalfa a. a. O. S. 58 = Nisch.

[12] = 8. Mai (1719).

[13] Sein voller Name lautet: عبدالله پاشا محسن زاده چلبی (*Abdallah Paša Muhsinzâde Čelebi*); Driesch, Bericht S. 55 = Rumili Beiglerbey Abdola Bascha Dusum Sade. Er war unter Sultan Mahmud I. (1730—54) Großwesir und stammte aus Aleppo, wo sein Vater Muhsin Čelebi ein reicher Kaufmann war. Im Jahre 1162 d. H. starb er in Bosnien oder nach einem anderen Berichte in Dscheddah. (Vgl. die ausführliche Biographie in Samy Beys Ḳâmûs al-a'lâm S. ٣١٠٦, und die Personsbeschreibung in Driesch' Ber. S. 468.)

[14] Unter Rumeli (روم ایلی) versteht man bekanntlich die ganze europäische Türkei außer Bosnien.

[15] Auch Driesch erzählt in seinem Berichte (S. 64), daß die deutsche Botschaft wegen der daselbst herrschenden Pest nicht in die Stadt eingelassen wurde. Doch hielt man dies allgemein bloß für einen Vorwand; der eigentliche Grund aber soll, wie auch nachträglich versichert wurde, der gewesen sein, weil man einen Überfall der Janitscharen auf die Botschaft befürchtete und die Türken überdies nicht wollten, daß die Deutschen die Festung Nisch, welche eben neu befestigt wurde, allzu genau in Augenschein nähmen.

اوّل بر مقدار مبارك° ظهور ايتمش اندن صكره داخل اولدى امّا الحجى

پاشا حضرتلرى نيشده۰ اوتوز التى كون اوتوراق ايتمسنه باعث اول ايديكى

نمچه‌ه چاسارى اولان قرلوس نام الحجى‌سى بجمدن برو طرفه چقمدوغندن

مكث اولندى امّا عبدالله پاشا ايله الحجى پاشا روم ايلى ايالتنك چاوشلر

كتخداسنى° بلغراده۰ كوندرديلر الحجى‌ مسفوردن Bl. 3 r. خبر كتور مكلكى°

الحجى دخى بجمدن جمله تجملاتلرله‌ طلقسان بش پاره سفينه ايله اون درت

كونده كلوب بلغراده۰ داخل اولدوغى كون مزبور چاوشلر كتخداسى‌ نيشده۰

پاشاره منزل ايله الحجى‌نك بلغراده۰ نك خبرين كتوردى ماه رجب شريفڭ

- ° مُبَارَك die Pest; A. Hindoglu, Diction. turc-franç. II, p. 417; vgl. Barbier de Meynard, Dict. t.-fr. II, p. 726: مبارك béni, saint, heureux; par antinomie on donne au mot ‚mubarek‘ le sens de ‚néfaste, maudit‘. Dozy, Suppl. I, 77: داء المبارك = Syphilis.

- ᵇ نمچه (var. نمسه) nach Samy Beys Diction. turc-franç. aus dem Slawischen genommen, vgl. *němec*, *nemec*; es bedeutet: deutsch, österreichisch; چاسارى نمچه (چاسار *čaʃar* vom ungar. *csúszár*, vgl. قرال = ungar. *király*) hieß der habsburgische Herrscher, der auch römisch-deutscher Kaiser war; heute heißt der Kaiser von Österreich آوستريا امپراطورى (*Austria imperatory*), der deutsche Kaiser المانيا امپراطورى (*Alemanja imp.*); arab. = نمساوى.

- ᵖ Ms. كتخدا mit ح statt خ wie öfters im Ms. und ohne ن. (t. *kjaja* gesprochen) = Sachwalter, Intendant, Vorsteher, Majordomus.

- ᵈ ايلچى ist wie اردو (*Lager*), افندى (*Herr*), پاشا (*Pascha*), قشله (Kaserne) eines jener wenigen türkischen Substantiva, bei denen die pers. Izâfet-Konstruktion zulässig ist. Vgl. M. Bittner, Einfluß des Arab. und Pers. auf das Türk., S. 62 und 63.

- ° Hier ist wohl البجون zu ergänzen, eventuell müßte ohne البجون der Dativ كتورمكلكه stehen.

- ᶠ Ms. تجملاتلريله.

- ᵍ Ms. بتحمداسى.

- ¹ D. i. Damian Hugo Graf v. Virmondt (Virmont, Wirmont), wirklicher Geheimer und Hofkriegs-Rat, General-Feldzeugmeister, bestellter Oberst über ein Regiment zu Fuß. Bei den Verhandlungen des Passarowitzer Friedens war er ‚erster Gevollmächtigster Botschafter‘.

- ² D. i. Kaiser Karl VI.

- ³ Türk. = چاوش Staatsbote, Fourier; Driesch (l. c. S. 68), welcher sie ‚Chiausen‘ nennt, berichtet über sie folgendes: „Indem wir aber hier des Chiausen gedacht, ist zu wissen, daß dieses Leute sind, welche die

der Botschafter Pascha 36 Tage in Nisch Halt machte, hatte
darin seinen Grund, daß man eben, weil der Botschafter[1] des
deutschen Kaisers, namens Karlos,[2] von Wien noch nicht hierher aufgebrochen war, noch zuwartete. Abdallah Pascha und
der Botschafter Pascha schickten den Vorsteher der Tschausche[3]
des Ejalets Rumeli nach Belgrad, um von dem erwähnten Botschafter Nachricht zu bringen. Der Botschafter kam von Wien[4]
mit all seinem Gepränge und 85 Schiffen[5] in 14 Tagen, und
am Tage seines Einzuges in Belgrad brachte der erwähnte Vorsteher der Tschausche den Paschas in Nisch durch den Kurier
die Nachricht, daß der Botschafter in Belgrad eingelangt sei.[6]
Am 24. Tage des erhabenen Monats Redžeh[7] brach man von

Zeitungen und Briefe hin und wieder tragen; sie haben in ihrer Hand
mit Silber beschlagene, bisweilen auch wohl ganz silberne Stecken, die
denenjenigen gleich sehen, deren sich ehedessen die Friedens-Bothen be-
dienet; an den obern Theil hängen 4, 6 bis 8 oder auch mehr silberne
Kugeln an eben so viel Kettlein: wenn diese Stäblein völlig mit Silber
überzogen sind, nennen sie solche Theugian (t. = چوكان *čevkjan*), die
andern aber Topous (t. = طوپوز *topuz*); dieser bedienen sich nur die
Gemeinen, jener aber die Vornehmern, als der Baschen Statthalter und
der Vizir Chiausen'. In der Miniaturhandschrift der k. k. Hofbibliothek
(C. P. Min. 113), deren Titel: 'Türckischer Sargh oder der unterschit,
welchen die Türcken haben an ihren bünden' lautet und die vor 1755
entstanden ist, wird Bl. 6 v. von den Tschauschen gesagt: 'Die Chiausen
seint bey den Türcken, wie bey uns die edleythe oder vylmehr Comisarij,
welche sie zu allerhandt verschikungen bey hoff, abholung und führung
der fremden gesanten durch ihre länder, herbeyschaffung alles nothwendigen
unterhalts, und dergleichen gebrauen, und hat ein jedweder Bascha seine
eigene, ihm zugeordnete Chiausen, welche ihren eigenen General oder
Chiaus Bascha halten, und von deßen Comando die sambtliche Chiausen
auch der andern dependiren . . .'

[4] Graf v. Virmondt fuhr mit seinem Gefolge am 17. Mai 1719 um 4ʰ nachmittags von Wien zu Schiffe ab. Driesch, Ber. S. 15.

[5] Über die Anzahl der Schiffe schreibt Driesch, Ber. S. 15: . . . allwo Sie
aus einem Kaiserlichen. Lust-Hauß die in schönster Ordnung rangirten
Schiffen vorbey streichen sahen, wovon der größten an der Zahl zwey
und siebensig, und alle oben bedeckt . . . worzu die Kähne nicht ge-
rechnet sind, deren viele an die großen Schiffe angebunden und auf des
Botschafters Befehl zur Zufuhr der Victualien und Übersetzung der
Leute von einem in das andere Schiff verordnet waren.

[6] Das war am 30. Mai, also genau 14 Tage (Driesch, Ber. S. 38).

[7] = 12. Juni 1719.

يكرمى درت كونى نيشدن روانه اولندى امّا عبدالله پاشا حضرتلرينه فرمان
شريف اولنمشكه روم ايلى اياللبه و نيشده اولان يكيچرى اورنه‌لردن درت
اورنه و طوبجى اورنه‌لردن بر اورنه واون پاره طوب الوب الجى پاشــا ايله
معاً. .Bl 3 v سنوره° كيدوب الجيلرى بر برلريله كورشدو ورب مكالمه‌لرنده معاً
بولنه‌سزb ديو ذكر اولنان عسكر ايله الجى پاشايى آلوب سنوره روانه اولندى
قنلى قواق قونق ساعت؛ علكسين‌سه° قوناق ساعت؛ راجنه قونق ساعت؛
پاره‌كين قونق ساعت ٦ امّا راجنه ايله پاره‌كينك مابيننده. اوجر ساعت اولق
اوزره سابقا دفتردار اول اولان صارى مصطفى پاشا حضرتلرى اوج طاش
دكدى سنور اولمق اوزره امّا راجنهd‌دن قالقوب سنور طاشلرينه روانه
اولندى بر ساعت. .Bl 4 r قله يرده فنال اوغلى چفتلكى ديمكله مشهور يرده
عبدالله پاشا حضرتلرى نمچه الجى‌سيچون سايبان وچادرلر قورديلر بر ساعت
مقدارى انده توقف اولندى نمچه الجى‌سى سنوره كلسون ديو وخبر ايجون
ادم كوندردىلر دخى خبر كتورديلر كلديلر ديو امّا پاشالرك ايـكبيسى دخى
مهترخانه‌لرين چالاراق سنور طاشينه روانه اولديلر امّا سنور طاشندن بروده
ويقين يرده الجى پاشا سايبان قورمش ايدى عبدالله پاشا ايله معاً ايندىلر

ª سنور *synor* Grenze, vom griech. σύνορος angrenzend (Samy B. Diction.).

ᵇ Statt (سيز) سز ;بولنهسكز *sis* ist Konjugationssuffix der 2. Pers. Plur.
im Altosmanischen, gegenwärtig noch im Azerbaidschanischen, Čagat. u.
d. tatar. Dialekten.

ᶜ Auffallenderweise mit ع, welches hier als Vokalzeichen für *a* etwa in
Reminiszens an عَلَيْكَ in اَلسَّلام وَعَلَيْكَ steht; auch im Osttürkischen
findet sich manchmal ع für ا geschrieben, wie in عورت *avoret* ‚Frau‘
oder علو *alew* ‚Flamme‘. Vgl. Bittner, M., Einfluß des Arab. und Pers.
auf das Türkische, S. 112.   ᵈ Ms. راجنهدن.

[1] Diesen Ort konnte ich weder in einem geographischen Werke noch auf
einer Karte finden. Es dürfte ein ganz unbedeutender Ort sein, der
seinen türkischen Namen seither geändert hat.

[2] Driesch, B. S. 63 = Alexintza, Wien. Diar. Anhang zu Nr. 1663 =
Alexinsa; gegenwärtig = Aleksinatz.

[3] Driesch, B. S. 48 = Raschna, Wien. Diar., l. c. = Rasna; heute =
Ražanj.

Nisch auf. Sr. Exzellenz Abdallah Pascha wurde der hohe Befehl
zuteil, er solle vier von den in der Provinz Rumeli und in Nisch
befindlichen Janitscharenregimentern, eines von den Artillerie-
regimentern und 10 Kanonen mitnehmen, mit dem Botschafter
Pascha zusammen an die Grenze gehen, eine Begegnung der
Botschafter veranlassen und bei ihren Besprechungen zugegen
sein. Er nahm die in Rede stehenden Soldaten und den Botschafter
mit und zog an die Grenze. (Nach der) Station K a n l y K a w a k [1]
(sind) 2 St. — Station A l e k s i n s e [2] 4 St. — Station R a d ž n a [3]
4 St. — Station P a r a k i n [4] 6 St. Zwischen Radžna und Parakin,
von hier und dort je 3 Stunden weit entfernt, errichtete der
ehemalige erste Defterdar,[5] Se. Exzellenz Sary Mustafâ Pascha,[6] drei Steine [7] zur Bezeichnung der Grenze. Von Radžna
brach man auf und zog zu den Grenzsteinen. Eine Wegstunde
vorher, auf dem unter dem Namen ‚Tschiftlik Kanly Oghlu‘[8]
bekannten Platze, ließ Abdallah Pascha Baldachine und Zelte für
den deutschen Botschafter aufstellen. Daselbst wurde etwa eine
Stunde Halt gemacht. Man schickte Leute aus, um dem deutschen Botschafter zu melden, er möge an die Grenze kommen.
Die brachten auch die Nachricht zurück, sie (die Deutschen)
seien schon da. Die beiden Paschas zogen, ihre Musikbanden[9]
spielen lassend, zum Grenzsteine. Auf einer diesseits des Grenz-
steines und diesem nahen Stelle hatte der Botschafter-Pascha
ein Zelt aufstellen lassen. Er und Abdallah Pascha stiegen

---

[4] An der Zrnisa; Driesch, Ber. S. 48 = Parakin, Wien. Diar. l. c. = Pa-
rackin; heute = Paračin.

[5] = Präsident der Rechnungskammer.

[6] Samy Bey, Ḳamûs al-a'lâm S. ٢٩١٧ führt bloß einen صارى مصطفى
پاشا an, welcher im Jahre 1153 d. H. unter Sultan Mahmud I. Kapudan
(Großadmiral) war, der mit dem im Texte erwähnten kaum identisch
sein dürfte.

[7] Dieselben standen in der Mitte einer langen Wiese, welche von einem
kleinen, Schuppellia genannten Flusse durchschnitten und mit Bergen
und Wäldern auf beiden Seiten umgeben ist. Hier fand also die feierliche Auswechslung der beiden Botschafter statt. Driesch, B. S. 48.

[8] Tschiftlik, türk. چفتلك, bedeutet Landgut, Weiher, Meierhof; wo der
Weiher dieses Namens gelegen sein mag, ist mir unbekannt.

[9] Solche Musikbanden ‚mehterchâne‘ führen die Statthalter und andere
hohe Personen stets mit sich, wenn sie zu Felde ziehen. Driesch,
Ber. S. 57.

واوتورديلر ونمچه الجيسى .v 4 .Bl دخى كندو طرفلرندن طاشاره يقين يرده
انمش واوج كفره كوندرمش پاشاره كلدى ٔ سايانده ٔ بولشديلر كلديكزمى
الجبز خبر استر ديو بونلر دخى برودن روم ايلى چاوشلر كتخداسيله ٔ ايلجى
پاشا قبوجيلر كتخداسنى ٔ نمچه الجيسى طرفنه كوندرديلر سز دخى كلديكزمى
ديملكله وكيدنلر دخى كلديلر تشريف يبورك ايلجى دخى بندى سنور طاشنه
كليور ديديلر عبدالله پاشا ايلجى پاشا ابراهيم پاشابى سايانده براقدى بندى
مهترخانه سين جالاراق بتون ايالت .r 5 .Bl اردنجه ٔ اورنهلر و اون پاره
طوبلرى چكدوررك سنوره ديوانه اولدى هم سرعسكر ايدى امّا نمچه طرفندن
بلغراد جنرالى اولان اوطوار نام الجيلرينك اوزرينه سرعسكر تعيين اولنمش
كلمش اول دخى ايلجى سنى اندوكى يرده براقش بنوب كلدى امّا اول عسكريله
اون بش بيك قدر وار ايدى ونمچه نيك دخى اون بش بيك قدر وار ايدى
امّا عبدالله پاشا بزم طرفك سنور طاشنه واردى نمچه دخى كندى طرفلرنده
اولان طاشك يانه كلدى امّا سنور طانى اوج .v 5 .Bl ديكلى ٔ طاشدر
مابينلرى قرقر ادمدر امّا ايكيسى دخى ات اوزرنده در عبدالله پاشا بلغراد

---

* Die Pluralendung ist aus dem folgenden بولشديلر zu ergänzen.
ᵇ Man schreibt gewöhnlich سايه *säjne* ; سايبان oder (سايبان) *sajeban*;
 p. = Schatten; im Texte wechselt die Schreibweise, man findet
 سايبان und سايبان.
ᶜ Ms. كتخداسنى.   ᵈ Ms. كتخداسيله.
ᵉ l.   ᶠ اردنجه بتون ايالت (?).   ᵍ Ms. ديكلى.

[1] Unter Serasker (Befehlshaber, Heerführer) ist hier der an den Grenzen
 kommandierende Feldherr zu verstehen. Driesch, Ber. S. 58.
[2] Sein voller Name lautet: Johann Josef Graf von Oduyer (Wien. Diar.,
 Anhang zu Nr. 1663 schreibt Odoyer); er fungierte als Prinzipal-Kommis-
 sarius bei der feierlichen Auswechslung der Botschafter und war ‚General-
 Feld-Wachtmaister, Obrister über ein Regiment zu Fuß, commandierender
 General in dem Königreich Servien und Commandant der Haupt- und
 Gränz-Festung Belgrad‘. Wien. Diar. l. c., Driesch, Ber. S. 37.
[3] Nach Driesch, Ber. S. 40 war die Anzahl der Truppen, welche Graf v.
 Oduyer befehligte, bedeutend geringer. Die darauf bezügliche Stelle

zugleich vom Pferde und setzten sich nieder. Auch der deutsche Botschafter stieg auf einer von ihm aus den Steinen nahen Stelle ab und schickte drei Giaurs zu den Paschas. Die kamen und trafen mit ihnen im Zelte zusammen, indem sie sagten: ‚Unser Botschafter wünscht Nachricht, ob Ihr schon gekommen seid.' Die (Gefragten) schickten ihrerseits den Vorsteher der Tschausche Rumelis und den Obersten der Kämmerlinge des Botschafter-Pascha zum deutschen Botschafter hin, um zu fragen, ob auch er schon gekommen sei. Die Abgegangenen kamen zurück und sagten: ‚Bitte, der Botschafter ist bereits zu Pferde gestiegen und kommt zum Grenzstein.' Abdallah Pascha ließ den Botschafter Ibrahim Pascha im Zelte zurück und stieg zu Pferde. Die Musik spielen und hinter dem gesamten Stabe des Ejalets die Regimenter und 10 Stück Kanonen ziehen lassend, marschierte er zur Grenze. Dabei war er auch Serasker.[1] Deutscherseits war der General von Belgrad, namens Oduyer,[2] zum Serasker für seinen Botschafter ernannt worden; der kam nun, ließ seinen Botschafter auf dem Platze, wo er abgestiegen war, zurück, stieg zu Pferde und kam. Jener hatte ungefähr 15.000 Soldaten mit sich und auch der Deutsche hatte ungefähr ebensoviele.[3] Abdallah Pascha begab sich zum Grenzstein auf unserer Seite und auch der Deutsche kam zu dem auf seiner Seite stehenden Stein.[4] Das steinerne Grenzzeichen besteht aus drei aufrecht stehenden Steinen,[5] welche je 40 Schritte voneinander entfernt

----

lautet: ‚Die zur Fortschaffung unserer Personen und Sachen benöthigte Wägen wurden vom Land herein verschrieben, Küsten und Kasten aufgepackt, das Proviant herbeigeschafft, und aus unterschiedenen Regimentern Dragoner, Cürassiers und leicht bewaffnete Reiter, so die Ungarn Husarn nennen, bis 1500 zusammengezogen, worzu noch 200 Granadierer zu Fuß gestossen, so uns begleiten, auch im Fall es nöthig wäre, zu unserer Defension dienen sollen ...' Dieselbe Anzahl nennt auch mit Angabe der einzelnen Regimenter das Wien. Diar. l. c.

[4] Oduyer ritt bis 5 Schritte von der mittleren Säule und war von 12 Offizieren, einem Hofmarschall, 2 Pagen und 2 Laufern, alle zu Fuß, begleitet. Wien. Diar. l. c.

[5] Diese Steine standen in gleicher Linie hintereinander und glichen Obelisken; sie waren nämlich viereckig, oben zugespitzt und wurden in den ersten Tagen des Juni aufgerichtet, wobei auf deutscher Seite der Ingenieur-Hauptmann Oebschelwitz intervenierte (Driesch, Ber. S. 43 und 49).

جنرالئ اولان اطوار نامه بقارك اندن اشانئ انسون جنرال ده. بقرکه عبدالله
پاشا اندن اشانئ انسون جنرال الحاصل تحمل ايده‌ميوب عبدالله پاشا
حضرتلرندن مقدم اندن اشانئ انكه حركت ايلدى بعده عبدالله پاشا
دخى حركت ايلدى انجق جنرالك حركتئ اوقدر اول اولديكى اياق اوزنكيدن
چقار مقدارى همان ايكيسى بردن انديلر بزم طرفده.كه طاشدن
اوره‌ده.كه طاشه‌دك عبدالله پاشا يورورك واردى وجنرال اطوار   Bl. 6 r.
دخى كندو طرفلرنده اولان طاشدن يورورك كلدى ايكيسى دخى اوره‌ده.كه
طاشده قوشديلر ال اله ويروب اوتورديلر ايلجى مصاحبتلرينئ ايتديلر ماه
رجب شريفك يكرمى يدنجى پنجشنبه كونى ايدى و زياده هوا كوزل
وكنش ايدى اما مصاحبتلرندن صكره عبدالله پاشا ايلجى ابراهيم پاشايه
خبر ارسال ايلدى تشريف بيورسونلر ديو ابراهيم پاشا دخى ساياندن
قللوى كيوب   Bl. 6 v. وصورنجه طاقنوب بندى اندرون اغالرى دخى
اردنده الاى ايله مهترخانه‌سن جلاراق سنور طاشنه روانه اولدى ونجه
الجيسى دخى كندو طرفندن بنوب تيرنبه‌ه‌سنى جلاراق سنور طاشنه كلورکن

ᵃ Ms. بلغراد جنرا ل.

ᵇ Nicht قوشديلر (*košdular*) ‚sie liefen‘ zu lesen, in welchem Falle nicht
der Lokativ stehen könnte, sondern قاوشديلر (*kawušdular*) ‚sie trafen
zusammen‘.

ᶜ مصاحبت hier wohl für صحبت = Gespräch, Unterredung, Plauderei
(Zenker, Diction. turc-arabe-pers. S. 980).

ᵈ كنش = كونشى ‚Sonne‘, also hier ‚sonnig‘.

ᵉ قللوى = قلّوى (var. قللاوى, قللاوى, قلوى) *qylavy* Galaturban (Zere-
monien-Staatsturban), ist ein mit einem breiten goldenen Streifen
durchwirkter, pyramidenförmiger Turban aus Musselin; denselben tragen
zu Konstantinopel nur der Großwesir, der Kapudan-Pascha und der
Kislar-Aghassi, und in den Provinzen die Paschas (Statthalter) und die
Wesire und zwar mit drei Roßschweifen. Vgl. Hammer, Des osman.
Reiches Staatsverfassung etc. Bd. 1, S. 54, 440, 443, 478.

sind.[1] Beide sind noch zu Pferde; Abdallah Pascha schaut auf
den General von Belgrad, namens Oduyer, daß er vom Pferde
herabsteige, der General wieder schaut, daß Abdallah Pascha vom
Pferde herabsteige. Der General wurde schließlich ungeduldig
und schickte sich an, vor Sr. Exzellenz Abdallah Pascha vom
Pferde zu steigen. Hernach schickte sich auch Abdallah Pascha
dazu an, doch war der General nur um so viel früher daran,
als man braucht, um den Fuß aus dem Steigbügel zu ziehen.
Eigentlich stiegen beide zugleich ab.[2] Von dem auf unserer
Seite befindlichen Stein aus gieng Abdallah Pascha zu Fuß
nach dem mittleren und auch General Oduyer kam zu Fuß
von dem Stein auf seiner Seite her. Beide trafen bei dem
Mittelstein zusammen, gaben sich die Hände, setzten sich
nieder und hielten ihre Botschafterbesprechungen.[3] Es war
Donnerstag, der 27. des erhabenen Monats Redžeb,[4] und das
Wetter war überaus schön und sonnig. Nach ihren Besprechungen
sandte Abdallah Pascha dem Botschafter Ibrahim Pascha die
Nachricht, er möge nun zu kommen geruhen. Nachdem Ibrahim Pascha den Galaturban aufgesetzt und daran den diaman-
tenen Reiherbusch befestigt hatte, stieg er vom Baldachine
aus zu Pferde. Die Kammerherren hinter sich im Zuge, zog
er, seine Musikbande spielen lassend, zum Grenzstein. Und auch
der deutsche Botschafter stieg von seiner Seite aus zu Pferde
und indem er, seine Trompete erschallen lassend, zum Grenz-

---

[1] صورغج (var. سرغوج ,صورغوج) *sorghudž*, sind diamantene und brillantene
Strahlenbüsche, verdienten Kriegern vom Sultan verliehen. Vgl. Hammer
l. c. S. 446/47.

[2] قه‌بنمرت (*tirenbete*), wohl = تراميته Zenker, Diction. turc-arabe-pers.
S. 275, s. v., ‚Trompete‘, wenn nicht als ‚Trommel‘ zu fassen. V. Hacki Tewfik,
Türk.-deutsches Wörterbuch, Leipzig 1907, S. 91 تراميته (*trampeta*)
franz. ‚kleine Trommel‘ und Wiesenthal, Diction. franç.-turc, s. v. ‚tam-
bour‘, wo neben طاول auch تراميته steht.

[1] Die Entfernung der einzelnen Steine voneinander wird verschieden an-
gegeben; nach Driesch, Ber. S. 49 waren sie 20 Werkschuh (ungef.
$6\frac{1}{3} m = 8\frac{1}{3}$ Schritte) voneinander entfernt, nach dem Wien. Diar.
(Anhang zu Nr. 1663) 20 Schritte.

[2] Wien. Diar. l. c.; Driesch erwähnt hiervon nichts.

[3] Driesch, Ber. S. 50.

[4] = 15. Juni (1719).

بامرالله تعالى هوا تبديل اولدى اما الجيلرك ايكيسى دخى طاشلره كلدكده.
جزئى يغمور ياغمغه بشلادى دخى اندن اشانغى انمديلر برى برلرينه بقارل اول
انك ايچون هله نچه البجيسى بر وجهله تحمل ايده ميوب مقدم اتسدن
r. 7 .Bl اشانغى انمكه حركت ايلدى بعده يزم الجى مز ابراهيم پاشا دخى حركت
ايلدى نهايت ايكيسى بردن اندن اشانغى انديلر همان الجى نك° (حركتي)
اولقدر اول ايديكى ايانغى اوزنكيدن جقار مقدارى ايكيسى دخى يوردوبرك
قرقر ادم اورنه ده كه طاشه كلديلر بولشديلر ال اله ويرديلر اما بزم سرعسكريز
عبدالله پاشا ونچه سرعسكرى اولان بلغراد جنرال° اطوار° نام دخى اباق
اوزرلرنده طوردرلرايدى الجيلر ايله معًا دورديده. چاركوشه° v. 7 .Bl اوتورديلر
اما برمرتبه° اول وقت بر الاكوزلو° بر قوجه° يغمور يغديكى همان باردقدن

---

stein kam, änderte sich mit Gottes, des Erhabenen, Willen
das Wetter;[1] als die beiden Botschafter zu den Steinen kamen,
fing es etwas zu regnen an. Sie stiegen nicht von ihren Pferden ab, sondern schauten aufeinander, wer zuerst absteigen
sollte. Dem sei wie ihm wolle, der Botschafter Deutschlands
wurde recht ungeduldig und schickte sich an, zuerst vom Pferde
zu steigen. Hernach schickte sich auch Ibrahim dazu an.
Endlich stiegen beide zugleich vom Pferde ab, doch war der
deutsche Botschafter nur um so viel früher daran, als man
braucht, um den Fuß aus dem Steigbügel zu ziehen.[2] Beide
kamen, zu Fuß je 40 Schritte,[3] zu dem Stein in der Mitte,
fanden sich hier zusammen und gaben sich die Hände.[4] Unser
Serasker Abdallah Pascha und der deutsche Serasker, der
General von Belgrad, namens Oduyer, standen bereits da.
Mit den Botschaftern zusammen, vier an der Zahl, setzten sie
sich in einem Viereck nieder.[5] Auf einmal gieng ein starker

---

kommen, ist Er von dieser, wie der Türkische von jener Seiten, in
gleichen Schritten mit diesen zur mittlern Säulen gegangen, doch mit
dem Unterschied, dass der Türkische den Erd-Boden eher als der Unsrige
betreten, weil dieser sich anstellete, als ob sein Pferd, welches Er auf
alle Seiten herum lenkte, nicht zum Stillstehen zu bringen wäre, und
bald gegen die Säule anführte, bald unvermerkt wiederum zurük gehen
machte, ohne dass jemand merken kunte, wie dergleichen mit Vorsatz
von Ihm geschehe; und also stunde der Türk schon auf der Erden, da
unser Herr Groß-Botschafter gleich als hätte Er sich in die Riemen
verwickelt, noch ober den Sattel sich befand'. Der an Rang und Würde
Niedrigere steigt vor dem an Rang und Würde Höheren vom Pferde;
da diesen höheren Rang jeder Berichterstatter für seinen Botschafter in
Anspruch nimmt, so ergibt sich daraus der gerade Gegensatz der Darstellung des betreffenden Vorfalles.

[3] Nach Driesch, Ber. S. 49 waren die Botschafter fünf Schritte von der
mittleren Säule vom Pferde gestiegen, nach dem Wien. Diar. l. c. bei
der äußeren Säule.

[4] Nach der Darstellung dieses Vorganges im Wien. Diar., l. c. ging Graf
v. Oduyer dem Großbotschafter einige Schritte entgegen und führte ihn,
indem er ihm die Rechte gab, bis zur mittleren Säule; dasselbe geschah auf türkischer Seite.

[5] Darüber schreibt Driesch S. 52 in ausführlicher Weise: ‚Nachdem nun
auf erst beschriebene Weise die erste Zusammenkunft nach geschlossenen
Frieden geschehen, haben sich die beide Herrn Botschaftere sammt
ihren Führern bald anfangs auf die gesetzte 4 Stühle in solcher Positur
nieder gelassen, dasz einer dem andern ins Gesicht sehen kunte, und

يوشازجسنه والحاصل دوردى دخى اوتورديلر وصلح احوالنى° سويلنمكه

بشلاديلر جوابلرى تمام اولدقدن صكره يغمور دخى دكدى° اما صلح احوالنى

سويلشدكلرى وقت يزم عسكريمزك دخى اغرلقلرى بزم طرفنده اولان طاشك

ياننده چتلدى قلدى بر فرد واحد اونه طرفه كجمدى ونمچه عسكرى جمله

تجملاتلريله كندو طرفلرنده اولان طاشك ياننده چتلدى قلدى° Bl. 8 r. الردن

دخى برى برو طرفه كجمدى عبدالله پاشا الجى ابراهيم پاشا ونمچه الجيسى

ايله بلغراد جنرالى اولان اطوار نام صلح مشاوره لرينى° تمام ايلدكلرندن

صكره ايكى طرفه اذين° اولدى شنلك° اولنسون ديو بزم طرفدن عسكريمز

بر يايليم توفنك اتديلر اون بش بيك مقدارى وار ايدى وبر يايليم اون باره

طوب اتديلر ونمچه طوفندن دخى بر يايليم توفنك اتيلوب واون باره طوبلرينى

دخى اتديلر بعده ايكى طرفدن ايكيشر يايليم Bl. 8 v. توفتكلر ايله ايكى يايلم

دخى اوز پاره طوبلر اندلدى بعده عبدالله پاشا حضرتلرى الجى ابراهيم پاشا

نيك الى الى انه الوت ال عثمان پادشاهنك بيوك الجيسيدر صلح وصلاح اولق

ايچون ارسال اولنمشدر ان شا الله تعالى ينه بومحلده وعودنده امين وسالم

سندن استرم ديو بلغراد جنرالى اولان اطوار نام جنراله تسليم ايلدى و جنرال

مسفور° دخى كندو الجيلرينك الى انه الوب بو دخى نمچه قيزرينك°.يقين

---

ein jedweder von den Führern seinem Botschafter zur linken Hand
sasse'. Bei dieser Unterredung suchte der deutsche Botschafter heraus-
zubekommen, ob der türk. Botschafter Briefe an den Kaiser und den
Prinzen Eugen v. Savoyen vom Sultan resp. Großwesir bei sich führe,
was ihm auch versichert wurde. Driesch, Ber. S. 53.

° مشاوره لرنى = Ms. ° b = ديگدى. ° احوالى = Ms. ° ه

d اذين izin ist phonetische Orthographie des arab. اذن (izn) Erlaubnis;
   die Türken müssen nämlich in arab. und pers. Wörtern zur Vermeidung
   einer Doppelkonsonanz im Auslaute einen Hilfsvokal einschieben, wie in
   شهر (p. šaehr), اسم (a. ism), عقل (a. 'aql), türk. šehir, isim, aqyl ausgesprochen. Vgl. M. Bittner, Einfluß des Arab. und Pers. auf das Türk.
   S. 97, und M. Bittner in der Rezension von Jehlitschkas Türk. Konver-
   sationsgrammatik, W. Z. K. M. Bd. 13, S. 270/71.

Platzregen nieder, dermaßen als ob er aus Kannen ausgeleert
würde. Nun gut, die vier setzten sich und begannen die Friedens-
angelegenheit zu besprechen. Nachdem die Beantwortungen (der
Fragen) zu Ende waren, lies auch der Regen nach. Während sie
die Friedensverhältnisse besprachen, wurde das Gepäck unserer
Soldaten neben dem Steine auf unserer Seite[1] aufgehäuft, um
noch da zu bleiben. Kein einziger Mann ging nach der anderen
Seite hinüber. Und die deutschen Soldaten scharten sich mit
ihrer ganzen Ausrüstung bei ihrem Grenzstein und verblieben
hier. Auch von ihnen ging noch keiner herüber. Nachdem
Abdallah Pascha, der Botschafter Ibrahim Pascha, der deutsche
Botschafter und der General von Belgrad Oduyer ihre Friedens-
beratungen beendet hatten,[2] wurde beiden Parteien die Erlaubnis
zu Teil (zu passieren). Als Zeichen der Freude gaben unserer-
seits unsere Soldaten je einen Gewehrschuß ab, es waren also
15000 Schüsse, und man gab auch eine Salve aus 10 Kanonen
ab.[3] Und auch deutscherseits wurden von den Deutschen eine
Gewehrsalve und 10 Kanonenschüsse abgegeben. Hernach wurden
beiderseits je zwei Gewehrsalven und auch zwei Salven von je
10 Kanonen abgegeben. Hernach nahm Se. Exzellenz Abdallah
Pascha die Hand des Botschafters Ibrahim Pascha in die seine und
mit den Worten: ‚Dies ist der Groß-Botschafter des Padischah
aus dem Hause Osman, er ist abgesandt, damit Friede und Freude
sei. Ich will ihn von Dir zurück an dieser Stelle bei der Rück-
kehr, so Gott, der Erhabene, will, sicher und wohlbehalten‘,
übergab er ihn dem General namens Oduyer. Und dieser General
da nahm die Hand seines Botschafters in die seine und mit den

---

* شنلك *šenlik* Freude, Fröhlichkeit, Illumination, Salve, Feuerwerk,
  Niederlassung, Einwohnerschaft; oder schon hier als ‚Salve‘ zu nehmen,
  doch vgl. شن اول ,‚sei getrost!‘

f Vgl. Barbier de Meynard, A. C., Diction. turc-franç., suppl. aux diction-
  naires publiés jusqu'à ce jour. Paris 1881—90. s. v. ‚se dit surtout en
  parlant d'individus non musulmans‘.

g = Kaiser, gewöhnlich قَيْصَر, plur. قَيَاصِرَ geschrieben.

[1] D. i. in der Nähe des auf türkischem Gebiete befindlichen äußern Steines.

[2] Diese Besprechungen währten nach Driesch (Ber. S. 55) eine halbe Stunde.
  Vgl. auch die Beschreibung der Auswechslung bei Driesch, Ber. S. 55/56.

[3] Nach dem Wien. Diar. l. c. hatte jede Partei 6 Kanonen, welche dreimal
  abgefeuert wurden. Auch Driesch (Ber. S. 50) erwähnt, daß Graf v.
  Oduyer 6 Kanonen, d. i. ‚6 kleine zwey Pfund und vier löthige Kugeln
  führende Stückklein‘ mit sich führte.

لا تشيه نمچه لسانچه پادشاه دیمکدر. بیوك الجیسیدر بز دخی بومحلده **Bl. 9 r.**

سندن استرم دیو عبدالله پاشا حضرتلرینه تسلیم ایلدی بعده اغرلقلره اذین

اولندی بزم اغرلغیمز نمچه طرفنه و سنورنه کچدی و نمچه نیك تجملاتلری بزم

طرف (و) سنوره کچدی نمچه الجیسی عبدالله پاشا الوب بروکتوردی و بزم

الجیمز ابراهیم پاشا حضرتلرینی [a] بلغراد جنرالی اولان بالاده. ذکر اولنان

پاره کینه الوب کتوردی جنرال دخی اول کیمه پاره کنده.[b] قلدی صباح اولنجه

طرفلرندن قومسار تعین ایلدی قومسار دیمك ذخیره ویریجی دیمکدر **Bl. 9 v.**

و درتیوز مقداری اتلی عسکر تعین ایلدی وجنرال دخی بنوب عسکرله

بلغراده کندی قومسار دخی درتیوز اتلی عسکرله الوب [c] بچه روانه اولندی

یاغودینه قوناق ساعت ۸ دوه بغردن قوناق ساعت ۸ بطجنه قونق ساعت ۸

حسن پاشا بلنقهسی ساعت ۲ قولار قونق ساعت ۵ حصارجق قوناق

ساعت ۸ بلغراد قوناق ساعت ۵ بلغراده داخل اولدوغمزده جنرال مسفور

---

* **Ms.** حضرتلری.   b **Statt** پاره کینده **wie oben.**

* **Überflüssig oder der Satz müßte:** قومسار دخی درتیوز اتلی عسکر الوب
عسکر کندیسیله الوب الخ **oder etwa:** ... روانه اولندی **lauten.**

1 Dieselbe wurde nach Driesch, Ber. S. 52 auf 370 Wagen verpackt und
so über die Grenze gebracht.

2 Diese sollten der türkischen Botschaft bei ihrem Marsche durch deutsches
Gebiet als Führer dienen und derselben bei Beschaffung der nötigen
Lebensmittel und Unterkunftsstellen behilflich sein. Darum erklärt der
türkische Berichterstatter das Wort ‚Kommissär‘ mit *zaḫire weridii* =
Proviantmeister.

3 Stadt unweit der Morawa; heute = Jagodina.

4 Wien. Diar., l. c. nennt diesen Ort Deve-Barkardin, Driesch, Ber. S. 44
Devibakerdane; es ist das heutige Bagrdan; Deve (Devi) dürfte eine
Verschreibung des slaw. Wortes ‚Nove‘ = neu sein, dann wäre Deve B
= Nove B. = Neu-Bagrdan; oder das Wort ist türkisch zu erklären, in
welchem Falle Deve = دوه t. = Kamel, und Bagrdan = Particip. praes.
von باغرتمق (*baghyrtmak*) = brüllen machend, wäre, also = ‚der das
Kamel brüllen macht‘.

Worten: „Dies ist der Groß-Botschafter des deutschen Kaisers
— das heißt in der deutschen Sprache genau, nicht bloß an-
nähernd ‚Padischah‘, — und auch ich werde den von Dir an
diesem Orte wieder abverlangen‘ übergab er ihn Sr. Exzellenz
Abdallah Pascha. Hernach wurde die Erlaubnis für die Passage
des Gepäckes erteilt. Unser Gepäck ging auf die deutsche Seite
und auf deutsches Gebiet und die Ausrüstung[1] der Deutschen ging
auf unsere Seite und auf unser Gebiet. Den deutschen Botschafter
nahm Abdallah Pascha und brachte ihn herüber und unseren Botschafter Se. Exzellenz Ibrahim Pascha nahm der General von
Belgrad und brachte ihn nach dem oben erwähnten Parakin, wo
auch der General in jener Nacht verblieb. Sobald es Morgen
wurde, bestimmte er seinerseits Kommissäre; Kommissär heißt so
viel wie ‚Proviantmeister‘;[2] auch bestimmte er 400 berittene
Soldaten (zur Begleitung). Der General stieg nun zu Pferde
und ging mit seinen Soldaten nach Belgrad und auch der
Kommissär nahm die 400 berittenen Soldaten mit sich und zog
nach Wien. (Bis zur) Station Jaghodina[3] (sind) 4 Stunden,
— Station Deve Baghyrdan[4] 4 St. — Station Patočina[5]
4 St. — Station Hasan Paša Balanghasy[6] 6 St. — Station
Kolar[7] 5 1/2 St. — Station Hisardžik[8] 4 St. — Station
Belgrad 5 St. Als wir in Belgrad einzogen,[9] veranstaltete der

---

[3] Wien. Diar. l. c. = Patazina, Driesch, Ber. S. 44 = Potitschina u.
Battaschina; jetzt = Bototschina.

[6] Stadt an der von Belgrad nach Nisch führenden Heerstraße; Wien. Diar.
l. c. = Hassan Pascha Palanka, Driesch, Ber. S. 41 = Haßan Bascha
Palanka, heute = Hassan Pascha Palanka.

[7] Ebenso Wien. Diar. l. c., Driesch, Ber. S. 44 = Kollar; jetzt = Kolarj.

[8] Heute = Isardschik od. Grotzka (Grotschka); Driesch, Ber. S. 43 =
Krotzka, Wien. Diar. l. c. = Krozka; hier wurden die Österreicher
unter General Wallis am 23/7 1739 von den Türken geschlagen.

[9] Der Einzug in Belgrad (türk. auch Dâr-el-džihâd دار الجهاد) fand am
26. Juni 1719 um 12ʰ mittags statt. Zum Empfange des türkischen
Botschafters ließ General v. Oduyer die ganze Besatzung und die
Bürgerschaft mit ihren Pahnen und Musikbanden vom Linientore bis
zu dessen Absteigquartier Spalier stehen. Auch wurde ihm der Oberst-
leutnant vom Prinz Braunschweig-bayerischen Regimento Herr v. Wus-
letitsch mit anderen Stabsoffizieren und Hauptleuten, sowie der Dolmetsch der orientalischen Sprachen Herr Venner eine halbe Stunde
weit entgegengeschickt. Beim Linientore empfing ihn der Platz-Obrist-

اطوار نام .Bl. 10 r بر مرتبه الای ایلدیکی بر وجهله تعبیری ممکن دکلدر

اتلی‌می باشقه و یایه‌سی باشقه و قلعه‌دن دخی یوز التمش پاره طوب اتوب

شنلك ایلدی وصوه چارشوسی سمنه ڪیده‌جك سمنه اولان مزارستانه

قوندردی اما مزارستانك جمله طاشلرینی جقارمش قلعه‌یه قومش وجنكده

قلعه‌نك صوه سمنی دوكوب ویران اتمش اما زیاده‌سیله قوی ومستحكم یاپمش

وسائر ویران اولان یرینی دخی معمور اتمش وقلعه‌نك ایچینه جنكجی‌دن غیری

بر رعایا ذمی‌سنی" قوماز و خندکنه" .Bl. 10 v وسائر یرلرینه دخی قره‌غولجی

قومشدر اصلا برکسه؟ اوغرتمز غایت ایله حفظ اوزره در و یوقاردن سكز

قلیون" اندرمش قلعه قرشوسنده طونه اوزرنده دورر وطونه سمتنده‌که اولری

ودكانلری بتون میخانه اینشار وصوه چارشوسنده اولان دكانلر اوڵكی كبی

الیش وریش ایدر و رعایا فقرالری نمجه‌لرك الدن عاجز وفرومانده قلمشلر

وجامع شریفلری کنی سلطات" اوده‌لری یاپمشلر وكنی مهمات خانه اتمشلر

ومناره‌لری طورر .Bl. 11 r اما مناره‌نیك" برینی كلاهندن" یقمشلر ساعت

یا بمشلردر حالیا چلار و حمالر طورر او یا بمشلر اما یالكز بر حمام الیقومشلردر

Wachtmeister v. Belgrad Herr v. Gesselin. Über die nun folgenden Be-
suche und Gegenbesuche während des Aufenthaltes des türkischen Botschafters in Belgrad vgl. Wien. Diar. Anhang zu Nr. 1664 vorletzte und
letzte Seite; s. auch die Beschreibung Belgrads in Driesch, Ber. S. 38—39.

^a Ms. زمی‌سنی.   ^b Ms. خندهکینك.

^c قالیون (ḳalion) vom ital. galeone = großes, schweres Kriegsschiff (Samy
B., Dict. t.-fr.).

^d سلطات = soltat Soldat, Krieger; kommt im Persischen vor in der
Schreibweise سالداد sāldād; vgl. M. Bittner, Der Kurdengau Uschnôje
und die Stadt Urûmije. Wien 1895 (Sitzungsberichte der kais. Akad. der
Wissensch., phil.-hist. Klasse, Bd. 133), S. 88, Anm. 50 und die dort angegebene Literatur.

erwähnte General, namens Oduyer, einen Aufmarsch in einer
Art, daß seine Beschreibung ganz unmöglich ist. Getrennt
waren seine Reiter, getrennt seine Fußsoldaten und von der
Festung gab er eine Salve von 160 Kanonenschüssen ab und
ließ (die Gesandtschaft) auf dem in der Richtung des an der
Save gelegenen Marktes befindlichen Friedhofe sich lagern.[1]
Er ließ sämtliche Friedhofsteine wegschaffen und in die Festung
bringen. Die Saveseite der Festung war im Kriege[2] bombar-
diert und zerstört worden, aber er machte sie wieder in hohem
Grade widerstandsfähig und befestigt und setzte auch ihre
übrigen zerstörten Stellen instand. Im Innern der Festung ließ
er aber nur Krieger, keinen tributpflichtigen Schutzuntertanen,
und legte auch in die Festungsgräben und an andere Stellen
Wachtposten, die niemand passieren lassen und sehr auf der
Hut sind. Und von oben[3] ließ er acht schwere Kriegsschiffe
herunterschaffen, welche gegenüber der Festung auf der Donau
stehen. Und die auf der Donauseite gelegenen Häuser und Buden
hat man alle zu Weinschenken gemacht und die Buden auf
dem Save-Markte treiben denselben Handel wie früher, während
die Armen unter den Rajahs[4] durch die Hand der Deutschen
noch immer geschwächt und unterdrückt sind. Einige Moscheen der Festung machte man zu Kasernen, einige zu
Munitionsdepots. Ihre Minarets stehen noch, doch einem
schlugen sie die Spitze ab und machten es zu einem Uhr-
turm. Die Uhr schlägt noch jetzt. Auch die Bäder stehen
noch, doch hat man sie zu Wohnhäusern gemacht; nur ein
Bad hat man erhalten, und hält es noch jetzt in Betrieb.

---

* Ms. منارينيك.

f Ms. كولاحندن mit ح statt mit ه.

[1] Hier lagerte das Gros der Botschaft, während Ibrahim Pascha mit einigen
Leuten seiner Suite sein Absteigquartier in der Stadt hatte. Vgl. Wien.
Diar. l. c.: „Die übrige aber begaben sich auf den vormalig Türkischen
Freyt-Hof zwischen der Teutsch- und Raitzenstadt, in das daselbst auf-
geschlagene Lager‘.

[2] D. i. während des Krieges im Jahre 1717, welcher mit der Eroberung
Belgrads endete.

[3] D. i. von der Festung Belgrad, die auf einer Anhöhe zwischen der Save
und Donau gelegen ist. S. Driesch, Ber. S. 38 ff.

[4] D. i. die christliche Bevölkerung Belgrads (s. auch 8 Zeilen weiter oben).

حالیا اشلدرلر و درت ڪون اوتوراق اولندی قرشوسنده، زبین قونق
ساعت ١٤ بانوجّه قوناق ساعت ١٤ دوبرنسه ساعت ٠ شاشنسی قـونق
ساعت ٢ لاجارق قونق ساعت ٢ توارنق قونق ساعت ٢ قلعهٔ بولغوار ساعت ٤
بولغوار قلعهسی بر ویران قلعه در ایجنده، شنلكی یوقدر طشره سنده واروشی *
بیوكدر و چارشوسی v. Bl. 11 واردر و میوه دخی بولنور قلعهٔ اورسك قونق
ساعت ٦ داخل اولدوغمزده یوز پاره طوپ اتوب ایو شنلك ایتدیلر و قلعهنك
معمورلغی سؤال اولنور ایسه زیاده قوی ومعموردر و دوز یرده در طشره
سنك اوج طرفندن مجدّداً طابیه ** یاپه یورلر بر طرفندن بر بیوك صو اقر ادی
دروه در و اوج قات خندك واردر طشره خندكینك ایلكی التمش ایكی
ادمدر ایچ خندكینك ایلكی یوز التمش ایكی ادمدر و قلعه قابوسینـك
ایچروسی دیوارینك قالنلغی یكرمی ایكی r. Bl. 12 ادمدر و یابوسی طوغله
در و زیاده، محكمدر و اولی كاركیر در و اطراف كویلری دخی معمور در
دارده قونق ساعت ٢ بریه وار قونق ساعت ٦ محاج اووه سی ساعت ١٤

---

* واروش (varoš) partie d'une ville, qui est hors de la citadelle, ville, faubourg (Samy B., Dictionn. turc-fr.) vom ungar. város (sp. város) Stadt; im Texte kommt auch die Schreibweise وارش vor.

** طابیه (tabja) Verschanzung vom arab. تَغْبِيَة ta'bije Vorbereitung, Arrangement; vgl. im Persischen طلایه oder تلایه talajä für arab. طلائع talā'i' ,Vortrab', ملاقه müläkü statt arab. مِلْعَقَة mil'aka ,Löffel' etc. M. Bittner, Einfluß des Arab. und Pers. auf das Türkische, S. 101.

¹ Am 30. Juni 1719 brach der türkische Botschafter nach Semlin auf. Er benützte dabei das in Belgrad zurückgebliebene Leibschiff des deutschen Botschafters Grafen v. Virmondt. Wien. Diar. l. c.

² Der türk. Botschafter wurde hier von dem ,Kaiserlichen dermalen im Königreich Sclavonien und Herzogtum Syrmien Commandirenden Herrn General-Feld-Marschall-Lieutenant Freyhorrn von Becker durch einig-abgeschickte Hn. Officiers complimentirt'. Wien. Diar. Anhang zu Nr. 1666.

³ Banovci und die folgenden Orte Dobrinci, Šašinci, Laćarak, Tovarnik liegen sämtlich in Slavonien im Syrmier (ungar. Szerém) Komitate.

⁴ Am Einfluß der Vuka in die Drau, ebenfalls im Syrmier Komitate; Driesch, Ber. S. 490 = Bokovar; hier kam die türkische Gesandtschaft

Man verblieb in Belgrad 4 Tage.[1] (Nach der) gegenüberliegenden Station Semlin[2] (sind) 1 $1/_2$ St. — Station Banovci
2 $1/_2$ St. — Station Dobrinci 5 St. — Station Šašinci 3 St. —
Station Laćarak 3 St. — Station Tovarnik 7 St. — Festung
Vukovar[4] 4 St. Vukovar ist eine öde Festung, in deren
Innerem kein Leben ist; die Vorstadt außerhalb derselben ist
groß, hat einen Markt, und gibt es da auch Obst. (Bis zur
nächsten) Station, der Festung Essek[5] (sind) 6 St. Als wir da
einzogen, gab man eine gute Salve von 100 Kanonenschüssen
ab. Frägt man nach dem Bauzustand der Festung, so ist sie
sehr stark und gut erhalten;[6] sie erhebt sich auf einem ebenen
Platze. An drei Seiten ihres Außenwerkes führt man von neuem
Verschanzungen auf. An einer Seite fließt ein großer Fluß
vorbei, sein Name ist ‚Drava‘.[7] Dort ist ein dreifacher Graben.
Die Breite des äußeren Grabens ist 62 Schritte, die des inneren
162 Schritte; die innere Wand des Festungstores ist 22 Schritte
dick, aus Ziegeln gebaut und sehr fest, und ihre Häuser sind
aus Stein und auch die um sie herumliegenden Dörfer sind
blühend. (Nach der) Station Dárda[8] (sind) 2 Stunden, —
Station Baranyavár[9] 6 St. — (nach der) Ebene von Mohács[10]

---

am 9. Juli an und wurde von dem daselbst garnisonierenden Splenischen
Husarenregiment empfangen. Wien. Diar. l. c.

[5] Hier langte die türk. Gesandtschaft am 12. Juli an und bezog das für
sie bestimmte Lager vor der doppelten Kontreeskarpe hart an der
Festung. Sie verließ dieselbe am 15. Juli und wurden ihr zur ferneren
Begleitung nach Wien 200 Kürassiere samt Trompeten und Pauken
unter dem Kommando des Baron Royer, Oberstleutnants im Hohenzollerischen Regimente, mitgegeben. Wien. Diar. l. c.

[6] Vgl. auch die Beschreibung dieser Festung in Drieschs Ber. S. 490, wo
sie als eine der vornehmsten Festungen Ungarns bezeichnet wird.
Kommandant derselben war damals General Freiherr v. Becker; siehe
oben Anmerk. 2 (Wien. Dar. l. c.).

[7] Es ist der Draufluß, an welchem die Festung Essek gelegen ist.

[8] Ebenso Driesch; liegt im ungar. Komitate Baranya, 1 Meile nördlich von
Essek; damals war es ein dem Grafen Veterani gehöriger, adeliger Sitz.

[9] In türk. Handschriften findet man auch die Schreibweise برنوار; Driesch,
Ber. S. 491 = Baranivar; dieser Ort, welcher gleichfalls im ungar. Komi-
tate Baranya liegt, gehörte damals dem Prinzen Eugen, während die
Grafschaft im Besitze des Bischofs v. Fünfkirchen war. Driesch ibid.

[10] Driesch, Ber. S. 33 = Mohacz.

عن° غزّهٔ رمضان شريف قلعهٔ سِيجوى ساعت ٦ سِجوى قلعه‌سى ويران

قلعه‌در ايجنده. شنلكى يوقدر همان بر مقدار طشره‌سنده. اول واردر كوپدر

بانوسك قونق ساعت • قلعهٔ سكَار قونق ساعت • سكـار قلعه‌سى بر

مقدارى خرابه‌در و ايجنده. برقاچ اولى وار همان اچوب قپامـق

Bl. 12 v. ايجوندر امّا طشره‌سنده. اول چوقدر ايودر قريهٔ b مادينار ساعت•

ثمانورنه قونق ساعت • شانيسه قونق ساعت • قلعهٔ استونى بلغراد ساعت •

داخل اولنده c زياده. طوب شنلكى ايتديلر امّا برمتين قلعه‌در و درت اطرافنك

خندكى اينلدر d و صودر و پُشلقدر و زياده صربدر و قپولرينك اوكنده اصمه

كوپرولرى واردر قريهٔ مور قونق ساعت • قريهٔ انار قونق ساعت• قلعهٔ

يانق ساعت • داخل اولندقده يوز اللّى پاره طوب انوب شـنـلـكـى

Bl. 13 r. ايتديلر امّا زياده.سيله متين و مستحكم و بيوك قلعه‌در و يا بولرى

كاركيردر و معموردر هر بر اولى بلنفه e كبى در ايجنده. كليسالرى واردر امّا

---

a Selbständiger Gebrauch der arabischen Präposition عن im Türkischen!
   Ist wohl Ghalat; erinnert an den gleichen Gebrauch der arabischen
   Präposition فى bei türkischen und persischen Datierungen, z. B.: ٨ فى
   كانون ثانى, vgl. M. Bittner, Einfluß des Arab. und Pers. auf das Türkische, S. 80/81.

b Ms. قرّيه; im Texte findet sich bald قريه bald قريّه.

c اولندى für اولاندى; ist eine ältere Gerundivform statt اولدقده; findet
   sich gegenwärtig hauptsächlich noch im Azerbaidschanischen.

d Statt اينلدرر; Ms. = اينلدر was keinen Sinn gibt.

e بلنغه (var. پالانقه) (balangha, fortification en terre et en bois entourée
   d'un fossé; village entouré d'une telle fortification ou d'un fossé (Samy
   B., Dict. turc-franç.) vom ungar. palánk Stacket, Pallisade, Planke. Vgl.
   Hammer, O. Gesch. Bd. VI, S. 591: Palanken an der Donau gebaut im
   Jahre 1694.

1 Eigentlich Duna-Szekcsö an der Donau, im Komitate Baranya.

2 Am Sarvitz im Komitate Tolna.

3 6 1/2 Meilen nordöstlich von Fünfkirchen, 1 Meile westlich von der Donau
   im Komitate Tolna; Driesch, Ber. 491 = Zichzard.

4 D. h. sie sind völlig unbewohnt, man kann sie daher nach Belieben
   öffnen und schließen.

5 Ebenfalls im Komitate Tolna, im Bezirke von Simontornya.

6 ½ St. Mit Beginn des heiligen Monats Ramazan kamen wir
zur Festung Szekesö,[1] (der nächsten) Station, (in) 6 ½ St.
Szekesö ist eine zerstörte und unbewohnte Festung. In geringer Entfernung außerhalb derselben aber liegen Häuser,
welche ein Dorf bilden. (Nach der) Station Bátaszék[2] (sind)
3 ½ St. — (nach) der Festung Szegszárd[3] 5 St. Szegszárd
ist beinahe eine Ruine und besitzt im Innern einige Häuser,
die nur noch zum Auf- und Zumachen da sind.[4] Außerhalb
der Festung sind viele, gutgebaute Häuser. (Bis zum) Dorfe
Medina[5] (sind) 5 St. — Station Simontornya[6] 2 St. —
Station Šanisa[7] 6 St. — Festung Stuhlweißenburg[8] 4 St.
Als wir einzogen, wurden viele Kanonensalven abgegeben; es
ist eine starke Festung und der Graben an den vier Seiten
ist breit, mit Wasser gefüllt, schilfrohrhältig und sehr ab-
schüssig. Vor ihren Toren befinden sich Zugbrücken. (Nach
dem) Dorfe Mór,[9] (der nächsten) Station, (sind) 5 St. — Dorf
Ászár[10] 5 St. — Festung Raab[11] 5 St. Als man in diese eintrat, gab man eine Kanonensalve von 150 Schüssen ab. Es ist
eine überaus stark befestigte und große Festung; ihre Werke
sind aus Stein und in gutem Zustande. Jedes der Häuser in derselben gleicht einem Schantzwerk; sie besitzt im Innern Kirchen,

---

[6] Auch Simonsthurm genannt; an der Vereinigung des Palatinalkanals
mit dem Sio, im Komitate Tolna; Driesch, Ber. S. 491 = Simonthorn.

[7] Dieses Wort ist im Texte zweifellos verschrieben, denn ein Ort Šanisa
(شانيسه) existiert in jener Gegend nicht; شانيسه ist daher in شاينيه
(Šuponia) zu korrigieren, was der Name des heutigen im Komitate Fejér
gelegenen Ortes ‚Soponya‘ ist; Driesch, Ber. S. 491 = Scephonie, Marsch-
route der türk. Großbotschaft (v. S. 8, Anm. 1.) = Scheponie; J. C.
Müller, Mappa regni Hungariae 1709 = Suponya.

[8] Ungarisch Szekes Fejérvar; slaw. Stolni Belgrad; türk. Istolni Belgrad
(استولنى بلغراد); hier muß zur Vermeidung der im Türkischen unge-
wöhnlichen Anlautkonsonanz ein Vokal vorgesetzt werden; Text =
Istoni B. Stuhlweißenburg, 7 Meilen südöstlich von Ofen im Komitate
Fejér, ist die alte Stadt der Krönung und Gräber ungarischer Könige.

[9] Im Komitate Fejér; Driesch, Ber. S. 491 = Mor.

[10] Im Bezirke Gesztesi, im Komitate Komorn in der Nähe von Kisber
Müller J. C., Mappa regni Hung. = Aszar.

[11] Ungar. Györ, türk. Janyk (يانيق ,يانق) im Komitate gleichen Namens,
an der Mündung der Raab in die Kleine oder Wieselburger Donau,
9 Meilen südöstlich von Preßburg.

بر بيوك كليساسى ايچنده ارغنون وار پاپاسلرى چلارلر و قلعه‌نك ياپوسى زياده

قويدر و اوج قات خندكى واردر اوچنده‌ده بيوك صولار اقر برى طونه

دندر ايكيسى دخى غيرى صودر انلرده بيوك صولردر اما قلعه ديوارينك

قالينلغى اون سكز ادميدر و بلغراددن غيرى تحرير اولنان قلعـه‌لـرك

Bl. 13 v. ايچنه كيروب سير اولنمشدر و ضابطلرى دخى مانع اولمشدرلر[a]

صَدْ بِقُولِه قونق ساعت؟ التوق بورق قوناق ساعت؛ تابِج[b] ان تورف قونق

ساعت؛ نمچه لسانِنچه تابِج[c] نمچه دیمكدر تورف دیمك كوى دیمكدر قلعهٔ بورق[d]

قوناق ساعت؛ برکوچوك قلعه‌در و غايت نازكدر ايكى قـبـوسى واردر

شيوكت قونق ساعت٦ قرالك اوكاهيدر و چوق اول واردر و قرالك سراپى

واردر انجق ايچنده. بربكچيدن غيرى كيمسه Bl. 14 r. يوقدر كيروب سير

اولنمشدر قلعهٔ بچ قونق ساعت؟ اما شيوكته داخل اولندقده درت كون

اوتوراق اولندى ماه رمضان شريفك يكرمى سكزنجى كونى بازار ايرتسى

---

[a] Ms. اولنممشدر ist falsch, denn ضابطلرى ist Subjekt.

[b] Ms. = تابِع.

[c] Ms. = تارِیج.

[d] Ms. = قلعه بورق.

[1] Der eine dieser Flüsse ist die Raab, welche hier in die Donau mündet, der andere ist die Raabnitz, die sich in der Nähe der Stadt in die Raab ergießt.

[2] Ist das heutige Szent-Miklos im Wieselburger Komitate; Driesch, Ber. S. 493 = ‚St. Niclas, ein dem Grafen Zichi erblich zugehöriges Dorf und Schloß‘.

[3] Das heutige Ungarisch-Altonburg (ung. Magyar-Óvár) am Einflusse der Leitha in die Kleine oder Wieselburger Donau, 10 Meilen ostsüdöstlich von Wien, Sitz des Wieselburger Komitates.

[4] Ung. Német-Járfalu, ebenfalls im Wieselburger Komitate; J. C. Müller, Mappa regni Hung. = Teutsch-Järendorf.

[5] An der hier die Grenze zwischen Österreich und Ungarn bildenden Leitha, 5 Meilen südöstlich von Wien; J. C. Müller, l. c. = Pruk. Hier traf die türkische Gesandtschaft am 6. August ein, nachdem sie an der Grenze von dem Oberkommissär des Viertels unter dem Wienerwalde Franz Jakob Grafen v. Brandeiß im Namen der n. ö. Stände übernommen wurde. Vgl. Schönwetter, l. c.

und in einer großen Kirche ist eine Orgel, auf welcher ihre Priester spielen. Die Bauart der Festung ist recht stark, sie hat einen dreifachen Graben. Auch fließen in allen dreien große Wasser; eines kommt von der Donau, zwei von andern gleichfalls großen Flüssen.[1] Die Dicke der Festungsmauer beträgt 18 Schritte; in die erwähnten Festungen, mit Ausnahme Belgrads, traten wir ein, besichtigten sie und die Offiziere hinderten es auch nicht. (Nach der) Station St. Nikolaus[2] (sind) 3 St. — Station Altenburg 4 St.[3] — Station Deutsch-Jarndorf 4 St.[4] — In der deutschen Sprache bedeutet ‚deutsch' nemče und ‚Dorf' kjöi. (Nach der nächsten) Station, der Festung Bruck,[5] (sind) 4 St. Es ist eine kleine und sehr hübsche Festung mit zwei Toren. (Nach der) Station Schwechat[6] (sind) 6 St. Sie ist ein Aufenthaltsort des Königs und besitzt sehr viele Häuser; auch ein Schloß[7] des Königs ist da, in dem aber außer einem Wächter niemand wohnt. Wir traten ein und besichtigten es. (Nach der nächsten) Station, der Festung Wien, (sind) 2 St. Nachdem wir in Schwechat eingezogen waren,[8] hielten wir uns 4 Tage[9] daselbst auf. Am Montag den 28. des heiligen Monats Ramazan[10] hätten wir uns mit dem

---

[6] Der allbekannte Ort bei Wien. Hier pflegten die türkischen Botschafter ihr letztes Nachtquartier zu nehmen vor ihrem Einzuge in Wien. In der Nähe dieses Ortes steht ein 14 Fuß hoher steinerner Obelisk zur Erinnerung an die Zusammenkunft Leopolds I. und Johann Sobieskys nach Wiens Befreiung von den Türken (1683).

[7] Damit kann nur das Schloß von Ebersdorf (Kaiser-E.); welches eine Viertelstunde weit von Schwechat entfernt ist, gemeint sein, da sich in Schwechat selbst nie ein kaiserliches Schloß befunden hat. Im Schlosse Ebersdorf hatte 1529 Sultan Suleiman sein Hauptquartier. Vgl. die Beschreibung des Schlosses in A. Schmidl, Wiens Umgebungen auf zwanzig Stunden im Umkreise, Wien 1838, Bd. II. S. 122 ff.

[8] Der Einzug in Schwechat erfolgte am 8. August in Begleitung des oben erwähnten Grafen v. Brandeiß und des hohenzollerischen Oberstleutnants Baron de Royer mit 200 Kürassieren und 160 Raaberischen Husaren; am 11. August wurde der türkische Botschafter daselbst im Namen des Prinzen Eugen v. Savoyen von dem kaiserl. Hofkriegsrate und geheimen Referendar Anton Josef v. Öttel bewillkommt, welcher mit ihm gleichzeitig das Ceremoniel beim Einzuge in Wien feststellte. Schönwetter l. c. S. 81.

[9] Der türk. Botschafter verweilte in Schwechat vom 8.—14. August, also eigentlich 5 resp. 6 Tage, jenachdem man den Tag des Einzuges in Schwechat mitrechnet oder nicht.

[10] = 14. August (1719).

چ قلعه‌سینه الای ایله كریلیجك⁵ ابدك امّا دركاه عالی یكیچریلردن⁶ اللّی

توفنكجی تعیین اولنمشیدی بركون مقدّم بازار كونی نمچه چاساری طرفندن

خبر كلدیكی توفنكجیلر پاشا حضرتلرینك اردنده. یوروسونلر و توفنكلرینی یوقارو

قلدرمسونلر باش اشاغی طوتسونلر وبزكندو طرفزدن توفنكلی Bl. 14 v. نمچه

تعیین ایدرز پاشانك اردنده یوروسونلر دخی اردنده. توفنكچیلر و توفنكلرینی

باش اشاغی طوتسونلر دیو خبر كلدی توفنكجیلر دخی جواب ایلدیلر كه بزل

پاشادن ایرلیورز و توفنكلریمزی باش اشاغی طوتمیورز⁹ دیو جواب ایلدیلر

و الایده٠كی كبی كیدورز دیدیلر و الحاصل طرفلردن نمچه‌لركوندردیلر پازار

ارنه‌سی كونی آرکن كلدیلر و الای دوزلدی پاشا حضرتلری قللوئی كیوب

و صورغوجه⁴ طاقنوب بندی توفنكجیلر توفنكلرینی یوقارو طوتوب یوریدیلر دخی

اردنده Bl. 15 r. اندرون اغالری كتدیلر امّا كفّار خاكسار و چاسار بر الای

اصمارلمشكه اویله بر الای اولمش اولسون دیمش اویله الای ایله چه داخل

وبالاده تحریر اولنان قومسار یدیله تعیین دخی ویرلیور الحاصل یكرمی ایكینجی

---

a كریلیجك (كیرولیلمك) ist Futurum von كریلمك gerilemek (var. statt كریله‌جك (كیرولیلمك) كر یلمك (كیرولیلمك) = sich verspäten, in Verzug sein, zurückgehalten werden.

b Ms. = دركاه عالی یكیچریلردن.

c Ms. طوتمییوز. **d** Ms. صورفوجه.

1 *Tüfenkdschi* (t. تفنكجی v. تفنك Muskete, Gewehr) sind die Musketiere, Füsiliere; sie bildeten eine Art unberittener Leibgarde der Wesire. J. v. Hammer, Staatsverfassung des osm. R. B. II. S. 226, 246, 415.

2 Damit ist wohl gemeint, daß die Tüfenkdschis ihre Gewehre nicht auf den Schultern tragen sollten.

3 J. v. Hammer (Gesch. d. osm. R. B. VII. S. 258) berichtet als Grund der Verzögerung des Einzuges, daß sich der türkische Botschafter nicht verstehen wollte, den ihn ins Quartier führenden Hofmarschall bis über die Stiege hinunter zurückzubegleiten. Tatsächlich gab er ihm nur bis zur Stiege das Geleite (Schönwetter l. c. S. 44).

4 Diese Ordnung erfolgte auf den Wiesen zwischen Simmering nnd dem Neugebäude, wo auch der Obersthofmarschall, geheime Rat und Kämmerer

feierlichen Einzuge in die Festung Wien beinahe verspätet.
Von den Janitscharen des kaiserlichen Hofes waren 50 Tüfenkdschis[1] bestimmt worden. Einen Tag vorher, am Sonntag, kam
von seiten des deutschen Kaisers folgende Nachricht: ,Die
Tüfenkdschis sollen hinter Sr. Exz. dem Pascha marschieren und
ihre Gewehre nicht nach oben heben, sondern die Spitze nach
unten halten,[2] und wir unserseits werden mit Gewehren bewaffnete Deutsche bestimmen, die sollen hinter dem Pascha marschieren; weiter hinter ihnen die Tüfenkdschis, und zwar sollen
sie ihre Gewehre mit der Spitze nach unten halten.' So lautete
die Nachricht, die da kam. Die Tüfenkdschis erwiderten: ,Wir
trennen uns vom Pascha nicht und halten unser Gewehr nicht
mit der Spitze nach unten'. So antworteten sie und sie sagten auch:
,Wir gehen so wie die andern, die sich im Zuge befinden.'[3]
Schließlich schickte der (Kaiser) seinerseits die Deutschen.
Montag früh kamen sie und der Zug wurde geordnet.[4] Se. Exz.
der Pascha setzte den Galaturban auf, heftete sich den diamant-
besetzten Reiherbusch darauf und stieg zu Pferde. Die Tüfenkdschis marschierten, indem sie ihre Gewehre nach oben hielten;[5]
weiter hinter ihnen gingen die Kammerherren. Die elenden
Ungläubigen und der Kaiser aber ordneten einen Zug an, wie
ein solcher noch nicht dagewesen sein dürfte.[6] Mit solchem Zuge
zog man in Wien[7] ein und die Ordnung wurde durch den oben

Adam Franz Fürst von Schwarzenberg mit dem kaiserlichen Kommissär,
General-Feldmarschall-Leutnant, Kämmerer und Hofkriegsrat Heinrich
Josef Reichsgrafen v. Daun und einem glänzenden Gefolge, den von
Schwechat in feierlichem Zuge anrückenden türkischen Botschafter
empfing. Nach einer kurzen Begrüßung, bei welcher Ansprachen ge-
wechselt wurden, zog man zu Pferde in Wien ein. Schönwetter l. c. S. 32.

[3] Schönwetter l. c. S. 34: ,Giengen 50 Janitscharen Dufeckci genannt; diese
trugen ihre schwere Röhr auf den Achselen' . . .

[6] Dieser prächtige und glänzende Zug, wie er in Wien noch nicht gesehen
wurde, ist bei Schönwetter l. c. S. 32 ff. ausführlich beschrieben.

[7] Der Zug ging von den oben erwähnten Wiesen an dem Dorfe Simmering
vorbei, durch das St. Marxer Linientor an der kaiserlichen Favorita,
dem Paulanerkloster und dem Freihaus vorbei, über die steinerne
Brücke durch das Kärntnertor, dann an der Augustinerkirche, der
kaiserlichen Reitschule, der Michaelerkirche vorbei über den Kohlmarkt
und Graben, dann an der Stefanskirche vorbei zum roten Tor hinunter
über die Schlagbrücke in die Leopoldstadt, in welcher im Hotel ,Zum
goldenen Lambel' (Ein Hotel ,Zum goldenen Lamm' befindet sich noch

بازار ارتسی کونی چاساره پادشاه عالمپناه حضرتلرندن ارسال اولنان نامهٔ

همایونی ویرمکه کدی امّا اول کون دخی زیاده الای اولدی و الای طاقی

بودر ابتدا نمچه نك توفنکلی سلطاطلری اردنده. دیوانکان‌ و کوکلیان‌

BL. 15 v. دخی اردنده کتخدا بك دخی اردنده. شوکلو پادشاه عالمپناه

حضرتلری طرفندن ارسال اولنان هدایا و بنشکش‌ دخی اردنده خزینه‌دار

اغاسی‌ ایله مفتاح اغاسی دخی اردنده. عکام باشی نفرله دخی اردنده دیوان

چاوش اغالری دخی اردنده. صقللو اغالر دخی اردنده. پاشا یدکلری دخی

اردنده ترجمان ایله قوجیلر کتخداسی دخی اردنده. ایلجی پاشا حضرتلری امّا

---

heute auf derselben Stelle) das herkömmliche Absteigquartier der türk. Botschafter bereitstand. In den Straßen, durch welche sich der Zug bewegte, bildeten Bürgerkompagnien Spalier. Schönwetter l. c. S. 42 ff.

a Ms. مامهٔ.

b Sie und nicht دیوانکاه, wie man im Ms. auch lesen könnte. دیوانکان pers. Plural von دیوانه ‚toll, närrisch, verwegen' steht hier statt des sonst gebräuchlichen t. دلیلر (t. دلی = närrisch, toll). Die Delis (Närrischen, Beherzten) und Gjönüllüs (Freiwilligen) waren irreguläre Soldaten, eine Art berittener Freikorps, die namentlich in Asien geworben wurden. J. v. Hammer, Verfassung des osm. Staates, Bd. II, S. 235.

c کوکلیان ist غلط und zusammengesetzt aus کوکلی (heutige Schreibweise کوکللی) + pers. Pluralendung ان. Der Gebrauch der pers. Pluralendung im Türkischen bei türkischen Elementen kommt seltener vor; dagegen häufiger bei pers.-arab. Elementen, z. B. مبعوثان meb'ûsân Abgeordnete, v. a. کسان kesân Personen v. p. کس, مبعوث etc. Vgl. auch M. Bittner, Einfluß des Arab. und Pers. auf das Türk. Wien 1900, S. 60.

d Statt پیشکش peškeš = p. پیشکش püškaeš.

e Ms. خزینه‌دار اغا.

1 D. h. durch einen ‚Kommissär', welches Wort der türkische Berichterstatter bereits oben erklärt hat. (Siehe S. 24 Anm. 2.) Als Kommissär fungierte H. J. Reichsgraf v. Daun, siehe S. 34 Anm. 4.

2 Der Monat ist in der Handschrift nicht angeführt; im Ramazan kann es nicht gewesen sein, da der Einzug in Wien selbst erst am 28. Ramazan stattfand; der 22. des folgenden Monats (Šawwâl), welcher dem 7. September 1719 entspricht, war aber bereits der Audienstag beim Prinzen Eugen v. Savoyen, mit welchem Tage der türk. Berichterstatter augenscheinlich den Audienstag beim Kaiser verwechselt hat. Das richtige Datum wäre bloß der 19. Šawwâl = 4. Sept. 1719, an welchem beschriebenen Kommissär[1] festgestellt. Schließlich Montag den 22.[2] ging (der türk. Botschafter), um dem Kaiser das von Sr. Majestät dem Padischah, dem Zufluchtsort der Welt, gesandte kaiserliche Schreiben[3] zu geben. Auch an jenem Tage war ein sehr feierlicher Zug[4] und die Ordnung dabei war die: Am Anfange die mit Gewehren bewaffneten Soldaten des Deutschen,[5] dahinter die Narren[6] und die Freiwilligen, hierauf der Obersthofmeister, weiter hinten die von der glorreichen Majestät dem Padischah, dem Zufluchtsort der Welt, geschickten Gaben und Geschenke, dann der Schatzmeister und der Schlüsselwärter, hierauf der Kommandant der Zeltträger mit seinen Leuten, dann die Tschausche des Diwans, hierauf die bärtigen Aga's, sodann die Handpferde des Pascha, dann der Dolmetsch und der Vorsteher der kaiserlichen Kämmerlinge, dahinter Se. Exz. der Botschafter-

---

Tage nach dem Wien. Diar. der türk. Botschafter vom Kaiser in feierlicher Audienz empfangen wurde.

[3] Dieses Schreiben, welches in einer silbernen Hülle verwahrt war, enthielt die Beglaubigung des türkischen Botschafters sowie allgemeine Beteuerungen des Friedens und der Freundschaft und ist in der Geschichte Raschids Bl. 33 abgedruckt. Es unterschied sich von den vorhergehenden und späteren durch die Auslassung der beleidigenden Schlußformel: وَٱلسَّلَامُ عَلَىٰ مَنِ ٱتَّبَعَ ٱلْهُدَىٰ ,Heil dem, der der wahren Leitung (der moh. Religion) folgt', wodurch Heil und Gruß Nichtmohammedanern verweigert werden. (J. v. Hammer, Gesch. d. osm. R. B. VII. S. 260.)

[4] Das bei diesem Zuge zu beobachtende Zeremoniell wurde von dem kaiserl. Kommissär Grafen v. Daun und dem Hofkriegsrat und geh. Referendar Anton Josef v. Öttel mit dem türkischen Botschafter festgestellt. Der Zug bewegte sich aus der Leopoldstadt (vom Hotel ,Zum goldenen Lambel') durch den roten Turm an der Stefanskirche und dem Stock im Eisen vorbei, durch die Kärntnerstraße, das Kärntnertor über die steinerne Brücke an dem Freihaus und dem Paulanerkloster vorbei zur kaiserlichen Favorita (jetzt k. k. Theresianum). Schönwetter l. c. S. 21 ff. Hammer (Gesch. d. osm. R. B. VII. S. 258) berichtet fälschlich, daß die Audienz in der kaiserlichen Burg stattfand. In dieser wurde der türkische Botschafter vom Kaiser nur in der Abschiedsaudienz empfangen, was Hammer augenscheinlich verwechselt hat.

[5] Das waren 40 Mann vom kaiserlichen Leib- und Stadtgarderegiment unter dem Kommando des Hauptmannes F. Ferdinand Creinitz. Schönwetter l. c. S. 21.

[6] Siehe Text S. 36, Anmerk. b.

قرالدن مخصوص هنطوغ° كلدى پاشا هنطوغ ايله كتدى اردنده توفنكچيلر

دخى اردنده اندرون اغازى .BI. 16 r قرالك يانه كيدلدى اما پادشاه

عالمپناه حضرتلرندن ارسال اولنان نامۀ همايون پاشا حضرتلرينك اوكنده

ديوان افنديسنك¹ الندۀ كتدى والحاصل چاسار سراينه وارلدى چاوش اغازى

تنبيه اولنديكى پاشا حضرتلريني القشلسونلر ديو و القشلمديلر هنطوغدن

اندى چاسار يانه كردى و بولشدى پاشا ايله معاً اون اوج ادم چاسار

يانه كردى چاسار دخى اياق اوزرنده دوردى حضرتلرى سويله جك

كلامى سويلدى و قرال وكيلى دخى معقول و مناسبدر .BI. 16 v ديدى و نامۀ

همايونى دخى ويروب و بشكشى دخى سويلدى قرال وكيلى كتورسونلر ديدى

° هنطوغ gewöhnlich هنطو (hynto), ungar. hintó, Kutsche, Hängewagen,
Kalesche; Samy Bey (Dict. t.-fr.) hynto (mot hongrois) sorte de voiture.

ᵇ Ms. افندسينك.

[1] Nämlich ein sechsspänniger kaiserlicher Paradewagen (Schönwetter l. c.
S. 21).

[2] Nach Schönwetter l. c. S. 21 trugen sie diesmals keine Gewehre.

[3] Bei weitem genauer und ausführlicher ist dieser Zug in die kaiserliche
Favorita bei Schönwetter l. c. S. 21 ff. beschrieben.

[4] Diese Sitte des Akklamierens durch Zurufe üben die Tschausche
immer beim An- und Abzug ihrer Befehlshaber. Vgl. Driesch, Ber. S. 55
und 125.

[5] Nach Schönwetter l. c. S. 22 waren es 15 der vornehmsten türkischen
Offiziere, welche mit dem Botschafter den Audienzsaal betraten.

[6] Der Kaiser stand bedeckten Hauptes einige Stufen erhöht unter einem
goldversierten Baldachin; er trug ein schwarzseidenes Mantelkleid mit
ebensolchen Spitzen, welches überdies noch mit goldenen Streifen durch-
zogen war. Neben ihm war ein Tisch, auf welchen der türkische Botschafter nach erfolgter Ansprache das Handschreiben des Sultans nieder-
legte. Den Thron umgaben zu beiden Seiten die geheimen Räte, ebenfalls in schwarzen Mantelkleidern, und die Ritter des goldenen Vließes
in ihrer Ordenstracht. (Schönwetter l. c. S. 22.)

[7] Nach Schönwetter l. c. S. 23 lautete die Ansprache folgendermaßen:
Der Unüberwindlichst- Großmächtigst- Demühtigst- und Barmherzigste
Herr, Herscher derer Heiligen Oertern, Mecca und Jerusalem, Kaiser
aller Muselmänner, wie auch Schutz-Herr derer Persianern, etc. mein
Allergnädigster Herr, Euer Römisch-Kaiserlichen Majestät etc. auf-
richtigster Freund hat mich seinen Diener, als Groß-Botschafter, abge-

Pascha. Vom Könige war eine besondere Kutsche[1] gekommen, in dieser Kutsche fuhr der Pascha, dahinter gingen die Tüfenkdschis[2] und hinter diesen die Kammerherren. Man ging zum König. Das von dem Padischah, dem Zufluchtsort der Welt, gesandte kaiserliche Handschreiben wurde vor Sr. Exz. dem Pascha vom Legationssekretär oder Divan-Efendi getragen. Schließlich begab man sich in das kaiserliche Schloß.[3] Den Tschauschen ging die Weisung zu, Se. Exz. den Pascha nicht durch Zurufe zu akklamieren;[4] und so akklamierten sie ihn nicht. Der Pascha stieg aus dem Wagen, begab sich zum Kaiser und die Begegnung fand statt. Der Pascha trat mit 13 Leuten[5] beim Kaiser ein. Der Kaiser stand.[6] Se. Exzellenz der Pascha sprach die Worte,[7] die er vorbringen sollte, und der Vertreter[8] des Kaisers sagte: ‚Einverstanden und zutreffend‘. Er überreichte das kaiserliche Handschreiben und

---

schickt, daß ich mich Euer Römisch-Kaiserlichen Majestät Wohlstands erkundigen: und der Freundschaft gemäß geziemenden Gruß abstatten solle; Und gleichwie mein Allergnädigster Herr in dem von mir überreichenden Schreiben bereits die schriftliche Versicherung getahn, daß selber den zu Passaroviz geschlossenen Frieden in allem festiglich beobachten werde, und sich eines gleichen von Seiten Euer Römisch-Kaiserlichen Majestät versehete; Also hat er mir ebenfalls anbefohlen, ein solches hiemit mündlich zu bestätigen; Dieses wird das Vertrauen unter beeden Reichen stäts mehr befestigen und beederseits Untertahnen Glück und Wohlstand vermehren; So ich neben dem Euer Römisch-Kaiserlichen Majestät etc. beständiges Wohlergehen anwünschen tuhe.

[8] Es war der Reichs-Vize-Kanzler, geh. Rat und Reichs-Erb-Schatzmeister Karl Ludwig Graf von Sinzendorf, welcher im Namen des Kaisers folgendes erwiderte: Die Römisch-Kaiserliche, auch zu Hispanien, Hungarn und Böheim Königliche Majestät, unser Allergnädigster Kaiser und Herr, Herr, haben mit mehrerem Allergnädigst Vernommen, was gegenwärtiger Bassa und Groß-Botschafter vor- und angebracht hat; Wie nemlichen die Ottomannische Pforte den jüngsthin zwischen beeden Reichen geschlossenen Frieden unverbrüchlich zuhalten sich angelegen seyn lassen wolle; Gleichwie nun Allerhöchstgedacht-Ihre Kaiserliche Majestät in dem überreichten Schreiben Sich Allergnädigst ersehen werden, also verlassen Sie Sich allerdings auf die getahne Versicherung, und werden Ihres Allerhöchsten Orts auch darob seyn, damit Ihre Untertahnen erstbesagtem Frieden-Schluß genau nachleben, und man beederseits die Früchte desselben ruhig geniesen möge; Es verbleiben anbey Ihre Kaiserliche Majestät ihme Groß-Botschafter mit Kaiserlichen Gnaden wohlgewogen. Schönwetter l. c. S. 23.

وتسليم ايلدى امّا عادت دكلش قرال ايلجيلر ياننده٠ سويلمكلكه جمله جوابلرى

تمام اولوب و نامهٔ همايونى ويروب و بشكشى تسليم ايتدكدن صكره طشره

چقوب هنطوغه بنوب بنه الاى ايله سرايه كلدى بعده مابينى ايكى كون

كجدكدن صكره باش وكيلى* اولان پرنس نامه كدى پرنس* ديمك يعنى مهر

صاحبى وزيرى ديمكدر مكتوبلرينى و بشكشين دخى ويردى Bl. 17 r. و بنه الاى

ايله كلدى امّا پرنس نام قرالك ديواننه كلدى و عادت دكلش امّا پرنسك

سراينده٠ پاشايى چاوش اغالر القشلديلر بوندن صكره بجك اجنده٠ اولان

سيرلرى بيان بركون طوب شنلكى ايتديلر اصلى ندر٠ بهر سنه طوب شنلكى

ايدرمش طوغدوغى كون اولدوغيله بركّه دخى شنلكى ايتديلر قره مصطفى

پاشا بجه واروب بوزلدوغى كوندر ديو امّاكونلرده٠ بركون قرالك اناسى مرد*

اولدى اوچ كون لشنى٠ ياتورديلر دخى مشاده* كورمديلر اون Bl. 17 v. ايكى

---

* باش وكيل ist der ‚erste Minister‘, d. i. Hauptstellvertreter, nämlich
des Monarchen. Die Türken geben diesen Titel nur dem Großwesir,
dem alter ego des Sultans. Wickerhauser, Chrest. S. 79; auch im Ta'rîḫ-
i Râšid Efendi, Bd. II, fol. ١٣٢r. wird Prinz Eugen باش وكيلى نمچه
genannt. ᵇ Ms. پرنس. ᶜ = ندر. ᵈ

ᵈ مرد (mürd) pers. statt مرده von pers. (مير)مُرْدَن sterben = tot; اولمق مرد
mürd ol. sterben, Samy B., Dict. t.-fr. = mourir, en parlant d'un animal
ou d'un infidèle. ᵉ لشى leš vom pers. لاشه (lâšae) Leichnam.

ᶠ مشاد Taḥrîf von مشهد (meshed) = Friedhof.

¹ Diese Geschenke, die reichsten und glänzendsten, welche je eine türkische Gesandtschaft nach Europa gebracht hat, sind namentlich angeführt
bei Schönwetter l. c. S. 25 und bei J. v. Hammer, Gesch. d. osm. R. B.
VII. S. 247 u. S. 567 im Anhange.

² Das war osmanische Hofsitte, nach welcher auf die Rede eines Botschafters nicht der Sultan, sondern der Großwesir antwortet; um nun
diese Sitte mit Gleichem zu erwidern, antwortete der Reichs-Vize-
Kanzler im Namen des Kaisers. Hammer, Gesch. d. osm. R. B. VII. S. 259.

³ Im Texte steht سرايه كلدى; unter سراى (Schloß) ist hier wohl das
Hotel, in dem der Botschafter abgestiegen ist, zu verstehen; besser
stünde hier ‚قوناقنه‘. Was die übrigen Einzelheiten der Audienz betrifft,
so vergleiche man die ausführlichen Angaben bei Schönwetter l. c. S. 22 ff.

sprach auch von den Geschenken.[1] Der Vertreter des Königs sagte, man solle sie bringen, und (der Pascha) übergab sie. Es war nämlich nicht Sitte, daß der Kaiser in Gegenwart der Gesandten spreche.[2] Nachdem er alle Antworten erteilt und das kaiserliche Handschreiben und die Geschenke übergeben hatte, ging er hinaus, bestieg den Wagen und kehrte wieder im festlichen Zuge in das Absteigquartier zurück.[3] Hernach, nachdem inzwischen zwei Tage[4] verstrichen waren, begab er sich zum ersten Minister, namens Prinz.[5] Prinz bedeutet soviel wie ‚Besitzer, Wesir des Siegels‘.[6] · Er übergab seine Briefe und Geschenke, und zwar kam er wieder im feierlichen Zuge. Der sogenannte Prinz kam aber nicht in den Diwan des Königs, das war nicht Sitte.[7] Im Schlosse[8] des Prinzen akklamierten die Tschausche den Pascha. Nun erwähnen wir die Sehenswürdigkeiten im Innern Wiens. Eines Tages gab man Kanonensalven ab. Aus welchem Grunde wohl? Alle Jahre nämlich läßt er Kanonensalven abgeben, wenn sein Geburtstag ist.[9] Noch einmal gab man Salven. Man sagte, es sei der Tag, an dem Kara Mustapha Pascha, als er gegen Wien gezogen war, vernichtet wurde.[10] Eines Tages starb die Mutter[11]

---

[4] Das war am 7. September 1719. Wien. Diar. Nr. 1679.

[5] Damit ist Prinz Eugen v. Savoyen gemeint.

[6] Auch dies ist natürlich unrichtig; der türkische Berichterstatter wollte mit dieser Erklärung wohl die hohe und einflußreiche Stellung, welche Prinz Eugen damals innehatte, kennzeichnen. Prinz Eugen war wirklicher Geh.- und Konferenzrat, Präsident des Hofkriegsrates, Generalleutnant, Gouverneur u. Kapitän-General der kaiserl. österr. Niederlande und Oberst über ein Regiment Dragoner. Wien. Diar. Nr. 1680.

[7] d. h. Prinz Eugen war bei der Audienz des türk. Botschafters beim Kaiser der Sitte gemäß nicht anwesend; Diwan (دیوان) ist hier in der Bedeutung von ‚Versammlung der Großen des Reiches‘, wie sie bei einer feierlichen Audienz stattzufinden pflegt, gebraucht.

[8] Ist das heutige Palais des k. k. Finanzministeriums in der Himmelpfortgasse.

[9] Am 1. Oktober, dem Geburtstage des Kaisers Karl VI., befand sich die türkische Botschaft noch in Wien.

[10] Damit kann nur der 12. September gemeint sein.

[11] Die Mutter des Königs resp. Kaisers, die verwitwete Kaiserin Eleonora Magdalena Theresia, geb. Prinzessin von Pfalz-Neuburg, starb Freitag den 19. Januar 1720. Die türk. Botschaft war damals noch in Wien. Wien. Diar. 1720 Nr. 1718.

حكيم تعيين اولنمش قارننى ياروب بغرصقلرينى^a چقاروب و قرننى بحار^b ايله

طولدورب اوج كوندن صكره كوده سنى يج قلعه سنك ايچنده بر بيوك مناستر

وار اول مناسترك مشادلغنه^c قوبديلر و بغرصقلرينى دخى غيرى مناستر

مشادلغنه قوبديلر امّا نقل ايدن نمچه لر بومنوال اوزره نقل ايتدى انجق خلاف^d

اولمق كركدر قرال زياده سيله ياس و ماتم ايدوب جمله كندويه خدمت^e ايدن

نمچه له قول و سياهلر كيدرديلر مكر عادت BI. 18 r. ايمش برسنه قاره له غرق

اولقلغنه و يج قلعه سنك واروشنك^f اولرى بيان اولنور زياده سيله بنالرى

يوكسكدر سكز طقوز طبقه در و مخزندر^g وجمله كاركير در اوچى دردر طبقه

در و قلعه قپولرينى^h بيان ايدر قزل قپو مجار قپوسى وندك قپوسى چاسار قپوسى

يكى قپو دفعه يكى قپو صو قپوسى اسكى قپوⁱ امّا بو اسكى قپو قباليدر سبب

- ^a باغرساقى =.   ^b Statt بَهَار plur. بَهَارَات Gewürz, Kräuter.
- ^c مشادلتى (*mešadlyq*), Samy B., Barbier de Meynard, Jeblitschka, Türk. Gram. S. 178 haben مشاتلق (*mešatlyq*) = nichtmohammedanischer Friedhof.
- ^d خلاف (*ḫilâf*) Lüge (Samy B., Dict. t.-fr.); vgl. Pekotsch-Bittner, Mehmed Tschelebi, S. 11, Anm. 6: مخالف (*muḫâlif*) Schwindler, Lügner'.
- ^e Arab. = خِذْمَت, gesprochen türk. = ḫizmet.
- ^f Ms. = وأروشنك.   ^g Ms. = مخزندر.
- ^h Ms. = قلعه قپولرى.   ⁱ Ms. اسكى قپوسى.

[1] Der türk. Berichterstatter meint mit dem geschilderten Vorgange die Einbalsamierung, wie sie bei verstorbenen Mitgliedern des Kaiserhauses üblich ist.

[2] Die Beisetzung der verstorbenen Kaiserin Eleonora Magdalena Theresia fand drei Tage nach ihrem Tode Montag den 22. Januar 1720 abends im Kloster der P. P. Kapuziner am neuen Markte in der Kaisergruft statt.

[3] Wien besaß tatsächlich sehr hohe Häuser; ein solches, und zwar ein siebenstöckiges, eine Merkwürdigkeit der Stadt, war das alte ‚Koegelhaus‘, genannt nach dem Erbauer Hoffourier Koegel. Es war eines der 22 Schottenbasteihäuser. W. Kisch, Die alten Straßen und Plätze Wiens etc. S. 330.

[4] Auch ‚Rotenturmtor‘ genannt; es stand am Ausgange der heutigen Rotenturmstraße mit der Front gegen die Donau. Kisch l. c. S. 323—25.

[5] Damit ist das Stubentor gemeint, welches von der hier nach Ungarn führenden Straße auch ‚Ungartor‘ genannt wurde. Kisch l. c. S. 322.

des Königs. Drei Tage ließ man ihren Leichnam liegen, ohne
ihn nach der Gruft zu bringen. Zwölf Ärzte wurden bestimmt,
welche ihren Leib öffneten, ihre Eingeweide herausnahmen und
ihn mit Spezereien vollfüllten.[1] Nach drei Tagen bestattete
man den Leichnam (der Kaiserin) in dem Friedhofe eines
innerhalb der Festung Wien befindlichen großen Klosters[2] und
auch ihre Eingeweide setzte man in dem Friedhofe eines andern
Klosters bei. Die Deutschen, welche davon erzählten, haben
es auf diese Weise erzählt. Doch muß es nicht erlogen sein.
Der König trauerte gar sehr und ließ alle bei ihm bediensteten
Deutschen schwarze Kleider anziehen, weil es nämlich Sitte
war, ein Jahr hindurch sich in schwarze Kleider zu hüllen.
Um auch die Häuser der eigentlichen Stadt der Festung
Wien zu erwähnen, so sind ihre Gebäude äußerst hoch,
acht- und neunstöckig,[3] unterkellert, alle aus Stein; drei sind
je vierstöckig. Und nun erwähnen wir die Festungstore:
Das rote Tor,[4] das Ungartor,[5] das Venedigertor,[6] das Kaiser-
tor,[7] das neue Tor,[8] das zweite neue Tor,[9] das Wasser-

---

[6] Darunter ist das alte Kärntnertor zu verstehen. Es wurde unter Kaiser
Leopold I. 1671 erbaut und kam an die Stelle des früheren Kärntner-
turmes, der hier ehemals zum Schutze des Stadtausganges stand. Den
Namen ‚Venedigertor‘, den ich nirgends erwähnt gefunden habe, scheint
das K. im Volksmunde daher gehabt zu haben, weil sich durch dasselbe
auch der Verkehr nach Kärnten und weiter nach Venedig (Italien) bewegte. So wird z. B. in einer Karte (Pianta della città di Vienna, im
Anhange v. K. Toifels, Die Türken vor Wien im Jahre 1683, Prag 1883)
das K. geradezu als ‚Porta d'Italia‘ bezeichnet, und ‚Im guldenen Ca-
paunen‘ auf der Wieden vor dem Kärntnertore, welcher Gasthof noch
im Jahre 1779 stand, pflegten die ‚Venetianer-Fuhrleute‘ einzukehren.
(Schimmer, Ausführl. Häuserchronik d. inn. Stadt Wien S. 324.)

[7] Damit meint der türkische Berichterstatter wohl das ehemalige äußere
Burgtor. Dasselbe wurde unter Kaiser Leopold I. im Jahre 1600 bei
Gelegenheit der damals vollendeten fortifikatorischen Ausbauten errichtet.
Das Tor stand mehrere Klafter weiter als das heutige äußere Burgtor
gegen die Stadt gerückt und zeichnete sich durch seine reiche architek-
tonische Ausschmückung aus. Es hatte ein krummliniges Einfahrts-
und zwei Gehtore, eines derselben war vermauert; dieses war mit dem
böhm., jenes mit dem ungar. Landeswappen geziert. Stand bis 1821.
Kisch l. c. S. 332.

[8] ‚Neutor‘ genannt. Kisch l. c. S. 327.

[9] Damit ist das ‚Neue Rotenturmtor‘ gemeint, welches im Jahre 1662 errichtet wurde. Als man nämlich im Jahre 1658 die Festungsmauern

اولكى قره مصطفى پاشا اول قپودن ايچرو كرمش انك ايچون قپالیدر

‏Bl. 18 v. اشلمز و سكز قپونك اوكنده برر بيوك طابيه‌لرى واردر و اطرافنك

برقات خندكى واردر غايت ايلدر° و طونه قلعه دبنده اقار يوقرودن طونه‌دن

كسديروب اقتمشدر و نزسانه‌سى دخى اول كسدوردیكى طونه‌ده در و امينى

واردر قلعه‌نك اجمى غايت شنلكلیدر اخشامدن صكره ساعت اوج بچوغه

وارنجه دكانلر اچقدر و هر دكان صچاقلرنده برر جام فنار همان دونته

كبیدر و قلعه قپولرى دخى ساعت اوج بچوغه دكين اچقدر بعده قپارلر

‏Bl. 19 r. و قلعه‌نك واروشلرى بيان اولنور وندك واروشى لبولشنوق واروشى

مجار واروشى ماربه‌هلف واروشى صنتول واروشى قره‌بوت نورق واروشى

---

um Wien neu aufführte, mußte auch der Stadtausgang gegen die Leopoldstadt eine Änderung erfahren. Das alte Rotenturmtor (siehe Anm. 4, S. 42)
wurde also verlegt und kam jetzt weiter abwärts gegen die Schlagbrücke
(Ferdinandsbrücke). Hier führte es den Namen ,Neues Rotenturmtor'.
Stand bis 1858. Kisch l. c. S. 323—26.

° Statt اينليدر; v. Anm. d, S. 80.

[1] Dasselbe lag vor dem ‚Alten Rotenturmtor‘ und führte direkt zum Donau-
kanale. Mitteil. d. k. u. k. Kriegs-Arch. Jahrg. 1883 S. 129.

[2] Ein Tor dieses Namens hat Wien nie gehabt. Nach dem, was der türkische Berichterstatter im Folgenden über dasselbe schreibt, kann damit
das Schottentor, welches merkwürdigerweise bei der Aufzählung der
Tore fehlt, nicht gemeint sein. Meiner Ansicht nach dürfte der türk.
Berichterstatter ein Tor jener Außenwerke im Auge gehabt haben, die
sich zwischen Burg- und Schottentor befanden und auf welche der Haupt-
angriff der Türken im Jahre 1683 gerichtet war. Auf diese Weise lassen
sich auch die Worte ‚daß Kara Mustapha Pascha durch dieses Tor in
das Innere eingedrungen ist‘ erklären; denn den eigentlichen Boden
Wiens, innerhalb der Festungsmauern, hatten die Türken während der
zweiten Belagerung nicht betreten.

[3] Dieser Arm resp. Kanal wurde unweit des Wasserravelins von der Donau
abgeleitet, lief zunächst eine Strecke zwischen diesem und der Stadtmauer,
durchbrach letztere in der Nähe der Neutorbastion und mündete in einen
kleinen Hafen, welcher für die Donauflotille bestimmt war. Kisch l. c.
S. 327.

tor,[1] des alte Tor.[2] Allein dieses alte Tor ist geschlossen. Der
Grund hiefür ist, daß Kara Mustapha Pascha durch dieses Tor
in das Innere eingedrungen ist. Deswegen ist es geschlossen
und außer Gebrauch. Vor den acht Toren sind große Basteien
aufgeführt, welche ein einfacher, überaus breiter Graben um-
schließt. Am Fuße der Festung fließt die Donau. Von oben
her (von einer Stelle weiter stromaufwärts) leitete man von der
Donau einen Arm ab,[3] und an diesem abgelenkten Donauarme
liegt das Festungsarsenal.[4] Die Festung hat einen Kommandanten
und das Innere derselben ist äußerst belebt. Noch $3\frac{1}{2}$ Stunden[5]
nach Einbruch des Abends sind die Läden offen und an den
Schutzdächern eines jeden Ladens brennt eine Glaslaterne,[6] was
genau so wie eine Illumination aussieht. Die Festungstore sind
gleichfalls bis $\frac{1}{2}4$ Uhr offen, dann schließt man sie. Nun seien
die Stadtteile der Festung[7] erwähnt: die Venediger-Vorstadt,[8] die
Leopoldstadt,[9] die Ungarn-Vorstadt,[10] die Mariahilfer-Vorstadt,[11]

---

[4] Das kaiserliche Arsenal erhob sich unmittelbar hinter dem Neutor und
war ein aus mehreren Hallen bestehender Bau, der von Hermes Schal-
lautzer im Jahre 1585 ausgeführt und erst in neuerer Zeit im Jahre
1876 abgetragen wurde. Kisch l. c. S. 327.

[5] Nach türkischer Zeitrechnung. Die Türken rechnen bekanntlich die
Zeit von Sonnenuntergang bis Sonnenuntergang in zweimal 12 Stunden.
Geht also die Sonne z. B. um $\frac{1}{2}7^h$ europ. Zeitrechnung unter, so ist
es um $\frac{1}{2}8^h = 1^h$ türk. Zeitrechnung. $\frac{1}{2}4^h$ ($3\frac{1}{2}$) türk. Zeitrechnung
dürfte also ungefähr $\frac{1}{2}10^h-10^h$ europ. Z. sein.

[6] Darunter sind wohl die Laternen zur Beleuchtung der Auslagen resp.
der ‚Entrées‘ der Geschäfte gemeint.

[7] Die Festung Wien hatte den Umfang des I. (Stadt-) Bezirkes vor der
Stadterweiterung.

[8] Darunter ist die Vorstadt vor dem Venedigertor (Kärntnertor) zu verstehen; es war wohl der der inneren Stadt zunächst gelegene Teil des
4. Bezirkes (Wieden). Den Namen ‚Venedigervorstadt‘ konnte ich in
keiner Topographie resp. Geschichte Wiens feststellen. Vgl. auch Anmerkung 6, S. 43. Text = Venedik varoşy.

[9] Der heutige 2. Bezirk, die Leopoldstadt. Text = Lebolštok v.

[10] Ist die Vorstadt vor dem Ungar- (Suhen-) Tore; entspricht dem heutigen
3. Bezirke (Landstraße), in welchem auch einer der Hauptstraßenzüge
‚Ungargasse‘ heißt. Text = Madžar v.

[11] Ist der heutige 6. Bezirk (Mariahilf). Text auch = Mariahilf v.

روصوه واروشی وزین واروشی ودین واروشی طقوز وارشدر جمله‌سی مكلّفدر
وهریراولری بلنغه کبیدر و زیاده معموردر و اطراف کویلری دخی بومنوال
اوزره‌در امّا بریجق ساعت بروده برکوجك قلعه واردر سلطان سليمان کوشکی
تعبير ايدرلر غايت نازك قلعه‌در همان بدی قوله‌نك .Bl. 19 v قوله‌اری کبی
يكرمی قوله‌سی واردر چاسارك ارصلان* خانه‌سيدر امّا کندونك اوج
ارصلانی وار ايکسی کوجکدر بری بيوکدر امّا برودن کيدن ارصلان انك
ارصلانندن بيوکدر ايکی کمشيدی امّا بری ايکی قونق قلا برده کبردی
و درت قبلانی وار ياوز قبلانلردر و زياده نازکدر و برقاچ ابولری وار و برقوش
واردر بيوکلکی درت هند طاوغی قدردر و سياهدر قدرندن کوکسندن
بنجه‌لری واردر و ميوه اجوالندن سؤال اولنور .Bl. 20 r انه‌سه[b] هر درلو ميوه

----

* Statt أرسلان.

[b] Ms. auch ايسه.

[1] Damit ist jener Teil des heutigen 7. Bezirkes (Neubau) gemeint, welcher sich in der Umgebung der noch stehenden Kirche zum hl. Ulrich (daher damals ‚St. Ulrichvorstadt') befindet. Bemerkenswert von St. Ulrich ist noch, daß hier während der zweiten Türkenbelagerung (1683) Kara Mustapha sein Zelt aufgeschlagen hatte (Tschischka, Gesch. d. St. Wien S. 490). Text = Şant-uler v.

[2] Damit ist der bekannte Spittelberg gemeint, der seit 1684 in den Grundbüchern ‚Kravattendörfel' (Text = Ḳarabut Torḳ v.) genannt wurde. Er war ein Besitz des Wiener Bürgerspitals, daher der Name ‚Spittel'. Penn, Gesch. der Stadt Wien und ihrer Vorstädte S. 363, 1. Spalte.

[3] Eine Vorstadt, die den größten Teil des heutigen 9. Bezirkes umfaßte. Kisch l. c. II. S. 554. Text = Roşowa v.

[4] Text = وزین, welches ich als ‚Wezin (Wizin)' lese; wahrscheinlich meint damit der türk. Berichterstatter die ‚Wiesenvorstadt' im Lichtental. Vgl. Beschreibung der auffallendsten Merkwürdigkeiten d. k. k. Haupt- u. Res.-Stadt Wien S. 10.

[5] Ist der heutige 4. Bezirk, die ‚Wieden'. Text = We(i)din v.

[6] Das ist das sogenannte ‚Neugebäude (Neugebäu)' bei Simmering, welches sich durch seine echt orientalische Anlage und Architektur auszeichnet. Bei der ersten Belagerung Wiens durch die Türken im Jahre 1529 stand hier Suleimans Zelt (daher der Name, welchen der türk. Berichterstatter gebraucht), obwohl er selbst das Schloß zu Ebersdorf bezog.

die Vorstadt von St. Ulrich,[1] das Kroatendörfel,[2] die Rossau,[3] die Wiesen-Vorstadt,[4] die Wieden.[5] Es sind neun Vorstädte, alle sind prächtig. Jedes einzelne Haus gleicht einer Pallisade und befindet sich in sehr gutem Zustande. Die umliegenden Dörfer sind in derselben Art. Weiter diesseits 1 ½ Stunden liegt eine kleine Festung. Man heißt sie ‚Das Zelt Sultan Suleimans‘.[6] Es ist eine äußerst hübsche Festung. Sie besitzt 20 Türme nach Art jener von ‚Jedikule‘.[7] Es ist das Löwenhaus des Kaisers. Der besitzt nämlich 3 Löwen, zwei kleine und einen großen. Aber der aus unserer Heimat mitgekommene Löwe ist größer als sein (großer) Löwe. Zwei Löwen waren mit uns abgegangen, doch verendete der eine 2 Tagereisen vor Wien. Auch hat er 4 Tiger, es sind wilde Tiger, sie sind aber sehr hübsch. Er hat auch einige Bären und da ist auch ein Vogel, viermal so groß als ein Truthahn; er ist schwarz und durch Gottes Allmacht wachsen ihm seine Krallen aus der Brust heraus.[8] Wenn man frägt, wie es um das Obst steht,

---

Rudolf II. erbaute dann (1587) genau nach der Form dieses Zeltes, auf demselben Raume ein Lustschloß mit einem Tiergarten, welches die Türken 1683 aus Achtung vor Suleimans Andenken verschonten und nur zu einem Magazine verwendeten, indes sie alle umliegenden Orte verheerten. Zu Kaiser Josefs I. Zeiten war es ein beliebter Aufenthalt des Hofes. Nachmals wurde im Tiergarten eine Menagerie angelegt, in der sich unter andern die zwei zahmen, zur Jagd abgerichteten Leoparden befanden, die Leopold I. von der hohen Pforte zum Geschenk erhalten hatte. Die Tiere blieben hier bis zum Jahre 1752, kamen aber dann in die neu errichtete Menagerie in Schönbrunn; der Garten war schon früher zu einer Fasanerie verwendet. Jetzt besteht hier ein Laboratorium und ein Pulvermagazin der Artillerie. Adolf Schmidl, Wiens Umgebungen, Bd. 2, S. 122 ff. u. Realis, Kuriositäten- u. Memorabilien-Lexikon v. Wien Bd. 2, S. 209 ff. Der türk. Botschafter besuchte das Neugebäude mit seinem gewöhnlichen Gefolge Samstag den 23. Sept. 1719. Wien. Diar. Nr. 1685.

[7] Jedi Kule türk. (قوله ‚ يدی قله) = 7 Türme; es ist das verfallene Schloß der 7 Türme (griech. Heptapyrgion) in Konstantinopel, worin ehemals bei ausgebrochenem Kriege die Gesandten der feindlichen Mächte eingesperrt wurden; es liegt auf der Westseite des goldenen Hornes unweit des Meeres. Seine jetzige Gestalt erhielt es erst durch Mohammed II. Lange Zeit diente es als Staatsgefängnis. Vgl. auch die Beschreibung in Driesch, Ber. S. 308/9.

[8] Vielleicht eine Adler- oder Geierart.

بولنور همان زيتون يوقدر انجق فداني واردر زيتون ويرمز و شكوفه‌لری
واردر لكن استانبول كبي دكلدر و غايت ايله سنبلّلری واردر بياض قمر
سبل اولور وكوزل باغلری بغجه‌لری وار على التوالی طقوز ای بش كون
يالبلكز بجك اجنده اونورلدی و الچی پاشا حضرتلری جاساردن نامهٔ المقه
كندی بيان اولنور بيك يوز اونوز ايكی سنه‌سنده ماه جماذی الاخرك بشنجی
جمعه ارہ‌سی كونی جاسار طرفندن هنطوغ BI.20 v. كلدی الای طاقی
دوزوب هنطوغ ايله كندی ينه قلّوی كيوب جاسار سراينه واردی امّا جاوشلر
القشلمديلر امّا پاشا حضرتلری جاسارك يانه اون التی ادم ايله كردی امّا
جاسار اياق اوزرنده دوردی امّا قرالك وكيلی اولان جواب ايتديكه صلحمز
صلحدر و قنغی طرفندن بوزغونلق اولور انسه منع اتمك اوزره ديدی ايلچی
پاشا حضرتلری دخی‌بك معقول ديو جواب ويردی و نامهٔ دخی الدی ديوان

---

^a فدان (fydan), Sprößling, junger Baum; Samy B., Dict. t.-fr.: rejeton d'une plante, d'un arbre, greffe, jeune arbre.   ^b Ms. زيتون.

^c Arab. = عَلَی التَّوَالِی.

^d Sollte eigentlich: جاساردن ... كندیكی, حضرتلرینك پاشا الچی و lauten, da es ja von اولنور بيان abhängig ist; oder sollte گار كندی als كتدیجی (gitdiji) zu lesen sein?   ^e Ms. صلحمذ.

[1] Die Ankunft der türkischen Botschaft in Wien erfolgte am 4. August 1719, die Abfahrt am 9. Mai 1720. Sie war demnach genau 9 Monate und 5 Tage in Wien.

[2] Der 5. Džumâda II. fällt auf den 14. April 1720, während nach dem Wien. Diar. 1720 Nr. 1743 und N. Fuhrmanns ‚Altes u. Neues Wien‘ S. 1400 die Abschiedsaudienz des türk. Botschafters beim Kaiser schon am 13. April stattfand. Der türk. Berichterstatter muß sich daher um einen Tag geirrt haben.

[3] Der türk. Botschafter wurde vom kaiserlichen Kommissär Heinrich Josef Grafen v. Daun, dem Hof-Dolmesch der orientalischen Sprachen Joh. Andreas Schmid und dem Grenz-Dolmetsch Josef Edlen v. Pandt mit zahlreichem Gefolge in einem kaiserlichen Paradewagen von seinem Absteigquartier abgeholt (Wien. Diar. Anh. zu Nr. 1743).

[4] Der Zug (seine nähere Beschreibung siehe im Wien. Diar. l. c.) bewegte sich vom Hotel ‚Zum goldenen Lambel‘ in der Leopoldstadt durch das rote Tor über den Graben und den Kohlmarkt nach der kaiserlichen Burg.

nun, es findet sich jede Art Obst, nur Oliven gibt es nicht. Ölbäume gibt es, aber sie tragen keine Oliven; sie blühen zwar, sind aber nicht so wie in Konstantinopel. (Und) es gibt sehr viele Hyazinthen, weiße und gefüllte. Auch gibt es schöne Weinberge und Gärten. Wir verblieben ununterbrochen nur neun Monate und fünf Tage in Wien.[1] Nun wird berichtet, wie Se. Exzellenz der Botschafter Pascha auszog, um vom Kaiser das Handschreiben entgegenzunehmen. Am Samstag den 5. Džemazi-ül-l-aḫyr 1132[2] kam vom Kaiser die Karosse.[3] Der (Pascha) ordnete den Zug[4] und fuhr im Wagen. Er setzte wiederum den Galaturban[5] auf und begab sich nach dem kaiserlichen Schlosse. Doch akklamierten ihn die Tschausche nicht. Se. Exzellenz der Pascha trat zum Kaiser ein in Begleitung von 16 Leuten.[6] Der Kaiser stand. Der Vertreter[7] des Kaisers gab zur Antwort: ‚Unser Friede ist wahrer Friede, und zwar sagte er dies, um jeden Bruch desselben, von welcher Seite immer, zu verhindern. Se. Exzellenz der Botschafter Pascha antwortete: ‚Abgemacht!‘ Er nahm nun das Handschreiben ent-

---

[5] Nach dem Wien. Diar. l. c. setzte der türk. Botschafter den Galaturban (daselbst Kalibi genannt statt Kyl(l)avy) erst nach seiner Ankunft im kaiserlichen Schloße am Fuße der Stiege, die zu den kaiserlichen Gemächern führte, auf.

[6] Der türkische Botschafter wurde mit einigen vornehmen Türken und dem kaiserlichen Kommissär Grafen Daun durch den Oberstkämmerer-Stellvertreter, Ritter des goldenen Vließes, Granden von Spanien Vincentius Oropesa beim Kaiser eingeführt. Wien. Diar. l. c.

[7] Es war dies der wirkliche Geheime Rat und Geheime Reichs-Hof-Vize-Kanzler Friedrich Karl Reichsgraf von Schönborn-Buchheim u. Wolfsthal. Er antwortete im Namen des Kaisers nach dem Wien. Diar. l. c. folgendermaßen: ‚Wie Ihre Kaiserliche Majestät etc. die Versicherung der beharrlich-guten Nachbarschaft und unverbrüchlichen Friedens-Haltung gnädigst gern verstanden, auch ihres Orts zu den ungekrenkter Beobachtung es an nichten erwinden lassen würden; Sie hätten dessen den Sultan durch ihren Groß-Botschaftern, den Grafen von Virmont, ebenfals vergwissen lassen, und darinnen ob der geschwinden Erstattung des gemeinnützigen Friedens schon ein genugsammes Kenzeichen gegeben, und tähten anbey Ihre Kaiserliche Majestät etc. nicht zweifeln, es wurde er, Groß-Botschafter, all-dieses, nebst dem empfangenden Beglaubnuß-Schreiben geziemend hinterbringen, da Selbe im übrigen mit seiner an dero Kaiserlichem Hoflager erwiesen-vernünftigen Bescheidenheit, und friedfertig-guter Aufführung ganz wohl zu frieden, und diese mit Kaiserlichen Gnaden gewogen wären.

افندیسنه ویردی و بزدن قرالك یانه ‮كـكرـن‬ اون التی ادم قرالك

Bl. 21 r. اوده.سندن طشره چقدیلر بعده الجی پاشا چقارکن قرال دخی

باشندن شبقهٔ برمقدار جقاردی ‮نمتا‬ ایلدی بعده الای ایله قوناغه كلدی امّا

بتكش نامنده برشئ ویرلدی و ماه مزبورك اون بشنجی صالی كون باش

وكبلی اولان پرنس نامه كتدی ینه الای ایله الجی بتكسنی پرنس نامك

النه ویردی و مكتوبلرینی و بتكشلرینی الوب الای ایله كلدی ایكنجی كونی

الجی پاشا حضرتلری میر اخورینی دوه.ایله وقاطرلرینی وقره قوللغجیلرینی

Bl. 21 v. قرادن بلغراده كوندردی التنجی كونی یكیجریلری طونه.دن سفنه

ایله كوندردی امّا اونوز ادم مرتد اولدی بیك طفسان اوج سنه.سنـده

مرحوم قره مصطفی پاشا بچه سفر ابتدوکی زمان بچ قلعه.سنك ایچروسنه

كرمشلر و نمچه.یی زبون انمشار امّا مصرلیدن بریكت قلعه ایچنده برمكمـل

---

a صالی كونی Statt   b بشنجیسی Statt   c تُمتّی Statt.

d Der Ausdruck پرنس نام wird hier wie ein Wort, respektive wie eine
Iẓâfet-Konstruktion behandelt; vgl. auch M. Bittner, Einfluß des Arab.
und Pers. auf das Türk. S. 58.

e ویردلدی Ms.   f الیله Ms.

قوللقجی Gew.   h آخور = p. اخور g.

[1] Dieses Handschreiben, welches an den Sultan gerichtet war, beschreibt
das Wien. Diar. l. c. mit folgenden Worten: ,Solches ware durch die
Kaiserlich-geheime Hof-Kriegs-Canzley abgefasset: und ausgefertiget:
anbey Lateinisch und mit gold- auch schwarzen Buchstaben auf Per-
gament geschrieben: dan in ziemlich groß-viereckigter Form zusammen
geleget: auch mit dem Kaiserlichen Sigill verschlossen: und in einem
Gold-Stuck verwahret gewesen'.

[2] Das Wien. Diar. l. c. berichtet, daß sich auch diesmal einige Maultiere
und Kamele im Zuge befunden haben, welche die vom Sultan an den
Kaiser geschickten Präsente trugen.

[3] Auch dieses Datum ist vom türk. Berichterstatter um einen Tag später
angesetzt, denn der 15. Džumâda II. ist der 24. April 1720, während die
Abschiedsaudienz bei Prinz Eugen v. Savoyen nach dem Wien. Diar.
(Anh. zu Nr. 1745) schon am 23. April stattfand.

[4] Nämlich Prinz Eugen von Savoyen (Siehe S. 41 Anm. 5 u. 6); auch diesmal
wurde der türkische Botschafter mit demselben Pompe wie anläßlich
der kaiserlichen Abschiedsaudienz aus seinem Quartier abgeholt. Der

gegen und übergab es dem Legationssekretär.[1] Die 16 Personen
von uns, die zum Herrscher eingetreten waren, gingen aus dem
Zimmer des Königs hinaus; als hierauf der Botschafter Pascha
fortging, nahm auch der König ein wenig seinen Hut ab und
grüßte. Sodann kam er (der Pascha) in feierlichem Zuge nach
dem Absteigquartier (zurück). Als Geschenk wurde (diesmal) nichts gegeben.[2] Am Dienstag den 15. des erwähnten
Monats[3] begab er (der Botschafter) sich wieder im festlichen
Zuge zum ersten Minister, namens Prinz;[4] er händigte dem
‚Prinzen‘ sein Geschenk ein, empfing von ihm Briefe[5] und Geschenke[6] und kam in feierlichem Zuge nach dem Absteigquartier zurück. Am zweiten Tage darauf schickte Se. Exzellenz
der Botschafter Pascha seinen Stallmeister mit Kamelen und
Maultieren und die Knechte zu Lande nach Belgrad.[7] Am
sechsten Tage ließ er die Janitscharen auf der Donau zu Schiffe
abreisen.[8] 40 Mann fielen aber vom Islam ab.[9] Als im Jahre
1093[10] der verstorbene Kara Mustapha Pascha gegen Wien zu
Felde zog, drang man in das Innere der Festung Wien ein und

---

feierliche Zug bewegte sich von der Leopoldstadt über die Schlagbrücke,
durch das rote Tor, die Kärntnerstraße nach der Himmelpfortgasse, wo
sich das Palais des Prinzen befand. Wien. Diar. l. c.

[5] Darunter sind die vom Prinz Eugen gefertigten Rekreditiven zu verstehen, von denen das eine an den Sultan in einer goldenen, das andere
an den Großwesir in einer silbernen Hülle verwahrt war.

[6] Diese Geschenke sowie die näheren Details der Audienz siehe im Wien.
Diar. l. c.

[7] Das war am 25. April 1720. Das Wien. Diar. Nr. 1746 berichtet darüber
folgendes: ‚Item war unter Begleitung einer Compagnie von dem Löblich-
Bayreuthischen Dragoner-Regiment des allhier noch befindlich-Türkischen
Herrn Groß-Botschafters Oberstallmeister samt 120 Mann von der Stall-
Partey und vieler Bagage mit ungefehr 30 Wägen, deren jeder mit 4
Pferden bespant gewesen, von hier nacher Hungarisch-Altenburg aufge-
brochen, um von dorten mit denen Cameelen und Maulthieren wie auch
Pferden den Weg ferners nach Belgrad fortzusetzen, sodan daselbsten
den Herrn Groß-Botschafter zu erwarten‘.

[8] Diese Abreise erfolgte am 28. April, also schon am fünften Tage; die
Janitscharen begleitete der kaiserliche Leib- und Stadtgarde-Hauptmann
Herr v. Creinitz mit 60 Mann der erwähnten Garde. Wien. Diar. l. c.

[9] Diese Tatsache erwähnt auch Driesch in seinem Berichte S. 488.

[10] Auch dieses Datum ist nicht richtig. Die 2. Türkenbelagerung Wiens
fand in der Zeit vom 14. Juli bis zum 12. September 1683 statt, welcher
Zeitraum in das Jahr 1094 d. H. fällt.

او ضبط اتمشیدی و یدی کوندن صکره نمچهنك دنی امدادی كلنجه عسكر

اسلام بوزلش امّا اول مصرلی یكیت بام خدا شهید دوشمش

Bl. 22 r. و اول اوك دیوارینك اوزرینه صورتنی طاشدن یاپمشلر حالا طورر

ومدح ایدر و سلطان سلیمان بجه سفر ایدوب بوزلدیغی زمان قاسم ویوهده

نامنده برنامدار دولتلی قرق بیك ادم ایله ایكی ساعت اونهده شهید اولش

حالا سویلرلركه هر جمعه كیجهسی اول یرده كلبنك محمّدی صداسی ایشیدیلور

دیرر و ذكر اولنان مصرلی منند· یكتلرك صورتلری برقاج یرده یاپمشلردر

حالا طورر و دلی سیدی پاشا بودیم والیسی ایمش Bl. 22 v. غایت ایله بهادر

دولتلی و غازی ایمش امّا وقتنده· بودیمدن بر بازركان كیدركن نمجهنك

طبراغنده· مالنی غارت اتمشلر اول بازركان كیرو كلوب مرحوم سیدی پاشایه

عرضحال ایدوب احوالی بلدردی اول دنی بچ قرالنه بر بیورلدی كوندردی

ویازمشكی بورادن كیدن بازركانك مالنی سنك طبراغنده· غارت اتمشلر

بیورلدم وصولنده· بازركانك مالنی بولدورب طرفه ارسال ایلیهسن و بولنمدوغی

حالده· یانكدن تحصیل ایدوب Bl. 23 r. كوندرهسن یوق یوق درسك تاج

ª منند menend, vulg. = p. ماننـد.

ᵇ Ms. غرضحال.

¹ Diese Episode konnte sich in der geschilderten Weise gewiß nicht zugetragen haben, da während der 2. Türkenbelagerung (1683) die Türken
nicht in die Stadt (resp. Festung) Wien eingedrungen sind. Das Wahre
daran dürfte folgendes sein: In der Löwelstraße Nr. 49 (später 14) stand
das sogenannte ‚Türkenhaus‘. Es hatte seinen Namen von den mörderi-
schen Gefechten, die diesem Hause gegenüber auf der Bastei während
der 2. Türkenbelagerung stattfanden, wobei bereits zwei türk. Standarten
aufgepflanzt, die Anstürmenden aber nach zweistündigem Gefechte mit
Bravour zurückgeworfen wurden. Nach beendeter Belagerung wurde zur
ewigen Erinnerung unter dem Dachrande dieses Hauses ein Türkenkopf
mit der Jahreszahl 1683 angebracht und unter demselben eine türk.
Kanonenkugel, worauf man fortan dieses Haus das ‚Türkenhaus‘ nannte.
Später verschwand der Türkenkopf und nur die Kugel blieb als Wahr-

setzte den Deutschen (hart) zu. Ein ägyptischer Jüngling
hatte in der Festung ein ganzes Haus besetzt. Als nach sieben
Tagen den Deutschen Hilfe kam, wurden die islamitischen
Krieger vernichtet. Der ägyptische Jüngling fiel mit dem Willen
Gottes als Märtyrer und an der Wand jenes Hauses errichtete
man sein Bild aus Stein.[1] Es ist noch jetzt vorhanden und
man lobt es. Als Sultan Suleiman vor Wien gezogen war und
hier besiegt wurde, starb ein berühmter Mann, namens Kasim
Wojwoda[2], mit 40.000 andern Glücklichen an einem zwei Stunden
weiter entfernten Orte als Märtyrer. Noch jetzt sagt man, hört
man dort jeden Freitag in der Nacht den Widerhall des mohammedanischen Gebetsrufes. Ähnlich wie dem erwähnten
Ägypter errichtete man auch den Helden an einigen Orten
Statuen; die stehen noch jetzt. Als zur Zeit Deli Sidi Paschas,[3]
Statthalters von Ofen, der sehr tapfer und mächtig war und mit
Erfolg gegen die Ungläubigen kämpfte, ein Kaufmann aus Ofen
nach Wien reiste, wurde das Geld dieses auf deutschem Boden
geraubt. Der Kaufmann kehrte zurück, unterbreitete dem
verstorbenen Sidi Pascha die Sache und ließ ihn den Vorgang
wissen. Dieser schickte auch an den König von Wien ein
Bujuruldu[4] und sagte darin: ‚Das Geld eines Kaufmannes, der von
hier weggegangen war, hat man auf Deinem Boden geraubt. Du
sollst bei Einlangen des Schreibens das Geld des Kaufmannes auf-
finden lassen und an mich schicken und, falls es nicht gefunden
wird, sollst Du für den Schaden deinerseits aufkommen und

---

zeichen in der Mauer haften, bis auch diese samt dem Hause spurlos
  verschwand, um einem Neubau Platz zu machen. Kisch a. a. O. S. 564.
[2] Kasim Wojwoda (= der Wojwode Kasim) führte bei der 1. Türkenbelagerung Wiens (1529) den Befehl über 800 Nassaden (Donauschiffe)
  und Martolosen (irreguläre Soldaten), womit dieselben bemannt waren.
  (Hammer, Gesch. d. osm. R. Bd. IH. S. 85.)
[3] Hammer-Purgstall (Gesch. des osm. R.) und A. Gévay (A'Budai Pasák,
  Bécsben 1841) führen in ihren Listen der Statthalter von Ofen keinen
  mit dem obigen Namen an; wohl findet sich ein Sidi Ahmed Pascha,
  ohne den Beinamen ‚Deli‘ (der ‚Tolle‘), welcher vom 21. (24.) März 1659
  bis 28. Mai 1660 unter Sultan Muhammed VI. Statthalter von Ofen war.
  Es ist, mangels weiterer Anhaltspunkte in der oben folgenden Erzählung,
  schwer zu sagen, ob er mit dem ‚Deli Sidi Pascha‘ unseres Gewährs-
  mannes identisch ist.
[4] Türk. = es ist befohlen worden. So hießen die Schreiben, welche die
  Statthalter der Provinzen in den Grenzen ihres Wirkungskreises erließen.

و تختنك الكدن كيدر ديش بيورلدى دخى قراله وصول بولدقده. قرال دخى

به هاى ٥٥ ديدى ديو جواب اتمش سيدى٠ پاشايه بوخبر كلنجه قرق دانه

ادمى تبديل صورت ايدوب بچه كوندرمش اول قرق ادم بچه داخل اولوب

و قلعهنك ايچنده بركليسادن بركشش چقاروب و چالوب بوديه سيدى پاشايه

كتوررلر اما اكر١ قرالك و غيرينك بوكششْ چالدوغندن خبرلرى اولمدى

كهلم سيدى پاشايه اول كشيشك   .Bl. 23 v. بوينونى اورمق استدى رجا

ايتديلر بوينون اورمدى عفو ايتدى تكرار قراله خبر كوندرديلر قلعه ايچنده

فلان كليسادن فلان كشيش چالديروب كتوردى٤ بوينون اورمق استدى

رجا ايدوب عفو ايتدردك بلش اولنكه تاج وْ تختك الندن٦ كيدر همان مالى

كوندرمكه سعى ايدهسن ديمش قرال دخى بو احوالى ايشدكده.٥ قرالك

شابقه سى باشنه دار اولوب اول كشيشى كليسادة يوقلتدى يوق سؤال ايدر

كه بو احوال نه شكل اولديكى بوكشيش ضايع   .Bl. 24 r. اولدى جواب ويرورلر

كه قرق ادم كلدى وكشيش غايب اولدى همان نزه٨ عقلى باشنه كلدى

اولكه بچك ايچندن وكليسادن كشيشى چقاردى بچ المدن كيده. چكن عقل

كسدى همان بازركانلك غارت اولان مالى كندو ياندندن كوندرر و حالا بچده

لبولشنوق١ واروشنده اول غازى سيدى پاشانيك صورتنى ياپمشدر دورر

باشند. قفسى صارق و التون حال صورنجه ايله در اما اول كشيشى اوكنه

جوكرتمش صاغ الند٠ قلنج بوينون   .Bl. 24 v. اوره طورر بيك يوز اوتوز

ايكى سنهسى ماه رجب شريفنك ايكنجى بنچشنبه كونى بچدن بو طرفه روانه

---

* Ms. سنُدى?   ᵇ Statt مكر?   ᶜ = pers. كششى *kaešīš*.

ᵈ Sollte eigentl. كتورتدى, er ließ ihn bringen, fortschaffen -führen' heißen.

ᵉ و fehlt im Manuskript. Man sagt تاج وتخت *tâdž-u-taḫt*; im Texte vielleicht phonetische Orthographie?

ᶠ Statt الكُدن (elinden) phonet. Orthographie wie vorher اولنكه statt
.ايشتدكده   ᵍ Für   .اولكَكه

es einsenden. Sagst Du ‚Nein, Nein‘, so kommen Dir Krone und Thron abhanden‘. Als nun das Schreiben an den König gelangte, antwortete er: ‚Wohlan, das will ich sehen!‘ Sobald diese Kunde dem Sidi Pascha zukam, maskierte er 40 Männer und schickte sie nach Wien. Diese 40 Männer zogen in Wien ein, entführten aus einer Kirche innerhalb der Festung einen Geistlichen und brachten ihn nach Ofen zu Sidi Pascha. Doch hatte wohl weder der König noch ein anderer Kunde von der Entführung des Geistlichen. Kommen wir zu Sidi Pascha! Dieser wollte dem Mönche den Hals abschneiden; man bat und er ließ ihm den Hals nicht abschneiden und begnadigte ihn. Wiederum sandte man dem Könige Nachricht: ‚Aus der Kirche N. innerhalb der Festung, hat er (der Pascha) einen Geistlichen rauben und herbringen lassen. Er wollte ihm den Hals abschneiden. Doch baten wir und brachten ihn dazu, daß er ihn begnadigte. Du solltest wissen, daß Krone und Thron Dir abhanden kommen; Du solltest dich bemühen, das Geld alsbald zu schicken‘. Wie der König das hörte, ward ihm der Hut für seinen Kopf zu enge und er ließ jenen Geistlichen in der Kirche ausforschen. Er war nicht da. Er fragte, wieso es geschehen sei, daß der Mönch in Verlust geraten sei. Man antwortete: ‚Es kamen 40 Männer und der Mönch war verschwunden.‘ Da besann er sich rasch. ‚Er (der Pascha) ist’s, dachte er sich, der den Geistlichen aus Wien und aus der Kirche entführt hat. Daß mir Wien abhanden kommen wird, ist mir klar‘. Sofort sandte er seinerseits das geraubte Geld des Kaufherrn und errichtete sogleich das Standbild jenes siegreichen Sidi Pascha in Wien, in der Leopoldstädter Vorstadt.[1] Er steht da, auf seinem Kopfe ist ein gitterartig geflochtener Turban mit einem ganz goldenen Strahlenbusche. Jenen Geistlichen läßt er vor sich knien, um ihm mit dem Schwerte in seiner rechten Hand den Kopf abzuschlagen. — Nun wird erzählt, daß man am Donnerstag den 2. des erhabenen Monats Redžeb

---

[h] Ms. تنزيه; تنزيه (tezie) auch تيزيه (tizie) von pers. تيز scharf; hier = schnell.

[1] Ms. ليولشتوق.

[2] Wo gelang mir nicht festzustellen.

اولدوغی بیان اولنور اون بش پاره سفینه ایله بلغراده عزیمت اولندی قریهٔ

فیشه ساعت ۷، قلعهٔ بوجون طونه کنارنده‌در غایت نازك ولایتـدر امـا

کلیسالرنك برینك ایچنده بر چتال قز‌ وار بامی خدا یانلرینك قبا اتلرندن

بتشكدر انادن طوغمه‌در ایكسی یان به یاندر‌ وكوده ایکیدر اللر ایکشردر

و ایكسنكده ایكیشر ایاغی واردر. Bl. 25 r. ایكسی دخی باشقه باشقه اسباب

كيرلر و ایكسیده برابر اوتوردلر و قلقارلر و یوردلر و سویلشورلر وكبـدكلری

الوان رنك امـا اون التیشر یاشنده‌در انجق بری غایت حسنا‌ و بری

جیركین و مجذودبر ایكسنكده اشاغیلری بر فستان ایچنده‌در نقل ایله یازمه

دكلدركوروب یازمه‌در و قلعه‌نك ایچنده. اوره یرنده ایكی بیوك شادروان

واردر هربرنده بشبر التیشر ارصلان اغزی صولار اقار و الطرافك یالكیز

بر خندكی واردر ایچی دخی. Bl. 25 v. صودر قریهٔ كونیه ساعت ۱۱ قلعهٔ

قومران زیاده‌سیله نازك قلعه‌در و زیاده طوب شنلكی ایتدی و طونه‌نك

---

a چتال قز (چتال) geschrieben = Zwillingsschwestern. jetzt چاتال قزِ

b دیز بدیز، یان به یان ist غلط wie كون بكون gün-be-gün von Tag zu Tag, diz-be-diz Knie an Knie, etc. vgl. M. Bittner, Einfluß des Arab. u. Pers. auf d. Türkische, Wien 1900, S. 81.

c Arab. Fem = حَسْناء.

[1] Der 2. Redžeb 1132 entspricht dem 10. Mai 1720, einem Donnerstag. Die Abfahrt des türk. Botschafters erfolgte aber nach dem Wien. Diar. Nr. 1750 schon am 9. Mai; der türkische Berichterstatter hat sich also auch hier um einen Tag geirrt.

[2] Nach dem Wien. Diar. Anhang zu Nr. 1750 betrug die Anzahl der Schiffe für die türk. Großbotschaft allein 89 Stück, dazu kamen noch einige kleinere Schiffe; besonders schön und prunkvoll war das Schiff des Botschafters ausgestattet. Die nähere Beschreibung dieses, die Ordnung der Schiffe und das bei ihrer Abfahrt beobachtete Zeremoniell siehe im Wien. Diar. Anh. zu Nr. 1750.

[3] Text = Fischa; es ist das Dorf Fischamend(t), worüber Driesch in seinem Berichte S. 16 folgendes schreibt: ‚Es ist aber Fischament ein von Wien ohngefahr drey Meil entfernter und an dem Donau-Strand gelegener Ort, deme eine nicht unangenehme Insul gegen über lieget, worinnen sich bey dieser Frühlings-Zeit die Nachtigallen und andere Vögel überaus anmuthig hören lassen‘. Die türk. Botschaft landete in Fischamend am 9. Mai um 2ʰ nachmittags und übernachtete auch daselbst.

1132[1] von Wien hierher (nach der Heimat) aufgebrochen
ist.   Mit 15 Schiffen[2] reiste man nach Belgrad ab.   (Nach
dem) Dorfe Fischamend[3] (sind) 2½ Stunden. Die Festung
Pozsony[4] am Ufer der Donau ist ein äußerst hübscher Bezirk.
In einem ihrer Klöster[5] leben Zwillingsschwestern,[6] welche
nach dem Willen Gottes mit dem dickem Fleische zusammen-
gewachsen sind, Seite an Seite; zwei Körper, je zwei Hände
und beide haben je zwei Füße.   Beide ziehen verschiedene
Kleider an und beide setzen sich miteinander, erheben sich,
gehen und sprechen, und ihre Kleider sind buntfarbig.   Sie
sind 16 Jahre alt,[7] doch ist die eine sehr schön, die andere
häßlich und verrückt.[8]   Der Unterleib beider ist mit einem
Rock bekleidet.   Es ist dies keine Beschreibung auf eine Erzählung hin, sondern eine Beschreibung nach Augenschein.
Innerhalb der Festung in der Mitte sind zwei große Spring-
brunnen: bei beiden fließt aus fünf bis sechs Löwenmäulern
Wasser. Ringsum hat sie nur einen Graben, darin ist Wasser.
(Nach dem) Dorfe Gönyü[9] (sind) 16 Stunden. Die Festung
Komorn[10] ist eine besonders hübsche Festung und gab viele
Kanonenschüsse ab.   In der Mitte der Donau ist eine Insel,

---

[4] Text = Bodžun; es ist das ungar. Pozsony, deutsch Preßburg, am linken
Ufer der Donau, war bis 1784 Hauptstadt von Ungarn.   Die türk. Bot-
schaft kam daselbst am 10. Mai gegen Mittag an. Driesch, Ber. S. 17—18.
Die Abreise der Botschaft erfolgte am 11. Mai gegen 9ʰ Vormittags zu
Schiffe; die Ordnung derselben siehe im Anh. zu Nr. 1751 des Wien. Diar.

[5] Im Kloster der Ursulinerinnen, Driesch, Ber. S. 20.

[6] Von diesen erzählt auch Driesch, Ber. S. 19. Sie wurden im Dorfe Szany
auf den Gütern des Grafen Zichy in der Grafschaft Komorn von einem
Bauernweib am 26. Weinmonat 1701 geboren und waren mit dem Rück-
grat aneinander gewachsen. Die Ältere, welche 3 Stunden früher zur
Welt kam, hieß Helene, die jüngere Judith.   Die näheren Details siehe
Driesch, Ber. S. 19—22.

[7] Sie standen im 19. Lebensjahre, da sie 1701 geboren wurden.

[8] Damit ist die jüngere Schwester Judith gemeint, welche 3 Jahre vorher,
wie Driesch (S. 19) berichtet, vom Schlagfluß gerührt worden war und
dadurch an Sprache und Vernunft Schaden gelitten hatte.

[9] Ein Dorf an der Donau, im ungar. Komitate Raab.

[10] Text = Komaran, vom ungar. Komárom, deutsch Komorn, in der Grafschaft gleichen Namens am linken Donauufer. Gegenwärtig eine der
wichtigsten Festungen der österr.-ungar. Monarchie. Vgl. auch ihre Beschreibung bei Driesch, Ber. S. 24—25.

اورنه يرنده ادهدر و بيوكدر و جوق وارشى واردر و شنلكدر قريهٔ اولمارش

قونق ساعت ٨ ويران كويدر قلعهٔ اوسطورغون ساعت ٨ داخل اولدوغمزده

طوب شنلكى ايتديلر و طشره قلعهسنك برطرفى طونه ايچنده و ايچ قلعهسى

طاغ اوزرندهدر امّا ويراندر و طشرهسنك واورشى جوقدر امّا كوى

مثاليدر و قلعهنك ايچى شنلكلى Bl. 26 r. دكلدر و بغلرى و ميوهسى جوقدر

قريهٔ واجين قونق ساعت ٦ معموردر بنارى (وو) كاركير دكلدر قرشوسنه

قونلدى و دوز يردهدر قوجه سيدى پاشا يارم ساعت يرده شهيد دوشمشدر

قلعهٔ بوديم قونق ساعت ٦ ايكى كون اوزورق اولدى داخل اولندقده زياده

طوب شنلكى ايتديلر و بيوك قلعهدر چنكلرده ويران اولمشدر ايجحروسنك اولرى

دخى ويراندر نمجه اعتبار ايدوب تعمير اتمشدر و يوكسك يرده يابلمشدر

امّا طونه Bl. 26 v. سمته قلعهدن باشقه ديوار جكوب طونهيه اندروب

و طونه ايچنده قولّه يابلمشدر امّا ويران اولمشدر وارشى بيوكدر و معموردر

---

^a Ms. قلعه اوسطورغون.

^b Überflüssig.

^c Ms. يرو.   ^d Ms. طونيه.

^e Türkisch richtig قوله ohne ‚Tešdîd‘ geschrieben; arab. قُلَّة.

¹ Text = Olmaroš; es ist das heutige Duna Almás, ein Dorf am rechten Donauufer im ungar. Komitate Komorn.

² Text = Ostorgon, Osturgun (in türk. Handschriften finden sich auch die Schreibweisen اوسترغون, استورغون) vom ungar. Esztergom, deutsch Gran. Vgl. die Beschreibung bei Driesch, Ber. S. 25—26.

³ Text = Wadžin (in türk. Handschriften auch واج, واچى, واج) vom ungar. Vácz, deutsch Waitzen. Vgl. die Beschreibung dieser Stadt bei Driesch, Ber. S. 27—28.

⁴ Damit dürfte wohl der Statthalter von Temesvar, Sidi Ahmed Pascha, gemeint sein, welcher in der Schlacht bei Waitzen (27. Juni 1684), in der die Türken geschlagen wurden, gefallen ist. (Hammer, Gesch. d. osm. R. Bd. VI. S. 434). Nach einer türk. Handschrift der k. k. Hofbibliothek (زبدهٔ وقايعات, Bl. 98 v., Flügel, Cat. Bd. II. Nr. 1079), welche die ge-

und zwar ist es eine große. Sie (die Festung) hat viele Stadtteile und ist bewohnt. (Nach der nächsten) Station, dem Dorfe
Almás,[1] (sind) 8 Stunden, es ist ein ödes Dorf. (Zur) Festung
Gran[2] (sind) 8 St. Als wir eintraten, feuerte man Kanonensalven ab; ein Teil der äußeren Festung liegt in der Donau,
während die innere Festung auf einem Berge gelegen ist.
Diese ist verlassen, hingegen besitzt die äußere viele Vorstädte,
die aber nur Dörfern gleichen; das Innere der Festung ist unbewohnt. Sie hat viele Weingärten und Obst in Menge. (Nach
dem) Dorfe Waitzen[3] (sind) 6 St. Es ist bewohnt, seine
Gebäude sind aber nicht aus Stein. Gegenüber lagerte man,
und zwar auf einem ebenen Platze. Eine halbe Stunde von
hier entfernt fiel Kodža Sidi Pascha[4] als Märtyrer. (Nach
der) Festung Buda[5] (sind) 6 St. Da machte man 2 Tage[6]
Halt. Als man einzog, wurden viele Kanonenschüsse abgegeben; es ist eine große Festung, die aber in den Kriegen
verödet worden ist; auch die Häuser im Innern sind öde.
Die Deutschen erkannten zwar ihren Wert, stellten sie aber
nicht wieder her; sie ist auf einer Anhöhe angelegt, doch
zog man gegen die Donau zu von der Festung aus Mauern,
führte sie bis zur Donau hinunter und errichtete in der Donau
Türme, die aber verödet sind. Die Vorstadt (der Festung)
ist groß und bewohnt; sie hat sieben Thermen, und zwar

---

schichtlichen Begebenheiten der Jahre 1671—1703 umfaßt, hieß der
Statthalter vom Temesvar, welcher 1684 bei Waitzen gefallen ist, ‚Sidi
Aḥmed Pašazâde Muḥammed Paša (سیدی احمد پاشازاده محمد پاشا‚.

[5] Text = Budim (in türk. Handschriften auch بدون بودین) vom ungar.
Buda, deutsch Ofen. Die türkische Botschaft kam hier am 16. Mai gegen
9[h] vormittags an und wurde vom kaiserlichen Platz-Oberst-Wachtmeister
und substituierten Kommandanten Baron von Stom empfangen; die Lan-
dung erfolgte bei der kaiserl. Mühle. Vgl. auch die Beschreibung v. Ofen
in Driesch, Ber. S. 30—31. Über die Bäder in Ofen zur Zeit der türkischen Periode vgl. Dr. F. X. Linzbauer, Die warmen Heilquellen der
Hauptstadt Ofen im Königreiche Ungarn, Pest 1837, S. 27 ff.

[6] Die Abreise erfolgte am 19. Mai um 1/27[h] früh. Nach dem Wien. Diar.
Anhang zu Nr. 1754 verschwand in Ofen in unaufgeklärter Weise der
dem Groß-Botschafter von der Pforte beigegebene Oberdolmetsch Mustapha Aga, dessen Verlust der Botschafter nur sehr schwer verschmerzen
konnte.

ويدى ايليجـﻪسى واردر و بيوكدر ايكيسينك حوضنك بيوكلكى قرق ادبيدر

و يرينك درت خلوتى وار دردنده ﻪ بر حوض واردر و بغلرى و ميوهسى

زياده ﻪدر و قرشوسنده بر قلعه واردر پشته درلر بيوك قصبهدر ايكى جامع

شريفى وار منارهلرين كولاهندن يقمشلاردر و ايكى كون دخى اوتورق اولندى

قريهٔ اطن نورك*ﺠﻪ .Bl. 27 r جان قورتران ساعت ١٤ بركوچك قريهدر

دوز يرده ﻪدر مرحوم سلطان سليمان بجدن بوزلوب كلوركن قونمش سؤال

بيورمشلاركه اردبمزدن نجه عسكرى كليورمى جواب ويرمشلاركه كليور الحمد

لله تعالى جانمز قورتلدى ديمشلار اندن جان قورتران قلمش قريهٔ فـــدوار

ساعت ١٤ بيوك قريهدر قريهٔ پاقس ساعت ٦ كوچك قريهدر و بغلرى جوقدر

قريهٔ طولنا ساعت ١٤ بيوك قريهدر قصبهٔ بايه ساعت ٨٨ كوزل قصبهدر

قريهٔ وريش مارترين .Bl. 27 v ساعت ٨٨ قريهٔ ارتتى ساعت ١٢٤ ويران

قلعهدر و يوكسك يرده ﻪدر قلعهٔ بولغوار ساعت ٤ قلعهٔ ايلـوق سـاعت ٥

ª ايليجـﻪ (var. ايليجﻪ) *Iliče (ilidže)*, warme Quelle, Therme; Samy B., Dict.
t.-fr.: bain chaud naturel; source naturelle d'eau chaude, thermes.

ᵇ Ms. جامعى. ᶜ Ms. قصبه بايه.

ᵈ Ms. قريه وريشى مارترين.

[1] Text = Peŝte; ungar. u. deutsch = Pest; Stadt am linken Ufer der
Donau gegenüber Ofen.

[2] Das ist nicht ganz richtig. Nach dem türkischen Berichterstatter wäre
also die Botschaft zwei Tage in Pest gewesen, also im Ganzen vier Tage,
während sie nach dem Wien. Diar. bloß drei Tage in Ofen-Pest verweilte.
Vgl. S. 59 Anm. 5 u. 6.

[3] Text = Atan, ist das ungar. Nagy-Tótény, ein Dorf an der Donau im
Pester Komitat.

[4] Das war nach der 1. Türkenbelagerung Wiens im Jahre 1529.

[5] = ‚Leben rettend'.

[6] Text = Fedvar, ist das ungar. Földvár eigentlich Duna-Földvár, ein
Marktflecken an der Donau im ungar. Komitate Tolna.

[7] Text = Paks (in türk. Handschriften auch پكشى ,باقشﻪ ,پاقشﻪ) ist das
ungar. Paks, ein Marktflecken an der Donau im ungar. Komitate Tolna.

[8] Ist der Marktflecken Tolna an der Donau, im ungar. Komitate gleichen
Namens.

große. Die Größe der Bassins zweier davon beträgt je 40 Schritte; eines hat vier besondere Abteile und in jedem dieser vier ist ein Bassin. Sie hat auch viele Weinberge und Obstgärten. Ihr gegenüber liegt eine Festung die man „Pest"[1] nennt, ein großer Flecken. Sie hat zwei Moscheen, doch hat man ihren Minarets die Spitzen abgeschlagen. Man verblieb zwei Tage.[2] (Nach dem) Dorfe Tétény,[3] türkisch „Džān ḳurtaran', (sind) 1¹/₂ St. Es ist ein kleines Dorf auf ebenem Terrain. Als der selige Sultan Suleiman nach seiner Niederlage aus Wien kam,[4] lagerte er hier und fragte: „Kommen uns deutsche Soldaten nach?' Man antwortete: „Es kommen keine'. „Gott sei Dank, unser Leben ist gerettet', sagte er. Davon blieb (der Name): „Džān ḳurtaran.'[5] (Nach dem) Dorfe Födvár[6] (in) 7¹/₂ St.; es ist ein großes Dorf. Das Dorf Paks[7] (in) 6 St., ist ein kleines Dorf mit vielen Weingärten. Das Dorf Tolna[8] (in) 7¹/₂ St.; ist ein großes Dorf. (Nach dem) Flecken Baja[9] (sind) 8¹/₂ St.; es ist ein schöner Flecken. Das Dorf Vörösmart[10] (in) 7¹/₂ St. (Nach dem) Dorfe Erdöd[11] (sind) 12¹/₂ St.; es ist eine verödete Festung und erhebt sich auf einem hochgelegenen Platze. (Nach der) Festung Vukovar[12] (sind) 4 St.; (nach der) Festung Illok[13]

---

[9] Ist die Stadt Baja nahe der Donau im ungar. Komitate Bács-Bodrog, nordwestlich von Zombor.

[10] Text = Veriš Marterin, ist das heutige Vörösmart, Stadt im ungar. Komitate Baranya. Das Wien. Diar. Anh. zu Nr. 1754 nennt diesen Ort „Vörös Marton'.

[11] Text = Erteti, ist der Marktflecken Erdöd im Virovitizer Komitate in Slavonien, unweit der Mündung der Drau in die Donau. Vgl. auch die Beschreibung in Driesch' Ber. S. 34—35.

[12] Text = Bulghowar, ist die Stadt Vukovar im Syrmier Komitate in Slavonien, am Einfluß der Vuka in die Donau, südöstlich von Essek. Driesch, Ber. S. 35 nennt die Stadt „Bokovar', das Wien. Diar. „Bolquovar'. Die Botschaft kam hier am 28. Mai an, hielt am 29. Rast und fuhr am 30. gegen Belgrad. Wien. Diar. Nr. 1757.

[13] Ist der Marktflecken Illok (Ujlak) im Syrmier Komitate in Slavonien, am rechten Donauufer; der türk. Berichterstatter nennt Illok eine Festung, während es Driesch, Ber. S. 35 nur als einen vornehmen Flecken bezeichnet. Illok war tatsächlich eine Festung; vgl. Chron. v. Mekka, verfaßt von Ḳuth ed-dîn Muḥammed † 990 d. H., ed. Wüstenfeld III., p. ٣٠٣ : قلعة ايلوق und Ta'rîch-i Ferdî (Ms. der k. k. Hofbibliothek, Hist. osm. 42) fol. 119 v. قلعه أَيْلُوق.

ویران قلعه در امّا طشره‌سی بیوك قریه‌در قرشوسنده بریبوك كوی واردر
اول واروشیدر قلعهٔ وردین° ساعت٦ داخل اولندقده زیاده طوب شنلكی
ایتدیلر بیوك قلعه‌در و یوكسك یرده٥ یاپلمشدر و برطرفی طونه كارنده‌در
و قره سمتنده اوچ قات خندكی واردر طشره خندكی‌نك انكی اون اوچ ادیمدر

Bl. 28 r.   اورنه خندكنك انكی اون طقوز ادیمدر قلعه دیوارینك دبنده‌كه
خندكی یكرمی اوچ ادیمدر و قپودن'ایچرو كردكده. دیوارك قالنلغی اللّی
طقوز ادیمدر و زیاده متین قلعه‌در و خندكلر ایچنده. مجدداً طابیه‌لر یاپلمشلرددر
و جوق لغملری واردر و قلعه‌نك ایچنده. بر دكان یوقدر و شنلك دكلدر
همان كندو عسكرندن بر مقدار سلطات واردر قومــنــدایــلــه اوتورر
و عسكر اسلام قوندوغی سمتی حالا تعمیر ایده‌یور و تورك° احمد پاشانــك

Bl. 28 v.   شهید دوشدوكی سمته مجدّداً بر بیوك طابیه یابوب تعمیر ایدردی
و طشره قلعه‌سی طونه دبنده‌در و طونه ایچندن ایكی طــابیــه‌ســی واردر
واروشی طونه‌نك قرسو طرفنده‌در چارشوسی واردر و شنلكدر و عسكر
اسلام قوندوغی یرده. برتكیه واردر كول بابا تكیه‌سی دیرلر٥ و باغلری و میوه‌سی
چوقدر قلعهٔ اسلانغمنه ساعت٦ غایت ایله ویران قلعه‌در و كوی اولمشدر
و برمناره‌سی وار و قرشوسنده نجتله قلعه‌سی واردر اول دخی ویران اولمشدر

ª Ms. قلعه وردین.

ᵇ Ms. یرهٔ.

ᶜ بورلر.   ᵈ Ms. تورك. (türk.) ältere Orthographie statt تورك.

[1] Text = Wardin (Wardein), damals Hauptstadt des Herzogtums Syrmien
und Slavonien, ist das heutige Peterwardein. Die türk. Botschaft kam hier
am 1. Juni 1720 an und brach am 3. Juni wieder nach Belgrad auf. Wien.
Diar. Nr. 1768; vgl. auch die Beschreibung dieser Stadt in Driesch'
Ber. S. 36.

[2] Ahmed Pascha war Beylerbey von Anatolien und befehligte in der

5 St. Letztere ist eine verödete Festung, aber der äußere Teil
ist ein großer Marktflecken; ihr gegenüber liegt ein großes
Dorf, ihre Vorstadt. (Nach der) Festung Wardein[1] (sind)
6 St. Als wir einzogen, feuerte man viele Kanonenschüsse ab.
Es ist eine große Festung, welche man auf einem hochgelegenen
Platze errichtete. Eine Seite von ihr liegt an dem Ufer der
Donau und auf der Landseite hat sie einen dreifachen Graben.
Der äußere Graben ist 13 und der mittlere 19 Schritte breit.
Der Graben am Fuße der Festungsmauer ist 23 Schritte breit.
Wenn man durch das Tor in das Innere tritt, so beträgt
die Dicke der Mauer 59 Schritte; es ist eine sehr starke Festung; in den Gräben wurden von neuem Verschanzungen
aufgeführt; sie hat auch viele Kanäle. In der Festung drinnen
ist kein Geschäftsladen und keinerlei Leben. Nur von dem
eigenen Militär sind da einige Soldaten, die haben daselbst
mit ihrem Kommandanten ihren Sitz. Die Seite, wo einst die
islamitischen Truppen lagerten, bessert er (der König) jetzt
aus und nach der Seite, wo der Türke Ahmed Pascha[2] als
Märtyrer gefallen ist, ließ er neuerlich eine große Verschanzung
errichten und setzt sie (die Festung) so wieder in Stand. Die
Außenwerke der Festung liegen an der Donau und mitten
aus der Donau erheben sich zwei Wälle. Die Vorstadt der
Festung liegt auf der gegenüberliegenden Seite der Donau,
sie hat einen Markt und ist bewohnt.[3] Auf der Stelle, wo die
islamitischen Soldaten lagerten, ist ein Derwischkloster, man
nennt es: ‚Gül Baba Tekjesi‘. Sie hat viele Wein- und Obstgärten. (Nach der) Festung Slankamen[4] (sind) 6 St.; es
ist eine äußerst verödete Festung und nun ein Dorf geworden.
Sie hat ein Minaret. Ihr gegenüber liegt die Festung Titel;[5]
auch die ist verödet. Vor ihr fließt die Theiß und vereinigt

Schlacht bei Peterwardein 1716 den linken Flügel des türkischen Heeres.
Er fiel in derselben am 5. August 1716. J. v. Hammer, Gesch. d. osm.
R. Bd. VII. S. 207.

[3] Wahrscheinlich stand sie auf dem Gebiete der heutigen königl. Freistadt
Neusatz.

[4] Text = Islanghmana, das heutige Slankamen an der Donau der Theiß-
mündung gegenüber. Driesch, Ber. S. 37, schreibt ‚Salankement‘.

[5] Text = Tebtele; تبتله verschrieben aus تيتله, ist das heutige ‚Titel‘,
ein Markt im ungar. Komitate Bács-Bodrog rechts an der Theiß.

و اوكندن نيسه° صوبى اقار اسلا نغمنه اوكنده قارشور انـدن Bl. 29 r.

بلغراد. كلندى تكرار بلغراد قلعه‌سندن زياده طوب شنلكى ايتديلر بعـده

قرادن بو طرفه عزيمت اولندى و السَّلام. تحريرًا فى ٢٢ جا° سنه ١١٢٨

° Ms. تيبسه; *tisa* vom ungar. ‚Tisza‘ die Theiß (Fluß in Ungarn).

ᵇ Ms. جا; جا° ist Abkürzung für den mohammedanischen Monat جُمَادى
الأُولى; vgl. Anm. b, S. 8.

Berichtigungen.

Seite 7, Z. 11 v. o., streiche: قوله neben قلّه.

„ 8, Anm. 3, Z. 1, statt ‚Mustafa u. *Mustafa*‘ lies ‚Muṣṭafā‘.

„ 9, Anm. 4, Z. 3, statt ‚*chirmaen*‘ lies ‚*ḥirmaen*‘.

„ 9, Anm. 7, Z. 2, statt ‚*kaja*‘ lies ‚*kuja*‘.

„ 11, Anm. 13, Z. 2, statt ‚*Muhsinzâde*‘ lies ‚*Muḥsinzâde*‘.

„ 12, Anm. b, Z. 6, statt ‚*A. imperatory*‘ lies ‚*A. imperatory*‘.

„ 18, Anm. b, Z. 1, statt ‚*koĭdular*‘ lies ‚*koĭdular*‘.

„ 18, Anm. b, Z. 2, statt ‚*kawuĭdular*‘ lies ‚*kawuĭdular*‘.

„ 18, Anm. e, Z. 1, statt ‚*nylavy*‘ lies ‚*kyllavy*‘.

„ 19, Anm. f, Z. 1, statt ‚*sorghudᵉ*‘ lies ‚*sorghudᵉ*‘.

„ 21, Z. 7 v. o., statt ‚Ibrahim‘ lies ‚unser Botschafter Ibrahim Pascha‘.

„ 22, Anm. d, Z. 1, statt ‚*izin*‘ resp. ‚*izn*‘ lies ‚*izin*‘ resp. ‚*izn*‘.

sich vor Slankamen (mit der Donau). Von dort kam man nach Belgrad.[1] Wiederum wurden von der Festung Belgrad aus zahlreiche Kanonensalven abgegeben. Sodann reiste man zu Lande hierher. Und damit Schluß! Geschrieben am 24. Džemazi-ül-ewwel 1138.[2]

---

[1] Die türkische Botschaft kam am 3. Juni 1720 wieder in Belgrad an. Die Auswechslung mit dem von Konstantinopel zurückkehrenden deutschen Groß-Botschafter Grafen v. Virmondt fand ebenfalls zwischen Parakin und Radžna (Ražanj) am 17. Juni statt. (Wien. Diar. Nr. 1759 u. 1763.)

[2] Entspricht dem 28. Januar 1726 christlicher Zeitrechnung.

Berichtigungen.

Seite 22, Anm. d, Z. 4, statt ‚'aql' und ‚aqyl' lies ‚'aḳl' u. ‚aḳyl'.

„   26, Anm. d, Z. 1, statt ‚soltat' lies ‚solṭat'.

„   28, Anm. b, Z. 1, statt ‚tabja' lies ‚ṭabja'.

„   29, Z. 8 v. o., setze Komma nach ‚Essek'.

„   31, Z. 2 v. o., statt ‚Szekcsö' lies ‚Szekcsö'.

„   31, Anm. 8, Z. 1, statt ‚Szekes Fejérvar' lies ‚Székes Fehérvár'.

„   31, Anm. 10, Z. 1, statt ‚Kisber' lies ‚Kisbér'.

„   31, Anm. 11, Z. 1, statt ‚Györ' lies ‚Győr'.

„   32, Anm. 2, Z. 1, statt ‚Szent-Miklos' lies ‚Szent-Miklós'.

„   38, Anm. a, Z. 1, statt ‚hynto' lies ‚hynṭo'.

„   42, Anm. c, Z. 1, statt ‚metadlyq' lies ‚metadlyḳ'.

resp. Z. 2, statt ‚metallyq' lies ‚metallyḳ'.

Index.

ارصلان *arṣlan*, Löwe, Text, S. 46, Anm. a.

ايليجه *iliče*, warme Quelle, Therme, Text, S. 60, Anm. a.

بلنغه *balangha*, Planke, Pallisade, Text, S. 80, Anm. e.

پيشكش *peškeš* = p. پيشكشى *piškaeš* = Geschenk, Text, S. 36, Anm. d.

خّرنبهته *čirenhele*, Trompete, Text, S. 19, Anm. g.

تزيه (auch تيزيه *tizie*) *lezie*, scharf, spitzig, behend, schnell, Text, S. 55, Anm. h.

p. چاركوشه *čárghúšae*, viereckig, im Viereck, Text, S. 20, Anm. c.

ديوانكان p. *diwánaegán*, die Narren, Verwegenen, Text, S. 36, Anm. b.

سلطات *solṭat*, Soldat, Krieger, Text, S. 26, Anm. d.

سنور *synor*, Grenze, Text S. 14, Anm. a.

شنلك *šenlik*, Freude, Fröhlichkeit, Salve, Einwohnerschaft, Text, S. 23, Anm. e.

صورغ *ṣorghudž*, diamantener Reiherbusch, Text, S. 19, Anm. f.

طابيه *ṭabja*, ar. تَعْبِيَة, Verschanzung, Text, S. 28, Anm. b.

طوغله *ṭughla*, vom lat. tegula, Backstein, Ziegelstein, Text, S. 28, 3. Z. von unten.

قللوى *kyllavy*, Galaturban, Text, S. 18, Anm. e.

قاليون *kalion*, großes Kriegsschiff, Text, S. 26, Anm. c.

كشش p. = كشيشى *kaešš*, Priester, Mönch, Text, S. 54, Anm. b.

كوكليان *giöñillian* (pers. plur. v. t. كوكلى, resp. كوكللى), die Freiwilligen, Text, S. 36, Anm. e.

لشى *leš*, vom p. لاشه (*lášae*), Leichnam, Text, S. 40, Anm. e.

مبارك *mubárek* a., Pest, Text, S. 12, Anm. a.

مشاد *mešad* Tahrîf von a. مشهد (*mešhed*), Friedhof, Text, S. 40, Anm. f.

مشادلق *mešadlyk*, nichtmohammedanischer Friedhof, Text, S. 42, Anm. c.

مننند *menend* = p. ماننند, gleichend, ähnlich, Text, S. 52, Anm. a.

هنطوغ *hynṭogh* (gewöhnlich هنطو *hynṭo*), Kutsche, Kalesche, Text, S. 38, Anm. a.

واروش *varoš*, Stadt, Text, S. 28, Anm. a.

يان به يان *jan-he-jan*, Seite an Seite, Text, S. 56, Anm. c.

IV.

XI. Mitteilung der Phonogramm-Archivs-Kommission.

Deutsche Mundarten. I.

Von

Joseph Seemüller,

wirkl. Mitgliede der kais. Akademie der Wissenschaften.

(Vorgelegt in der Sitzung am 9. Oktober 1907.)

Allgemeine Vorbemerkungen.

Es dürfte nicht unwillkommen sein, wenn Texte der deutschen mundartlichen Aufnahmen des Phonogramm-Archivs eine Veröffentlichung in phonetischer Aufzeichnung erfahren. Das ist die Absicht dieses Heftes, dem — wenn Zeit und Umstände günstig sind — andere folgen sollen.

In erster Linie stand dabei der Wunsch, das in den Platten geborgene Material auch in dieser Form zugänglich zu machen. Sie ist heute wohl noch eine sehr wünschenswerte Ergänzung des Phonogramms: die Abschwächung seiner Deutlichkeit, die das Verfahren zur Herstellung dauerhafter Platten herbeiführt, Zufälligkeiten der phonographischen Aufnahme bereiten dem Dialektfremden, aber auch dem Dialektvertrauten Schwierigkeiten des Hörens und der Auffassung des Gehörten. Sie werden erheblich verringert, wenn man in der Lage ist, vor dem Abhören der Platte oder während des Abhörens ihren Inhalt auch zu lesen. Die Transskriptionen ergänzen das Phonogramm auch insoferne, als sie manche Erscheinung, besonders des Konsonantismus, erkennen lassen, die wohl dem Sprechenden durch sein Muskelgefühl, nicht aber dem Anhörenden bewußt wird, oder die ein phonographischer Apparat wegen der ihm noch anhaftenden Unzulänglichkeiten überhaupt schwer zum Ausdruck bringt. Dennoch ist anderseits das Ab-

hören der Platte Ergänzung der Transskription für den, der
den lebendigen Klang der Mundart hören will: denn auch die
phonetische Aufzeichnung gibt bis zu einer gewissen Grenze
nur relative, nicht absolute Lautvorstellungen, und die Satz-
melodie wird von der unsrigen überhaupt nicht bezeichnet,
weil gerade sie vom Apparat gut zu Gehör gebracht wird.

Aber auch abgesehen von ihren engen Beziehungen zu
den Aufnahmen des Phonogramm-Archivs dürften die Transskriptionen als Proben lebender Mundart ihren selbständigen
Wert für die historische Grammatik besitzen.

Die Gewährsmänner für die im Folgenden gebotenen
Proben waren Mitglieder des Wiener germanistischen Seminars,
die von Kind auf die Mundart sprachen, auch während ihrer
Studienjahre ihren Gebrauch sich lebendig erhalten und durch
immerwiederkehrenden Aufenthalt in der Heimat aufgefrischt
haben.

Die Wahl solcher Gewährsmänner hing mit der Absicht
zusammen, die äußeren Vorbedingungen der Aufnahmen möglichst günstig zu gestalten und vorherbestimmten Inhalt des
Gesprochenen zu ermöglichen.

Denn frühere Aufnahmen, unmittelbar an Personen des
Volkes, die ausschließlich Mundart sprachen, gemacht, begeg-
neten sehr häufig solchen Schwierigkeiten, daß vielfach die
Aufnahme unbrauchbar oder wenig brauchbar wurde. Selbst
angenommen, daß der mit dem Apparat reisende seine Hand-
habung völlig beherrschte, so waren die Gewährsmänner zum
Sprechen zu bringen — zu einem zusammenhängenden, etwa
$1^1/_2$—$1^3/_4$ Minuten dauernden Sprechen, in abgemessener Stärke,
unter ihnen ganz fremden Bedingungen. Der Inhalt des Gesprochenen vollends war ihnen gewöhnlich so gut wie ganz zu
überlassen. Und war etwa das in den Apparat zu Sprechende
vorher verabredet oder auch aufgezeichnet, oder sollte es während oder nach der Aufnahme aufgezeichnet werden, so war
dem Aufnehmenden die Beobachtung der Rede, die Prüfung,
ob Aufzeichnung und Rede sich deckten, gar nicht oder schwer
möglich, weil in der Regel ihm die Bedienung des Apparates
zufiel und seine Aufmerksamkeit in Anspruch nahm.

Diese Schwierigkeiten fielen bei den Aufnahmen, die den
folgenden Transskriptionen zugrunde liegen, ganz oder fast

ganz weg: sie fanden unter den günstigsten äußeren Bedingungen statt, indem die erfahrene Hand F. Hausers am Apparat tätig war, und indem die persönlichen Hemmungen bei den Sprechenden auf ein geringstes Maß sich herabsetzen ließen. Und was den Inhalt der Rede betraf, konnte ein Ziel erreicht werden, das im Interesse des Zusammenhanges unserer Dialektforschungen mit den reichsdeutschen sich lebhaft aufdrängte: es wurde möglich, die 40 Sätze des Wenkerschen Sprachatlas auch bei uns aufzunehmen. Sie wurden vorher vom Sprecher in mundartlicher Form aufgezeichnet, Dauer, Zeitmaß, Stärke des Vortrags vorbereitet und, wann ihr Lautbild vertraut geworden war, in den Apparat hineingelesen. Anfangs erhoben sich Bedenken über die Möglichkeit, einzelne der Wenkerschen Sätze in der betreffenden Mundart ihrer Eigenart gemäß wiederzugeben — daher wurden bei den ersten Aufnahmen nicht alle 40 Sätze in den Apparat gesprochen —, sie ließen sich später aber durchweg beheben.

Um den Sprachstoff zu vermehren und freiere Bewegung des mundartlichen Ausdruckes zu ermöglichen, als die enge Grenze des einzelnen Wenkerschen Satzes gestattet, wurde außerdem von jedem Sprecher Freierfundenes gesprochen, für das als einzige Vorschrift möglichste mundartliche Echtheit in Stoff und Darstellung galt.

Nach der Aufnahme im Apparat fand nach Zeit und Gelegenheit die phonetische Aufzeichnung statt. Ich habe hier mit bestem Dank die eifrige Mitarbeit hervorzuheben, in der die fünf Sprecher nicht bloß williger Gegenstand der Untersuchung mir waren, sondern auch durch verständnisvolles, keinen Zeitaufwand scheuendes Eingehen auf meine Absichten und Mitteilung ihrer Selbstbeobachtung die Aufgabe mit mir zu lösen versuchten. Es sind die Herren Josef Beichl (für Probe I), Hans Sachs (II), Franz Lang (III), Josef Walzel (IV), Julius Heinzel (V).

Die Beobachtung geschah ohne Hilfe irgendeines Apparates unmittelbar vom Munde der Sprecher zum Ohr des Beobachters. Es lag nahe, daß dabei die Technik der Umschreibung und das Alphabet verwendet wurden, deren sich heute — nicht zu lautphysiologischen sondern zu sprachhistorischen Zwecken — die meisten Grammatiker unter den Dialektforschern bedienen, im wesentlichen sind es die Buchstaben des ‚lateinischen‘ Alphabets mit folgenden Eigentümlichkeiten.

Das Häkchen unter einem Vokal bezeichnet eine Aussprache, die offener ist als die des blanken Vokalzeichens (so ist ę offener als e, ǫ als o usw.).

Im Gebiete der e-Laute genügten für Ausdruck der relativen Unterschiede in der Regel die Zeichen e und ä (letzteres für den offeneren Laut), mit den durch Zufügung des Häkchens ermöglichten weiteren Unterscheidungen. Nur Probe IV und V verlangten für ihre starkgespannten e und o besondere Zeichen, über welche die Vorbemerkungen zu IV und V zu vergleichen sind.

In Diphthongen und Triphthongen wie ǫu, ai, au, ui, äi, ǫui ist der offene Charakter des letzten Lautes nicht bezeichnet.

Der unbestimmte, schwachtonige Vokal wird, wenn er e-Färbung hat, durch ə, bei a-Färbung durch ɐ bezeichnet.

⁓ ist Zeichen der Nasalierung.

η ist der gutturale Nasal, χ der gutturale, x der palatale tonlose Reibelaut; v — labiodentaler Reibelaut — ist immer tönend, ebenso z (das nie die Affrikata ts, sondern tönendes s bezeichnet), š ist schriftdeutsches sch, ž tönendes sch (= französ. j).

˳ steht unter l, m, n, η, r, s, bei silbischer Geltung des Lautes. Die sonantische Natur auslautender n, r nach Konsonanten blieb unbezeichnet.

Kürze des Vokals bleibt unbezeichnet, Zeichen seiner Länge ist ¯. Doppelkonsonanz bedeutet Länge des Konsonanten: in solchem Falle fällt in ihn die Silbengrenze. Man beachte daher, namentlich bezüglich des s, daß (einfach geschriebene) tonlose Spiranten nach kurzen starktonigen Vokalen fortes sind. Wo s nach Diphthongen oder langen Vokalen Fortis-Natur hat, wird es in der Vorbemerkung hervorgehoben.

Akzente wurden ausnahmsweise zur Bezeichnung besonderer Betonungsverhältnisse gesetzt.

Der Gegensatz b, d, g — ṗ, t, k bedeutet zunächst nur den Gegensatz von lenis und fortis, nicht von tönendem und tonlosem Verschlußlaut. Diese Bedeutung hat er nur, wenn es vor der betreffenden Mundart ausdrücklich gesagt wird.

Gutturale und palatale *k*, *g* wurden in der Bezeichnung nicht unterschieden.

Das Alphabet ist eindeutig natürlich nur innerhalb derselben Mundart: das *b* in *baut* IV A 3 klingt anders als das in *bol* II A 3 usw. Ja innerhalb ein und derselben Mundart erscheinen Schwankungen, die in der Transskription — ihren Zwecken gemäß — nicht mehr Ausdruck fanden: so zeigt das geschlossene *e* in I Spannungsunterschiede, die mit dem Satzakzent zusammenhängen. Die Lautbezeichnung gibt daher nicht absolute, sondern relative Werte (so ist z. B. in III das *o* offen, aber auch das *o*, nur in geringerem Maße); sie ermöglicht durchaus die sprachhistorische Unterscheidung der Laute, wer aber die Mundart ,nicht im Ohre hat', wird nach der Schreibung allein den Klang des Lautes mit voller Sicherheit nicht erzeugen können. Diese Mangelhaftigkeit haftet ja heute auch den Versuchen feinster lautlicher Unterscheidung im Bau phonetischer Alphabete an und auch die genaueste physiologisch-physikalische Beschreibung kann sie nicht beseitigen. In unserem Falle kommt sie umsoweniger in betracht, weil die entsprechende Platte den Laut ja vorspricht.

Auf Mehreres, worin die Mundart Abweichungen vom Wortlaut der Wenkerschen Sätze, in Wortwahl, auch Wortformen, verlangte, oder worin die Sprecher sonst abwichen, wurde im Text durch eckige Klammern (wenn ein Mehr zu bezeichnen war), sonst in den Anmerkungen unter der Zeile aufmerksam gemacht. Dasselbe Verfahren trat in der Abteilung B ein.

Der gemeindeutsche Wortlaut der Wenkerschen Sätze (nach Anz. für deutsches Altert. Bd. XVIII, 305) ist zu größerer Bequemlichkeit des Nachschlagens im Anhang abgedruckt.

I.

Mundart der Umgebung von Loosdorf, Bezirkshauptmannschaft Amstetten, Niederösterreich.

Die diphthongischen Nachschläge in den Lauten $\widetilde{ei}$ und $\widetilde{ou}$ — die nur vor Nasalen erscheinen — sind für das Ohr des Dialektfremden fast unhörbar (vgl. *mõู* 4, *hoูึ̄m* 6, *v weีຫ̃ŋ* 6, *-breี̄nd* 6 usw.), geben aber diesen *e*- und *o*-Lauten die charakteristische Färbung. Die geschlossenen *e* zeigen Spannungsunterschiede. — *s* in *baisn* 14, *mıvsn* Bfk ist fortis. — *b, d, g* sind stimmlos. — Der Grad der Vokalisierung des *l* in Formen wie *wöin* ‚wollen‘ 37 u. ä. ist schwankend.

A.

Platte 330.

1. *ō̤vs. ın wıntv floıŋ də drukūn blaļ ın dv lüft ūmvtūm.*
2. *tswōv. vs hҿvklai auf fūn šnaim, oftn wıvds wĕdv widv bessv.*
3. *drai. duv khoin ın ōfv, dastmüli soidvd wıvd.*[1]
4. *flv. dҿv guvde ҿide mõู is mın rōs duvȼҽ ais broȼv ünd ıns khoide woฺssv gfoin.*
5. *fū̃mf. ҿvr is fovr[v]flvr odv seks woȼv gšdovm.*
6. *seks. mĩ̄v*[2] *hō̤um hoid v wĕຫ̃ŋ tsfüi hits khōฺd, [drūm] is dv šōwv*[3] *üntvsi gōูnds ō̤ubreี̄nd*[4].
7. *sĩm. er isttҿv ҿiwāü*[5] *ō̤unə soits üm pfeffv.*
8. *ҿȼt. pfıvs dāmv wš̤. i mō̤v*[6]*, i hō̤umi aufdrҽ̄ŋ*[7].
9. *nāĩ. i bı̄ bv dv fräu gwĕsd ünd hō̤uns ıv gsoฺkt, ünd si hoฺksoฺkt, si wıvds*[8] *šō̤u*[9] *irv doȼtv sҿŋ.*
10. *tsĕn. i wıvs*[10] *a nımmv widv dō̤v.*
11. *äif. i šloฺk dv glai ın*[11] *kolöffə ūmtvvwašl, du oฺf [dü]!*
12. *tswöif. wo gҽ̄stn hĩ, soimv mikgҽี̄?*[12]

---

[1] *s. w.]* ‚siedend wird‘.   [2] *m — kh.]* ‚wir haben halt ein wenig zu viel Hitze gehabt‘ (‚Feuer‘ lautet in der Ma. *fai*).   [3] ‚Schober‘ (= Kuchen).   [4] ‚angebrannt‘.   [5] ‚alleweil‘.   [6] ‚meine‘.   [7] *h. a.]* ‚habe mich aufgetreten‘.   [8] ‚wirds‘.   [9] ‚schon‘.   [10] ‚werde es‘.   [11] ‚den‘.   [12] ‚mitgehn‘.

13. *draitsən.* *əs sān [hǫid¹] šlęxte tsaiŋ.*

14. *fiɒtsən.* *mā͞i liɒps khīnd, blaib dɒ hęɒrūnt šdē͞i, də² gē͞inds sān hāb, də baisn di tstǭd.³*

15. *fuxtsən.* *du hǭsd hāid ām maisdn glęɒnd ūmpisprā͞f⁴ gwēsd, du dęɒfst šhɒntɒ hǫ͞ɒm gē͞i ǫistǭndɒn.*

16. *sęxtsən.* *du biəd nūnəkrǫs gmū͞ɒ, dasdɒ flǫšn wā͞i ausdrīŋgɒsd,⁵ du muɒsd nu ɒ wē͞iŋg wǫksn ūŋkręsɒ węɒn.*

17. *sīmtsən.* *gē͞, sai so guɒd ūnd sǫks dā͞inɒ šwestɒ, si sois⁶ gwǫ͞und fiɒr ē͞iŋgɒ muɒdɒ fęɒtə nā͞ ūmpmitɒ biɒštn ausbutsn.⁷*

18. *ǫxtsən.* *wǫ͞ūnstn khē͞ind⁸ hǭsd, dǫ⁹ wās ǫ͞ūnɒškhē͞imɒ ūnd es dāppesɒ ūm ē͞ɒm šdē͞i.*

19. *nā͞intsən.* *węɒ hǫbmɒ dē̄n¹⁰ mā͞in khǫɒb mīn flaiš gšdoin.*

20. *tswǫ͞ɒntsg.* *ęɒ hǫdɒso dǫ͞ū, wiɒ wǫ͞ūnsn tsɒn dręšn bšdǭid hē͞dn, si hǫ͞ūms ǫɒ säim dǫ͞ū.*

Platte 338.

21. *ǫ͞ɒntswǫ͞ɒntsg.* *wē͞in hǫdɒ [dē̄n] de naixə gšixttɒtsöid?*

22. *tswǫ͞ɒɒtswǫ͞ɒntsg.* *mɒ͞ muɒs laud šrā͞i, sūnst fɒšdē̄d ər ūns ned.*

·23. *draivtswǫ͞ɒntsg.* *mɒ͞ sān mīad ūnd hǫ͞ɒm duɒšt.*

24. *fiɒrtswǫ͞ɒntsg.* *wiɒ mɒ gestɒn ɒm ǫ͞ɒd tsrukkhē͞imɒ sɒn, sɒntǫ͞ūndɒn¹¹ šǫ͞ū īmbekklē͞iŋ ūnd hǫ͞ɒm feskšloffɒ.*

25. *fūmfɒtswǫ͞ɒntsg.* *dɒ šnē͞ is hāid¹² nǫxt bɒnūns līŋ bliŋ, ǫɒ hāid īn¹³ dɒ friɒ hǫdə glād.*

26. *seksɒtswǫ͞ɒntsg.* *hīntɒrūnsɒn haus šdē͞iŋɒn drai šē͞inə öpfibāmɒ mid rǭdə apfɒ.*

27. *sīmɒtswǫ͞ɒntsg.* *khīnts ned nū ɒ rāndl wǫɒtn, ǫftn gē͞imɒ mid ē͞iŋ.*

28. *ǫxtɒtswǫ͞ɒntsg.* *šs dęɒftə ned soixə¹⁴ nǫɒrɒdāiɒn draiŋ!*

29. *nā͞inɒtswǫ͞ɒntsg.* *ūnsɒrə bęɒg sān¹⁵ hǭx, ǫɒ di ē͞iŋɒn sān füi hē͞xɒ.*

---

¹ ‚halt‘.　　² *d. — hāb*] ‚die Gänse sind böse‘.　　³ ‚zu Tode‘.　　⁴ ‚und bist brav‘.　　⁵ ‚austränkest‘.　　⁶ *s. g.*] ‚soll das Gewand‘.　　⁷ ‚ausputzen‘.　　⁸ *w. kh.*] ‚wenn du ihn gekannt‘.　　⁹ ‚da‘.　　¹⁰ *h. d.*] ‚hat mir denn‘.　　¹¹ *s. — f.*] ‚sind die andern schon im Bett gelegen und haben fest geschlafen‘.　　¹² ‚heute‘.　　¹³ ‚in der Frühe hat es getaut‘.　　¹⁴ auch *soixɒnə* möglich.　　¹⁵ *s. h.*] ‚sind hoch‘.

30. *draisg. wivfŭ pfŭnd wuvšt ŭnd wivfŭ brŏd ẅöitsn¹ hŏum?*

31. *ọ̆nvdraisg. i fošdẹ̄ ẹ̄iŋ ned, šs mivsts v wẹ̄iŋ laidv rē̮g.*

32. *tswọ̄vrvdraisg. hopts khọ̄v šdikvƚ waisse sọvfv fiv mĭ af mă̄in diš gfŭntn.*

33. *draivdraisg. šạ̄i bruvdv wŭi si tswọv šẹ̄ine naixe haisv ĭn ẹ̄iŋŭn gọvdn bọ̄u.*

34. *fivrvdraisg. des wọvd³ is ẹ̄vm fŏn hẹvtsn khẹ̄imv.*

35. *fŭmfvdraisg. des³ is rẹxt fŏn ẹ̄vnv gwēsd.*

36. *seksvdraisg. wọs sitsndȫn dọ fiv fẹ̄gvƚ ọ̃ŋ ă̄mmaiƚ?⁴*

37. *sĭmvdraisg. di bauŋ hŏum fŭmf ọksn ŭnd nạ̄i khĭv ŭnd tswöif lă̄mpl fọvs dọvf brọxt, di hŏums fvkhaffv wöin.*

38. *ọxtvdraisg. dlaid šă̄n hạ̄id ọle draust ă̄m fạ̄id ŭnttȫn⁵ mẵ.⁶*

39. *nă̄invdraisg. gẹ̃ nuv [wă̄idv¹], dv brạ̄une hŭnd duvttv niks.*

40. *fivtsg. i bĭ mĭn laidn dọ hĭnt iwv twĭsn ĭns khọvn gfọvn.*

B.

Platte 329.

(a) Ja, lieber Herr, bei uns ist gut sein! Es muß einem jeden gefallen. Die Leute sind ja auch darnach. (b) Die Burschen sind geweckt, die Mädchen kernfrisch und die Alten auch nicht Maulhänger.

(c) Mir sind ja auch nicht die gebratenen Tauben von selbst in den Mund geflogen und manchesmal ist mir etwas über die Leber gelaufen, daß ich es nicht übertauchen zu können glaubte. (d) Aber hinterher hab' ich gelacht, wenn

(a) *Jọ̃, mă̄i livwv hẹv, ẹs is gụvd šạ̄i bȫn ŭns dọ̃, ẹs muvs ȫnivdn gfọin. dlaid šă̄n jọ a dvnọ̃χ.* (b) *di bȫuŋ šă̄n wif, pmẹ̄intšv khẹvnfrĭš, ŭnttọidn a ned mă̄ŭhẹ̄iŋgvd.⁸*

(c) *mĭv šă̄n jọ di brọ̃dnv dauŋ a ned fȫ šạ̄iwvrĭns mă̄u⁹ gflȫŋ, ŭnd ĭmvrĭks mọ̃i is mv wọs iwv tlēwv grẽind, das i gmȫvd họ̄un, i khọ̄us nĭmv iwvdauχv.* (d) *owv hĭntvsi họ̄un i glọχt, wo¹⁰ i tsẹvšt hẹd rẹvn mēŋ.* (e) *so¹¹ gšbọvsi is ned*

---

¹ ,wollt ihr denn'. ² *d. w.*] gewöhnlicher bloß *dēs* (betont). ³ *d. — gw.*] üblicher: *dọ hŏums rẹxt khọpt.* ⁴ *ă̄m* = ,auf dem'. ⁵ ,und tun'. ⁶ üblicher mit beigefügtem Objekt: *fuvdv mẵ o. š.* ⁷ ,weiter'. ⁸ ,maulhängerisch'. ⁹ ,Maul'. ¹⁰ ,wo'. ¹¹ *so — gw.*] ,so spaßig ist's nicht gewesen'.

ich vorher hätte weinen mögen. (e) Es war keine Kleinigkeit, als ich das Haus von meinem Vater übernahm; einige Geschwister auszuzahlen, reißt [in Schulden] hinein, wenn das Geld ohnedies nicht reichlich da ist. (f) Ankäufe mußten auch geschehen, denn der Vater wollte von Maschinen nichts wissen, hat sie auch nicht gebraucht.

(g) Wir Kinder waren groß und stark und gefragt wurden wir nicht, ob es uns recht sei oder nicht. (h)· Da wurde weiter kein Aufhebens gemacht, wenn wir zur Erntezeit so um 9 Uhr mit dem letzten Fuder einfuhren. (i) Man probiere das nur mit fremden Leuten! Wenn nicht schon um ¹/₂ 8 der Löffel gewischt ist, begehren sie auf und lassen alles liegen und stehen. (k) Es war mir sehr bitter, als ich mit Knecht und Magd arbeiten mußte; aber wie lange hat es denn gedauert, [und] meine Söhne waren herangewachsen. (l) Nun, die Resi läßt sich auch nicht mehr spotten, ist schon eine fertige

gwēsd, wivri shaus iwvnọumv họū fọ̄n¹ fọ̄dūn; v bọv² gšwistrvd aussitsọin,³ des raist ọ̄n⁴ āini, wọuns gāid ē ned in hauffẹn dọ likt. (f) āusoffv⁵ họbmv⁶ si ā wos miasn, dẹin dv fọ̄dv họbfv de mašīnẹn niks wisn wọin, họds a neprauxd.

(g) miv khīnv sān grös ünd šdovk gwēsd, ünd⁷ v frọ̄ŋ họds nek gẹ̄ı, ops üns rẹxt is ọdv nẹd. (h) do⁸ họds khọ̄vn họvgl khọ̄d, wọumvrtn šnid⁹ ümv nāine [ọ̄mọl] mīn letstn faļ tsuwvgfovn sān. (i) sọis¹⁰ ọ̄vs browīvm mid frẹimde laid! wọun üm họlwvroxte ned šọu dv löffi gwišt is, drāns¹¹ auf ünd lọsn olvs līŋ ünd šdẹi. (k) ss họbmv dāmiš¹² ọ̄untọ̄ū¹³, wivri mikknẹxt ünttivn họun ovvvtn mīvsn; ovv wiv lọ̄uŋ họds dẹn daud, svm māine buvŋı tsuwvgwọksn. (l) nọ̄ū, ünt rẹsl lọstsi ā nīmv šbotn, is šọ̄unv houpgvvde khīvdivn. fräili, bv sọ ọ̄n họlgwọksnv mẹ̄intšn, fviräı dẹvf mvs nẹd — in

---

¹ ‚vom‘.   ² ‚ein paar‘.   ³ ‚hinauszahlen‘.   ⁴ ‚einen‘. ⁵ ‚einschaffen‘.   ⁶ h. — m.] ‚hat man sich auch was müssen‘. ⁷ ‚und ein Fragen hat's nicht gegeben‘.   ⁸ d. — kh.] ‚Da hat es keinen Heikel gehabt‘.   ⁹ ‚Schnitt‘.   ¹⁰ s. — br.] ‚soll's eins probieren‘.   ¹¹ ‚drehen sie‘.   ¹² ‚taumlig‘ (hier = sehr). ¹⁸ ‚an(mhd. *ande*)getan‘.

Kuhdirn. Freilich, bei einem
solchen halbgewachsenen Menschen darf man's nicht ver-
schreien, im Handumdrehen
sind sie wie ausgewechselt.

(m) Und schau ich umher,
ist's mir, als wär es nirgends
schöner. (n) Wie der Dunkel-
steiner Wald sich niederduckt,
wie eine Bruthenne über die
Küchlein — und wenn drüben
vom Ötscher noch lange der
Schnee herüberschaut, rennen
unsere Buben schon barfuß und
bohren Grübchen zum ‚Kugel-
scheiben‘.

(o) Der Pater Schaffner von
Melk, der Vetter meiner Frau,
hat mir haarklein auseinander
gesetzt, was die Tafel bedeutet,
die im Scheiderer Haus ein-
gemauert ist. (p) Wie[3] vor
uralten Zeiten ein Hochzeitszug
ins Ungrische durchgereist ist,
und zu Melk haben sie ihnen mit
Trunk und Brot aufgewartet.
Die Zigeuner haben sie aber
alle umgebracht. (g) Und von
den Grabsteinen mit den lateinischen Buchstaben hat er auch
erzählt, und den alten Schlös-
sern — ich weiß nicht mehr
alles so genau, aber das hab'
ich erkannt, daß die Leute hier
immer gerne waren.

*hoūndūmdrā sāns winr aus-
gwęksld.*

(m) *ūnd woūn i[v węīŋ[1]]
ūmvtūm ſau, moūn[2] i, es
khūmpmv nīndvſd bessv gfoin.
(n) wiv si dv dūŋlſdoūnv woid
nidvdukt wivrv brūvdhęīn iwv
tſīŋvl — ūnd woūn drēint fōn
ēdſv nū loūŋ dv ſnē ūmvſaud,
rēīnōn ūnsvre buvŋ ſoū blof-
fuvssi ūmpōvŋ grivwvl tſōŋ
khuglſaiŋı.*

(o) *dv bātv ſofnv tsmöig, dv
fēdv fō māin wai, dęv hobmvs
hōvgloū tsglīdvd, wos dv döfl
bedait, di īn ſovdvrv haus āi-
gmāud ts. (p) wiv fovrūvroidn
tsaidn v hōdsvtsūg duvχgrovsd
is ſns ūŋōn, ūntsmöig hoūms ēv
aufgwovt mid drūŋ ūnd brōd.
di tsigāinv hoūms ovv ọle ūm-
broχt. (q) ūnd fō di grōb-
ſdoūnv mitte lọdāinſn buvk-
ſdāŋ hodvr a dvtsöid, ūnd fō
de ọidn gſlessv — i wovs gwis
mẹv ọis so gnoū, ovv dēs hoūn
i khẹīnd, dastlaid ọiwäū[4] gęvn
dọ gwęsd sän.*

---

    [1] ‚ein wenig‘.   [2] m. — gf.] ‚mein‘ ich, es könnte mir
nirgends besser gefallen‘.   [3] Ohne volkstümliche Grundlage
erfunden.   [4] ‚allweil‘.

II.

Mundart von Eisendorf, Bezirkshauptmannschaft Bischofteinitz (südliches Egerland), Böhmen.

b, d, g sind stimmlos. — *s* in *baisn* 14, *gräisv* 16, *waiss* 32 ist fortis.

A.

Platte 397.

1. ɔ̃is[1]. *[hẹrgot,] in wintv [dọu] flẹiŋ də dirn[2] blāḷḷv i dv lūft umvdum.*

2. *tswǭv. sə hāivd glai āf tsin šnāiv, [nǫ̆ und] ọfv wivds wēdv [šǫ] widv bessv wẹvn.*

3. *drā. [gāi,] dou khūln in ūvfvrā̃i[3], dās dmūlχ bọl tsin sẹin ǭfọṇt.*

4.[4] *fẹirə. [hants[5],] dẹv gōudvrọltv mǭ is midsọnt[6] šā̃in gāl[7] am ais ǎbroχŋ und i des khọlt wọssvr aini gfọln.*

5. *fimfə. er is [šǫ] fọv fẹir odv [fọv[8]] seks woχvn gštarᶇ, [unv hẹrgot lọu in sāli rōv[9]].*

6. *seksə. des fāivris [fai[10]] tštọrk gwēst, dẹi khouχŋ sanvruntn gǫ̆ts šwọrts tsọmbrent.[11]*

7. *simə. er isttȫjvrumv ōne v sǫ̆lts und ōne vn pfẹfv.*

8.[12] *ọχtə. [manv[13],] tfẹis doumv wāi, iχ glārumv[14], iχ homị āfglofm.[15]*

9. *nã̃inə. iχ bin fǭ dv frāuv gwēst und hōvrvs gsọkt, und sı houksọkt, si wivds ǎ irv dọχtv sōŋ.*

10.[16] *tsẹvnə. [nǎ̆,] des wivri ma lẹttv nimv[17] dõu.*

---

[1] Die Nummern der Sätze 1—24 sind nicht in den Apparat gesprochen worden.   [2] ,dürren'.   [3] ,Ofen ein'.   [4] Satz 4 ist nicht in den Apparat gesprochen worden.   [5] Ausruf der Verwunderung.   [6] ,mitsamt'.   [7] ,Gaul'.   [8] nicht in den Apparat gesprochen.   [9] *u. — r.*] ,unser Herrgott laß' ihn selig ruhen'.   [10] ,fein'.   [11] ,zusammengebrannt'. [12] Satz 8 nicht in den Apparat gesprochen.   [13] ,Männer'. [14] ,glaube immer'.   [15] *h. ā.*] ,habe mich aufgelaufen'. [16] Satz 10 nicht in den Apparat gesprochen.   [17] *m. l. n.*] ,mein lebtag nimmer'.

11.[1] *o̲̅ėlfə. ix šlōx dį glai min khulešl af dai o̲uvwašlv*[2], *dų of [du]!*

12. *tswölfə. wo̲u gäistn*[3] *hī, sol mvrepv*[4] *mittiv gēi?*

13. *draitsepnə. des*[5] *san [fai] šlext tsăidn ɛitsv, [lait uŋ khinv*[6]*].*

14. *fiərtsepnə. blai [nev*[7]*] do̲uuntn štēi, šy̆invl*[8]*, dɛi băis gɛns, [dɛi] baisn də sist to̲ut.*

15. *funftsepnə. du ho̲ust haid am bestn glărnt umbist [šy̆i*[9]*] brăf gwēst, drum dɛrfst äijv*[10] *ho̲m gēi, wɛi di o̲nvn.*

16. *sextsepnə. du bist nu nivd gro̲us gnoux, dăsd [šo̲] v flošn wăi əsdriŋkŋ khantst*[11]*, do̲u mo̲ust äirvšt nu v wɛŋ wo̲ksn uŋ gräisv wɛvn.*

17. *slwvtsepnə. gäi, să so goud und sōg dainv šwestv, si söls diŋvt fir ɛŋkv moudv firtə năn und əsbivštn.*

18. *oxtsepnə. [gält,] häisdn nɛv šo̲ freijv*[12] *khent, o̲fv wăs gȫts o̲nrvš go̲ŋv und hait*[13] *štaŋv gȫts o̲nrvšttou.*

19. *naītsepnə. [sakra,] wɛv ho̲ubmv [dɛn] main khorb mīdn flăiš gštuln?*

20. *tswo̲̅ntsgə. [šautsvmo̲l o̲̅*[14]*], ɛv ho̲ud suv do̲u̅, o̲s*[15] *wɛi wɛns grōd in tsin drɛšn əfgnumv häin, si hōms ōwv sälwv do̲u mɛin.*[16]

21.[17] *o̲̅invtswo̲̅ntsgə. [häivts*[18]*], wɛn ho̲udvdɛn dɛi năi gšixttvtsŭlt?*

22. *tswo̲̅vrvtswo̲̅ntsgə. do̲u moumv šo̲*[19] *štȫrk šrăiv, sist fvštäid ər uns nivt.*

23. *drăivtswo̲̅ntsgə. [gälts, mȫilv, ɛitsv*[20]*] samv [fai] mɛid und durštə.*[21]

24. *fɛirvtswo̲̅ntsgə. wɛi mv geston o̲mds*[22] *tsrukkhumv san, do̲u san di o̲nvn šo̲ im bet glēŋ und hōm gšlo̲ufm wɛi dvšlōŋ.*[23]

---

[1] Satz 11 nicht in den Apparat gesprochen.   [2] *af d. o̲u.*] ,auf deine Ohrwaschel'.   [3] ,gehst du denn'.   [4] *s. m.*] ,sollen wir etwa'.   [5] ,das'.   [6] *l. u. k.*] ,Leute und Kinder'. [7] ,nur'.   [8] ,Schönchen'.   [9] ,schön'.   [10] ,eher'. [11] ,könntest'.   [12] *n. š. fr.*] ,nur schon früher'.   [13] *h. usw.*] ,heute stünd' er ganz anders da'.   [14] ,schaut einmal an' — Formel der Verwunderung.   [15] *o̲s — gr.*] ,als wie wenn sie gerade'.   [16] *d. m.*] ,tun müssen' (,getan' hieße *do̲u̅*). [17] Satz 21 nicht in den Apparat gesprochen.   [18] ,hört'. [19] *d. m. š.*] ,da muß man schon'.   [20] ,gelt Mädchen, jetzt'. [21] ,durstig'.   [22] auch *o̲umds* möglich.   [23] *w. d.*] ,wie erschlagen'.

Platte 398.

25. *fimftswǭntsgǝ. dɒ šnäi is [nɛv] dɛi nǫvχt fȫruns*[1] *līŋ blim,
ȫwa hait frɛi is ɒ tsgǫŋv.*

40.[2] *firtsgǝ. iχ bin mittǝn laitvn dǫu hintn iwa dwīs ɩs khǫvn
gfǫvn.*

26. *seksɒtswǭntsgǝ. [dǫu šäuts,] hintvrunɒn hāus štɛŋv drā
šȫinǝ epflbaimlɒ mid sūvrǫuɳ*[3] *epfvlɒn!*

27. *simɒtswǭntsgǝ. khants*[4] *nivd nu ɒ wɛŋ af uns wartn, ǫfɒ
gaŋmɒ*[5] *mid ɛŋk.*

28. *ǫχtɒtswǭntsgǝ. diats dɛrfts [fai] khȫi sexvne boumštiklɒ*[6]
mäiɒ affɛivn.

29. *nāinɒtswǭntsgǝ. unɒ barχ san nɒ nivggǫuv*[7] *hǫuχ, [dǫu]
san dǝ ɛŋkvn fūl häixɒ.*

30. *draisgǝ. wɛifl pfund wiršt und wɛifl brǫud wältǝn*[8] *hȫm,
[bāivrs*[9]*]?*

31. *ꭓīnvdraisgǝ. iχ fvštäi ɛŋ nīvt, divts mɛits ɒ bisl štirkɒ rīvn.*

32. *tswǭvrɒdraisgǝ. hǫuts divts khǭ štikl waisǝ sȫifm fiɒ mī
af main dīš gfunɒ?*

33. *drāivdraisgǝ. sä broudɒ wǖl sǝ tswǫɒ šȫinǝ nāi häisɒ [mitn]
i ɛŋkɒŋ gartn [āi]bāuǝn.*

34. *fɛirɒdraisgǝ. [häivst,*[10]*] däs wartl is invn*[11] *[šǭ] asn hartsn
khumɒ.*

35. *fimfɒdraisgǝ. dǫu hȫms owvrɒmǫl rēvχhǫt, dɛi khundn.*[12]

36. *seksɒdraisgǝ. [hants,] wos hȫgvndɛn*[13] *dǫu fiɒ fivχvlvrūvm
af dɛm mäivlǝ.*

37. *simɒdraisgǝ. tpāuvn*[14] *hȫm [fai] fimf oksn und nāi khɛi
und tswölf šäiflɒ fǫvɒ dorf gfɛivkhǫt,*[15] *dɛi hȫms wäln ǫlǝ
fǫkhafm, [dɛi mālǫfm, dɛi!]*

---

[1] ,vor uns' = bei uns.   [2] Satz 40 wurde an dieser
Stelle der Reihe in den Apparat gesprochen.   [3] ,so roten'
(Ton auf *sūv*).   [4] ,könntet Ihr' (,könnt Ihr' hieße *khints*).
[5] ,gingen wir' (,gehen wir' hieße *gɛmmɒ*).   [6] ,Bubenstücklein
mehr aufführen'.   [7] n. n.]] ,ja nicht gar'.   [8] ,wollt Ihr
denn'.   [9] ,Bäuerin'.   [10] ,hörst'.   [11] ,ihnen' (,ist ihm'
hieße *isn*).   [12] ,da haben sie aber einmal recht gehabt, die
Kunden!'   [13] ,hocken denn'.   [14] Das anlautende *t* wird
ein-, aber nicht abgesetzt.   [15] ,geführt gehabt'.

38. *oχtʋdraisgʋ. [nęi jə̃], dlait san haid ọltsǫm drasn afm fäl und doun mān.*

39. *nāinʋdraisgʋ. [sʋ] gāi nęʋ, dęʋ brāunʋ hunt toutʋ neks.*

40.[1]

B.

Platte 396.

(a) Als man 1898 schrieb, war in Eisendorf großes Feuer. (b) Männer, das war heftig! Das hättet Ihr sehen sollen! (c) Bald wäre das ganze Dorf abgebrannt. (d) Und seit dieser Zeit haben sie dort nichts als Not und Elend. (e) Und könnt Ihr Euch's denken, daß ein Mensch so schlecht sein kann — das Feuer soll so ein schlechter Kerl gelegt haben. (f) Mein Bruder, der den Hof übernommen hat, hat mir heute auch wieder geklagt. (g) ‚Sei froh‘, sagt er immer, ‚daß Du von dem Nest weg bist; glaubst Du etwa, daß es da einmal besser wird? (h) Meine Mädchen tu ich auch alle zusammen fort: draußen in der Welt haben sie doch ein leichteres Brot, brauchen sie doch keine Bauernmagd abzugeben. (i) Aber mein Sohn hat halt zu viel gebraucht. Männer, der hat mir eingeheizt!

(k) Jetzt laß ich ihn schon 13 Jahre studieren. Heuer

(a) *Węi mʋ gĕrim họut oχtsęʋhunʋdọχtʋnāitsgʋ is in āisndorf ʋ grọus fāiʋ gwēst.* (b) *manʋ, dēs họud šö̃i dõũ²! dēs hüits soln sę̄ʋŋ!* (c) *bọl sgö̃ts dorf war ōbrent.* (d) *und sĭdʋ dę̄ra tsāid hōms durt neks węi dnọud unds ĭʋlęnt.* (e) *uŋ khintsʋnęŋk dęŋkŋ, däs ʋ męnš suʋ šlĕʋχt sā khõ, dēs fāiʋ sol [fāi] sūrʋ šlęχtʋ khęʋl glekt hōm.*

(f) *mā broudʋ, dęʋn hüʋf iʋʋnumʋ họut, họubmʋ hāid a widʋ glokt.* (g) *‚sā frouχ‘, sọkt ʋr olʋwāls, ‚dāsd węk bist šõ dęn ĭʋst. glabst ęʋ, dass dọu ọmọl bessʋ wiʋd?* (h) *māi mŏilʋ dou i ā ọltsǫm furt: drasn i dʋ wült hōms dęnʋrʋ⁴ laixtʋs brọut, brāuχŋs dęʋ⁵ khõ̜ bāuʋnsmoʋd moχŋ.* (i) *ōʋʋ dʋ bou họud họlt tsfūl brāuχt. manʋ, dęʋ họubmʋ [fāi] hōʋs gmǫχt!*

(k) *ęitsʋ lǫuin šọ draitsęʋ gọuʋ študĭʋn. hāiʋ wiʋdʋrʋ-* .

---

wird er ja doch fertig werden. (l) Nun und dann wird's schon gehn — ich muß halt noch eine Kuh und ein Fuder Weizen verkaufen.

(m) So redet man bei uns daheim.

dęnv [1] *firts węvn.* (l) *nọ̄, und ǫfv wīvds šǫ gệī — mouihǫlt nū v khou fǫkhafm und v foudv woits.*

(m) *sūv repmv fọ̄ uns dǫhǫm.*

III.

Mundart von Altstadt bei Mährisch-Trübau (Schönhengster Gau), Mähren.

b, d, g sind stimmlos; inlautendes *b* zwischen Vokalen schwankt nach *w* hin. — *s* in *baisn* 14, *waise* 32, *-raisn* B f, *-grūsa* B i (natürlich auch in *besv* 2 usw.) ist fortis. — *o* ist offen, verhält sich also zu *ọ* wie der offene zum offeneren Laut.

A.

Platte 473 (Ende; Anfang s. unter B).

1. *ọ̄s.* *In wintv flaiŋ dv trukǝnv blệtv i dv lǫuft hrim.*
2. *tswǭjv.* *ǝs hệvt glaix af tsu šnāijv, dan wivt ǝs wệtv waidv besv.*
3. *drājv.* *tǫu khūln in ūfn, dǫs dv milix bǫl ū̃ tsu khǫχŋ fęnt.*
4. *firv.* *dv gǫutv ǫldv mǫn ait mitn pfęvt duvχs ais gǝbroχŋ un is khǫldv wǫsv gǝfǫln.*

Platte 474.

5. *fimfv.* *ęv ait fǫv fīv odv sęks woχŋ gǝštǫvŋ.*
6. *sęksv.* *ǝs fǭvjv wǭv tsu štǫik, dv khǫuχŋ san jǫ untn gǫnts šwǫvts gǝbrǫntn.*
7. *saibǝnv.* *ęa ist dv ǭvjv inv ǭunv sǫlts un pfęfv.*
8. *oχtv.* *dv fais tǫu mv wī, aix glǭb, aix hömǝsv āfgǝraiŋ.*
9. *nuinv.* *aix bai bu dv frǭ gǝwệsn und hū-ǝs gǝsǫgt, un sai hut gǝsǫgt, dǫsǝs ǭ irv toχtv sōŋ wivt.*
10. *tsīvnv.* *aix wais ǭ net męv waidv mǫχŋ.*

---

[1] ,wird er ja dennoch'.

11. *ǫlfv. aix šlōgdix glai mitn khūχlꜝꜱꜝ im dv ȫv, dǫu ǫf [dǫu]!*

12. *tewelfv. wu gūstn[1] hāi, selmv mitv gī?*

13. *dratsv. ꜱꜱan šlꜱxtv tsaitn.*

14. *fivtsv. mv laiwꜱꜱ khint, blā hai untn štī, dv bīsn gens baisn dix tūt.*

15. *fuftsv. dǫu hust[2] hāt vm maistn gꜱlꜱvnt un bist brāf[3] gꜱwēsn, dǫu dǫafst fraijv hōm gī wai dv ǫndvn.*

16. *sꜱxtsv. dǫu bist nuχ net grūs gꜱnug, dǫsdv v flǫš wāi āsdriŋkŋ khust, dǫu must ꜱvst[4] nuχ v bislꜱ wǫkꜱn un grisv wēvn.*

17. *saimtsv. gī, bai su gǫut un sōg dānv šwestv, sai sel dv klǫdv fiv ȫvjv mutv fꜱvtig nēv un mitv bivšt rō mǫχŋ.*

18. *ǫxtsa. wen dǫunv gꜱkhent hest, dan wꜱvꜱ ǫndvꜱ khamv un ꜱꜱ mext besv im ꜱn štī.*

19. *nuvtsv. wꜱv hut mv man khǫvb mit flǫš gꜱštūln?*

20. *tswǫntsig. ꜱv hut gꜱtū, ǫlꜱ hetnꜱꜱn tsun drꜱꜱn beštelt, sai hǫmꜱ ōwv sēwv gꜱmǫχt.*

21. *ŋnuntswǫntsig. wēm hutv dai nǫvjv gꜱšixt dvtsilt?*

22. *tswōvjuntswǫntsig. mv mas lāt šrāijv, sunst fvštīt v uns net.*

23. *drājuntswǫntsig. wiv san mait un hǫm duvšt.*

24. *fivuntswǫntsig. wai mv gestvn ǫf dꜱ nǫχt tsrikkhamv san, du san dv ǫndvn šo in bꜱt gꜱlēŋ un hǫm fest gꜱšlūfn.*

Platte 495.

25. *fimfuntswǫntsig. dv šnī ait dai nǫχt bu uns laiŋ gꜱblaiᵯ, ǫbv hāt i[5] dv frai ait v gꜱšmōltꜱn.*

26. *sꜱksuntswǫntsig. hindv unꜱvn hās štīn drai šīnv eplbōmlix mit rūtn epꜱlix.*

27. *saimuntswǫntsig. khintv net nuχ ꜱn klon ōŋblaik of uns wǫvtn, dan gimv mit ȫvx.*

28. *ǫxtuntswǫntsig. iv divft net setv khindꜱrāin traiᵯ.*

29. *nuinuntswǫntsig. unꜱv bꜱvg san net su hūχ, dv ȫvjvn san fail hixv.*

30. *drasig. wafl pfunt wivšt un wafl brūt weltren[6] hǫm?*

---

[1] ‚gehst Du denn‘.   [2] d. h.] bei rascherem Sprechen: *dvúst*.   [3] auch *ǫvtig* wäre möglich.   [4] hingegen z. B. (aix gī) *ꜱvšt* (aiwvmǫiŋ i dv štōt).   [5] i. d. f.] ‚in der Frühe‘. [6] ‚wollt Ihr denn‘.

31. *ōnundrasig. aix fvštī ix net, iv mist v bislə lātv rī̄ŋ.*

32. *tswȫvjundrasig. hotv net v štiklv waisv sȫf fvmaix of man tais gəfunv?*

33. *draijundrasig. sā broudv wai six tswọvi sīnv' nȫvjv hȫvisv i ȫvjvn govtn bovn.*

34. *fīvundrasig. des¹ wọvt ait əm fu hẹvtsn khamv.*

35. *fimfundrasig. des wọv rẹxt fu ovx.²*

36. *sẹksundrasig. wössitsn̥nen³ du fv figəlix ū̄ŋ ofn mȫvjvlv?*

37. *saimundrasig. dv bovvn hotn fimf oksn un nui khai un tswelf sẹ̄flix fovs dovf gəbroxt, dai woltnsə fvkhȫfn.*

38. *oxtundrasig. dv lọit san hāt ọle drāsn ofn fẹld un hovv.⁴*

39. *nuinundrasig. gī nẹv, dv brānv hund tọutv niks.*

40. *fīvtsig. aix bai mitn lọitn du hintn aiwv dv wais is khovn gəfọvn.*

B.

Platte 473 (Anfang und Mitte; Ende s. unter A).

(a) Als mein Vater, Gott hab' ihn selig, noch lebte, da war es ganz anders daheim. (b) O, das war ein Mann! (c) Du hast ihn halt nicht gekannt. (d) Aus dem ganzen Dorf haben ihn die kleinen Leute zum Ackern geholt, kein anderer hat den Acker so bearbeitet wie er. (e) O der war dir akkurat in der Wirtschaft und in allem! (f) In der Stube hat alles auf seinem Platz liegen müssen, in den Pferdestall hat keine Henne hinein dürfen, im Kuhstall hat sich keine Kuh losreißen dürfen; der Pflug und die Eggen sind immer auf dem gleichen Fleck gelegen und an

(a) *Wai ma fōtv, got hōnv sīlig, nux gəlẹbt hut, du wọvs [holt] gonts ondvs dvhōm. (b) ō, des wọv v mọn! (c) dou hustnv holt net gəkhent. (d) asn gontsn dovf homnv dv klon lọit tsun okvn gəhult, khō ondvrv hutn okv su bəẹvbvt wai ẹn. (e) ō dev wọv dv akərāt i dv wiətšoft un i ọln! (f) Idv štọum hut ols misn of san flẹg laiŋ, in pfẹvštōl hut khō hen nā divfn, in khoūštōl⁵ hut six khō khou lūsraisn divfn; dv pflọug un dv ī̄ŋ san inv ofn glaixn flẹg gəlẹ̄ŋ, un in wō̄ŋ hut khō khīt un khō nīgl gəfẹ̄lt. (g) ẹa wọv v sẹltsomv mens, ait nivns hāi govv, wen v net i dv wivtšoft*

---

¹ Aufgefaßt als: ‚dieses Wort‘. ² ‚Euch‘ (von ihnen = *fu sa*). ³ ‚was sitzen denn‘. ⁴ ‚hauen‘. ⁵ besser: *khaišt*.

dem Wagen hat keine Kette und kein Nagel gefehlt. (g) Er war ein seltsamer Mensch, ging nirgends hin, wenn er nicht in der Wirtschaft einen Gang hatte. (h) Nur an Sonntagen ging er in die Frühmesse und nach der Frühmesse ins Wirtshaus und dort hatte er immer 22 Kreuzer Zeche.

(i) Geredet hat er nur das notwendigste; nur im Winter, wenn die Pferde im Stall liegen und sich fürs Frühjahr ausfressen, daß sie sich wieder tüchtig ins Zeug legen können, da fing er an uns Kindern von seiner Verwandtschaft zu erzählen und vom 66er Krieg, wie die andern alle vor den Preußen davonliefen, oder von einem Bauer in Petersdorf, der ein großer Zauberer war. (k) Viel hab ich schon vergessen. (l) Zuweilen erzählte er etwas, was er schon oft erzählt hatte; uns Kindern gefiel es aber immer. (m) Ja, mein Vater, das war ein Mann!

vn goŋg hot. (h) *nę̄v ivn¹ suntig ait v i dv fraimęs goŋv un nuχ dv fraimęs is wivtshās, un dat hut v inv tswǭvjuntswǫntsig kroitsv tsex gəhot.*

(i) *Gəret hut v nę̄v ss nütwendigstv; nę̄v in wintv, wen dv pfęv in štōl laiŋ un six sivs fraijōv āsfręsn, dos sv six waidv tixtig is tsǫig liŋ khinv, du hut v uns khindvn tsu dvtsiln ūgefǫŋv fu sänvfvwǫntšoft un fun sęksunsęxtsigv kraig, wai dv ǫndvn ǫlə fǫv dv proisn dvfūgəlǭfn san, ōda fūvn bǫuv i pitvstof, wǫs² v grūsv tsoubvrv wǭv.* (k) *fail hǫ ix šo fvgęsn.* (l) *monigsmūl hut v wōs dvtsilt, wǫs v šo oft dvtsilt hot; uns khindvn huts ōbv ina gəfǫln.* (m) *Jā, ma fōtv, dēs wǫv v mǫn!*

IV.

Mundart von Lautsch b/Odrau, Österr.-Schlesien.

Inlautende lenes *b*, *d*, *g* in tönender Umgebung sind stimmhaft, ebenso anlautend unter gleicher Bedingung. Die Laute *ei* und *ou* liegen zwischen *e* und *i*, beziehungsweise *o* und *u*,

---

¹ ‚jeden‘ (Sonntag).   ² ‚was‘.

und klingen wie Monophthonge, sie sind scharf betont, die Spannung der Zunge ist stark. — *s* in *baisn* 14 ist fortis.

A.

Platte 343.

1. *ặs. ặm weintər flīgən di traigə blẹ̄tər ai dər louft reim.*

2. *tswặ. shẹ̄vt glai ōf tsu šnain, dərnōχ wịts wātər wịdər bẹssər.*

3. *draiə. thu khōlə ặn ōbə, dọsdə meilix baut ō̃fẹηkt tsu khouχə.*

4. *fīrə. dar*[1] *gutə audə mǫ̃n ịs mittom fāt om aizə aigebrouχə on ặs khaudə wǫssər gəfọuə.*

5. *feimfə. ar ịs fir fīr obər zẹks wouχəη gəštǖəbə.*

6. *zẹksə. sfaiər wọə tsu štōek, di khuχə zặn jo oundə gants ō̃gəbrant.*[2]

7. *zībənə. ar eisttə āiər ində ō̃nə zauts on faffər.*

8. *ọχtə. de fis thūn mər wẹ̄, ix dẹηk, ix hō̃žə wount*[3] *gətrātə.*

9. *nainə. ix wọə bai dər frau gəwāst on hō̃žər gəzoet, on zi hōt gəzoet, si weos au irər touχtər zoen.*

10. *tsänə. ix weos au ni mer wịdər thūn.*

11.[4] *ǫovə. ix šlō dix glai mittom khō̃χlẹ̣ffo eim de ǖən, du ọf du!*

12. *tswǫovə. wo gestn*[5] *hin, zeilmən*[6] *mittər gēn?*

13. *drätsn. ẹsặn šlẹ̣χtə tsaitn.*

14. *firtsn. mai lībəs kheint, blai do*[7] *houndə štēn, di bēzə gẹns baisn dix thōt.*

15. *fuftsn. du họst hait*[8] *am mǖstə gəloet on wọəšt ọətix gə- wāst, du thọəšt ặ̃ndər vhǖm gēn wi di andərə.*

16. *zẹxtsn. du beist no ni grōs gənukh, dọs*[9] *də khẹnst a flọš wain austreiηkhə, du must ọvšt noχ v beislə wǫksə on gressər wặn.*

17. *ziptsn. ge, zai zo gǖt on zoəš dainər šwastər, zi zoo di klặdər fir ̔aiər muttər fẹvtix nẹ̃n on mittər bivšt ausputsə.*

---

[1] mit demonstrativer Bedeutung.   [2] ‚angebrannt'.

[3] ‚wund getreten'; (auch *ō̃fgərēbə* ‚aufgerieben' möglich).

[4] dieser Satz wurde nicht in den Apparat gesprochen.

[5] ‚gehst du denn'.   [6] ‚sollen wir denn'.   [7] *do h.]* ‚da herunten'.   [8] nicht in den Apparat gesprochen.   [9] *d. d. kh.]* ‚daß du könntest'.

18. o̧xtən. węndn okkhant[1] hętst, do[2] wę̃vš andvš khu̧mə ons
    thē̃t bęssər mittom štēn.

19. nᾰntən. war hõtmvn[3] mᾰn khoeb mittom flᾱš gəštõlə?

Platte 350.[4]

20. tswantsix. ar hõt so gethõn, wi[5] węnzn tsum drašə bəštaut
    hętn; zi hõn zixs[6] o̧bər zaubər gəmaxt.

21. ᾰnontswantsix. wam hõtən[7] di naiə gəšixt tərtsēlt?

22. tswᾰontswantsix. mr mus laut pȩ̄khə, zounst fərštēt ər
    ouns nī.

23. draiontswantsix. miv zᾰn mīd on hõn duvšt.

24. fīrontswantsix. wi mər zᾰn gęstvn tsum õbət tsureikkhu̧mə,
    do hõn di andərə šon ᾰm bęt gəlannə[8] on fęst gəšlõfə.

25. feimfontswantsix. dər šnš iß ai dar[9] noxt bai ouns līgə
    gəblīn, o̧bər hait ai[10] dər frī iz ər wękkəthaut.

26. zęksontswantsix. heindər ounzom haus štēn tswᾰ[11] šēnə ęppo-
    bᾰm mit rõtə appərlən.

27. zīmontswantsix. kheintr ni nox a wᾰlə ovouns wõ̧ə̧tə, dər-
    nõx gemmər mit aix.

28. o̧xtontswantsix. iv thȩvft ni zeixə thoumhᾰtə[12] traibə.

29. nainontswantsix. ounzər bᾰx sᾰn nī zēr hõx, aiə̧rə zᾰn feo
    hexər.

30. drᾰssix. wifo fount wuvšt on wifo brõt wę̧oten[13] hõn?

31. ᾰnondrᾰssix. ix fərštš aix nī, ir mist a beislə lautər rȩ̄də.

32. tswᾰondrᾰssix. hõtərn[14] khᾰ šteiklə wᾰ̧ssə zᾰ̧f ni fir mīx
    of mᾰm thīš gəfoundə?

33. draiondrᾰssix. zai brüdər weo zix tswᾰ šēnə naiə haizər
    ai ounzərn[15] go̧ə̧tə baun.

34. fīrondrᾰssix. ar[16] hõt gərę̧t, wizom eimß hats wǫə̧r.

---

[1] w. o.] ‚wenn du ihn nur gekannt‘,   [2] ‚da‘.   [3] ‚hat
mir denn‘.   [4] auf der vorhergehenden Platte (343) stehen
noch die Nummer und die drei ersten Wörter des Satzes 20.
[5] ‚wie wenn sie ihn‘.   [6] ‚sich es‘.   [7] ‚hat er denn‘.
[8] ‚gelegen‘.   [9] vgl. Nr. 1 und zu Nr. 4.   [10] ai d. fr.] ‚in
der Frühe‘.   [11] ‚zwei‘ (drei = drai).   [12] ‚Dummheiten‘.
[13] ‚wollt Ihr denn‘.   [14] ‚habt Ihr denn‘.   [15] ‚unseren‘
(eurem = aiom).   [16] ‚Er hat geredet, wie es ihm ums
Herz war‘.

35. *feimfondrặssix.   dọs wọər rɛχt fo aix.* [1]

36. *zɛksondrặssix.   wọsseitsən* [2] *dȫ fir fẹgələn dȫbə* [3] *ovom maiərlə?*

37. *zīmondrặssix.   de phauən họtn feimf ouksə, nain khī on
      tswọof šặšlən fivš dọəf gətrībə, di woldənzə fərkhā̈fə.*

38. *ọχtondrặssix.   də lait sặn hait ọuə dặssə ovom fẹod on haun.* [4]

39. *nainondrặssix.   gšok, dar* [5] *braunə hount thūtər ništ.*

40. *fivtsix.   ix bīn mittv laitə dərheində ibər de wịš ặs khọən
      gəfoən.*

B.

Platte 335.

(a) Das war eine Freude unter den Kindern, als man bei uns die Bahn baute! (b) In einemfort fragten sie, wie man auf der Bahn fahren könne, wenn man keine Pferde habe. (c) Die Alten konnten nicht genug erzählen, und die Kinder waren, wenn sie's gehört hatten, nicht klüger als früher.

(d) Endlich kamen Herren; sie trabten kreuz und quer auf den Feldern umher und stellten fleißig Messungen an. (e) Einige Wochen später waren schon die Arbeiter da mit Karren und Schiebkarren, mit Schaufeln und Krampen. (f) Es dauerte aber noch eine Weile, bis der erste Zug kam. (g) Es war zwar nur ein Schotterzug, aber das verschlug nichts, alles

(a) *dọs wọərv frặd oundərn kheindərn, wizə hȫn bai ouns de bȫn gəbaut.* (b) *ai* [6] *ảm dȫn hȫmzə gəfrȫgt, wizə of dər bȫn foen kheinnən, wɛnzə kặ fặt ni hȫn.* (c) *di ẹodərə* [7] *lait hȫns dərtšẹlə* [8] *ni bəštrītə, on de kheindər wọən, wɛn zəs gəhoet họtn, au* [9] *ni gəšaitər wi dərfīr.* [10]

(d) *ɛntlix sặn hɛvn khụmə, zi zặn dər kraits on dər kwīr ova fẹodən reimgətrɛmpot on hȫn flặssix gəmassə.* (e) *a phọvr wouχə druf wọən šon de arbaitər dȫ mit khọrrən on rȫpən, mit šặffon on krompən.* (f) *šȫt ọbər nȫχ v hipšə tsait gəbrauχt, bis dər ẹvštə tsūg khụmə is.* (g) *swọə tswọərok a šouttərtsūg, dọs họt* [11] *ọbv ništ tsur zọχ; ọudzīš nauə gərant, wi wɛns dərhặm brīn thɛt.*

---

[1] ,Euch' (von ihnen = *fo īn*).   [2] ,was sitzen denn'.
[3] ,da oben'.   [4] ,hauen'.   [5] vgl. zu Nr. 4.]   [6] *ai — d.]*
,in einem Ton'.   [7] ,älteren'.   [8] *d. ni b.]* ,das Erzählen
nicht bestritten' (= bestreiten können).   [9] ,auch'.   [10] ,davor'.   [11] *h. . . . z.]* ,hatte . . . zur Sache'.

rannte hinaus, wie wenns daheim gebrannt hätte.

(h) Die Kinder konnten das
Schauen gar nicht satt werden,
viele waren gar zu neugierig
und mußten weggejagt werden,
auf daß sie nichts anstellten.
(i) Die Freude der Bauern
darüber war aber lang nicht
so groß; sie mußten sich die
Felder zerschneiden lassen und
bekamen nicht einmal, was sie
dafür verlangten. (k) Die Arbeiter, die fremde Sippschaft,
hat überall Schaden angerich-
tet; das Obst haben sie am hell-
lichten Tag gestohlen und noch
dazu die Bäume zugrunde gerichtet; weder Aufpassen noch
sich Beschweren nützte etwas.
(l) Einem Bauer hat obendrein
ein fremder Arbeiter 500 fl. gestohlen; der Nichtsnutz mußte
zwar 6 Jahre im Loch sitzen,
aber der Bauer bekam nicht
einmal einen Kreuzer zurück.

(h) *di kheinder khundən
skhukə [1] gos ni zōt wān, feo
woən gos tsu khīfitsix, on mustn
wękgəjoət wān, dos se ni hǫn
wos ōgəštaut.* (i) *di phauən hotn
ŏbər laŋkhă zeixə frǟd drībər;
zi mustn zix de fẹodər tsušnaidə
lōn, on hǫn ni a mōl krikt, wos
se dərfīr fərlaŋkt hǫn.* (k) *di
arbaitər, dos fręndə gəzap, zăn
rúxwŏ [2] tsu [3] šǫdə gaŋə; s ōbəst
hǫnzə om hẹolixtə thǫg gəštōlə
on nōx dotsun de bǟm tsu šandə
gəmaxt; wǟdərs ōfphassə nōxə
bəšwẹon hōt wos gənoutst.* (l) *am
phauər hōt ŏbədrai a fręndər
arbaitər feimf hundərt guldə
gəštōlə; dar [4] fotivblix [5] hōt
tswǫər zęks jŏər ŭm khastlə [6]
zeitsə missə; obv dar phauər
hōt ni a mōl an kraitsər tsu-
reikkrikt.*

V.

Mundart von Stadt Weidenau, Österr.-Schlesien.

é und *ó* sind mit starker Spannung erzeugt und haben
i-, beziehungsweise *u-*Färbung. Die suffixalen *a* und *e* haben
nicht die Spannung der starktonigen. *v* hat dunkle Färbung
und ist *o*-ähnlich. — *b, d, g* inlautend zwischen Sonoren und

---

[1] ‚das Gucken‘.   [2] ‚ich kümmere mich nicht (weiß nicht)
wo‘ = überall.   [3] *tsu š. g.]* ‚auf Schaden gegangen‘.
[4] vgl. zu A Nr. 4.   [5] ‚Verderbliche‘.   [6] ‚Kästchen‘.

anlautend bei gleicher Bedingung sind stimmhaft. *s* in *baisa*
14, *draisix* 30 u. ö., *drausa* 38, *grüse* Bd, *štrōsa* Bk ist fortis.

A.

Platte 326.

1. *ās.* aim wèntv flīga de traiga blētv ai dv lóft rém.

2. *tswēe.* swat[1] glai ufhivn tsu šnaiŋ, dan wats[2] wātv widv
bęssv wān.[3]

3. *draie.* thū khōla ai a ūva, dọs de mélx bāle ǫ̈nfęŋt tsu
khóχa.

4. *fīre.* dv gūde āle mǫ̈n is mim fāde ovm[4] aize aigǝbrǫχa[5]
ónd ais khāle wǫssv gǝfolla.

5. *fémve.* a is firv fivrodv zęks wóχa gǝstǫrba.

6. *zękse.* sfaiv wọv tsu štǫrkh, de khuχa zain jo ónda gants
šwọvte gǝbrant.

7. *zïbne.* a ést de āv émmv ōne zalts ónd faffv.

8. *aχte.* de fisse thūn mv wī, iχ hǫmvze[6] dēxtix dọrxgǝlóffa.

9. *naine.* iχ wǫv bai dv frau ónd hǫzv gǝzǭt ónd de hōt gǝ-
zǭt, de wats ǫ irv thóχtv zǫn.

10. *tsāne.* iχ wāz ǫ némme widv maχa.

11. *ęlve.* iχ šlō dv[7] glai a khōklęffl ém de ūvn, du ǫffe.

12. *tswęlve.* wu gīstn[8] hīn, zélbvn[9] mittv gīn?

13. *draitsa.* zïzn[10] šlęχte tsait.

14. *fęvtsa.* mai lîbes khènt, blai do ónda štūn, de bïza gęnze
baisa diχ thūt.

15. *fuftsa.* du host haite ǫm māsta gǝlant ónd wǫvšt ǭvtix;
du khǫnst[11] frïv hāmgīn wi de andan.

16. *zęxtsa.* du bèst no ni grüs gǝnuŋkhe, dọs de āne flọse wain
austrèŋkha khǫntst,[12] du must všt no a bésla waksa ónd
grissv wān.

17. *ziptsa.* gï, bïzazu gut ónd sǫ̈s[13] dünnv šwastv, de zol de
klādv fir aire móttv fęvtix[14] nēn ónd mittv bēvšte rān maχa.

---

[1] *s. — ufh.*] ‚es wird gleich aufhören'.   [2] ‚wird's'.
[3] ‚werden'.   [4] ‚auf dem'.   [5] ‚eingebrochen'.   [6] *h. d.*]
‚hab mir sie, dächt' ich'.   [7] *d. g. a.*] ‚dir gleich den'.
[8] ‚gehst Du denn'.   [9] ‚sollen wir denn'.   [10] ‚Es ist eine schlechte
Zeit'.   [11] ‚kannst' (‚darfst' hieße *dęvfst*).   [12] ‚austrinken
könntest'.   [13] ‚sag's'.   [14] nicht in den Apparat gesprochen.

18. *aχtsa.*　*hęsta gəkhant, do węas andvs khŏmma ŏnts thēt bęssv ėmma štīn.*

19. *naintsa.*　*wa hŏtmvn mǎn khǫvp mim*[1] *flǎše gəštŏla.*

Platte 327.

20.[2] *tswantsix.*　*a thǫt azū, ǫls węnza*[3] *tsŏm draša bəštęlt hęta, de hǫn [zix]s ǫbv zalbv gəmaχt.*

21. *ǎnontswantsix.*　*wam hŏdan*[4] *de naie gəšixte dvtsēlt?*

22. *tswĕontswantsix.*　*ma mūs laut šrain, zćnst fvštīda ėns nī.*

23. *draiontswantsix.*　*wv*[5] *zain mīde ŏnd hǫn dovšt.*

24. *fīrontswantsix.*　*wibv gęstan ōms tsvrėke khǫma, lŏga de andan šon aim bętte ŏnd wǫvn fęst ībvm*[6] *šlŏfa.*

25. *fėmvontswantsix.*　*dv šnī is haite naχt bai ėns līga gəblīn, ǫbv haite frī īza tsvgaŋa.*

26. *zęksontswantsix.*　*hėndv ėnzvm hauze štīn drai šīne ępplbǎmla mit rūta ęppan.*

27. *zībnontswantsix.*　*khėntvn*[7] *nī no ǎn klǎn ōgablik ovėns wǫvta, dan gībv midaix.*

28. *aχtontswantsix.*　*iv dęvft nī azu*[8] *khėntša.*

29. *nainontswantsix.*　*ėnzre barge zain ni*[9] *zīv hǖχ, aire zain fil hixv.*

30. *draisix.*　*wifl fŏnt wǫvšt ŏnd wifl brūt węltvn*[10] *hǫn?*

31. *ǎnondraisix.*　*ix fvštī aix nī, iv mist a bėsla lautv rēda.*

32. *tswĕondraisix.*　*hǫttvnnī*[11] *a štėkla waisse zǎfe fiv mix of mǎm thėše gəfŏnda?*

33. *draiondraisix.*　*zai brūdv wil zix tswe šīne naie haizv ai aivn*[12] *gǫvta baun.*

34. *fīrondraisix.*　*dǫs wuvt khǫmṃ fom hatse.*

35. *fėmvondraisix.*　*dǫs wǫv ręxt fo īnŋ.*[13]

36. *zęksondraisix.*　*wǫs sėtsan*[14] *do fia fėgala ovm*[15] *maivla?*

---

[1] ,mit dem‘.　　[2] die Nummer und die ersten Wörter des Satzes 20 stehen außerdem noch auf Platte 326.　　[3] ,wenn sie ihn ... bestellt hätten‘.　　[4] ,hat er denn‘.　　[5] auch *mv* möglich.　　[6] ,über dem‘.　　[7] ,könnt Ihr denn‘.　　[8] *a. kh.]* ,so kindisch sein‘.　　[9] irrtümlich als *niv* in den Apparat gesprochen.　　[10] ,wollt Ihr denn‘.　　[11] ,habt Ihr denn nicht‘. [12] ,euren‘ (,eurem‘ hieße *aivm*).　　[13] ,Ihnen‘ (ihnen = *dǎn*). [14] ,sitzen denn‘.　　[15] ,auf dem‘ (oben auf dem = *drūba ovm*).

37. *zībnondraisix. de phauan hǫtta fēmf oksa ǫnd nain khīe
ǫnd tswęlf šēfla fīvs dǫvf gǝbrȫxt, de woldaze fǫkhȫfa.*

38. *axtondraisix. de laite zain haite ǫlle drausa ovm fęlde
ǫnd haun.*[1]

39. *nainondraisix. gī ǫxe, dv brauns hunt thuttv ništ.*

40. *fęvtsix. ix bin mida laita dohėnda ībv de wīze ais khǫvn
gǝfǭvn.*

B.

Platte 302.

(a) Bei uns daheim ist ein Wasser, das heißt die Weide.

(b) Es kommt aus dem Gebirge und geht ins Preußische weiter.

(c) Im Frühjahr, wenn der Schnee auf den Bergen zergeht, da wird das Wasser manchesmal gar groß.

(d) Es ist erst ein paar Jahre her, da war eine große Überschwemmung; da wurden in den Dörfern eine Menge kleiner Häuschen weggerissen und die Leute waren froh, daß sie mit dem Leben davonkamen. (e) Das ganze Getrümmer schwamm herunter, und das meiste sah ich vorbeikommen.

(f) Bei uns in der Stadt dauerte es auch nicht lange, da trat das Wasser aus und kam in der Obervorstadt herunter. (g) Die Leute hatten das Wasser gleich in den Häusern und waren übel daran, weil das biß-

(a) *bai ėns dǫ hāme iz a wǫssv, dǫs hāst de waids.*

(b) *skhėmt auzm gǝbęrge ǫnd gīt ais praiše węttv.* (c) *aim frījūre, węn dv šnī ova barga tsvgīt, do węvts wǫssv mǫnxmȫl gǫv grūs.*

(d) *zizašt a phǫv jūre hā, dǫ wǫv äne grūse ībvšwęmmǭŋk; dǫ hȫts*[2] *aia dęvfan än gantsa hǫffa*[3] *klāne haizla wękkǝrėssa, ǫnd de laite wǫvn frū, dǫs se mim lāba dǫfōne khǭma.* (e) *dǫs gantse gǝbrēxe khǭm aim wǫssv rȫndv gǝšwōma ǫnd ix hǭssmāste*[4] *fvbai šwėma zān.*

(f) *bai ėns ai dv štǫt hȫts ǭ ni laŋe gǝthauvt, dǫ trǫts wǫssv aus ǫnd khǭm bai dv šbvfvštǫt rȫndv.* (g) *de laite hǫtta s wǫssv glai ai a haizan [drėnne*[5]*] ǫnd wǫvn ībl drǭn, wail dǫs bėsla assa,*[6] *dǫs se*

---

[1] ,hauen'.   [2] h. — haizla] ,hat's in den D. einen ganzen Haufen kleiner H.'   [3] in den Apparat wurde das jüngere *hauffa* gesprochen.   [4] -māstǝ] in den Apparat wurde (das ebenfalls mögliche) *mēstǝ* gesprochen.   [5] ,drinnen'.   [6] ,Essen'.

chen Vorräte, die sie daheim
hatten, bald weg (aufgezehrt)
war. (h) Heraus konnten sie
nicht. Da war guter Rat teuer.
(i) Aber ein paar kluge Köpfe
kamen auf den Einfall, lange
Leitern von einem Fenster zum
andern zu legen, und so konnten sich die Leute wenigstens
das Notwendigste verschaffen.
(k) Über die Straßen, wo das
Wasser nicht gar so tief war,
spannte man Seile. (l) Da konnte
man sich anhalten und durch das
Wasser waten. (m) Die Leute
nahmen sich die Kinder auf den
Rücken und brachten sie auf
die Seite, wo das Wasser nicht
so gefährlich war. (n) Gegen
die preußische Grenze hin stand
das Wasser über den Feldern;
natürlich war die ganze Ernte
verloren. (o) Das Wasser hatte
auch alle Brücken weggerissen;
weiter unten über der Grenze
mußte man gar eine Brücke
sprengen, weil sich das Wasser
staute.

*dvhāme hotta, bāle węk woọv.
(h) raus khónda ze nī. do woọv
gūdv rōt thaiv. (i) obv a phoọv
klūge khęppe khōma of de idē,[1]
laŋe lęttan fo üm fanstv tsum
andan tsu län önd azū khónda
zix de laite wĕnigstne snūtwęn-
digste [assa[2]] fvšoọffa. (k) tba
de štrōsa, wus woọssv ni goọv-
razū thīf woa, hōnze zäle ge-
špont. (l) do khónt ma zix
ọnhäla önd dọrxe woọssv wōta.
(m) de laite nōma zix de khёndv
ova réka önd brǫχtaze of dı
zaite, wūs woọssv ni azū gefęv-
lix woọv. (n) of[3] de praiše
gräntse tsū štọnd swoọssv tbar
a fęldan; nathīvlix woọv de
gantse ęvnte hīn. (o) swoọssv
hotte ō de gantsa brĕka węk-
kərĕssa; węttv önda tbv dv[4]
gräntse hōnze[5] goọvräne brĕke
tsuzommašisa missa, wail zixe
woọssv gōštaut hōt.*

---

[1] ,Idee'.   [2] ,Essen'.   [3] *of . . . tsū]* ,auf . . . zu'.
[4] *d. g.]* bei der phonographischen Aufnahme versprach sich
hier der Redende und brachte *(de) gräntse* hervor. Infolge
dessen stockte er und alles noch Folgende fehlt auf der Platte.
[5] *h. . . . ts. m.]* ,haben sie . . . zusammenschießen müssen'.

Anhang.

Die Wenkerschen Sätze.

1. Im Winter fliegen die trockenen Blätter in der Luft herum. — 2. Es hört gleich auf zu schneien, dann wird das Wetter wieder besser. — 3. Tu Kohlen in den Ofen, daß die Milch bald zu kochen anfängt. — 4. Der gute alte Mann ist mit dem Pferde durch's Eis gebrochen und in das kalte Wasser gefallen. — 5. Er ist vor vier oder sechs Wochen ge- storben. — 6. Das Feuer war zu stark, die Kuchen sind ja unten ganz schwarz gebrannt. — 7. Er ißt die Eier immer ohne Salz und Pfeffer. — 8. Die Füße tun mir weh, ich glaube, ich habe sie durchgelaufen. — 9. Ich bin bei der Frau gewesen und habe es ihr gesagt, und sie sagte, sie wollte es auch ihrer Tochter sagen. — 10. Ich will es auch nicht mehr wieder tun! — 11. Ich schlage dich gleich mit dem Kochlöffel um die Ohren, du Affe! — 12. Wo gehst du hin, sollen wir mit dir gehn? — 13. Es sind schlechte Zeiten! — 14. Mein liebes Kind, bleib hier unten stehn, die bösen Gänse beißen dich tot. — 15. Du hast heute am meisten ge- lernt und bist artig gewesen, du darfst früher nach Hause gehn als die andern. — 16. Du bist noch nicht groß genug, um eine Flasche Wein auszutrinken, du mußt erst noch etwas wachsen und größer werden. — 17. Geh, sei so gut und sag deiner Schwester, sie sollte die Kleider für eure Mutter fertig nähen und mit der Bürste rein machen. — 18. Hättest du ihn gekannt! dann wäre es anders gekommen und es täte besser um ihn stehn. — 19. Wer hat mir meinen Korb mit Fleisch gestohlen? — 20. Er tat so, als hätten sie ihn zum Dreschen bestellt; sie haben es aber selbst getan. — 21. Wem hat er die neue Geschichte erzählt? — 22. Man muß laut schreien, sonst versteht er uns nicht. — 23. Wir sind müde und haben Durst. — 24. Als wir gestern abend zurückkamen, da lagen die andern schon zu Bett und waren fest am schlafen. — 25. Der Schnee ist diese Nacht bei uns liegen geblieben, aber heute morgen ist er geschmolzen. — 26. Hinter unserm Hause stehen drei schöne Apfelbäumchen mit roten Äpfelchen. — 27. Könnt ihr nicht noch ein Augenblickchen auf uns warten,

dann gehn wir mit euch. — 28. Ihr dürft nicht solche Kindereien treiben. — 29. Unsere Berge sind nicht sehr hoch, die euren sind viel höher. — 30. Wie viel Pfund Wurst und wie viel Brot wollt ihr haben? — 31. Ich verstehe euch nicht, ihr müßt ein bißchen lauter sprechen. — 32. Habt ihr kein Stückchen weiße Seife für mich auf meinem Tische gefunden? — 33. Sein Bruder will sich zwei schöne neue Häuser in eurem Garten bauen. — 34. Das Wort kam ihm von Herzen! — 35. Das war recht von ihnen! — 36. Was sitzen da für Vögelchen oben auf dem Mäuerchen? — 37. Die Bauern hatten fünf Ochsen und neun Kühe und zwölf Schäfchen vor das Dorf gebracht, die wollten sie verkaufen. — 38. Die Leute sind heute alle draußen auf dem Felde und mähen. — 39. Geh nur, der braune Hund tut dir nichts. — 40. Ich bin mit den Leuten dahinten über die Wiese ins Korn gefahren.

V.

Medizinische griechische Handschriften des Jesuitenkollegiums in Wien (XIII. Lainz).

Von

Eduard Gollob.

(Vorgelegt in der Sitzung am 3. Juli 1907.)

Van de Vorst hat im Zentralbl. für Bibliotheksw., Jahrg. 1906, die griechischen Handschriften des Jesuitenkollegiums in Lainz (Wien, XIII. Bezirk) publiziert. Eine Durchsicht dieses Verzeichnisses ergab zunächst, daß die Titel fast durchgehends lateinisch gegeben sind, daß die Desinit sehr häufig fehlen und die Lageneinteilung ganz übergangen ist. Zwei Stichproben aber, die ich an den medizinischen griechischen Handschriften dieser Bibliothek machte, zeigen, daß das der Hauptsache nach wohl richtige Verzeichnis in manchen Stücken noch einer Ergänzung nach seinem Inhalte bedarf.

Der Herr Bibliothekar P. Dichtl hat mir in zuvorkommendster Weise die Durchsicht der Handschriften ermöglicht und ich fühle mich verpflichtet, ihm auch an dieser Stelle hiefür meinen innigsten Dank abzustatten.

I.

Sign. XI. 167, XV. saec., Größe: 21·2 cm × 16 cm, Papier, 156 Folien, 19 Quaternionen + 5 Blätter, im ersten Quat. fehlt das erste Blatt (Titelblatt), die Lagen sind unten bezeichnet, aber im 11., 12., 13., 14. Quat. irrtümlich erst nach dem ersten Blatte, im 15. Quat. irrtümlich erst nach dem zweiten Blatte des folgenden Quat. Auf dem Rücken des jüngeren Einbandes: Summa artis med. per Maximum Planudem, Graece, Cod. Chart. Saec. XV.

1. Auf dem Rande von Fol. 1 rot: παύλου νιχαίου.
2. Ein Kapitelverzeichnis zu der auf Fol. 1² folgenden Abhandlung des Paulus Nicaenus (Fol. 1—2 v⁰).

Es enthält die Angabe von 130 Kapiteln

3. τοῦ σοφωτάτου κυροῦ μαξίμου τοῦ πλανούδου· περὶ τῶν ἱελίων πα
σῶν τῶν ἀσθενειῶν τῶν ἐν τοῖς ἀνθρώποις ἐπερχομένων στίχοι.
ἦχος α· πρὸς· τῶν οὐρανίων ταγμάτων (Fol. 3—7 v°).

Inc.: τῶν ἀσθενῶν ὑελία μάθε τρὶς καὶ δέκα τὸ μὲν ἄευκὸν τῶ
πρῶτον τὸ ξανθὸν δ' ἐπὶ τοῦτο

Des.: τῶ βορβορῶδες δὲ ὄξον· θάνατον σημεῖον ἴσθει.

4. εἰς τοὺς αἴνους στίχοι· περὶ τῶν αἱμάτων τοῖς φλεβοτομίας· ἦχος
β πρός· ὅτε ἐκ τοῦ ξύλου σε (Fol. 7 v°).

Inc.: μάθε καὶ τὰ αἵματα λοιπὸν· τῆς φλεβοτομίας

Des.: τοῦτο ἐκτυκὸν (sic!) προμηνύει ἕλκος.

Dieses 4. Stück schließt sich in der Lainzer Handschrift
so eng an das vorangehende an, daß man daraus leicht die
Anschauung gewinnen kann, daß auch dieses Stück vom Schreiber
der Handschrift für ein Stück des Planudes gehalten wurde.
Das 3. Stück hat Ideler, Physici et medici Graeci, vol. II, Berolini, 1842, p. 318—322, unter dem Namen des Planudes publiziert und auch Van de Forst a. a. O., p. 547, glaubt, daß
dieses Stück dem Planudes zugehöre, doch bietet die handschriftliche Überlieferung keine Sicherheit für eine solche Annahme. Zwar schreibt Krumbacher, Geschichte der byz. Litt.
II. Aufl. München 1897, p. 449: ‚Im Cod. Vindob. med. gr. 45
(Nessel) werden dem Blemmydes, wohl ohne genügende Gewähr,
mehrere medizinische Traktate und ein regelrechtes Hausarzneibuch zugeteilt‘, aber die Wiener Handschrift 45 (Nessel) bringt
von Fol. 28—35 unter dem Titel: τοῦ σοφωτάτου καὶ λογιωτάτου
κυροῦ νικηφόρου τοῦ βλεμμίδου· εἴδησις τῶν ἰατρικῶν μέτρων καὶ κανὼν
εἰς τὰς κρίσεις τῶν αἱμάτων τῆς φλεβοτομίας τῶν ἀσθενῶν καὶ κανὼν εἰς
τὰς κρίσεις τῶν ὑελίων τῶν δεκατριῶν τῶν θεωρουμένων ἐπὶ ταῖς τῶν
ἀνθρώπων ἀσθενείαις ἀλλὰ καὶ εἰς τὰς διαγνώσεις καὶ θεραπείας αὐτῶν
πάνυ ἀναγκαιότατα zuerst die ἰατρικὰ μέτρα, dann unser 4. und
3. Stück und fährt mit einem weiteren fort, das die Überschrift
trägt: ἐκ τοῦ αὐτοῦ τοῦ βλεμμίδου.[1] Auch Nr. 32 (Nessel) bringt
unter dem Titel: περὶ οὔρων ποίημα τοῦ λογιωτάτου καὶ σοφωτάτου
βλεμμίδους das 3. Stück von Fol. 35 v°—37 v°, und daran anschließend unter der Überschrift τοῦ αὐτοῦ das 4. Stück auf
Fol. 37 v°. Übrigens schließt das 4. Stück in beiden Handschriften der Hofbibliothek mit: μιμνήσκου ταῦτα καὶ βλεμμίδους

---

[1] Nach dem ου ist ein Buchstabe ausradiert.

τοῦ ποιήσαντος. Über andere Handschriften, die beide Stücke dem Blemmydes zuschreiben, vgl. noch: Gollob, Verzeichnis der griech. Handschr. Wien 1903, p. 24 und 25.

Aus den Wiener Handschriften 45 und 32 ersehen wir auch, daß das 4. Lainzer Stück nicht vollständig ist, es folgen hier auf das Lainzer Desinit noch ungefähr 18 Zeilen.

Die Handschrift der Wiener Hofbibliothek 41 (Nessel) enthält auf Fol. 80 v⁰ ebenfalls unser 4. Stück ohne Nennung eines Autors, im Desinit ist dieses Stück mit dem der Lainzer Handschrift gleich.

5. ἱπποκράτους περὶ τῶν δ στειχοίων (sic!) καὶ χυμῶν δι' ὧν συνίσταται ὁ ἄνθρωπος (Fol. 7 v⁰—9 v⁰).

Inc.: ἰστέον ὅτι ὁ ἄνθρωπος συνίσταται ἐκ τεσάρων στειχοίων (sic!) ἤγουν ἐκ θερμοῦ

Kostomiris, Revue des études grecques, 1889, p. 380, zitiert aus der Pariser Handschrift 2494, Fol. 258, das Stück: τοῦ γαληνοῦ προγνωστικὸν περὶ ἀνθρώπου mit ähnlichem Anfang.

Des.: ὅσα δὲ γένηται (sic!) ἐν χειμῶνι ἀπαλλάσσονται

6. ἐκ τῶν τοῦ ἱπποκράτους περὶ τεσσάρων στοιχίων (Fol. 9 v⁰—11 v⁰).

Inc.: συνέστιχεν ὁ κόσμος ἐκ στοιχίων δ· οἷον ἐκ πυρὸς· ἀέρος· ὕδατος· γῆς

Des.: εἰσέρχεται εἰς τὴν κύστιν τὸ ὕδωρ.

Das ist ein Stück aus: ἱπποκράτους ἐπιστολὴ πρὸς πτολεμαῖον βασιλέα περὶ κατασκευῆς ἀνθρώπου publ. von Ermerins, Anecd. med. Graeca, Lugduni Batavorum 1840, p. 279—285.

7. περὶ ἐσθήσεων (Fol. 11 v⁰—12).

Inc.: αἰσθητήρια δε ἐστιν ἐν τῷ ἀνθρώπῳ πέντε· ὅρασις

Des.: ὄνυχες δὲ ψυχρᾶς καὶ ξηρᾶς κράσεως εἰσίν

Das ist die Fortsetzung des vorangehenden Briefes, vgl. Ermerins, a. a. O., p. 287—289.

8. περὶ ἡλιακῶν (sic!) (Fol. 12—12 v⁰).

Inc.: ἰστέον ὡς ἱπποκράτης ἑπτὰ ἡλικίας ἐπανουτίθησιν ἃς ὥρας φησίν

Des.: ἐντεῦθεν γέρων εἰς τὰς δεκατέσσαρας ἑβδομάδας.

Die Stücke 5, 6, 7, 8 finden sich in der gleichen Reihenfolge und auch beinahe mit den gleichen Schreibversehen, so z. B. ἡλιακῶν im 8. Stücke, in der Handschrift der Wiener Hofbibliothek 41 (Nessel) Fol. 81—83 v⁰. Ein mit unserem achten inhaltsgleiches Stück, in welchem also nach der Doktrin der Pythagoreer die entscheidende Zeit mit der Siebenzahl identifiziert wird, erwähnt auch Daremberg, Arch. des miss. scient. tom. III (1854), p. 21, aus dem Kodex Phil. MDXXIX.

9. παύλου νικαίου (Fol. 12 v⁰—135 v⁰).

Inc. der Einleitung: πολλῶν τε καὶ ποικίλλων γενομένων

Des. „ „ : ἐκ τῆσδε τὴν πεύσεως καὶ ἀποκρίσεως.

(Fol. 13)

Inc. der Abhandlung: πῶς ἐπισκέψῃ τὸν νοσοῦντα· εἰ καὶ

Des. „ „ : καὶ διαστέλλει τὴν σάρκα πανταχόθεν ἀπὸ τοῦ ὄνυχος.

Dieses Werk ist handschriftlich in Österreich nur in drei Exemplaren[1] vorhanden, dem vollständigen in Lainz und zwei unvollständigen in der Wiener Hofbibliothek, Nr. 31 und 41 (Nessel). Nr. 31 hat das Kapitelverzeichnis (Fol. 1—4), doch fehlen in der Abhandlung die Kapitel ιβ περὶ ὕπνου bis ιξ περὶ σκοτοματικῶν. Nr. 41 beginnt in dem Kapitel ιη περὶ ἐπιληψίας mit: κρατήσω οὖν καὶ, die vorangehenden Kapitel und das Kapitelverzeichnis fehlen. Die Kapitel ρια περὶ θυμοῦ und ριβ περὶ σύχων καὶ μωρων sind gekürzt.

Eine Publikation des ganzen Werkes ist noch nicht erfolgt; ein Bruchstück bringt Ideler, a. a. O., p. 282, vol. II, unter: Anonymi, περὶ λυκανθρωπίας. Es ist dies das 23. Kapitel unserer Abhandlung (Fol. 36—36 v⁰) und beginnt mit der Aufzählung der Symptome, an denen man die an Lykanthropie Leidenden erkennen kann. Solche Leute haben eine blasse Farbe, einen kraftlosen Blick (Ideler: ἀδρανές; Lainz, 31 und 41: ἀδρανές), trockene, hohle Augen (Ideler: κοιλοὺς; Lainz, 31 und 41: κοιλους), ein feuchtes Antlitz, eine sehr trockene Zunge, mangelhafte Speichelabsonderung, leiden an Durst, und nun folgt eine unverständliche Stelle: καὶ τὰς κνήμας, διὰ τὸ πολλάκις προσπίπτειν ἀνία αὐτοὺς καὶ ἑλκομένας ἔχουσιν. Die Lainzer Handschrift und ebenso 31 und 34 überliefern nicht ἀνία αὐτοὺς, sondern ἀνίαυτοὺς, wofür wohl ἀνιάτους zu lesen sein dürfte. Ebenso ist die folgende Stelle bei Ideler unverständlich: ἴδια δὲ σημεῖα τῶν μελαγχολικῶν τότε κατισχαίνειν τὸ σῶμα καὶ μελαγχολικὸν εἶναι τῇ φύσει ἢ καὶ ἐξεπήκτη τὸν διά τινος φροντίδος ἢ ἀγρυπνίας ἢ μοχθηρῶν σιτίων ἢ προσφορᾶς ἢ ἐπίσχειν αἱμορροΐδων καὶ καταμηνίων γυναικῶν· Nun überliefern aber

---

[1] Vgl. H. Diels, Die Handschriften der antiken Ärzte II. Berlin 1906, p. 81 und den ersten Nachtrag hierzu, Berlin 1908, p. 63.

die Lainzer Handschrift sowie Nr. 31 und 41 τό τε statt τότε, ferner Nr. 31 und 41 κατισχναίνειν statt κατισχαίνειν, dann Nr. 41 ἐξεπήχτητον, Nr. 31 ἐξυπήχτητον statt ἐξεπήχτη τὸν, endlich Nr. 31 ἐπισχέσεσιν statt ἐπίσχεσιν. Es sind den Leidenden also die Kennzeichen der Melancholiker eigentümlich, sowohl der abgezehrte Körper als auch das melancholische Wesen, das sie von Geburt aus besitzen (τῇ φύσει) oder auch sich schließlich angeeignet haben (ἐξεπίκτητον) infolge eines Kummers oder usw. oder durch Unterbrechungen in der goldenen Ader usw.

Es möge nun zunächst das Kapitelverzeichnis der Lainzer Handschrift (Fol. 1—2 v⁰) mit seiner Zählung Platz finden. Wenn in der Abhandlung die Kapitelüberschrift anders lautet oder eine andere Zählung hat, so ist dies in Klammern beigefügt und in beiden Gruppen sind die von der Lainzer Handschrift abweichenden Zählungen und Schreibungen der Kapitel des Pinax der Handschrift 31 und die abweichenden Zählungen und Schreibungen der Kapitel der Abhandlung der Handschriften 31 und 41 angeschlossen.

α	περὶ	ἐπεσκέψεως 31: περὶ ἐπισκέψεως
β	„	πυρετοῦ
γ	„	ἐκτηκοῦ πυρετοῦ 31: π. ἐκτιχοῦ π. (31: περὶ ἐκτιχοῦ π.)
δ	„	τριταίου πυρετοῦ
ε	„	τεταρταίου πυρετοῦ

$\left(\begin{array}{l}\text{ε περὶ ἡμιτριταίου πυρετοῦ}\\\text{ς „ τεταρταίου „ 31: π. τοῦ τ. π.}\end{array}\right)$

ς	„	ἀφημερινοῦ 31: ἀφ' ἡμερινοῦ (ζ 31: αφ' ἡμερινοῦ)
ζ	„	συνόχου (η)
η	„	καύσου (θ)
θ	„	φρενήτιδος (ι)
ι	„	λιθάργου (ια, 31: ληθάργου)
ια	„	ὕπνου (ιβ)
ιβ	„	ἀγρυπνίας (ιγ)
ιγ	„	κεφαλαλγίας (ιδ)
ιδ	„	κεφαλαίας (ιε)
ιε	„	ἡμικρανίου (ις, ἡμικρανίας)
ις	„	σκοτωμάτων 31: σκωτωμάτων (ιζ σκοτοματικῶν)
ιζ	„	ἐπιληψίας (ιη 31: ἐπιλειψίας)
ιη	„	ἐπιληπτικῶν (ιθ)

ιθ περὶ μελαγχοληκῶν 31 und 41: μελαχοληκῶν (κ und außer-
     dem noch einmal κ· περὶ μελαγχολίας. Dieses zweite
     Kapitel hat in 31 die Zählung: κα, im Pinax: κ)

κ   „ μανίας, 31: κα (κα, 31: κβ)

κα „ μισανθρωπίας, 31: κβ (κβ, 31: κγ)

κβ „ ληκανθροπίας, 31: ληκανθρωπίας, κγ (κγ· λυκανθρωπίας,
       31: κδ)

κγ „ ἐνθασιασμοῦ, 31 und 41 ἐνθουσιασμοῦ und 31: κδ (κδ
       ἐνθουσιασμοῦ, 31: κε)

κδ „ ἐφιάλτου, 31: κε (κε, περὶ ἐμφιάλτου, 31: κς)

κε „ ὑδροφόβου, 31: κς (κς, 31: κζ)

κς „ ληγμοῦ, 31: κζ (κζ, περὶ λυγμοῦ, 31: κη)

κζ „ σπασμοῦ, 31: κη (κη, 31: κθ)

κη „ τρόμου, 31: κθ (κθ. 31. λ)

κθ „ λιποθυμίας, 31: λ (λ, περὶ λειποθ-, 31: λα)

λ   „ ὀφθαλμίας, 31: λα (λα, 31: λβ)

λα „ ὠταλγίας, 31: λβ (λβ, 31: λγ)

λβ „ ῥινῶν, 31: λγ (λγ, 31: λδ)

λγ „ ὀδονταλγίαν, 31: λδ (ὀδονταλγίας λδ, 31: λε)

λδ „ φωνῆς, 31: λε (λε, 31: λς)

λε „ ἀρκτηριακῶν, 31: ἀρτηριακῶν, λς (λς, ἀρτηρ-, 31: λζ)

λς „ κατάρρου, 31: λζ (λζ, 31: λη)

λζ „ κηνάγχης, 31: λη (λη, κυνάχης, 31: κυνάγχης, λθ, 41: κυ-
       νάγχης)

λη „ πνεμωνίας, 31: πνευμονίας λθ (λθ, 31 und 41: πνευμονίας,
       31: μ)

λδ „ πλευρήτιδος, 31: μ (μ, περὶ πλευρίτ-, 31: πλευρήτιδος, μα,
       41: πλευρίτηδος)

μ   „ αἵματος ἀναγωγῆς, 31: μα (μα, 31: μβ)

μα „ ἐμπηηχῶν, 31: ἐμπυηχῶν, μβ (μβ, ἐμπυιχῶν, 31: μγ)

μβ „ φθησικῶν, 31: μγ (μγ, 31: μδ)

μγ „ βῆχος, 31: μδ (μδ, 31: βηχὸς με)

μδ „ ἀσματικῶν, 31: με (με π. ἀσθμάτ-, 31: μς)

με „ ῥίγματος καὶ σπάσματος, 31: περὶ ῥήγματος καὶ σπασμοῦ,
       μς, (μϐ περὶ ῥύγμ- καὶ σπάσμ- 31: μζ)

μϛ περὶ πνευματώσεως, 31: περὶ ἐμπνευματώσεως, μζ (31: ἐμπνευμ-, μη)

μζ „ ὄγχου, 31: μη (31: μθ)

μη „ παλαιῶν νοσημάτων, 31: περὶ τῶν παλαιῶν νοσημ-, μθ (παν-
δήμων νοσ-, 31: ν)

μθ „ λημιχῆς, 31: λοιμιχῆς, ν (λοιμιχοῖς 31 und 41: λοιμιχῆς, να)

ν „ τῶν ἐπὶ παχέων χυμῶν, 31: περὶ τῶν ἐκ παχέων χυμῶν συγκοπτομένων, να (περὶ τῶν ἐκ παχέων χυμῶν συγκοπτομένων, 31: νβ)

να „ συγκοπτομένων, 31: περὶ τῶν ἐκλεπτῶν χυμῶν συγκοπτομένων, νβ (περὶ τῶν ἐκ λεπτῶν χυμῶν συγκοπτομένων, 31:
π. τ. ἐπιλεπτῶν, darüber ἐπιληπτῶν χ. σ., νγ)

νβ „ συγκοπῶν πολλῶν, 31: συγκοπτῶν πολλῶν, νγ (31: νδ)

νγ „ βουλίμου, 31: νδ (π. βουλήμου, 31: νε)

νδ „ καρδιακῶν, 31: νε (31: νϛ)

νε „ στομαχικῶν, 31: νϛ (31: νζ)

νϛ „ στομάχου, 31: νζ (31: νη)

νζ „ ἡπατικῶν, 31: νη (31: νθ)

νη „ ἥπατος, 31: νθ (fehlt in der Abhandlung, scheint mit
dem Vorhergehenden in eins verschmolzen, im
Texte keine Lücke)

νθ „ σπληνικῶν, 31: ξ (νθ trotz des fehlenden νη, 31: ξ)

ξ „ ὕδρωπος, 31: ξα (31: ξα)

ξα „ ὑπτέρου, 31: ὑκτέρου, ξβ (π. ἰκτέρου, 31: ἵκτερου, ξβ)

ξβ „ κοιλίας παθῶν, 31: ξγ (31: ξγ))

ξγ „ κοιλιακῶν, 31: ξδ (31: ξδ)

ξδ „ δυσεντερίας, 31: ξε (31: ξε)

ξε „ λυεντερίας, 31: ξϛ (λειεντ-, 31: ξϛ)

ξϛ „ χολέρας, 31: ξζ (31: ξζ)

ξζ „ διαρρίας, 31: ξη (π. διαρρείας, 31: διαρροίας, ξη)

ξη „ κολυκῶν, 31: κολικῶν, ξθ (π. χωλυκῶν, 31: ξθ)

ξθ „ τῆς νεσμοῦ, 31: τηνεσμοῦ, ο (τεινεσμοῦ, 31: ο)

ο „ κωνδηλωμάτων, 31: κονδηλωμάτων, οα (κονδηλωμάτων, 31: οα)

οα „ λύσεως σφηκτῆρος, 31: περὶ παραλύσεως, οβ (περὶ παραλύσεως, 31: οβ)

οβ „ ἑλμίνθων, 31: ογ (31: ογ)

ογ „ νεφρικῶν, 31: οδ (31: οδ)

οδ περὶ διαβήτου, 31: οε (31: διαβήτης, οε)

οε „ δυσουρίας, 31: ος (31: ος)

ος „ λιθιάσεως, 31: οζ (π. λιαθέσεως, 31 und 41: λιθιάσεως, οζ)

οζ „ κύστεως, 31: οη (31: οη)

οη „ γονορίας, 31: γονορροίας, οθ (π. γονορροίας, 31: οθ)

οθ „ σατηριάσεως, 31: π (31: π)

π „ ἀστράκτου μορίου, 31: ἀπράκτου μορίου, πα (π. ἀπράπτου·μωρίου, 31: πα)

πα „ ἀφροδησίων, 31: πβ (31: πβ)

πβ „ συνουσίας, 31: πγ (31: πγ)

πγ „ αἰδιῶν φλεγμονῆς, 31: αἰδοιῶν φλεγμονῆς, πδ (αἰδοιῶν φλεγ-, 31: πδ)

πδ „ ῥευματικῆς διαθέσεως, 31: περὶ ὀρχέων φλεγμονῆς, πε (ὀρχαίων φλεγμ-, 31: πε, 41: ὀρχέων φλ-)

πε „ φλεγμονῆς, 31: ῥευματικῆς διαθέσεως, πς (ῥευματικοῖς διαθ-, 31 und 41: ῥευματικῆς διαθ-, 31: πς, dann noch einmal: πε περὶ φλεγμονῆς, 31: Pinax und Abhandl.: πζ)

πς „ ἐρισιπέλατος, 31: ἐρυσ-, πη (ἐρυσι-, 31: πη)

πζ „ ἕρπηχος, 31: ἕρπυτος, πθ (ἕρπυτος, 31: πθ)

πη „ ἄνθραχος, 31: ϙ (31: ϙ)

πθ „ γαγρένης, 31: γαγγραίνας, ϙα (γαγραίνας, 31 und 41: γαγγραίνας, 31: ϙα)

ϙ „ χαρχίνου, 31: ϙβ (31: χαρχίνους, ϙβ)

ϙα „ ἐλεφαντηάσεως, 31: ἐλεφαντιάσεως, ϙγ (ἐλεφαντιάσεως, 31: ϙγ)

ϙβ „ σκήρου, 31: ϙδ (31: ϙδ)

ϙγ „ ἀποστήματος, 31: ϙε (31: ϙε)

ϙδ „ ἁπλοῦ ἕλχους, 31: ϙς (31: ϙς)

ϙε „ χυλλοῦ ἕλχους, 31: χοιλοῦ ἕλχους, ϙζ (χοιλοῦ ἕλχους, 31 und 41: χοιλου ἕλχους ϙζ)

ϙς „ ὑπερσαρχώσεως, 31: ὑπερσάρχου ἕλχους, ϙη (ὑπερσάρχου ἕλχους, 31: ϙη)

ϙζ „ ἀναρικομένου ἕλχους, 31: ἀναρυπτιχοῦ ἕλχους, ϙθ (ἀναρυπτιχοῦ ἕλχους, 31: ϙθ)

ϙη „ ὑποσύρματος, 31: ἀποσύρματος, ρ (ἀποσύρματος, 31: ρ)

ϙθ „ θλάσματος, 31: ρα (31: ρα)

ρ   περὶ στρέμματος, 31: ρβ (31: ρβ)

ρα   „   νευροτρώτων, 31: νευροτρώτου, ργ (νευροτρώτου, 31: ργ)

ρβ   „   κατάγματος, 31: ρδ (31: ρδ)

ργ   „   ἀκροτηριασμοῦ, 31: ρε (31: ρε)[1]

ρδ   „   ἐκκοπῆς, 31: ρϛ (31: ρϛ)

ρε   „   ἐμμορροΐδων, 31: συρίγγων, ρζ und: αἱμαρροΐδων, ρη (συ-
        ρίγγων, und noch einmal: ρε· περὶ αἱμαρροΐδων, 31:
        ρζ und ρη, 41: αἱμορροΐδων)

ρϛ   „   κύρσου, 31: ρθ (31: κυρσοῦ, ρθ)

ρζ   „   κνησμονῆς καὶ ψώρας, 31: ψώρας, ρι (31: ψώρας, ρι)

ρη   „   ληχείνων, 31: ληχήνων, ρια (31 und 41: ληχήνων, 31: ρια)

ρθ   „   ἀλφῶν λευκῶν, 31: ἀλφῶν λευκῶν καὶ μελάνων, Zählung
        fehlt[2] (ἀλφ- λευκ- καὶ μελανῶν, 31: ἀλφ- λευκῶν καὶ
        μελαίνων, ριβ)

ρι   „   μιρμιγγίας καὶ ἀκροχορδίας, 31: μυρμηκίας καὶ ἀκροχορδό-
        νων. (μυρμηκίας καὶ ἀκροχορδόνας, 31 und 41: μυρμ-
        καὶ ἀκροχορδόνων, 31: ριγ)

ρια   „   θυμοῦ (31: ριδ, früher stand: ρια, δ ist über dem α
        geschrieben)

ριβ   „   σύκων καὶ μώρων (31: ριε, früher ριβ)

ριγ   „   χοιράδων (Blätter verbunden! ριε περὶ φλεκταίων καὶ
        τερμίνθων, 31 und 41: χοιράδος, Zählung in 31 fehlt)

ριδ   „   βουβόνων καὶ πανούκλων (Blätter verbunden! ριϛ περὶ ἐπι-
        νυκτίδων καὶ δοθονίων, 31 und 41: περὶ βουβόνων καὶ
        πανούκλων, Zählung in 31 fehlt)

ριε   „   φλεκτέων καὶ τερμίνθων, 31: περὶ φλεκταίων καὶ τερμ-.
        (Blätter verbunden! ριγ, περὶ χοιράδος, 31 und 41:
        περὶ φλεκταίων καὶ τερμ-, 31: Zählung fehlt)

ριϛ   „   ἐπιπυκνίδων καὶ δοθονίων, 31: περὶ ἐπινυκτίδων καὶ δοθονίων.
        (Blätter verbunden! ριδ, περὶ βουβώνων καὶ πανούκλων,
        31 und 41: περὶ ἐπινυκτίδων καὶ δοθονίων, 31: ριϛ)

---

[1] Auch im Texte findet sich in allen drei Handschriften nur die Schreibung mit Omikron.

[2] Im Pinax von 31 fehlt von da an bis zum Schlusse die Kapitelzählung.

ριζ περὶ ἐξανθημάτων

ριη „ οἰδημάτων

ριθ „ ἐγκαύσεως

ρκ „ ἀποπληξίας (Kapitelzählung und Kapitelüberschrift fehlen, 31 und 41: ἀποπληξίας, ρκ)

ρκα „ παραλύσεως

ρκβ „ τεττάνου, 31: τετάνου (31: τετάνου) *sie!*

ρκγ „ ψοιαλγίας

ρκδ „ ἰσχύου *sie!*

ρκε „ ἀρθριτικῶν, 31: ἀρθροιτικῶν (ἀρθροιτικῶν) *sie!*

ρκϛ „ πωρώσεως, 31: πωρώματος (πωρώματος)

ρκζ „ ποδάγρας

ρκη „ χιμέλθων, 31: χιμέτλων (χιμέτλων)

ρκθ „ ὀνύχων

ρκ „ παρονυχίας (Text zunächst ohne Kapitelzählung und ohne Überschrift, inc.: παρονυχίας *sie!* τῆς μὲν χειρός, dann: ρλ ohne Uberschrift, inc.: τί ἐστιν παρονυχία) *sie!*

Aus dieser Orientierung ersehen wir, wie reichhaltig das Werk des Paulus Nicaeensis ist, wir ersehen aber auch, daß die Lainzer Handschrift in der Anlage des Werkes und in den so zahlreichen itazistischen Schreibversehen mit der Handschrift der Wiener Hofbibliothek Nr. 41 fast durchgehends übereinstimmt. Die Handschrift Nr. 31 ist von itazistischen Schreibversehen freier, ist in der Zählung der Kapitel den übrigen Handschriften mitunter um 3 voraus, erreicht aber im Kapitel ριϛ wieder die gemeinsame gleiche Zählung.

Fast jedes Kapitel beginnt mit einer Frage über das Wesen der im Kapitel besprochenen Krankheit, z. B.: τί ἐστιν λοιμικὴ νόσος (Kap. μθ), oder: τί ἐστιν νεφρικός (Kap. ογ), nun folgt eine Erklärung der Krankheit, dann der Krankheitserscheinungen, die hie und da mit einer eigenen Überschrift, z. B. Kap. νζ: τίνα ἐστιν τὰ σημεῖα bezeichnet werden; jedes Kapitel aber enthält noch einen zweiten Teil mit der Überschrift (rot): πῶς οὖν θεραπεύσεις (in der Lainzer und in den Handschriften der Wiener Hofbibliothek durchgehends θεραπεύσῃς geschrieben).

10. ἄλλος τροχίσκος ὁ διαφυσαλίδων *sie!* εἰς νεφρικοὺς καὶ λιθιῶντας διουρητική (Fol. 136).

Inc.: ὀπίου ˙οὐγγίας γ

Des.: καὶ οἴνου γλυκέως τὸ ἀρκοῦν.

Diesem Rezepte folgen bis Fol. 156 noch über 100 andere von τροχίσκων, κουκιῶν und ἐμπλάστρων, aus denen ich folgende mit dem Namen eines Arztes bezeichnete hervorhebe:

Fol. 137 v⁰: σκευασία ἀλατίου λουκᾶ τοῦ ἁγίου ἀποστόλου.

Inc.: ἔχων ἐνεργείας τοσαύτας

Des.: ἐν αὐτῷ τὰς τροφὰς πάσας.

Vgl. Ideler, a. a. O. vol. I, p. 297.

Fol. 139: καὶ. ἡ τρίτη σκευασία τοῦ ἔσδρακος τοῦ σοφοῦ καὶ μεγάλου προφήτου εἰς ὑδερικοὺς καὶ εἰς πάντα τὰ ψυχρὰ νοσήματα.

Inc.: μαμηρὰ οὐγγίαν α

Des.: ἀπηφρισμένον τὸ ἀρκοῦν.

Fol. 139 v⁰: σκευασία τῆς ἱερᾶς λογαδίου εἰς ξανθο(χο)λικοὺς καὶ μελαγχολικοὺς καὶ φλεγματικούς.

Inc.: θύμου οὐγγίαν α

Des.: ἀφρονίτρου οὐγγίας β.

Fol. 147 v.: σκευασία τῆς ἱερᾶς γαληνοῦ εἰς φλεγματικοὺς καὶ μελαγχολικούς.

Inc.: κολοκυνθίδος οὐγγίας δ

Des.: εἰς ἀποβροχὴν τῶν ὀπῶν.

Fol. 148: σκευασία ἱερᾶς τοῦ ῥούφου τοῦ ἐφεσίου εἰς δυσπνοικοὺς καὶ δυσουριῶντας καὶ παχυφλεγματικούς.

Inc.: χαμανδρίου οὐγγίας ι

Des.: μέλιτος ἀπηφρισμένον τὸ ἀρκοῦν.

Fol. 163 v⁰: σκευασία συγκέλλου τοῦ πανολβίου.

Inc.: πεπέρεως κοινοῦ

Des.: μέλιτος τὸ ἀρκοῦν.

Fol. 156: φιλωνος˙ φιλῶ τὴν σκευασίαν πάνυ εἰς φλεγματικοὺς καὶ πνευματικούς.

Inc.: κρόκου οὐγγίας β

Des.: καὶ μέλιτος τὸ ἀρκοῦν.

Vielleicht gehören in diese Gruppe der mit dem Namen des Arztes bezeichneten Rezepte auch:

Fol. 144 v.: σκευασία τοῦ χρισίππου.

Inc.: λίθου αἱματίτου

Des. Fol. 145: μέλιτος τὸ ἀρκοῦν.

Fol. 150: σκευασία τοῦ νέρονος

Inc.: ἐλαίου παλαιοῦ

Des.: σμύρνης οὐγγίαν α.

Das letzte Rezept auf Fol. 156 v⁰ lautet:

σκευασία τροχίσκου ὁ πάνχριστος εἰς βηχικοὺς καὶ πνευματικούς.

Inc.: ξύλου γλυκυρρίζης

Des.: οἴνου εὐώδους τὸ ἀρκοῦν.

Ganz inhaltsgleiche Rezeptensammlungen befinden sich in
den Handschriften der Wiener Hofbibliothek Nr. 31 (Nessel)
von Fol. 127—164 und Nr. 41 (Nessel) von Fol. 84—132 v⁰.
Nr. 41 aber bricht auf Fol. 132 v⁰ mit: ξύλον ὑποκηστίδος, οὐγγίας β
im Rezepte σκευασία τροχίσκου δυσεντερικοῦ in dem vorletzten Rezepte der beiden andern Sammlungen ab.

Auf Fol. 156 v⁰ der Lainzer Handschrift folgt noch die

Subskription: + ἑρμηνία ἰατροῦ τοῦ πηρώπουλου. [1]

II.

Sign. XI. 132, XVI. saec., Größe: 34 cm × 24 cm, Papier, 310 Folien, 38
Quat. + 6 Blätter; die Lagen sind unten bezeichnet; auf dem Rücken des
neueren Einbandes: Galeni opera Graece, chart. saec. XVI.

Inc.: ['Ω]σπερ τῶν ζώων ἕκαστον ἐν εἶναι (Fol. 1)

Des.: τὴν προσηγορίαν αὐτοῦ μετήνεγκα (Fol. 310 v⁰).

Das ist des Galenus: περὶ χρείας τῶν ἐν ἀνθρώπου σώματι μο-
ρίων. Vgl. Kühn, Medic. Graec. opera, quae exstant, Lipsiae
1822, vol. III, p. 1—939 und vol. IV, p. 1—366. Die Überschrift fehlt am Anfange, findet sich aber vor dem 3. und vor
dem 16. Buche (Fol. 44 v⁰ und Fol. 285). Allen Büchern, mit
Ausnahme des 1. 3. 16. 17. Buches, geht ein Kapitelverzeichnis voran. Doch sind diese (bei Kühn fehlenden) Verzeichnisse
im Verhältnis zur Kapitelzählung Kühns in der Abhandlung
stark gekürzt. So erscheinen z. B. im Pinax des 5. Buches der
Lainzer Handschrift nur 4 Kapitel, Kühn aber teilt die Abhandlung des 5. Buches in 16 Kapitel ein.

Im Beginne des 5. Buches sind im Texte der Lainzer
Handschrift Lücken angezeichnet. Es fehlt dort nach Kühn,

---

[1] Vgl. H. Diels, a. a. O., Nachtrag. p. 45: Antonius Pyropulus.

a. a. O. vol. III ' p. 350, col. 4: ὠκεῖαν· ἐπεὶ δὲ, col. 5: τὸ ἧπαρ οὐθ' ἡ, col. 6—7: αὐτὴν ἀεὶ διαφυλάττει, κατὰ, col. 8: τοῖς μὲν. Die Figuren, welche Kühn am Schlusse des 10. Buches bringt, fehlen in der Lainzer Handschrift.

An das Desinit schließt sich folgende Subskription an:

Ἥδε βίβλος σύμπασα Γαληνοῦ δείκνυσι τέχνην·
παισὶν ἰητήρων ἀτρεκὲς εἰσι λόγοις.
τῆδε γὰρ ἐν μιᾷ ἑπτὰ τὲ καὶ δέκα γράμματα τάξας,
τοῖσιν ὑπεξέθετο χρείαν ὅλων μορίων·
καὶ μὴν εὖ φρονέων τὶς ἀγαθὰ δέδαλα ἔργα,
τῆς δὲ θαθὼν ὅσα πλέξε φύσῃ θεὸς : ∼
τέλος.

Die Vermutung könnte ausgesprochen werden, es sei an Stelle von ἀτρεκὲς εἰσι das Wort ἀτρεκέεσσι, an Stelle von ἀγαθὰ das Verbum ἀγάσθω, für τῆς δὲ τῆδε, endlich ὅσ' ἐπλεξ' oder ὅσα πλέξεν ἡ φύσις ἠδὲ θεός oder ἢ φύσις ἠὲ θεός zu lesen, aber der Verfasser kann nach neuer, genauer, wiederholter Prüfung der Subskription leider nur feststellen, daß von diesen vermuteten Lesungen in der Subskription absolut nichts erhalten noch erkennbar ist.

Diese Subskription findet sich auch im Londin. Brit. Mus. Add. 11, 888, im Londin. Brit. Mus. Harleian. 5652 und im Mutinensis 219. Herr Dr. Mewaldt in Berlin hatte die Güte, die Subskription mit beiden Londoner Handschriften, Herr Carta, Direktor der Bibliothek in Modena, mit dem Mutinensis zu vergleichen, und es ergab sich daraus, daß die Subskription in allen Handschriften in derselben Form vorliegt, wie im Rossianus.

VI.

Das Hildebrandslied.

Von

Theodor von Grienberger.

(Vorgelegt in der Sitzung am 10. Juli 1907.)

Die Arbeit am Hildebrandsliede ist, obschon es seit 180 Jahren gekannt ist, gelesen und interpretiert wird, noch nicht völlig getan.

Ich habe nicht die Meinung, daß sie nach dem Erscheinen dieser Schrift getan sein werde, ja, wenn ich mir die lange Reihe der Bearbeiter vergegenwärtige und mich darauf besinne, wie so manche Erklärung irgendeiner Textesstelle von Späteren wieder schlecht gemacht wurde, die von einem Früheren schon gut gemacht war, wenn ich mir verlebendige, wie mein eigenes Urteil im Laufe der Jahre schwankte, Auffassungen aufstellte, sie verließ und wieder zu ihnen zurückkehrte, muß ich billig zweifeln, daß die Zeit jemals kommen werde, da Verse, syntaktische Anordnung und gedanklicher Inhalt des Liedes in allen Teilen so mauersicher festgestellt sein würden, daß niemand mehr gegründete oder unbegründete Zweifel dagegen erheben könnte.

Über die syntaktische Stellung des Verses 10, 2 z. B. *eddo ... du sîs*, über den genauen Wortausdruck der Verse 29—30 *uuêttu irmingot ..., dat du neo ... ni gileitos*, über Wörter und Sinn des Halbverses 63, 2 *staim bort chludun* wird man noch lange handeln können und ich befürchte keineswegs, daß der Kreis der Fachgenossen meinen diesfälligen Vorschlägen, obwohl sie nicht zu den schlechtesten gehören, rückhaltslos, wie einer erlebten Offenbarung zustimmen werde.

Die Auffassung eines Literaturerzeugnisses ist ja ein psychischer Vorgang, bei dem es nicht bloß darauf ankommt, was und wie es sein Urheber gesagt hat, sondern in hohem Grade auch darauf, in welcher Weise die Entgegennehmenden von den Möglichkeiten des Verständnisses und Mißverständnisses Gebrauch machen, auf welcher Grundlage von Kenntnissen sie überhaupt das Stück beurteilen. Daß aber die bisherigen Erklärer, die sich veranlaßt fanden, etwas zum Liede zu sagen, mit ganz verschiedenen Besitzständen an Kenntnis des germanischen Altertums, der Dichtform, der alten Sprache, der Literatur an ihre Arbeit gingen, das ergibt sich leicht, wenn man ihre Auslassungen prüft, und daß dies auch auf alle zukünftigen Erklärer eintreffen werde, muß man erwarten.

Dennoch darf man hoffen, daß der gemeinsame, anerkannte Besitz immer größer werde, der Streitpunkte immer weniger und insbesondere darf man die Erwartung hegen, daß die durchaus konservative Behandlung des Denkmals sich dauernd den Boden erringen werde. Man darf sich darauf einrichten, daß man in Hinkunft keinem Aufschrei der Entrüstung begegnen werde, wenn man das Lied so läßt, wie es ist, und so zu erklären sucht, wie die Überlieferung es uns geschenkt hat.

Detter und Heinzel kennzeichnen ihren Standpunkt zu den Liedern der Sæmundar Edda 1, s. XIII mit den Worten: ‚Text und Anmerkungen suchen die alten Lieder so darzustellen und zu erklären, wie sie gebildete Isländer und Norweger am Ende des 13. oder im 14. Jahrhundert gelesen, verstanden und gewürdigt haben.‘

Das ist ein großer Fortschritt gegenüber dem gewalttätigen Verfahren so mancher Umdichter alter Texte, die Verse abhacken, wo ihr höchst persönliches metrisches Wohlbefinden gestört ist oder wo die alte Diktion mit ihren geläuterten Bedürfnissen nicht im Einklange steht, die Verse umformen, den wörtlichen Ausdruck verbessern, Lücken füllen, Übergänge herstellen, Dialogpartien verheben und sich aller Mittel einer dilettantischen Restaurationskunst bedienen, des naiven guten Glaubens, sie brächten dadurch Ursprünglicheres, Echteres, dem Originale Näherstehendes zustande, als das ist, was die eine alte Handschrift gewährt. Der Glaube ist ein Wahn; diese modernen Nachbesserungen sind alle so schlecht, daß ihnen

das antiquarisch geschulte Auge auf tausend Schritte die Kontra-
faktur absieht, schlechter und unwahrer als die Restauration
eines alten Meisters durch einen modernen Maler, denn hier
ergänzt doch der Künstler den Künstler, während dem kritisch
urteilenden Gelehrten die Fähigkeit der Kunstschöpfung vollständig abgeht.

Es liegt nicht daran, daß wir nicht die Treue der Überlieferung des öfteren mit Grund in Zweifel zu ziehen berechtigt wären. Manche Verse mögen den aus der germ. Alliterationspoesie abgezogenen Typen einmal näher entsprochen haben, als
sie es in ihrer vorliegenden Gestalt tun, manche Alliterations-
defekte können auf Worttausch beruhen und der untreuen
Weitergabe des Liedes zu Last fallen, manche Teile des Textes
wie die drei inquit der Verse 29, 47, 56 können in der Tat
Einschübe sein, die nur für das Auge des Lesenden dastehen,
im gesprochenen Vortrage aber nicht berücksichtigt wurden,
aber alle Änderungen, Umstellungen, Wortersätze, Tilgungen,
die sich aus derartigen Annahmen ergehen, gehören ausschließlich in die Anmerkungen, wo sie nützlich oder zum mindesten
unschädlich sind, nicht in den Text der Ausgabe, der das
unberührte Objekt zu bieten hat, nicht das nach modernen
Meinungen zugestutzte Präparat.

Sicherlich besitzen wir das Lied nicht in der Gestalt, in
der es zuerst im Haupte des Dichters gereift, nicht in den
Formen, in denen es zum ersten Male von seinen Lippen geflossen
ist. Der Wunsch, der originalen Gestalt aus den Worten und
Lauten habhaft zu werden, die uns die eine Aufzeichnung dar-
reicht, ist ein begreiflicher; aber er ist ein frommer Wunsch,
dem die ganze Erfüllung nicht in Aussicht gestellt werden
kann. Wir wissen nicht, wie alt das Lied ist, wir werden
niemals wissen, durch wieviel Fälle der Rezitation und schließlich selbst der Aufzeichnung es hindurch gegangen ist, bevor
es sich in die Sätze gliederte, die wir haben, ja wir wissen
noch nicht einmal, ob seine Sprache einem einheitlichen Dialekte
angehöre, der irgend einmal in der zweiten Hälfte des 8. Jahrhunderts innerhalb des fränkischen Dialektgebietes wirklich
gesprochen wurde, oder ob sie ein Mischprodukt sei, an
dem mehrere Dialekte und Zeitstufen ihre Spuren hinterlassen
haben.

Wenn es nach dem Eingeständnisse Pauls in der Vorrede seiner Héliandausgabe bisher nicht möglich war, für dieses
doch so umfangreiche Denkmal festzustellen, ob die Sprache des
Originales in der des Cottonianus oder in der des Monacensis
den treueren Ausdruck finde, so wird man hinsichtlich der Frage
nach der Originalsprache des Hildebrandsliedes sich zu heil-
samer Enthaltsamkeit gemahnt fühlen. Nicht daß es unwissen-
schaftlich wäre, die Laute zu wägen und zu zählen, den Blick
zu schärfen, um diesem Denkmal seine letzten Geheimnisse zu
entreißen, aber man muß festhalten, daß selbst wirkliche Ergebnisse, wenn sie verliehen sein sollten, auf den Text der
Ausgabe keinen, auch nicht den geringsten Einfluß üben dürfen.

Was die Würdigung und Erklärung des Liedes anlangt,
wünschte ich lebhaft es so verstehen zu können, wie ein Deutscher aus der zweiten Hälfte des 8. Jahrhunderts, der das Lied
verstand, es würdigte.

Ich vermute sehr, daß auch dieser Wunsch nicht erfüll-
bar sei. Ich bin der dringenden Meinung, daß mich die genauere Kenntnis einiger der historischen Grundlagen des Stückes,
die Kenntnis der außerdeutschen Alliterationspoesie, die Unkenntnis der gleichzeitigen gesprochenen deutschen weltlichen
Dichtung, die mangelhafte Kenntnis von Inhalt und Form der
bei den Deutschen des 8. Jahrhunderts kursierenden Sagenstoffe
hinderte, das Lied so zu verstehen und zu würdigen, wie es
der präsumptive gleichzeitige Deutsche getan hätte, wenn er
sich damit Mühe gab, gleichgültig ob er ein weltlicher Sänger,
oder ein mit antiker und christlicher Literaturkenntnis aus-
gestatteter Geistlicher war.

Verstehen, würdigen, erklären kann man das Lied nicht
aus dem Sinne eines anderen, der über 1100 Jahre vor unserer Gegenwart lebte, sondern einzig und allein philologisch,
d. i. nach den Sätzen, die dastehen, nach den Potenzen, die
es birgt, nach den latenten geschichtlichen und realen Tatsachen, die es voraussetzt.

Eine solchergestalt nüchterne, aber wie mich bedünkt
unangreifbare Auffassung des Liedes, die dasselbe nicht an
selbstgeschaffenen Idealen mißt, scheint mir namentlich durch
den Artikel von J. Franck vom Jahre 1904 angebahnt, wiewohl
das Gewicht der vorgefaßten Meinungen auch ihn noch viel-

fach zu Boden drückt und ihn der Freiheit beraubt, vom Rechte der Überlieferung uneingeschränkten Gebrauch zu machen.

Doch ist es sein bleibendes Verdienst, mit aller Entschiedenheit ausgesprochen zu haben, daß im Verse 1 von irgendeiner Lücke keine Rede sein könne, sein Verdienst, die Beibehaltung von *dě* in 22 befürwortet und den Halbvers 28, 2 gerechtfertigt zu haben.

Die letzten Jahre haben sich für die Literatur zum Hildebrandsliede ziemlich fruchtbar erwiesen. Trautmann hat 1903 den Versuch gemacht, das Lied als Übersetzung aus dem Angelsächsischen darzustellen, Wadstein gab in demselben Jahre reichliche Bemerkungen und selbst M. Rieger hat 1906[1] zu demselben abermals das Wort ergriffen. Zujüngst unternahm es Ehrismann, den Inhalt des Liedes aus den Gesichtspunkten des altgermanischen Gerichtsverfahrens zu betrachten.

Aber auch rein äußerlich ist die Forschung am Hildebrandsliede noch in geringem Maße ergiebig. Franck verdanken wir die Lesung *bauga* in 31 statt der früheren mit Diphthong *ou* und Trautmann hat die schon von Beilhack gegen Lachmann und Vorgänger urgierte, auch im Lesebuche Wackernagels aufgenommene Lesung *wabnum*, hs. *þabnū*, statt *wambnum* wieder zu Ehren gebracht.

Die nachfolgende Textgestaltung und die Erläuterungen ruhen auf dem Grunde der langen und weitausgedehnten Literatur. Sie haben sich zu Nutzen gemacht, was zu den einzelnen Punkten für und wider gesagt ist, und eine Auswahl getroffen, immer mit Rücksicht auf den ganzen Text und die Folgerungen, die sich aus der Auffassung jeder beliebigen Stelle für alle übrigen ergeben.

Sie haben aber auch Eigenes und Neues zutage gefördert und dabei mit Ausnahme der Haplographie *heraet* in 21 und der Dittographie *fatereres* in 23 den überlieferten Text sorgfältig geschont, nichts hinzugegeben, nichts weggenommen.

Die metrische Einrichtung, insoweit sie neu ist, wird in besonderen Anmerkungen am Schlusse des Kommentars zu rechtfertigen gesucht und ebenda werden auch sprachliche

---

[1] Zum Hildebrandsliede in Zeitschrift für deutsches Altertum, Bd. 48, p. 1—9.

Beobachtungen mitgeteilt, die einen Teil der auf mechanische
Dialektmischung beziehbaren, lautlichen Erscheinungen wie den
Wechsel von *k* und *h(h)*, unter dem Gesichtspunkte eines besonderen einheitlichen Dialektes zu erklären suchen, andere aber,
die gewöhnlich mit dem Ausdrucke ‚Fehler‘ abgetan zu werden
pflegen, als Merkmale der gesprochenen Sprache erweisen.

Der Gedanke, diese Arbeit mit apologetischen Worten
einzuleiten, wie das Busse[1] für seine belehrende Abhandlung
getan, deren Wert ja nicht durch eine nach meiner Überzeugung
vielfach unzureichende Textauffassung alteriert wird, tritt mir
nicht nahe.

Im Gegenteil; gerade wenn ich die Textauffassung und
Übersetzung des Liedes, der sich Busse bedient, überblicke,
komme ich schon beim ersten Verse zur Einsicht, daß eben
diese noch nicht den Höhepunkt des Verständnisses bedeute,
noch nicht geeignet sei, zum Range einer kanonistischen Auffassung erhoben zu werden.

Das, was Busse nicht anrührte, Verse, Sätze, Sinn des
Textes, soll hier an der Hand der einschlägigen Literatur
durchgesprochen und Licht und Schatten neu verteilt werden.

I. Text.[2]

1 (A 1) *Ik gihŏrta ďat séggen,   ďat sih urhéttun ǽnônmúo (2) tîn*

2 *Híltibraht enti Háďubrant   untar hériun tuêm*

3 (3) *súnufátarungo.   iro sáro ríhtun:*

4 *gárutun sê iro (4) gûďhamun,   gúrtun sih iro suért' ana*

5 *hélidos (5) ubar ringa;   dô sie to dero híltiu rítun.*

6 *Híltibraht (6) gimáhalta   Héribrantes súnu*

[1] Bruno Busse, Sagengeschichtliches zum Hildebrandsliede: Beiträge zur
Geschichte der deutschen Sprache und Literatur, 26. Band. Halle 1901.
S. 1—92.

[2] Faksimilia: Wilh. Grimm, De Hildebrando ... fragmentum. Gottingae
1830. Fol.; Ed. Sievers, Das Hildebrandslied ... Halle 1872. 4°; Magda
Enneccerus, Die ältesten deutschen Sprachdenkmäler in Lichtdrucken.
Frankfurt a. M. 1897. Fol. — Die eingeklammerten Ziffern im Abdrucke
des Textes markieren die Zeilenfolge der beiden Seiten der Hs. A und B.

7 — her uuas hễrôro (7) mán,

8 férahes frôtôro — her frãgên gistúont

9 fốhêm (8) uuórtum, uuer sîn fáter uuãri

10 fíreo in fólche, eddo (9) uuélihhes cnúosles du sîs?

11 ìbu du mi ễnan ságês, ìk (10) mi de ốdre uuễt,

12 chìnd, in chữnincrîche chûd ist (11) mi n'al írmindéot.

13 Hãdubraht gimáhalta, Hĩlti (12) brantes súnu :

14 dat sãgêtun mî, ûsere lĩuti,

15 ãlte anti (13) frôte, dea ễrhina uuârun,

16 dat Hĩltibrant hễtti (14) mîn fáter, ih heittu Hãdubránt.

17 forn her ốstar (15) gihuéit — flôh her Ôĩachres nîd —

18 hína miti Théotrihhe (16) enti sînero dẽgano fílu;

19 her furláet in lánte lũttila, (17) sítten

20 prûễt' in bãre, bãrn únuuáhsan,

21 ãrbeo láosa; (18) he⟨r⟩ raet ốstar hína.

22 dét sîd Dẽtrihhe dãrba gi (19) stúontum

23 fáteres mînes dat uuas so frĩunt (20) laos mán;

24 her uuas Ôĩáchre ũmmettírri,

25 dẽga(21)no déchisto unti Dẽotríchhe

26 dárba gistốntun.

27 (22) her uuas eo fốlches at énte, imo uuas eo fễhta ti léop;

28 (23) chûd uuas her chốnnêm mánnum, ni uuãniu ih (24) iû lĩb

hábbe.

29 uuếttu ĩrmingot, quad (B 25) Híltibraht, öbana ab héuane,

30 dat du neo dãnahált mit sus (26) síppan man dĩnc ni giléitôs!

31 uuánt her do ar árme uuữntane (27) báuga

32 cheĩsuringu gitán, so imo sê der chữning gáp,

33 (28) Hűneo trúhtin: dát, ih dir it nu bi hũldi gĩbu!

34 Hãdubraht (29) gimálta, Hĩltibrantes súnu :

35   *mit gĕru scál man*   *gĕba infá*(30)*han,*

36   *órt' uuidar órte;*

37   *du bist dir ắlter Hún*   *ǘmmet spáher,*

38   (31) *spēnis mih mit dinêm uuórtun,*   *uuili mih dînu spĕru uuér*

                                  (32) *pan,*

39   *pist álso, giáltêt man,*   *so du ĕuuin inuuit fѷortôs!*

40   (33) *dat sắgêtun mĭ*   *sĕolĭdante*

41   *uuéstar ubar uuéntilsêo,*   *dat* (34) *inan uuĭć furnám:*

42   *tôt ist Hĭltibrant,*   *Hĕribrantes súno.*

43   (35) *Hĭltibraht gimáhalta,*   *Hĕribrantes súno:*

44   *uuéla, gisíhu ih*   (36) *in dínêm hrŭstim,*

45   *dat du hábês hêⁱme*   *hĕrron gôten,*

46   (37) *dàt du noh bi dèsemo rĭche*   *rĕccheo ni uuúrti!*

47   *uuéla*(38)*ga nu, uuắltant got,*   *quad Hĭltibrant, uuĕuuurt*

                                  skíhit!

48   (39) *ih uuállôta súmarǫ enti uuíntro*   *sĕhstic ur lánte,*

49   *dár* (40) *man mih eo scĕrita*   *in fólc scĕotantero,*

50   *so man mir at* (41) *bŭrc énigeru*   *bắnun ni gifásta;*

51   *nù scal mih suắsat* (42) *chínd*   *suĕrtu háuuuan,*

52   *brétôn mit sînu bĭlliu,*   *eddo* (43) *ih imo ti bắnin uuérdan.*

53   *doh máht du nu ắodlihho,*   (44) *ibu dir dîn ẻllen táoc*

54   *in sus hĕremo mán,*   *hrŭsti gi*(45)*uuínnan,*

55   *rắuba bihráhanen,*   *ibu du dar ênic rĕht há*(46)*bês!*

56   *dèr sî doh nu ắrgosto,*   *quad Hĭltibrant, ѷostarlíuto,*

57   (47) *der dir nu uuĭges uuárne,*   *nu dih ǫs so uuĕl lústit,*

58   *gắdea* (48) *gimëⁱnûn; níuse de mѷotti,*

59   *uuér dar sih hĭutu*   *dero hrĕgilo* (49) *hrŭmen muotti,*

60   *erdo dèsero brŭnnôno*   *bĕdero uuál*(50)*tan.*

61   *do lĕttun se ắrist*   *ắsckim scrítan,*

62 *scắrpên scứrim;   (51) dat in dêm scĭltim stônt.*

63 *do siŏptun tosámane   staĭm, (52) bórt chlûdun,*

64 *hếvuuun härmlĭcco   huĭtte scĭlti,*

65 (53) *únti im iro lĭntun   lűttilo uuúrtun*

66 *giuuígan miti uuâbnum.*

II. Übersetzung.

Ich hörte das erzählen, daß sich herausforderten zur Einzelbegegnung Hildebrand und Hadubrand zwischen den Heeren des Sohnes und des Vaters. Ihre Rüstung richteten, bekleideten sie mit ihren Kampfgewändern, umgürteten sich mit ihrem Schwerte, die Männer, über den Kettenpanzer; da ritten sie zum Kampfe.

Hildebrand sprach, der Sohn Herebrands, er war der Ältere, der Vorgeschrittenere an Jahren, er begann zu fragen mit kurzen Worten, wer der Männer im Volke sein Vater wäre, oder welches Geschlechtes du seist. Wenn du mir éinen nennest, weiß ich mir die anderen, junger Mann, im Königreiche ist mir ja das ganze große Volk bekannt.

Hadubrand sprach, der Sohn Hildebrands: das erzählten mir unsere Leute, alte und kundige, die früher waren, daß Hildebrand mein Vater geheißen habe, ich heiße Hadubrand.

Vor Zeiten ging er nach Osten — er floh vor dem Hasse Otachers — dahin mit Dietrich und vielen seiner Mannen; er ließ im Lande ein Kleines zurück, sitzen im Frauengemache, ein unerwachsenes Kind, ein erbeloses; er ritt dahin gen Osten.

Von da an bedurfte Dietrich stets meines Vaters. Das war ein so sippeloser Mann; er war dem Otacher überaus gehaß, der Willkommenste der Gefolgsleute, so lange Dietrich dessen bedurfte. Er war immer an der Spitze des Kriegsvolkes, ihm war stets der Kampf zu lieb, bekannt war er kühnen Männern, ich habe keine Hoffnung mehr, daß er am Leben sei. Hilf, großer Gott, sprach Hildebrand, oben vom Himmel, daß du um so mehr niemals mit einem so nahe verwandten Manne das Gerichtsverfahren führest! Da streifte er vom Arme

die gewundenen Ringe aus Münzgold gemacht, die ihm der
König gegeben hatte, der Heunenfürst, das, ich gebe es dir
nun um Freundschaft!

Hadubrand sprach, der Sohn Hildebrands, mit dem Speere
soll man Gabe entgegennehmen, mit der Spitze gegen die Spitze.
Du bist dir alter Heune ein überaus schlauer, verlockst mich
mit deinen Worten, willst nach mir mit dem Speere werfen,
bist von der Art alter Mann, daß du immerwährende Arglist
hegtest.

Das sagten mir Seefahrende, nach Westen über das
Wendelmeer, daß ihn der Krieg hinwegraffte: tot ist Hildebrand, Herebrands Sohn.

Hildebrand sprach, der Sohn Herebrands: Wohl, ich ersehe an deiner Rüstung, daß du zu Hause einen guten Herrn
hast, daß du noch in diesem Leben Verbannung nicht erfahren hast.

Wohlan nun, waltender Gott, sprach Hildebrand, leid-
volles Geschick begibt sich. Ich wanderte der Sommer und
Winter sechzig außerhalb des Landes, da man mich immer
unter die Kämpfer rief, ohne daß man mir bei irgendeiner
Stadt den Todesstreich versetzte. Nun soll mich der stamm-
verwandte Jüngling mit dem Schwerte erschlagen, niederstrecken
mit seiner Klinge, oder ich ihm zum Mörder werden. Doch
magst du nun leicht, wenn dir deine Kraft ausreicht gegen
einen so alten Mann, die Rüstung gewinnen, die Beute erraffen,
wenn du da irgendein Recht hast.

Der sei doch nun, sprach Hildebrand, der feigste der
Ostleute, der dir nun das Treffen weigerte, da dich nach
ihm so sehr gelüstet, nach dem frevelhaften Kampfe; er-
fahre es der, dem es beschieden ist, wer da sich heute der
Waffenkleider entäußern müsse, oder diese Brünnen beide
besitzen.

Da ließen sie zuerst mit den Speeren fliegen, mit scharfen
Schüssen, das kam an den Schilden zum Stillstande. Erhoben
darauf das Ringen, strichen die Bretter, zerhieben erbittert die
weißen Schilde, bis ihnen ihre Lindentafeln klein wurden, zer-
arbeitet mit den Waffen.

III. Erläuterung des Textes.

Etwas mehr als ein Jahrhundert vor Lachmann[1] hat v. Eckhart[2] das Verbum des Objektsatzes im ersten Verse in dem Komplexe *urhêttun* gesucht, denselben mit ‚(quod) constituerint‘, übersetzt und mit nhd. *verhiessen* verglichen, d. h. er hat das Präteritum ganz richtig als das des reduplizierenden Verbums erkannt, während Lachmann, in diesem Punkte hinter v. Eckharts Verständnis zurückbleibend, der vermeintlichen Alliteration *úr*... und *ǣnōn*... zuliebe die Präteritalform als solche eines denominativen schwachen Verbums *úrheizen* aufklären wollte.

Durchlöchert wurde diese Auffassung des Textes durch Greins[3] alternative Gleichung von *urhêttun* mit dem ags. Nom. Pl. *órettan* als Apposition zu den beiden Subjekten des Satzes und durch Riegers[4] nachdrückliche Billigung dieser, die seither die Geister gefangen hielt, bis Erdmann,[5] wie ich denke in abschließender Weise, wieder die ältere Meinung in die ihr mit Ungebühr entzogenen Rechte eingesetzt hat.

Die Gründe Erdmanns, daß das germanische Verbum für ‚jemandem begegnen‘: as. *môtean*, mnd. *moten*, an. *mœta*, afries. *mêta*, ebenso got. *gamotjan* ἀπαντᾶν τινι, regelrecht mit dem Dativ der Person gebunden sei, z. B. as. Hel. Cott. 5950 *that hie im thar an wege muotta* — nur ags. *métan, gemétan* mit dem Akk. ‚jemand treffen‘ und éin afries. Beleg gleichfalls mit transitivem *mêta* bildet eine Ausnahme — daß aber ahd. *sih* nur Akkusativ sein könne, wogegen der Dat. *im* lauten müßte, daß man bei Entsprechung zu diesem Verbum in unserem Texte Geminata: *muottin* erwarten müßte — wogegen Kögel freilich auf die mhd. Vereinfachung *tt* > *t* nach langem Vokal: *grôte*

---

[1] K. Lachmann, Über das Hildebrandslied: Hist.-philolog. Abhandlungen der Berliner Akademie 1833, 123—162.

[2] Johann Georg von Eckhart, Commentarii de rebus Franciae orientalis. Wirceburgi 1729 (2 Voll.), Vol. 1, S. 864—902.

[3] C. W. M. Grein, Das Hildebrandslied. Göttingen 1858; 2. Aufl. Kassel 1880.

[4] Max Rieger, Bemerkungen zum Hildebrandsliede in Germania 9 (1864), S. 295—320.

[5] Axel Erdmann, Bemerkungen zum Hildebrandslied in PBB 22 (1897), S. 424—434.

‚grüßte' verwies — und daß der Konjunktiv auf -*in* statt des
Indikativs im Objektsatz, der sich aber allerdings auch V. 16
findet: *dat ... hêtti*, auffallend wäre, sind wohl erwogen, in
ihrer Gesamtheit überzeugend und die Beurteilung des Verbums
urheitan, got. *ushaitan* ‚*προκαλεῖν*, prouocare' Gal. 5, 26, nach
der Kategorie der germ. Verba des ‚Bittens, Forderns, Fragens'
mit dem Akkusativ der Person *sih* und dem Gen. der Sache
muotîn ist unanfechtbar.

Demnach gestaltet sich der Objektsatz in nhd. Form: ‚daß
sich herausforderten zu einer Einzelbegegnung Hildebrand und
Hadubrand ...' als Eingang der Erzählung, die der Dichter
des Liedes vernommen hat.

Auch die kategorische Bestimmung Erdmanns hinsichtlich
des Substantivs *muotîn* als eines deverbalen Nomen actionis
môtîni- und seine begriffliche Bewertung gleich ags. *geméting*
Beow. 2001, *gemót* in Kompp. wie *handgemót* ‚Handgemenge'
ebenda, mhd. *muot* ‚feindliche Begegnung' ist klaglos.

Unwahrscheinlich aus Gründen der Wortstellung und des
Ausdruckes ist mir nur Erdmanns Auffassung von *ǽnon* als
mask. Nom. Pl. — so schon Grein und später auch Kögel —
und Apposition zu dem folgenden pluralischen Subjekte mit
der Bedeutung ‚allein'; ich glaube, daß in diesem Falle die
Apposition nicht zwischen *urhêttun* und *muotîn* eingekeilt stehen
könnte. Auch eine Verbindung *sih* ... *ǽnon* ‚sich allein' als
zwei Akkusative halte ich mit Hinblick auf die dadurch ge-
forderte Diktion nicht für befriedigend. Wie an der bezogenen
got. Stelle Gal. 5, 26 die Wortfolge: Pronomen Adverbium Partizipium geboten ist *uns misso ushaitandans* ‚*ἀλλήλους προκα-*
λούμενοι, inuicem prouocantes', so müßten wir doch wohl auch
in Hild. Pronomen, Apposition, Verbum, also *sih ǽnon ur-*
hêttun erwarten. *ǽnonmuotîn* ist nach meiner Ansicht vielmehr
eine Zusammenrückung mit dem Gen. Pl. des schwach dekli-
nierten Zahlwortes, aufzulösen in eigentliches *ǽnôno muotîn*
‚singulorum conuentus', so daß wir, was die Bedeutung angeht,
wieder bei dem Werte des ahd. *ainwic, einuuigi* ‚duellum', *zi*
einuuige ‚ad singulare certamen' Graff. 1, 706, den Lachmann
hiezu gefunden, angelangt sind, wenn wir auch dieses Gelehrten
Bestimmung von *ǽnon muotîn* als Dative Pluralis nicht zu
teilen vermögen. Der dabei vorausgesetzte *o*-Verlust in der

Zusammenrückung verhält sich formell wie der in ahd. *Franchonfurt*, Dronke, Cod. dipl. Fuld. 817, Nr. 325ᵇ, neben *Franchonofurth*, ebenda 845, Nr. 354, oder in *thero heithafton* ‚sacerdotum‘ Tat. 137, 4 neben *thero heithaftono* ebenda 153, 3, oder in der Phrase *te banon handon* Hel. 5306 Cott. gegenüber der vollen Form *banono* ebenda 4611.

In Betreff der Ableitung gehört der ohne Zweifel technische Ausdruck *ǽnônmuotín* ‚singulorum conuentus‘ in éine Reihe mit den langobard. Verbalabstrakten *âstallîn* ‚Verlassen des Kampfgenossen vor dem Feinde‘, *crapuuorfín* ‚Zerstörung einer Grabstätte‘, *marahuuorfín* ‚Herabwerfen eines Freien vom Pferde‘, *uueguuorrín* ‚Behinderung des Weges‘ Roth. 7, 15, 30, 26.

Ob das *n* des Verbalabstraktums got. **gamoteins* im Dialekte des Hildebrandsliedes nur den Obliquen oder auch dem Nom. Sing. angehöre, d. h. ob der Nom. Sing. mit dem der Adjektivabstrakta auf -*í* zusammengefallen sei oder nicht, läßt sich mit voller Sicherheit nicht sagen, doch spricht der ohne *n* erscheinende Obliquus des Adjektivabstraktums *bi huldi* Hild. 33 dafür, daß beide Bildungen sich auch im Nom. Sing., hier -*í*, dort -*ín*, unterschieden haben werden.

Daß die Handschrift zwischen *n* und *m* eine geringe Distanz läßt, ist selbstverständlich völlig bedeutungslos. Dergleichen findet sich ja auch bei sicheren Kompositis wie *ostar liuto* 56.

Unter den Gesichtspunkt der stilistischen Variation fällt meines Erachtens der Wechsel von -*braht* und -*brant* im zweiten Teile der drei Personennamen.

Es finden sich: *hiltibraht* (Hs. das zweite *h* aus *n* gemacht) *enti hadubrant* 2, *hiltibraht* ... *heribrantes* 6, *hadubraht* ... *hiltibrantes* 13, *hadubraht* ... *hiltibrantes* 34, *hiltibraht* ... *heribrantes* (Hs. *heribtes*) 43, d. i. an allen Stellen, wo der Dichter von dem Paare: Sohn und Vater oder Vater und Großvater spricht, ist es vermieden, zwei Formen mit -*brant* zu binden, sondern der an erster Stelle stehende Name ist immer mit dem Elemente -*braht* variiert.

In den tonlosen inquit der Verse 29, 47, 56 steht éinmal (29) isoliertes *hiltibraht*, die beiden anderen Male ebenso isoliert *hiltibrant*.

Dagegen stehen in den Versen 16 und 42, wo Hadubrand spricht und die authentischen Namen seiner selbst, seines Vaters und Großvaters nennt, je zwei -*brant* gebunden, 16 *hiltibrant* ... *hadubrant* und 42 *hiltibrant* ... *heribrantes*. Es ergibt sich hieraus die merkwürdige Erscheinung, daß der *hadubraht* des v. 13 in 16 von sich selbst sagt: ich heiße *hadubrant*.

Dieser Wechsel von -*braht* und -*brant* im zweiten Teile der vom Dichter angeführten Namenpaare, durch den bei dem geringen appellativischen Gewichte dieser Elemente der Gesamttypus der Namen nicht wesentlich alteriert wird, ist also kein Irrtum und keineswegs auf teilweise falsche Auflösung einer Kürzung wie -*ñtes* in 43 vonseiten der Anfertiger unserer Handschrift zurückzuführen, sondern bewußte stilistische Absicht, die nur dort nicht in Anwendung kommt, wo die wirklichen Namen gegeben werden sollen.

In den drei inquit wechselt der Dichter mit einem -*braht* und zwei -*brant*, da ihm die Formen völlig gleichwertig sind.

Wie es sich mit der Kürzung -*ñtes* in 43 verhält, ob sie dem Kopisten dieses Teiles der Handschrift zufalle oder schon in der Vorlage gestanden habe, ob die beiden Kopisten der Handschrift an anderen Stellen den ausgeschriebenen Namen an Stelle einer Kürzung der Vorlage gesetzt haben, und warum gegebenen Falles die Kürzung in 43 stehen geblieben sei, kann ich nicht ausmachen.

Untar heriun tuêm darf man nicht mehr ‚zwischen den zwei Heeren‘ übersetzen, sondern nur ‚zwischen den Heeren‘, wenn es auch allerdings zwei Heere sind, seit Sievers gezeigt hat, daß *untar* ... *tuêm* nicht das vollwertige Zahlwort enthält, sondern gleich ags. *be* ... *twéonum*, engl. *between*, ahd. *untar zwiskên* ‚zwischen‘ schlechtweg bedeutet. So ist, wie ich glaube, auch Hel. 204—205 *that under so aldon twêm | ôdan wurđi ‖ barn an giburdeon* ... nur mit ‚zwischen, unter‘ wiederzugeben, d. h. die ursprünglich dualische Relation ist in dieser Bindung ebenso wie in ags. *be werum twéonum* ‚among men‘, *be sǽm twéonum* Beow., ahd. Notker, Mart. Cap. *únder zuisken fisken*, nhd. isoliert ‚zwischen‘ zu einer allgemeinen geworden.

Zu *heriun* gehört der possessivische Genitiv *sunufatarungo*, der die Subjekte *Hiltibraht* und *Hadubrant* enthält und mit dem der Objektsatz schließt.

Vorauszusetzen ist ein Nom. Pl. *sunufatarungos ,die im Ver-
wandtschaftsverhältnisse von Sohn und Vater Stehenden' mit der
Flexion von *helidos* in 5, zweifellos ein in die Kategorie der germanischen, zusammenfassenden Verwandtschaftsbezeichnungen:
ags. *gibroþær*, ahd. *gibruoder*, nhd. *die gebrüder*, got. *broþrahans*,
as. *thia gisunfader*, d. i. ,Jakob, Johannes und ihr Vater' Hel.
1176, ags. *þá gódan twégen* . . ., *suhtergefæderan* ,Hróđulf und
sein Vatersbruder Hróđgár' Beow. 1163—1164, an. *samfeþra*
,die, welche gemeinsamen Vater haben' gehöriges Wort, das
nur in der Bildung seine besondere Prägung zeigt. Die additive
Zusammenrückung teilt es mit as. *gisunfader*, ags. *suhterge-*
fæderan aus *suhterga* ,fratruelis' und *fædera*, ahd. *fatureo*
,patruus', die suffixale Erweiterung mit got. *broþrahans*, die
offenbar nicht anders wirkt, als das Präfix *gi-* in *gibroþær*
oder in *gisunfader*. Das Suffix des got. Collectivums *bro-*
þrahans ist ein kollektivisches, das der ahd. Zusammenfassung
sunufatarungos, etwa ,die Sohnväterischen', ist das bekannte
patronymische, ursprünglich nur Zugehörigkeit· ausdrückende
germ. Suffix *-inga*, z. B. in ags. *fædering-mǽg* ,a patre co-
gnatus, agnatus', beziehungsweise dessen Ablautvariante *-unga*:
an. z. B. in *brœđrungr* ,Vatersbruderssohn'. Wir haben es demnach mit einem suffixal erweiterten Additionskompositum zu tun.

Mit der Hypothese einer dualischen Nominativform *sunu-*
fatarungo [1] werden wir die Mitwelt nicht mehr behelligen.
Die wirklichen Reste des Dualis im Germanischen, wie u. a.
ags. *sculdru*, *-o*, *-a* zum Sing. *sculdor*, *-er* m.,[2] haften bei Ausdrücken für paarige Körperteile, wo eben die Zweiheit wesentlich ist. Das ist bei den zusammenfassenden Verwandtschaftsbezeichnungen doch nicht der Fall; sie können und sollen eine
beliebige Zahl ausdrücken — die as. *gisunfader* der zitierten
Heliandstelle sind z. B. drei Personen — die Zweiheit ist ein
Zufall und die Annahme, daß sich für diese zufällige Zweiheit
eine alte Dualisform in der Sprache erhalten habe, ist aus der
Wortform im Hildebrandslied allein nicht zu begründen.

Der Dichter orientiert mit diesem Ausdrucke vorweg sein
Auditorium über das verwandtschaftliche Verhältnis der beiden

---

[1] Hermann Möller, Zur althochdeutschen Alliterationspoesie. Kiel und
Leipzig 1888, S. 86—87.
[2] Friedrich Kluge im Grundriß der Germ. Phil. 1², 452.

Kämpfer, während diese selbst im Sinne der Dichtung bei der Herausforderung hievon noch keinerlei Kenntnis haben.

Die Schilderung geht nun in direkten Bericht über. Das logische Subjekt zu *iro saro rihtun* steht in 2, es ist *Hiltibraht* und *Hadubrant*, das grammatische Subjekt ist im ersten Hauptsatze nicht besonders ausgedrückt; es ist hier in der Verbalform gelegen, folgt aber in den den ersten Satz erläuternden und zu ihm parallelen Hauptsätzen *garutun sê . . .*, *gurtun sih . . . ana*, ebenso im Schlußsatze des Passus: *dô sie . . . ritun*. Man kann den Satz in der Vorstellung zu **iro saro rihtun sê* ausfüllen.

Helidos in 5 ist Apposition zu *sê*, ihrerseits wieder dieses grammatische Subjekt inhaltlich erläuternd. Man vergleiche hiezu Hel. 345—346 Mon. *hiet man that alla thea elilendiun man | iro ôdil sôhtin || helidos iro handmahal . . .*.

*Saro rihten kann nur heißen ‚die Rüstung am Leibe zurechtmachen‘, d. i. die Waffenkleider anziehen, die Waffen zur Hand nehmen, und das eben wird in 4—5 des Näheren ausgeführt.

Die *saro* (nach Graff 6, 267 nur dieser eine Beleg für das ahd. einfache Wort!) sind pluralisch gleich dem got. Plur. tantum *sarwa* ‚ὅπλα, πανοπλία‘, keineswegs deshalb, weil zwei Männer auch zwei Rüstungen voraussetzen, sondern aus dem Grunde, daß sie an sich aus mehreren Stücken bestehen. Sie sind materiell dasselbe wie die gleichfalls pluralischen *hrusti* der Verse 44 und 54.

An unserer Stelle sind als Teile der *saro*: *gudhama und *suert* genannt, außerdem die *ringa*, wieder ein Plurale tantum ‚der Ringpanzer, Kettenpanzer‘, nicht die Lanze und der Schild, auch nicht der Helm, dessen im Hildebrandslied überhaupt nicht gedacht wird.

Daß *saro* und *gudhama nicht synonym sein können, sondern vielmehr *gudhama mehr *suert* mehr *ringa* gleich den *saro* seien, ergibt sich aus der Textierung, aber auch *gudhama und *ringa* sind schwerlich synonym, sondern der Kettenpanzer ist wohl nur ein besonderes Detail der Waffenkleidung. Dafür spricht außer sachlichen Gründen auch Vers 59—60, wo für das Paar von 4—5 ein anderes Paar von Ausdrücken *hregil* und *brunna

sich findet, deren erster, wenn nicht überhaupt sachlich verschieden, so doch sicher nicht der engere, sondern der weitere,
den zweiten in sich schließende ist.

Unter den ‚Waffenkleidern‘ werden wir außer dem Panzer
auch noch den unter demselben getragenen Leibrock verstehen
müssen.

Das Verbum *garuuen* kann nicht als ‚bereiten, verfer-
tigen‘ mit Rücksicht auf die Waffenkleidung verstanden werden,
dieselbe ist schon verfertigt und braucht nur angezogen zu
werden; es bedeutet vielmehr ‚bereitmachen, ausstatten‘ mit
Rücksicht auf die Personen. Dieser Sinn des Verbums wird
durch ahd. *gegaretiu* ‚induta‘, *kacaruuit* ‚indumenta‘ Graff
4, 247 erläutert sowie durch das as. Part. perf. *gegariwit* ‚an-
getan, bekleidet‘ Hel. 1680, von der mit Blüten ausgestatteten
Lilie gesagt, insbesondere aber durch den ags. Passus *gyrede
hine Béowulf eorlgewǽdum* ‚es bekleidete sich B. mit den ritter-
lichen Gewandstücken‘ Beow. 1441—42, dessen Konstruktion
mit dem Akkusativ des persönlichen Pronomens und dem in-
strumentalen Dativ der Sache für Hild. 4 die hohe Wahrscheinlichkeit ergibt, daß der reflexive Akk. *sih* ebenso wohl zu
garutun wie zu *gurtun* gehöre und daß *gûdhamun* demgemäß
ein instrumentaler Dativ sei.

Da nun außerdem die bezeugten Obliquen der swm. *on-*
Stämme in Hild. Akk. sing. *hêrron* 45, Dat. sing. *banin*, Gen.
Pl. *ænôn* 1, nicht dafür sprechen, daß -*hamun* eine Kasusform
des swm. -*hamo* sein könne — der Akk. Sing. wie Pl. müßte
doch wohl -*on* lauten, der Dat. Pl. -*ôm* oder -*ôn* — muß man
die dastehende Form entweder als Dat. Sing. eines swf. -*hama*,
oder als Dat. Pl. eines stm. -*ham* erklären.

Die Wage wird sich nach der zweiten Seite neigen, da
nicht nur an. -*hamr*, pl. -*ir*, stm. ist, sondern auch bei einigen
der neun ags. Komposita mit -*hama* starke Flexionen, wie Akk.
pl. *byrnhomas* Judith 11, Akk. Sing. *done fyrdhom* Beow. 1504
begegnen, ferner ein bahuvríbisches st. Adj. *scírham* auftritt,
eine swf. Bildung aber nicht aufzutreiben ist. Ich denke demnach
an einen stm. Plural *gûdhama* ‚Waffenkleider‘, der sich auch
inhaltlich wie der synonyme Plural *hregil* verhält. Da im Althochdeutschen von den Kompositis mit -*hamo* doch eigentlich
nur *der líchamo* bezeugt ist, wozu as. noch *fedarhamo*, afries.

hirthoma ,praecordia' kommen, hat man eben keinen Grund,
von einer reichlich belegten Kategorie swm. Komposita innerhalb des kontinentalen Westgerm., noch weniger innerhalb des
Ahd. zu sprechen, die der Aufstellung eines stm. *gûdham ab-
träglich befunden werden könnte.

Die Konstruktion des Verbums *gurtun*, das sicherlich das
bekannte ahd. swv. *gurten* ist, wiewohl nach got. *gairdan auch
an ein stv. gedacht werden könnte, im folgenden Satze mit dem
Akkusativ der Person und scheinbar auch Akkusativ der Sache
ist auffällig, während **gurtun sih ... ana* oder **gurtun ...
iro suert ... ubar ringa* durchaus verständlich wäre — *gurten*
mit dem Akkusativ des pers. Pronomens, ohne Objekt ist ahd.
genügend nachgewiesen, z. B. *umbigurta sih* (Christus) O. IV,
11, 13 und *gurten* mit Akkusativobjekt und präpositional regierter
örtlicher Bestimmung läßt sich in ags. *gyrd nu ðín sweord ofer
ðín þéoh* ,accinge gladium tuum circa femur' Bosw. Toll. auf-
zeigen — ist die Hildebrandstelle mit scheinbar doppeltem Akkusativ, der Person und der Sache, und außerdem mit präpositional
eingeleiteter Bestimmung *ubar ringa* schwer zu begreifen.

Aber *suert* ist wohl gar kein Akkusativ, sondern derselbe
instrumentalis singularis *suertu*, der in Vers 51 steht, nur daß
an dieser Stelle die instrumentale Flexion -*u* gesprochen und
geschrieben ist, in Vers 4 aber vor folgenden Vokal Elision
erlitten hat. Bei dieser Auffassung hat der Passus keinerlei
Schwierigkeiten mehr. *gurtun sih iro suert' ana* ist konstruiert
wie ags. .... *mænig ... þegn, gyrde hine his swurde* Finnsb. 15
oder *hine se hálga wer gyrde grægan sweorde* Cædm. 138,
wonach die örtliche Bestimmung *ubar ringa* mit der das Subjekt *sê* rekapitulierenden Apposition *helidos* folgt. *suert'* ist
also Singular, nicht Plural und ebenso sind *saro, ringa* grammatisch zwar pluralia tantum, *gûdhama vermutlich ein kollek-
tivischer Plural, aber in keinem Falle ist von beiden Rüstungen,
Waffenkleidungen, Panzern, Schwertern zusammen die Rede,
sondern nur von der Rüstung, dem Kleide, dem Panzer und
Schwert jedes einzelnen der zwei Kämpen. *iro* im Komplexe
sih . iro . suert setzt die Handschrift zwischen zwei Punkte.
Es ist möglich, aber doch nicht durchaus sicher, daß das Pronomen hiedurch getilgt werden sollte, das in der Tat weder
für den Sinn noch für den Vers notwendig ist.

Die Formdifferenz des Nom. Pl. *helidos* 5 und der beiden
Akk. Pl. masc. von ŏ-Stämmen: *ringa* 5 und *bauga* 31 gegenüber den Ausgleichungen des Nom. und Akk. Plur. as. -os, ahd.
-a wollte Scherer[1] als eine ererbte, die got. Flexionen -os und
-ans fortsetzende erklären.

Ich bin nicht dieser Meinung, sondern ich glaube, daß
wir es im Hildebrandsliede mit zwei maskulinen Nominativ- und
Akkusativbildungen der ŏ-Stämme zu tun haben, von denen -a
die gewöhnliche, -os aber eine auf persönliche Substantiva wie
helidos und glaublich auch **sunafatarungos* und **fireos* ein-
geschränkte ist. Diese Nominativbildung auf -as, seltener -os,
erscheint ja bekanntlich auch in lateinischen Urkunden des
8. Jahrhunderts bairischer wie alemannischer Herkunft bei
deutschen Ortsbezeichnungen, und zwar vorzugsweise bei solchen,
die aus Familiennamen mit dem patronymischen Suffixe -inga
erwachsen sind. Das Nebeneinanderbestehen eines persönlichen
Nom. Plur. *Matzingas* und eines sachlichen *Affaltrawanga* in
ein und derselben Urkunde von 798,[2] glaube ich, muß auch
das Nebeneinanderbestehen von *helidos* und *ringa*, *bauga* im
Hildebrandsliede verständlich machen.

Da das etymologische, einfache, auslautende -s der got.
Flexionen im An. zu -R wird und im Westgerm. überhaupt
fällt, so ergibt sich von selbst, daß das pluralische -os und -as
des As. und Ags. mit dem got. -os, von *windos* z. B., nur unter
der Bedingung gleich sein könnte, daß das s eben dieses mit
dem von *ahwos* und *stabeis* nicht gleich sei, daß aber, wenn
got. *windos, ahwos, stabeis* einen s-Auslaut von einheitlicher
Qualität besitzen, die as., ags. und oberdeutschen maskulinen
Plurale auf -os, -as etwas Besonderes sein müssen. Aus dieser
Überlegung ergibt sich mir, daß die ahd. nominativische Pluralendung der maskulinen ŏ-Stämme: -a etymologisch der an.,
afries. -ar gleich sei und ebenso eine germ. Form -ōz mit tönendem Auslaut zur Vorbedingung habe, wie ahd. *gesti*, an. *gestir*,
got. *gasteis* eine germ. Flexion -iz, daß also die einheitliche
Form des ahd. Nom. und Akk. Plur. *taga* aller Wahrschein-
keit nach geschichtlich die des Nominativs sei, sowie daß *ringa*

[1] Wilhelm Scherer, Die A-Deklination im Hildebrandsliede. Z. f. d. A. 26
(1882), S. 380.
[2] Neugart, Cod. dipl. Alamanniae, 1791; 1, 118.

und *bauga* im Hildebrandsliede nicht bloß die Form des Akku-
satives bezeugen, sondern auch die des zugehörigen Nominatives
darstellen. Wahrscheinlich aber wird es, daß got. *windos* nur
die got. Auslautverhärtung besitze und somit in an. -*ar*, ahd.
-*a* unmittelbar fortgesetzt sei. Dann aber hat die Erklärung
der Flexion as. -*os*, ags. -*as*, die in diesen Dialekten verall-
gemeinert wurde und die andere Flexion verdrängte, von
dieser selbst auszugehen, sich auf sie zu beschränken und für
sie den Bestand eines germ. tonlosen Auslaut-*s* oder einer
etymologischen Geminata -*ss* irgendwie zu ermitteln.

Der folgende Satz *do sie* . . . *ritun* wurde bis auf Wadstein, der eine Idee von Siebs benutzt, als Temporalsatz genommen. Der notwendigen zeitlichen Folge der Handlungen
zuliebe: erst ‚rüsten‘, dann ‚reiten‘, hatte Kauffmann[1] die Präterita *rihtun, garutun, gurtun* plusquamperfektisch verstanden,
während Heinzel[2] die alte v. Eckhartsche starke Interpungierung
nach *ringa* wieder aufnahm und den vermuteten Temporalsatz als
Einleitung des folgenden Hauptsatzes *Hiltibraht gimahalta* ansah.

Aber weder eine Übersetzung ‚sie hatten sich gerüstet,
als sie zum Kampfe ritten‘ befriedigt, noch eine solche ‚da sie
zum Kampfe geritten waren, sprach Hiltibraht‘, denn am Kampfe
ist es zunächst noch nicht, der wird erst eröffnet, nachdem die
Unterredung keine Umstimmung bei dem Jüngeren herbei-
geführt hat, und das Rüsten wäre im ersten Falle, d. i. mit den
angeblichen Plusquamperfekten ausgedrückt, keine lebendige
Schilderung, sondern eine platte und höchst überflüssige Selbst-
verständlichkeit.

Hier hat Wadstein[3] das Richtige gesehen. Der mit dem
Adverbium *dô* eingeleitete Satz ist gar kein Temporalsatz, sondern ein Hauptsatz: ‚da ritten sie zum Kampfe‘ (nicht mit
Wadstein ‚zu diesem K.‘!) und gehört noch in die fort-
schreitende, Glied an Glied heftende Schilderung der Vorbereitung zum Kampfe, die er als zeitlich Letztes abschließt.

---

[1] Fr. Kauffmann, Das Hildebrandslied. Philologische Studien. Festgabe
für Sievers. Halle 1896, S. 124—178.

[2] Richard Heinzel, Über die ostgotische Heldensage. Wiener Sitzungsberichte, hist.-phil. Klasse 119, III.

[3] Elis Wadstein, Beiträge zur Erklärung des Hildebrandsliedes in Göte-
borgs Högskolas Årsskrift, Bd. IX, 1903.

Nur wird es genügen, nach *ringa* Semikolon zu setzen statt
der von Wadstein empfohlenen starken Interpunktion. Gewiß
reiten die beiden Gegner auch bei dieser Interpretation nicht
unmittelbar zum Kampfe, aber bei dieser Fassung ist es
klar, daß der schließlich doch erfolgende Kampf eben nur vor-
ausgenommen ist. Ich hatte es für möglich gehalten, das Präteritum *ritun* und den angeblichen Temporalsatz zu verstehen:
,als sie im Begriffe waren, als sie sich anschickten, zum Kampfe
zu reiten', womit die schildernden Präterita *rihtun, garutun,*
gurtun wohl vereinbar wären, doch ziehe ich jetzt Wadsteins Auffassung vor und halte von seinen Parallelen aus dem Heliand
für die Wortstellung: temporales Adverbium, Subjekt, Verbum
auch im Hauptsatze mindestens die Stellen Hel. 378—382 *thô*
ina thiu môdar nam, biwand ina . . . endi ina . . . legda . . .
luttilna man . . . an êna cribbiun . . . und Hel. 727—732 *thô he*
so hardo gibôd, Hêrôdes obar is rîki, hêt thô is rinkos faran
. . . hêt that sie kinda so filu . . . hôbdu binámin . . . so filo so thar
giboran wurdi, an twêm gêrun atogan für ausreichend, obwohl
ich gar nicht übersehe, daß hier beide Male der mit *thô* eingeleitete Hauptsatz eine Reihe koordinierter Hauptsätze eröffnet,
während er im Falle des Hildebrandsliedes eine solche schließt,
was stilistisch doch wohl nicht ganz gleich ist.

Der Satz oder eigentlich die zwei Sätze *her uuas hêroro*
man, ferahes frôtôro stehen parenthetisch zwischen den beiden
Sätzen *Hiltibraht gimahalta . . .* und *her fragên gistuont* und
motivieren den Umstand, daß der Ältere zuerst das Wort ergreift, aus der allgemein gültigen Sitte, nicht anders wie Nithard
Historiar. libri 4 zu Gelegenheit der zwischen Ludwig und
Karl zu Straßburg ausgetauschten Eide motiviert *Lodhuuicus*
autem, quia maior natu, prior exorsus sic coepit. Her fragên
gistuont . . . definiert die Art der Anrede als die einer Frage.

Die genaue Begriffsbestimmung von *hêrôro* verdanken
wir Edzardi.[1] Der Komparativ im Hildebrandsliede bedeutet
wie ahd. *hêriro* Graff 4, 988 aus K ,senior' im eigentlichen
Sinne und ist aus dem körperlichen Merkmal der Grauhaarig-
keit entwickelt. Die gleiche Bedeutung ,alt' kehrt im Positiv
hêremo 54 wieder. Die Parallelen Edzardis an. *hárr* ,grau', i. b.

---

[1] Edzardi, Zum Hildebrandslied in PBB 8, S. 480—490.

‚grauhaarig,‘ daher gebunden *hárr ok gamall* ‚grau und alt‘,
hárir menn ‚seniores populi‘, ags. *hár* ‚senex‘, engl. *hoar* ‚weiß,
eisgrau‘ [germ. Grundform *haira-] lassen an dieser Feststellung
um so weniger zweifeln, als Hildebrand auch im deutschen
Liede *der alte* und FAS 2, 487 *inn hári Hildibrandr* genannt
ist. Hinzufügen muß ich, daß das Substantiv in der Bindung
hêrôro man nur eine untergeordnete Rolle spielt, etwa so wie
in mhd. *der ármman*, d. h. wir haben hier einfach ‚der arme‘,
dort aber bloß ‚der ältere‘ zu übersetzen, nicht vollgewichtig
‚der ältere Mann‘. In ähnlicher Weise ist das Substantiv auch
in *gialtêt man* fast wie ‚alter‘ 39 von geringem Gewichte, von
größerem aber doch an den anderen Stellen: *so friuntlaos man*
23, *mit sus sippan man* 30, *in sus heremo man* 54 oder pluralisch
chônnêm mannum 28, von denen man höchstens die beiden
mittleren nhd. auch ohne das Substantiv übersetzen könnte.

Das zweite Prädikatsnomen ist *frôtôro* und man sieht sogleich, daß in den Komparativen *hêrôro* und *frôtôro* die formelhafte Paarung der Adjektiva *alte anti frôte* 15, ags. (him)...
ealdum infródum Beow. 1874, (he...) *eald ond infród* ebenda
2449, as.... *en gigamalod mann, that was fruod gomo* Hel. 72—73
gegeben ist, doch wird man hinsichtlich der Bedeutung des
Komparativs sich anders entscheiden müssen.

Gewiß *frôt* in Hild. 15, as, *fruod* in Hel. 73 ist nach got.
froþs ‚συνετός, σοφός, σώφρων, φρόνιμος‘, ahd. *froat* ‚gnarus,
sapiens‘ zu beurteilen und auf die Erfahrenheit des Alters zu
beziehen. Daran denkt man zunächst auch in Hild. 8, doch
hindert der Genitiv *ferahes* diese Möglichkeit. Es ergibt sich
aus den tatsächlichen Belegen zu dem Neutrum ahd., as. *ferah*,
ags. *feorh*, an. *fior*, daß dieses Wort nicht ‚geistiges Vermögen‘
noch das ‚erlebte Leben‘, aus dem Erfahrung gewonnen werden
könnte, sondern ganz eigentlich das ‚innegehabte, persönliche
Leben‘, das ‚Lebendigsein‘ bedeutet: Graff 3, 682 ‚vita‘, daher
ferehes fárên nach dem Leben trachten Otfr., *suorcfol wesan fe-*
rahes ‚für sein Leben fürchten‘ aus Tat. 38, 1, wozu denn auch
got. *fairhwus* ‚κόσμος‘ als das ‚belebte Dasein‘, d. i. die ‚Summe
alles Lebendigen‘, einstimmt. Dementsprechend ist schon in
MSD II³, 13 eine auf ‚Klugheit und Erfahrung‘ abzielende
Auslegung der Stelle zurückgewiesen und für den Genitiv *fe-*
rahes i. b. die ags. Entwicklung von ‚Leben‘ zu ‚Lebensalter‘

geltend gemacht, die z. B. in Beow. 1843 *on swá geonʒum feore*
,in so jugendlichem Alter' oder Beow. 536—537 *wéron bégen
þá git on geogoðfeore* ,wir waren beide noch im Jugendalter'
gewährt ist und in *ic eom fród feores* ,ich bin vorgerücktem
Alters' Byrhtnoð 317 mit dem identischen Adjektiv des Hild.
verbunden erscheint.

Es ist also dieses Adjektiv auch in Hild. 8 mit seinem
geschichtlich späteren Werte ,alt', der in as. *ênna frôdan man*
,einen alten Mann' Hel. 1173, in der ahd. Glosse *froot vel
langfari longaevus* Graff 3, 820 aus R vorliegt, der für das
ags. *fród* reichlich bezeugt ist und vermutlich auch für die
gesteigerte Form *infród* der ausgehobenen Beowulfstellen gilt,
einzusetzen und *ferahes frôtôro* ,der Vorgeschrittene an Jahren'
als bloße Variation zu *hêrôro man* ,der Ältere' zu betrachten.

Die Frage, ob die Anrede Hildebrands an den jüngeren
Gegner nicht bloß aus der Sitte, die dem Älteren dieses Recht
wahrt, begründet, sondern auch als Folge der gereifteren Einsicht des Älteren dargestellt würde, braucht demnach gar nicht
aufgeworfen zu werden, da der richtig verstandene Text für
sie keinerlei Grundlage enthält.

Beispiele für *gistantan, gistán* als ,anheben, beginnen'
bietet O I, 20, 5 *thiu kind gistuatun stéchan* ,sie begannen
(nach dem Befehl des Herodes) die Kinder zu töten' und IV,
34, 16 *after thesên uuerkon gistuant er gote thankôn* ,... begann er Gott zu danken', ebenso Notker *diu lúft ... uuármên
gestát* u. a.; für as. *gistandan* ,begegnen, widerfahren' ist diese
Bedeutung nicht nachgewiesen.

Fôhêm uuortum, d. i. ,paucis uerbis, mit kurzen Worten,
geht auf die lakonische Knappheit der Anrede Hildebrands.

Der Genitiv *fireo* in 10 ist nicht mit *folche*, sondern als
partitiver Genitiv mit dem Fragewort *uuer* zu verknüpfen.
Uuer ... fireo ist ,wer der Männer, wer von den Männern',
und wird durch die örtliche Bestimmung *in folche* genauer
präzisiert. Da wir *folc* noch zweimal im Hild. Vers 27 und 49 in
der Bedeutung ,Kriegsvolk, Heer, Heerhaufe' antreffen, werden
wir auch in 10 den Ausdruck nicht auf die ganze Nation, der
Hadubrand angehört, beziehen dürfen, sondern vielmehr auf
das örtlich anwesende Heer Hadubrands, d. h. die Frage scheint
so gestellt zu sein, daß der Vater des jüngeren Gegners noch

am Leben — *fireos* sind ja eigentlich die ‚Lebenden‘ — und
im Heere, *in folche* desselben anwesend gedacht wird. Zum
mindesten die erstere Annahme des Fragenden ist zweifellos,
da sie von Hadubrand Vers 28 und noch stärker betont 42
in ablehnendem Sinne beantwortet wird. Anfechtbar ist vielleicht die zweite dem Fragenden zugeschriebene Annahme,
doch wird, auch wenn Hildebrand über die Anwesenheit oder
Nichtanwesenheit des Vaters seines jüngeren Gegners gar nichts
Bestimmtes vermutet, die Bedeutung von *folc* als solche des
örtlich anwesenden Heeres nicht abgeändert, da der Begriff in
diesem Falle als pars pro toto fungiert.

Von den folgenden Fragesätzen gehört der erste in 9—10
dem Berichte des erzählenden Dichters an und behandelt deshalb den Gefragten in dritter Person. Sein historisches Tempus
uuâri folgt aus dem des Hauptsatzes *gistuont*, nicht anders wie
in Hel. 4971—2 *endi ina . . . frâgodun . . . hwilikes he folkes
wâri*, oder im Georgslied *ehr quaht Gorio uuari . ehin ckoukelari*
als jeweilige historische Umsetzung des Fragesatzes ‚welches
Volkes bist du‘, beziehungsweise des Affirmativsatzes ‚Georg
ist ein Gaukler‘.

Dagegen gibt sich der zweite Fragesatz in 10 *eddo . . .
du sîs* entweder als Zitat einer von einem Dritten gestellten
Frage, der auch Hildebrand selbst sein könnte, wenn er von
sich in der dritten Person spräche, etwa ‚Hildebrand frägt dich‘,
oder als Teil einer unmittelbaren Anrede, abhängig von einem
nicht dastehenden Imperativ ‚sag’ mir‘.

Da nun beide Sätze ungeachtet ihres verschiedenen syn-
taktischen Verhaltens mit dem auf ursprünglichen Parallelismus
der Konstruktion weisenden Bindeworte *eddo* verknüpft sind,
ist der Schluß unausweichlich, daß der Dichter die beiden
Sätze, die in direkter Frage nur lauten konnten **uuer fireo
in folche ist dîn fater eddo uuelîhhes cnuosles bistu?* bei der
Umgießung in abhängige Rede ungleich behandelt, und zwar
den ersten als reinen Objektsatz zu *frâgên* konstruiert habe,
den zweiten aber von einem zwischenhinein gedachten dritten
Satze ‚sag’ mir‘ bestimmt sein ließ. Die ganze Frage, wie sie
dem Dichter vorschwebte, haben wir uns demnach in der Gestalt **uuer fireo in folche ist dîn fater, segg’ mî, eddo uuelîhhes
cnuosles bistu?* vorzustellen.

Es ist nicht zu verkennen, daß durch diese Formulierung des zweiten Fragesatzes *eddo ... dû sîs* an Stelle eines parallel zum ersten gebildeten **eddo uuelihhes cnuosles her sî* eine gewisse Undeutlichkeit in betreff der Person, nach deren Abstammung gefragt wird, vermieden bleibt, denn bei der eben skizzierten Fassung wüßte man nicht, ob das Pronomen *her* sich auf Hadubrand oder auf den ‚Vater‘ beziehe, ja man würde wohl geradezu versucht sein, die zweite, unzutreffende Beziehung hineinzulesen. Es ist ferner zu beachten, daß der zweite Satz in 10 *eddo ... du sîs* vermöge seines Überganges zur zweiten Person von der erzählenden Form *uuer ... uuâri* zum unmittelbaren Zitat der Rede in 11 *ibu du ... sagês* hinüberleitet und daß Ergänzungen an dieser Stelle, bestimmt, die uns als solche erscheinende Sonderbarkeit der ganzen Fügung zu ebnen, nicht zugleich aus einem Bedürfnisse nach Ergänzung des Sinnes, an dem ja gar nichts abgeht, begründet werden könnten.

*Sagên in 11 heißt ‚anführen, namhaft machen‘. Aber grundsätzliche Verschiedenheit der Bedeutung dieser Form des Verbums von der Form *seggen* ließe sich nicht behaupten, denn *sagetûn* in 14 und 40 ist ebenso ‚berichten, erzählen‘ wie *seggen* in 1.

Zu *ênan* ergänzt sich *dînes cnuosles, ebenso zu *de ôdre*. Der reflexivische Dativ des persönlichen Pronomens beim Verbum ‚wissen‘ *ik mi ... uuêt* findet sich auch Cædmon[1] 443 *wiste him spræca fela*, ähnlich auch beim Verbum ‚sein‘ Hild. 37. Die Behauptung Hildebrands, daß er nach Nennung des Namens eines Angehörigen der Sippe seines Gegners auch die aller übrigen kenne, ist onomatologisch bedeutungsvoll. Sie setzt voraus, daß die Namen der gleichzeitigen Individuen einer Nation auch eine jeweils individuelle Prägung besitzen und daß Gleichnamigkeit gleichzeitiger Individuen verschiedener Sippen wenigstens nicht erwartet wird.

Begründet wird die Behauptung mit dem Satze in 12. Zwischen beiden Sätzen *ik mi ... uuêt* und *... chûd ist mi ...* steht der Vokativ *chind*, parallel zum Vokativ *du* im Konditionalsatze von 11, grammatisch eine Wiederholung des angespro-

---

[1] Hg. von Bouterwek, Elberfeld 1849—50.

cbenen Subjektes, zu übersetzen als 'junger Mann', denn
Hadubrand muß auf 31 bis 37 Jahre geschätzt werden. 30 Jahre
beträgt nach dem Folgenden die Abwesenheit Hildebrands und
auf 1 bis 7 Jahre werden wir das *barn unuuahsan* von 20, das
keine persönliche Erinnerung an seinen Vater bewahrt hat,
veranschlagen müssen. Man darf wohl annehmen, daß *chind*
die Geltung einer herkömmlichen Titulatur im Verkehre von
Älteren mit Jüngeren besitze. 'Leiblicher Sohn' kann das Wort
an dieser Stelle selbstverständlich nicht bezeichnen, da Hildebrand
ja noch gar nicht weiß, wer ihm gegenübersteht. Die materielle
Bedeutung 'filius' ist übrigens selbst Vers 51 nicht an das einfache Wort *chind* geknüpft, sondern an das des näheren bestimmte *suâsat chind*. Syntaktisch gehört die Anrede 'junger
Mann' eher zum vorhergehenden als zum folgenden Satze.

Der in der Handschrift unzweifelhafte Komplex *min* wird
von den Herausgebern in der Regel zu **mir* korrigiert, d. h. es
wird ein Fehler der graphischen Wiedergabe angenommen, der
durch das optische Mittel der Verlesung von *r* zu *n* gegangen
wäre. Zugleich einer der Beweise für Abschrift des Stückes
nach einer Vorlage, nicht Niederschrift aus dem Gedächtnisse.[1]

Die volle Form *mir* steht auch in 50, wobei aber die
Stellung vor Vokal für die Bewahrung des auslautenden *r* nicht
entscheidend sein kann, da 11 gleichfalls vor Vokal *du mi ênan*
hat, eher vielleicht die Entfernung des am Ende des Verses
stehenden Verbums *gifasta* vom Pronomen. Bei größerer Nähe
des Verbums, die ein proklitisches oder enklitisches Verhältnis
des Pronomens zu diesem zuläßt, steht in Hild. sonst nur *mi*;
so proklitisch in beiden Sätzen von 11, nur durch das jeweilige
Objekt *ênan* und *de ôdre* getrennt, enklitisch in *dat sagêtun
mi* 14 und 40. Die Analogie spricht demnach für *chûd ist mi*,
nicht für **chûd ist mir*.

Ich trenne und erkläre den Komplex *min* als Dativ *mi*
mehr *n'*, d. i. dem vor folgendem Vokal apokopierten, temporalen
Adverbium: as., ahd. *nū* 'nun, denn, jetzt, nunc autem, autem',
das nach Braune[2] im Nachsatze die Bedeutung 'enim, ergo,

---

[1] Otto Schroeder, Bemerkungen zum Hildebrandsliede in Symbolae Joachi-
micae. Berlin 1880. Teil 1 [p. 189—218], p. 191.

[2] Wilhelm Braune, Althochdeutsches Lesebuch. 4. Aufl. Halle 1897. S. 222
(Glossar).

igitur' hat und motivierend wirkt.. Ein Beispiel für zu voll-
ziehende Elision des Vokales in diesem Worte gewährt O. I,
19, 7 *ni laz iz nu úntarmuari: thia muater thárafuari*; in
Hild. 12 ist die Elision in der Aussprache vollzogen und der
Vokal in der Schreibung nicht wiederhergestellt.

Darüber, daß das *chunincríchi* Italien, genauer das Reich
der Ostgoten in Italien sei, besteht kein Streit, wohl aber über
die Beziehung der Ortsbestimmung *in chunincríche* im Satze.
Braune[1] empfiehlt mit Nachdruck starke Interpunktion nach
diesem Worte und rückgewandte Verbindung dieser lokalen
Bestimmung mit *de ôdre*. Begründet wird diese Aufstellung
aus der Wortfolge *chûd ist mi*, nicht *ist mi chûd*, vorzugsweise aber aus der angenommenen Bedeutung von *irmindeot*
‚die ganze Welt‘, materiell ‚die Gesamtheit der germanischen
Heldensippen‘, die ja allerdings auf das italische Königreich
der Ostgoten nicht eingeengt werden könnte.

Aber von dem Gewichte des Elementes *irmin-* im Kompositum sollte man sich doch keine allzuweit gehenden Vorstellungen machen.

So konnte der Helianddichter in 1298 statt ... *allaro |
irminmanno* ohne Abbruch des Sinnes auch *allaro manno* sagen, aber er bedient sich des Kompositums, weil er den Halbvers füllen muß und eine vokalische Alliteration braucht, und
es zeigt sich zugleich, daß nicht *irminman*, sondern *alle
irminman* der Variation *gumono cunni* des nächsten Verses
entspricht. Ebenso ruht der Begriff der Gesamtheit in Hel. 340
obar alla thesa irminthiod, lat. ‚universus orbis‘ auf *alla*, oder
es ist für diesen Zweck der Plural gewählt, wie Hel. 1034
irminthioda gleich *thesa werold* des vorhergehenden Verses,
oder ebenso 1097 *irmintheoda* entsprechend dem *weroldríki*
des folgenden Verses, oder beides zusammen in Hel. 3315 *allon
... irmintheodun*. So ist auch Beow. 1957 keineswegs das
einfache Kompositum *eormencyn* dem *eal moncyn* von 1955
gleichzusetzen, sondern erst das örtlich definierte *eormencyn
bi sǽm twéonum* ‚das große Volk zwischen den die Erde um-
gebenden Meeren‘. Zieht man des weiteren in Betracht, daß
im Heliandabschnitte 2846 ff. für die Christo folgende Schar

---

[1] Wilhelm Braune, Irmindeot und irmingot; PBB XXI, Halle 1896, S. 1—7.

von Zuhörern hintereinander die Ausdrücke *thesaru menigi,
that gumono folc, thea scola, that folc, gesîdi mikil, themu gum-
skepie, thero meginthiodu, folc . . . gisamnod . . . fan allun wîdun
wegun* gebraucht werden, in denen, soweit sie nicht neutral sind,
zum Teil die große Zahl, zum andern Teil die bunte Zusammensetzung der Menge zum Ausdruck gelangt, so wird man hinsichtlich des einzigen Beleges des Kompositums *irminthioda*
Hel. 2849, den Braune mit der Bedeutung ‚große Menge‘ gelten
lassen wollte, sich der Erkenntnis nicht entziehen können, daß
diese Wertbestimmung zwar vollkommen richtig sei, daß sie
aber doch keine Ausnahmestellung dieses Beleges gegenüber
den anderen begründe, bei denen der Begriff der Gesamtheit
oder Universalität, wie Braune wollte, eben nur durch *al* oder
andere Zusätze erreicht ist, ohne daß er dem nicht weiter bestimmten Kompositum allein jemals zukäme.

Da nun der Begriff des mittelhochdeutschen Wortes *diet*
in betreff der Zahl ein fließender ist und wohl auch in alter
Zeit gewesen sein wird, tun wir ein übriges, vielleicht über-
flüssiges, wenn wir für *irmindeot* den Begriff ‚Nation‘, der ja
gegenüber dem ‚Stamm‘ die Vorstellung des Größeren schon
enthält, allesfalls zu ‚großer Nation, großes Volk‘ erweitern.

Es liegt aber gar nicht daran, daß Hildebrand nicht
hyperbolisch sagen könnte, im Sinne Braunes gefaßt: ‚mir ist
alle Welt bekannt‘ und daß *al irmindeot* nicht ‚alle Welt‘
bezeichnen könnte, wenn ich gleich Wadstein Braunes Interpunktion bestreite, sondern daran, daß *de ôdre (dînes cnuosles)
in chunincrîche* eine höchst überflüssige und sachlich möglicherweise gar nicht einmal zutreffende örtliche Fixierung des
Geschlechtes enthielte, während es sich doch nur um Feststellung
der Sippe als solcher mit allen ihren Angehörigen handelt.
Wohl aber verträgt *irmindeot*, richtig als ‚Nation‘ verstanden,
nicht nur eine solche örtliche Bestimmung, sondern verlangt
sie sogar.

Bei dieser Auffassung steht der Vokativ *chind* in näherem
Verhältnisse zu dem vorhergehenden Affirmativsatze als zu
der folgenden Begründung, weshalb ich beide Verse übersetze:
‚wenn du mir éinen namhaft machst, weiß ich mir die anderen,
junger Mann; mir ist ja die ganze Nation im Königreiche
bekannt‘.

Die Vers 16 bis 28 füllenden Nachrichten vom Namen
und vom Schicksale seines Vaters leitet Hadubrand in 14—15
mit der Berufung auf seine Gewährsmänner ein. Es sind ‚unsere
Leute‘, d. i. die Volksgenossen Hadubrands, die ihm von seinem
Vater erzählten; sie sind alt und der Sache kundig, sie reichen
mit der Vollkraft ihres Lebens bis in die Tage von Hildebrands
Flucht hinauf, das und nichts anderes steht da und die Befürch-
tung Trautmanns,[1] man könnte aus dem Relativsatz in 15 eine
Berufung auf verstorbene Zeugen herauslesen, die ‚zwecklos, um
nicht zu sagen unsinnig‘ wäre, ist unbegründet.

Über die ganz irrelevante Sache, ob die Gedenkzeugen
Hadubrands in dem Augenblicke, da er mit Hildebrand spricht.
noch am Leben seien oder nicht, enthält der Relativsatz *dea
êrhina uuarun* keinerlei Andeutung, sondern er berichtet nur,
was er soll, daß diese Leute zur Zeit der berührten Ereignisse
nicht wie Hadubrand Kinder, sondern erwachsene Leute, Alters-
genossen Hildebrands oder Männer noch reiferen Alters waren.
Das Temporaladverbium *êrhina* führt von dem Zeitpunkte der
stattfindenden Unterredung aus in diese alten, längstvergan-
genen Tage zurück und ist, wie schon MSD II³ mit Recht
bemerkt wird, nichts anderes als mit enklitischem *hina* ver-
mehrtes *êr* ‚vormals‘, wie ähnlich nhd. *vórhin, früherhin, für-
derhin*, ahd. mit umgekehrter Wortfolge *fon álten zîtin hina
fórn* Otfrit ad monachos St. Galli 126.

Auch dafür, daß das Possessivpronomen *úsere* mehr ausdrücke als bloße Volksgemeinschaft, Verwandte etwa, oder
abhängige Dienerschaft bezeichne, findet sich kein Anhalt.
Hadubrand bleibt nach dem Folgenden ohne männliche Sippe,
des Erbes verlustig bei den Weibern zurück; nicht das Kind
Hadubrand, sondern der heranwachsende Jüngling erhält von
seinen Stammesgenossen vorgeschritteneren Alters Nachrichten
in betreff seines Vaters.

Äußerlich erinnert die ganze Stelle an die formelhafte
Wendung zur Beglaubigung rechtlicher Feststellungen durch
Gedenkzeugen, z. B. am Ende der zweiten Wirzburger Mark-
beschreibung: *so sagant* (sagen sie), *daz sô sî Uuirziburgo*

---

[1] Moritz Trautmann, Finn und Hildebrand. Bonner Beiträge zur Anglistik,
Heft 7, Bonn 1903, S. 67—131.

marcha unte Heitingesueldôno . . . (dann des näheren ausgeführt) *Diz sagêta Marcuuart* . . . (18 Namen von Zeugen),
oder an die Worte des Schlußprotokolles der Notitia Arnonis
v. J. 798: *noticiam uero istam ego Arn . . . a uiris ualde senibus et ueracibus diligentissime exquisiui . . . isti sunt nomina
monachorum . . . laicorum nomina ista sunt, qui per sacra-
mentum factum ab antecessoribus suis ita se audisse testifi-
cauerunt, ut supra scriptum est . . .*[1]

Die Verwandtschaft der Berufung Hadubrands *dat sagêtun
. . . ûsere liuti* mit *Diz sagêta Marcuuart* . . . ist nicht zu verkennen und ebensowenig, daß die *liuti, alte, frôte* den *uiris
ualde senibus et ueracibus* entsprechen, nur daß in der Phrase
des Hild. nicht die Vertrauenswürdigkeit, die Wahrheitsliebe —
ueraces —, sondern die Kenntnis der mitgeteilten Tatsachen,
die Kundschaft um eine Sache, das Wissen — *frôte* — zum
Ausdruck gebracht ist.[2]

Inhalt der bezogenen Mitteilungen ist zunächst nur der
Objektsatz in 16, der den Namen des Vaters nennt, dessen
Verbum im Konjunktiv steht und das indirekte Zitat anzeigt.
Weiterer Inhalt ist aber auch der ganze Komplex der Verse
17 bis 28, wobei anzumerken ist, das 17 bis 21 die Form des
wörtlichen Zitates der Gewährsmänner besitzen, während 22 bis
28 als direkter, persönlicher Bericht Hadubrands auf Grund
der ihm gewordenen Mitteilungen erscheinen und mit der dem
Sprechenden allein angehörigen Folgerung *ni uuániu ih . . .*
schließen.

Auszuschalten aus dem Berichte, der auf den der ange-
rufenen Zeugen zurückgeht, ist ferner der Satz 16, 2 *ih heittu
Hadubrant,* da die Kenntnis des eigenen Namens selbstverständlich nicht der Vermittlung durch die bejahrten Gewährsmänner bedarf.

Gihueit in 17 ist ohne Reflexivpronomen gesetzt wie auch
zweimal im Hel. 4928—29 *thie fiund eft gewitun || fan themu
berge te burg* und 4232—33 *ant[h]at thiu liohte giwêt || sunne
te sedle* gegen den gewöhnlichen as. Gebrauch mit demselben

---

[1] Die Arnonischen Güterverzeichnisse, herausgegeben von W. Hauthaler.
Salzburg 1898.

[2] In ähnlicher Weise jetzt auch Ehrismann, Zum Hildebrandslied. PBB
32, 227—229.

wie Hel. 356 *giwêt im* oder 3663 *gewitun im mid iro drohtine samad.* Die Phrase *ôstar giuuîtan ‚nach Osten gehen‘ verhält sich so wie ags. *niđer gewîtan ‚niederstürzen‘ vom Bergbache gesagt, oder *of lîfe gewîtan ‚aus dem Leben scheiden‘ aus˙ Beow. 1360, 2471.

Das Adverbium *hina* in 18 geht auf *ôstar* in 17 zurück, wiederholt dieses Ortsadverbium mit einem anderen allgemeineren, nur die Richtung anzeigenden Ausdrucke und führt den Satz von der Flucht Hildebrands weiter. Diese Wiederholung in 18 ist notwendig, da der Satz **forn her ôstar gihueit miti Theotrihhe* durch die motivierende Parenthese *flôh her Ôtachres nîd* ‚er floh vor dem Hasse Ôtachers‘ zerrissen ist.

Eine ähnliche Parenthese mit motivierender Wirkung gewährt Hel. 2895—96 *flôh that barn godes ‖ gêlaro gelpquidi,* die zwischen 1 und 2 in das System der 3 einander beigeordneten Sätze ... *ac fôr imu* ... *endi* ... *hêt* ... *endi* ... *gibôd* hineingestellt ist, um die Wanderung Christi in das Gebirge aufzuklären.

Diese Parenthese auch auf 18, 1 auszudehnen ist nicht tunlich, da in diesem Falle das wegen des Objektes *nîd* — vgl. Hel. 52 *wid fîundo nîth* ‚gegen den Haß der Feinde‘ — transitive Verbum ‚fliehen‘ zufolge des dann enger zu ihm gehörigen Adverbiums *hina* zugleich intransitiv gebraucht sein müßte. *nîd fleohan läßt sich mit *hina fleohan nicht wohl vereinbaren.

Der Ausdruck *degan* hier 18 und in 25 geht auf ein Dienstverhältnis, daher im übertragenen Sinne *gotes thegan aus Otfr. an Ludwig 42 und as. **gode thegan thionon* aus Hel. 861—2.

Der Name Dietrichs ist zwar nicht gleich den Namen der beiden Haupthelden des Liedes stilistisch variiert, erscheint aber in dreifacher lautlicher Form: Anlaut *d* in 22 und 25, *th* in 18, Diphthong *eo* in 18, 25, Monophthong *ê* in 22, lang *i* im zweiten Teile 25, Kürzung *i* in 18 und 22, inlautende Spirans *hh* in 18 und 22, altes aspiriertes *k'* in 25. Es scheint, daß Verkürzung und Verschiebung der Aspirata zur gutturalen Spirans zuerst in den Obliquen eingetreten ist, und zwar so, daß neben **đéotrihhes,* *đéotrihhe auch die zum Nominativ *đéotrîk stimmenden und später vielleicht geradezu von ihm beeinflußten Formen *đéotrikes und *đéotrike mit Nebenakzent

auf dem zweiten Teile gebraucht werden konnten. Die Kürzungs-
erscheinung ist zu der in *uuélihhĕs* Hild. 10, ahd. *welihêr*, *soli-
hêr* Braune, Ahd. Gramm. § 292 analog, d. h. der Dativ in
18 und 22 *déotrĭhhĕ* ist nach Art etwa eines Nom. Pl. *wélihĕ*
mit Akzent auf der ersten Silbe und ohne Nebenakzente auf
den beiden folgenden Kürzen zu lesen.

Die Beziehung des Possessivpronomens *sînero* in 18, 2 auf
Dietrich, die Heinzel S. 43 und Roediger in seinem zweiten Bei-
trage[1] S. 175 befürwortet hatten, wird MSD II², 18 mit den
Worten: ‚aber der Halbvers kann von *miti* nicht abhängig sein‘
zurückgewiesen. Auch Wadstein ist der Meinung, daß von
den Gefolgsleuten des Hildebrand, nicht des Dietrich, die Rede
sei, und stützt diese Ansicht u. a. durch Verweis auf þiðreks-
saga Kap. 15, nach der dem seine Heimat verlassenden Hildebrand 15 Ritter folgen.

Aber an dem Gebrauche des substantivierten Adjektivs
filu liegt es doch keineswegs, daß nicht *miti* ... *filu* konstruiert
und die Gefolgschaft auf Dietrich bezogen werden dürfte,
denn die Belege, die Kögel[2] hiefür aus dem Ags. und Mhd.
nachweist, erhärten seine Behauptung, daß *filu* jeden Kasus,
somit auch den Dativ vertreten könne. In der Tat, wenn ags.
mid wîta fela Cri. 1548, *mid feala tácna* Ps. 77⁴³, *for wintra
fela* Gen. 2199³ möglich und mhd. *mit sŭezer videlære vil*
W. Wh.[4] zulässig ist, kann doch nicht gezweifelt werden, daß
trotz dem Entgange eines Beleges aus dem Ahd. doch auch
miti sînero degano filu verbunden werden dürfe. Da nun des
weiteren im Ahd. das Possessivpronomen *sîn* nicht wie im
Gotischen auf das Subjekt des Satzes eingeschränkt ist, so ist
nichts dawider, in dem Satze ‚vor alters ging er nach Osten
... mit Dietrich und vielen seiner Gefolgsleute‘, das Gefolge
auf Dietrich und nicht auf Hildebrand, der nach Vers 25 selbst
degan ist, zu beziehen.

Die bunten Meinungen der Kommentatoren über Form,
Stellung und Bedeutung von *luttila* in 19 verflüchtigen sich
mir vor der klaren Einsicht, daß das Wort substantiviertes

---

[1] Max Roediger, Nochmals zum Hildebrandsliede. Z. f. d. A., Bd. 35 (1891).
[2] Rudolf Kögel, Geschichte der deutschen Literatur, Straßburg, I, 1, 1894.
[3] Grein, Sprachschatz der ags. Dichter. Kassel und Göttingen 1861.
[4] Benecke 3, 313.

Adjektiv mit der Bedeutung ‚ein Kleines‘, d. i. ‚ein kleines Kind‘, sei und mit dem in 20 folgenden Ausdrucke *barn unuuahsan* im Verhältnis der Variation stehe (also keineswegs Tautologie!), nicht anders wie Hel. 380—382 ... *ina* ... *luttilna man, that kind* ... oder 194—96 *erbiward* ... *godcund gumo* ... *barn*, beide Serien vom Christuskinde, oder Hel. 193—194 *thiu quân* ... *idis* ... von Maria gesagt.

Diesen Sachverhalt hat gleichfalls Wadstein ganz richtig dargestellt und i. b hervorgehoben, daß die Substantivierung des Adjektivs von der gleichzeitigen Setzung oder Nichtsetzung des Artikels nicht abhänge. Derartige Beispiele für Substantivierung ohne Artikel bieten meines Erachtens die zweite bairische Beichte in *ih suntigo* ‚ich Sünder‘, oder die Mainzer Beichte *thurphtigon nintphiec* ... ‚[daß] ich den Armen nicht aufnahm ...‘. — Das neutrale Genus von *luttila* stammt aus einer ursprünglichen Bindung wie *(barn) liof endi luttil* Hel. 740, oder ahd. *liuzil chind* ‚puer paruulus‘ Is. 9, 4, nhd. ‚das Kleine‘, d. i. ‚Kind‘, ist also wie in dem got. neutralen Deminutivum *barnilo* aus dem Genus des zugrunde liegenden Substantivs fortgeführt.

Eine Apposition zu den beiden Ausdrücken für ‚paruulus‘ ist das in 21 stehende substantivierte Adjektiv *laosa*, beziehungsweise näher bestimmt *arbeo laosa* ‚ein Erbeloses‘.

Aus der offenen Form **arbeo laos* mit dem Genitiv Plur. des Substantivs statt eines dem ahd. *erbelôs* ‚exhaeres‘ Graff 2, 268, ags. *ierfeléas* entsprechenden Kompositums, die hier gleich *winigea léasum* Beow. 1664, 1 neben *wrécca[n] wineléasum* ebenda 2613, 1 einem Bedürfnisse des poetischen Ausdruckes, im Falle des Beow. allerdings auch einem solchen des Metrums dient, müßte man nichts für eine besondere Nuancierung der Bedeutung schließen und etwa annehmen, daß **arbeo laos* ‚der Erbgüter beraubt‘ bezeichne, wohl aber ist dies, wie Kauffmann[1] gezeigt hat, als materieller Inhalt der Stelle anzuerkennen, denn der Verlust der Erbgüter muß in irgendwelchen äußeren Vorkommnissen begründet sein und diese sind vermutlich in Vers 17 angedeutet. Der Schluß, daß

---

[1] Kauffmann, Das Hildebrandslied, in Philologische Studien. Festgabe für Sievers 1896.

Hildebrand im Kampfe mit Ôtacher seine Besitzungen verloren habe, scheint mir überzeugend zu sein.

Das Verbum *furlâtan*, dessen Präfix in *furnam* ‚raffte
hinweg‘ Hild. 41 wiederkehrt — es entspricht dem as. *for-*,
far-: *fornam*, *farnam* Hel. 761, 4111, 2507 — wird am ein-
fachsten als ‚deserere, relinquere‘ verstanden, dessen Objekt
dann naturgemäß *luttila* ist und zu dem die örtliche Bestimmung
in lante, d. i. das *chunincrichi* von 12, gehört. ‚Zurücklassen‘
bedeutet ja das Verbum auch in der as. Parallele Hel. 1184
iro aldan fader ênna forlêtun ‚sie ließen ihren alten Vater
allein zurück‘ und es ist nicht am Platze, dasselbe bloß als
‚sinere‘ zu verstehen und im Sinne des nhd. ‚sitzen lassen‘ mit
sitten unmittelbar zu verbinden.

Der Infinitiv, den man englisch mit ‚to dwell‘ oder ‚dwell-
ing‘ ausdrücken könnte, mehr der örtlichen Bestimmung *prüt*
in büre ist vielmehr eine Art von Konsekutivsatz, d. h. das
Verweilen des Kindes im Frauengemache ist als unmittelbare
Folge des Zurückgelassenseins hingestellt. Eine neuhochdeutsche
Übersetzung ‚er ließ daheim ein Kleines zurück, sitzen im
Frauengemache‘ dürfte dem Sinne der Hildebrandstelle ge-
nügen, während, wenn wir an Stelle von ‚zurücklassen‘ nhd.
‚verlassen‘ wählten, der Nebensatz in der neuhochdeutschen
Übersetzung besser in eine Partizipialkonstruktion verwandelt
würde: ‚er verließ daheim ein Kleines, sitzend (verweilend) im
Frauengemache‘.

prüti bür ist eine flexivische Auflösung mit dem Genitiv
Singularis an Stelle des ags. Kompos. *brýdbür* n. ‚das Frauen-
gemach‘, verhält sich also wie die Auflösung *arbeo laos*.
Von der Mutter des zurückgelassenen Hadubrand ist im Liede
weder expressis verbis die Rede, noch braucht von ihr inhaltlich die Rede zu sein, denn die Weiber, unter deren Obhut
das männliche Kind nach germanischer Sitte bis zum siebenten
Lebensjahre verblieb, konnten auch dienende Weiber sein und
mußten seine Mutter nicht notwendig einschließen.

Völlig überflüssig ist es, hinsichtlich der Form *prüt* sich
mit der Erwägung eines gelegentlichen konsonantischen Genitivs
zu befassen. Der Umlaut des ags. Wortes *brýd*, der as. Nom.
Plur. *brûdi* und die Obliquen as. Dat. Sing. *brûdi* Cott., *brûdiu*
Mon., Dat. Plur. *brûdiun* Hel. passim, ahd. Gen. *brûte* Graff

3, 293 zeugen für *i*-Thema, der ahd. Nom. Sing. *brût* und der
as. Akk. Sing. *brûd* widersprechen nicht. Nichts ist einfacher,
als *prût' in* aus **prûti in* im Wege der Elision zu erklären,
die der gesprochenen Sprache gemäß ist und in der Niederschrift hier eben keine etymologische Korrektur erfahren hat.

In gleicher Weise begreift sich im folgenden Satze die
Form *heraet* mit ihrem haplographischen *r* aus der engen Proklise
des Pronomens *her* vor dem Verbum **raet* im gesprochenen
Komplexe. Zu der sich ergebenden Auflösung *ae* statt der
Ligatur *æ* in 1 und 16 vgl. man *furlaet* 19 oder *eomaer*
Is. V, 6.

Dieser Satz selbst, zu dessen Adverbium man as. *ôstar
hinan* Hel. 571 vergleichen kann — syntaktisch verhält sich das
etwas anders als die getrennte Kombination *ôstar . . . hina* von
17 und 18 — rekapituliert die Tatsache der Flucht Hildebrands
nach dem Osten, ohne dieser etwas Neues hinzuzufügen, und
gewährt als rückblickende Zusammenfassung, die man im Sinne
Hadubrands vielleicht schmerzlich betont denken darf, zugleich
die Anknüpfung für die im folgenden 22—28 ausgeführte Ge-
dankenreihe.

Die Erklärung des ersten Satzes derselben, Vers 22
und 23, haftet an der von *darba* und **gistantan*, wobei man
sich außerdem vor Augen halten muß, daß dieselbe Phrase
darba gistôntun auch in 26, nur mit der Konjunktion *unti*
eingeleitet, wiederkehrt.

Daß *darba* an beiden Stellen Nom. Plur. des stf. got. *þarba*
‚ὑστέρησις‘, *þarbos* ‚ὑστέρημα‘, as. *tharf*, ags. *þearf* ‚Bedürfnis‘,
ahd. *darba* ‚priuatio, ieiunium‘ Graff 5, 215 sei, erhellt aus
dem Plural des Verbums und eben dieser Plural schließt die
Möglichkeit aus, daß das Substantiv in einer den althochdeutschen Glossierungen ‚Beraubung, Mangel‘ entsprechenden
Bedeutung verstanden werde (Lachmann), wenn auch diese
Bedeutungen, wie neuerdings Wadstein S. 20 betont, für diesen
Dialekt die einzig bezeugten sind. Die Phrase *darba gistôntun*
kann nicht heißen ‚Dietrich verlor seinen Vater Hildebrand‘,
denn der Verlust als notwendigerweise einmal gesetztes Geschehen verträgt keinen Plural des Substantivs, er vertrüge
eben nur ‚priuatio‘, nicht ‚priuationes‘. Wohl aber reimt sich
der Plural mit der Bedeutung ‚Bedürfnis‘, indem er mehrfache

‚Bedürfnisfälle' zu einem kollektivischen Begriffe zusammen-
faßt. Die Bindung ist also in der Tat mit Heinzel S. 43 nach
as. Hel. 1187 *was im is helpono tharf*, 2298 *was im bôtono
tharf*, 3370 *nu is mi thînaro helpono tharf*, ags. Beow. 201
þa him wœs manna þearf zu übersetzen, wenn auch ein Plural
des Substantivs bei dem formelhaften Ausdrucke der as. und
ags. Belege nicht nachweisbar ist.

Mit dem kollektivischen Plural des Substantivs hängt es
auch zusammen, daß ich das Verbum *gistantan ,stare' nicht
wie in 8 als ,anheben, beginnen', sondern als ,manere, bestehen,
andauern' übersetze, in einem Sinne also, der dem got. *gastan-
dan* als ,stehen bleiben, verweilen' nahe liegt. Nicht die einfache Aussage des Bedürfnisses Dietrichs nach Hildebrand,
sondern die gesteigerte des dauernden Bedürfnisses ist nach
meiner Meinung in den beiden Stellen enthalten, für deren
zweite ich sogleich ausmachen kann, daß das dem ahd. *unzi*,
unz entsprechende *unti* nicht wie in 65 mit dem Werte
,usque', sondern mit dem die Gleichzeitigkeit zweier Handlungen bezeichnenden ,donec, dum, cum', deutsch ,so lange
als', wie O. III, 6, 32 *unz er hiar girestit*, oder III, 20, 15 *unz
ther dag scînit*, IV, 31, 16 *unz er uuas hiar in libe* wiederzugeben ist.

Den einleitenden Komplex *dæ̂* in 22 als eine nicht getilgte
Dittographie, eine Vorwegnahme aus dem folgenden Namen
detrihhe zu begreifen, bin ich nicht in der Lage. Die im folgenden Verse stehende wirkliche Dittographie *fatereres* ist
nichts Analoges, denn die doppelte Buchstabengruppe *er* folgt
hier in kontinuierlicher Schreibung, während im ersten Falle
das Adverbium *sîd* dazwischen steht. Nicht geringes Be-
fremden müßte außerdem unter dem Gesichtspunkte einer Dittographie auch die verschiedene Darstellung von *det*, das eine
Mal mit Sigle *æ*, das andere Mal ausgeschrieben erwecken.
Endlich darf nicht übersehen werden, daß ein Wort *det* im
Verse, dem es zur zweiten Alliteration und zur zweiten
Hebung verhilft, metrisch erwünscht sei, während bei einem
angenommenen Halbverse *sîd dêtrihhe* die zweite Hebung
innerhalb des Komplexes *dêtrihhe* gesucht werden müßte, was
mir wegen des Verhaltens der hier verschobenen Gutturalis
bedenklich ist.

Ich vergleiche *det,* zunächst nur hinsichtlich seiner Wirkung, mit dem ags. pronominalen Adverbium *þæt* ,after that,
then'. Dieses Adverbium findet sich in den angelsächsischen
Grenzbeschreibungen in lokalem Sinne, gleichbedeutend mit
ðonon, ðonan, ðonne, wofür in lateinischen Markbeschreibungen
wie in der Hamelburger *deinde, inde,* in den deutschen wie der
Wirzburger *danan* gebraucht ist. So sind in den bei Kemble
Cod. dipl. aevi Saxonici tom. 6 pag. 8—9 abgedruckten Grenzbeschreibungen von *Gǽing, Gósige, Wyrðe* und *Earmundes léa*
die einleitenden Adverbia der Sätze: *ðæt on ðone wénweg;*
ðonne on ða déopan furh; ðæt tó lǽces forda; ðonon tó
holan díc vollkommen gleichwertig und es ergibt sich, daß
eine angelsächsische Bindung mit *síd* Adv. ,sero, postmodum'
**ðæt síd* temporales ,deinde post' ausdrücken könnte und
nicht anders wie etwa ein umgekehrtes *síððan* ,postea, post-
quam' zu verstehen wäre.

Dem entspricht nun das adverbielle Paar *det síd* des
Hild., d. i. mit dem durch die temporale Natur des zweiten
Teiles *síd* — vgl. Musp. 70 *êr enti síd* ,vorher und nachher'
— bedingten temporalen Werte ,hierauf, von da an' und wir
sehen, daß der Bericht Hadubrands mit einem zu den vorhergehenden Sätzen *forn her . . . gihueit . . . her furlaet . . .* parallelen Hauptsatze *det síd . . . gistuontun* weitergeführt ist,
dem sich die folgenden *dat uuas . . .* und *her uuas* als gleichfalls unabhängige, parallele Hauptsätze angliedern.

Formell kann dieses ags. *þæt* wohl nichts anderes sein
als das neutrale Demonstrativpronomen im Akkusativ, das ist
ja auch der Kasus der lateinischen Richtungsadverbia *hinc,*
tunc, inde, aliunde, und dieselbe Annahme hat dann auch für
das *det* des Hild. zu gelten. An Entlehnung aus dem Angelsächsischen denke ich dabei keinesfalls, ebenso wenig an solche
aus afries. *thet* neben *that,* sondern möchte, um den Vokal *e* in
diesem éinen Falle gegenüber sechsmaligem *a* in der Konjunktion *ðat* Hild. 1, 16, 30, 41, 45, 46 sowie im Pronomen
aufzuklären, an den fakultativen Umlaut von *uuas* und *scal* bei
enger Enklise eines folgenden Wortes mit *i* erinnern, der in
O. H, 1, 8: *so uués iz mit gilusti* oder IV, 8, 16: *scél iz* erscheint, trotzdem daß in der angenommenen enklitischen Verbindung **dét-síd* das *i* des zweiten Wortes nicht im Silbenanlaut

steht, sondern mit konsonantischer Deckung versehen ist und
außerdem unter scheinbar günstigerer Bedingung in *dat ih*
Hild. 33 ein derartiger Umlaut nicht auftritt. Aber den Fall
dat ih Hild. 33 werde ich im späteren ausschalten und Umlaut
unter ähnlichen Bedingungen wie bei **dat sid* scheint doch
auch in dem *thet* ,quatinus' der Merseburger Glossen: *thet se
ti then thingen: ad ea quę contempserunt minime redire ...
conpellantur,*[1] wobei ich *thet se* aus **that si* ableite, vorzu-
liegen und die althochdeutschen Verschmelzungen *theist, theiz*
O. II, 2, 31 und II, 2, 18 lassen sich mindestens vergleichen. In
diesen Fällen ist nämlich wie in **dét-sid* das Pronomen resp.
die Konjunktion höher betont als das folgende enklitische Wort,
während sich die mittelhochdeutsche Schwächung *dez*, die nach
den Beispielen bei Benecke Wörterbuch 1, 312ᵇ, 314 das Demonstrativpronomen und den bestimmten Artikel betrifft, ebenso
das zweimalige *thet* des Cott. für *that* ,das' (Holthausen § 125)
vielmehr aus untertoniger Proklise erklärt und deshalb nicht
herangezogen werden soll. Ich glaube demnach, man könnte
*détsid auch geradezu als Zusammenrückung auffassen und es
ist nur eine Sache graphischer Feinheit, ob man diese mit
scriptura continua oder ohne solche darstelle.

Die drei Halbverse 22—23, 1 *dét-sid détrihhe | darba gi-
stuontun || fateres mines* ,von da an bedurfte Dietrich (dauernd)
meines Vaters' begründen, warum Hildebrand nicht wieder zu-
rückgekehrt sei, nachdem er einmal nach Osten gegangen war.

Die Verse 16—23, 1 insgesamt orientieren über den
Namen und die Schicksale Hildebrands, wie sie Hadubrand von
den alten Leuten, die um die Sache Bescheid wußten, erfahren
hatte. Die folgenden Verse 23, 2—28, 1 geben eine persönliche
Charakterisierung Hildebrands, sie schildern gewissermaßen den
historischen Ruf des alten Helden und schließen 28, 2 mit der
Vermutung, daß dieser tapfere, kampfesfrohe Mann wohl nicht
mehr am Leben sei.

Die Charakterisierung Hildebrands von 23, 2 an nimmt in
einzelnen Stücken deutlichen Bezug auf das, was im vorhergehenden von seinen Schicksalen gesagt ist, wie Vers 24 von
seiner Erbitterung gegen Ôtacher, der inhaltlich nur eine Um-

---

[1] Wadstein, Kleinere as. Sprachdenkmäler. Norden 1899. S. 70, 7.

kehrung des Verses 17, 2 vom Hasse Ôtachers gegen ihn selbst
ist, oder die Verse 25 und 26, die das Verhältnis Hildebrands
zu Dietrich zum Teil mit denselben Worten von 18 und 22
darstellen.

Aus der nicht trennbaren Gesamtheit des Abschnittes 23, 2
bis 28 ergibt sich schon, daß der Satz *dat uuas . . .* auf Hildebrand gehen müsse und nicht auf Dietrich, wie Kögel 1894
glaubte und Wadstein noch glaubt, der sich überraschend äußert
‚freundlos passe nicht auf Hildebrand, der Freund des Dietrich
ist‘, als ob, wenn es erlaubt wäre, so zu argumentieren, das
Adjektiv dann überhaupt auf einen der beiden zutreffen könnte.

Eine fördernde Anleitung zum richtigen Verständnisse
des Satzes ist doch schon MSD II[3] gegeben, wo auf ags.
fréondléas verwiesen ist, das besonders vom Verbannten oder
Fremden, der von seinen Verwandten getrennt ist, gilt. Wäre
nun *friuntlaos man* der Hildebrand, der schon seine Heimat
verlassen hat und im Osten — *ur lante* Vers 48 — als Ge-
folgsmann Dietrichs weilt, so könnte man die Stelle nach dem
zu verstehen suchen, was der weit herumgekommene Wîdsíð-
dichter 50—53 von sich selbst sagt: ‚so durchzog ich viel
fremder Länder über die weite Erde: Gutes und Übles erfuhr
ich da, von der Sippe getrennt, den Blutsverwandten fern . . .,
d. h. *friuntlaos* wäre wie hier *cnósle bidǽled, freomǽgum feor*
eine selbstverständliche Begleiterscheinung für den einsam im
fremden Lande sich aufhaltenden Hildebrand.

Aber es ist weitaus wahrscheinlicher, daß der Satz *dat
uuas . . .,* der ein beschreibender Hauptsatz und keineswegs,
wie Wadstein meinte, ein Konsekutivsatz ist, schon auf den
noch in seiner Heimat, in Italien also, befindlichen Hildebrand
zutreffe und daß auch hier Kauffmann recht habe, der das
Epitheton auf gewaltsamen Verlust der Blutsfreunde Hildebrands
im Kampfe mit Ôtacher bezog. Es ist nicht zu übersehen, daß
die Vers 25—26 wiederholte Mitteilung von dem Anschlusse
Hildebrands an Dietrich durch diese Auffassung eine zweifache
und historisch angeordnete Motivierung: ‚der Blutsfreunde verlustig, gegen Ôtacher maßlos aufgebracht‘ erhält, die seinen
Schritt aus äußeren und inneren Gründen völlig aufklärt.
Belege für *friunt* als ‚Sippegenosse‘ gewähren sowohl as.
friund, z. B. Hel. 800, als modern bairisch *die freundschaft,*

ein naher freund, d. i. ‚die Blutsverwandten, ein naher Verwandter‘; die Sippegenossen sind zugleich die den Mann
schützenden Kampfgenossen, deren der auf sich allein gestellte
Hildebrand entbehrt. Das Verhältnis Hildebrands zu Dietrich
wird nicht durch den Ausdruck *friunt* präzisiert, sondern
vielmehr durch *degan Vers 25, dem vermutlich auf der anderen Seite *truhtin*, vgl. Vers 33, entspricht.

Ich könnte selbstverständlich nicht behaupten, daß man
die sachliche Auffassung Kauffmanns aus dem Ausdrucke
friuntlaos allein abziehen könne. Die as. Komposita mit -*lôs*
wie *endilôs*, *sundilôs*, enthalten nur die Vorstellung der Abwesenheit der im Grundworte benannten Sache und eine Übersetzung ‚beraubt‘ im starken und eigentlichen Sinne gestatten,
wie ich glaube, auch die Bindungen mit dem Genitiv der Sache
rîkeas, ferahes, giwâdies, lîbes, gisiunes lôs nicht, die z. T. wie
sundeono lôs sich nur äußerlich vom Kompositum unterscheiden.
Ich glaube also, daß *friuntlaos* wie ags. *frēondlēas* an sich
nur über den Mangel der Sippe unterrichte, ohne über dessen
Genesis etwas auszusagen, daß aber das, worauf das Wort
inhaltlich Bezug nehme, von der Sage vorausgesetzt, in der
Tat im Sinne Kauffmanns gedeutet werden müsse.

Die Trennung des Wortes *ümmettírri*, Halbvers 24, 2, in
*ummet tirri, die schon Grein vorgeschlagen hat und die
Kögel mit der These stützt ‚*tt* am Schlusse eines Wortes
komme sonst nicht vor‘, kann ich nicht billigen, da sie ein
durchaus unbezeugtes Adjektiv *tirri an Stelle des wohl-
bezeugten *irri* in den Text brächte, dessen aktuelle Bedeutung
schon Lachmann aus Hel. 5060 *irri endi ênhard* erläuterte,
wozu MSD II³ auf ags. *eorre, ierre*, fast immer ‚iratus‘, verwiesen wird. Daß die althochdeutschen Bedeutungen des Wortes
‚erraneus, uagus, lasciuus, haereticus‘ Graff 1, 449 nicht zu
brauchen seien, sieht man allerdings.

Für die Betonung des Komplexes in Hild. erweisen die
as. Fälle *únmet grôt*, *únmet hêt* Hel. 3299, 3437, beide Male
mit *u* als Liedstab des zweiten Halbverses, höheren Ton auf
dem Adverbium als auf dem Adjektiv, so daß also in *ümmettírri* nicht der anlautende Vokal dieses, sondern der des Adverbiums zu *Ôtâchre* alliteriert. Der Vokal des Adjektivs ist
in der Aussprache durch den Auslaut des eng herangerückten

Adverbiums so völlig gedeckt, daß die graphische Darstellung mit etymologisch falscher Geminata als Ausdruck der tatsächlichen Sprechform angesehen werden muß, d. h. sie bringt ebensowohl den *t*-Verschluß nach *e* als die notwendig sich einstellende *t*-Öffnung vor *i* zur Darstellung. Es ist nichts dawider, die ganze Form überhaupt als ein Kompositum, d. i. ein mit *unmez* ,immanis, inmensus', as. *unmet* ,maßlos, ungemein' gesteigertes Adjektiv zu erklären.

Derartige Komposita vermutet Graff 2, 898—9 in ahd. *unmez-wildi, -gâhi, -tiuf, -michil, -tiuri, -scôni* neben nicht komponierten Nebeneinandersetzungen *unmez alt, ∾ wît*; Komposita mit *irri* im zweiten Teile sind *unirrer* ,peruicax' und *keloubirre* ,haereticus' Graff 1, 450. Die Handschrift zeigt am ersten *i* des Wortes den Ansatz zu einer aufsteigenden unteren Kommissur, die aber nur eine graphische Zufälligkeit ist und nicht einmal beweist, daß der Kopist auch nur einen Moment im Sinne gehabt habe, **tiuri* zu schreiben, da sie durch bloßes Ausfahren des Rohres entstanden sein kann. Die Lesung Heinzels **ummet tiuri*, die textlich nicht brauchbar ist, ist auch graphisch nicht fundiert, ja dadurch, daß der Kopist die nach dem *i* folgende Haste zu einem sicheren *r* gestaltet — was Heinzel freilich für Fehlkorrektur hielt — nur um so gewisser derogiert, wenn er angenommenen Falles ursprünglich die Absicht gehabt haben sollte, *iu* zu setzen.

Auch hinsichtlich des Superlativs *dechisto* 25, der gleich *ummettirri* prädikativ ist und von *her uuas* abhängt — man kann sich den Passus ausfüllen *[her uuas] degano dechisto unti* ... — hat Erdmann die alte Gleichung Lachmanns zu an. *þekkr* in das rechte Licht gesetzt, indem er zeigte, daß dieses nord. Adjektiv nicht, wie man glaubte, nord. *kk* aus *nk*, sondern german. Geminata *kk* aus vorgerm. Gutturalis + *n* besitze,[1] wonach sich ahd. **decchi*, an. *þekkr* ,angenehm' (*ja*-Stamm, Noreen, An. Gramm. 1³, § 421) zum stv. an. *þiggja, þâ, þâgum, þeginn* ,faa', ags. *þicgan, þah, þægon, þegen* ,to take, receive, accept', das im ags. auch schwache Präteritalformen *þigede, þigde, ∾don* zeigt und im as. *thiggian* ,sumere, capere, accipere' auch ,bitten', sowie im ahd. *dikkan* ,bitten' nur mit

---

[1] So jetzt auch Noreen, An. Gramm. 1³, § 308, 5.

diesen auftritt, als synonym zu dem aus demselben Verbal-
stamme erwachsenen an. *þǣgr* ‚angenehm‘ herausstellt. Die
Bedeutung des an. Wortes, heute schwed. *täck* ‚hübsch, nied-
lich‘, sei nur passivisch ‚angenehm, lieb‘, nicht auch aktivisch
‚liebend, ergeben‘. Ich setze demnach eine Grundform vorgerm. **toghní-*, germ. **þákki-* an, die in die Kategorie der
Adjektiva der Möglichkeit oder Notwendigkeit auf *ni*[1] gehört
und mit urkelt. *togis* ‚angenehm‘, ir. *toig*, gall. in den Personennamen *Togirix*, *Togius*, *Togiacus*, fl. n. *Togisonus*[2] verbunden
werden darf. An Stelle der von Erdmann zu *decchi* angegebenen Werte ‚annehmbar, annehmlich, angenehm, lieb‘ wähle
ich für Hild. den Ausdruck ‚willkommen‘. Frei übersetzt lauten
die Verse 25—26 ‚der Willkommenste der Gefolgsleute, so
lange Dietrich dessen bedurfte‘.

Die Meinung Heinzels, S. 44, daß *degano dechisto* auf
ein ursprüngliches Dienstverhältnis Hildebrands zu Ôtacher zu
beziehen sei, das durch die Beanspruchung der Dienste Hildebrands vonseiten Dietrichs gebrochen worden sei, ist auch
ohne Rücksicht auf die in diese Auffassung mit hineingezogene,
doch nicht erlaubte Korrektur von *ummettirri* zu **ummet tiuri*
unmöglich, denn aus den Versen 17, 1 — 18, 2 liest man nur
heraus, daß Ôtachers feindliche Haltung gegen Hildebrand
diesen bewogen habe, sich Dietrich anzuschließen, nicht aber,
daß der Grund der Feindschaft Ôtachers gegen Hildebrand in
einem Treuebruche dieses gelegen sei. Sollte diese Motivierung
aber in 25—26 nachgeholt werden, so müßte *unti* nicht ‚so
lange als‘, sondern ‚bis‘ und **gistantan* ‚eintreten‘ nicht ‚andauern‘ besagen, was wiederum nicht mit 22 stimmte, wo die
Bedeutung des Verbums als ‚andauern‘ nicht nur sinngemäß,
sondern auch formell durch den kollektivischen Plural *darba*
empfohlen ist.

Zum neutralen Demonstrativpronomen für eine Person
Vers 23, 2 vergleiche man Hel. 2581—82 *that is ... mannes sunu,
ik selbo bium that thar sâiu* ... sowie die ags. Parallelen der
Emphase mit einleitendem *dæt* bei Ehrismann S. 279.

---

[1] Friedrich Kluge, Nominale Stammbildungslehre. 2. Aufl. Halle 1899,
§§ 229, 230.
[2] Stokes-Bezzenberger, Urkelt. Sprachschatz. Göttingen 1894, S. 121.

Ein Wort verdient die hsl. Form *fatereres*. Daß sie dittographisches *er* enthält — wie ähnlich *Môruruhhesstafful* Wirzb.
Markbeschreibung dittographisches *ru* — und auf *fateres zu
reduzieren sei, glaube ich mit den meisten Herausgebern des
Liedes. Wie ags. *fæderes* neben dem konsonantischen Gen.
fæder müssen wir eben auch *fateres mînes* an Stelle von **fater
mînes* für eine sekundäre flexivische Ausprägung des Genitivs
halten. Ja der Fall des Hild. kann wohl geradezu als typischer
für das Antreten der *es*-Flexion im fließenden Satze, hier aus
mînes vorweggenommen, angesehen werden. Feußner[1] und Grein
haben den Versuch gemacht, den konsonantischen Genitiv *fater*,
den Otfr. noch durchweg gewährt, zu retten und *êres* als Adverbium mit der Bedeutung ‚weiland‘ zu erklären. Freilich einer
Gleichsetzung von *êres* mit *eiris* Mers. könnte man sich nicht
bedienen, denn dieses Adverbium ist wahrscheinlich ahd. *êrist*,
‚primum‘ mit *t*-Verlust vor folgendem *s*, aber wenn man **fater
êr 'es mînes* trennte und *'es* als Apokope des Genitivs masculini des bestimmten Artikels erklärte, wie in *zes puzzes* O. II.
14, 45 aus *z'es*, d. i. *zį̄ des*, oder in *'s kûneges haz* Walther,
oder in den Ortsnamen ahd. *'s Kessindorf*, ndl. *'s Hertoghen-
bosch*, *'s Gravenhage*, so könnte wohl **fater êr der mîner* als
‚weiland mein Vater‘ gefaßt werden, wozu sich hinsichtlich der
Verbindung der starken Form des Adjektivs mit dem bestimmten Artikel *thaz mînaz bluat*, Akk., O. IV, 10, 14 sowie
thes sines fater guati ebenda II, 4, 34 vergliche. Das jedoch
nur nebenbei.

Die drei Sätze in 27 und 28, 1, aus denen die Folgerung
gezogen wird, daß Hildebrand wohl nicht mehr lebe, zählen
die Fährlichkeiten auf, denen er zeitlebens ausgesetzt war. ‚Er
war immer an der Spitze des Kriegsvolkes — *folches at ente* wie
ags. *heriges on ôre* — d. h. er war stets an exponiertem Posten
zu finden; ‚ihm war immer der Kampf zu lieb‘, das sagt: er
liebte den Kampf zu sehr, als daß er ihn je gemieden, von
ihm gelassen hätte; ‚bekannt war er kühnen Männern‘, das
schließt meines Erachtens den Sinn ein: der Ruf seiner Tapfer-
keit mußte andere kühne Männer veranlassen, den Kampf mit

---

[1] Feußner, Die alliterierenden ältesten Dichtungsreste in hochdeutscher
Sprache: Jahresbericht über das Gymnasium zu Hanau 1845.

ihm zu suchen. Aus diesen Tatsachen, die sich mit den Schlag-
worten: exponierte Stellung, Kampflust, Notorietät ausdrücken
lassen, begründet Hadubrand des näheren den Schlußsatz seines
ganzen Berichtes ‚ich habe keine Hoffnung mehr, daß er am
Leben sei'.

Eine Auflösung der Schreibung *fehǣa* in *feheta wäre
nicht ganz unmöglich, da Sekundärvokal auch zwischen *h* und
t zuweilen vorkommt, man vgl. z. B. got. *inliuhitida* Cod.
B. Ephes. 1, 18, aber die Sigle *ǣ* wird auch in der as. Werdener
Prudentiusglosse *desǣmo*, Wadstein 93, 35—36 nur mit dem
halben Werte verwendet, nur daß in diesem Falle, den ich
*desemo auflöse, der vokalische, im Falle des Hild. *fehta* aber
der konsonantische Teil der Silbe *et* allein in Geltung steht.
Etwas anderes aber ist erwägenswert. Das Wort ist mit angel-
sächsischem *f*, dem einzigen des ganzen Stückes, geschrieben.
Sollte das Wort dadurch irgendwie ausgezeichnet werden, die
Letter etwa als eine Art Majuskel gemeint sein, so wäre es
denkbar, daß *fehta* personifiziert als Kampfgöttin, als ‚bellona'
verstanden sei. Ich lege auch dieser Möglichkeit, die den Text
ja zwar nicht umgestaltete, aber doch nuancierte, keine weit-
gehende Bedeutung bei.

Das System ahd. *ni ... iû*, neben *iû ni* und *iû ... ni*,
‚nicht mehr', wie Tat. 97, 3 *inti ni bim iû uuirdig* ‚et iam non
sum dignus', oder 168, 3 *ih niquidu iû iu scalca* ‚iam non
dico uos seruos', oder *só thaz her nimohta giu ougazorhto gân in
thie burg* ‚ita ut iam non posset manifeste in ciuitatem introire'
lehrt, daß man *ni uuâniu ih iû* zusammenzufassen und *lîp
habbe*, worin das Pronomen *her* vermißt wird — es ergänzt
sich sinngemäß aus dem ganzen Berichte, insbesondere aus
den letzten Sätzen in 27 und 28, 1 — als dazu gehörigen Objektsatz zu betrachten habe; d. h. das Adv. *iû* gehört nicht
etwa zu *habbe*, sondern zum Verbum des Hauptsatzes. Eine
andere Auffassung des Textes, die *ni ... lîb habbe* als Folge-
satz zu *imo uuas eo fehta ti leop* verstünde, wobei dann
uuaniu ih iû wie in O. IV, 17, 5 *gistuant géner, uuân ih, thenken*
parenthetisch sein müßte, verbietet sich durch die Zwischen-
stellung des Satzes *chûd uuas her ...*, der dann gleichfalls
eine Parenthese sein müßte. Auch vermißte man im Folgesatze
‚als daß er noch das Leben habe' ein Wort für den Begriff

,adhuc‘, wofür *iû*, das nur ,iam‘ und ,olim‘ bedeutet, Graff
1, 577 — vgl. *huuedhar ir iû* (schon) *quhâmi* Is. V, 5 und
Romanos tu (einst) *uuesan allero richo herren* Notk. Boëtius-
prolog — nicht passieren könnte.

Von den Bedeutungen des ahd. Verbums *uuânen* ,credere,
opinari, censere, sperare‘ Graff 1, 860 ff., zu *uuîn* m. ,opinio,
spes‘, habe ich ,hoffen‘ gewählt, so daß *ni uuaniu ih iû* als
,iam despero‘ und der Objektsatz als ,eum uitam habere‘ oder
,quod uitam habeat‘ übersetzt werden kann. Ich habe selbstverständlich nichts dagegen, wenn jemand das ,credere‘ dem
,sperare‘ gegenüber bevorzugte und den Satz mit ,ich glaube
nicht mehr‘ widergäbe, denn die durch das Adv. *iû* bewirkte
feine Nuance des früheren Bestehens der Erwartung, daß Hildebrand zurückkehren werde, bleibt dem Satze auch bei dieser
Übertragung gewahrt.

An die in Vers 29—30 enthaltene Eröffnung Hildebrands,
daß der Sohn und der von diesem tot geglaubte Vater sich
gegenüberstünden, muß doch die Anforderung gestellt werden,
daß sie trotz ihrer Wortkargheit und trotz ihrer umschrei-
benden Form in dem Maße der Zweideutigkeit entbehre, daß
Hadubrand auch nicht im geringsten an ihrer Meinung zweifeln könne.

Das Verbum des abhängigen Satzes in 30 *gileitôs* kann
formell entweder die 2. Sing. Präs. Coniunctivi eines *ôn*-Verbums
*gileitôn oder die 2. Sing. Prät. Indicativi des *jan*-Verbums
*gileiten sein. Im ersteren Falle würde es sich um einen
Finalsatz, eine Aufforderung, in den Kampf nicht einzutreten
an Hadubrand gerichtet, oder den Kampf nicht zuzulassen an
Gott gerichtet handeln können, im zweiten Falle um einen
Objektsatz des Inhaltes, daß Hadubrand niemals zuvor mit
dem *sus sippan man* gekämpft, Streit geführt oder Unter-
handlung gepflogen habe.

Die Lesung des einleitenden Wortes des ganzen Passus
wettu ist heute auf keine Weise mehr am Material selbst zu
verifizieren. Die Handschrift bietet nach dem Faksimile der
Enneccerus beurteilt einen verwischten Fleck, aus dem man nichts
mehr machen kann. Unsere Kenntnis der Lesung *wǽtu*, mit
Rune *w* in der Handschrift, ruht auf Grein, der uns in der
2. Auflage seiner Schrift, S. 25—27 über ihre Feststellung aus-

führliche Mitteilungen macht. Daß sie richtig sei, kann durch
ein bisher übersehenes Argument gestützt werden. v. Eckhart
transliterierte im Jahre 1729 den Komplex *d&̉ sid* Vers 22 (Z. 18
der Hs). als *der sid*, d. h. er löste die Sigle *&* in diesem Falle
mit *er* statt *et* auf. Ganz den gleichen Fehler begeht er für
das Wort am Eingange des Verses 29 (Z. 24 der Hs.), das er
Wertu druckt. Es ist also doch sicher, daß man im Jahre 1729
das heute erloschene Wort, dessen Außenteile noch W. Grimm
zweifellos waren und die Sievers wenigstens noch in Spuren
sah, in voller Ausdehnung lesen konnte und daß demnach den
mittleren Körper des Komplexes eine Sigle *&* von der gleichen,
ligiertem *er* ähnlichen Gestalt wie in *d&̉*, das noch heute unver-
letzt ist, gebildet habe.

Wieso sich nun aber das in *wêttu* steckende Verbum —
und daß es ein Verbum sei, ist sicher, denn ein zweites Wort,
von dem der folgende Satz *dat du . . .* abhängen könnte, steht
ja nicht da — bis heute den Forschern habe entziehen können,
ist eines der vielen Rätsel, denen wir in der Erklärungsge-
schichte alter Denkmäler so oft begegnen.

Das Verbum ist im An., Aisl. als *veita* bezeugt, genügt
formell und paßt inhaltlich für die Anrufung Gottes in 29 so
genau, als man nur wünschen kann. Von den Bedeutungen,
die Fritzner zu demselben angibt, schicken sich sowohl 2) ‚in-
drømme en noget paa hans ønske eller begjæring, lade ham
faa det, tillade ham det‘, als 3) ‚gjøre, tilføie en noget, som
han nødig vil have‘, insbesondere aber 4) ‚hjælpe en (e-m),
komme ham til hjælp‘, woraus sich der Sinn der Interjektion sogleich als imperativisches ‚gib Gott, hilf Gott‘ bestimmen läßt.

An. *veita*, Part. Prät. *veitt: var henni þá engin eptirför
veitt*, 3. Sing. Prät. *veitti: ok þat veitti hón henni*, 3. Plur.
Prät. *veittu: en þeir veittu honum* ist, wie diese Formen lehren,
ein *jan*-Verbum der 3. Klasse Noreens,[1] das wir got. als
*waitjan, as. nach *undbētian*, mhd. *erbeizen* als *wētian ansetzen
müssen und für dessen 2. Sing. Imperativi wir von der Vermutung Holthausens[2] Gebrauch machen dürfen, daß dieselbe
ursprünglich gleich der entsprechenden ags. Imperativform,

---

[1] An. Gramm. I², § 505.
[2] As. Elementarbuch. Heidelberg 1899. § 409 a.

z. B. *séc*, as. später *sōki*, flexionslos gewesen sei. Und nun ist
es ganz klar, daß *wêttu* seine Geminata *tt* dem Zusammentritte
des auslautenden *t* des Verbums mit dem anlautenden *đ, þ* des
enklitischen Pronomens *thū* verdanke, sich also wie die as.
Enklisen mit wieder vereinfachter Schreibung *skaltu, mahtu*
oder die nicht vereinfachte *hwat tar* Holthausen § 205 verhalte.
Ohne Zweifel ist dieses Verbum *wêtian* ein Kausativum zu dem
as., ags., auch Hild. 17 bezeugten ablautenden Verbum *wîtan*.

Nach dem Imperativ *wêttu* folgt korrekt der Vokativ
irmingot, so wie in der Anrufung Gottes Vers 47 *uuelaga nu
uualtant got*, dessen Zusatz *obana ab heuane* in der Stelle
Otfrits an Salomon 31—32 *obana fon himile sent iu io zi ga-
mane | salida gimyato selbo krist ther guato* eine genaue Pa-
rallele hat. Nach unserem modernen Empfinden würden wir
vielleicht ‚oben im Himmel‘ vorziehen, aber wie bei Otfrit das
Adverbium der Richtung im Sinne des Weges, den das *sentan*
zu nehmen hat, ganz in der Ordnung ist, so ist auch das
‚helfen, geben‘ im Hild. als vom Gott im Himmel ausgehende
Tätigkeit verstanden und das Adverbium der Richtung *ab
heuane* somit auch unserem Verständnisse erreichbar.

Unter der Voraussetzung, daß die Interjektion *uuêttu* nicht
auf der Basis von ahd. *weizu* ‚zeige, lasse sehen, beweise‘[1]
zu erklären ist, daß sie weder die 1. Sing. Praes. dieses Verbums von Hildebrand gebraucht ‚ich tue dar, zeuge‘ noch eine
im Westgerm. überhaupt völlig isolierte Entsprechung zu got.
*waitjadau ‚testificator‘ (Cosijn) auf Gott bezogen sei, daß es
sich also überhaupt um Ablegung eines Zeugnisses nicht handle,
kann auch im Nebensatze nicht von einer in früherer Zeit statt-
gehabten Unterredung (Grein) — Kampf in diesem Zusammenhange wäre ohnehin sinnlos — zwischen beiden Gegnern die
Rede sein und die dritte der oben skizzierten Möglichkeiten
dat du . . . ni gileitôs: historisches Tempus mit Hadubrand als
logischem Subjekt ist ausgeschlossen.

In diesem Falle, daß *uuêttu irmingot* Anrufung der Hilfe
Gottes sei, kann der materielle Inhalt des Finalsatzes sich nur
auf Abwendung des drohenden als Gottesgericht verstandenen
Kampfes beziehen.

---

[1] Kelle, Glossar zu Otfrit.

Keineswegs ist aber damit die Frage entschieden, ob das
Personalpronomen *du* dieses Satzes auf Gott oder Hadubrand
gemünzt sei, denn inhaltlich wie formell liegen die Chancen
eigentlich ganz gleich. Hildebrand will den Kampf vermieden
wissen und in diesem Sinne ist es ebenso möglich, daß er von
Gott heische, er möge den Kampf nicht herbeiführen, als er möge
dazu helfen, daß Hadubrand den Kampf nicht durchführe.

Der Wechsel der angeredeten Person bei der zweiten Annahme ist gleichfalls belanglos, denn im Schlußpassus der zusammenhängenden Rede Hildebrands Vers 33 *dat, ih dir . . .
gibu* ist dieser Wechsel offenkundig vollzogen.

Der sicherlich der Rechtssprache entnommene Ausdruck
dinc gileitôn ‚eine Gerichtsverhandlung führen‘, wozu es vielleicht ein nach mhd. *brûtleite* ‚Heimführung der Braut‘, *în-
leite* ‚Einzug‘ z. B. in eine Stadt, *rêleite* ‚Leichenbegängnis‘,
swertleite ‚Wehrhaftmachung‘ gebildetes stf. *dincleita* ‚Durchführung eines gerichtlichen Verfahrens‘ gab, entscheidet gleichfalls nichts über die Person. Er könnte ebensogut auf die
anordnende und in den einzelnen Phasen in das Verfahren eingreifende Tätigkeit des Vorsitzenden der Gerichtsverhandlung,
in unserem Falle also, wo das Gericht als ein unter der Leitung
Gottes stattfindender Zweikampf gedacht ist, auf die anordnende, eingreifende und die Entscheidung herbeiführende Tätigkeit Gottes als Kampfrichters sich beziehen, und dafür könnte
sicherlich auch der Ausdruck jemand das *teidinc leiden* aus
Veldeckes Eneit 77, c (Benecke) geltend gemacht werden, wie
er schließlich auch von den beiden handelnden Personen des
Kampfes im Sinne von ‚Streit führen, eine Sache gerichtlich
austragen‘ gebraucht werden kann.

Das Kompos. *gileitôn* als solches scheint anderweitig
nicht bezeugt, wohl aber das einfache, gewiß auf dem ahd. stf.
leita beruhende ôn-Verbum *er leitôta mih in sîns gegademe*
‚introduxit‘, *leitômês* ‚gerimus (pauperem uitam)‘ sowie das
Kompositum *kaanaleitôt sîn (tara zuo)* ‚sint dispositi‘ Graff
2, 186—187, bei welchen sowohl die primäre Bedeutung des
körperlichen ‚Geleitens, Führens‘ als die vergeistigter Führung
vertreten ist. Je nach der Beziehung des *du* im abhängigen
Satze *dat du neo . . . ni gileitôs* ‚daß du nicht . . . führest‘ auf
Gott oder Hadubrand wird auch die Person, die hinter dem

sus sippan man steckt verschieden proiziert. Bei Anrede an Gott steckte hinter dieser Bezeichnung Hadubrand, bei Anrede an eben diesen aber der Sprechende selbst, Hildebrand.

Daß in dem Zusatze *mit sus sippan man* überhaupt das Erkennungszeichen für Hadubrand gegeben sei, ist ja sicher, da weder der Hauptsatz etwas, noch der abhängige Satz ein anderes Merkmal enthält, das die verwandtschaftliche Beziehung, und zwar die ‚só geartete Verwandtschaft‘, d. i. die von Vater und Sohn zwischen den beiden Kämpfern ausspräche; aber dieses Verhältnis ist eben ein gegenseitiges und es ist deshalb keineswegs von vornherein ausgemacht, mit welcher Person der Sprechende den Ausdruck verknüpft.

Einen merklichen Ausschlag aber, denke ich, dürfte die stilistische Erwägung geben, daß es wahrscheinlicher sei, unter dem *sus sippan man* sei eben jene Person gemeint, von der Hadubrand in seinen ausführlichen Mitteilungen Vers 13—28 Bericht erstattet und die er am Ende seines Berichtes als vermutlich verstorben bezeichnet hat.

Ist aber der ‚also verwandte Mann‘ der *fater* von 16 und 23, d. h. Hildebrand, so geht der Satz *dat du neo ... ni gileitôs* auf Hadubrand, die Phrase *dinc gileitôn* auf die Durchführung des als Gottesgericht verstandenen Kampfes und das Subjekt des *du* hat schon in eben diesem Satze gewechselt. Daraus folgt des weiteren, daß die imperativische Anrede des Hauptsatzes ‚hilf Gott‘ im optativischen Sinne ‚möge Gott helfen‘ zu verstehen ist, was bei der formelhaften Erstarrung der Phrase, die kaum anders wirkt wie nhd. *helf Gott, gebe Gott*, ernstlichen Schwierigkeiten nicht begegnet.

Der Satz, den wir nach der einen Auffassung zu übersetzen geneigt waren ‚hilf großer Gott ... daß du niemals ... Gericht haltest‘, muß nach der anderen übersetzt werden ‚hilf großer Gott ... daß du (Hadubrand) niemals ... das Gerichtsverfahren durchführest‘, dem Sinne nach ‚den Entscheidungskampf kämpfest‘.

Die Rektion der Präposition *mit* sowie die Form des Adj. *sippan* bedarf einiger Erwägung. Beilhack[1] hielt *sippan*

---

[1] Joh. Georg Beilhack, Kurze Übersicht der sprachlichen und literarischen Denkmäler des deutschen Volkes. Zweite verm. und verb. Aufl. besorgt von Vollmer. München 1843, S. 82.

für den Akkusativ des stark flektierten Adjektivs und verwies
auf die scheinbar gleiche Konstruktion *mit inan* im Wesso-
brunner Gebete.

Andere Beispiele dieser Rektion der Präposition *mit* stehen
bei Graff 2, 660: *mit sih* ,apud se' K. 3, *mit dih* ,apud te,
tecum' K. 7, *nist mit cotan heiteo antfangida* ,non est apud
deum personarum acceptio' K. 2, *mit diaselbun kespanst sina* ,cum
ipsa suasione sua' K. p., *mit ercna êuua* ,certa lege' Is. II, 2.

Sie betreffen, wie man sieht, sowohl die Begleitung ausdrückende als die instrumentale Funktion des Vorwortes; doch
scheint mir die erstere im Sinne von ,bei' vorzuwiegen. Ags.
mid cum acc. bezieht sich nach den Beispielen des Beow. ausschließlich auf ,Gemeinschaft' und ,Begleitung', doch ist in
anderen Quellen gleichfalls instrumentale Wirkung bezeugt,
z. B. *þá se mihtiga slóh ‖ mid hálige hand* Cædm. 3413—3414.
Der Dativ Sing. Mask. des *n*-Adjektivs ist in Hild. nicht bezeugt. Nach dem Dat. Sing. des swm. Substantivs **bano* in 52
ti banin muß man schließen, daß er gleichfalls die Flexion *-in*
aufwies.

Dazu stimmt *sippan* nicht. Wohl aber stimmt diese Form
zu dem stm. Akk. *ênan* 11, *inan* 41 und vermutlich mit *a > e*:
gôten 45. Außerdem findet sich auch Vers 54 beim vorange-
stellten attributiven Adjektiv nach *sus* die starke Flexion: *in
sus hêremo man*. Beilhacks Meinung ist also nicht übel fundiert.
Dessenungeachtet ist mir der Akkusativ unwahrscheinlich, da
weder die Bedeutung ,apud' noch die instrumentale der zitierten
ahd. Beispiele hier genügte. Ich bin vielmehr der Ansicht,
daß *sippan man* graphische Auflösung aus gesprochenem **sippamman* sei, d. i. einer Zusammenziehung, die sich genau der
des ahd. Mem. mori 59 und 50 *von einiman, von einimanne*
vergleicht. Wie wir diese auf **einimo man* — vgl. Ezzo 16
von einimo worte — zurückführen, so ist es möglich, auch die
Form des Hild. von **sippemo man* gleich *hêremo man* 54 ausgehen zu lassen, wobei wir das *a* der Mittelsilbe am besten
als sekundäre vokalharmonische Angleichung an das *a* der
Endsilbe *man*, weniger wahrscheinlich als ältere Vokalisierung
wie as. *mengidamo* [1] erklären werden. In diesem Falle haben

---

[1] Straßburger Glosse: Wadstein, Klein. as. Sprachdenkmäler, S. 107, 19–20.

wir also auch hier wie in 54 starke Flexion des Adjektivs und
werden den Nominativ nach ahd. *sippi*, flektiert *sipper* ‚adfinis,
consanguineus‘ Graff 6, 66 als *sus sippi oder *sus sipper man
‚ein derartig, in diesem Grade verwandter Mann‘ ansetzen.

Ich habe noch das berüchtigte Adverbium des Satzes
danahalt zu erörtern. Es trägt den Liedstab (: *dinc*), ist daher
auf der ersten Silbe zu betonen *dánahàlt* und schließt sich
formell an die gleichartigen got. Adverbia *þánamais* und *þána-
seiþs*, während dem as. *thàn mér* Betonung auf dem zweiten
Teile zukommt.

Für diese got. Adverbien mit dem Sinne ‚weiter, noch‘,
z. B. Mc. 5, 35 *hwa þanamais draibeis* ‚τί ἔτι σκύλλεις, was
mühst du noch weiter (den Meister)‘, oder Mc. 14, 63 *hwa þanamais þaurbum weis weitwode* ‚τί ἔτι χρείαν ἔχομεν μαρτύρων,
was bedürfen wir noch weiter Zeugen‘ ergibt sich, daß der
komparativische Begriff ‚mehr‘ — zahlenmäßig in dem einen,
temporal in dem anderen Falle bei *seiþs* — als ein zu einem
bereits Vorhandenen Hinzukommendes definiert wird. Der erste
Teil *þana-*, der aus ahd. *thana, dana* temporal ‚deinde, exinde,
tunc‘, in unmittelbarer Verbindung mit Verben ‚weg, davon,
fort‘, z. B. ~ *neman* ‚auferre‘ Graff 5, 42 zu erläutern ist, setzt
also nur den Ausgangspunkt fest, von dem das neu hinzu-
kommende ‚mehr, weiter‘ zu verstehen ist.

Da nun auch *halt* ein Komparativ ist, got. nur éinmal in
Skeir. 44 *þauhjabai ... qam, akei ni þe haldis ... was* ‚obschon er ... kam, so war er doch keineswegs ...‘ oder ‚nichts
desto weniger nicht ...‘, an. *heldr* ‚mehr, eher, lieber‘, as. in
thàn hàld ‚um so mehr‘, ist die Analogie zu den got. Adverbien eine vollkommene und die einfachste Übersetzung von
dánahàlt ‚noch méhr‘ oder ‚um so mehr‘, die von *neo danahalt* ‚um so mehr niémals‘, oder ‚um so weniger jemals‘. Innerhalb des abhängigen Satzes von 30 ergibt sich also eine an
Hadubrands Eröffnungen anknüpfende und begründende Steigerung der Ablehnung des Kampfes ‚um so mehr [da die Sachen
sich so verhalten] niemals‘.

Das ist das ganze Geheimnis von *danahalt* und zugleich
das des as. *thàn hàld* der Heliandstellen 2639 ff. ‚niemand kennt
ein Ähnliches der Strafe, die die Männer in der Unterwelt
empfangen, die großen Völker; noch mehr kann keiner ein

gleiches zu dem Lohne finden ..., den der Herr erteilt ...'
und 1405 ff. ‚niemand soll das Licht, der eines hat, den Leuten
zu sehr verbergen ... noch mehr sollt ihr euer heiliges Wort
... den Leuten nicht vorenthalten ...', as. *ni wêt ... man ...
thán háld ni mag ... man; ni scal neoman ... thán háld ni
sculun gi ...* und es ist augenscheinlich, daß in beiden Fällen
nicht ein Vergleich ‚eben so', sondern eine Steigerung des
Könnens und Sollens beabsichtigt ist, der Rückert an der ersten
Stelle mit der Übersetzung ‚um so viel mehr' gerecht zu werden
sucht. Vergleichend aber allerdings und deshalb ein anderer
Fall ist das doppelte *thán mér the ... ni ..., ni ... thán mér*
im Abschnitte 1395 ff. des Hel. ‚so wenig die Burg, die auf
dem Berge steht ... verborgen werden kann, so wenig können
eure Worte ... verheimlicht werden', bei dem es ebenso auf
die Doppelsetzung als auf die nach *than lango the* ‚so lange
als' zu beurteilende Partikel *the* ankommt. Es ist gar nichts
dawider, das Adverbium auch in Hild. als ‚um so mehr ...
nicht' oder mit Einbeziehung der Negation ‚um so weniger' zu
übersetzen. Im Grunde genommen ist es eigentlich ein Flick-
wort, das zwar die Verwahrung Hildebrands steigert, für den
Sinn des ganzen Satzes aber gar nicht ausschlaggebend ist.

Unmittelbar an diesen Satz, in dem Hildebrand sich indirekt als Vater des jüngeren Gegners zu erkennen gegeben,
schließt sich, in der Konversation nur durch eine kurze Sprechpause getrennt, der Satz, mit dem er das Überreichen seiner
beabsichtigten Gabe begleitet: *dat, ih ... gibu* Vers 33, 2. Der
im Liede dazwischen stehende beschreibende Text 31—33, 1
enthält die Schilderung des Abnehmens, der Beschaffenheit
und Herkunft der *bauga*, die Hildebrand dem Gegner als
Unterpfand des Friedens darbietet.

Das Verbum in der Redensart *ar arme uuintan* ist wie
ags. *onwindan* in Beow. 1610—1611 vom Lösen des Eises unter
dem Bilde des Aufwindens einer Fessel gebraucht: *þonne ...
fæder ... onwinded wælrápas* ‚sobald ... der Vater (Gott) ...
die Fesseln löst' und die Präposition *ar* heißt hier sinngemäß
ebenso ‚von ... herab' wie *yr* ‚von ... auf' in O. IV, 11, 11 *er
stuant yr themo muase* ‚er (Christus) stand vom Essen auf'.

Ich denke aber nicht, daß man unter *uuintan* ein Auf-
rollen der Ringe zu verstehen habe, die man sich als offene

Spiralen[1] vorstellen darf, nicht als geschlossene, in sich zurück-
kehrende Reifen, sondern ich glaube, daß das Verbum auf die
partiellen Drehbewegungen Bezug habe, die man z. B. auch
beim Abstreifen eines gut sitzenden Fingerringes machen muß,
und übersetze demnach den Passus ,da streifte er vom Arme
die gewundenen Ringe', wobei insbesondere in Acht zu nehmen
ist, daß die *uuntane bauga* wegen des folgenden Relativ-
satzes *so imo se der chuning gab* ,welche ihm der König gab',
sinngemäß eigentlich plusquamperfektisch ,gegeben hatte', mit
dem bestimmten Artikel übertragen werden.

Die Bindung *so ... se* mit dem Akkusativ des persönlichen Pronomens der dritten Person funktioniert als Relativpronomen wie ähnlich *so* mit dem Genitiv desselben in Hel.
1324 *so is io endi ni cumit* ,dessen Ende nicht kommt' und
Hûneo truhtin ,der Heunenfürst' ist ohne Streit erläuternde
Apposition zu *chuning*.

Cheisuringu gitán heißt ,aus einem Kaisering gemacht' und
ist also allerdings in dem Falle Stoffbezeichnung für Gold, Münzgold, vgl. nhd. *Dukatengold* — ,aus Kaisergold gefertigt, meint
Kögel, Gesch. der deutsch. Literatur — und zeigt, daß dem
Dichter der *cheisurinc* als Goldmünze bekannt war. Im Ausdrucke selbst liegt davon nichts und auch das ags. Glossem *cásering* ,drachma, didrachma' glaube ich, zeugt nur für das germ.
Wort, ohne für die Sache etwas zu beweisen. Wir haben es
bei unserer Vorstellung vielmehr mit einem Rückschluß zu
tun. Da die german. Armringe nach unserer literarischen und
archäologischen Kenntnis aus Gold waren — man vgl. das
wundan gold, nach dem (Hel. 554) Herodes die drei Männer
aus dem Morgenlande frägt, sowie das *wunden gold* Beow. 1193
und 3134 — und die Armringe Hildebrands, die ein kostbares
Geschenk sein sollen, eben deshalb aus Gold gewesen sein
müssen, so ist der *cheisurinc* des Hild. eine Goldmünze, und
zwar eine byzantinische, so wie der ags. *cásering* eine griechische
Münze ist. Dieser Münzname, mit dem produktiven Suffixe
von *skilliggs, bisantinc, pfantinc* gebildet, wird ja vermutlich
vom Prägebild ,Kaiserkopf' ausgehen, könnte aber allerdings

---

[1] Ebenso Wadstein 31, der auf die Abbildungen bei Montelius Nr. 64
und 111 verweist.

auch ohne Beziehung auf das Bild nur die Vorstellung des Prägeherrn enthalten.

Daß dieser der griechische Kaiser ist, ergibt sich für das Bild. aus dem Lokale: Osteuropa und der Zeit der Gotenherrschaft in Italien, aus der griechischen Glossierung des ags. *cásering* und endlich daraus, daß nach dem Wîdsîđ 20 *Cásére wéold Créacum* in der germanischen, aus der Völkerwanderungszeit stammenden Überlieferung dieser Titel geradezu zu einem Sammelnamen der byzantinischen Herrscher geworden sein muß. Nicht übel gibt Lachmann den Ausdruck *cheisuringu gitân* wieder ‚aus einer griechischen Kaisermünze gemacht‘, nur daß der Dichter nicht von einer beliebigen, sondern von der bestimmten Kaisermünze spricht, die eben den Namen *cheisurinc* führt. Man würde daher, der Stelle eigentlich am besten gerecht, wenn man den Münznamen unübersetzt ließe und ohne Artikel gebrauchte: ‚aus K. gefertigt‘.

Die Bedeutung des Partizipiums *gitân* ‚verfertigt, gemacht‘ erläutert sich aus Ezzo 32—33 *ze aller iungest gescuofe du den man nâh tînem bilde getân*; die später auch von Grein empfohlene Herstellung eines Instrumentalis des Plurals **cheisuringum* durch Vollmer und Hofmann[1] ist ein kleinlicher Pedantismus, denn der Plural *bauga* fordert unter der Voraussetzung, daß aus einer Münze nur je éin Ring verfertigt werden konnte, zwar einen Plural der Sache bei Gelegenheit der Anfertigung, die den Dichter nichts angeht, keineswegs aber einen Plural des sprachlichen Ausdruckes. Die Art, wie der Dichter den **uuuntan bauc cheisuringu gitân* in den Plural versetzt, ist vielmehr die einzig stilrichtige und ein Plural des Instrumentalis darf ihm nicht zugemutet werden.

In der Sprechpause hat Hildebrand die Ringe — vielleicht waren es zwei — abgestreift und hält sie mit der Linken hoch mit den Worten *dat ih dir . . . gibu*! Diesen Satz hat Siebs[2] für einen exhortativen gehalten und auf den ersten Eindruck hin schlagend mit modern ndd. *dat ick di dat nu man segg!* verglichen. Das ginge ja wohl auch nhd.; *daß ich dir sage*

---

[1] Al. Vollmer und K. Hofmann, Das Hildebrandlied. Leipzig 1850.

[2] Rezension von Kögels Gesch. der deutschen Literatur in Z. f. d. Phil. 29 (1897).

oder *daß ich dirs nur sage* ist ebenso exhortativ wie ‚laß mich dir sagen‘, aber diese Konstruktion erfordert doch einen Konjunktiv des Verbums und *gibu* ist aufgelegter Indikativ. Die Wendung Hildebrands müßte im Sinne Siebs ja vielmehr **dat ich dir . . . gebe* lauten.

Der Satz ist also nicht exhortativ und *dat* nicht Konjunktion ‚daß‘, sondern das Demonstrativpronomen ‚das‘ als Objekt zu *gibu*.

Bi huldi ist wie *umbi huldi zu verstehen, also ‚um, für Huld, um Freundschaft‘. Die Bindung enthält den Akkusativ des Adjektivabstraktums wie Musp. 41 (Elias streitet) *pi den êuîgon lîp* ‚um das ewige Leben‘, oder O. an Salom. 38 *bi thaz* ‚um welches‘, O. IV, 10, 4 *êr ih . . . ioh bi iuih dôt uurti* ‚. . . für euch, um euretwillen, euretwegen stürbe‘, oder Musp. 36 *pi daz* ‚für das, was‘.

Die Freundschaft ist die für die angebotene Gabe geworbene Gegenleistung. Ähnlich ist *bi* cum dat. ‚um willen‘ in Hel. 5401 *was . . . bi sînon | sundion giheftid* ‚war um seiner Missetaten willen gefesselt‘. Dem Abstraktum *huldi*, mhd. stf. *hulde*, ist die Bedeutung des freiwillig dargebrachten Wohlwollens, der freundlichen Gesinnung, nicht die der pflichtmäßig geleisteten Treue oder Ergebenheit beizulegen.

Keineswegs wäre *bi huldi* beteuernd ‚bei meiner Huld‘ zu verstehen und auch die as. Parallele in Hel. 4673f. *Simon Pêtrus thuo, thegan, wið is theodan thrîstwordun sprac bi huldi, wið is hêrron* . . . ist nur eine scheinbare und äußerliche, denn hier heißt *bi huldi* ‚in bezug auf seine Treue, von seiner Treue‘ und ist das Objekt, von dem gesprochen wird, dessen Simon Petrus seinen Herrn versichert.

Der Halbvers lautet in nhd. Nachbildung ‚das, ich gebe es dir nun um Freundschaft!‘ und es ist klar, daß *dat* eigentlich einen rudimentären Satz für sich ausmacht, der das Objekt hervorhebt und ohne Zweifel mit dem Gestus des Entgegenhaltens der *bauga* begleitet war. Auf dieses hervorhebende *dat* geht dann das neutrale Pronomen *it* als engeres grammatisches Objekt zu *gibu* zurück. Eine derartige Wendung wäre z. B. in der Frage ‚das Haus, hast du es gefunden?‘ für ‚hast du das Haus gefunden?‘ auch im nhd. möglich und gehört hier wie im Hild. dem Konversationstone, der gesprochenen Sprache

des täglichen Umganges an. Aus O. II, 1, 33 läßt sich der
Passus *sin uuort iz al gimeinta, sus managfalto deilta* vergleichen.

Die Überreichung der Ringe und die mit ihr ausgesprochene Friedenswerbung ergänzt das, was dem vorhergehenden Ausrufe an Unumwundenheit des Ausdruckes abgeht.
Hadubrand muß wissen, daß es für seinen Gegner ein anderes
Motiv, den Kampf zu vermeiden, nicht gibt und nicht geben
kann, als das angerufene der nahen Verwandtschaft und aus
seiner Gegenrede ergibt sich, daß er Hildebrand keineswegs
mißversteht, sondern sehr wohl erfaßt, was dieser ihm sagen
will, nur daß er es nicht glaubt, sondern für Lüge hält. Die
Meinung, daß sich innerhalb dieses Passus jemals ein Bekenntnis
Hildebrands expressis verbis ,der Mann, den du tot wähnst, bin
ich, dein Vater Hildebrand' befunden habe, ist völlig unbegründet. Rücken wir die im Liede getrennten Teile der un-
geteilten Rede Hildebrands zusammen ,hilf großer Gott . . .
oben vom Himmel, daß du um so mehr niemals mit einem
derartig verwandten Manne das gerichtliche Verfahren durchführest, das, ich gebe es dir nun um Freundschaft!', so wird uns
die Beziehung des zweiten *du* auf Hadubrand nur durch das
in der nhd. Übersetzung zu große Gewicht des Anrufes an Gott
,hilf großer Gott . . . oben vom Himmel' in etwas verdunkelt.

Die folgende ablehnende Antwort Hadubrands ist mit
einem Satze eingeleitet, der ersichtlich sprichwörtlichen Charakter trägt und eine Regel des Verhaltens formuliert, wie
etwa die Vorschriften der Hávamál, z. B. Strophe 80 *i uindi
skal uiþ hǫggua, uepri á sió róa, myrkri uiþ man spialla . . .*
,bei Wind soll man Holz fällen, bei Brise in die See rudern,
im Abenddunkel mit der Maid kosen . . .'. Analog ist die Regel
,mit dem Speere soll man Gabe entgegennehmen, Spitze gegen
Spitze', die demnach ein präformiertes Element, ein Erzeugnis
german. Spruchweisheit ist, das der Dichter des Liedes schon
textiert empfangen hat.

Aus dem Verweise auf diese Regel ergibt sich, daß
Hadubrand sich eine andere Art der Entgegennahme zugemutet
findet, und daraus rekonstruiert sich die Situation.

Die beiden Gegner befinden sich noch auf Sprechweite,
die zugleich Wurfweite ist, wie aus 61 erhellt, wo das Werfen

als Eröffnung des Kampfes wirklich erfolgt; sie befinden sich
schon deshalb nicht in naher Distanz, weil in solcher zwar
zum Stoße, nicht aber zum Wurfe ausgeholt und das Werfen
daher auch nicht befürchtet werden kann.

Hätte nun Hildebrand die Ringe auf der Spitze seines
Speeres dargeboten, so war für Hadubrand kein Hindernis, hin-
zuzureiten und sie mit der Spitze seines Speeres abzunehmen,
und wenn er es unterließ, so brauchte er doch nicht an die
Regel zu erinnern, die bei dieser Handlung zwischen zweien,
die einander nicht völlig zu trauen Ursache haben, zu beobachten ist. Da nun Hadubrand die Ringe nicht nimmt und
trotzdem an jene Regel erinnert, deren Sinn der ist, daß beide
Männer einander nicht zu nahe kommen und bei zu Stoß und
Parade zweckdienlich vorgestreckter Lanze aus dem Zustande
der Wehrbereitschaft nicht heraustreten, so mußte er sich zu
einer Art der Entgegennahme aufgefordert sehen, die ihn dem
Wurfe des Gegners bloßstellen konnte. Da nun weiters ein
Speerwurf in der mit ganz ungeeigneter Handstellung unter
der Mitte gefaßten, vorgestreckten und an der Spitze mit den
Ringen behangenen Lanze nur schlecht vorbereitet wäre, so hat
Hildebrand die Ringe mit der Linken hochgehoben und den
Speer in der Rechten gehalten, nicht in Wurfstellung, denn
seine Absicht ist keine feindliche, aber doch so, daß er jeden
Moment in diese Stellung hätte gebracht werden können. Diese
mit der Hand gebotenen Ringe auch mit der Hand abzunehmen
und nicht etwa mit der Lanzenspitze, das war offenbar Gebot
der Sitte, so daß Hadubrand während des Hinzureitens in
der Tat sich in ungedeckter, einem heimtückischen Wurfe
offener Position befunden hätte.

Die hübsche Stelle aus dem Chron. Novaliciense l. III,
c. 21, 22, die Heinzel ausschrieb, da er aus ihr folgern wollte,
daß dem Dichter vorschwebte, Hildebrand habe die Ringe an
der Spitze des Speeres geboten, ist für diese Deduktion völlig
unbeweisend, wenn auch diese Geschichte von Algisus und dem
Manne Karls des Großen in der Regel *mit gêru scal man . . .*
gipfelt. Aber die Situation ist hier eine ganz andere. Nicht
der bewaffnete Hadubrand steht hier dem bewaffneten Hildebrand gegenüber, sondern der unbewaffnete, ans Land rudernde
Algisus dem bewaffneten Abgesandten Karls des Großen, der

ihm die Armringe des Königs als dessen Geschenk an der
Spitze des Speeres darbietet.

Algisus, zur Entgegennahme mit unbewehrter Hand eingeladen, fürchtet mit Recht einen Lanzenstoß und bewehrt sich;
er ergreift den auf den Rücken geworfenen Panzer und den
Speer und sagt: ‚Wenn du sie mir mit dem Speere darbietest,
so werde ich sie auch mit dem Speere entgegennehmen.‘ Der
Schlußeffekt ist also der gleiche, von Algisus wirklich ausgeführt, von Hadubrand bloß moniert, aber die vorbereitende
Situation ist es nicht und kann es nicht sein, da für Hadubrand
das Merkmal des momentanen Unbewaffnetseins nicht zutrifft
und Hildebrand mit vorgestreckter Lanze zwar einen Stoß
führen, aber nicht werfen könnte.

Das Mißtrauen Hadubrands ist 37 bis 39 in unzweideutige
Worte gekleidet und wird 40—42 aus der festen Überzeugung
vom Tode Hildebrands begründet.

man im Texte der Regel ist Indefinitpronomen wie auch
ags. *mon* zweimal im Beow., daher nicht mit ‚der Mann‘
wiederzugeben.

ort als Akk. Sing. des dem as. ags. Maskul. *ord* ‚Spitze‘
entsprechenden Wortes verstanden — von der Lanzenspitze
gebraucht Hel. 5346 *an speres orde* und 3088 *gêres ordun* —
erforderte ein gedachtes Participium passivi ‚gerichtet, ge-
wendet, gekehrt‘. Es ist aber fraglich, ob man gut daran tue,
die Form als Akk. zu nehmen. Mir scheint es vielmehr stil-
gemäß zu sein, sie als Instrumentalis *ortu* mit Apokope der
Flexion vor dem folgenden Halbvokal *uu* zu fassen, wonach
also genauer ‚mit der Spitze gegen die Spitze‘ zu übersetzen
sein mag.

alter Hûn ist Vokativ; *du bist dir ... ummet spâher*
enthält nicht das prädikative Adjektiv, sondern die prädikative Substantivierung mit dem unbestimmten Artikel, also ‚du
bist dir ... ein überaus Schlauer‘, wozu man modern bair. *dâs
is a gânz gscheider, dâs is a feiner, a gânz a feiner* vergleiche.

spenis mih mit dînêm uuortun versteht sich nach Hel.
1376 *spanan mid is sprâcu* als ‚verlockst mich mit deinen
Worten‘.

Der erste Teil des konjunktionellen Systems *also ... so*
39 kann sich nicht auf *man* oder *gialtet man* beziehen — ags.

swá steht im wesentlichen nur bei Verben, Adverbien, Adjek-
tiven, nicht bei Substantiven — in welchem Falle die Entsprechung zu nhd. *solcher* dastehen müßte, eher auf *gialtet*
allein: ‚du bist in der Weise alt geworden . . ., daß . . .‘, doch
scheint es hart, darnach einen alleinstehenden Vokativ *man* anzunehmen. Ist der Vokativ *giáltet màn* eine Bindung, die wie
mhd. *ármmàn* oder as. Hel. 72 *ên gigámalod mànn* fast einem
Kompositum ‚Alter‘ gleichkommt, so muß man sich entschließen
eine Redensart **also wesan . . . so* ‚von dér Art, von dém
Schlage sein . . . daß‘, wie nhd. *só sein*, d. i. ‚von solcher Beschaffenheit sein . . . daß‘, für möglich zu halten, wonach sich
die Interpretierung ‚du bist von der Art, alter Mann, daß du
immer Arglist hegtest‘ ergibt. Dazu vergleicht sich im allgemeinen, die Verschiedenheit der Subjekte im Vorder- und
Nachsatze sowie das Fehlen des Adj. in Hild. abgerechnet,
Hel. 5220 f. *ef it thoh wâri sô, than wârin sô starkmôds . . .
jungaron mîne, sô man mi ni gâbi Judeo-liudiun . . . .* Keinesfalls darf der Nebensatz *so du . . .* mit Heinzel als Relativsatz
gefaßt werden, wenn auch relativisches *so du* an sich ebenso
möglich ist wie *so . . . sê* 32 oder wie got. *þuei*, sondern vielmehr als Vergleichs- oder Konsekutivsatz und die Übersetzung
‚du bist ein (solcher) alter Mann, der immer Bosheit geübt hat‘
ist wegen der falschen Beziehung des *also*, die das Übersehen
des Vokativs im Gefolge hat, zu verwerfen.

*inuuit fuoren heißt auch nicht geradezu ‚Arglist, Bos-
heit, Tücke üben‘, sondern ‚hegen, in sich tragen‘ und ist
nach modern bair. *neid führen*: *z'wôngn so an plunder da
füehrn ma koan'n neid* Silvester Wagner, Salzb. Gsanga,
2. Aufl., S. 105 und *stolz führen*: *d' schöffmaistá, dö reichen,
führn draid viel und holz, áfn Inn, áf dá Dainá, awá nu
mehrá stolz* Stelzhamer, Gedichte in obderenns. Volksma.
4, 117 (1868) zu beurteilen.

êuuin inuuit wurde von Kögel als Kompositum in Anspruch genommen, aber die spezifisch christlichen Zusammen-
setzungen as. Hel. *êwandag, êwanrîki*, die aus den der christlichen Literatur angehörigen, offenen Verbindungen *te them
êwinom rîkie* Hel. Cott. 1796, *that êwana rîki* Cott. 1302
stammen — hiezu auch *êuuin* oder *êuuinaz lîb* ‚uita aeterna‘,
êuuin fiur, in êuuinaz uuîzzi, in êuuina selida (tabernacula),

sämtlich aus Tat. Graff 1, 506—507 — können doch für die in
Hild. gebotene Verbindung nicht verwertet werden und es besteht auch gar kein Anlaß, das Wort *êuuin* für etwas anderes
zu halten als für attributives Adjektiv zum Neutrum *inuuit*
oder möglicherweise auch für temporales Adverbium ‚immer‘.

Formell entspricht es ja jedesfalls dem got. Adj. *aiweins*
ʽ*αἰώνιος*ʾ, ahd. *êuuin*, as. *êwin*, *êwan* neben *êwig* Hel. Mon. 1796,
würde als Adverbium den ahd. neutralen Akkusativen *lutzil*,
ginuog, *filu* an die Seite gestellt werden können und es ließe
sich wohl annehmen, daß diese längere Form des Adv. statt
der kürzeren *eo* von 27 und 49 aus Gründen des poetischen
Wohlklanges gewählt sei. Daß *êuuin*, wenn es Adv. wäre, den
Hauptton des Halbverses tragen könne, ergibt sich aus Hel.
2428, 2 *endi ûs is firinun tharf* oder 2753, 2 *than williu ik
it hêr te wârun gequéden* und dasselbe gilt auch — Hel. 1302, 2
thêm is that éwiga rîki, 1799, 2 *thàt gi an that hêlage lioht* —
für das Adjektiv, wofür ich die Form endgültig nehme. Der
zweite vokalische Anlaut im Halbverse *so du éuuin inuuit
fúortôs* ist mir ein zufälliger und nebensächlicher.

Dann spielt Hadubrand seinen stärksten Trumpf aus: die
Nachricht der Seefahrer vom Tode Hildebrands im Kriege.

Die viersilbige Pluralform *sêolîdante* mit dem Nominativ-
zeichen des starken Adjektivs an Stelle der flexionslosen, konsonantischen Form des Substantivums **sêolîdant* ‚Seefahrer‘
erkläre ich aus metrischen Gründen. Ebenso enthält Beow.,
der sonst den konsonantischen Nom. Pl. gewährt wie 411, 1
secgað sǽlîðend, 1818, 1 *nu we sǽlîðend*, 2806, 1 *þæt hit sǽlîðend*, in 377 dem metrischen Erfordernisse zu Liebe die vier-
silbige Form *þonne sægdon þæt | sǽlîðende* oder Hel. neben
dem konsonant. Akkus. Plur. *wárode thea wáglîdand* 2913, 1
einen swm. Akk. Plur. *the séolîdandean* 2909, 2.

Aus diesem Substantiv erstreckt sich die partizipiale Funktion auch auf den folgenden Vers 41, 1, der sich zu **uuestar
ubar uuentilsêo lîdante* ergänzt.

Zum Gebrauche von *westar* ‚nach Westen‘ ist die Stelle
Hel. 596—597 zu vergleichen: die Männer aus dem Osten
.gumon ôstronea, die dem nach Westen vorausschreitenden
Himmelszeichen gefolgt waren, berichten vor Herodes über ihre
Fahrt. Ein weiser Mann habe sie beauftragt, dem Zeichen nach-

zugehen *hiet that wi im folgodin* | *so it furi wurđi* ‖ *westar oƀar thesa weroldi.* Wie diese Männer, am Ende ihrer Fahrt, d. i. an dem Punkte, wo das Himmelszeichen zur Ruhe kommt, angelangt, sich den Gang ihrer Reise vergegenwärtigen, den sie vom Ausgangspunkte an konstruieren und nicht vom End-punkte aus, wo sie nicht ‚nach Westen‘, sondern ‚von Osten‘ hätten sagen müssen, so begreifen auch die *uuestar ubar uuen-tilsêo lidante* eine Fahrt mit dem angenommenen Orte Hadu-brands, d. i. seiner Heimat Italien, als Endpunkt und einem Punkte im Osten als Ausgang. Das deckt sich inhaltlich genau mit den Versen 17 und 21, in denen ein Land östlich von Italien als Zufluchtsort Hildebrands angegeben wird, von woher also auch die Kunde von seinem Leben oder Tode zu erwarten ist. Geographisch bestimmt sich demnach der *uuentilsêo* als das Mittelländische Meer, genauer vielleicht als die Adria, wie ja auch ags. *wendelsœ* in Ælfreds Oros. der Pontus und das ganze System des Mittelländischen Meeres ist.

dat inan uuîc furnam ist Objektsatz zu *sagêtun*, dessen Verbum nach as. Hel. *farniman* ‚wegnehmen, hinweggraffen‘, vom Schicksal, Tod, Krankheit: *wurđ, dôđ, suht* gesagt, ver-standen werden muß.

Wie die *wurđ farnimit* oder *fornam*, so hier der Kampf und an diese Nachricht anknüpfend formuliert Hadubrand seine Uberzeugung in den bestimmten Worten ‚tot ist Hildebrand, Herebrands Sohn‘.

inan sieht in der Hs. wie *man* aus, d. h. die erste Haste ist nicht abgerückt, sondern mit der zweiten durch obere Kom-missur verbunden. Dessenungeachtet bin ich nicht sicher, daß der Schreiber hier in der Vorlage *man* gelesen und daher auch *man* habe kopieren wollen, sondern muß es für denkbar halten, daß die obere Kommissur im Worte eine bloße graphische Zufälligkeit sei.

Die Steigerung im Tone der Überzeugtheit Hadubrands gegenüber Vers 28 ist beachtenswert. Sie entspringt der Abwehr der ihm unglaubwürdigen Eröffnung, die ihm sein Gegner ge-macht hat. Während er dem unbekannten Fremden gegenüber, dem er von seinem Vater erzählt, nur im allgemeinen von dessen wahrscheinlichem Ende und den Gründen, die dafür sprechen, berichtet, schlägt er angesichts des Gegners, der sich ihm als

der totgeglaubte Vater zu erkennen gibt, einen entschiedeneren
Ton an. Er besinnt sich auf die ihm gewordene Mitteilung
der Seefahrer aus dem Osten, die an sich gleichwohl nicht
so stark gewirkt hat, ihm völlige Sicherheit über das Ableben seines Vaters zu geben, und immerhin noch einen schwachen Zweifel offen lassen konnte, die sich ihm aber hier, wo
es die vermeintliche Vorspiegelung eines arglistigen Feindes
zurückzuweisen gilt, zur sicheren Nachricht verdichtet. Mit
dem apodiktischen Ausspruche ‚tot ist Hildebrand‘ schließt
nach dem Stande der Überlieferung die Rede Hadubrands und
es folgt bis zur tatsächlichen Eröffnung des Kampfes Vers 61
eine lange Klage Hildebrands Vers 43—60, die mit den Worten
Hiltibraht gimahalta Heribrantes suno eingeleitet ist und außerdem noch zweimal Vers 47 und 56 mit einem den zweiten Halbvers eröffnenden Inquit *quad Hiltibrant* weitergeführt wird.

Man kann die Frage stellen — und sie ist tatsächlich
gestellt — ob nicht an den inneren Grenzen der drei Abschnitte, d. i. zwischen Vers 46 und 47 sowie zwischen 55 und
56 entsprechende Antworten Hadubrands verloren gegangen
seien, oder ob nicht der eine oder andere Abschnitt vielmehr
dem Hadubrand zugeschrieben werden müsse.

Darauf ist zu sagen, daß die Abschnitte 47—55 und
56—60 ihrem ganzen Inhalte nach nur von Hildebrand gesprochen sein können und nichts enthalten, was eine verlorene
Antwort Hadubrands unbedingt erheischte und nicht auch aus
der bloßen Situation geschöpft sein könnte, wie der Hinweis
auf die Kampflust des Jüngeren Vers 57, oder der auf das Schicksal der Beute in beiden Abschnitten, dessen Entscheidung ja
mit der Entscheidung des Kampfes untrennbar verknüpft zu
denken ist. Daß ferner der Abschnitt 44—46 allerdings von
Hadubrand gesprochen sein und als Antwort auf *ih uuallôta* . . .
Vers 48 gefaßt werden könnte, in diesem Falle aber eine Änderung der Personennamen in 43 und eine Umstellung des ganzen
Passus nach 55 erforderte.

Das Unzutreffende des Schlusses aus der guten Rüstung
Hildebrands darauf, daß dieser vor dreißig Jahren keine Verbannung erfahren habe, würde man bei dieser Behandlung des
Abschnittes dem unerfahrenen Urteile Hadubrands zugute halten
können.

Da nun aber diese Anordnung von der Überlieferung bedauerlicherweise nicht geboten ist, kann man sich der Aufgabe nicht entziehen, zu untersuchen, wie sich der Passus 44—46 im Munde Hildebrands mache. Man sieht da gleich, daß derselbe in den Worten *dat du noh . . . reccheo ni uuurti* das erste Glied einer Kontrastierung des Schicksals Hadubrands mit dem des Sprechers *ih uuallôta . . . ur lante* Vers 48 enthält und daher wenigstens im folgenden Texte verankert ist, wenn er auch auf den ersten Blick keinen Zusammenhang mit der vorhergehenden Rede Hadubrands erkennen läßt.

Das einleitende *uuela*, ahd. *uuela* ‚bene‘, *uuola* ‚satis‘ Graff 1, 832, ist gleich *uuelaga nu* in 47 Interjektion und nicht Adverbium, das den Verbalbegriff steigernd bestimmte, wie *so uuel lustit* ‚so sehr gelüstet‘ in 57 — man beachte übrigens die Formdifferenz von *uuela* und *uuel*! — Interjektion mit einer zugestehenden, einräumenden, an eben Gesagtes anknüpfenden Grundstimmung wie etwa engl. ‚*well, I see*‘ und ich übersetze demgemäß nicht ‚gut, gar wohl, genau ersehe ich‘, sondern ‚wohl, ich sehe an deiner Rüstung, daß du daheim einen guten Herrn hast . . .‘. Der zweite mit *dat* eingeleitete Nebensatz 46 könnte allesfalls als Konsekutivsatz gefaßt werden ‚so daß du (sinngemäß: zufolge der Güte deines Herrn) noch . . . nicht das Leben eines Verbannten kennen gelernt hast‘, aber es ist sicherer, ihn als zum ersten parallelen Objektsatz zu erklären, denn aus der guten, neuen und unverbrauchten Rüstung des jugendlichen Hadubrand kann ebensowohl auf den Mangel des schweren Lebens eines Verbannten, als auf die Freigebigkeit des Dienstherrn geschlossen werden.

Den Akk. des Adj. *gôten*, dessen Endungsvokal sich von *ênan* 11, *inan* 41 entfernt, könnte man mit Rücksicht auf die konsequente Endung *-en* der *jan*-Infinitive: *seggen* 1, *bihrahanen* 55, *hrûmen* 59 auch auf eine Form des Adj. mit *ja*-Suffix, got. etwa **gôdjana* zurückführen, die vom Neutrum ahd. *guot* ‚bonum‘ abgeleitet wäre und dann wohl ‚begütert, reich‘ bedeutete. Man könnte also auch übersetzen ‚daß du daheim einen reichen Herrn hast‘. Als Abschwächung von *a* läßt sich indessen *goten* sehr wohl mit *commen* statt *comman* in Christus und die Samariterin vergleichen.

Bi desemo ríche 46 kann unmöglich persönlich verstanden
werden und eine Entsprechung zu got. *reiks* ‚ἄρχων, rex‘ enthalten. Das Wort ist ja als freies Appellativum in den westgerm. Sprachen nicht erhalten, auch nicht in den nordgerm.,
denn an. *ríkr* ist gleich got. *reikeis*, also *ja*-Stamm und Adj.,[1]
sondern nur das Neutrum *reiki* ‚ἀρχή‘, ahd. *ríchi* ‚regnum,
regio, imperium‘ und dort, wo diesem persönliche Bedeutung
zugewachsen ist, wie in Musp. 35 *vora demo ríhhe*, oder Beow.
171—172 *gesǽt* ‖ *ríce to rúne*, oder Hel. 1894 *for ríkea* ist
der persönlich gefärbte Begriff ‚Reich‘ als ‚gesetzgebende, bera-
tende, richtende Körperschaft‘ aus dem lokalen Konkretum
des beherrschten Gebietes erst sekundär entwickelt, ohne jemals eine Einzelperson der obrigkeitlichen Gewalt bezeichnen
zu können.

Die Bestimmung enthält also jedesfalls das Sachwort ahd.
ríhhi und zwar am ehesten in der vierten von Kelle im Glossar
zu Otfrit angesetzten Bedeutung ‚Welt, Erde‘, wie sie in den
Bindungen *hiar in ríche* ‚hier auf Erden‘ O. V, 2, 11 und II,
14, 106, *hiar* ... *in ríche* V, 24, 8, *in themo ríche* III, 15, 28
gegeben ist, wobei dann das Demonstrativpronomen *desemo*
eine Kontrastierung [*dit ríchi!*] zum Jenseits, zum *himilo ríchi*
Tat. 99 einschließt. Kausales *bi*, das den Sinn ‚von Reichs wegen‘
ergäbe, ist mir inhaltlich und formell wegen des Demonstrativ-
pronomens nicht wahrscheinlich, eine Bedeutung ‚von weg, aus‘,
die für eine Interpretierung ‚aus diesem Reiche‘ benötigt würde,
ist für *bi* nicht erweislich.

Im Zusammenhange mit dieser angenommenen allgemeinen
Bedeutung des Substantivs scheint sich demnach eine lokale
Bedeutung ‚auf dieser Welt, auf dieser Erde‘ wie O. I, 5, 62
bi uuorolti ‚auf der Welt‘, as. Hel. 168 *te*, 211 *an thesaro
weroldi*, beziehungsweise nach den temporalen mhd. Redens-
arten *bî tage*, *bî unsern tagen*, *bî sînen zîten* eine temporale
Bestimmung ‚in diesem Erdenleben‘ herauszustellen.

Noh ist das Adverbium ahd., as. *noh* ‚adhuc‘, got. *nauh*,
mit Negation *ni* gebunden soviel wie ‚nondum‘. An die Konjunktion ahd., as. *noh* ‚neque‘, got. *nih* zu denken, verbietet
von vornherein die Wortstellung.

---

[1] Noreen, An. Gramm. I² § 421.

Die Grundbedeutung des ags. *wrecca*, ahd. *recheo* ist nach den Glossierungen ‚exul, profugus, extorris‘ sowie nach den Beziehungen zum Adj. ahd. *wreh* ‚exul‘ Graff 1, 1131, got. *wrikan* ‚verfolgen‘ ohne Zweifel die des landflüchtigen Mannes, der einer zwingenden Gewalt gewichen ist; vgl. Notker zu Psalm 104, 12—13 vom Volke Israel ‚cum essent numero breui. paucissimi et incolę in ea et pertransierunt de gente in gentem. et de regno ad populum alterum‘, deutsch *Do iro lúzzel uuas, unde diě selben ddra in terram (in lant) chanaan recchen uuâren . unde sie uuâlloton fóne diête ze diête . fone ríche ze ríche.* Ich glaube daher, daß man *recheo uuerdan* geradezu mit ‚verbannt, vertrieben werden‘ wiedergeben kann, obwohl die Bedeutungsentwicklung des Substantivs zu der eines unstäten Helden und die Verflüchtigung zu bloßem Wanderer schon alt ist, wie in Hel. 631, wo die *wrekkion einfach ‚Männer aus fernem Lande‘ sind, *thea thar an elilendie erlos uuârun ferran gifarana* Mon., ohne daß sie hierzu durch feindliche Gewalt genötigt worden wären.

hêrron gôten ist ohne Rücksicht auf die Möglichkeit, daß das Adj. *jo*-Stamm sei, auf einen Nominativ *hêrro gôter oder *hêrro gôt ‚ein guter Herr‘, nicht auf *hêrro gôto ‚der gute Herr‘ zu basieren.

Daß die Worte Hildebrands, in freier Übertragung ‚wohl ich ersehe an deiner Rüstung, daß du daheim einen guten Herrn hast, daß du in diesem [deinem] Leben noch nicht Verbannung erfahren hast‘, die glücklichen, ungetrübten, von schmerzlichem Schicksale freien Lebensumstände Hadubrands konstatieren, denen er Vers 48 bis 50 sogleich sein eigenes bewegtes Leben entgegenhält, ist ja klar und ließe den einleitenden Passus auch als bloße Charakterisierung des jüngeren Gegners verständlich erscheinen. Doch ist es wahrscheinlich, daß derselbe an die eben geschehene Weigerung Hadubrands, seinem Vater zu glauben, anknüpfe und die von Hildebrand angenommenen psychologischen Momente ausspreche, die den Jüngeren leiten. Das eine dieser Momente scheint in der vorausgesetzten Dankbarkeit gegen einen guten Herrn gesucht werden zu sollen, die in Hadubrand das wirkliche Bedürfnis seinen Vater wieder zu finden, ausgelöscht hat, das andere vielleicht in Mangel an Lebenserfahrung, der Hadubrand ver-

leitet, die Nachricht der Seefahrer für unumstößliche Wahrheit
zu halten. Die Ablehnung der Ringe ist dabei ganz neben-
sächlich; um diese als Wertgegenstände handelt es sich gar
nicht, sondern es handelt sich um die Ablehnung des Vaters,
der sich seinem Sohne zu erkennen gegeben, und um die Motivierung der Ungläubigkeit Hadubrands, die sich Hildebrand
irgendwie zurechtzulegen sucht. Daß Hildebrand annehme,
von seinem Sohne absichtlich und gegen besseres Wissen ver-
schmäht zu sein, muß man nicht folgern, dafür gewährten die
Auslassungen Hadubrands, der ja im vorhergehenden seines
Vaters mit anerkennenden Worten gedacht hat, keinen zu-
reichenden Grund, es genügt, daß Hildebrand erkennt oder
zu erkennen glaubt, wie geringe Bedeutung dem vor Jahrzehnten in die Fremde gegangenen, leiblichen Vater, der sich
um seinen Sohn nicht gekümmert hat, gegenüber dem gütigen
Herrn, der dessen Jugend beschirmte, im Gefühlsleben des
Sohnes zukommen müsse. Die Worte Hildebrands sind elegisch,
nicht ironisch, wie ja die ganze Klage Hildebrands von 44 bis
60 im wesentlichen elegisch ist.

Die Bedeutung der Interjektion *uuelaga nu* ist gleich der
von ahd. *uuala nu* ,age nunc' eine exhortative ,wohlan nun',
und ihr Sinn ist der, daß Hildebrand mit seinem Entschlusse, in
den Kampf einzutreten, zu Ende gekommen sei und keinen
weiteren Versuch machen werde, auf seinen Gegner um-
stimmend einzuwirken, das hereinbrechende Unheil abzuhalten.
Formell ist *uuelaga*, ags. *welga*, *weolga*, ahd. mit älterem Auslaute *uuelago* und *uuolago*, später *uuolge*, O. *uuolaga*, ags. *welga*,
weolga ,heia, euge',[1] offenbar ein ō-Adverbium zu einer Erweiterung von *wela* mit *g*-Suffix, das man nur nicht mit ahd.
uuelaker ,dites', ags. *welig* ,dives' identifizieren darf, sondern
als selbständige Bildung betrachten muß.

uualtant got ist Vokativ wie *irmingot* in 29 oder der
Personenname in *uuolar abur Hluduîg*, Ludwigslied, und entspricht dem as. *wáldand god*, ags. *wealdend god*; eine Zusammenrückung, die im Begriffe ist, gleich nhd. *hérrgott* zu einem
Kompositum zu verwachsen, jedoch im Genitiv *uuáldandes* ‖

---

[1] Bei Bosworth-Toller 1185 als *wel gá*, *weol gá* mißverstanden.

gŏdes Hel. 699—700 auf zwei Verse verteilt erscheint und beiderseitige Flexion zeigt.

uualtant ist substantiviertes Partizipium ‚Herrscher‘ wie *séolîdant 40 und *sceotant 49, in as. Hel. 3666, 2 *uuáldand Crist* Cott. mit einem anderen heiligen Namen kombiniert.

Die Anrufung Gottes, beteuernder Natur, verhält sich neben der vorangehenden Interjektion wie in Hel. 4432 *uuola, uualdand god, quedad sie* ... Mon., oder 5013, 2 *uuolo craftig god, quathie* Cott., zwei Parallelen, die auch wegen des folgenden Inquit für Hild. 47 von Interesse sind.

uuêuuurt mit dem Neutrum ahd., as. *wê* im ersten und ahd. *uurt* ‚fatum, fortuna, euentus‘ Graff 1, 992 im zweiten Teile übersetze ich mit ‚Unheil‘ und *scihit* wie wenn *gascihit zu *gascehan* ‚fieri, contingere‘ stünde, als ‚geschieht‘; persönliche Bedeutung von *uurt* nehme ich hier nicht an. Die Phrase unterscheidet sich kaum von *uuê uuirdit zu O. II, 6, 27, Kelle Glossar S. 666. Das Kontrastwort ist in ahd. *uuilliuurti* ‚satisfac.‘ Graff wie oben, offenbar ‚erwünschtes Geschick‘ erhalten.

Zur Zeitangabe ‚der Sommer und Winter sechzig‘, d. i. 30 Jahre, halte man Hel. 465, 2 *so filu uuintro endi sumaro* Mon., wo allerdings eine gezählte Summe von Jahren nicht gegeben ist. Das Zahlwort *sehstic* ist weder im Hel., noch in den kleineren andd. Denkmälern bezeugt.

ur lante ist selbstverständlich: außerhalb des ostgot. *chunincrîchi* in Italien, seiner Heimat, identisch mit *in lante* Vers 19 sowie mit *hême* Vers 45, geographisch des näheren durch die Angaben der Verse 17, 33 und 41 bestimmt.

dâr man mih eo scerita ... ist Relativsatz mit örtlichem, auf *ur lante* gehendem Adverbium ‚wo‘. *man* ist Indefinitpronomen wie in 35, hinter dem nachweisbar Dietrich und vielleicht auch der *Hûneo truhtin* von Vers 33 steckt.

Das Sekundärverbum *scerien zu ahd. *skara* stf. heißt wörtlich ‚in eine Schar einteilen, einer Schar zugesellen‘ wie Petrusl. *dâr in* (in das Himmelreich) *mach er skerian, den er uuili nerian* vom Zugesellen zur Schaar der Himmlischen gesagt, fastwie ‚einlassen‘. Das as. *skerian* hat auch die Bedeutung ‚zu einer Schar formieren‘ wie Hel. 2848 *skerien endi skêden* Mon., die Hel. 5761 f. *thuo uuurthun thar giscerida | fan thero*

5*

scolu Iudeono ‖ *uueros te thero uuahtu* und 5648 ... *thena hab-
dun sia giscerid te thiu* Cott. in ‚bestimmen, abordnen‘ übergeht.

Im Nhd. weist das Reflexivum ‚sich zum Henker, Kuckuck,
Geier, Teufel scheren‘ noch auf den Wert ‚sich gesellen‘ zurück.
Ähnlich auch das Transitivum ‚jemandem etwas bescheren‘,
gleich ‚zuteilen‘. Eine spezifisch militärische Bedeutung des
Verbums entnimmt man aus mlat. Ducange *scaritus* ‚in scaras
conscriptus et distributus‘.

Die Bezeichnung **sceotant* geht vom Gebrauche der Wurf-
waffe aus, vom Schießen des Schaftes, aber an eine besondere
Truppengattung, etwa ‚Schützen‘, ist hier ebensowenig zu denken
wie bei den *sceotend* des Beow. 703 oder 1154, die einfach ‚die
Krieger‘ sind.

*scerien in folc sceotantero heißt also ‚dem Kriegsvolke
zugesellen‘ und sagt nichts anderes, als daß Hildebrands Dienste
als Kämpfer während der ganzen Zeit seines Reckenlebens
stets gesucht waren. Frei kann man den Relativsatz übersetzen ‚wo man mich immer unter die Kämpfer rief‘.

Vers 50 enthält einen negativen Konsekutivsatz mit *so...
ni...* gleich ‚ohne daß‘. Eine Parallele hiezu findet sich im
Annoliede 275—280[1] *da aribeiti Cêsar, daz ist wâr, mêr dan
cîn jâr, so her die meinstreinge man niconde nie biduingan. ci
jungist gewan her's al ci gedinge: daz soltin cin êrin bringen*
‚da bemühte sich Cäsar ... mehr als 10 Jahre, ohne die tapferen
Männer bezwingen zu können ...‘, wo allerdings *Caesar* im
Vordersatze und *her* im Nachsatze ein und dasselbe logische
Subjekt sind, wie auch *wit* in dem gleichfalls mit *so* eingeleiteten
negativen Konsekutivsatze Hel. 148 *so uuit thes an uncro iugudi
gigirnan ni mohtun* Mon. ‚ohne daß wir es in unserer Jugend
zu erreichen vermochten‘ mit dem *wit* der Vordersätze 144 und
146 auf die identischen Personen: Zacharias und sein Weib geht.

Das kann von den beiden *man* von 49 und 50 nicht gesagt werden; das erste deckt ja die verschiedenen Gefolgs-
herren, denen Hildebrand diente, das zweite die Feinde, mit
denen er kämpfte.

Aber es fehlen auch nicht genauer einstimmende
Parallelen mit verschiedenen Subjekten im Vorder- und Nach-

[1] Mon. Germ. h. Script. vern. linguae I, 2, p. 121.

satze, wie L. Alex. 4450 W[1] *di kuninge fâchten under in unz an dên dritten tac, so niemen da negesach blôdis mannis gebêre* ,die Könige fochten ... ohne daß jemand ... gesehen hätte', oder im Finnsburgfragmente 41—42 *hig fuhton fíf dagas, swa hyra nán nefêol* ‖ *drihtgesiða* ... ,sie fochten fünf Tage, ohne daß einer ihrer Gefährten gefallen wäre'.

at burc ênigeru ,bei irgendeiner Stadt' deutet auf Kampf gelegentlich der Belagerung und Erstürmung von Städten, nicht auf Schlacht im freien Felde.

banûn ist der Akk. Sing. eines swf. *bana, verwandt einerseits mit dem got. stf. *banja* ,πληγή, ἕλκα ,Wunde, Ge; schwür' — belegt sind der Gen. Pl. *banjo* Luc. 16, 20 und der Akk. Pl. *banjos* Luc. 16, 21; 10, 30 — aisl. *ben, -jar* ,Wunde' i. b. ,tödliche Wunde', as. Hel. in *beniwunda* Mon., *benwunda* Cott. vom abgehauenen Ohr des Malchus gesagt, anderseits mit dem Hild. 52 folgenden swm. Nomen agentis as. *bano*, ags. *bona* ,Mörder', afries. *de bone ofte de doetslager* (Richthofen), an. *bane*, aber doch mit keinem dieser Wörter identisch. Der Ansatz des swf. *bana* ,homicidium' bei Graff 3, 126 ruht ganz auf der Hildebrandstelle, da der von Graff beigezogene Ausdruck *panôno stat* ,caluariam' Rb. vielmehr den Gen. Pl. des swm. *pano* ,carnifex', D. ahd. gl. 1, 79 enthält.

Die Glossierung ,caluariam' der Reichenauer Bibelglossen Kod. 86 Karlsruhe soll ja ohne Zweifel ,caluariae locum', d. i. ,Schädelstätte' sein, zu Matth. 27, 33 ,et uenerunt in locum qui dicitur Golgotha quod est caluariae locus', griech. ,ὃ ἐστιν κραvίov τόπος λεγόμενος', bei Wulfila Mc. 15, 22 *hwairneins staps*, und ist so zu verstehen, daß aus dem determinierenden Genitiv von *caluăria* ,Schädel' ein epexegetischer, gleichsam ,locus qui Calvaria dicitur' mißdeutet wurde.

Das ahd. *panôno stat* vermittelt als ,locus carnificum, Henkerstätte' oder als ,Mörderstätte' den Begriff von ,caluariae locus' durch den von ,Richtstätte, Ort, wo die Verbrecher hingerichtet werden'.

Beachtenswert ist, daß aisl. *bani* swm. die Werte des Nomen actionis ,death natural or violent (properly violent)' sowie des Nomen agentis ,a bane, a slayer' in sich vereinigt, wie

---

[1] Benecke II, 2, 460ᵇ.

auch griech. φόνος m. ‚Mord‘ metaphorisch ‚Mörder‘ ist, gegenüber den formell getrennten Bildungen φονή ‚Mord‘ auch ‚Mord-
platz‘ und φονεύς ‚Mörder‘, doch kann ich von diesen Tatsachen
hier keinen Gebrauch machen, da das Kasussuffix in banûn
entschieden auf differente Bildung von dem Worte in 52 hinweist. Zu erwägen aber wäre, ob nicht dieses swf. bana, das
man am entsprechendsten als ‚Todesstreich‘ übersetzen wird,
oder eine stf. Form desselben im afries. Kompositum bondedoch
‚mordtätig‘ gelegen sei.

Die Bedeutung des as. Verbums gifestian in der éinen
Heliandstelle 4010 von Befestigung des Glaubens ist für gifasta
nicht brauchbar. Ebensowenig leisten die ahd. Belege giuestenti
‚comprobanti‘, cafastit ‚firmatus‘, kiuestit sint ‚manifestarant‘
Graff 3, 719, oder die bei Otfrit L 63—4 Dâuîd ... gifasta sînu
thing ouh selb thaz rîhi al umbiring, wo ‚befestigte‘ = ‚machte
stark‘ ist, III, 26, 69 thaz ist in gifestit ‚das ist ihnen verbürgt‘,
II, 22, 5 in muate sî iu gifestit, thaz ... ‚davon seid überzeugt,
daß ...‘, aber ags. gefæstan ‚to place, locare‘ ermöglicht schon
eher den Übergang zu der Bedeutung, die in *banûn gifesten
‚eine tötliche Verwundung beibringen, den Todesstreich versetzen,
ictum letiferum affigere‘ angenommen werden muß.

Die Bedeutung der Phrase ist eine rein sinnliche und es
empfiehlt sich nicht, ihr gegenüber etwa auf abstraktes ‚den
Tod festsetzen, bestimmen‘ im Sinne einer Schicksalsbestimmung
zu raten.

suâsat chind übersetze ich mit dem unbestimmten Artikel
‚ein blutsverwandter, stammverwandter Jüngling‘, d. h. ich finde
das Moment der Blutsverwandtschaft im Adj. ausgedrückt, nicht
im Substantiv chind, das, wie in 12, Anrede des Älteren an den
Jüngeren ist, auch hier nur eine Allgemeinbezeichnung für den
Jüngeren sein wird.

suâsat erklärt sich nach Hel. 202 thea suâsostun mêst Mon.
‚die Nächstverwandten‘, ahd. Notk. sih gisuâsen ‚familiarem se
reddere‘, d. h. es steht in der eigentlichen Bedeutung des ahd.
suâs, as., mhd. swâs, ags. swæs ‚proprius, suus‘, nicht in der
abgezogenen ‚dulcis, suauis‘. Eine Sentimentalität wie ‚trautes
Kind‘ muß als stilwidrig durchaus abgelehnt werden. Eher
könnte ‚der leibliche Sohn‘ zugelassen werden. Die neutrale
Endung des Adj. ahd. -az gewährt in der vorliegenden unver-

schobenen Form auch die Werdener Prudentiusglosse *terru-lentum erthagat*.[1]

bretôn entspricht dem ags. *breodwian* ,prosternere', 3. Pl. Prät. *breodwiaþ*, 3. Sing. Prät. *abredwade*. Von einer Gleichung des Verbums mit ags. *bréotan*, an. *brjóta* ,brechen' ist keine Rede. Nicht die Bedeutung, noch der Stammvokal *e*, der an Stelle von *eo* stehen müßte, noch das *o* der Infinitivendung gegen *a* des starken Verbums spricht dafür.

*suert und *bil sind Synonyma wie in Hel. 4872f. *he is bil atôh, suerd bi sîdu* ... Mon.; sicherlich sind auch die Sätze, in denen sie stehen: *suertu hauuuan* und *bretôn mit sînu billiu* gleichbedeutende Variationen eines und desselben Gedankens, so daß *hauuuan* als ,erschlagen' aufgefaßt werden darf.

Die Redensart *ti banin uuerdan* ,zum Mörder werden' findet sich auch Hel. 644 *ti banen werthan* Cott. und ähnlich, doch pluralisch 5199—200 *te handbanon werthan* Cott.; *banin* ist korrekter Dat. Sing. des swm. Nomen agentis *bano*; die Meinung Riegers, daß die Flexion *-in* eine Schwächung aus *-un* sei, wird heute wohl kaum mehr auf Beifall rechnen können.

Die Verse 53—55 berühren die physische und ethische Seite des bevorstehenden Kampfes, dessen Ausgang durch Erlangung der Beute umschrieben wird. Daß Hildebrand die Vorstellung habe, der jüngere Gegner müsse ihm, dem alten Manne, an Kraft notwendig überlegen sein, ist nicht gesagt, nicht angedeutet und aus dem Adverbium *aodlihho* (: as. *ôdi*, Adv. *ôđo* ,leicht, ohne Schwierigkeit') um so weniger zu schließen, als dieses den Worten Hildebrands eher eine ironische Färbung verleiht.

Die Bedingungen für den möglichen Sieg seines jüngeren Gegners erblickt Hildebrand in dessen Kraft und Recht· und wir entnehmen aus dem starken Ausdrucke *gûdea gimeinûn* in 58, daß er demselben das Recht wenigstens durchaus abspricht. Die Frage nach den körperlichen Chancen läßt er offen, denn, wenn auch das höhere Alter gegenüber der jugendlichen Kraft Hadubrands gewiß ein Moment zu Ungunsten des Sprechers ist, so mag es ihm durch das Bewußtsein seines Einsatzes, d. i. langjähriger Kampfübung mindestens ausgeglichen erscheinen.

---

[1] Wadstein, Klein. as. Sprachdenkmäler 100, 1—2.

Hildebrand ist weit entfernt sich von vornherein irgendwie im
Nachteil zu fühlen, der Schluß seiner Rede, der die Entscheidung dem Schicksale anheimstellt, sieht aus wie eine versteckte
Drohung.

in sus hêremo man übersetze ich mit dem unbestimmten
Artikel und verbinde es mit *taoc* ‚wenn deine Kraft dir ausreicht gegen einen so sehr alten Mann‘, d. i. ‚gegen mich‘,
nicht mit *giuuinnan*, da in diesem Falle eher *ab sus hêremo
man* stehen müßte; eine Phrasierung *giuuinnan in einemo*
scheint mir unzulässig. Das Adverbium in *sus hêr man*,
wozu as. Hel. 150 prädikativ *sus gifrôdod*, ist mir wie wohl
auch in 30 steigernd ‚so sehr alter Mann‘.

hrusti ist der Akk. zum Dat. Pl. *hrustim* in 44, der
Grundlage des ahd. Sekundärverbums *rusten* und des Verbalabstraktums *rustunga* Graff 2, 547 und ich erblicke dementsprechend auch in *rauba* den Akk. Pl. des stm. ahd. *roub*,
as. in *nôdrôf* stn., ags. *réaf*, nicht den Akk. Sing. eines entsprechenden stf.

dar in 55 ist untertonig und könnte als bloße Verstärkung
des *du*, also *dú dàr* gefaßt werden. Von einer Beziehung
des *dar* auf *rauba* mit dem Sinne ‚daran‘, also vom Recht
auf die Beute ist aber keine Rede, ebensowenig wie von einem
Rechte des Stärkeren, denn die Phrase *reht habên* ist sicher
ganz gleich unserm nhd. *recht haben*, d. i. ‚im Rechte sein‘ zu
beurteilen, geht also auf die Rechtmäßigkeit des von Hadubrand
gewollten Kampfes und stellt kein anderes als das ethische
Recht in Frage. Hadubrand hat Unrecht, weil seine Voraussetzungen falsch sind, sein Vater nicht tot und sein Gegner
kein arglistiger Feind, sondern eben der totgeglaubte Vater ist.

Da aber auch *du* im Verse nicht hochbetont und nicht
hervorgehoben ist, der Nachdruck liegt einzig und allein auf
reht, so wird man *dar* auf die Situation beziehen und etwa
wie ‚in diesem Falle, in der schwebenden Angelegenheit‘ verstehen müssen. Gesteigert wird die Frage nach der Berechtigung Hadubrands zum Kampfe durch das Pronomen *ênic*
‚irgendein‘, das der Phrase den Sinn von ‚auch nur das geringste Recht‘ verleiht.

Eingeleitet ist der ganze Passus mit der adversativen
Partikel *doh*, ganz mit der Wirkung eines nhd. ‚doch, aber‘

und keineswegs stark gegenüberstellend ‚dennoch‘, wofür sich
keine Basis fände, denn der mögliche Sieg Hadubrands wird
nicht gegen abträgliche Prämissen, die im vorhergehenden
enthalten wären, behauptet, sondern nur in adversativer Form
lose angeknüpft und das, was ihm wirklich zum Nachteil ge-
reichen kann, folgt in den beiden mit *ibu* eingeleiteten Be-
dingungssätzen, soferne sie verneint werden müssen, hinterher.
Ein Gegensatz im Ton ist allerdings da. Die Worte 47—52 sind
in überquellendem Schmerze gesprochen, aber die in 53—55
heben ironisch an und endigen mit zorniger Aufwallung über
das unvermeidliche Unrecht. Im Zusammenhange übersetze
ich: ‚doch magst du nun leicht, wenn dir deine Kraft ausreicht
gegen einen so sehr alten Mann, die Rüstung gewinnen, die
Beute erraffen, wenn du da irgendein Recht hast.‘

Aufgebracht und entrüstet klingen auch die folgenden
Worte Hildebrands, denen der Zusammenstoß unmittelbar folgt.
Dem Scheine der Feigheit kann sich der alte Recke nicht aus-
setzen, aber den Vorwurf der Frivolität erspart er seinem
Gegner nicht.

In *der sî doh nu argôsto ... ôstarliuto* 56 ist ‚der sei‘
soviel wie ‚der heiße der feigste‘, nicht ‚der wäre‘, was ja schon
nach dem Tempus nicht angeht. Ein Nachsatz ‚der bin ich
nicht‘ ergänzt sich leicht in Gedanken. Die **ôstarliuti* sind
mit den **Hûni* von 33 identisch, nach denen Hildebrand
selbst in 37 von seinem Sohne als *alter Hûn* angeredet wird.
Zur Komposition vergleiche man as. Hel. *sûđarliudi* ‚Südleute‘
von den Juden gesagt. Keineswegs wird durch Hildebrands
Äußerung den Ostleuten der Ruf der Feigheit aufgebürdet,
denn der bedingungsweise ausgesprochene Schimpf träfe nur
jenen, der unter den obwaltenden Umständen den Kampf ver-
weigerte, und es geht aus den Worten Hildebrands durchaus
nicht hervor, daß er die Meinung habe, unter den Ostleuten
sei auch nur éiner, der denselben im gegebenen Falle verdienen
würde. Daß diese Ostleute zunächst die des Heeres Hildebrands
seien, ist ja wohl klar, doch kann sich der Sprechende vielleicht
auch die gesamten, also auch die körperlich nicht anwesenden,
Hennen vergegenwärtigen.

uuarne ist umlautloser Konjunktiv: *-e*, got. *-ai*, zu as.
wernian ‚verweigern, abschlagen, vorenthalten‘ mit dem Dativ

der Person und dem Genitiv der Sache und es ist nicht nötig,
wegen des erhaltenen *a* ein Verbum auf -*ên* statt des as. *jan*-
Verbums anzunehmen.

es, der Gen. des persönlichen Pronomens der 3. Person
masculini, wofür später ahd. *sîn* gebraucht wird, geht auf
*uuîges; *lusten* ist gleich as. *lustean* mit dem Akk. der Person
und dem Genitiv der Sache gebunden, z. B. Hel. 1060 *ina*
bigan . . . môses lustean Mon., während wir nhd. die Konstruktion
mit Präpos. ‚nach‘ vorziehen ‚da dich nach ihm so sehr gelüstet‘.

Der Genitiv *gûdea gimeinûn* ist Apposition zu *uuîges*,
hängt also gleichfalls von *lustit* ab.

Das Adjektiv darf nicht als ‚communis‘ gedeutet werden,
sondern als eine mit dem Präfixe *gi*- versehene Form des ein-
fachen Adjektivs in ahd. *meinero eido*, negiert *unmein* ‚un-
schuldig‘ Graff 2, 779—780, aisl. *meinn*, afries. *mên*, vom Eide,
ags. *mán* und *mǽne* mit verschieden abgestuften Bedeutungen
des ‚Bösen‘, die für Hild. nach denen des ahd. Substantivs
mein ‚nefas, sacrilegium, inlicitum‘, as. *mên* n. ‚Verbrechen,
Frevel, Sünde‘ als ‚nefastus, sacrilegus, illicitus‘, deutsch etwa
‚frevelhaft‘ ermittelt werden können.

Der Genitiv *gûdea* setzt einen älteren Nominativ *gûd*
voraus, entsprechend dem ahd. *gund* ‚pugna, bellum‘ Graff 4,
219, ags. *gúþ*, an. *gunnr* und *gúðr* f. ‚bellona, pugna, proe-
lium‘. Die Form und Stellung des Adjektivs erfordert Übersetzung mit dem bestimmten Artikel ‚nach dem frevelhaften
Kampfe‘, doch glaube ich, daß es auch zulässig wäre, appositionell ‚nach dem Kampfe, dem frevelhaften‘ zu übersetzen.

niuse ist 3. Sing. Präs. Konj. zu *niusen*, as. *niusian*;
die Konjunktivflexion verhält sich wie bei *uuarne*, ein *ên*-
Verbum ist auch hier nicht vonnöten. Die Bedeutungen der as.
Verba Hel. 4658, 2 *umbi iuuuan hugi niusian* Cott. ‚nach
eurem Sinne forschen‘ und 1075—76 *tho bigan eft niuson . . . un-*
hiuri fiund Mon. ‚da begann wieder zu versuchen . . . der böse
Feind‘ taugen nicht für unsere Stelle, wohl aber die bei Bosworth-
Toller zu ags. *néosan* angegebene erste Bedeutung ‚to search
out, find out by enquiry‘ sowie die ahd. Belege *er piniuse*
‚inueniat‘, *piniusit uurti* ‚experiretur‘, *unganiustiu* ‚inexperta‘,
arniusta ‚experta‘ Graff 2, 110—115, deren Verbum wie mhd.
bevinden wirkt und als ‚erfahren‘ zu übersetzen ist.

niuse ‚inveniat, experiatur‘ ist Hauptsatz und die Sätze *uuer dar* ... und *erdo* ... die zugehörigen Objektsätze. *de môtti* ‚der es solle‘ ist Relativsatz, der sinngemäß zutreffend mit ‚dem es beschieden ist‘, oder ‚dem es bestimmt ist‘ übertragen werden kann, wie auch Hel. 224 *he niate of he môti* Mon. von Johannes gesagt, dem ein anderer Name beigelegt werden soll, ‚er genieße dessen, falls es ihm so beschieden, gegönnt ist‘ bedeutet. *de* ist also das Relativpronomen, nicht etwa ein zu *niuse* gehöriges Demonstrativum, das vielmehr verschwiegen ist.

uuer dar sih ... *hrûmen muotti erdo* ... *uualtan* ist ein zusammengezogener abhängiger Fragesatz, eingeleitet mit enklitisch verstärktem *uuer dar*, das dem Tatbestande nach allerdings ‚wer von zweien‘ oder ‚wer von uns beiden‘, formell aber von ahd. *huueder* durchaus verschieden ist.

sih (h)rûmen, dessen *h* prothetisch und nicht gesprochen ist, mit dem Akkus. des Reflexivpronomens und Genitiv der Sache kann nur ‚sich entäußern, entledigen, begeben‘ heißen, mit einer Bedeutung, die von ‚freimachen‘ sehr wohl ableitbar ist. Darauf gehen auch die Werte des as. *rûmian* in Hel. 896, 916 *(ic) scal im thana uueg rûmien* Mon. ‚bereiten‘, 3749—50 *so rûmda hie... that hêlaga hûs* Cott. ‚säuberte er‘, des ahd. O. V, 4, 27 *then uueg rûmen*, des nhd. *das feld räumen* in seinem eigentlichen Sinne zurück, wie die Bedeutung des ‚Verlassens‘ in ahd. *rummen* ‚cedere‘, mhd. *diu lant rûmen*, oder nhd. *das feld räumen* im übertragenen Sinne.

Selbständig entwickelt ist die ahd. Bedeutung ‚sich erschließen‘ in O. V, 6, 33 *sâr sih thaz herza rûmit*.

An *hruomen* ‚sich rühmen, gloriari‘ ist in keiner Weise zu denken. Nicht nur aus dem Grunde, daß eine Schreibung *u* statt *uo* mit Hinsicht auf die konsequenten *ô*, *uo* der Hs. unwahrscheinlich ist, sondern auch deshalb, weil dann der wirksame Kontrast zum folgenden Satze ‚oder diese Brünnen beide besitzen‘ verloren ginge. Die doppelseitige Entscheidung des Kampfglückes: hier Besiegter, dort Sieger, wäre damit um ihren anschaulichen Ausdruck gebracht und die Koniunktion ‚oder‘ sehr unpassend, wenn es sich um zusammenfassende Aufzählung des dem Sieger Zufallenden handelte. Da würde man statt *erdo* doch lieber *enti* erwarten. Diese Auffassung des Verbums zöge auch nach sich, daß die *hregil* nach den ahd. Glossierungen *hrekil* ‚trophea‘ gl. K., *regil* ‚spolia‘ gl. K., ‚trophaea‘ Ra, Graff 4, 1150, auf die Exuvien des Besiegten bezogen würden. In diesem Falle wäre aber das Hereinziehen der eigenen Brünne im zweiten Satze ziemlich gegenstandslos, da es selbstverständlich ist, daß der Sieger seine eigene Brünne behält.

Aber die *hregil* sind nicht Gewandstücke, die schon zu Exuvien geworden sind, sondern solche, denen dies erst bevorsteht, d. h. das Wort steht mit seinem ersten und eigentlichen Werte entsprechend dem des ags. Neutrums *hrægl*; das Paar *hregil* und *brunnûn* der Verse 59, 60 verhält sich wie das Paar **gûdhama* und *ringa* in 4 und 5, d. h. die *hregil* sind die Brünne samt dem unter ihr getragenen Leibrocke. Daß die *hregil* mehrere Stücke überhaupt begreifen, ergibt sich aus der pluralischen Form im Hild., die nicht durch die beiden Gegner diktiert sein kann, denn seines eigenen Waffenkleides und jenes des Gegners könnte sich keiner der beiden weder entäußern noch rühmen, und daß diese Stücke der Panzer und der Leibrock sein werden, läßt sich aus den ags. Bedeutungen des Wortes ausmachen.

Als Brünne, beziehungsweise als geflochtener Panzerrock ist das Wort in Beow. 452ff. zu verstehen: *onsend Higeláce, gif mec hild nime, beaduscrúda betst, þæt míne bréost wered, hrægla sélest; þæt is Hrædlan láf, Wélandes geweorc,* ferner in Beow. 552f. *beadohrægl bróden on bréostum læg, golde gegyrwed,* wo die die Herstellung betreffenden Angaben beide Male auf Metallarbeit hinweisen, als Leibrock aber in Beow. 1192—95 *him wæs ful boren ... ond wunden gold ... hrægl ond hringas,* da hier das *hrægl* vom Kettenpanzer geschieden ist. Ebenso rührt der für das Schiffssegel gebrauchte Terminus *merehrægl* in Beow. 1905—06 *þá wæs be mæste merehrægla sum, segl sále fæst ...* eher von dem Vergleiche mit einem Kleide aus Stoff her, obschon er auch aus dem allgemeinen Begriffe der Armatur abgeleitet werden könnte. Auch in der Stelle der Orosiusbearbeitung Ælfreds, die von den Sitten der Esthen beim Leichenbrande handelt: ‚und wenn so seine [des Toten] Habe ganz verteilt ist, dann trägt man ihn hinaus und verbrennt ihn *mid his wǽpnum and hrægle*‘ wird man den Ausdruck auf Kleidung im allgemeinen beziehen müssen.

Somit ergibt sich als Sinn der Stelle: der Überwundene
verliert seine Bekleidung, den Leibrock und die Brünne, der
Sieger gewinnt sie und, da er selbst schon im Besitze einer
Brünne ist, so wird er nach Entscheidung des Kampfes im
Besitze zweier sein. Allerdings auch im Besitze eines zweiten
Leibrockes, aber daß dieser noch besonders genannt sei, der
an Wert der Brünne jedesfalls nachsteht, könnte nur ein Pe-
dant vom Dichter verlangen. In lateinischer Übertragung werden
die Verse 58, 2 bis 60 ‚experiatur, cui est propositum, qui se
hodie indumentis exuere deheat aut ambas has loricas possidere‘ lauten können und ich möchte hinzufügen, daß man die
hregil ‚indumenta‘ im Hild. aus dem zweifachen Grunde nicht
auf die gesamte Bekleidung des Einzelnen beziehen könne,
daß erstens das ags. Wort nur auf anliegende, die Brust
deckende Gewandstücke paßt, zweitens es zweifelhaft ist, ob
eine gänzliche Beraubung des Gefallenen als sittlich erlaubt
angesehen werden dürfe.

Die Schilderung des Kampfes beginnt mit der des gegen-
seitigen Schleuderns der Speere Vers 61—62. Die Kämpfer
stehen sich noch auf Wurfweite gegenüber und haben sich noch
nicht einander genähert.

Daß das Verbum *scritan* auf den Flug des Speeres zu
beziehen sei und von einem Anrennen mit eingelegten Lanzen
nicht die Rede sein könne, hat R. Meißner[1] in entscheidender
Weise festgestellt.

scritan lâtan ‚fliegen lassen‘ ist demnach kausative Bindung, die sich bedeutungsmäßig von einfachem ‚Werfen‘ kaum
unterscheiden wird, d. h. die Wendung, die wir wörtlich wiedergeben ‚da ließen sie zuerst mit den Speeren fliegen‘ ist nur
eine Umschreibung für einfacheres ‚da warfen sie zuerst mit
den Speeren‘ und der instrumentale Dativ *asckim*, wozu sich
got. *stainam wairpan*, as. *wordun wehslan* vergleicht, erweist
sich als vollkommen in Ordnung. Die Ergänzung eines formalen
Objektes ‚es‘ zum Verbum *scritan*, die im Zusammenhange mit
der von Grimm verglichenen mhd. Stelle Herb. 41ᵃ *Hector der
liez umbe gân ... mit sper und mit schilde* im Sinne des Nhd.
empfohlen scheinen könnte, ist nicht nur überflüssig, sondern

---

[1] Z. f. d. A 42.

sogar störend. Es ist ja richtig, zu ‚fliegen lassen können wir
nhd. nur ein Akkusativobjekt ‚die Speere‘ konstruieren, d. h.
das logische Hauptgewicht ruht uns auf dem Objekte, nicht auf
dem Verbalbegriffe. Bei *asckim scrîtan lâtan müssen wir
schließen, ist wie bei nhd. *mit steinen werfen* der Verbalbegriff
stärker akzentuiert.

scarpên scûrim ist Apposition zu asckim, die sich zu einem
zweiten Satze *do lêttun se . . . scrîtan scarpên scûrim ergänzt.
Die Bedeutung von *scûr unterliegt keinem Zweifel. Gemeint
ist der reißende Flug des Speeres, sowie got. *skura windis*
der heftige Stoß des Windes ist, oder as. Hel. 5136 *scarpun
scûrun* von den scharfen Hieben des Schwertes gilt, oder
ags. *scearpne méce scúrum heardne* von den Hammerschlägen
des Waffenschmiedes verstanden werden muß. Das Adjektiv
‚scharf‘ im Hild. wie Hel. muß man auf die Energie der
Bewegung, hier des geschwungenen Schwertes, dort des flie-
genden Speeres beziehen. *scûr möchte ich analog zu ‚Stoß,
Hieb und Schlag‘ in den beigebrachten Belegen mit ‚Schuß‘
übersetzen, wenn auch eine Phrasierung ‚mit scharfen Schüssen
fliegen lassen‘ oder selbst ‚werfen‘ im Nhd. nicht so ganz
glatt ist.

Der Plural scûrim ist durch den zusammenfassenden
Plural asckim diktiert und berechtigt nicht zu der Folgerung,
daß jeder der beiden mehr als éinen Speer warf. Daß jeder
vielmehr nur éinen Speer hatte, kann zwar aus *dinu speru* 38
nicht abgezogen werden, noch weniger aus der allgemeinen
Regel *mit gêru* 35, ist aber an sich wahrscheinlich.

Es erübrigt noch der Nachsatz *dat in dêm sciltim stônt*,
den man ebensowohl als Relativsatz ‚was an den Schilden zum
Stillstand kam‘, wie auch unter der Bedingung, daß *lettun*
nicht ‚ließen‘ sondern vielmehr Präteritum zu as. *lettian*, ags.
lettan, ahd. *lezzen* ‚hemmen, aufhalten, verhindern‘ wäre, als
Konsekutivsatz ‚so daß es an den Schilden zum Stillstande
kam‘ erklären könnte.

Aber weder das eine noch das andere ist tatsächlich der
Fall und *dat* weder Relativpronomen noch Konjunktion, sondern
demonstratives ‚das‘, mit dem ein zweiter Hauptsatz: ‚das‘ —
nämlich das *asckim scrîtan*, der Flug der Speere — ‚kam an
den Schilden zum Stillstande‘ eingeleitet ist. Ob die Speere in

den Schilden stecken blieben oder abprallten, darum befragten wir freilich die Stelle ohne Aussicht auf Antwort.

Nun folgt die Schilderung des Nahekampfes, der nur stattfinden kann, wenn die beiden Gegner ihre Distanz reduzieren und hart aneinander reiten.

Daß dieser Vorgang in *stôptun* ausgedrückt sei, ist die gemeine Annahme, der gegenüber ich bemerke, daß er überhaupt nicht ausgedrückt zu sein braucht und bloß vorausgesetzt sein kann, woraus sich die Pflicht ergibt, zunächst das Präteritum *stôptun*, so wie es dasteht zu untersuchen und das Urteil erst nach Eruierung der Möglichkeiten, die für dasselbe offen sind, zu formulieren.

Das schwache Verbum **stôpen* ist im Ags. und Mhd. bewahrt, demnach so fest verbürgt, daß man die Versuche, an der regelrechten dritten Plur. praeteriti *stôptun* herumzubessern aufzugeben hat.

Für das ags. Verbum stehen zwei Belege zu Gebote: *initiatum gestoepid* und *initiatum, gesteped, gehalgodne*[1] und es ergibt sich aus dem Umlaut œ < ō des einen Beleges, daß es von dem anderen ags. *stípan, stépan* ‚to raise, aufrichten, erhöhen‘, z. B. vom Errichten einer Steinmauer gesagt, das zweifellos auf ags. *stéap* ‚hoch‘, afries. *stâp* ‚altus, excelsus‘, ahd. *stouf* — so richtig Adj. in der Glosse *staina staufe edo filise unmezze* Pa, also ‚rupes altae‘, bei Graff 6, 660 fälschlich als Substantivum genommen — beruht, somit Monophthong *ê* aus *éa*, beziehungsweise Umlaut *î* aus *íe* aufweist und germ. *au* zur Voraussetzung hat.

Für die Bedeutungsgeschichte des ersten ags. *stépan*, northumbr. *stépa* ist der Beisatz *gehálgodne* von Wichtigkeit, da ags. *gehálgian* ‚weihen, in ein Amt einsetzen‘ heißt, z. B. *þæt hé ðær tó pápan gehálgod wurde* in der Gregoriushomilie Ælfrics. Im Zusammenhange damit werden wir das lat. Glossenwort *initiatum* zu *initiare* oder *initiari* ‚anfangen, beginnen‘ in dem besonderen Sinne der transitiven Form desselben ‚einweihen, in eine i. b. religiöse Gemeinschaft aufnehmen, zum Geheimdienst einweihen, taufen‘ verstehen und *gestéped* als ‚aufgenommen, eingeführt, eingesetzt‘ auslegen müssen.

---

[1] Wright-Wülcker, Anglo-Saxon Vocabularies 28, 31 und 422, 84.

Viel reicher und instruktiver sind die Belege für das mhd. Verbum, bei Lexer 2, 1263 als *stüefen, stuofen* ‚hervorbringen, anstiften‘ verzeichnet, das schon Beilback, S. 84 gefunden, aber allerdings unzutreffend als ‚[die Pferde] schreiten lassen‘ erklärt hat. Eine Prüfung der Belege: *darzuo stüeffen* (: *berüeffen*) aus des Teufels Netz 4806, *swenn ein sünde die andern stuoffet* Renner 18343, *ze sorgen stuofen* aus der S. Martina des Hugo von Langenstein, *mort stüefen* MSH 1, 338[b] ergibt die Bedeutungen ‚verursachen, veranlassen, herbeiführen, zu etwas bringen, in etwas versetzen‘ und nicht anders hat schon Joh. Georg Scherz in seinem Glossar. German.[1] das Verbum beurteilt, nur daß er II 1589 unrichtig zwei Lemmata *stuffen* ‚excitare, efficere, stiften‘ und *stuften* ‚initiare, incitare, stiften‘ ansetzt, da doch der Beleg zu dem zweiten *swa du weist das zwei menschen missehellig waren gegin ein andern, ob dir das liep was oder frumtost oder es daran* (d. i. *dar an-*) *stuoftost mit worten oder mit werchen*[2] gleichfalls als regelrechtes Präteritum unter *stuffen* zu subsumieren war und, wenn es schon eine mit Dentalis erweiterte dialektische Form *stueften* gab, was möglich ist, doch das *t* des vorliegenden Präteritums für dieselbe nicht als Zeuge geführt werden kann.

Wie bei diesem Beleg, so ist auch in dem zu *stuffen* aus Johans von Ringgenberck nachgewiesenen *untriuwe dâst ein selig (*selich) hort, der stuefen kan roub unde brant unde grôze mort*[3] die Bedeutung ‚verursachen, herbeiführen‘ offenkundig und die Abzweigung des ags. Wertes ‚einführen‘ aus gemeinsamem ‚führen‘ leicht zu verstehen.

Die virtuelle Grundbedeutung des Verbums ist, wie bei Bosworth-Toller ganz richtig angegeben erscheint, ‚schreiten machen, Schritte machen lassen‘; es ist ohne Zweifel von einem Nomen mit dem Präteritalablaute des stv. as. *steppian*, ahd. *stephen*, ags. *steppan* ‚schreiten, gradi, incedere‘ abgeleitet, also etwa von as. *stôpo* m., Hel. 2399 *stôpon*, im folgenden Verse als ‚Hufschläge und Männertritte‘ erläutert, oder von der in ahd. *stuof* m. ‚gradus‘ vorliegenden Form, nhd. *stufe* als ‚Unter-

---

[1] ed. Oberlin, Argentorati 1784.
[2] Aus einem Libellus de confessione in Museo Andr. Silbermanni.
[3] Auch MSH 1 p. 338; von mir berichtigt aus 3 p. 643.

lage des Trittes', aber seine lebendige Bedeutung entzöge sich uns, wären wir aufs Raten angewiesen und könnten wir diese nicht aus dem mhd. Gebrauche feststellen.

Das nach Analogie des mhd. Verbums glaublich transitive *stôpen* erfordert ein Objekt. Dasselbe steht in 63, 2 in Gestalt des vielumstrittenen Wortes *staim*, hinsichtlich dessen ich den Rat geben muß, daß man sich trotz der in Hild. sonst nicht mehr begegnenden *ai*-Schreibung, die Heinzel so sehr bedenklich erschien, die sich aber mit dem einmaligen *anti* 15 gegen sonstiges *enti* in Beziehung setzen läßt, bei der längst gefundenen Gleichung mit mhd. *steim* beruhigen möge.

Wir haben es, wie die folgenden Ausführungen erhärten sollen, mit einer transitiven Bindung *tôsamane staim stôpen* ‚zusammen', d. i. mit einander, engl. together ‚... verursachen' und nicht mit einer solchen *staim tôsamane stôpen*, nach as. *tesamne lesan, brengian, leggian, heftian*, noch weniger mit einem intransitiven *tôsamane stôpen*, nach as. *tesamne faran, kuman*, zu tun, d. h. das Adverbium, das wir nach ahd. *zosamane, zasamana, zisamane* ‚cominus, commixtim' Graff 6, 36 beurteilen werden, ist nicht als solches der Richtung der Tätigkeit oder Bewegung zu verstehen und nicht einseitig mit dem Verbum *stôpen* zu verbinden, sondern als solches der lokalen und persönlichen Einheit des Vorganges, der in *do stôptun ... staim* geschildert ist, auf die handelnden Personen zu beziehen.

Daß das éinmal bezeugte md. Wort *steim* bei Nikolaus von Jeroschin[1] eine Ablautform des andern bei demselben Autor vorkommenden Wortes *stîm* sei, ergibt sich daraus, daß die Sprache desselben kein *ei* für *î* kennt, somit an völlige Gleichheit der beiden Wörter nicht zu denken ist.

steim hat echten germ. Diphthong *ai* und ist an der bezüglichen Stelle 12837—39 *Nú wart nách des strítis steim | brúdir Lúdewîc von Baldinsheim | meistir ubir Prúzinlant...* demgemäß auch mit einem Worte gereimt, dem der gleiche germ. Diphthong gebührt. Daß aber *steim* bei Jeroschin eine Bedeutung haben müsse, die nebst anderen auch dem md. Worte *stîm* zukommt, erhellt aus der völlig identischen Bindung

---

[1] Di krônike von Prûzinlant, hg. von Strehlke. Leipzig 1861.

des stritis steim bei Jeroschin und *des stritis stim* im md. Schach-
buch,[1] Kol. 234, Vers 5 ff. *Codrus der hêre wîse | nicht in rittirs
wîse | sundir als ein pilgerîm | sich gap zcû des stritis stim |
daz he dirslagin wurde | von des stritis burde.* Daß endlich
steim und *stîm* überhaupt etymologisch zusammengehören und
zwei Glieder einer Sippe darstellen, lehrt zwar nicht der eine
nordische Beleg mit Vokalisierung *ei* unter dem Lemma *stîma*
bei Ross Norsk Ordbog, wohl aber die wortgeschichtliche Betrachtung der Sippe *stîm*, an die das md. Wort mit *ei* durch
das Bindeglied des Beleges aus dem Schachbuche untrennbar
geknüpft ist.

Das Substantivum *stîm* und seine Sippe ist über das Md.
hinaus weit verbreitet. Es erscheint im Mnd. bei Schiller und
Lübben, im Dän. und Schwed. bei Helms, in den norwegischen
Dialekten bei Aasen und Ross, im An. bei Fritzner, im Aisl.
bei Cleasby-Vigfusson. Dagegen fehlt es in den schwed. Dialekten bei Rietz, im Ags., im Ndl. und Oberdeutschen.

Der feststellbare Verbreitungsbezirk ist also im wesentlichen das Md., Nd. und Westnordische.

Die Länge des Vokals ist im Md. durch die Reimworte
rîm Jerosch. und *pilgerîm* Schachb. gesichert, im Dän. und in
den nord. Dialekten durch ausdrückliche Doppelschreibung *ii*
bezeugt. Die ndd. Schreibung der alten Belege mit *y* spricht
zum mindesten nicht gegen Länge und Länge geben einhellig
auch Cleasby-Vigfusson sowie Fritzner an, der allerdings das
einfache Substantiv nicht verzeichnet, wol aber Ableitungen.

Das Genus des Wortes ist Masc. im mnd. Akk. *den stym*,
ebenso im dän. *stiim-en*, Mask. und Neutr. im schwed. *stim*
-en und *-ett* sowie in den norweg. Dialekten, in denen nach
Aasens Angabe mit dem verschiedenen Genus auch verschiedene Bedeutung verbunden ist; nur neutr. Genus geben Ross
und Cleasby-Vigfusson an. Die Form des Wortes ist einheit-
lich *stîm*, nur das Mnd. kennt neben dieser noch eine erweiterte Form Nom. Sing. *de styme.*

Die Bedeutungen ergeben drei Hauptreihen. 1. ‚harte Arbeit, Anstrengung' (Ross), wozu aisl. ‚struggle'. 2. dän., schwed.
norweg. dial. ‚Schar, Gewimmel, Zusammenlauf', i. b. auch

---

[1] Hg. von Sievers in Z. f. d. A. 17, Kol. 161—380.

‚lärmende Schar‘, z. B. von Knaben, und in allen drei Gebieten
auch spezialisiert, ‚Schar von ziehenden Fischen‘, i. b. zur
Laichzeit; und daran schließt sich das sicherlich aus dem
German. entlehnte litt. *styma* f. und *stymas* m. ‚ein Schwarm
ziehender Fische im Haff‘ (Kurschat). 3. mnd., dän., schwed.,
norweg. dial. ‚Lärm, Geräusch, Toben, Tumult, Unruhe‘.
Dazu kommt noch eine norweg. Spezialisierung (Aasen) zu
‚Spiel, Belustigung, Tanz und Sang‘, die zu 2 und 3 Beziehung hat.

Im Einklange damit reicht auch der Bedeutungswert des
Verbums *stima* durch alle drei Kategorien: nord. 1 ‚arbeide
haardt, anstrænge sig‘ Ross; dän. *stime* 1 und schwed. *stimma* 1
‚sich in großen Scharen drängen‘; mnd. *stimen*, dän. *stime* 2
obsol. ‚lärmen, toben‘ und hat gleich dem Subst. in norweg.
dial. *stima* und schwed. *stimma* 2 die Spezialisierung zu
‚spielen‘ als ‚sich geräuschvoll in großen Scharen tummeln‘
erfahren.

Die Angaben für das alte nord. und isl. Verbum *stima*
‚kjæmpe, tumle, anstrenge sig med‘ Fritzner und ‚to wrestle,
have a hard tussle with‘ Cleasby-Vigfusson schließen sich an
die Kategorien 1 und 3, der Beleg bei dem ersteren aus Fld.
III, 502 [38] *hástiga fæ ek til at stima við þik Hördr* bezieht sich nach Kategorie 1 auf die Bewegungen und Anstren-
gungen des feindlichen Angriffes.

Der Faden, der durch alle Werte der Sippe läuft, zu
der ich die zahlreichen älteren und modernen norweg., isl.,
dän. und schwed. Einzelbildungen beizusetzen für unnötig
erachte, ist leicht zu erkennen.

Die akustische Bedeutung beruht auf der Begleiterscheinung
aufgeregter Haufen oder auch Einzelwesen, nicht anders wie
österr. *spektakel* ‚Lärm‘ von der Begleiterscheinung eines be-
wegten Schaustückes abgezogen ist; die kollektivische Bedeutung beruht auf der Vervielfältigung der Einzelbewegung
der Individuen einer Masse, nicht anders wie nhd. *das gedränge*
im Sinne einer gedrängten und sich drängenden Menge.

Die Grundbedeutung, von der die Werte der 1. Kat.
‚Anstrengung, heftige Bemühung, das Ringen, Kämpfen‘ unmittelbar ausgehen, ist wohl als ‚das Dringen, der Drang‘ fest-
zusetzen. Für germ. *stī-ma-* dürfen wir ein Verbum *stī-nan*

‚dringen, drängen' fordern, zu dem das Subst. sich formell wie
ahd. *chimo, chîm* Graff 4, 450, germ. **ki-ma-* zu einem ursprünglichen stv. mit n-Präsens: got. *kei-nan*, ahd. *chî-nan*, as.
kî-nan verhält.

Dazu mag dann wohl auch germ. *stai-na-* ‚lapis' als das
‚gedrängte, dichte, feste Mineral' gegenüber der lockeren Erde
gehören.

Für die aktuelle Bedeutung der md. Bindungen *des strîtis
stîm* und *des strîtis steim* kann man ebensowohl von dem Werte
in den mnd. Belegen bei Schiller und Lübben mnd. Wbch. 4,
404 ausgeben: *rugynge unde stym* vom Toben der Juden vor
Pilatus, *den stym unde dat bulderent der vyende; do legerde
sich de styme* (Aufruhr); *stimen* ‚insanire, dorheyt dôn, douen';
storment unde styment in deme hus; stymende unde spalkerende,
vom Feuer; *unde stymede (dat unwedder) so lange in der
lucht*, und die Jeroschinstelle übersetzen ‚nach dem Toben des
Streites', die des Schachbuches ‚Codrus ... überließ sich dem
Toben des Kampfes', als auch anderseits von den an. und aisl.
Interpretierungen zu *stîm* ‚a struggle', *stîma* ‚anstrenge sig med,
to wrestle', Kompos. *stîmabrak* n. ‚a hard struggle, hard tug'
und zugleich mit Hinblick auf engl. *the tug of war* ‚das heftige
Ringen' übersetzen ‚nach des Kampfes Anstrengung' einerseits
und ‚Codrus ... überließ sich dem Ringen des Streites', anderseits, ohne daß eine große Differenz der Auslegung begründet
würde, da auch in den mnd. Belegen die mechanische Seite
des Tobens, Wütens im Vordergrunde steht.

Anders allerdings verhält sich das md. Wort in dem
zweiten Belege bei Jeroschin, der, nachdem er einleitend die
Einteilung seines Werkes in 4 Teile angegeben und ihren Inhalt skizziert hat, Vers 292 sich an sein Publikum wendend fort-
führt: *sus ist ûch offinbâre | wurdin der materien stîm. | Ouch
ich diss getichtis rîm | ûf di zal der silben zûne | sechse, sibene,
achte, nûne,...*, denn hier kann nur die Gliederung des Stoffes
gemeint und das Wort nur in einer Bedeutung geführt sein,
die sich im allgemeinen an die zweite der ermittelten Kategorien anschließt.

Da nun Helms im dän. Wörterbuche ein schwed. Wort
stym ‚das Geflecht, das Ineinanderlaufen' verzeichnet, dessen
Bedeutung für *materien stîm* ohne weiteres anwendbar ist,

halte ich es für wahrscheinlich, daß md. *stîm* zugleich ein technischer Terminus der Weber mit dem Sinne von ‚Kette, Aufzug, Zettel' gewesen sei, und finde, daß Joh. Leonhard Frisch[1] nicht so uneben auf latein. *stamen* verwiesen habe, obwohl er dieses Wort nicht zu *stîm*, sondern zu dem *steim* der Jeroschinstelle zitiert, das deutsche Wort fälschlich aus dem Latein. herleitet und obendrein ‚pugna peracta, proelio finito' übersetzt, woraus sich ergibt, daß er auch latein. *stamen* ‚Zettel' nicht verstanden, sondern nach ‚stare' als Stillstand gedeutet hat.

Als Subjekt wirkt in dem Satze *do stôptun tosamane staim* ‚da begannen miteinander das Ringen' noch *se* von 61 fort. Gewiß könnte das Pronomen auch in 63 wiederholt sein — an Ausfall desselben dachte Heinzel — aber notwendig ist das im Stile der belebten und gedrängten Schilderung durchaus nicht, nur daß die nhd. Diktion in diesem Falle die Voranstellung des Verbums ‚begannen da miteinander das Ringen' verlangt.

Für die folgenden in der Hs. getrennt geschriebenen zwei Worte *bort chludun* schiene nichts gelegener, als daß sie die syntaktischen Potenzen von *stôptun... staim* und *hevuuun... scilti* enthielten, daß demnach *bort* Akkus. Plural. und Objekt, *chludun* aber die 3. Plur. Prät. eines Verbums sei. Diese Auffassung liegt denn auch der Textveränderung jener zugrunde, die wie Kauffmann für *chludun*: *chlubun einsetzen und an ags. Parallelen wie in Æþelstáns Sieg bei Brúnanburh Vers 5, 2—7, 1 *bordweal clufon* ‖ *héowon headolinda* | *hamora láfum* ‖ *eaforan Éadweardes ...*[2] von König Æþelstán und seinem Bruder Éadmund gesagt, oder in Byrhtnóðs Tod 282, 2—283, 1 *and swiðe mænig óþer* ‖ *clufon cellod bord ...* erinnern, nur daß die Verlesung oder Verschreibung von *b* zu *d* nicht paläographisch — an das einem *d* völlig gleiche *b* der Pompeianischen Minuskelkursive kann man ja nicht denken — noch lautlich zu verstehen ist.

Als Substantivum gefaßt könnte *chludun* mit *n* für *m* wie in *heriun* 2, *uuortun* 38 Dativ Pluralis eines mask. oder neutralen *a*-Stammes oder konsonantischen Stammes sein; an sich

---

[1] Teutsch-latein. Wörterb. Berlin 1741, II, 328.

[2] Two of the Saxon chronicles ed. Earle, The Parker Ms. z. J. 937 nach der Herstellung bei Kluge, Leseb. 130.

möglich, wenn auch textlich kaum zu erwarten nach *banûn* 50,
gimeinûn 58 ein Obliquus des Singulars oder Nom., Akk. Pluralis
eines fem., beziehungsweise im zweiten Falle auch eines neutralen *n*-Stammes. Der Akk. Sing. oder Nom. Akk. Plur. eines
mask. *n*-Stammes wird nach *hêrron* 45 auf -*on* erwartet, wäre
also nicht in Erwägung zu ziehen. Demnach könnte, wenn ein
Wort **chluđ* anderweitig nachweisbar wäre, die Form des
Textes instrumentale Bestimmung zum Verbum *stôptun* sein,
allesfalls auch zum folgenden Verbum *hevuun* und es würde
dann *bort* wohl nur als erster Teil eines Kompositums **bort-
chlud* untergebracht werden können. Ich habe den Eindruck,
daß die Chancen für jede Art der möglichen Substantivformen
recht ungünstig stehen.

Ist aber *chludun* Verbum, so kann es allerdings nicht
gut als reguläre 3. Pluralis Praeteriti eines ablautenden Verbums beansprucht werden. In Betracht kämen die *iu*-Klasse
ahd. *siodan* sowie die Verba mit dem Ablaute *i, a, u* ahd.
findan, as. *fithan*, *fidan* Monac., got. *finþan*. Aber im Dialekte
des Hild. müßten wir im Plural dem grammatischen Wechsel
đ aus *þ* begegnen, d. h. wir hätten in dem ersten Falle **chlutun*
im zweiten aber **chluntun* zu gewärtigen. Aus dem gleichen
Grunde der nicht einstimmenden Dentalis kann auch die 3.
Plur. Praet. eines *t*-Verbums nicht behauptet werden. In Betracht kämen die Verba pura ahd. *sden, muoen*, oder das ursprünglich red. *bûan*, woran sich eine mögliche Verbalform
mit Thema -*û*, statt germ. -*ǣ*, -*ō* irgendwie anschlösse. Aber
das *đ* des Präteritalsuffixes erscheint im Hild. immer als *t*:
*gihôrta, garutun, gimahalta, sagêtun, fuortôs, uuallôta, sce-
rita*, es wäre also nicht einzusehen, wieso das Prät. eines
Verbums **chlûen* nicht vielmehr **chlûta* statt **chlûda* lautete.
Einzig und allein einem Präteritum des Typus got. *kunþa*, an.
kunna, unna, ahd. *konda, onda*, ags. *cûđe, ûđe*, Infinitiv ahd.
chunnan, unnan genügte die Form *chludun*, da germ. Vokal
+ *nþ* nach *gûđ-* 4, *ôdre* 11, *chûd* 12, 28, *gûdea* 58 in der Tat
als Vokal + *đ* auftritt. Dieser Typus der Präteritalbildung
mit dentalem Suffix ohne Mittelvokal urgerm. -*þō*, der sich,
beiläufig bemerkt, von dem der Präterita got., ahd. *brâhta* zu
briggan oder urnord. *worahto*, got. *waurhta*, ahd. *worahta* zu
waurkjan, wurken u. a. nicht unterscheidet, da in der Ver-

bindung mit vorhergehendem *h* die Verschiebung der Dentalis zu *þ* unterbleiben muß, dieser Typus ist in einem Falle auch auf ein regulär ablautendes ahd. Verbum übertragen worden, dem er zu einer zweiten Präteritalform verhilft. Das Verbum ahd. *biginnan* besitzt außer dem gewöhnlichen Präteritum *bigan, bigunnum* auch eine Nebenform *bigonda*, bair. auch *pigunda*, die ersichtlich von der Gleichung *bigan, bigunnun* wie ahd. *an, unnun, unnan* oder *kan, kunnun, kunnan* ihren Ausgang hat und deshalb den Präteritis ahd. *onda, konda*, in bair. Quellen auch *kunda*, völlig gleich gestaltet ist. Um so sicherer ist diese Übertragung von den Präteritopräsentiis aus, als auch die Form mit *st* ahd. Is. *bigunsta* wie ahd. O. *konsta* und *gionsta*, das letztere auch as., sich findet.

Die dem got. *kunþa*, ahd. *konda, onda*, ags. *cúđe, úđe* entsprechenden Präterita sind im As. nicht bezeugt. Wären sie es, so könnte, da das as. Part. *kúđ* dem ags. *cúđ* gleich ist, kaum gezweifelt werden, daß sie als *kúđa und *úđa erscheinen müßten und im Dialekte des Hild., der ja hier zum As. stimmt als *chúda und *úda, im Plural *chúdun und *údun wie ags. Ps. *cúdun*. Damit sind wir an die Form *chludun* schon ganz nahe herangerückt, nur daß wir, da es kein Präteritopräsens **klan(n)* gibt, in anderer Richtung Umschau halten müssen.

Ein Präteritum *chlan*, bei Otfr. in der 3. Sing. *giklan* und *biklan* bezeugt, bietet das ahd. Verbum *klënan*, auch uhd. *klenen* ,streichen, schmieren', außerdem in den Formen und Bedeutungen *chlinit* ,collinit', *pichlenent* ,linunt', *duruhchlenes* ,perlinias' Graff 4, 558 belegt, das ein anormales, dem Paradigma *gëban* entlehntes Part. Perf. *kichlenen* ,conglutinata' statt des zu erwartenden mit Ablaut *u (o)* zeigt. Eine andere Ausweichung lang *i* statt *ë (i)* im Stammvokale gewährt das dazugehörige Sekundärverbum an. *klína, -nd* ,smøre, besmøre', wozu GDW. auch deutsch westerwäld. *bekleine*, norweg. *kleina*, schwed. dial. *klajna* gefügt ist. Einem sekundären swv. *klanjan gehört die 3. Sing. Prät. *si verchlenite* an.

Dem Plural des Präteritums *chlan* gebürt Langvokal germ. *ǣ*, also *chlânum, aber es ist denkbar, daß das Verbum mit ungedeckter Nasalis *n*, das in seiner Ablautklasse ganz isoliert steht, im Plural nach der Klasse der Verba mit gedeckter Nasalis wie *biginnan* konjugiert werden konnte und es ist deshalb ebenso gut möglich, daß zu *chlan* mit oder ohne Mitwirkung eines Plurals *chlunnum* die in *pigunda* zu *bigan* gebotene Sekundärform gebildet werden konnte, die ahd. *chlunda*, *chlonda*, as. aber *klûda* lauten mußte. Ich meine, daß der Mangel etymologischer Geminata beim ahd. Prät. *chlan* gegenüber dem Bestande derselben in den angeführten Präteritis got. *dugann*, an. *ann*, got., an. *kann* mit Rücksicht auf die durchgehende Vereinfachung in der 1. Sing. Prät. des ahd. *bigan*, *an*, *kan* kein unübersteigliches Hindernis dieser Annahme sei.

Aber auch semasiologisch ist das Verbum möglich. Wenn wir in Betracht ziehen, daß die engl. Entsprechung zu *streichen*: *to strike* der zuständige Ausdruck für ‚schlagen‘ ist, daß mhd. *strîchen* auch ‚Streiche, Haue geben‘ z. B. *einem eine smitze strîchen* bedeutet, geradeso wie mod. bair. *streichen* auch ‚schlagen, züchtigen‘ ist, daß die Bedeutung ‚Hieb, Schlag‘ auch in nhd. *backenstreich*, *schwertstreich*, *handstreich* und und im Pl. *streiche* ‚Schläge‘ hervortritt, daß nhd. vulgär ‚einem eine schmieren‘ gleichfalls ‚einen Schlag versetzen‘ bezeichnet, so kann es keinem Zweifel unterliegen, daß *bort chlûdun* ‚sie strichen die Schilde‘ soviel wie ‚sie schlugen die Schilde‘ heißen und epische Variation zu dem folgenden *hevuuun ... scilti* sein könne.

Das Objekt zu *hevuuun*: *huîtte scilti* übersetze ich mit dem bestimmten Artikel ‚die weißen Schilde‘, da nicht irgendwelche Schilde, sondern die bestimmten der beiden Kämpfer gemeint sind.

Das einfache Verbum *hauen* ist nhd. nur mehr in sehr eingeschränkter Weise mit Objektsakkusativ gebraucht, wie *holz hauen* gleich ‚Holz fällen‘ oder ‚Holz kliehen‘, während im ahd. Bindungen wie ‚Zweige hauen, sich mit Steinen hauen, den Hals hauen, den Feigenbaum hauen, die Türen mit Äxten hauen‘ begegnen, wofür wir nhd. Komposita wie ‚abhauen, einhauen‘ verwenden müssen. Dem ahd. *houuan* ‚concidere, occidere, praecidere, excidere, insectare‘ Graff 4, 705 f. eignet also eine viel reichere Verwendungsmöglichkeit. ‚Schilde hauen‘ ist nhd. nicht zulässig, man muß da zu dem Kompos. ‚zerhauen‘ greifen.

Das Adj. *harmlîk* ist Hel. 5513—14 *thar mohta man thuo deruis thing* ‖ *harmlîc gihôrian*, Cott., vom Tode Christi, in der

Bedeutung ‚leidbringend‘ bezeugt; es variiert den Begriff *derbi*, welches Adj. nach seinen etymologischen Beziehungen zu as., ags. *derian*, ahd. *terren* eigentlich ‚nocivus‘ ist.

Die beiden bei Bosworth-Toller verzeichneten Belege *hearm-líc him wǽre ðæt he wurþe ðá éce* und *ðæs hréowlíc and hearmlíc* gewähren gleichfalls den Sinn ‚Leid verursachend‘, bei Wright-Wülker[1] ist lat. *calamitosa* mit *ðy hearmlican* glossiert. Ahd.[2] findet sich nur eine erweiterte Form im Adv. *harmentlihho* ‚iniuriose‘ Pa.; für das ahd. und mhd. Substantiv sind die Worte ‚calamitas, calumnia, contumelia, aerumna, iurgium, iniuria‘ angegeben.

An unserer Stelle geht das Adv. nach an. *hermð* f. ‚ira, animus iratus, infensus‘ Egilsson 321 vermutlich mehr auf die Leidenschaftlichkeit der feindlichen Handlung, auf die gewollte Schädigung des Gegners, als auf den Vers 65—66 des näheren ausgeführten Effekt und wird am sichersten mit ‚feindselig, erbittert‘ übersetzt werden.

iro geht auf *se* von 61, *lintûn* ist Variationswort zu *scilti*. *luttilo* steht prädikativ zu *uuurtun*. Ebenso wohl auch das flexionslose Partizipium *giuuigan*, das vermutlich aus einer Bindung *giuuigan uuerdan* stammt und zu *luttilo* im Verhältnisse der Apposition steht.

Für dieses Partizipium des starken Verbums vermute ich eine ältere zu litt. *weĩkti* ‚machen, tun, arbeiten‘, wozu *perweĩkti* ‚bewältigen‘, *parweikti* ‚niederwerfen‘, *apweĩkti* ‚bezwingen‘, stimmende Bedeutung ‚bearbeiten‘ oder vielleicht auch ‚zerarbeiten‘; die besondere Bedeutung des germ. Verbums got. *weihan* ‚μάχεσϑαι‘ ist m. E. sekundär und geht von dem Begriffe des ‚Arbeitens‘ aus.

Die längere Form der Präposition *miti* gleich as. Hel. Cott. *midi thi* ‚mit dir‘ 4697, *midi Iosêpe* 757, *midi suerdu* 747 steht in Hild. 66 aus dem Grunde des metrischen Bedürfnisses; in ihrer Wirkung ist sie von der kürzeren Form *mit sinu billiu* Hild. 52 nicht verschieden.

Der Intensitätsverlust des inlautenden $p > b$ in *uuábnum* gegen as. Hel. *wâpan*, Gen. *uuâpnes* 645, Gen. Pl. *uuâpno* 4686

---

[1] Anglosaxon Vocabularies 372, 16.
[2] Graff 4, 1032.

Cott., der lautphysiologisch durch das unmittelbar folgende *n*
in den Obliquen mit Synkope des Mittelvokales bedingt ist, ist
in den ags. Formen des Ælfric[1] *búton álcum wámne*, Akk.
Pl. *awearp his wámna* noch um einen Schritt weiter gediehen,
indem das tönend gewordene *b* zum bilabialen Sonanten *m* übergegangen ist.

Materiell sind die *wábn* die Schwerter, synonym zu
suertu 4 und 51 sowie *billiu* 52.

IV. Bemerkungen zu den Versen.

Vers 1, 2 betrachte ich als dreihebigen Schwellvers mit
Alliteration auf der **ersten Hebung** und dreisilbigem Auftakte
dät sih ürhéttun ǽnónmúotin, wozu im allgemeinen der Halbvers
Hel. 5541, 2 *that hie ni uuári them mánno fólke* Cott. stimmt.

Vers 6 und 7 bietet ein Beispiel überlanger Form[2] mit
fortgeführter Alliteration *h* im zweiten Halbverse, vgl. Hel. 4432
Mon., *uuola uuáldand god, quèdad sie,* | *hui uuílt thu só* |
uuit thit uuérod sprékan ‖.

Vers 10, 2 ist ein dreihebiger Schwellvers mit zweisil-
bigem Auftakte *èddö uuélihhĕs cnúoslĕs dŭ sis*, im Baue dem
Halbverse Hel. 5664, 2 *èndi thät féhă lăcan tĕbrăst* Cott. ungefähr vergleichbar, nur ist die Alliteration im Verse des Hild.
für die **zweite Hebung** zu fordern.

Vers 22, 1 *dĕt sid déirihhe* stimmt zu Beow. 3008, 1 *þæt
wĕ þéodcyning* und Vers 25—26 gewährt abermals einen Beleg
für überlange Form mit fortgeführter Alliteration *d: dégano
déchisto . . . déotrichhe dárba . . .*

Vers 28, 1 *chŭd uuăs hĕr chónnĕm mánnŭm* ist Schwellvers und ebenso 28, 2 *ni uuániu ih iu lib hábbe*, beide von
Franck[3] überzeugend in diesem Sinne beurteilt.

---

[1] De uetere et nouo testamento ed. Grein [Bibl. d. ags. Prosa, Bd. 1, 1872]
p. 7, 16 und 18, 31.

[2] Ed. Sievers, Altgerm. Metrik. Halle 1893, S. 164.

[3] J. Franck, Die Überlieferung des Hildebrandliedes in Z. f. d. A. 47
(1904) [S. 1—55], S. 23.

Zu 28, 1 scheint mir Hel. 4239, 1 *uuās īmū thār mīd īs iūngarun* Mon. vergleichbar.

Das Inquit des Verses 29 hänge ich nicht an den ersten Halbvers, sondern stelle es an die Spitze des zweiten, der sich dadurch zu einem dreihebigen Schwellvers *quad hīltibraht, ōbanq ab héuane* gestaltet. In gleicher Weise ordne ich Vers 47 *uuélaga nu, uuāltant got, | quad hīltibrant uuéuuurt skíhit* und 56 *dĕr sī doh nu árgōsto | quad hīltibrant östarlíuto*, sowie ich der Meinung bin, daß auch analoge Fälle im Hel. wie 3365 *fáder ábrahām | qudd he mi is fírinun thárf* Mon. oder der Eingang der as. Genesis *uuela, that thu nu Eva hábas | quad Adam übilo gimdrakot* in dieser Art zu behandeln seien. Daß diese drei Inquit aus ursprünglichen Vollversen wie Vers 6 stammten, könnte man wohl vermuten. Ich denke aber doch, daß die volle Formel, die zu Beginn jedes Abschnittes der Wechselrede passend ist, im Innern zur bloßen Aufrechterhaltung der Kontinuität des Sprechenden doch wohl nicht nur schwerfällig, sondern sogar der Klarheit eher abträglich als förderlich erschiene.

Zum Halbverse 30, 1 *dăt dŭ nĕo dănăhált* kann man Hel. 2555, 1 *thăt īm thār ünhold măn* Cott. heranziehen, zu 30, 2 *mit sus síppan man dīnc ni giléitōs*, der ein Schwellvers ist, etwa Hel. 3695, 2 Mon. *than ni hábas thu frídu hwérgin*.

In Vers 35, 36 finde ich das dritte Beispiel für überlange Form, fortgeführt nicht mit der Alliteration *g* von 1 und 2, sondern mit neuer *o*, die als solche durch Doppelsetzung in der dritten Zeile kenntlich gemacht ist. Ich glaube mich nicht zu täuschen, daß Hel. 4262—4 *... sum so mŏdeg uuás || Iúdeo fólkes | habdun grímman húgi | slídmōden sébon || (ni uuéldun is uuörde gilóbien ...)* Mon. hiezu eine genaue Parallele gewähre, nur daß in Hild. die Alliteration des überzähligen Halbverses: Vokal, auch im unmittelbar folgenden Verse 37 erscheint, während in den ausgehobenen Versen aus dem Hel. der unmittelbar folgende Vers neue Alliteration, *w* gegen *s* vorher, zeigt.

Vers 44, 1 *uuéla, gisthu ih* ist auch von Franck S. 31
als kompletter Halbvers beansprucht und von Sievers S. 163 ff.
nicht inkulpiert. Daß 44, 2 *in dinĕm hrŭstim* für einen
Halbvers zu kurz wäre, wie Franck a. a. O. behauptet, kann
ich nicht sehen; man vergleiche Beow. 1223, 2 *swā sĕ̄ be-
búged*. Dieser Vers sowie drei andere 10, 14, 28 entbehren
der Alliteration und bei éinem 46, der nach dem gegebenen
Sprachstande allerdings alliteriert, würde die Alliteration ver-
wischt, wenn man statt der Form *reccheo* die ältere mit *wr*
anlautende einsetzte.

Nimmt man nun an, das erhaltene Lied erscheine in
etwas jüngeren Formen als die sind, die der ursprünglichen
Fassung zukamen — und man darf diese Annahme wohl machen,
da es höchst wahrscheinlich ist, daß in 5 älter **hringa* an
Stelle von *ringa* stand, das den zweiten Stab im Vollverse:
helidos, ringa, hiltiu gewährte — so müßte man an einen Worttausch in 46 glauben, d. h. an Eintritt des zu *reccheo* alliterierenden Wortes *ríche* an Stelle eines früheren, das zum Anlaute von **wreccheo* paßte. Dieses Wort könnte sehr leicht
*werolt gewesen sein und der Vers könnte also gelautet haben
*dat du noh bi desero uuerolti | uureccheo ni uuurti.

In Vers 10 vermißt man im zweiten Teile die Alliteration
zn den beiden *f* des ersten. Da im Hel. *kunni* und *knôsal*
gebunden auftreten, so z. B. 223, 347, 366, 558, uzw. entweder
in éinem Halbverse oder auf beide verteilt, so könnte man in
Erwägung ziehen, ob nicht der erste Halbvers überhaupt nur
éinen Alliterationsbuchstaben enthalten und einmal **fireo in
chunne* gelautet habe. Dann aber wäre nicht *uuer fireo*, sondern
*fireo chunni zu verbinden und die Frage Hildebrands nicht
auf die Nation Hadubrands zugespitzt, deren Kenntnis seitens
Hildebrands nach dem Inhalte des Verses 12 zweifellos ist,
sondern sie ginge in der Tat auf das Menschengeschlecht im
allgemeinen, eine Auffassung, die ich nicht teilen konnte. Es
ist daher eher anzunehmen, daß in 10, 2 ein anderes mit *f*
anlautendes Wort für **cnuosal* gestanden habe und das könnte
sehr wohl langob. *fâra* stf. „generatio uel linea' Paul. Diac.
lib. II, Kap. 9 gewesen sein und der Halbvers könnte gelautet
haben **eddo uuelihhera fâra du sîs*. Was den Vers 14 betrifft,

so ergäbe sich Alliteration, wenn man an Stelle des Verbums *sagên* das Zeitwort *lêren* einsetzte, also **dat lêrtun mî | ûsere liuti*, wozu man Beow. 415 *þá mé þæt gelǽrdon | léode míne* sowie Hel. 1382 *lêrde the landes uuard | liudi sîne* Mon. nicht nur wegen der identischen Alliterationsträger, sondern auch wegen der kompressen Gestalt der zweiten Halbverse mit Nutzen vergleichen kann. Ja es wäre sogar möglich, daß der Halb-vers einmal statt *ûsere liuti* vielmehr **liuti mîne* oder doch wenigstens **liuti ûsere* gelautet habe. Ob der scheinbare Endreim *mî : liuti* in der uns überlieferten Fassung Zufall oder beabsichtigtes Kunstmittel sei, wage ich nicht zu entscheiden; sehr wahrscheinlich ist mir doch die letztere Annahme nicht. Für den Vers 28 hat Franck an Stelle des zweiten Teiles *ni uuâniu ih iû lîb habbe* die Phrasierung **ni uuâniu ih iû quic libbe* vorgeschlagen und es ist anzuerkennen, daß **quec libben*, wie vielleicht eher für den Dialekt des Hild. vorauszusetzen wäre, die zu *chûd* und *chônnem* erforderliche Alliteration dar-böte. Da indessen meiner Meinung nach der Hauptiktus der ersten Hälfte auf *chônnem* ruht, so wäre es an sich denkbar, daß dieses Adjektiv an Stelle eines anderen mit ursprünglichem *l* (altes *wl, hl* wäre nicht zuzulassen) anlautenden Adjektives getreten sei, so daß dann die von der Hs. gewährte Phrasierung der zweiten Hälfte ungeändert beibehalten werden könnte. Es wäre sicherlich gestattet, an as. *lêđ*, ags. *láđ* mit der passenden Bedeutung ‚feindlich‘ zu denken und den ersten Halbvers **chûd uuas her lêidêm mánnum* zu gestalten, wobei man den Aus-druck des zweiten Halbverses völlig schonte und an Sinn nichts verlöre, sondern eher gewänne, denn die Wahrscheinlichkeit, daß Hildebrand nicht mehr am Leben sei, wird durch seine Notorietät bei ‚feindlichen Männern‘ gegenüber der bei bloß ‚kühnen‘ wesentlich gesteigert. Nach dem Standpunkte dieser Restaurierung wäre also *chûd* anders als in 12, 2 ursprünglich überhaupt gar nicht Alliterationsträger, sondern dazu erst im umgeformten Halbverse geworden.

Es erübrigt noch der Alliterationsdefekt in Vers 44. Derselbe ist leicht zu beseitigen, wenn man an der gegebenen Stelle die *hrusti* durch das synonyme *saro* des Verses 3 ersetzt und **uuéla, gisíhu ih in dînêm sáruuum*, besser **in sáruuum*, *dînêm*, wagt, wodurch sowohl die Alliteration hergestellt als die Haupthebung an der ersten Stelle des zweiten Halbverses gewonnen wird.

Die Deckung des Alliterationsbuchstabens *s* in *gisihu* durch die Vorsilbe *gi-* verhält sich wie in *gimeinûn : môtti* Vers 58.

Der Ausfall des flexivischen *-o* in *ænônmuotîn* aus *ænôno ~ Vers 1 gehört vermutlich der primären Wortbildung an und ist nicht durch ein Erfordernis des Verses diktiert. Ebenso muß man die Kontraktion *gimâlta* 34 für eine fakultative, der gesprochenen Sprache angehörige ansehen und die Möglichkeit zugeben, daß sich hinter den 3 orthographisch offenen Formen *gimahalta* von 6, 13, 43 schon die Kontraktion von 34 berge, die im gesprochenen Vortrage des Liedes um die Zeit der Anfertigung unserer Hs. mindestens fakultativ an Stelle der vollen Form gebraucht werden konnte. Für den Vers allerdings sind diese möglichen Sprechformen nicht von Belang, wohl aber die Verschleifungen *suert' ana* 4, *mi n' al* 12, *prût' in bûre* 20, *ort' uuidar* 36, bei denen dreimal ein auslautendes *u*, einmal *i* vor folgendem Vokal, beziehungsweise Halbvokal *ụ* im gesprochenen, metrisch rezitierten Satze gefallen ist und in der Orthographie nicht wiederhergestellt wurde. In der gleichen Art erkläre ich die Verschleifung *sippamman* aus *sippemọ man*, die orthographisch in *sippan man* aufgelöst wurde.

In anderen Fällen bietet das Ms. volle orthographische Formen, wo der Vers doch Elision verlangt, wie sicher in 28, wo *ni uuâniu ih* geschrieben ist, aber *ni uuân' ih* gelesen werden muß — man vgl. O. II, 4, 38 *thoh uuân ih blûgo er rûarti | thia mihilun guati*, oder Hel. 4081, 2 *than uuâniụ ik, that thanen stank kume* Mon., oder Beow. 338, 1 *wén' ic þæt ge for wlenco*, 442, 1 *wén' ic þæt he wille*, oder mit anderen Verben Hel. 5092, 2 *nu seggiụ ik iu te uuâron thoh* Cott, 4575, 2 *nu seggiụ ik iu te uuâran hêr* Mon. 3829, 2—30, 1 *than uuilliụ ik iu te uuârun . . .|| selbo seggian* Mon. — oder 44, wo wahrscheinlich *gisih' ih* zu lesen ist — man vgl. hiezu Otfr. I, 19, 26 *ni scríbu ih* oder Wiener Psalm 138, Z. 16 *uuillih*, 34 *fliugih*, 13 *far ih* mit orthographisch ersichtlicher, gegen 32 *peginnọ ih* mit orthographisch nicht ersichtlich gemachter Elision — obwohl Otfr. bei Enklise des Pronomens *ih* an ein Verbum auch Elision des Anlautes kennt, wie in der Vorrede an Hartmuat 58 und 64 *ni hiluh thih*; sie hängt in diesem Falle wohl mit dem *i* des folgenden Wortes zusammen und mag euphonisch begründet sein.

Mit Sicherheit rechne ich noch hieher Elision des Auslautes von *sumaro* in 48, 1, da der Halbvers *ih uuallôta sumaro̧ enti uuintro* doch nur unter dieser Bedingung geglättet wird.

Auch daß man den Halbvers 29, 2, den ich an sich *ôbana ab héuane* lesen würde, im gegebenen Texte, wo er durch ein vorhergehendes Inquit zum Schwellvers geworden ist, mit Elision des Auslautes von *obana* lesen müsse *quad Hiltibraht, obana̧ ab heuane*, scheint mir metrisch erwünscht.

Denkbar wäre auch *eddo̧ ih imo* in 52, 2, *dero̧ hregilo* in 59, 2, wozu O. I, 18, 45 *so thú thera héimuuisti | níuzist mit gilusti*, ferner *unti̧ im iro lintûn* 65, 1, wozu Hel. 5125, 1 *huurðun umbi̧ iro heritogon* Cott., sowie einige metrische Synkopen von Vokalen in Mittelsilben, etwa bei *helidos* 5, *desemo* 46, *ênigeru* 50, *tosamane* 63, oder bei *sceotantero̧* in 49, 2, das nach ags. *scéotendra* mit Synkope gelesen und zugleich mit Umstellung *in scéotantero̧ fólc* verbunden werden dürfte.

Dazu kommen noch metrische Synkopen des Anlautes bei Pronominibus, die mit größerer oder geringerer Wahrscheinlichkeit gefordert werden können.

In Vers 4, 1 z. B. ist wegen des volltonigen *sê* Anlautelision beim folgenden *iro* anzunehmen, also **gárutun sê 'ro gûðhamun* wie Mem. mori 37 *so begriffet er 'ro gnuoge*; in 27, 2 könnte man lesen *imo uuas eo fehta ti léop* wie Psalm. 138, Z. 23 *pinim du mo daz scepti*; auch in 32, 2 *so imo sê*, kaum *so̧ imo* nach *shegih guot* Georgslied 9 aus **so̧ ḗgih*; in 41, 2 kann man *dat i̧nan* vorschlagen und sicherlich ist 57, 2 zu lesen *nu dih 's sô uuél lústit*, wozu man Psalm. 138, Z. 7 *so rado nâmi dûs goum* und Z. 24 *ne lâ du mos* (**imo ȩs*l) *de muoze* vergleiche.

V. Sprachliche Beobachtungen.

Andere Merkmale der gesprochenen Sprache außer Zusammenhang mit Erfordernissen des Verses sind die Verschmelzung zweier Dentalen in *uuêttu* 29 aus **uuêt du*, wonach

ich schließe, daß auch *dat du* 30, 45, 46 und *maht du* 53:
*dattu und **mahtu* zu sprechen seien, ferner die Assimilierung
und Dissimilierung auslautender Nasale, und zwar *m > n* durch
Einfluß folgender dentaler Artikulation in *heriun tuêm* 2, *scarpên
scûrim* 62, oder *n > m* infolge unmittelbar angeschlossener la-
bialer Artikulation in *ummet* 24, 37 und *gistuontum (fateres)* 22.

Verschieden beurteilt werden können die Fälle von *n* für
m: *gûdhamun* 4 bei folgendem Anlaute *g*, *mit dînem uuortun* 38
bei folgendem *w*, d. h. es kann für *gûdhamun* ebensowohl
Dissimilierung des Silbenauslautes zum Silbenanlaut: *-mun* aus
-mum, als Assimilierung an die folgende velare Artikulation *g*,
für *uuortun* ebensowohl Dissimilierung zum Auslaute von *dînêm*
als solche zum Anlaute von *uuili* geltend gemacht werden.

Daß von diesen flexivischen Erscheinungen die das Verbum
betreffende unbedingt individuell erklärt werden müsse, unterliegt keinem Zweifel, da eben dieses niemals weder vorher noch
nachher in der 3. Person Pluralis Praeteriti ein paradigmatisches
m besitzt, aber auch die 4 Fälle von Dativen Pluralis auf *n*
erheischen den 12 Fällen mit altem *m*: *tuêm* 2, *fohêm* 9, *chônnêm*
28, *dînêm* 38, 44, *uuortum* 9, *mannum* 28, *hrustim* 44, *asckim*
61, *scûrim* 62, *sciltim* 62, *uuâbnum* 66 gegenüber eine solche,
denn mit der Erklärung, der Dativ Pluralis gehe später para-
digmatisch in *n* über, es stünden also einfach ältere und jüngere
Formen nebeneinander, ist es, so richtig sie sei, doch nicht
getan, man muß auch wissen, welche Antriebe, welche sprachlichen Bedingungen an diesem Übergang in erster Linie be-
teiligt sind.

Eine weitere Erscheinung der gesprochenen Sprache ist
die Entwicklung von Geminata *tt* in der zwischenvokalischen
Position von *ummettirri* 24, die sich als Längung und Verlegung der Silbengrenze in das gelängte *ī* hinein darstellt. Der
Fall unterscheidet sich nur durch die Verschiedenheit der Vorbedingung: Komposition oder enge Enklise, doch nicht prin-
zipiell, von der Längung des *t* im Wortinnern: *urhêttun* 1,
hâtti 16, *môtti* 58, *muotti* 59, *lêttun* 61, *huitte* 64, die der prinzi-
piellen, entsprechenden Längung im ahd. *ezzan*, *bizzan*[1] gemäß
ist und gleichfalls mit Verlegung der Silbengrenze einhergeht.

---

[1] Braune, Ahd. Gramm. § 160.

Derselbe zur ahd. Längung des germ. *k* stimmende Prozeß[1]
findet sich auch beim *k* des Hild., das in *deotrichhe* 25 und
harmlicco 64 geminiert, in *uuelihhes* 10, *Theotrihhe* 18, *dêtrihhe*
22, *aodlihho* 53 zugleich geminiert und verschoben ist. Die
übrigen Geminaten des Stückes beruhen entweder auf Zusammenrückung in Komposition, im Wortinnern oder im enklitischen
Verhältnisse wie *eddo* 10, 52, as. *eftho, heittu* 16, ags. *hátte*,
got. *haitada, ummet* 24, 37, *uuêttu* 29, *hêrron* 45 oder auf
alter Assimilierung im Wortinnern wie *mannum* 28, *uuallôta* 48,
billiu 52, *giuuinnan* 54, oder sie sind Ergebnis der westgerman.
Konsonantengemination, und zwar durch *j* in *seggen* 1, *sitten*
19, *chônnêm* 28, *habbe* 28, *sippan* 30, *reccheo* 46, *ellen* 53, *brunnôno* 60, oder durch folgendes *l* in *luttila* 19, *luttilo* 65.

Dialektisch ist die Dissimilierung von *dd* zu *rd* in *erdo* 60,
sie findet sich wieder (*erdo*) in der fragmentarischen Übersetzung der Lex Salica, in anderer Form auch in dem éinen
order gegenüber 3maligem *oder* der Mainzer Beichte. Erscheinungen von ephemerer Bedeutung sind der Aspirations- und
Intensitätsverlust des *p* vor *n* in *uuâbnum* 66, sowie die auf eine
Aussprache *herǣt mit gelängtem *r* weisende Haplographie
in 21. Für das enklitische Pronomen *her* nach dem Verbum
oder Adv. *forn her* 17, *flôh her* 17, *uuas her* 28, *uuant her*
31 vermute ich in der gesprochenen Sprache Elision des anlautenden *h* und engen Anschluß an das vorhergehende Wort,
also *forn-er, *flôh-er, *uuas-er, *uuant-er wie *gideilder* aus
*gideilda her Ludw. 7, *uuisser* aus *uuissa her ebenda 21,
ind er ebenda 15, 18 aus *indi her, wo diese Elision auch
zum graphischen Ausdrucke gebracht ist.

Als stumm werden wir auch das Hiatus-*h* in *fôhêm* 9
betrachten dürfen sowie die prothetischen *h* in *gihueit* 17, *bihrahanen* 55, *hrûmen* 59, denn der graphische Fortfall eines
organischen *h* vor Konsonanz im Anlaute *ringa* 5, *uuer* 9, 59,
uuelihhes 10 lehrt, daß dasselbe zur Zeit der uns vorliegenden
Aufzeichnung des Liedes nicht mehr gesprochen sei, und daß
demnach die Fälle mit bewahrtem *h*: *hrustim* 44, *hrusti* 54,
hregilo 59, *huitte* 64 wohl kaum mehr, als festgehaltene alte
Orthographie sein werden. Ebenso verhält es sich auch mit

---

[1] Braune, Ahd. Gramm. § 145.

Sitzungsber. d. phil.-hist. Kl. 158. Bd., 6. Abh.

anlautendem *w* vor Konsonanz, dessen einziger Beleg *reccheo* 46 Abfall zeigt.

Germ. *þ* erscheint in der Schreibung *đ* nur in den vier ersten Versen und da allerdings konsequent, bei *helidos* in 5 aber ist sie bereits unterlassen und an ihrer Stelle findet sich *d* durch den ganzen folgenden Text mit Ausnahme von *theotrihhe* in 18, wo *th* als ältere orthographische Form stehen geblieben ist. Dagegen tritt germ. *đ (d)* von Anfang an bis zum Schlusse als *t* auf, scheidet sich also orthographisch nicht von dem germ., konsequent unverschoben gebliebenen *t* des Stückes. Daß in der Aussprache trotzdem die beiden *t* durch verschiedene Qualität getrennt waren, ist wahrscheinlich. *t* aus *đ (d)* dürfte unaspierierte Tenuis, germ. *t*, dort, wo es ahd. *z* wird, jedoch Aspirata *t'* sein. Dies aber freilich mit der Einschränkung, daß die Position des Lautes eine Aussprache *t'* zuläßt. Das ist z. B. bei *to* 5, *uuêt* 11, *hêtti* und *heittu* 16 sicherlich der Fall. Daß aber *t'* in den Bindungen *đat seggen* und *đat sih* 1 zu sprechen sei, halte ich nicht für wahrscheinlich. Hinsichtlich des *đ*, *d* des Liedes glaube ich steht nichts dawider, demselben durchweg den Lautwert der tönenden interdentalen Spirans zuzuschreiben. Ein Bedürfnis zur Scheidung von alveolarem *d*, das hier immer *t* ist, lag ja nicht vor.

Ein ähnliches Verhältnis möchte ich für das unverschobene germ. *p* des Liedes in *spahêr* 37, *spenis, speru, uuerpan* 38, *scarpên* 62 gegenüber den germ. *b* entsprechenden *p* in *prût* 20, *leop* 27, *sippan* 30, *gap* 32, *pist* 39 annehmen, d. h. die ersteren als *p'* mit Aspiration, die letzteren als unaspierierte Tenues erklären. Daß aber auch hier die Aspiration von der Stellung des Konsonanten abhänge, ist wegen *wâbnum* aus *wâpnum 66 offenbar und auch *stôptun* 63 kann demnach, obwohl es germ. *p* besitzt, doch nicht Aspirata *p'*, sondern nur unaspierierte Tenuis *p* enthalten.

Die Schreibung *p* für *b* betrifft, wie man sieht, mit Ausnahme der Gemination *sippan* 30 nur den Wortanlaut und Wortauslaut. Im Inlaute herrscht *b* : *ibu* 11, 53, 55, *arbeo* 21, *darba* 22, 26, *obana* 29, *geba* 35, *ubar* 5, 41, *habês* 45, 55, ~ *braht* 6 mal, ~ *brant* 6 mal, ~ *brantes* 5 mal; *heuane* 29 besitzt altes tönendes *ð* aus *f*, vorgerm. *p*, das nicht wie in *ubar* zu *b* übergegangen ist.

Es ist beachtenswert, daß die Fälle von an- oder aus-
lautendem *p* für *b*: *prût, pist, leop, gap* an Versgrenzen stehen,
wo die Artikulation mit größerer Energie einsetzt oder abbricht, während im Innern der Verse im fließenden Satze sich
kein Fall dieser *p*-Schreibung findet. Hier konstatieren wir
nur *b*: *in bûre* 20, *uuntane bauga* 31, *nu bi huldi* 33, *noh
bi desemo rîchs* 46, *du bist* 37, *at burc* 50, *mit sînu billiu* 52,
ti banin 52, *rauba bihrahanen* 55, *desero brunnôno* 60, *staim
bort chlûdun* 63, *lîb habbe* 28, aber allerdings steht an den
Versgrenzen auch *b*: *barn* 20, *banûn* 50, *bretôn* 52, *bêdero* 60,
d. h. die Entwicklung eines energischer artikulierten *p* ist
auch an diesen Stellen nur fakultativ und von Bedingungen
des Vortrages und der lautlichen Energiegruppierung abhängig.

Das scheint mir also mehr ein Merkmal der gesprochenen
Sprache als ein besonderes dialektisches Kennzeichen zu sein.

Anders dürfte der Tatbestand der lautlichen Vertretung
von germ. *k* zu beurteilen sein, das weder durchweg erhalten,
noch nach den Verschiebungsgesetzen des Ahd. behandelt ist,
sondern, wie ich glaube, die Merkmale eines besonderen Dialektes aufweist. Die orthographische Darstellung schwankt
zwischen *ch, k, c, cc, cch, chh, h, hh*, und zwar findet sich

1. im Anlaute: *ch* 9 mal, wovon 8 mal in Bindung mit
Vokal: *chind* 12, 51, *chônnêm* 28, *chunincrîche* 12, *chûd* 12,
28, *cheisuringu* 32, *chuning* 32, *chlûdun* 63; *c* éinmal in Bindung mit *n*: *cnuosles* 10.

2. im Auslaute:

a) in Tonsilben *k* 2 mal: *ik* 1 und 11, beide Male in Stellung
vor dem Verbum, unmittelbar oder mittelbar und mit Nebenton in Verse; *c* éinmal: *folc* 49.

b) in tonlosen Silben *h* 14 mal: *sih* 1 und 4, beidemale
tonlos enklitisch, 59 tonlos; *ih* 16 und 48, tonlos proklitisch
vor dem Verbum, 28, 44 tonlos enklitisch, 33, 52 tonlos; *mih*
38 (bis), 51 tonlos enklitisch, 49 tonlos; *dih* 57 tonlos.

3. im Inlaute:

a) in Tonsilben *ch* 5 mal: *chunincrîche* 12, *folches* 27,
rîche 46, *Ôtáchre* 24, *dechisto* 25; *cc* éinmal: *hârmlĭcco* 64;
chh éinmal: *dĕotrîchhe* 25; *cch* éinmal: *reccheo* 46.

b) in tonlosen Silben *hh* 4 mal: *uuelihhes* 10, *theotrihhe* 18, *détrihhe* 22, *dodlihho* 53; *ch* silbenanlautend vor *r* éinmal: *Ôtächres* 17.

Es ergibt sich aus dieser Zusammenstellung für den Anlaut und Auslaut mit dem orthographischen Wechsel von *ch* und *c* einerseits, *k* und *c* anderseits der Wert *k'*, d. i. der der aspirierten Tenuis *k* des Nhd.; für auslautendes *h* und inlautendes *hh* aber der hier nur mit palatalen Beispielen belegten Spirans χ, also $\dot{\chi}$. Im Inlaute bei Tonsilben haben wir die Frage, ob aspirierter oder affrizierter Verschlußlaut oder Spirans nur bezüglich der Formen *riche* und *-richhe* zu stellen, denn bei *harmlicco* weist schon die Orthographie auf *k'* und bei *folches*, *Ôtächre*, hiezu auch *Ôtächres* ohne Nebenton auf der zweiten, bei *dechisto* und *reccheo* sind die Bedingungen der Position und Gemination gegeben, denen zufolge wir auch nach ahd. Stande *k'* oder *kχ* zu erwarten haben. Ich erschließe nun für *riche*, *-richhe* aus der Gleichheit des Zeichens mit dem für anlautendes und inlautendes *k'*, *kχ* und aus seiner Verschiedenheit von dem für auslautende und inlautende Spirans den Wert der aspirierten oder affrizierten Explosiva, d. h. ich behaupte, daß die ahd. Verschiebung des zwischenvokalischen *k* im Hild. nur in tonlosen, nicht aber in Tonsilben eingetreten sei. Vergleichen wir hiezu die Angabe Bülbrings[1] 229, daß angl. velares und palatales *k* nach unbetonten Vokalen zu *h* (χ bez. $\dot{\chi}$) gewandelt werde, wie *ah* gegen ws. *ac*, nordh. *ih* betont *ic*, Akk. *meh*, *deh*, betont *mec*, *dec*, so sehen wir, daß beide Dialekte, die anglische Gruppe und das Hild., in diesem Punkte übereinstimmen, daß aber die Regel für den Dialekt des zweiten in weiterem Umfange zu formulieren und nicht auf die enklitischen Pronominalformen und die Partikel *ac* einzuschränken ist.

Die Fälle von *c* für germ. *g* betreffen nur den Wortauslaut, haben mit der Stellung an Versgrenzen nichts zu tun und wechseln innerhalb des Paradigmas mit *g* in gedeckten Kasus.

Es findet sich *chunincriche* 12, *dinc* 30 neben *ringa* 5, *uuic* 41 neben *uuiges* 57, *burc* 50, *énic* 55 neben *énigeru* 50, aber *chuning* 32 mit folgendem Anlaut *g* in *gap*. Die Energie-

---

[1] Altengl. Elementarbuch, Teil I. Heidelberg 1902.

steigerung beim auslautenden *g* ist also wohl gleichfalls eine
allgemeinere und kann in ihrer Form *c*, die gegen spirantische
Aussprache des *g* zeugt, gleichfalls als dialektisches Kennzeichen
angesehen werden.

Der *i*-Umlaut des *ă* ist konsequent durchgeführt auch im
Personennamen *Heribrant;* eine Ausnahme bildet nur *anti* 15
gegen sonstiges *enti*, wo ich vokalharmonische Wirkung vom
vorhergehenden, mit *a* anlautenden Adjektiv aus: *alte anti frôte*
annehme. Umlaut aus enklitisch gesetztem, zweitem Worte
behaupte ich in *det sîd* 22. Rückumlaut zeigt *gifasta* 50.
Die Endsilbe *-jan* erscheint regelmäßig mit progressivem Umlaut und Ausfall des *i* als *-en: seggen* 1, *sitten* 19, *ellen* 53,
bihrahanen 55, *hrûmen* 59; auf Schwäche des silbenanlautenden
i nach *t* deutet die Nachkorrektur *hilt(i)u* 5 und die Unter-
drückung desselben in *lintûn* 65 das wohl eine ursprüngliche *jŏn*-
Ableitung wie got. *tainjo* u. ä. sein mag.

Quantitativen und qualitativen Unterschied zwischen be-
tonter und proklitisch unbetonter Form vermute ich in *dea . . .*
uuárun 15 aus *dă und *dĕ ôdre* 11, aber bei *garutun sĕ iro* 4,
so imo sĕ 32, *do sie . . . ritun* 5 nehme ich einheitliche Länge
an, wogegen allerdings *do lêttun sĕ* 61 enklitische Kürzung
haben wird.

Die Vertretung des germ. Diphthongen *au* ist, seitdem wir
in 31 *bauga* lesen, auf 2 Formen: *au* mit der orthographischen
Variante *ao* und Monophthong *ô* eingeschränkt, die des germ.
Diphthongen *ai* durch *ei* und Monophthong *ê*, Variante *ǣ*, dargestellt. Dazu kommt noch das eine *ai* in *staim* 63, von dem
es aber doch nicht sicher ist, daß es mehr sei als alte Orthographie mit dem neuen Lautwerte *ei*, beziehungsweise *œi*. Die
Monophthongierung geht bezüglich des *ai* etwas über das ge-
meinahd. Maß hinaus und bleibt beim *au* hinter demselben
zurück.

Das Hild. hat beide Formen des Verbums ‚sagen‘, die
auf *-jan* in *seggen* 1, die auf *-ên* im *sagês* 11, *sagêtun* 14, 40.
Ein Unterschied der Bedeutung ist nicht zu erkennen. Die
jan-Form des Verbums findet sich auch sonst in hd. Stücken
wie *segita* Georg. und *segist* Samar.; auf sie geht bekanntlich
mhd. *seit* zurück und im mod. Bairischen stehen beide Formen
soat aus *seit* und *sâgt, sâgg* aus *sagêt* neben einander.

Ebenso besitzt das Hild. beide Formen des Verbums
‚baben‘: *habbe*   und *habês*   In hd. Stücken ist die
jan-Form vertreten Samar.   *hebist, hebitôs.*

Man könnte demnach nicht mit Sicherheit behaupten, daß
die *jan*-Formen dieser Verba sekundäre Aufnahmen aus dem ndd.
Wortschatze oder umgekehrt die *ên*-Formen sekundäre Ersätze
der anderen seien, d. h. aus dem Vorhandensein der beiden
Formen der in Frage stehenden Verba ist nichts für die Tradition des Liedes als solches zu schließen.

VI. Wortvorrat des Liedes.[1]

ab präp. mit d. dat. v.   s.
-*achre, -achres* s. *ôtachre, ôtachres.*
ênônmuotîn (hs. *ænon* ~) gen.
    sing. fem. v.   s. 12—13,

ærist adv., temporal v.
al nom. sing. fem., attributiv v.
    s. 27—8.
also adv., modal (bindung *also*...
    so) v.   s. 58—59. — s. auch
    so.
alte nom. pl. mask., appositionell
    v.   s.
alter voc. sing. mask., flektiert v.
    s.
-*altêt* s. *gialtêt.*
ana adv. v.   s.
anti konj. v.   s.   —
    s. auch *enti.*
aodlihho adv. v.   s.

ar präpos. mit d. dat. v.   s.
arbeo gen. pl. v.   s.

argosto superl., nom. sing. mask.,
    prädicativ v.   s.
arme dat. sing. v.   s.
asckim instr. dat. pl. v.   s.
    77—8,
at präp. mit dem dat. v.
    s.
banin dat. sing. mask.   s.
    69—70,
banûn akk. sing. fem.
    —70,
barn akk. sing. neutr. v.   s.

bauga akk. pl. mask. v.   s.
    52—3,
bêdero gen. pl. fem. v.   s.
bî präpos. mit d. dat. v.   s.
    — mit d. akk. v.   s.

bihrahanen inf.   s.

billiu instr. sing. v.   s.

---

[1] Nachgewiesen sind die Verse (v.) und die Seiten (s.) der Abhandlung,
auf denen eine Wortform erwähnt, besprochen oder inhaltlich berührt ist.
Die ags. Rune *w* der Hs. von þer v.   ab ist konform der hsl. Schreibung von *nuas* v.   und *uuortum* v.   immer mit *uu* aufgelöst. Der
Zirkumflex bei Längen ist Zusatz; die nicht zahlreichen Apices, die die
Hs. selbst hat, sind besonders augegeben. Das oberlange ſ der Hs. ist
stets durch *s* ersetzt. Das Genus ist nur dort bezeichnet, wo es sich
aus dem Stücke selbst ergibt.

bist präs. ind. v. s.
— s. auch *pist*.
bort akk. pl. neutr. v. s.

-*braht* s. *hadubraht, hiltibraht*.
-*brant* s. *hadubrant, hiltibrant*.
-*brantes* s. *heribrantes, hiltibrantes*.
bretôn inf. v. s.
brunnôno gen. pl. fem. v. s.
16—17, 76—7,
burc dat. sing., kons., fem. v.
s.
bûre dat. sing. v. s.
b . . . s. auch *p . . .*
cheisuringu instr. sing. v. s.
53—4,
chind nom. sing. neutr. v. s.
— vok. sing. v.
s.
chlûdun prät. ind. unregelm.
v. s. 85—88,
chônnêm dat. pl., attributiv v.
s.
chûd part. prät. mask. s.
prädikativ v. s.
—fem., s.
chunincrîche dat. sing. neutr.
s.
chuning nom. sing. mask. v.
s.
cnuosles gen. sing. v. s.

danahalt adv., komparativisch,
modal. v. s. 51—2,
dâr adv., lokal ,da' v. s.
— relativisch ,wo' s.
— verstärkend bei *uuer* ~ v.
s.
darba nom. pl. v. s. 35—

dat dem. pron. akk. sing. v.
s. — *dat* nom. sing. v.
s. akk. sing. v.
s. 54—55.
dat konj. v. s. — *dat* v.

de best. artikel, akk. pl. mask. v.
s. — relativpron., nom.
sing. mask. v. s.
dea relativpron , nom. pl. mask. v.
s.
dechisto superlat., nom. sing. mask.,
prädikativisch v. s. 41—42,
degano gen. pl. v.

dêm best. artikel, dat. pl. mask.
v.
-*deot* s. *irmindeot*.
deotrîchhe dat. v. s. 31—32,
s. auch *dêtrihhe* und
theotrihhe.
der demonstrativpron., mask., nom.
sing. v. — best. artikel, nom.
sing. v. — relativpron., nom.
sing. v.
dero best. artikel; dat. sing. fem.
v. — gen. pl. neutr. v.
s.
desemo demonstrativpron., dat. sing.
neutr. v. s.
desero demonstrativpron., gen. pl.
fem. v.
det (hs. *dĕt*) adv., temporal (bindung *det sîd*) v. s. 36—38,

dêtrihhe dat. v. s.
s. auch *deotrîchhe*
und *theotrihhe*.
dih pers. pron. akk. sing.
s.
dîn possessivpron., nom. sing. v.
dinc akk. sing. v. s.

dînêm possessivpron. s. dat.
pl. v. s. — dat. pl. neutr.
v.
dînu possessivpron., instr. sing.
v.
dir persönl. pron. dat. sing. v.
s. 73—74,
dô adv., temporal v. (hs. *d*
aus *ð* gemacht), s. 20—21.

doh koniunkt. v.   s. 72—3.
du persönl. pron.   vok. v.
                                           s.
        — in *uuêttu* v.
        s.
eddo konj. v.   s.
        — s. auch *erdo.*
ellen nom. sing. v.   s.
ênan (hs. *ę*) zahlwort, akk. sing.
   mask. v.   ; s.
ênic indefinitpron. akk. sing. neutr.
   v.   s.
ênigeru (hs. *ę*), indefinitpron.. dat.
   sing. fem. v.   s.
ente dat. sing. v.   s.
enti konj. v.   s.
        — s. auch *anti.*
eo adv., temporal v.   (bis),
erdo konjunkt. v.   s.
        — s. auch *eddo.*
êrhina (hs. *ê*), adverb., temporal
   v.   s.   — s. auch *hina.*
es persönl. pron.   v.
   s.
êuuin akk. sing. neutr., attributiv
   v.   s. 59—60.
-*fáhan* s. *infáhan.*
-*fasta* s. *gifasta.*
-*fatarungo* s. *sunufatarungo.*
fater nom. sing. v.   s.
fateres (hs. dittogr. *fatereres*) gen.
   sing. v.   s.
fehta (hs. *fehđa*, ags. *fı*) nom. sing.
   v.   s.
ferahes gen. sing. v.   s. 22—23.
filu subst. adj., dat. sing. v.
   s.
fireo gen. pl. v.   s.
flôh   sing. prät. ind. v.   s.

fôhêm instr. dat. pl. v.   s.

folc akk. sing. v.   s.
folche dat. sing. v.   s. 28—24,

folches gen. sing. v.   s.

forn adv., temporal v.   s.
frâgên inf. v.   s.
friuntlaos nom. sing. mask., attributiv v.   s. 39—40.
frôte nom. pl. mask., appositionell
   v.   s.
frôtôro nom. sing. mask., kompar.
   v.   ; s. 22—23.
fvortôs (hs. *fŏrtoſ*)   sing. prät.
   ind. v.   s.
furlaet   sing. prät. ind. v.
   s.
furnam   sing. prät. ind. v.
   s.
gap   prät. ind. v.   s.

garutun   pl. prät. ind. v.
   s.
geba akk. sing. fem. v.   s.56—8,

geru instr. sing. v.   s. 56—8,

gialtêt (hs. *gialtđ*) part. prät., vok.
   sing. v.   s. 58—9.
gibu   präs. ind. v.   s.
   54—5.
gifasta   sing. prät. ind. v.
   s.
gihôrta   prät. ind. v.   s.
gihueit   sing. prät. ind. v.
   s. 30—31,
gileitôs   sing. präs. konj. v.
   s.
gimahalta   sing. prät. v.
   s.
gimâlta   sing. prät. v.
   s.
gimeinûn gen. sing. fem., attributiv
   s.
gisihu   . präs. ind.

gistôntun   pl. prät. ind. v.
   s.
gistuont   sing. prät. ind. v.
   s.
gistuontum   prät. ind. v.
   s.

gitân part. prät., akk. pl. mask.,
 appos. v. s.

giuuigan part. prät., nom. pl. fem.,
 prädikativ v. s.

giuuinnan inf. v. s.

got voc. sing. v. s.
 s. auch *irmingot*.

gôten akk. sing. mask., attributiv
 v. s.

gûdea gen. sing. fem. v. s.

gûdhamun instr. dat. pl. v.
 17—18,

gurtun prät. ind.

habbe sing. präs. konj. v.
 s.

habês sing. präs. ind. v.
 konj. v. s.

hadubraht nom. v. s.
 —14,

hadubrant nom. v. *hadubrant*
 nom. v. s. 13—14,

hêtti sing. prät. konj. v.
 s.

-*halt* s. *danahalt*.

-*hamun* s. *gûdhamun*.

harmlîcco adv. v. s. 88—9,

hauuuan inf. v. s.

helidos nom. pl. v. s.

heittu präs. ind. mediopass.
 v. s.

hême adv., lokal v. s.

her pers. pronom. nom. sing.
 mask. v. (bis),
  s. (zu

hêremo dat. sing. mask. v.
 s. 21—22,

heribrantes gen. sing. v.
 (hs. *heribtes*); s. 13—14,

heriun dat. pl. v. s.

hêrôro nom. sing. kompar., attributiv v. s. 21—22.

hêrron subst. kompar. akk. sing.
 mask. s.

-*hêttun* s. *urhêttun*.

hevuuun (hs. *hêþun*), prät.
 ind. v. s.

heuane dat. sing. v. s.

hiltibraht nom. v. (hs. das
 zweite *h* aus gemacht),
  s. 13—14,

hiltibrant nom. v.
 s. 13—14,

hiltibrantes gen. sing. v.
 s. 13—14,

hiltiu (hs. *hilt,u*) dat. sing. v.
 s.

hina adv., local, richtung anzeigend
 (bindung *ôstar* . . . *hina*) v.
  s. — s. auch *êrhina*.

hiutu (hs. versetzt und zurückver-
 wiesen *fih dero hiutu*) adv., tem-
 por. v.

-*hôrta* s. *gihôrta*.

hregilo (hs. *g* aus gemacht), gen.
 pl. s.

hrusti akk. pl. v. s.

hrustim dat. pl. v. s.

hr . . . s. auch *r* . . .

huldi akk. sing. v. s.

hûn voc. sing. mask. v. s.

hûneo gen. pl. v. s.

huitte (hs. *ȩ*), akk. pl. v. s.

hu . . . s. auch *u* . . . (*w* . . .).

ibu konj. v. s.

ih pers. pron. v. (hs.
 h aus *t* gemacht),
  s.

ik pers. pron. v. s.

im pers. pron. dat. pl. mask.
 v.

imo pers. pron. dat. sing. v.
  s.

in präpos. mit dem dat. v.
  s. — mit
 dem akk. v.

inan (hs. wie *man*) pers. pron.
  akk. sing. mask.   s.

infâhan inf. v.   s. 56—8.
inuuit akk. sing. v.   s. 59—60.
irmindeot nom. sing. v.   s.
  —28.
irmingot vok. sing. v.   s.
  — s. auch *got.*
iro pers. pron.   gen. pl. mask.
  v.   (bis),   s.
-irri s. *ummettirri.*
ist sing. präs. ind. v.
it pers. pron.   akk. sing. neutr.
  v.   s.
iû adv., temporal v.   s. 44—5.
-laet s. *furlaet.*
lante dat. sing. v.   s.

-laos s. *friuntlaos.*
laosa akk. sing. neutr. v.
  —34.
-leitôs s. *gileitôs.*
leop nom. sing. fem., prädikativ
  v.   s.
lêttun (hs. ẹ),   pl. prät. ind.
  v.   s. 77—8,
lîb akk. sing. v.   s.

-lîcco s. *harmlîcco.*
-lîdante s. *sêolîdante.*
-lihho s. *aodlihho.*
lintûn nom. pl. fem. v.   s.

liuti nom. pl. v.   s.
-liuto s. *ôstarliuto.*
lustit sing. präs., impersonal
  v.   s.
luttila substantiv. adj., akk. sing.
  neutr. v.   s. 32—33,
luttilo nom. pl. fem., prädikativ
  v.   s.
-mahalta s. *gimahalta.*
maht sing. präs. v.   s.
-mâlta s. *gimâlta.*
man subst., nom. sing. v.
  s.   dat. sing. v.   s.

     vok. sing. v.   s.
—59. — indefinitivpron. v.
     s.   67—68.
mannum dat. pl. v.   s.

-meinûn s. *gimeinûn.*
-met s. *ummet.*
mî, mi   dat. siug. v.
  (bis),   s.   26—27,
  — s. auch *mir.*
mih pers. pron.   akk. sing. v.
  (bis, hs. an zweiter stelle *m* aus *h*
  oder gemacht),   s.
mîn poss. pron.   nom. sing. mask.
  v.
mînes poss. pron.
  v.   s.
mir pers. pron.   dat. sing.
  s.   — s. auch *mî.*
mit präpos. s.   mit dem dat.
  v.   s.   mit instr. dat.
  v.   s.   mit instr. v.
miti präpos. mit dem dat. v.
  s.
môtti sing. präs. konj. v.
  s.   — s. auch *muotti.*
-muotîn s. *ænônmuotîn.*
muotti sing. präs. konj. v.
  s.   — s. auch *môtti.*
n' adv. *(nu)* 'ja' v.   s. 26—27,
  — s. auch *nû.*
-nam s. *furnam.*
neo adv., temporal, negativ v.
ni negation, vor dem verbum v.
     s.
nîd akk. sing. v.   s.
niuse sing. präs. konj. v.
  s. 74—5.
noh adv., temporal (bindung *noh*
  ... *ni* ‚nondum‘) v.   s.
nû, ñu adv., temporal v.   (hs.
  Nu),   ‚nun‘; als teil
  einer interj. *[uuelaga]nu*   —
  begründende konjunktion ‚da‘
  v.   — s. auch *n'.*
obana adv., lokal, richtung anzeig.
  v.   s.

ôdre akk. pl. mask. v.   s.

ort' instr. sing. v.   s.
orte dat. sing. v.   s.
ôstar adv. lokal, richtung anzeig.
   (bindung ôstar ... hina v.
   s.
ôstarliuto gen. pl.   s.
ôtachre dat. v.   s.
ôtachres gen. v.   s.
pist v.   s.   — s. auch
   bist.
prût' gen. sing. v.   s. 34—35,

p ... s. auch b ...
quad   sing. prät. ind. v.
   s.
raet (hs. haplograph. heraæ, Grimms
   faks.)   sing. prät. ind. v.
   s.
-[h]rahanen s. bihrahanen.
rauba akk. pl. mask. v.   s.
reccheo nom. sing. mask. v.
   s.
reht akk. sing. v.   s.
rîche dat. sing. neutr.   s.
      — s. auch chuninc-
   rîche.
-rîchhe mask. s. deotrîchhe.
-rihhe mask. s. dêtrihhe, theotrihhe.
rihtun   prät. ind. v.   s.

ringa akk. pl. v.   s.

ritun   prät. ind.   s.
[h]rûmen inf.   s.

sagês   sing. präs. ind. v.
   s.
sagêtun   prät. v.   s.
   29—30,
-samane s. tosamane.
saro akk. pl. neutr. v.   s.
scal   sing. präs. ind. v.
   (hs. off. a).
scarpên dat. pl., attributiv v.
   s.

sceotantero gen. pl., substantiv.
   part. präs. mask.   s.
scerita   sing. prät. ind.
   s. 67—68,
scilti akk. pl. mask. v.   s.

sciltim dat. pl. mask. v.   s.

scrîtan inf. v.   s. 77—8.
scûrim dat. pl. v.   s.
sc ... s. auch sk ...
sê nom. pl. mask. v.   (auch hs. ê),
   s.   akk. pl. mask. v.   (sê)
   nom. pl. mask. v.   s.
      — s. auch sie.
seggen v.   s.
sehstic zahlwort, akk.   s.
-seo s. uuentilseo.
sêolîdante (hs. ſ꞊o~) subst. part.
   präs., nom. pl. mask.   s.
sî   sing. präs. konj. v.   s.
sîd adv., temporal (bindung det sîd)
   v.   s.
sie pers. pron.   nom. pl. mask.
   v.   s.   — s. auch sê.
sih pers. pron.   akk. sing.
   s.   akk. pl. v.   s.
-sihu s. gisihu.
sîn poss. pron.   nom. sing. mask.
   v.
sînero poss. pron.   mask.
   v.   s.
sînu poss. pron.   instr. sing. v.
sippan dat. sing. aus *sippamo,
   attributiv v.   s.
   —51,
sîs   sing. präs. konj. v.   s.

sitten inf. v.   s.
skihit   präs. ind.   s.
sk ... s. auch sc ...
so adv. beim adj. v.   beim adv.
   v.   — relativpron. (bindung
   so ... se ‚quos') v.   s.   —
   konjunktion (bindung so du ‚daß
   du') v.   s. 58—9 — negativ

(bindung *so . . . ni* ‚ohne daß‘)
   s. 68—69 — s. auch *also*.

spâhêr nom. sing. mask., flektiert,
   prädikativ v.   s.

spenis sing. präs. ind. v.
   s.

speru instr. sing. v.   s.

staim akk. sing. v.   s.   81—

stônt sing. prät. ind. v.
   s. 78—79.

-stôntun s. *gistôntun*.

stôptun (hs. û) pl. prät. ind.
   v.   s. 79—81,

-stuont, -stuontum s. *gistuont . . .*

umaro gen. pl. v.   s.

uno nom. sing. v.

sunu nom. sing. v.

sunufatarungo gen. pl. v.
   s. 14—16,

us adv., modal, heim adj. v.
   s.

suasat nom. sing. neutr., flektiert,
   attributiv v.   s.   70—71.

suert' instr. sing. v.   s.

suertu instr. sing. v.   s.

-tân s. *gitân*.

taoc sing. präs. ind. v.
   s.

theotrihhe dat. v.   s. 31—2,
          — s. auch *deotrichhe*
   u. *dêtrihhe*.

ti adv. beim adj. v.   präp. mit
   dem dat. v.

to präpos. mit dem dat.   s.

tosamane adv. v.   s.

tôt nom. sing. mask., prädikativ
   v.   s.

truhtin nom. sing. v.

tuêm zahlwort, dat. (bindung *untar . . . tuêm*) v.   s.

ubar präp. mit dem akk. v.
   s. 60—1,

ummet adv. beim adj. v.   s.

ummettirri nom. sing. mask., prädikativ v.   s. 40—41,

untar . . . tuêm präpos. ‚zwischen‘
   v.   s.

unti konjunkt., temporal ‚so lange
   als‘ v.   s.   — ‚bis
   daß‘ v.   s.

unuuahsan part. prät., akk. sing.
   neutr., attributiv v.   s.

ur präpos. mit dem dat. v.
   s.

urhêttun pl. prät. ind. v.
   s. 11—12,

ûsere poss. pron.   nom. pl. mask.
   v.   s.

uuâbnum (hs. û), dat. pl. v.
   s.   89—90,

-uuahsan s. *unuuahsan*.

uuallôta sing. prät. ind. v.
   s.

uualtan inf. v.   s.

uualtant part. präs., vok. sing.
   mask., attributiv, einem kompos.
   ~ *got* nahestehend v.   s.
   66—67; vgl. auch *irmingot*.

uuâniu sing. präs. ind. v.
   s.   44—5,

uuant sing. prät. ind. v.
   s. 52—3,

uuâri sing. prät. konj. v.
   s.

uuarne sing. präs. konj. v.
   s. 73—74.

uuârun pl. prät. ind. v.
   s.

uua prät. ind. v. (hs. offe-
   nes *a*),   (bis, an zweiter
   stelle hs. wie *pua/*) v.   s.

-[h]ueit s. *gihueit*.

uuel adv. v.   s.

uuela interj. v.   s.

   s.   66—7.

uuelihhes fragepron., gen. sing.
   v.   s.

uuentilseo (hs. ~ ſ*ęo*), akk. sing.
   v. ; s. 60—61.
uuer fragepron., nom. sing. mask.
   v. verstärkt *uuer dar* v.
   s.
uuerdan inf. v.
uuerpan inf. v.   s.
uuestar adv., lokal, richtung anzeig.
   v. s. 60—61.
uuêt   präs. ind. v.   s.

uuêttu (hs. * *ꝼǣtu*)
   interj. v.   s.   45—47,

uuêuuurt nom. sing.   s.
uuîc nom. sing. v.   s.

uuidar präpos. mit dem dat. v.
-*uuigan* s. *giuuigan*.
uuîges gen. sing.   s.
uuili   sing. präs. ind. v.
-*uuinnan* s. *giuuinnan*.
uuintro gen. pl. v.   s.
uuortum instr. dat. pl. v. s.

uuortun (hs. *ꝼuortun*) instr. dat.
   pl. v.   s.
uuuntane part. prät., akk. pl. mask.
   v.   s.
-*uuurt* s. *uuêuuurt*.
uuurti   sing. prät. konj. v.
   s.
uuurtun   prät. ind. v.

Berichtigungen.

Seite	Zeile			lies: *bänûn*
„	„	v. o.	„	: **sunufatarungos*
„	„	v. u.	„	: das etymologisch einfache
„	„	v. o.	„	: ‚Alter‘
„	„	v. o.	„	: *geongum*
„	„	v. u.	„	: *frâgên*
„	„	v. o.	„	:
„	„ 4—3	v. u.	„	: *ümmett-irri*
„	„	v. u.	„	: der flektierten Form des Possessivpronomens
„	„	v. u.	„	: *lîb*
„	„ 14—13	v. u.	„	: *ind-remme*
„	„	v. u.	„	: gesagt, verschieden sei, das
„	„	v. u.	„	: *dereut*
„	„	v. u.	„	: zu den